Biblioteca de Derecho Comparado

Luigi Moccia
(Director)

Carlos Antonio Agurto Gonzáles
Sonia Lidia Quequejana Mamani
Benigno Choque Cuenca
Luis Alejandro Luján Sandoval
(Coordinadores Generales)

John A. Jolowicz
Profesor de la Universidad de Cambridge
(Inglaterra)
(Director)

Derecho inglés

Edición al cuidado de
Carlos Antonio Agurto Gonzáles
Sonia Lidia Quequejana Mamani
Benigno Choque Cuenca

Ediciones Olejnik

Título: Derecho inglés

© John A. Jolowicz
(Director)

Traducción de Luis Castro Leiva y Allan R. Brewer-Carías

© Ediciones Olejnik
Huérfanos 611, Santiago - Chile
E-mail: contacto@edicionesolejnik.com
Web site: http://www.edicionesolejnik.com

Primera edición en Ediciones Olejnik: 2021

ISBN: 978-956-392-944-7

Diseño de Carátula: Ena Zuñiga
Diagramación: Luis A. Sierra Cárdenas

Impreso en Argentina 2021 Printed in Argentina

ÍNDICE

PRIMERA PARTE
VISIÓN GENERAL DEL DERECHO INGLÉS
Por J. A. Jolowicz

Sección 1
PUNTOS DE REFERENCIA HISTÓRICA 18
1. EL COMMON LAW 18
2. EQUITY O LA JURISDICCIÓN DE EQUIDAD 19
3. EL JURADO 23

Sección 2
LAS JURISDICCIONES CIVILES; LAS REFORMAS DEL SIGLO XIX 24
LA ORGANIZACIÓN JUDICIAL 24
1. LA JUSTICIA A COMIENZOS DEL SIGLO XIX 24
2. LAS JUDICATURE ACTS 1873-1875 26
LA ORGANIZACIÓN JUDICIAL ACTUAL 26

Sección 3
LAS JURISDICCIONES PENALES 31
1. JURISDICCIÓN DE PRIMERA INSTANCIA 31
2. JURISDICCIONES DE APELACIÓN 33
A. Después del «trial on indictment» 33
B. Después del «Summary Trial» 35

Sección 4
LA JUSTICIA Y SU PERSONAL 36
1. LOS AUXILIARES DE LA JUSTICIA 37
2. LOS JUECES 41

Sección 5
LA FORMACIÓN JURÍDICA 45

Sección 6
LAS FUENTES DEL DERECHO 47
1. EL DERECHO LEGISLATIVO 47
A) La Ley 47
B) Los Reglamentos 49

2. EL PRECEDENTE75 50
3. LA INTERPRETACIÓN DEL DERECHO LEGISLATIVO 55

Sección 7
LAS DIVISIONES DEL DERECHO 61

SEGUNDA PARTE
LOS ÁMBITOS PRINCIPALES
DEL DERECHO INGLÉS

CAPÍTULO I
DERECHO CONSTITUCIONAL
por J. A. Hopkins

Sección 1
LOS ÓRGANOS DE GOBIERNO 74
1. LA REINA 74
2. EL PARLAMENTO 75
3. EL PODER EJECUTIVO 80
   A. El gobierno central 81
   B. Los órganos del gobierno local 85
   C. Los poderes de la Corona 86
   D. El poder judicial 87

Sección 2
EL INDIVIDUO Y EL ESTADO 88

CAPÍTULO II
PROCEDIMIENTO CIVIL
Por J. A. Jolowicz

Sección 1
PRIMERA INSTANCIA 95
1. PROCEDIMIENTO ORDINARIO: ACCIÓN INTENTADA POR WRIT 95
   A. El «Trial» 95
   B. Procedimiento antes del «trial» 98
2. ACCIÓN ENTABLADA POR ORIGINATING SUMMONS 101
3. APPLICATION FOR JUDICIAL REVIEW 102

PROCEDIMIENTO CIVIL 104

Sección 2
PROCEDIMIENTO SUMARIO: JUICIO SIN «TRIAL» 104
1. A SOLICITUD DEL DEMANDANTE 104
2. A SOLICITUD DEL DEMANDADO 104

Sección 3
LAS FORMAS DE RECURSO 105
1. EL DERECHO DE APELACIÓN 106
   A. Decisiones antes del «trial» o después del procedimiento sumario . 106

B. Decisiones después del «trial» 106
2. CARÁCTER GENERAL DE LA APELACIÓN 107
3. PROMOCIÓN DE NUEVAS PRUEBAS 108
4. EFECTO DE LA APELACIÓN 109

Sección 4
OBSERVACIONES GENERALES 110
1. LA UNIDAD DEL DERECHO 110
2. EL PRINCIPIO DISPOSITIVO Y EL ADVERSTRY SYSTEM 110
3. CONCLUSIÓN 111

CAPÍTULO III
EL DERECHO DE LOS CONTRATOS
Por J. A. Weir

Sección 1
EL NACIMIENTO DEL CONTRATO 113
1. ESCRITURA, OFERTA, ACEPTACIÓN 113
2. LA TEORÍA DE LA CAUSA («CONSIDERATION») 116
3. El contenido del contrato 120
4. ERROR, DOLO, VIOLENCIA 122

Sección 2
LOS EFECTOS DEL COMPROMISO CONTRACTUAL 125
1. LAS CONDICIONES DE LA RESPONSABILIDAD 125
2. LA ACCIÓN JUDICIAL 127

CAPÍTULO IV
LA RESPONSABILIDAD EXTRACONTRACTUAL O DELICTUAL
Por J. A. Weir

Sección 1
OBSERVACIONES GENERALES 131

Sección 2
LA NEGLIGENCIA 133

Sección 3
AGRAVIOS DIVERSOS 139

CAPÍTULO V
EL DERECHO DE LOS CONSUMIDORES
Por A. M. Tettenborn

Sección 1
EL DERECHO COMÚN 148
1. LA VENTA DE OBJETOS MUEBLES CORPORALES 148
2. LA VENTA DE INMUEBLES 151
3. LA PRESTACIÓN DE SERVICIOS

Sección
MEDIDAS ESPECIFICAS DE PROTECCIÓN A LOS CONSUMIDORES 152
1. REGLAMENTACIÓN DE OPERACIONES PARTICULARES 152
2. EL CONTROL DE LOS CONTRATOS DE ADHESION Y DE LAS CLAUSULAS DE EXONERACIÓN 153

Sección 3
MEDIDAS REPRESIVAS Y ADMINISTRATIVAS PARA LA PROTECCIÓN DE LOS CONSUMIDORES 156
1. MEDIDAS REPRESIVAS 156
2. CONTROLES ADMINISTRATIVOS 156

CAPÍTULO VI
EL DERECHO COMERCIAL
Por M. A. Clarke

Sección 1
LA VENTA 159
1. GENERALIDADES 159
2. LAS OBLIGACIONES DEL VENDEDOR 160
3. LAS OBLIGACIONES DEL COMPRADOR 162

Sección 2
LAS LETRAS DE CAMBIO 163

Sección 3
LOS CRÉDITOS DOCUMENTARIOS 163

Sección 4
EL DERECHO DE LOS TRANSPORTES 165
1. EL TRANSPORTE MARÍTIMO 165
2. EL TRANSPORTE TERRESTRE 168

Sección 5
EL DERECHO DE SEGUROS 168

CAPÍTULO VII
COMPETENCIA Y PRÁCTICAS COMERCIALES RESTRICTIVAS
Por R. G. Fentiman

Sección 1
LA RESPUESTA DEL COMMON LAW 172
1. UNA RESPUESTA CONTRACTUAL: LA DOCTRINA DE LA RESTRICCIÓN A LA LIBERTAD DE COMERCIO 172
A. Procedimiento: Materia de prueba 173
B. Las preferencias de los jueces: la libertad contractual y los derechos adquiridos 174
2. CONCUSIÓN DELICTUOSA Y COMPETENCIA COMERCIAL 175

Sección 2
EL MARCO LEGISLATIVO DE LA INTERVENCIÓN 176
1. EL CONTROL DEL PODER DE MONOPOLIO 177
2. EL CONTROL DE LAS FUSIONES DE COMPAÑÍAS 178
3. EL CONTROL DE LAS PRÁCTICAS COMERCIALES RESTRICTIVAS (RESTRICTIVE TRADE PRACTICES) 179
4. EL CONTROL DE LAS «PRÁCTICAS ANTICOMPETITIVAS» (UNCOMPETITIVE PRACTICES) 181
5. EL CONTROL DE LOS PRECIOS IMPUESTOS 182

Sección 3
EL EFECTO DEL DERECHO DE LA COMUNIDAD 182

Sección 4
CONCLUSIÓN 183

CAPÍTULO VIII
LA PROPIEDAD INMOBILIARIA
Por A. J. Oakleyxz

Sección 1
LA ESTRUCTURA MODERNA DE LOS DERECHOS SOBRE LOS INMUEBLES .. 188

Sección 2
UNA TRANSACCIÓN TÍPICA DE TRASPASO DE PROPIEDAD 196

Sección 3
EL CONTROL SOCIAL DE LA TIERRA 198

CAPÍTULO IX
PROPIEDADES INTELECTUALES
Por W. R. Cornish

Sección 1
LAS PATENTES 202

Sección 2
LA INFORMACIÓN CONFIDENCIAL 208

Sección 3
LOS DERECHOS DE AUTOR 210

Sección 4
LOS DISEÑOS REGISTRADOS 215

Sección 5
LAS MARCAS REGISTRADAS Y LOS NOMBRES COMERCIALES 215

Sección 6
EJECUCIÓN DE LOS DERECHOS 221

CAPÍTULO X
DERECHO DE SOCIEDADES
Por L. S. Sealy

Sección 1
VISIÓN GENERAL DE LAS SOCIEDADES Y SU DERECHO 224

Sección 2
CREACIÓN DE LA SOCIEDAD 230

Sección 3
LOS ÓRGANOS DE LA SOCIEDAD 234

Sección 4
LA VIDA FINANCIERA DE LA SOCIEDAD 236

Sección 5
EL FIN DE LA VIDA SOCIETARIA 241

Sección 6
LA SOCIEDAD DE PERSONAS 242

CAPÍTULO XI
EL DERECHO DEL TRUST
Por G. H. Jones

Sección 1
¿QUE ES UN TRUST? 247

Sección 2
COMO NACE LA OBLIGACIÓN DEL «TRUSTEE» DE DETENTAR EL CUIDADO DE UN BIEN EN BENEFICIO DE OTRO 248

Sección 3
LOS TRUSTEES 251

Sección 4
EL BENEFICIARIO DEL TRUST 256

Sección 5
EVOLUCIÓN Y FIN DE UN TRUST 257

CAPÍTULO XII
EL DERECHO DE FAMILIA
Por K. J. Gray

Sección 1
MARIDO Y ESPOSA 259
1. LA DOCTRINA DE LA UNIDAD CONYUGAL Y SU DETERIORO 259

2. LA DISOLUCIÓN DEL MATRIMONIO 262
3. LOS EFECTOS DEL MATRIMONIO EN CUANTO A LOS BIENES 265
4. LA OCUPACIÓN DEL DOMICILIO CONYUGAL DURANTE EL MATRIMONIO 268
5. LAS CONSECUENCIAS FINANCIERAS DEL DIVORCIO O DE LA ANULACIÓN DEL MATRIMONIO 270
6. LOS DERECHOS EN EL MOMENTO DEL FALLECIMIENTO 272

Sección 2 273
LOS HIJOS 273

CAPÍTULO XIII
SUCESIONES
Por C. Harpum

Sección 1
LOS TESTAMENTOS 280

Sección 2
SUCESIÓN AB INTESTATO (INTESTACY) 286

Sección 3
LA OBLIGACIÓN DEL DIFUNTO DE PROVEER A LA MANUTENCIÓN DE SU FAMILIA Y DE AQUELLOS QUE DEPENDEN DE ÉL 288

CAMPO PRINCIPAL DEL DERECHO INGLÉS 290

Sección 4
OTORGAMIENTO DE LA REPRESENTACIÓN 290
(grants of representation) 290
1. LOS REPRESENTANTES DE LA SUCESIÓN 290
2. EL PROCEDIMIENTO PARA OTORGAR LA REPRESENTATIVIDAD 292

Sección 5
LA ADMINISTRACIÓN DE LA SUCESIÓN 293

CAPÍTULO XIV
DERECHO FISCAL
Por J. Tiley

Sección 1
NORMAS GENERALES 297

Sección 2
IMPUESTO SOBRE LA RENTA («INCOME TAX») 301

Sección 3
IMPUESTO SOBRE LA PLUSVALÍA DEL CAPITAL («CAPITAL GAINS TAX») 305

Sección 4
IMPUESTO SOBRE COMPAÑÍAS («CORPORATION TAX») 306

Sección 5
IMPUESTO SOBRE LAS SUCESIONES («INHERITANCE TAX») 307

Sección 6
DERECHOS DE ESTAMPILLAS FISCALES («STAMP DUTIES») 308

Sección 7
EL IMPUESTO SOBRE EL VALOR AGREGADO («VALUE-ADDED TAX») 308

CAPÍTULO XV
SEGURIDAD SOCIAL
Por D. S. Pearl

Sección 1
EL SISTEMA DE SEGURO SOCIAL NACIONAL 313

Sección 2
LAS ASIGNACIONES COMPLEMENTARIAS DE GARANTÍA 321

CAPÍTULO XVI
DERECHO ADMINISTRATIVO
Por D. G. T. Williams

Sección 1
EL CONTROL JUDICIAL (JUDICIAL REVIEW): NATURALEZA Y ALCANCE . 329

Sección 2
DERECHO ADMINISTRATIVO: LOS MEDIOS DE CONTROL DE LA REVISIÓN DE CONTROL JUDICIAL 334
CONCLUSIONES 337

CAPÍTULO XVII
DERECHO PROCESAL PENAL
Por R. J. C. Munday

Sección 1
LA FASE PREPARATORIA 342

Sección 2
EL PROCEDIMIENTO POR ANTE EL JUEZ 348

Sección 3
LA APELACIÓN 354

CAPÍTULO XVIII
DERECHO PENAL
Por J. R. Spencer

Sección 1
DERECHO PENAL GENERAL 357
1. EL PRINCIPIO DE LEGALIDAD 357
2. CLASIFICACIÓN DE LAS INFRACCIONES 359
3. LA RESPONSABILIDAD PENAL 361
A) Los Menores 361
B) Los Dementes 361
C) Las Personas Morales 363
D) La Inmunidad del Estado 364
4. LOS ELEMENTOS CONSTITUTIVOS DE LA INFRACCIÓN 364
A) El Elemento Material 364
B) El Elemento Moral: La Falta 366
5. HECHOS JUSTIFICATIVOS (GENERAL DEFFENCES) 368
6. LA COMPLICIDAD 369

Sección 2
ALGUNAS GRANDES INFRACCIONES 370
1. EL HOMICIDIO 370
2. EL ROBO 372
(THEFT) 372

Sección 3
LA EXTINCIÓN DE LA RESPONSABILIDAD PENAL 373

CAPÍTULO XIX
DERECHO DEL TRABAJO
Por B. W. Napier

Sección 1
HISTORIA 375
1. DEL SIGLO XIV a 1970 375
2. EL PERIODO 1970-1985 380

Sección 2
EL CONTENIDO DEL DERECHO DEL TRABAJO 384
1. EL COMMON LAW 384
2. EL DERECHO LEGISLATIVO 386

Sección 3
LAS INSTITUCIONES 389
1. LOS «TRIBUNALES» Y LAS «CORTES» 389
2. EL SERVICIO DEL CONSEJO DE CONCILIACIÓN Y ARBITRAJE 390
(ADVISORY CONCILIATION AND ARBITRATION SERVICE: A.C.A.S.) . 390

CAPÍTULO XX
DERECHO INTERNACIONAL PRIVADO
Por J. G. Collier

Sección 1
COMPETENCIAS DE LOS TRIBUNALES INGLESES 393

Sección 2
JUICIOS EXTRANJEROS, RECONOCIMIENTO Y EJECUCIÓN 395

Sección 3
ESCOGENCIA DE LA LEY APLICABLE 397
1. VISIÓN GENERAL 397
2. LAS CATEGORÍAS JURÍDICAS 400
   A. El Procedimiento 400
   B. El Contrato 401
   C. La responsabilidad civil 404
   D. Derechos Reales 405
   E. Sucesiones 407
   F. El Matrimonio 408
   G. Los Menores 411
   H. Exclusión de la Ley Aplicable: el Orden Público 412

PRIMERA PARTE
VISIÓN GENERAL DEL DERECHO INGLÉS

POR J. A. JOLOWICZ

1. – El derecho tomado en consideración: Antes de abordar la materia de esta obra es necesario subrayar que se trata de un compendio de derecho inglés o, para ser más exacto, del derecho de Inglaterra y del País de Gales. No se trata de un compendio del *Common Law* ni tampoco de un resumen del derecho del Reino Unido.

2. – El Common Law: Aun cuando el número de países de *Common Law* es actualmente bastante importante, es cierto, tal y como lo ha constatado el profesor René David, que *«el Common Law es un sistema profundamente marcado por su historia, y esa historia es de manera exclusiva hasta el siglo XVIII, la historia del derecho inglés»*[1]. Sin embargo, el *Common Law* de nuestros días no es un sistema único de derecho; cada país en el mundo del *Common Law* posee un derecho propio y, aun cuando este pueda estar influenciado por su parentesco o vinculación con el derecho inglés, no se puede presuponer que adopte sobre una determinada materia la solución de este. Derivados del derecho inglés, herederos de sus métodos y maneras de pensar, los derechos de las antiguas colonias inglesas han dispuesto, en su mayoría, de un tiempo razonable para desarrollarse de manera independiente. Cada uno de esos países posee su legislación y su jurisprudencia; cada uno es miembro de la «familia» del *Common Law.* Y, dentro de esa familia, el *Common Law* inglés es la madre aun cuando la mayoría de sus criaturas no sigan aferrados a su falda.

3. – El Reino Unido: Desde el punto de vista internacional, el Reino Unido constituye una sola nación. En cuanto al plano interno, la constitución es unitaria no federal[2]. El Parlamento puede legislar para cualquier parte del Reino. La Cámara de los Lores, en atención a su capacidad judicial, está situada a la cabeza de toda jerarquía jurídica de Inglaterra, del País de Gales, de Escocia y de Irlanda del Norte[3]. Sin embargo, tan solo Inglaterra y el País de Gales están sometidos al derecho «inglés». Y aunque Irlanda del Norte pertenece igualmente a la familia del *Common Law,* el derecho escocés, estrictamente hablando, no pertenece a esta; tampoco es miembro de la familia romano-germánica sino que constituye un sistema de derecho híbrido.

Dada la unidad del Reino Unido en el plano constitucional, no conviene exagerar las diferencias que se presentan en la práctica entre los tres sistemas de dere-

---

1 René David, *Grandes Sistemas de Derecho Contemporáneos,* 8ª ed., por Camille Jauffret-Spinosi, 1982, n.º 263.

2 Véase segunda parte, cap. 1.

3 Cada una de las partes componentes del Reino Unido posee su jurisdicción «nacional» de primera instancia y de apelación. Ver *infra,* p. 515.

cho vigentes. Un buen número de leyes forman parte a la vez tanto del derecho inglés como del derecho escocés. Tanto es así, que no es excepcional que el juez inglés examine la jurisprudencia escocesa en su búsqueda de la norma de derecho aplicable al litigio que está en juego y *viceversa*. La famosa decisión de la Cámara de los Lores *Donoghue v. Stevenson*[4], decisión que es legítimamente considerada como el fundamento del derecho inglés moderno sobre la responsabilidad por «*negligencia*» *(negligence)*, fue dictada por la Cámara con base en el recurso de la Corte de Apelaciones de Escocia. Sin embargo, nadie debe suponer por eso que el derecho inglés y el derecho escocés sean lo mismo. Por el contrario, sobre todo en lo que se refiere al derecho privado, existen dos sistemas de derecho independientes uno del otro, vigentes en las dos partes de nuestra isla. Desde el punto de vista jurídico, Inglaterra y el País de Gales se unificaron desde hace siglos; al hablar en esta obra del derecho «inglés» nos referiremos al mismo tiempo al derecho vigente en el País de Gales. En cambio, salvo algunas excepciones[5], excluimos deliberadamente el derecho escocés, el derecho de Irlanda del Norte y el derecho de las otras partes componentes del Reino Unido como, por ejemplo, las Islas de la Mancha.

Sección 1
PUNTOS DE REFERENCIA HISTÓRICA

4. – *El peso de la historia:* Es por medio de la legislación judicial de 1873-1875 *(Judicature Acts)* que el Parlamento consolidó de manera general las reformas parciales de los años precedentes del siglo XIX y que dio su forma moderna a la organización judicial del país. Ciertamente, la legislación de 1873-75 ha sido reemplazada por unas leyes más recientes[6] y un número de modificaciones, algunas importantes, han sido introducidas; pero, en lo que se refiere a la justicia civil, la era moderna comienza con la legislación de 1873-75. Pero, no obstante, no es posible tomar el año de 1875 como punto de partida de nuestra exposición. Para comprender la estructura creada por las leyes de 1873-75 es esencial comprender algo de la situación anterior y para ello es preciso tener alguna información sobre los aspectos más importantes de la historia del derecho inglés.

1. EL COMMON LAW

5. – *Carácter formalista el antiguo Common Law:* En la época de la conquista normanda (1066) existía en Inglaterra una justicia local que el rey Guillermo I *(«el Conquistador»)* tenía intención de no cambiar. Los tribunales locales – »condado» *(Shire)* y de «centuria» *(Hundred)* – jugaban, al menos teóricamente, el papel de jurisdicciones de derecho común. Los tres tribunales reales del *Common Law* que se irían a separar del Consejo del rey y a establecerse como jurisdicciones distintas no podían sino ser, teóricamente, jurisdicciones de excepción. Cada uno de estos tribunales, el Tribunal del Rey *(King's Bench)* el Tribunal de Hacienda *(Court of Exchequer)* y el Tribunal de Causas Comunes *(Court of Common Pleas)*, poseía su propia competencia limitada: los del Rey en todo lo que competía directamente al Rey, sobre todo si se trataba de un acto de violencia, infracción de la «paz del rey» *(King's peace)*; el de Hacienda, en lo que se refería a materia fiscal y el de Causas Comunes en cuanto a la propiedad inmobiliaria.

---

[4] *1932 A.C. 632;* ver *infra, n.º 201.*

[5] En los que concierne a determinadas ramas del derecho, por ejemplo, el derecho fiscal (segunda parte, cap. 14) y el derecho del trabajo (*ibíd.*, cap. 19).

[6] Vigente actualmente la *Suprême Court Act 1981.*

A lo largo de los siglos de su existencia, esos tres tribunales han sabido adquirir una competencia casi universal y los tribunales del condado (*«shire»)* y de centuria (*«hundred»)* perdieron su importancia al punto de desaparecer virtualmente. Pero la competencia extendida de los tribunales del *Common Law* fue más bien una consecuencia de un desarrollo fraccionado que el resultado de una teoría general. Cualquiera que deseara intentar un proceso ante un tribunal de Common Law debía previamente obtener de la Cancillería un «breve» (*«writ»)* expedido por la Cancillería. Y si bien, gracias al desarrollo de un cierto número y extensión de los *writs,* los tribunales han extendido su competencia, hasta el siglo XIX el demanque no encontrara ningún *writ* apropiado a su caso no lograba remedio procesal: los remedios procesales preceden a los derechos *(remedies procede rights).*

Llegamos así al sistema llamado *«forms of action».* Cada *writ* o breve conllevaba a una acción de un tipo o de otra. Cada *writ* conducía a un procedimiento distinto, a una *«form of action»,* y la elección de las *forms of action* gobernaba no solo el procedimiento sino también las reglas sustantivas aplicables al caso de especie. Habiendo escogido, por ejemplo, el *writ* denominado *«trespass»,* en vano habría el litigante alegado que, de acuerdo con las reglas aplicables a una *action on the case,* él debía ganar su proceso: su acción no podía prosperar sino por medio de la prueba de hechos previstos procesalmente por la acción del *trespass.* Es cierto que con el pasar del tiempo y por la introducción de numerosas ficciones jurídicas *(fictions),* los jueces habrían extendido el alcance de determinados *writs.* Pero, en general, la regla de que una *form of action* corresponde a un caso, se mantuvo en vigencia hasta las reformas del siglo XIX. No es sino en 1854 que el demandante se ve autorizado, por vez primera en la historia del derecho inglés, a presentar su caso fundándose, alternativa pero simultáneamente, sobre dos *form of action* o breves.

2. *EQUITY* O LA JURISDICCIÓN DE EQUIDAD

6. – La «Court of Chancery»: El establecimiento de tres tribunales de *Common Law* no ha agotado, de ninguna manera, la fuente original de la justicia del reino: el Rey. Por el contrario, cualquiera que reclamara una «injusticia», bien fuera ante un tribunal de *Common Law,* bien lo fuera en razón de la insuficiencia o de la ineficacia de este, tenía el recurso de recurrir al Rey rogándole o demandándole ejercer su prerrogativa personal de justicia. Fue en el Consejo presidido por el canciller (*«chancellor»)* y, posteriormente en manos del canciller, que el rey delegó la tarea de determinar para cada caso la solución más justa, la más «equitativa» (*«équitable»).* Al hacerlo así, el canciller jugó el papel —y poseía el título— de *«Guardián de la Conciencia del Rey».* La sistematización, la formalización de los procedimientos del canciller que tuvieron lugar durante el siglo XV, permiten afirmar la existencia, hasta finales de ese siglo, de un verdadero tribunal presidido por el canciller. Pero evidentemente no era un tribunal de *Common Law:* se trataba de un tribunal de equidad.

Durante el primer período de la historia de ese tribunal, la equidad aplicada por el canciller estaba fundada sobre la «conciencia» y, en cuanto tal, influenciada por una parte, por una concepción del derecho natural, y por la otra, por los principios del derecho canónico. Los primeros cancilleres (*«chancellors»)* fueron eclesiásticos y les correspondió resolver o decidir cada caso según su equidad particular. Sin embargo, a partir de finales del siglo XVI, los cancilleres no fueron siempre eclesiásticos (exceptuados ciertos personajes bien conocidos, por ejemplo, Sir Thomas More); sino hombres de leyes o «legistas». Bajo la influencia de estos últimos, la equidad primitiva fue transformada en un sistema de principios y de reglas de «derecho». «Este tribunal *(«court»)*, según declaró en 1676 el canciller de la época, *«nada tiene que ver con una conciencia que no sea más que naturalis et interna: la conciencia que me sirve como guía es una conciencia civilis et política y ella está unida o relacionada a determinadas medidas»*[7]. A principios del siglo XIX, uno de sus sucesores, Lord Eldon, subrayó que las normas aplicadas por la *Court of Chancery* deberían ser casi tan determinadas y uniformes como las del *Common Law* y que ellas no debían modificarse según la conciencia personal de los sucesivos cancilleres[8]. En efecto, la equidad inglesa —*»equity»*— pasó a ser parte de la estructura del derecho inglés. Sin embargo, ella jamás pasó a formar parte del *Common Law strictu sensu.* Ella existía como jurisdicción paralela al *Common Law,* y la *Court of Chancery* que, por lo general poseía el monopolio en esta materia, existió paralelamente a los tribunales del *Common Law.* No fue sino en 1875 que se unificaron las jurisdicciones del *Common Law* y de la *equity.*

7.— *La rivalidad del Common Law y de la jurisdicción de Equity.* La existencia de la jurisdicción del canciller no es algo sorprendente habida cuenta de sus orígenes. Era natural que él rey, por intermedio de su canciller, tuviese conocimiento de las quejas que plantearan o sometieran sus súbditos, incluyendo aquellas que fuesen producto de la injusticia, de la insuficiencia o de la ineficacia del *Common Law o* de su administración. No obstante, es significativo que en un período posterior y durante algunos siglos, Inglaterra conoció dos sistemas de «derecho»: el *Common Law* y la *Equity,* y dos jurisdicciones cuyas competencias no estaban claramente diferenciadas. Y no fue de ninguna manera excepcional que se recurriese a las dos jurisdicciones simultáneamente para ventilar judicialmente asuntos diferentes surgidos de un mismo litigio.

Las relaciones entre las dos jurisdicciones han sido a veces tensas. En la época de la crisis institucional de principios del siglo XVII, su rivalidad formó parte de la lucha más general entre los partidarios del Parlamento, comprendiéndose entre estos últimos a los jueces del *Common Law* y a los regalistas, quienes sostuvieron el carácter de «prerrogativa» de la jurisdicción de la *Court of Chancery.* En 1616, el mismo rey intervino y se pronunció a favor de la preeminencia o primacía de las reglas de la *Equity* en caso de conflicto con las reglas del *Common Law.* Curiosamente, la decisión del rey, pronunciada mucho antes de la guerra civil, sobrevivió no solo a la victoria de los partidarios del Parlamento y al periodos del *Commonwealth»* sino también a la «gloriosa revolución» de 1688. A partir de 1875, la primacía de las reglas de *Equity* fue ratificada por el legislador.

Decir que las normas de *Equity* debían prevalecer en caso de conflicto con las del *Common Law,* no quiso decir que la *Court of Chancery* fuese de alguna manera una Corte de Apelación o de Casación Superior de los tribunales del *Common Law* dentro del marco de una sola o única jerarquía jurídica. Ella jamás ha podido censurar directamente las decisiones de esos tribunales. La explicación más importante de su poder reside en la máxima de que la *Equity* obra *«in personam».* Cuando los juicios de los tribunales del *Common Law* no podían ser ejecutados sino por el embargo y venta de bienes pertenecientes al deudor, aquel que desobedeciese la orden o dictamen de la *Court of Chancery* de hacer o no hacer algo, se hacía culpable de desobediencia de la orden del tribunal *(«contempt of court»)*; estaba compelido a obedecer,

---

[7] *Lord Nottingham in Cook v. Fountain* (1676) *3 Swan. 585.*

[8] *Gee v. Prithard (818) 2 Swans 670.*

bajo pena de prisión, según fuera el caso, durante un período indefinido, y solo lograba su libertad bajo la promesa de cumplimiento inmediato y después de haber expiado su ofensa *(«purged his contempt»)*. El canciller tenía, pues, la posibilidad de conminar o intimar a una persona, demandante ante un tribunal del *Common Law*, para que no procediera con su acción o, eventualmente, para que no pudiera realizar ninguna tentativa dirigida a ejecutar la sentencia ya emitida a su favor.

Fue esa, se puede adivinar, la ocasión y una de las causas principales de conflictos entre la *Court of Chancery* y los Tribunales del *Common Law*. Estos últimos se sirvieron incluso del *writ «habeas corpus»* para lograr la libertad de personas encarceladas por orden del canciller, práctica a la que puso fin la decisión del rey mencionada anteriormente. No obstante, no debe creerse que todas las decisiones de la *Court of Chancery* se oponían al *Common Law*[9]. En resumen, la *Equity* no jugó sino los tres papeles que de seguida describiremos.

8. – El papel accesorio de la Equity: Gradas a la posibilidad de actuar *in personam*, la jurisdicción de *Equity* podía otorgar a una persona, hubiese esta sido parte o no de un proceso ante un tribunal de *Common Law*, un remedio procesal que este último no podía acordarle[10]. Por ejemplo, el proceso del *Common Law* no entrañaba la presentación de instrumentos; pero a través de un nuevo proceso intentado ante la *Court of Chancery*, una parte podía obtener por mandato judicial que su adversario exhibiera los documentos pertinentes que tuviera a su disposición.

En lo que concierne a los derechos substantivos, la intervención de la jurisdicción de *Equity*, en su papel accesorio, tiene su importancia principal por el hecho de que la ausencia de ejecución de una obligación solo puede ser sancionada en el *Common Law* por medio de la condena del demandado al pago de una suma de dinero, normalmente correspondiente a los daños y perjuicios. La *Court of Chancery*, por el contrario, actuando *in personam* puede conminar al demandado a ejecutar su obligación en especie *(«decree of specific performance»)* o a abstenerse en el futuro de realizar una conducta determinada *(«injunction»)*. La *Court of Chancery*, sin embargo, solo aportará su concurso bajo dos condiciones que ilustran la naturaleza del papel accesorio de la jurisdicción de *Equity* y de sus «remedios». La primera es que el demandante establezca, de conformidad con las reglas del *Common Law*, que se trata de un verdadero contrato y su inejecución o que la conducta del demandado compromete la responsabilidad delictual de este *(«Equity follows the Law»)*. La segunda es que el pago de daños y perjuicios no sea adecuado o suficiente como para recompensar a la víctima del perjuicio pasado o por venir: no se podría, por ejemplo, obtener de la *Court of Chancery* el cumplimiento en especie de un contrato de venta de bienes fungibles, mientras que sí se lo obtendría en el caso de un contrato de venta de un inmueble.

9.— El papel independiente de la jurisdicción de Equity: Ayer como hoy podría suceder que, por cualquier razón, el propietario de un bien quisiese transferirlo a otra persona pidiéndole a esta que lo cuidase o administrase en beneficio de un tercero. Un caballero, por ejemplo, a la víspera de su partida para una cruzada

[9] Salvo excepciones, algunas de ellas importantes, la historia entre las dos jurisdicciones es más de armonía que de conflicto.

[10] La palabra «remedio» no forma parte de la terminología jurídica francesa. Nuestro colega André Tunc ha frecuentemente sugerido que sería de interés incorporarla al vocabulario jurídico francés.

transfería a su amigo la propiedad de su dominio para que este la asumiese bajo su cuidado y responsabilidad y afectara las rentas provenientes de su dominio a la satisfacción de las necesidades de la familia durante su ausencia. Pues bien, según el *Common Law,* aquél a quien se le transfiere una propiedad se convierte él mismo en propietario y puede disponer de esa propiedad como le plazca. No existe, por consiguiente, ninguna posibilidad de que sea declarado responsable por algún tribunal del *Common Law* si, por ejemplo, él llegara a desviar para su propio beneficio personal las rentas provenientes de dicho bien; rentas que, según el conocimiento que él tiene del deseo original del propietario, habrían tenido que ser puestas a disposición de la familia de este último.

Si, desde el punto de vista de un tribunal del *Common Law,* el término «propietario» quiere decir simplemente «propietario», desde el punto de vista de un tribunal de la jurisdicción de equidad, la conducta que acabamos de describir resulta evidentemente contraria a la conciencia. La *Court of Chancery* asumió entonces la competencia para controlar lo que hace el *«trustee»* de una propiedad, es decir, el propietario que ha recibido la propiedad bajo la condición de detentarla en beneficio de ciertos «beneficiarios». A pesar de ser propietario, teniendo todos los derechos acordados por el *Common Law* a la condición de propietario de un bien, la *Equity* no le permitirá disponer de ellos sino conforme a las condiciones bajo las cuales recibió la propiedad en cuestión: claramente expuesto, de acuerdo con los términos y condiciones del *«trust»*. Es en la concepción del *«trust»* que se encuentra a la vez el origen y el ejemplo más importante del papel independiente de la equidad.

Actuando como siempre *in personam,* la *Court of Chancery* entonces ha asumido el poder de vigilar, a solicitud de los beneficiarios, la conducta del *«trustee»* y, para el caso en que este haya actuado de una manera contraria a sus intereses, ha asumido el poder para obligarlo a hacer la restitución y, en caso de perjuicio causado, a indemnizar a los beneficiarios. La *Equity* ha reconocido también que los beneficiarios tenían un cierto interés —interés «beneficiario» o equitativo *(«equitable interest»)*— en la propiedad misma. La *Court of Chancery* protegerá ese interés no solamente con respecto al *«trustee»* original sino también frente al adquirente ulterior de la propiedad. Aquel que adquiera de buena fe un bien de manos de un *«trustee»* sin conocimiento del hecho de que el vendedor está sujeto a las obligaciones equitativas *(«equitables»)* de un *«trust»*, se convierte en su propietario libre. Pero aquel que compra un bien a un *«trustee»* teniendo conocimiento del *«trust»*, aunque también se considera propietario, se convierte él mismo en *«trustee»* y, por consiguiente, sujeto a las mismas obligaciones para con los beneficiarios que tenía su predecesor.

El *«trust»* es tratado en detalle en otro capítulo[11]. Basta aquí dar la explicación más simple para ilustrar el papel independiente que juega la jurisdicción de *Equity.* Desde el punto de vista del *Common Law,* el *«trustee»* es propietario, por consiguiente, se encuentra en libertad de disponer de «su» bien tal como a él le plazca; el *Common Law* no reconoce de manera alguna ni los intereses de los beneficiarios, ni las obligaciones del *«trustee»* en cuanto tal. La jurisdicción de *Equity,* por el contrario, al tiempo que reconoce que el *«trustee»* es propietario de un bien, le exige que su conducta sea conforme a la conciencia; por lo tanto, le exige que no descuide o que no desconozca jamás las obligaciones —condiciones de la transferencia que le ha sido efectuada— que le habría impuesto el propietario original.

11 Véase segunda parte, cap. 11.

10.– El papel correctivo de la Equity: Hemos ya mencionado que el canciller (*«chancellor»)* puede conminar a una de las partes demandantes ante un tribunal del *Common Law* a que no prosiga con el curso de su acción. Pues bien, es mediante semejante conminación que el juez de *Equity* ha podido poner en vigencia, en la práctica, ciertos medios de defensa reconocidos por la *Equity* pero no por el *Common Law*. Si, por ejemplo, un contratante hubiese sido persuadido de adherirse a un contrato mediante falsas declaraciones de su co-contratante, el *Common Law* no le permitiría eludir su responsabilidad en el caso de incumplimiento de su parte sino mediante prueba de la mala fe de su adversario. Por el contrario, de conformidad con los principios de la jurisdicción de *Equity,* sería contravenir a la conciencia, permitir que cualquiera alegue haber obtenido un contrato mediante declaraciones inexactas, por muy inocente que sea, con respecto a toda intención fraudulenta. En tal caso, por consiguiente, y en muchos otros casos parecidos, aquel que se encontrase judicialmente en conflicto ante un tribunal de *Common Law* podía recurrir a la *Court of Chancery,* y bajo ciertas condiciones, obtener un mandamiento judicial en contra de su adversario, mandato eficaz para la protección de la injusticia generada por la aplicación estricta de una norma del *Common Law.*

3. EL JURADO

11.– El nacimiento del jurado: En 1215, durante el Cuarto Concilio de Letrán, la Iglesia prohibió a todos los sacerdotes participar en las ceremonias religiosas que tuvieran por efecto la prueba de Dios u ordalías *(Judicia Dei)*. Este procedimiento probatorio jugaba hasta ese momento un papel muy importante en la administración de justicia, sobre todo de la justicia penal. Los jueces ingleses, confrontados con la necesidad de encontrar otro medio de prueba, introdujeron el procedimiento del jurado. Pero no fue originalmente ese el jurado que conocemos hoy. Fue en sus orígenes una reunión de gentes de la localidad en donde se habían producido los hechos litigiosos. Correspondía a los miembros del jurado pronunciar su veredicto sobre la base del conocimiento personal que ellos tenían de los hechos. En el campo civil las *forms of action* más antiguas han conservado sus medios de prueba antiguos como, por ejemplo, la *compurgatio* (sistema de juramento purgatorio y de cojurantes); pero para las *forms of action* más modernas, que llegaron a reemplazarlas en la práctica cotidiana de los tribunales del *Common Law,* se adoptó igualmente el jurado.

Poco a poco, durante la Edad Media, el carácter del jurado cambió. Primero llegó a ser normal que el jurado pudiese completar su conocimiento personal de los hechos mediante la evaluación de testigos. Finalmente se llegó a la regla que estableció que el jurado no debía tomar su decisión sino fundándose en lo que habría llegado a oír a través de la deposición de los testigos durante la audiencia.

El procedimiento de la *Court of Chancery* —completamente diferente al del *Common Law*— ha tomado prestado mucho del sistema procesal romano-canónico. Por consiguiente, nunca se ha servido del jurado. Pero para los tribunales de *Common Law* ha llegado a ser un principio general que toda cuestión de hecho debe ser sometida a un jurado y que el veredicto de un jurado no puede, en cuanto tal, ser susceptible de ningún recurso de apelación.

12.– El Jurado Fantasma: Actualmente en Inglaterra para los asuntos civiles el jurado no se emplea sino en casos muy excepcionales. El Juez debe decidir todas las cuestiones litigiosas, sean estas de derecho o de hecho. Pero la importancia del jurado en el pasado ha dejado una impronta imborrable sobre la forma del procedimiento civil de nuestros días[12]. Resultó evidente que se hiciese impracticable un procedimiento que exigía a los miembros de un jurado que asistieran a varias audiencias, cada una de corta duración, dadas las pésimas condiciones en que se efectuaba un viaje en la época. Tampoco hubiera sido posible exigirle a los miembros del jurado que se formaran su convicción sobre la base de documentación, prueba escrita o proceso verbal; porque suponiendo que sus miembros hubiesen sabido leer, el hombre común que lo integraba se habría formado mucho más fácilmente su convicción tan solo escuchando lo que declarasen los testigos en la audiencia. Pues bien, es sabido que el procedimiento civil del *Common Law* se divide de manera precisa en dos partes: la preparación del proceso *(«trial»)*[13] y el proceso *(«trial»)* mismo, es decir, la audiencia única en donde se desarrolla la administración de las pruebas. La explicación de esta división, desconocida en los sistemas procesales del continente, se encuentra en la historia de nuestro derecho y sobre todo en la práctica que ha durado dos siglos, la cual consiste en solicitarle al jurado y no al juez, que decida las cuestiones de hecho.

Sección 2
LAS JURISDICCIONES CIVILES;
LAS REFORMAS DEL SIGLO XIX;
LA ORGANIZACIÓN JUDICIAL

1. LA JUSTICIA A COMIENZOS DEL SIGLO XIX:

13. – Los defectos de la justicia: En vísperas del período de reforma, la lista de los defectos que mancillaban la administración de justicia en Inglaterra era extensa. Algunos de ellos habían aparecido en el período precedente: la complejidad de la organización judicial, la separación en la administración del *Common Law* y de la jurisdicción de la *Equity*, el estricto régimen de las *forms of action*. También otros defectos importantes deberán ser mencionados aquí.

14. – El proceso en primera instancia: El proceso seguido por los tribunales del *Common Law* y el proceso diferente de la *Court of Chancery* llevaban ambos a un proceso largo y costoso. Ante los tribunales del *Common Law*, las normas sobre la manera de alegar *(«pleadings»)* —los escritos intercambiados por las partes— tenían por objeto reducir a una sola las cuestiones de hecho que debía decidir el jurado y estas habían pasado a ser complejas y muy técnicas: un buen número de litigios culminaba sin decisión alguna en cuanto al fondo solo en razón de un error por parte de una de las partes o de la otra en el proceso de *«pleading»*[14]. Por otro lado, ante la *Court of Chancery* el proceso primitivo —una simple solicitud o memorial ante el canciller a fin de que este conminara al demandado a comparecer y responder a las pretensiones del demandante— había sido reemplazado por un proceso mucho más elaborado. El objetivo de este era *«hurgar en lo profundo la conciencia»* del demandado a través de la modificación y reformulación de los alegatos y cuestiones contenidas en la solicitud del recurrente (e igualmente, por el demandado a través de su contestación), con el fin de conducir al demandado a las confesiones, en

---

[12] Véase segunda parte, cap. 2. El jurado civil ha sobrevivido en otras partes en el mundo del *Common Law*.

[13] El vocablo *«trial»* no encuentra ningún equivalente en otras lenguas, lo que revela la originalidad del concepto.

[14] Para el proceso moderno de *«pleading»* véase *infra, nos. 130-134*.

base a las cuales el canciller fundamentaría y acordaría al recurrente la sentencia solicitada. En el caso de que este proceso no lograra eliminar toda cuestión de hecho, se hacía necesario en determinadas circunstancias que se intentase una acción ante un tribunal del *Common Law* a fin de que pudiera ser constituido un jurado. En otras circunstancias, donde las cuestiones de hecho podían ser resueltas o decididas por la *Court of Chancery,* los testigos no podían ser interrogados por las partes en presencia del canciller o por el propio canciller, en cuyo caso se hacía necesario que el canciller designase un relator para interrogar a los testigos en secreto acerca de las cuestiones que habrían preparado las partes y sin que se pudiese agregar nada sobre la materia, El relator solo hacía público el resultado del proceso verbal de su indagación o sumario si así lo exigía una de las partes, exigencia a la que siempre se podía oponer el contrario o adversario, especialmente para el caso en que todavía fuese necesario interrogar otros testigos.

15. – El proceso de apelación: El *Common Law* antiguo jamás conoció la apelación propiamente dicha. El veredicto del jurado era considerado irrecusable salvo que una de las partes en litigio demandara, por medio de un procedimiento extraordinario, que este fuese anulado por deshonestidad de parte del propio jurado. Por otro lado, la parte perdedora podría demandar, bajo determinadas condiciones, ante el juez o ante una corte superior, por medio de un nuevo proceso legal fundado en base a los errores cometidos *(«writ of error»),* que fuese ordenada una nueva audiencia ante un nuevo jurado *(«new trial»).* Los errores que aparecían con la sola lectura de los documentos del primer proceso *(«error on the face of the record»)* eran tomados en cuenta, por muy técnicos que fueran; pero los demás errores no contaban para nada. Por el contrario, la *Court of Chancery* podía conocer un tipo de apelación: la parte perdedora o derrotada podía demandar que el asunto o materia fuese reconsiderado. Pero si el juez de primera instancia era el mismo canciller, correspondía a él la obligación de reconsiderar su propia decisión.

16. – Los pleitos de menor cuantía: La desaparición virtual de los antiguos tribunales de condado *(shire)* y de centuria *(hundred)* no dejaron más jurisdicción civil que los tribunales superiores del *Common Law* y de la *Equity* como jurisdicción civil, cuyos procedimientos eran lentos y costosos y muy mal adaptados para la resolución favorable de litigios de menor cuantía. Algunas tentativas de reforma, más en el plano local que nacional, habían tenido lugar durante el siglo XVIII e incluso desde XVII, pero no fue sino en 1846 cuando el Parlamento creó para todo el país una nueva jurisdicción capaz de responder a esta necesidad. Por el *County Courts Act* de 1846 se instituyó un sistema de tribunales denominado *«County Courts»,* con competencia de atribución limitada. Considerados originalmente como simples tribunales para la recuperación o cobranza de pequeños créditos, su éxito les valió que su competencia fuese ampliada a múltiples otras instancias. En el presente su competencia general, reglamentada por el *County Courts Act* de 1984, se extiende a litigios de un valor máximo de £ 5.000,00. Los *County Courts* han pasado a ser un segundo escalón o peldaño de los tribunales civiles, cuya tarea principal es decidir o conocer sobre litigios de mediana importancia que no merecen ser conocidos en primera instancia por los tribunales superiores. El problema de los litigios de menor cuantía ha entonces resurgido y, pese a la introducción del arbitraje obligatorio ante el *County Court* cuyo valor no excede las £.500,00, continúa sin una adecuada solución. Por otra parte, si los *County Court* han cambiado hasta cierto punto de carácter su organización, tal y como la conocemos hoy día, continúa siendo en lo esencial la misma desde su institución en 1846.

2. LAS *JUDICATURE ACTS 1873-1875*

LA ORGANIZACIÓN JUDICIAL ACTUAL

17. – La importancia de la reforma: Con la salvedad del *County Court Act* de 1846, los esfuerzos de los reformadores, inspirados en las obras de Jeremy Bentham no pudieron desembocar en una amplia reconstrucción de la organización judicial sino en 1875.

Durante los cuarenta y tantos años que precedieron a esa fecha, el Parlamento introdujo unas reformas parciales siguiendo las recomendaciones de diversos comités y comisiones. Así, el número de jueces de la *Court of Chancery* fue aumentado (lo que era de urgencia); en 1851 se creó una corte de apelaciones de *Chancery* con el fin de reemplazar la apelación ante el canciller. En 1854, la regla del *Common Law* que prohibía el empleo alternativo de diversas *forms of action* fue abolido. En 1858, la *Court of Chancery* recibiría competencia en determinadas circunstancias para condenar al demandado al pago por daños y perjuicios[15], lo cual hasta ese momento solo había sido posible en un tribunal del *Common Law.*

En cambio, las *Judicature Acts* de 1873-1875, a las que es necesario agregar la *Apellate Jurisdiction Act* de *1876,* reconstruyeron la organización judicial, unificaron la administración del *Common Law* de la jurisdicción de *Equity,* dotaron a las cortes y a los tribunales civiles con un procedimiento uniforme, más moderno y más simple que el antiguo, y crearon una nueva Corte de Apelación, sustituyendo los diversos procedimientos de crítica de las sentencias comprendidas dentro del *Common Law* por un auténtico recurso de apelación copiado de la apelación recientemente instituida por la jurisdicción de *Equity.*

Mas de cien años han transcurrido desde la puesta en vigencia de las *Judicature Acts.* Y otras reformas han intervenido, algunas de ellas importantes. Las leyes de 1873-1875 han sido reemplazadas, en primer lugar por la *Supreme Court of Judicature (Consolidation) Act* de *1925* y, actualmente, por la *Supreme Court Act* de *1981.* Por lo tanto es con las leyes del siglo XIX que comienza la era moderna de la administración en Inglaterra. Exponer los grandes rasgos de esa legislación es, pues, en buena medida, exponer la situación de nuestros días.

18.— Una Corte Suprema única: El Parlamento tenía la intención de abolir, en 1873, el papel judicial que había jugado durante siglos la Cámara de los. Lores, elemento del mismo parlamento. Pero, entre 1873 y 1875, hubo un cambio de gobierno y un cambio de parecer. La Cámara de los Lores en cuanto corte de apelación ha sobrevivido y como tal la trataremos. Solamente es necesario puntualizar aquí que ese cambio de opinión explica la paradoja de que en Inglaterra la «*Supreme Court*» no sea suprema; la Cámara de los Lores, la más alta jurisdicción del reino, no forma parte de ella: ella está por encima de la *Supreme Court.*

Conforme al esquema de las *Judicature Acts* la *Supreme Court* consiste en la *High Court* —tribunal de primera instancia de competencia ilimitada— y de la *Court of Appeal.* La *High Court* estaba originalmente dividida en cinco cámaras —»*Divisions*»—, de las cuales dos fueron suprimidas años más tarde. Desde entonces, existen tres cámaras: actualmente la «*Queen's Bench Division*», la «*Chancery Division*» y la «*Family Division*»;

---

15 Para esta ley, véase *infra,* n.° 74.

esta última cámara reemplazó a partir de 1970 a la «*Probate, Divorce and Admiralt y Division*»[16]. La filiación de las dos primeras (cámaras o divisiones) en relación a los antiguos tribunales del *Common Law* y de la jurisdicción de *Equity* es clara; y cada una conoce litigios de un tipo o de otro: aquel que, por ejemplo, demande a su contraparte por el cargo de daños y perjuicios *(Common Law)*, por ejemplo, normalmente recurrirá a la *Queen's Bench Division;* quien demande la ejecución o cumplimiento en especie lo hará ante la *Chancery Division*[17]. Sin embargo, no se trata de una cuestión de elección procesal irrevocable; al demandante que se haya equivocado no le es denegada su demanda por incompetencia de la División recurrida. Las divisiones solo son unas cámaras de una jurisdicción única y, en caso necesario, un asunto o materia será transferido de una division a otra por medio de un simple dictamen o mandato.

19. – La administración conjunta de las reglas del Common Law y de la jurisdicción del Equity: Si se habla a veces de una «fusión» del *Common Law* y de la jurisdicción de *Equity* efectuada por las *Judicature Acts,* la expresión no es del todo exacta[18]: siempre reconocemos que algunas normas pertenecen al *Common Law* y otras a la jurisdicción de *Equity.* Lo que fue realizado por las *Judicature Acts* es la administración conjunta de los dos por cualquiera de las divisiones de la *High Court.* Si, por ejemplo, el demandante alega la existencia de la continua molestia de vecinazgo y demanda a la vez que su adversario sea condenado al pago de daños y perjuicios por el perjuicio ya sufrido *(Common Law),* y que sea conminado a que no deje que se prolongue la molestia *(Equity),* una sola jurisdicción resulta ahora competente para hacer valer todos los derechos, independientemente de que la acción haya sido intentada ante la *Queen's Bench Division* o la *Chancery Division.*

He allí un ejemplo elemental de la administración conjunta del *Common Law y* de la jurisdicción de *Equity* actuando en un papel accesorio. En lo que concierne al papel independiente que pueden cumplir no es necesario agregar ningún comentario. Pero cuando se trata de un papel correctivo la norma de *Equity* será siempre aplicable. Según la ley misma, todo tribunal debe administrar los dos sistemas fundándose para ello en el principio general que establece que en caso de que exista algún conflicto o alguna diferencia entre las normas aplicables por la jurisdicción de *Equity* y las del *Common Law,* las normas de *Equity* prevalecerán[19]. En él ejemplo dado arriba del ejercicio por la jurisdicción de *Equity* de su función correctiva[20], el demandado no tiene necesidad de recurrir a ninguna otra jurisdicción: el tribunal ante el cual haya recurrido el demandante hará prevalecer la defensa equitativa y rechazará la demanda.

20. – Un procedimiento uniforme: El procedimiento civil será tratado en un capítulo posterior[21]. Basta aquí señalar algunos aspectos:

(1) El procedimiento de la *Supreme Court* se reglamenta por una suerte o especie de código, las «*Rules of Supreme Court*» (R.S.C.), cuya primera versión fue puesta en vigencia por la ley de 1875[22]. Las normas actualmente

---

[16] Heredera de la competencia de los antiguos tribunales de derecho canónico o romanista. Véase *Administration of Justice Act. 1970, ss. 1-2.*

[17] Se recurrirá a la Chancery Division también en todo litigio entre *trustee* y el beneficiario.

[18] Véase *infra, nos. 73 a 75.*

[19] Actualmente *Supreme Court Act 1981, s 49.*

[20] *Supra n.º 10.*

[21] *Segunda parte, cap. 2.*

[22] Las *R.S.C.* se dividen en «*Orders*» («o.») y «*Rules*» («r»).

vigentes, pese algunas innovaciones y modificaciones nada despreciables, preservan en buena medida el sistema introducido en la época.

(2) Se ha conservado en el proceso de la *Supreme Court* el proceso del *trial* y, así, la distinción o división muy nítida entre la preparación del proceso *trial* y el *trial* propiamente dicho.

(3) Los redactores de la primera version de las *R.S.C.*, siguiendo la opinion de los reformadores de la época y en atención a los problemas de orden técnico nacidos del sistema de las *forms of action*, no han considerado más que una única forma para el acto introductorio de la instancia —un *writ* uniforme— y un único proceso, cualquiera sea la naturaleza del litigio. Sus sucesores, en cambio, han preferido un sistema más flexible. Las reglas vigentes reconocen algunas otras maneras de iniciar la instancia tribunal y algunos otros procesos. Sin embargo, la escogencia errónea ya no perjudica al demandante. Por una simple disposición el juez prescribe que la acción tenga lugar tal y como si el proceso adecuado hubiese sido escogido desde el momento mismo de la introducción de la instancia.

(4) Algunos rasgos del proceso de la *Court of Chancery* han sido introducidos en las *R.S.C.* Uno de los más importantes es el proceso de *«discovery»*. Durante la fase preparatoria, las partes normalmente deben, comunicarse o informarse sus pruebas (*«pieces»*), lo que no tenía por qué hacerse ante un tribunal del *Common Law*. La influencia del antiguo proceso de la *Equity* es ahora mucho más pronunciada en el proceso introducido no por *writ* sino por *«originating summons»*. Este es un proceso creado en 1883 y cuya filiación en lo tocante al antiguo proceso de la *Court of Chancery* es claro. El proceso está destinado a ser empleado cuando se trata de cuestiones de derecho —comprendidas entre ellas la interpretación de un documento— y no cuestiones de hecho.

El proceso del *originating summons* no ha previsto jamás la presencia de un jurado en el *trial*. Pero hasta 1854 era imposible que una cuestión de hecho fuese resuelta ante un tribunal de *Common Law* de otro modo que por un jurado y, a la víspera de la puesta en vigencia de las *Judicature Acts*, el *«trial by jury»* todavía era la norma. Gracias a una modificación de las *R.S.C.* en 1883 y a otras modificaciones más recientes, todavía hoy es verdaderamente excepcional que un jurado sea empleado para la resolución de un litigio civil[23]. Corresponde solo al juez decidir que las cuestiones litigiosas sean de derecho o de hecho.

En primera instancia, ante la *High Court* (y ante la *County Court*), el principio de la colegialidad es desconocido: la decisión depende de un único juez.

21. – La apelación: Es más bien a la jurisdicción de la *Equity* que al antiguo *Common Lato* a quien debemos la apelación en su forma moderna. El *Common Law* no desarrolló nunca la apelación propiamente dicha sino tan solo unos recursos que tenían como objetivo una suerte de casación de sentencia (*judgement*) recurrida o atacada procesalmente. La jurisdicción de la *Equity*, por otra parte, solo poseía originalmente

[23] En algunos casos, por ejemplo, si se trata de una cuestión de fraude, la parte posee el derecho de solicitar el empleo de un jurado (*Supreme Court Act 1981, s. 69*). De otra forma el jurado hoy en día, salvo en rarísimos casos donde el juez lo estime necesario por razones muy particulares, es prácticamente desconocido en el proceso civil.

un único juez —el canciller; una vez admitida la posibilidad de que él delegara a otro su función de juez de la *Court of Chancery,* era natural que la parte perdedora tuviese (legalmente) el derecho de recurrir al propio canciller. En 1851, como acabamos de ver, la apelación en la jurisdicción de la *Equity* fue regularizada con la creación de una Corte de Apelación «*in Chancery*», la cual era competente para conocer todas las apelaciones proveni entes de la *Court of Chancery* cuyo juez en primera instancia hubiese sido el canciller o uno de sus delegados. La Corte de Apelación «*in Chancery*» pasó a ser el modelo de la «*Court of Appeal*» —que hoy se hace necesario denominar «*Court of Appeal Civil Division*»— instituida por las *Judicature Acts.* Ella es competente para conocer todas las apelaciones civiles provenientes de la *High Court* (todas las divisiones) y bajo determinadas condiciones, las de la *County Court.*

Ya hemos notado el cambio de orientación que se fue operando entre 1873 y 1875, gracias al cual sobrevivió la competencia judicial de la Cámara de los Lores. Desde el punto de vista teórico, la Cámara de los Lores ejercía la jurisdicción que poseía la «*High Court of Parliament*»; de manera que no se podía distinguir entonces entre su rol legislativo y su rol jurisdiccional. Sin embargo, desde 1844 hasta un poco después, los miembros de la Cámara sin formación jurídica, no participaban ni en los debates ni en la decisión de una apelación. Por la «*Appellate Jurisdiction Act* de 1876», la Cámara de los Lores, en tanto Corte de Apelación no podía sesionar a menos que no fueran presentados como mínimo tres «*Lords of Appeal*». Eran calificados «*Lords of Appeal*»: el (Lord) Canciller, todo «*par*» del Reino Unido que ejerciera o que hubiera ejercido el oficio de juez de una alta jurisdicción —*High Court,* Corte de Apelación, Cámara de los Lores—, y un determinado número de «*Lords of Appeal in Ordinary*», esto es, personas nombradas «*pares*» de por vida en razón de que poseían calidad para obrar o actuar como jueces «profesionales» de la Cámara de los Lores. En la práctica, las decisiones son tomadas por cinco o, excepcionalmente, siete *Loris of Appeal,* de los cuales la mayoría sino la totalidad de ellos, son *Lords of Appeal in Ordinary*[24].

En materia civil, la Cámara de los Lores conocía de las apelaciones forjadas contra las decisiones de la *Court of Appeal* y, en determinadas circunstancias, directamente contra aquellas de la *High Court*[25]. Pero, a partir, de 1934[26], el derecho de apelación a la Cámara está condicionado por la obligación de obtener previamente permiso la parte apelante para hacer conocer su apelación, permiso que bien puede concederle o acordarle o la *Court of Appeal, o* un Comité de la misma Cámara de los Lores.

El número de las apelaciones en la Cámara de los Lores es pobre en comparación, sobre todo, con el número de solicitudes de recurso ante la Corte de Casación francesa: ella no tiene que decidir más que un promedio de cincuenta apelaciones civiles por año. Sin embargo, es necesario hacer notar que la apelación en la Cámara de los Lores, al igual que la apelación en la *Court of Appeal,* no es equivalente al recurso de casación. Se trata en esos dos casos de una verdadera apelación, y la Cámara de los Lores constituye una jurisdicción de tercera instancia; ella tiene el poder para sustituir su propia decisión a la decisión de la corte o del tribunal.

---

24 Sobre la Cámara de los Lores véase también Lord Wilberforee, *La Chambre des Lords,* en P. Bellet, A. Tunc y A. Touffait (bajo la dirección de), *La Cour judiciaire suprême. Une enquête comparative,* 1978, p. 85 y s. (igualmente *Rev. int. dr. comparé,* 1978, p. 85 y s.).

25 Las condiciones son restrictivas. V. *Administration of Justice Act 1969,* ss. 12-15.

26 *Administration of Justice (Appeals) Act 1934.*

Siguiendo el texto de ley de 1876, corresponde a la Cámara de los Lores decidir «lo que, de derecho y siguiendo o según las leyes y costumbres del reino, debe ser hecho en las circunstancias (que son) objeto de la apelación».

22.— *Tribunales*: Falso amigo, el vocablo «tribunal» no significa en la lengua jurídica inglesa una jurisdicción de primera instancia sino una jurisdicción de excepción y, sobre todo, una jurisdicción establecida, ora por el Parlamento, ora por la administración bajo la autoridad de una ley parlamentaria, para decidir o dirimir los litigios que surgen de una ley o de una serie de leyes especiales.

Los jueces de un «tribunal» o algunos de ellos, no son típicamente unos jueces profesionales, sino que son nombrados al «tribunal» por su conocimiento, su experiencia dentro de la esfera de competencia del «tribunal». El *Industrial Tribunal,* por ejemplo, conoce de los litigios entre empleadores y empleados que conciernen a la aplicación de las leyes especiales relativas a los derechos de los asalariados; este consiste en un presidente —un jurista—, un representante de los patronos y un representante de los empleados; y dicho tribunal no tiene competencia para conocer litigios cuya causa sea la inejecución del contrato de trabajo, causa que compete, desde hace mucho tiempo a la *Common Law,* y que pertenece exclusivamente a la jurisdicción del derecho común.

Actualmente en Inglaterra los tribunales son muy numerosos y juegan un papel muy importante en la administración de la justicia civil. Ellos conocen los litigios entre particulares —por ejemplo, en materia de depósitos de arrendamiento— y entre un particular y el Estado, por ejemplo, en materia de seguridad social. Se ha calculado que el número de litigios que resuelven cada año los tribunales es seis veces mayor que el número de litigios que resuelven las jurisdicciones de derecho común[27]. No podemos, pues, dejar de mencionarlo aquí. Pero existen tribunales tan distintos que tienen cada uno no solo su propia competencia sino también su propia constitución y su propio proceso, que es imposible describirlos todos. Serán retomados en el capítulo sobre el derecho administrativo donde también se examinará su control[28]. Sin embargo, es útil mencionar muy brevemente aquí el papel que juega para su consideración la *Supreme Court.*

Ese papel es doble. El más fácil de comprender es el de la Corte de Apelación. Entre las leyes que han creado los tribunales, algunas prevén que la parte perdedora pueda ser oída en apelación —solamente sobre cuestiones de derecho— o bien por la *High Court o* bien por la *Court of Appeal.* En el caso específico del *Industrial Tribunal* existe una Corte de Apelación excepcional —el *Employment Appeal Tribunal*— cuyo presidente es juez de la *High Court.* No obstante, el derecho de apelación no es general. Por el contrario, sin disposición legal ningún derecho de apelación puede existir ¿Cuál es entonces el régimen de los tribunales cuyas decisiones no son susceptibles de apelación?

La respuesta se encuentra, desde el punto de vista histórico, en el principio, muy antiguo, de que las Cortes Reales son siempre competentes en virtud del ejercicio de la prerrogativa del Soberano para verificar la legalidad de aquello que han hecho los tribunales «inferiores». Así, por ejemplo, si un tribunal inferior ha

---

[27] *Report of Royal Commission on Legal Services* (1979) *Cmnd. 7648, para 15.1* Véanse también las tablas o índices 2.1. y 2.2.

[28] Segunda parte, capítulo 16.

sobrepasado los límites de su competencia o no ha observado el principio «del contradictorio procesal», corresponde a la Corte Real —actualmente la *Supreme Court*— «casar» o «derogar» la decisión. De manera que el proceso —que no es el proceso ordinario— era muy técnico y complejo y ese proceso ha escapado a las reformas del siglo XIX. No obstante, en 1977, un nuevo proceso denominado «*Application for Judicial Review*» fue introducido y, por intermedio de este proceso, la parte perdedora ante un tribunal puede recurrir a la *High Court,* no en apelación, sino, por decirlo así, en «casación»[29].

Sección 3
LAS JURISDICCIONES PENALES

1. JURISDICCIÓN DE PRIMERA INSTANCIA

23. – *El lugar del jurado (Jury)*: Desde hace siglos, el *jury* ha jugado un papel primordial en la administración de justicia penal. Bajo la dirección del juez en cuestiones de derecho, corresponde al jurado pronunciarse sobre la cuestión litigiosa principal: la culpabilidad del acusado. Hoy, sin embargo, solo en asuntos en que una persona está acusada de una infracción grave a la ley es que el proceso se desarrolla en presencia del *jury.* Los otros son juzgados «sumariamente» por un tribunal que sesiona sin *jury.* Para la organización judicial es necesario, pues, distinguir dos procesos.

24. – *Jurisdicción con jurado: proceso llamado «trial on indictment».* Historia: En principio, desde su separación del Consejo del Rey, es el *King's Bench* (el Banco del Rey) la más alta jurisdicción en materia penal. No obstante en la práctica del desarrollo de un proceso ordinario ante ese tribunal es excepcional; lo que es más importante es su poder de invocación o citación de procesos instituidos en cualquier parte. Con el fin de juzgar la gran mayoría de casos, el Rey enviaba a la provincia sus comisarios, autorizados cada uno a presidir el proceso desde el momento de su llegada a una localidad designada en su orden de misión. Este es el origen del tribunal normalmente llamado «*Court d'assise*» y del sistema de «*circuits*» que se mantuvo hasta 1971[30], un comisario, normalmente (no así obligatoriamente) juez del *King's Bench* (o de su sucesor: la *High Court*), hace el recorrido de un circuito y sesiona en calidad de juez penal en las localidades que forman parte de este.

Para recibir las acusaciones y para retener los inculpados hasta la próxima visita de un Comisario, el Rey ha designado en cada localidad un determinado número de notables, auxiliares de justicia cuyo título cambió durante el siglo XIV del nombre de «guardianes de la paz» al de «jueces de paz». A estos les fue confiado en 1329, y fue la primera vez, una competencia jurisdiccional. Las sesiones regulares de los jueces de paz, sesionando colectivamente, pasaron a ser rápidamente esenciales y, en 1362, una ley prescribió que debían tener lugar cuatro sesiones por año para cada condado. De allí en adelante y hasta 1971, el tribunal llamado «*Quarter Sessions*» figura en la lista de las jurisdicciones penales.

El Tribunal de «*Quarter Sessions*» sesionaba siempre con un jurado. Gracias a la existencia de este (jurado) solo los asuntos o materias más importantes o más difíciles, han debido ser sometidos a la consideración del comisario real. Durante

---

[29] Véase *infra, nos. 140-144, 475-478.*

[30] *Courts Act 1971.*

un período muy largo, pues, la organización judicial ha conocido dos jurisdicciones penales que sesionaban con jurado. Se hace necesario añadir que durante los siglos XVI y XVII, se ha instaurado la práctica de designar como Presidente de todo tribunal de *«Quarter Sessions»* que sesionara en una ciudad, a un hombre de ley —un abogado— con el título de *«Recorder»*, el cual pasó a ser juez único de su tribunal. En la campiña también fue designado como Presidente un abogado —*«Chairman of Quarter Sessions»*— pero la evolución fue más tardía y el *chairman* nunca sesionó sin dejar de estar rodeado o asistido por los jueces ordinarios de paz.

25.— *La Crown Court:* En 1971 el Parlamento, por medio de las *Courts Act* ha reemplazado dicha organización por otra, mejor adaptada a las necesidades de nuestros días y mucho más profesional. En lo que concierne al *trial on indictment,* teóricamente solo existe una única jurisdicción —la *Crown Court*— cuyos jueces son todos hombres de ley.

Sin embargo se hace necesario distinguir los tres niveles de la *Crown Court.*

(a) El sistema de jueces itinerantes de la *High Court* de alguna manera es mantenido. Tales jueces se dirigen de tiempo en tiempo a ciertos centros importantes para presidir allí las sesiones de la *Crown Court.* La *Crown Court* posee entonces una competencia penal ilimitada.

(b) Un determinado número de «jueces de circuito» *(«Circuit Judges»)* son designados jueces de la *Crown Court* para sesionar permanentemente en determinadas localidades. Aun cuando ese juez sea un profesional y cumpla sus funciones a tiempo completo, la competencia de la *Crown Court* no se extiende pues a asuntos más graves como, por ejemplo, asesinato u homicidio.

(c) En determinadas ciudades grandes, el antiguo título de *«Recorder»* se ha conservado, pero su nueva función no es totalmente idéntica a la de antes. Un *Solicitor* es designado *«Recorder»* y, en calidad de tal, sesiona un determinado número de días por año en la *Crown Court.* Como en el caso cuando preside un juez de circuito, cuyo *«Recorder»* es más bien principal que suplente, la competencia del tribunal presidido por un *«Recorder»* es limitada.

26.— *Jurisdicción de proceso sumario (sin jurado): proceso llamado «summary trial»:* Hemos visto que correspondía a los jueces de paz, jurisdicción colectiva, recibir las acusaciones y asegurar a las personas acusadas. Luego, no siendo la prisión el único medio de asegurar la presencia del acusado ante el tribunal de *Quarter Sessions Court of Assise,* les correspondía también ordenar bien sea la detención del acusado o bien su puesta en libertad provisional. Se hacía entonces necesario que los jueces de paz llevaran una especie de encuesta preliminar, cuyo procedimiento fue reglamentado por unas leyes del siglo XVI: los jueces de paz debían interrogar al acusado y a sus acusadores, debían redactar un proceso (o causa) verbal de su interrogatorio y debían informar el proceso verbal al tribunal donde el asunto iba a ser juzgado.

Originalmente, la encuesta que conducían los jueces de paz era un acta más ministerial y de policía que jurisdiccional. El gran historiador del Derecho inglés, el profesor Plucknett, ha escrito que las leyes de la época hacían de los jueces de paz una combinación entre agentes de policía y jueces de instrucción francés[31]. Por otra parte, el desarrollo de un cuerpo de policía más o menos eficaz, al inicio del siglo XIX, ha permitido la transformación de la encuesta que conducían los jueces de paz en una verdadera encuesta judicial, cuyo objetivo principal era determinar si era necesario pasar el asunto al tribunal para ser juzgado o si, por el contrario, el acusado debía ser puesto en libertad en seguida.

Evidentemente, la encuesta preliminar, cualquiera fuera la forma, exigía que determinados jueces de paz sesionaran fuera de que «sesiones», es decir, independientemente de las *Quarter Sessions.* Por una extensa serie de leyes, de las cuales la primera data del siglo XV, el Parlamento ha confiado a los jueces de paz que sesionaban fuera de sesiones, una verdadera jurisdicción para resolver asuntos penales menores.

Esta jurisdicción de los jueces de paz «fuera de sesiones» pasó rápidamente a ser muy importante. Sin embargo, hasta el siglo XIX ella no estuvo reglamentada sino por un buen número de leyes separadas: constitución del tribunal —un solo juez de paz o un cuerpo colegiado de jueces de paz—, competencia, procesos, derecho de apelación, etc.; todo dependía de la específica ley aplicable a la especie. No es hasta 1848 que una ley general reglamentó, por vez primera, el sistema de jurisdicciones «sumarias», creando en todo el país un conjunto de tribunales llamados «*Petty Sessions*» para distinguirlos de los «*Quarter Sessions*». Contemporáneamente la designación *Petty Sessions* ha sido reemplazada por la de «*Magistrates Court*». Después de varias modificaciones, la ley sobre los *Magistrates Court* que está en vigencia es la de «*Magistrates Court*» *Act 1980.*

Incluso antes de la ley de 1948, se había concebido la idea de que la jurisdicción de los jueces de paz —encuesta preliminar y proceso sumario— podría ser confiada a un solo juez, hombre de ley asalariado y designado *stipendiary magistrate,* con competencia en un sitio específico. Para la metrópoli de Londres, donde fue nombrado el primero de estos *stipendiary magistrates* hacia fines del siglo XVIII, la ley vigente prescribía que se contemplasen hasta un número de 60, de los cuales 40 eran atribuidos a la provincia[32]. Sin embargo, los jueces de paz ordinarios continúan sesionando en todo el país incluyendo algunos distritos de Londres. A pesar de la existencia de la *Crown Court,* donde todos los jueces son profesionales y de los *stipendiary magistrates,* la gran mayoría de las personas acusadas de una infracción a la ley penal son siempre juzgados por el proceso sumario (sin jurado) y ante un Tribunal cuyos jueces (pero no el escribano, es necesario precisarlo) no ejercen ninguna profesión jurídica, aunque sean personas cuidadosamente escogidas y de gran calidad.

2. JURISDICCIONES DE APELACIÓN

A. Después del «trial on indictment»

27.— Historia: Tal como en materia civil, en materia penal, el antiguo *Common Law* nunca ha conocido la apelación propiamente dicha. El veredicto del jurado no era jamás susceptible de un ataque directo. El único recurso posible era una especie de recurso en casación cuyos casos de admisión estaban extremadamente limitados. Era imposible no solo demandar que el asunto fuese de nuevo juzgado en base a los

[31] Plucknett, *Concise History of the Common Law,* ed. 5, (1956), 432.
[32] *Justices of the Peaces Act 1979.*

hechos, sino también —salvo en muy raras excepciones— demandar un *new trial* incluso por los errores cometidos por el juez en la administración de las pruebas o bien en su alocución al jurado sobre la regla de derecho aplicable a la especie. Cierto es que el juez podía «reservar», antes del registro de su juicio, una cuestión de derecho para obtener la opinión de sus colegas, y que este sistema de consulta fue regularizado con la creación de la «*Court of Crown Cases Reserved*» en 1848. Aun cuando el abogado del acusado podía proponer al juez que una duda *(question)* fuese reservada para la Asamblea de los Jueces reunidos en esa Corte, él tan solo podía proponerla; la decisión de reservarse o no una duda *(question)* se dejaba a la sola discreción del juez.

28. – La Corte de Apelación: Este sistema poco satisfactorio se mantuvo hasta la creación de la «*Court of Criminal Appeal*» por una ley de 1907[33] que pasó a ser desde 1966[34] la «*Court Of Appeal, Criminal Division*». Esta Corte, verdadera jurisdicción de apelación —lo que era la *Court of Crown Cases Reserved*— no puede sin embargo ser recurrida más que por la persona condenada; ninguna apelación es posible después de lograda la absolución[35].

El condenado puede recurrir libremente a la Corte si se trata de una cuestión de derecho. Habiendo obtenido previamente el permiso de la Corte, él puede también recurrir a ella sobre una cuestión de hecho o de una cuestión mezclada de hecho y de derecho y, bajo la misma condición de autorización, hacerse oír sobre la pena impuesta por el Tribunal de primera instancia.

En un cierto número de casos —y en estos casos solamente—, la Corte debe en principio anular la condenación y ordenar la puesta en libertad del apelante. Esto es así sí:

(a) Tomando en cuenta todas las circunstancias, el veredicto del jurado no es confiable; o

(b) El juicio del Tribunal de primera instancia está viciado de un error de derecho; o

(c) El proceso seguido ante el Tribunal de primera instancia ha sido seriamente irregular.

Sin embargo, la Corte siempre puede rechazar la apelación en el caso que ella estime que, a pesar del error constatado, no se ha producido injusticia alguna.

Dado los límites ya bastantes severos de los poderes de la Corte, a menudo se ha propuesto sumarle el poder de ordenar un nuevo proceso ante un nuevo jurado. A lo cual se ha respondido siempre que ello sería una violación del principio fundamental *nemo debet bis vexari pro eadem causa*. Finalmente, en 1964[36], el parlamento adoptó una solución de compromiso: fuera de los casos donde el primer proceso ha debido ser considerado nulo, un nuevo proceso puede ser instituido,

---

33 *Criminal Appeal Act 1907.*

34 *Criminal Appeal Act 166.* Ver ahora *Criminal Appeal Act 1968, s. 1.*

35 Sin embargo, después de la absolución el *Attorney-General* puede recurrir ante la Corte sobre una cuestión específica del caso. Se trata de una especie de «*Recurso en interés de la ley*», cuyo resultado no afecta el dispositivo del juicio de absolución: *Criminal Justice Act 1972, s. 36.*

36 *Criminal Appeal Act 1964,* actualmente *Criminal Appeal Act 1968, s. 33.*

pero solo en el caso de que, según unas reglas restrictivas, la Corte haya recibido nuevas pruebas y considere que de acuerdo a estas, un nuevo proceso debe tener lugar en el interés de la justicia.

29. – La Cámara de los Lores: Anteriormente la apelación a la Cámara de los Lores no era posible en materia penal más que con el certificado del *Attorney-General* declarando que se trataba de una cuestión de derecho de interés público excepcional. Actualmente, y desde 1960[37], no se requiere la intervención de este alto oficial de la Corona. La parte perdedora ante la Corte de Apelación —ya sea el demandante o el acusado— puede recurrir en apelación ante la Cámara de los Lores bajo las siguientes condiciones:

(a) Que la Corte de apelación certifique que se trata de una cuestión de derecho de interés público general (no «excepcional»); y

(b) Que la Corte de Apelación, o la misma Cámara de los Lores consideren que la cuestión dicha es tal que no debe ser resuelta por la Cámara de los Lores; y

(c) Que el permiso, sea de la Corte de Apelación o sea de las Cámaras de los Lores, se obtenga previamente.

En el caso en que la apelación de la Cámara de los Lores sea admitida, los poderes de la Cámara son los mismos que los de la Corte de Apelación.

B. *Después del «Summary Trial»*

Dos vías están abiertas:

30. – La apelación propiamente dicha: Desde el siglo XIX, el derecho de apelación de la persona acusada o condenada —nunca del demandante— ante una jurisdicción de proceso sumario ha sido por lo general reconocido. Anteriormente, el tribunal de *Quarter Sessions,* sesionando sin jurado, era competente para conocer la apelación elevada en contra de la decisión de un tribunal de *Petty Sessions.* Actualmente es la *Crown Court* la que conoce la apelación formada contra la decisión de una *Magistrales Court.* Al igual que el antiguo tribunal de *Quarter Sessions,* la *Crown Court,* en tanto Corte de Apelación, sesiona sin jurado; pero el juez de la *Crown Court* (Juez de la *High Court,* Juez del circuito o *Recorder)* no es más que el presidente; el sesiona con dos o cuatro jueces de paz; la decisión es tomada por mayoría de votos y solo en caso de empate en la votación es que la voz del juez es preponderante.

Se trata aquí de un proceso de apelación notable. Proporciona lo que puede ser en derecho inglés un verdadero *novum judicium.* Por otra parte, tanto en materia penal como en materia civil, una corte de Apelación jurisdicción de segunda o incluso de tercera instancia, debe normalmente tomar su decisión fundándose exclusivamente sobre el proceso verbal de la audiencia de primera instancia: no puede ser cuestión de hacer comparecer de nuevo los testigos ni admitir, salvo condiciones restrictivas, nuevas pruebas escritas o testimoniales. Ante la *Crown Court* en calidad de Corte de Apelación, por el contrario, corresponde al demandante y no al apelante comenzar la audiencia, el peso de la prueba le incumbe, los testigos son requeridos e interrogados de nuevo en presencia de la Corte y las nuevas pruebas

---

[37] *Administration of Justice Act 1960,* actualmente *Criminal Appeal Act 1968, s. 33.*

son libremente admitidas. No se trata, pues, de una simple *revisto prioris instantiae,* sino de un nuevo proceso ante un tribunal superior. En lo que concierne al fondo, la Crown Court decide en última instancia.

31.— El recurso por vía del «case stated»: Toda persona «que haya sido sujeto pasivo o agraviado» de una decisión judicial, sea esta proveniente de una *Magistrates Court* o de la *Crown Court* en tanto Tribunal de Apelación, puede solicitar que el Tribunal le extienda una constancia escrita de los hechos individuales del caso para someter a la *High Court* un recurso consistente en la formulación de una o varias cuestiones de derecho. Teóricamente, la cuestión de derecho es accionada por el Tribunal *a quo,* tribunal que se ha pronunciado ya a través de su decisión y que, por consiguiente, busca la opinión de la *High Court* preguntándole lo siguiente: ¿Teníamos razón al decidir que... ? En la práctica, corresponde a la persona que cuestiona la validez de la decisión —de hecho se trata del apelante, aunque no se emplee este término— asumir la tarea de redactar las constataciones pertinentes y de formular la cuestión de derecho que se somete a la competencia de la *High Court* con la autorización del Tribunal. Aunque inexactamente denominado el procedimiento es generalmente conocido bajo el nombre de Recurso por Vía de la Especificación del Caso *(Appeal by way of case stated).*

Corresponde a una competencia especial de la *High Court,* la llamada *«Divisional Court»,* compuesta por al menos dos jueces, pronunciarse sobre la cuestión de derecho sometida. Es admisible considerar esta competencia como una jurisdicción de casación. En lo que concierne a los hechos del caso está, en efecto, estrictamente vinculada por la constatación que sobre esto haya efectuado el Tribunal *a quo.* Y, por consiguiente, no puede sino responder dentro de los términos de la cuestión que le ha sido sometida a su consideración. No puede, pues, vista la constatación de los hechos, ponerle fin a la controversia sino en función de la decisión del Tribunal *a quo.* Esta puede ser o confirmada o cazada sin reenvío (Casación, por ejemplo, de una condenación en donde no existe ninguna infracción a la ley penal), En cualquier otro caso se debe enviar la causa al Tribunal correspondiente con las instrucciones o directrices correspondientes.

Este procedimiento es complejo y costoso y no toca jamás los hechos del caso. El recurso por vía, de *case stated* no es en la práctica una verdadera alternativa a la apelación ante la *Crown Court.* Por el contrario, cuando se trata de una cuestión de derecho sobre la cual la opinión de la *High Court* es deseable en razón del interés general más que en el interés de las partes en litigio —si se trata, por ejemplo, de la interpretación de una ley que reglamenta una materia con alcance general— el recurso es muy útil. No es sorprendente entonces que, desde 1960, y bajo las mismas condiciones de la *Court of Appeal* en materia penal, se considere admisible ante la Cámara de los Lores un recurso intentado ante la *Divisional Court.*

Sección 4
LA JUSTICIA Y SU PERSONAL

32.— Plan: No existe en Inglaterra un equivalente del cuerpo de Magistrados que componen el Poder Judicial en Francia. Con excepción de los Jueces de Paz, nadie puede ser nombrado Juez si antes no es miembro de algún cuerpo auxiliar de la Justicia. Estos cuerpos forman la profesión jurídica. Sería entonces necesario comenzar por esta.

1. LOS AUXILIARES DE LA JUSTICIA

33. – Una profesión con dos ramificaciones: La práctica inglesa conoce desde sus primeros días una distinción que también se da en Francia. La distinción procesal entre la presentación o formulación de la materia judicial y el litigio. La primera actividad corresponde a los *«solicitors»;* la segunda, a los *«barristers»:* se trata de las dos ramas de la profesión jurídica. Existe entonces una cierta similitud entre el *«solicitors»* inglés y el antiguo *«avocat»* francés. En los dos países se ha discutido profundamente la cuestión de la conveniencia de la fusión entre ambas especialidades; fusión parcialmente realizada en Francia por la ley de 1971. En Inglaterra, por el contrario, y a pesar de las críticas severas que se han dirigido contra del sistema actual, la Comisión Regia sobre los servicios jurídicos recomendó en su Informe de 1979 que se preserve la distinción[38]. Al igual que ocurría en el pasado, nadie hoy puede ser miembro simultáneamente de las dos ramas de la profesión. Las reglas que garantizan la diferencia de funciones, y que han sido en cierta manera flexibilizadas durante el curso de estos últimos años, aún permanecen en vigencia: por una parte, solo el *«barrister»* tiene el derecho de ventilar los litigios ante las Cortes y los Tribunales Superiores; de la otra, el *«barrister»* no puede encargarse de preparar la causa ni aconsejar al cliente sin la mediación de un *«solicitor».*

34. – Los «solicitors»: Es necesario hacer notar desde un principio que gran parte del trabajo de un *«sclicitor»* no tiene nada que ver con el litigio. El sistema inglés no conoce la profesión del Notario. Le corresponde al *solicitor* actuar allí donde debería existir la función del notario. Es ante un *«solicitor»* a donde se dirige aquel que desea efectuar una transferencia inmobiliaria, aquel que desea redactar un testamento o aquel que desea constituir una Sociedad Anónima, inclusive a él se dirige aquel que no desea más que obtener un consejo acerca de problemas jurídicos relacionados con sus negocios o familia. Los *solicitors,* cuyo número no sobrepasa la cantidad de 30.000, son los que conducen la práctica general del derecho. Normalmente se organizan en sociedades, algunas de las cuales, sobre todo en Londres, llegan a alcanzar una treintena o más de asociados, y otras son notablemente menores en cantidad de asociados. Las oficinas o gabinetes de *solicitors* se hallan repartidos por todo el país.

Cuando se trata de un litigio le corresponde al *solicitor* formularlo. El actúa en representación de su cliente cualquiera que sea el nivel jurisdiccional ante el cual se recurre. A menos que la parte no haya preferido actuar en nombre propio –lo que es siempre permitido y normal en los asuntos de menor cuantía– él es responsable de todos los actos procesales. Ante la *County Court* y ante las *Magistrates Court,* los *solicitors* comparten su trabajo con los *barristers,* específicamente en lo referente a la conducción o ventilación de la controversia en las audiencias destinadas a interrogar los testigos o a argumentar procesalmente. Es entonces innecesario contratar los servicios de un *barrister* para un asunto modesto. Ante las Cortes y los Tribunales Superiores, donde solo el *barrister* tiene derecho de actuar judicialmente, le corresponde siempre al solicitor diligenciar los actos procedimentales. Le corresponde también, muy frecuentemente, a solicitud de un *barrister,* preparar o constituir las pruebas tanto escritas como testimoniales que serán posteriormente administradas durante la realización del juico o *«trial».*

---

[38] Véase *supra* (p. 23, nota 27, parág. 1746. V. Jolowicz). El Informe de la Comisión Regia sobre los servicios jurídicos del Reino Unido, *Rev. Int. Dr. Comparado,* 1980, p. 539 et s., parte A.

«Funcionario de la Corte Suprema», el *solicitor* está sometido al control de los jueces. Si, por ejemplo, es culpable de un error grave en la conducta de un litigio, causa gastos innecesarios, el Juez puede ordenar que el *solicitor* asuma personalmente los costos o daños correspondientes. No obstante, una intervención semejante, rara vez se da en la práctica. Existe una organización profesional de *solicitors* —la *Law Society*— a. la cual la ley[39] le ha conferido un poder disciplinario y un poder reglamentario sobre la conducta de los *solicitors* en lo concerniente, por ejemplo, al comportamiento de estos para con sus clientes.

35.— *Los «barristers»; los «estrados»:* Los ancestros de los *barristers* fueron originalmente conocidos bajo el nombre de *«counters»*[40]. A ellos les correspondía abogar, o mejor dicho, narrar los hechos del caso y discutir su calificación teniendo en cuenta los intereses de una de las partes o de la contraria. Teniendo en cuenta la importancia de la oralidad a lo largo de la historia del derecho inglés en los procesos tanto civiles como penales, es natural que el *barrister* fuera ante todo considerado como el experto en el arte forense o de la controversia, incluyendo en este la interrogación de los testigos. El derecho de comparecer ante los Tribunales Superiores les estaba también reservado. Pero no es del todo excepcional que un *solicitor,* pudiendo comparecer ante la *County Court* o la *Magistrales Courts,* contrate los servicios de un barrister para que le defienda los intereses de su cliente.

Aun cuando la razón original de ser de la profesión de *barrister* se encuentra en el litigar, no es necesario concluir que esto constituye toda la vida profesional del *barrister* moderno. Excepción hecha de algunos miembros de los estrados, que solo son expertos litigantes, hoy en día es normal que el *barrister* no sea solamente experto en litigios —de hecho, puede incluso que no lo sea del todo—, sino que solo sea experto en una determinada rama del derecho. Por consiguiente, si el cliente de un *solicitor* tiene necesidad de un especialista, puede solicitarlo por intermedio de este a aquel miembro del estrado *(barrister)* que él escoja. En efecto, puede ser que el consejo tenga lugar durante un proceso en curso o de uno que esté a punto de entablarse: el consejo de un *barrister* es con frecuencia solicitado antes que se haya preparado el acto introductorio de la instancia; los *pleadings*[41] son redactados por un *barrister;* y antes del *trial* el *barrister* emite su opinión sobre las pruebas a administrar. Pero el consejo de un *barrister* es con frecuencia también solicitado sobre una cuestión compleja no litigiosa surgida en los asuntos comerciales o privados de cualquiera. Y es del deber de un *solicitor* decir a su cliente si es o no preferible solicitar de un *barrister* su consejo de especialista. Igualmente es su deber conocer a quien solicitar tal consejo, tomando en cuenta la rama del derecho en causa, la importancia del asunto y el monto de los honorarios que podrían exigir cualquier *barrister.*

El número de *barrister* es mucho menos importante que el de los *solicitors* —menos de 5.000, de los cuales aproximadamente 3.500 en Londres—, y está prohibido al *barrister* constituir una sociedad con otros miembros de la profesión. Cierto es que está permitido e incluso se acostumbra que un determinado número de *barristers* se reúnan en un mismo despacho (*«Chambers»*) para compartir los gastos —alquiler, pasante, secretarias, biblioteca, etc. Pero, es al individuo, y no al gabinete o bufete, a quien se dirige el *solicitor.* Es más, mientras el *solicitor* debe asumir los asuntos de

[39] *Solicitors Act 1974.*

[40] Deformación de la palabra francesa *«conteurs».*

[41] Cf. *infra,* nos. 130-134.

su cliente de una manera genérica y, en particular, él se hace responsable durante la permanencia de un litigio, el *barrister* no actúa sino bajo solicitud explícita y de tiempo en tiempo: se le solicita su dictamen, el cual emite; se le solicita litigar en algún caso específico, lo cual también realiza. En cada oportunidad, y una vez que su misión particular ha sido efectuada, el envía el expediente de vuelta al *solicitor.* No tiene responsabilidad continua. No tiene tampoco el derecho de exigirle a aquel *solicitor* que lo haya encargado de algún asunto que lo vuelva a responsabilizar, en caso necesario, en la misma causa. El *solicitor* puede siempre libremente escoger a otro *barrister* si considera que esto redunda en beneficio de los intereses de su cliente. Por otra parte, es una norma tradicional de los estrados que ningún *barrister* pueda rehusarse a atender el requerimiento de un *solicitor* que tiene por objeto garantizarle servicio a un cliente de este último, y esto es así independientemente de cuan detestable sea este último ante la opinión pública. La única condición que existe sobre esto es que el requerimiento del *solicitor* consista en una materia que se encuentra bajo el ámbito de aquella rama del derecho que forma parte de la práctica regular del *barrister* y que le sean ofrecidos honorarios apropiados. Es así como se garantiza el derecho que tiene toda persona de obtener los servicios de un *barrister* cuando ello sea necesario.

36. – Los Inns of Court: Anteriormente el cuerpo de *barristers* se dividía en dos categorías: los más antiguos y experimentados, nombrados por el Rey *«Serjeants at Law»,* y los *«Apprentices».* Solo los *Serjeants* tenían el derecho de comparecer ante el Tribunal de Demandas Comunes *(Court of Common Pleas)* y, para ser nombrado juez se necesitaba ser previamente miembro de la orden de *Serjeants.* La importancia creciente del número de litigios ante los otros tribunales donde los *Serjeants* no tenían el monopolio proporcionó entonces rápidamente a los «aprendices» un trabajo y de esa manera una vida profesional independiente de los *Serjeants.* Ellos (los *apprentices)* se organizaron así en cuatro asociaciones, las cuatro *«Inns Court»* que han existido siempre. La orden de los *Serjeants,* por el contrario, desapareció con la creación de la Corte Suprema Única en 1875, creación que implicó la abolición de los tribunales preexistentes, entre ellos el de las Demandas Comunes. Los *Serjeants* ya habían perdido en 1846 el monopolio de litigar *pleadings* que ejercían ante ese Tribunal. La orden ya no tenía razón de existir y fue abolida en 1875, mucho antes de la desaparición de la orden de *Serjeants,* el *barrister* que no era *Serjeant* y que era designado como juez se le nombraba *Serjeant* a la víspera de su nominación para guardar la forma. Desde 1875 esta formalidad dejó de ser evidentemente requerida y el nuevo juez permanece como miembro de su *Inn* original.

Solo quedan pues, los cuatro *Inns of Court* a los cuales corresponde, al menos teóricamente, el manejo del estrado *(Bar).* Por delegación consuetudinaria por parte de los jueces y bajo unas condiciones que mencionaremos más tarde, el aspirante al estrado *(Bar)* se le acordaba el derecho de litigar por intermedio del *Inn of Court* del cual él ya había formado parte en su condición de estudiante. Por una delegación semejante, cada *Inn* está dotado de un poder disciplinario para controlar la conducta profesional de sus miembros. Desde luego, ha existido desde hace mucho tiempo una gran cooperación entre los *Inns* en el ejercicio de sus funciones y en 1966, crearon conjuntamente el «Senado de los *Inns of Courts* del Estado *(Bar)».* De hecho, el Senado es hoy en día el órgano que gobierna o maneja los estrados o foro *(Bar)* y que es responsable de la formación de los que aspiran ser miembros de la profesión. Pero, desde el punto de vista formal, cada nuevo *barrister* es admitido al ejercicio profesional por el Inn del cual él es miembro y, en caso de que un *barrister* infrinja las normas de conducta profesional, cualquier sentencia pronunciada en su contra por el Senado debe ser confirmada por el *Inn* respectivo. Lo más importante para la vida de un *barrister*, o mejor dicho, para uno que posea su bufete o gabinete en Londres, es que su *Inn* representa para él un centro de actividades profesionales y sociales donde puede coincidir con jueces, demás miembros del foro y estudiantes en eso que ellos llaman su «*domus*».

37.– *Los Quee't Counsels o Consejeros de la Reina:* Para defender sus causas el Rey medieval tenía el hábito de nombrar «*King's Serjeant* a un miembro de la orden de los *Serjeants-at-Law*. Hacia finales del siglo XVI se desarrolló la práctica complementaria de nombrar «*King's Counsel o Consejero del Rey*» a un determinado número de *barristers* que no eran *Serjeants*. Aun cuando ellos no formaban una clase aparte de los otros miembros del foro, sin embargo, estaban a la disposición del Rey en caso de que este tuviese necesidad de sus servicos. El oficio de *King's Serjeant* finalmente termina por desaparecer y poco a poco los *King's Counsel* fueron perdiendo su obligación especial con respecto al Rey. El título –actualmente «*Queen's Counsel*» ha no obstante sobrevivido hasta nuestros días.

Hoy día el que ejerce en el foro puede solicitar al *Lord Chancellor* concederle el título de *Queen's Counsel* y la decisión del *Lord Chancellor* es discrecional. Aunque la obtención del título no cambia para nada el status legal del *barrister* interesado, en la práctica, sin embargo, los aspectos relativos a saber si es oportuno solicitarlo al *Lord Chancellor* y cuando hacerlo, tienen para el *barrister* una importancia considerable. En efecto, y de acuerdo a las normas internas del ejercicio profesional, al *barrister* que ha sido nombrado *Queen's Counsel* no le está permitido redactar solo las actas del proceso por ejemplo, los *pleadings*) ni tampoco presentar alegatos ante el Tribunal sin ser asistido de un *barrister* ordinario (un «*Junior*»). Dicho de otra manera, los servicios de un *Queen's Counsel* no serán solicitados sino en un asunto cuya importancia amerite el empleo de dos miembros de la barra o foro. Para el *barrister* cuyos Servicios sean muy demandados, la obtención de ese título le asegura que de ahora en adelante él no tendrá que dispersar sus esfuerzos en un buen número de asuntos de menor importancia. Para un practicante de los *solicitor* menos reputados, menos estimados, por el contrario, su denominación como un *Queen's Counsel* podría poner fin a su vida profesional. En la práctica, los portadores del título de *Queen's Counsel* son por lo general los más experimentados, los más hábiles entre los miembros del foro.

38.– *El Attorney-General y el Solicitor General; los «Law Officers of the Crown»:* En el pasado era el «*attorney*» quien se encargaba de litigar y representar judicialmente ante los Tribunales del *Common Law;* el nombre de «*solicitor*» estaba reservado a aquellos que ejercían (profesionalmente) ante la *Court of Chancery*[42]. Entonces el *attorney* y el *solicitor* designados por el Rey para su servicio personal eran conocidos respectivamente como el «*Attorney-General*» y el «*Solicitor-General*». Esto tan solo explica los títulos de esos dos altos oficiales o funcionarios *(officiers)* del Estado.

El *Attorney-General* y el *Solicitor-General* de hoy –que forman conjuntamente los «*Law Officers of the Crown*» (consejeros jurídicos de la Corona), del cual el *Attorney-*

42 Los practicantes adjuntos a las antiguas jurisdicciones eclesiásticas y del almirantazgo, tribunales de derecho canónico o romano, fueron conocidos como «*Proctors*», título que, junto con el de *attorney*, ha desaparecido del lenguaje jurídico en Inglaterra. En los Estados Unidos, los practicantes del derecho son por lo general denominaciones «*Attorneys-at-Law*».

General es el decano— son miembros del foro. También lo son del Parlamento (Cámara de los Comunes). Su designación corresponde al Primer Ministro y ellos mismos son también Ministros. Paradójicamente, ellos también ejercen un rol independiente del gobierno y que toca directamente a la administración de la justicia. Puede ocurrir, asimismo, que el *Attorney-General,* durante el ejercicio de su poder discrecional personal, actúe en el interés de la justicia de una manera contraria a los intereses políticos del gobierno del cual él es miembro. Por todo lo que haga el *Attorney-General* en su rol independiente —como guardián del interés público— debe responder solo ante el Parlamento; sus colegas del gobierno no poseen sobre él control alguno.

En calidad de Ministro, la función principal de un *Law Officer* es la de aconsejar a sus colegas del gobierno sobre cuestiones de derecho, incluidas aquellas de derecho internacional que conciernen al mismo, para responder ante la Cámara de los Comunes sobre determinadas cuestiones parlamentarias y, de tiempo en tiempo, introducir ante la Cámara proyectos de ley. En todas sus actividades, en tanto miembros del gobierno, su lealtad a la mayoría parlamentaria y al partido del cual sea miembro, puede legítimamente influenciar su conducta. Pero cuando se trata de que juege rol independiente se le exije poner de lado toda consideración de orden público.

En resumen, el rol independiente de un *Law Officer* se divide en dos partes: la protección del interés público ante los tribunales y la protección, como representante de la reina en su calidad de *Parens Patriae,* de determinados intereses que sin ser verdaderamente públicos merecen, no obstante, su benévola intervención. Si, por ejemplo, un fondo es transferido a unos *trustees* bajo condición de un *trust* para que se distribuyan los beneficios entre los pobres de una determinada localidad, ningún individuo puede intentar la acción civil contra el *trustee* deshonesto; corresponde la acción al *Attorney-General.*

En lo que concierne a la protección del interés público ante los tribunales, aun cuando un certificado de su parte no es ya necesario para que una apelación en materia penal sea llevada ante la Cámara de los Lores, permanecen determinadas acciones públicas que no pueden ser intentadas sino con su autorización y que él posee siempre el poder de poner fin por la ordenanza de *nolle prosequi,* a toda demanda por infracción de ley penal. En materia civil, le corresponde intentar una acción o autorizar a una parte —uno particular o una sociedad— a intentar una acción en su nombre si él considera que se trata de hechos, para adoptar el lenguaje del nuevo código francés, que conllevan o conducen a una afrenta del orden público. Finalmente, debemos hacer notar que el *Attorney* o el *Solicitor-General,* el mismo *barrister,* posee el derecho de hacerse oír ante los tribunales y que él ejerce de vez en cuando en los asuntos más importantes que conciernen a los intereses de la Corona.

2. LOS JUECES

39.— El Lord Chancellor: El *Lord Chancellor,* al mismo tiempo juez, miembro del Parlamento y Ministro, es titular de un oficio único. En tanto juez ocupa la posición más elevada en la jerarquía judicial. Él es Presidente de la Cámara de los Lores (institución judicial), de la Corte de Apelación y de la *Chancery Division* de la *High Court.* En tanto miembro del Parlamento preside las deliberaciones de la Cámara de los Lores. En tanto Ministro es miembro del gobierno y jefe o cabeza del *«Lord Chancellor's Department»,* ministerio que posee algunas de las responsabilidades que en otros países entran en la competencia del Ministro de Justicia.

Miembro de los estrados (Bar) donde ocasionalmente y desde luego juzga, el *Lord Chancellor* es designado por el Primer Ministro, jefe del gobierno del cual él es miembro. Solo permanece en sus funciones durante el tiempo que dure el gobierno. Evidentemente ningún Primer Ministro escogerá como *Lord Chancellor* a un partidario de un partido de la oposición; de manera típica, la persona escogida será miembro activo del partido mayoritario. En el estado actual de cosas, las funciones parlamentarias y ministeriales son tan absorbentes, que el *Lord Chancellor* sesiona excepcionalmente como juez en la Cámara de los Lores y nunca lo hace fuera de esta. Por el contrario, todo antiguo *Lord Chancellor* posee la calidad de *Lord of Appeal;* recibe una generosa pensión de retiro y se espera de él que sesione como juez de la Cámara de los Lores, por tan largo tiempo como sea capaz de hacerlo.

40. – Jueces de la Cámara de los Lores y de la Corte Suprema:

a) Inamovilidad. Hasta finales del siglo XVII teóricamente entraba dentro de los poderes del rey revocar «sus» jueces a su voluntad. Una ley de 1701[43] puesta en vigencia después de la «Gloriosa Revolución» de 1688, estableció de una manera definitiva la independencia de los jueces con respecto a la voluntad del Rey, por consiguiente, de su administración. En efecto, ella prescribió que en lo venidero los jueces de los tribunales superiores permanecieran en sus funciones *«quamdiu se bene gesserint»*, que ellos no podían ser privados de sus funciones sino por el requerimiento de las dos Cámaras del Parlamento reunidas y que su salario fuera fijado por el Parlamento mismo. Actualmente, la ley de 1701 ya no está vigente, el Parlamento ha perdido en gran parte su control sobre los salarios de los jueces y todo juez debe tomar su jubilación a más tardar a los 75 años de edad. Por el contrario, la frase *«quamdiu se bene gesserint»* (traducida al inglés) se ha conservado en la ley moderna de 1981[44] y persona alguna ha jamás pretendido que la independencia de los jueces sea puesta en cuestión o riesgo por las derogaciones citadas de la ley de 1701.

b) Condición del nombramiento. Solo tienen condiciones para ser nombrados jueces de la Cámara de los Lores *(Lord of Appeal in Ordinary) o* de la Corte Suprema, los miembros del foro o estrados —no así los *solicitors*— con una determinada antigüedad[45]. Y en lo que concierne a la nominación para la Cámara de los Lores y la Corte de Apelación, solo aquellos que ya son jueces de la Corte Suprema.

c) Designación. De acuerdo al texto de la ley[46] corresponde a la reina designar los jueces. No obstante, Su Majestad no actúa sino a solicitud de consulta. Según la costumbre institucional, el *Lord Chancellor* le ofrece (a su majestad) su consejo para la designación de los jueces de la *High Court;* en lo que se refiere a los jueces de alzada, comprendiendo en ellos los presidentes de las tres Divisiones de la *High Court,* la Reina consulta a su Primer Ministro y este —secreto de polichinela— consulta al *Lord Chancellor.*

No existe ninguna disposición legal que asegure que la opinión que uno u otro de sus Ministros dé a la Reina no sea desnaturalizada por consideraciones de compromiso político individual; hasta una fecha muy reciente se dio el caso de que la nominación como juez fue ofrecida a un *barrister,* quien en su calidad de parla-

[43] *Act of Settlement.*

[44] *Supreme Court Act 1981, s. 11.*

[45] 10 años para la *High Court,* 15 años para la *Appeal* y la Cámara de los Lores: *ibíd.* s. 10.

[46] *Ibíd.*

mentario sirvió bien al partido de gobierno. No obstante, si bien es cierto que el juez designado de esa manera no fue siempre uno de los mejores, no ha habido durante la era moderna ninguna razón para creer que las decisiones hayan sido influenciadas por su antigua lealtad política. Es más, es un hecho conocido que el *Lord Chancellor* consultó con otros jueces antes de ofrecer su consejo u opinión a Su Majestad. El número de jueces, antiguos miembros del Parlamento, no ha sido nunca muy elevado. Actualmente, y con excepción del *Lord Chancellor* mismo, no existe ninguno. Pero la protección más segura —excluyendo a la tradición— contra la parcialización de los jueces se encuentra en razón de su número: en el presente la Cámara de los Lores y la Corte Suprema suman en total 111. Si existiera alguna razón para dudar acerca de la integridad de un juez, no solamente la profesión, sino también el gran público, se enteraría rápidamente del asunto por vía de los periódicos, radio y la TV.

41.— *La Crown Court:* Son jueces de la *Crown Court* los jueces de la *High Court* de la cual hemos venido hablando, los jueces de circuito y los *recorders.* Los jueces de estas últimas dos categorías son designados por la Reina bajo recomendación del *Lord Chancellor.* Esta recomendación es exigida por la ley y no tiene base exclusivamente consuetudinaria[47]. No gozan de la inamovilidad de la cual gozan los jueces de la *High Court.* El *Lord Chancellor* tiene el derecho de revocarlos en su cargo en caso de incapacidad o de mala conducta[48]. Esté derecho no ha tenido que ejercerlo sino de manera muy excepcional.

a) Los jueces de circuito son aproximadamente unos 300. Son elegibles como jueces de circuito los miembros del foro o estrados que hayan tenido por lo menos 10 o más años de antigüedad. Es entonces posible que un *solicitor* sea designado juez de circuito, por consiguiente, juez a tiempo completo, lo que era antes inconcebible[49]. Es más, es potestad del *Lord Chancellor* pedirle a un juez de circuito o a un *recorder* que asuma, en caso necesario, su lugar en la *High Court*[50]. De donde resulta que una persona que no ha sido miembro del foro, y que, por consiguiente, no tiene experiencias para litigar ante los tribunales, pueda presidir y ejercer los poderes resultantes de esa función judicial.

b) El *recorder, barrister* o *solicitor* que posea menos de 10 años de antigüedad no puede ser juez a tiempo completo. Continúa en el ejercicio de la práctica de su profesión durante la mayor parte del año y no asume las funciones judiciales sino durante aquellos días previstos por la circular o instructivo de su nominación, instrumento este que determina igualmente la duración de su servicio. El *Lord Chancellor* puede prolongar ese período, con la salvedad de que ningún *recorder* puede durar en funciones judiciales cuando tenga más de 72 años de edad. Es necesario subrayar que la función judicial no está reservada a los *barristers:* después de la entrada en vigencia de la ley de 1971, esta función también ha sido abierta a los miembros de la otra rama de la profesión jurídica.

42.— *Los County Court:* Después de la creación de la *Crown Court* en 1971 y de la función del juez de circuito, la función específica de juez del *County Court* ha desaparecido. Todo juez de circuito tiene la capacidad o competencia para actuar

---

47 *Courts Act 1971, s. 21.*

48 *Ibíd., s. 17, s. 21.*

49 Véase lo que va a decirse en el texto.

50 *Courts Act 1971, s. 23.*

judicialmente en la *County Court*. Pertenece al *Lord Chancellor* atribuirle a ciertos jueces de circuito la función de juez de *County Court*[51]. Es más, todo juez de la Corte Suprema y todo *recorder* tiene la calidad o competencia para sesionar en ese tribunal y asumir sus funciones judiciales y esto se produce por disposición del *Lord Chancellor.*

43. – *La Magistrates Court:*

a) Los Magistrados estipendiarios *(Stipendiary Magistrates).* Los jueces a tiempo completo y asalariados, magistrados estipendiarios, son designados por la reina bajo recomendación del *Lord Chancellor*[52]. Poseen calidad para ser nombrados los *barristers* y los *solicitors* con 70 años de antigüedad. Ellos se jubilan a la edad de 70 años, salvo que les sea prolongada hasta los 72 años por el *Lord Chancelor.* Si se trata de un magistrado que sesione en Londres, él puede ser, revocado por el *Lord Chancellor* en caso de incapacidad o de mala conducta. En la provincia, los *magistrales* permanecen en sus funciones «mientras le plazca a su Majestad» aunque la ley solo le permite a ella revocar un *magistrate* bajo la recomendación del *Lord Chancellor.*

b) Los jueces de paz. Con excepción de los *stipendiary magistrates,* los jueces de paz pueden ser personas que no posean necesariamente una formación jurídica; son designados por la Reina por acto sellado por el *Lord Chancellor*[53] y consagran un determinado número de días al año a los deberes que implica su cargo. En materia penal, les corresponde la mayor parte de la administración de la justicia: si se trata de un *trial on indictment,* ellos conducen la «averiguación o indagación preliminar»; si se trata de un *summary trial* o juico breve son ellos mismos los jueces de primera instancia[54].

Anteriormente, solo los propietarios de tierras podían ser nombrados para estas funciones; actualmente, la ley no impone límite alguno a la libre escogencia del *Lord Chancellor.* En la práctica este escucha la opinión de una comisión consultiva instituida dentro del ámbito de cada jurisdicción, comisión que le propone al *Lord Chancellor* los nombres de las personas que se consideran dignas de ser nombradas en atención no solo a las condiciones morales del individuo sino también en atención a la oportunidad de representar a los diversos sectores de la sociedad — edad, clase social, opinión política, etc.— dentro del cuerpo de los jueces de paz.

Vista la naturaleza de su designación, el juez de paz no gozaba de inamovilidad alguna. Sin embargo, en la práctica, es raro que un juez de paz sea revocado o incluso que él mismo tome su jubilación. Por lo general es considerado inoportuno privar al juez de paz de su dignidad o privilegio de agregar a su nombre las letras *(Justice of the Peace»).* La conservación del título es posible por institución de una lista establecida por vez primera en 1949 y llamada «suplementaria»[55], lista en la cual están inscritos los nombres de los jueces de paz con más de 70 años y de aquellos que, en la opinión del *Lord Chancellor,* ya no están capacitados para ejercer la función judicial. Aquellos cuyo nombre esté inscrito en dicha lista no pueden sesionar más como jueces, pero sin embargo conservan siempre los titulares de *Justices of the Peace.*

---

51 *Ibíd., s. 20.*

52 *Justices of the Peace Act 1979, s. 13, s. 31.*

53 *Ibíd., s. 36.*

54 V. *supra, n.º 26,* et *infra, segunda parte, capítulo 17.*

55 V. ahora *Justices of the Peace Act 1979, ss. 8-10.*

Ninguna formación jurídica le ha sido jamás exigida al juez de paz. Corresponde al secretario o escribano del Tribunal *(«Justice's Clerk»)*, al mismo *barrister* o *solicitor* con al menos cinco años de antigüedad[56], o a su asistente, aconsejar al tribunal sobre las normas de derecho aplicables al caso. No obstante es necesario subrayar que la decisión del tribunal debe ser siempre aquella de los jueces de paz solos, y no del conjunto de los jueces y el secretario o escribano; terminados los debates, no está permitido que el secretario o escribano asista a la deliberación; y en caso de que sea necesario, el escribano o secretario puede ser llamado a comparecer a la Sala de Deliberación para dar su opinión sobre una cuestión de derecho, pero él debe siempre dejar la Sala y dejar solos a los jueces de paz antes de que estos tomen la decisión del Tribunal[57].

En la mayoría de los casos sometidos a los jueces de paz, no es necesario ningún conocimiento profundo de derecho. Sin embargo, es deseable que todo juez de paz —no solo los más experimentados— posea una determinada comprensión de las normas del procedimiento —incluidas las de las reglas de la prueba—, de los principios fundamentales de la justicia penal, de las consideraciones generales concernientes a la imposición de la pena, etc. Unos cursos de instrucción son así regularmente organizados para cada circunscripción, cursos que deben seguir los nuevos jueces de paz durante el primer año de su servicio[58] y antes de sesionar.

Sección 5
LA FORMACIÓN JURÍDICA[59]

44 .— La ubicación de las facultades de derecho: No es sorprendente para un francés oír decir que actualmente las facultades de derecho de las Universidades inglesas juegan un papel importante en la formación de los futuros miembros de la profesión. Sin embargo, es necesario subrayar antes que nada que, en un pasado reciente, esa constatación no habría podido hacerse, que un número de jueces, de *barristers* y de *solicitors* todavía activos nunca hicieron estudios jurídicos universitarios y que, incluso actualmente, la obtención de un diploma universitario en derecho no es un requisito de un aspirante o pretendiente al foro o estrados *(Bar)* o a los rangos de *solicitor.*

Tres razones explican esta particularidad del sistema inglés. En primer lugar, una razón puede ser el pretendido carácter pragmático del *Common Law;* se ha repetido durante siglos que solo el practicante, no el profesor, era capaz de hacer comprender el derecho y su funcionamiento[60], y esto solamente por medio de un aprendizaje, no de un aula de conferencias. La primera Facultad de Derecho que enseña el derecho inglés no abrió sino en 1826[61], y la mayoría de las facultades que

---

56 *Ibíd., s. 26.*

57 La norma es jurisprudencial: *R. v. Esat Kerrier Justices ex p. Mundy (1952) 2. Q.B. 719.*

58 *Justices of Peace Act 1979, s. 63.*

59 V. Jolowicz, *op. cit. (p. 34, note 1), parte C*

60 En el pasado, los *Inns* eran verdaderos universitarios del derecho, pero ellos perdieron ese carácter durante el siglo XVII.

61 En la Universidad de Londres. Es en Oxford, en 1753, que Sir William Blackstone dicta por vez primera su curso de derecho inglés. Blackstone fue nombrado en 1758 para la primera cátedra universitaria de derecho inglés. Sin embargo, él no buscaba sino que su curso contribuyera principalmente a la formación de los futuros miembros de la profesión; se admitía más bien que una formación jurídica era importante para los futuros propietarios de tierra (hacendados o propietarios de hacienda).

hoy en día nosotros conocemos son creaciones del siglo presente. Por otra parte, cada una de las ramas de la profesión conserva el derecho de determinar las condiciones que debe llenar el aspirante o postulante: el foro *(Bar)* a partir de la delegación del poder que poseen los jueces para acordar el derecho de litigar, la *Law Society*, gracias a la ley orgánica sobre los *solicitors*[62]. En fin, Inglaterra no conoce, —y jamás ha conocido— un control centralizado de los cursos universitarios; cada universidad, cada facultad de derecho, conserva su libertad en la selección de las enseñanzas. A pesar de las recomendaciones emitidas en 1846 por una Comisión Parlamentaria sobre la formación jurídica[63], los desarrollos, por una parte, del siglo XIX y primeras décadas del XX en las universidades, y los de la profesión por la otra, casi están sin vinculación unos con otros. Fue necesario atender después de la segunda guerra mundial a la expansión de las universidades y al crecimiento considerable del número de estudiantes en todas las disciplinas, derecho inclusive, para que se tomara en serio una política de coordinación entre la universidad y la profesión.

En 1971 fue publicado el informe de una Comisión, designada en 1967 por el *Lord Chancellor*, para estudiar la formación jurídica bajo todos sus aspectos[64]. De acuerdo a las recomendaciones de ese informe, se reconoce no solo la existencia de dos fases distintas en la formación de un practicante —la fase «académica» y la fase «profesional»—, sino que también se admite que la fase académica debe normalmente realizarse dentro de una facultad de derecho dependiente de una universidad. Por lo tanto no es necesario creer que la profesión haya abandonado totalmente su control del contenido de esa fase. Por una parte, le corresponde aceptar para la fase profesional un candidato que jamás haya hecho estudios universitarios en derecho pero que, en algunas partes, haya tenido éxito en exámenes determinados por ella; por otra parte, no reconoce un diploma jurídico universitario sino bajo la condición de que el estudiante haya incluido dentro de sus estudios determinadas materias consideradas por la profesión como primordiales, cualquiera que sea la opinión de los profesores.

En lo que concierne a la fase profesional —fase dividida en dos partes: la parte «institucional» de enseñanza más o menos formal en una escuela de derecho, y la parte «práctica» de aprendizaje o de pasantía— la recomendación mayoritaria del informe de 1971 relativa a que las escuelas dirigidas por la profesión transfieran el cuidado de la parte institucional[65] a determinadas universidades, se reveló como muy osada o audaz para la profesión. Lograda la fase académica, el aspirante o postulante permanece así obligado a seguir durante un año escolar los cursos que son ofrecidos bien por la Escuela de Derecho de los *Inns of Court* o por la Escuela de la *Law Society*. Al finalizar ese año, él debe pasar el examen final correspondiente a la rama de la profesión que ha escogido.

45.— *El acceso al estrado o a la barra:* De conformidad con una tradición muy antigua, todo aspirante al estrado *(Bar)* debe llegar a ser miembro, en calidad de estudiante, de uno de los *Inns of Court*. Aquel que haya realizado al menos dos años como «estudiante» de su *Inns of Court*[66], que haya conducido bien la fase académica y

---

[62] Actualmente la *Solicitors Act 1974*.

[63] *Select Commitee of the House of Common, Report on Ilegal Education, 1846.*

[64] *Report of the Commitee on Legal Education, 1972, Cmnd. 4595.*

[65] *Report* citado anteriormente, para 52.

[66] Durante su larga historia, los *Inns of Court* han sido verdaderas escuelas de derecho al mismo tiempo que asociaciones de barristers. Ya no lo son más. Pero permanece la norma de que no se puede ser barrister *member* antes de haber sido dos años «*student member*», lo cual impone esencialmente a participar en un determinado número de cenas.

la parte institucional de la fase profesional, obtiene el título de «*barrister-at-law*»'. Pero, paradójicamente, no se le permite en ese momento ni aconsejar ni litigar. Él debe realizar una pasantía durante un año en un bufete o gabinete de *barristers,* y no es sino después de seis meses de «*pupilaje*» que obtendrá el derecho de ejercer la profesión. Con todo y eso, como las sociedades de *barristers* no están permitidas, el joven *barrister, al* finalizar su pasantía de pupilaje, debe buscar un bufete o gabinete donde sea recibido como miembro[67], cosa que no siempre es fácil. Actualmente —y nadie puede decir cuanto tiempo durará esta situación— el número de *barristers* que no encuentran bufete o gabinete y que deben entonces buscar otro medio de ganarse la vida no es nada despreciable.

46. – *El acceso a las funciones de solicitor:* Aquí la obtención del título profesional requiere al menos dos años de aprendizaje. El aspirante debe ser admitido en calidad de «*articlead clerk*» por una sociedad de *solicitors* en el transcurso de la duración de su aprendizaje y es solamente al final de este que obtendrá su título profesional.

Anteriormente, el aprendiz, que fue aspirante a *barrister* o aspirante a *solicitor,* debía pagar unos honorarios a su maestro. Actualmente, los honorarios ya no se exigen y el *articled clerk* recibe un salario razonable. Por el contrario, el aprendiz de *barrister* no recibe paga alguna. En un número creciente de casos, obtendrá una beca; de lo contrario deberá encontrar otros medios de vivir mientras dura su aprendizaje.

Sección 6
LAS FUENTES DEL DERECHO

47. – *El Dominio de la exposición:* Es importante señalar aquí que de acuerdo a las necesidades de esta parte introductoria de nuestra obra solo interesan las fuentes «formales», es decir, las fuentes a las que directamente se refieren los jueces en la motivación de sus decisiones y los abogados en sus argumentos. Excluiremos, pues, las otras fuentes que reconocen ciertos filósofos del derecho como, por ejemplo, las fuentes «históricas» o «sociales».

En este sentido son reconocidas como fuente del derecho inglés no solamente el derecho legislativo —leyes votadas por el Parlamento o reglamentos— sino también el «precedente». Aun cuando el primero constituye la fuente principal del derecho moderno, nadie pretende, aunque sea desde un punto de vista puramente teórico, que toda regla del derecho tenga que relacionarse a fin de cuentas con una o varias prescripciones legislativas. Junto a la ley existe también el derecho judicial: el *Common Law* en el sentido estricto del término, cuyas fuentes se encuentran en las decisiones precedentes de las Cortes y los Tribunales.

1. EL DERECHO LEGISLATIVO

A) La Ley

48. – *La soberanía del Parlamento:* En un caso más conocido en los Estados Unidos que en Inglaterra[68], el juez que presidía, Coke, declaró en 1610, que era compe-

[67] Cf. supra, n.º 35. Las normas internas de la profesión exigen que cada *barrister* en ejercicio tenga su bufete o gabinete en un lugar conveniente y que el goce de los servicios de un pasante *(«barristers clerk»).*

[68] *Dr. Bonbam's case (1610), 8 Rep. 114.*

tencia del poder judicial declarar sin efecto una ley del Parlamento si ella era contraria a la razón. Sin embargo, al contrario del Legislador americano, cuyas leyes están sometidas al control constitucional, el Parlamento británico no tiene limitada su soberanía por ningún texto ni práctica alguna. El carácter absoluto de su poder es reconocido por todo juez inglés desde hace mucho tiempo[69]. Incluso no está permitido al litigante pretender que una ley debidamente votada o aprobada esté viciada en el sentido de que el mismo Parlamento se habría equivocado[70]. Dicho de otra manera, no existe ninguna posibilidad de un recurso contra la ley del Parlamento, esté fundado sobre una excesiva pretensión de poder o sobre cualquier otro medio o vía. Desde el punto de vista del derecho constitucional, eso que el Parlamento habrá prescrito bajo la forma de una ley tendrá fuerza de derecho. Corresponde a los jueces aplicar la ley en los litigios que les son sometidos a su consideración, por consiguiente interpretarla, pero no les corresponde jamás cuestionar su validez. Por otra parte, es necesario constatar que la teoría de la supremacía del Parlamento contiene en sí misma un límite a los poderes legislativos del Parlamento. Un Parlamento todopoderoso siempre posee el poder de abolir o anular una ley en vigencia, por consiguiente de anular cualquier prescripción legal. En consecuencia, ningún Parlamento puede atar de manos o maniatar al que le sucede; ninguna prescripción legal hecha con la intención de hacer irrevocable una determinada ley puede llegar a existir: la lógica exige que una ley ulterior de revocación sea reconocida como válida. Es más, el juez que se encuentra ante la imposibilidad absoluta de conciliar en un caso concreto lo que prescriben dos leyes no puede sino concluir que, por la ley ulterior, el Parlamento, sin decirlo expresamente, tenía la intención de anular al menos en parte la ley anterior; está obligado a dar efecto a tal intención del legislador[71].

49.– Consecuencias en cuanto a las convenciones internacionales: Es claro que el juez inglés no reconocerá como derecho legislativo sino las leyes aprobadas por el Parlamento y los reglamentos tomados bajo la autoridad de tal ley. Con excepción hecha de la prerrogativa real, cuya importancia actualmente es reducida en comparación al pasado[72], el gobierno no posee poder autónomo alguno para dictar leyes. De manera particular, la ratificación por el gobierno de una convención internacional no tiene efecto para el derecho inglés interno. Solo el Parlamento, por acto legislativo, puede darle fuerza de ley en Inglaterra, bien sea por una ley especialmente redactada con miras a adoptar lo que está prescrito en una convención ya ratificada por el gobierno, bien lo sea por la integración del texto de la convención a una ley inglesa. Y si por cualquier razón existe una diferencia entre el texto de la ley y el texto de la convención, la primera prevalecerá. Es más, si el Parlamento decide sustituir posteriormente al texto de una convención al cual él ha dado la fuerza de ley por un texto diferente o decide anularlo sin reemplazarlo, el juez inglés no tiene opción: que el Reino Unido permanezca atado al texto original en el plano internacional no tiene para él importancia alguna. El Parlamento inglés es soberano para todo aquello que es propio del derecho inglés.

En un gran número de actos, incluidos los de los tratados de la Comunidad Europea de los cuales hablaremos más tarde, el Parlamento ha otorgado fuerza de

---

[69] *Lee v. Bude and Torrington Junction Railway Co (1871), L.R. 6 C.P. 576.*

[70] *British Railways Board v. Pickin (1971), A.C. 765.*

[71] *Vauxhall Estates v. Liverpool Corporation (1932) 1 K.B. 733; Ellen Street Estates Ltd. vs. Minister of Health (1934) 1 K.B. 390.* V. entre tanto *infra, n.º 63.*

[72] V. *infra, n.º 103 y p. 313, nota 1.*

ley a las convenciones de las que forma parte el Reino Unido. Gracias al *Carriage by Air Act 1961*, por ejemplo, la convención de Varsovia de 1929, reformada en La Haya en 1955, forma parte tanto del derecho inglés como del derecho de los otros Estados firmantes. Por el contrario, la Convención Europea sobre los Derechos del Hombre, para tomar un ejemplo de la mayor importancia, aunque ratificada por el Reino Unido, que desde 1965 ha aceptado el derecho de recurso individual en Estrasburgo, no forma parte del derecho interno inglés. Como veremos, esta convención, sin embargo, no deja de tener influencia para nuestro derecho, pero no se trata sino en lo tocante a la interpretación de leyes inglesas y no del derecho inglés en cuanto tal.

50.— El ingreso del Reino Unido al Mercado Común: De conformidad a los principios anteriormente descritos, el acceso del Reino Unido en 1973 a la Comunidad Europea —acto del gobierno y no del Parlamento británico— no ha podido producir en sí consecuencia alguna para el derecho inglés interno. Para que el derecho comunitario formase parte del derecho inglés, para que el juez inglés lo reconociese y aplicase las normas o reglas; era necesaria una ley del Parlamento. El Parlamento adoptó entonces en 1972 la *European Communities Act,* ley que entró en vigencia en el plano interno en el momento en que entró en vigencia en el plano internacional.

El artículo más importante de esta ley, el artículo 2, aparte 1, prescribe que todos los derechos, todas las obligaciones y responsabilidades, así como todas las acciones y procesos creados por o bajo la autoridad de los tratados europeos con la intención de hacerlos ejecutorios en Inglaterra, serán legalmente reconocidos en el país y, en consecuencia, deberán ser ejecutados.

El alcance del artículo 2, aparte 1, es amplio. En el marco de las ideas tradicionales inglesas, dicho alcance es espantoso. Muy nítidamente redactada en sus prescripciones más importantes, la ley asegura en una sola frase que todo lo prescrito, que todo lo que prescribirán los órganos de la Comunidad —incluida la Corte de Justicia— como regla o norma aplicable en Inglaterra, recibe automáticamente el carácter de regla o norma del derecho inglés interno sin que el Parlamento tenga necesariamente conocimiento de ello. Sin importar cuán espantosa, cuán repugnante a las sensibilidades de algunos haya sido, la adopción de la ley de 1972 era la condición esencial del ingreso del Reino Unido a la Comunidad. Para la participación continua del Reino Unido en la vida comunitaria es esencial que sus prescripciones permanezcan vigentes. Sin embargo, es necesario no olvidar que la ley de 1972 no es más que una ley ordinaria del Parlamento. En el plano del derecho interno nada impide su anulación cualesquiera sean las obligaciones del Reino Unido en el plano comunitario. Para que el juez inglés tenga conocimiento de sus obligaciones, para que pueda declarar nula una ley que aboliera la ley de 1972 o una parte de esta, necesitaríamos una revolución, una revolución sin profusión de sangre, pero, no obstante, una revolución. Sin cambio del principio fundamental el Parlamento británico sigue siendo el legislador superior para el juez inglés.

B) Los Reglamentos

51.— Fuente constitucional: El legislador, el parlamento todopoderoso, siempre puede conceder a cualquiera —Ministro, Municipalidad, otra persona moral de derecho público, una Comisión, etc.— un poder de dictar leyes por reglamento, poder cuyos límites están determinados por la ley que le da origen. Si lo desea el Parlamento mismo puede otorgar a un Ministro el poder de modificar por reglamento las prescripciones de una ley.

52. – *El control judicial y parlamentario:* Ningún reglamento puede tener la fuerza de una ley sino bajo la condición de que sea conforme a los límites que habría prescrito previamente el Parlamento. Corresponde al juez asegurar la aplicación de este principio. Entra pues dentro del poder del juez, el apreciar la validez de un reglamento que haya invocado una de las partes del litigio sometido a su consideración y el declararlo nulo y sin efecto. Se trata aquí normalmente de una cuestión de interpretación pura y simple. Sin embargo, en virtud de la presunción de que el Parlamento no habría tenido jamás la intención de autorizar, de darle fuerza de ley, a un reglamento «poco razonable», la jurisprudencia ha introducido un criterio adicional, el *de la razón,* criterio que corresponde aproximadamente al concepto de proporcionalidad que conoce el derecho administrativo francés. Incluso aun cuando sea conforme al texto de la ley tomada al pie de la letra, un reglamento que el juez estime «poco razonable» será declarado nulo[73].

Algunas veces en el pasado, el Parlamento ha buscado la manera de proteger del control judicial determinados reglamentos prescribiendo, por ejemplo, que ellos deben ser considerados de conformidad a la ley y tratados como si ellos hubiesen sido directamente adoptados por él mismo Parlamento. En 1932 una Comisión recomendó que el Parlamento renunciara a tales prescripciones[74], al reconocer como válida una determinada inquietud pública creada por la extensión del poder reglamentario. Estas pasaron a ser muy raras.

Por el contrario, un medio de control parlamentario ya conocido ha llegado a ser usual. Al crear un poder reglamentario particular la ley prescribe o establece que un reglamento dictado dentro de ese marco institucional no tendrá fuerza de ley sino después de haber recibido la aprobación de cada una de las dos Cámaras del Parlamento, o bien ella establece que el reglamento podrá ser dejado sin efecto por resolución de desaprobación emanada de una u otra de las Cámaras mencionadas. Una ley especial —la *Statutory Instrumental Act 1946*— estableció el procedimiento a seguir cada vez que un reglamento es sometido al control del Parlamento de esta manera, pero ese procedimiento no se refiere al control judicial. Las dos formas de control existen una al lado de la otra.

2. EL PRECEDENTE[75]

53. – *El principio fundamental:* Según la teoría clásica, el *Common Law* existe desde tiempo inmemorial, incambiable e inmutable, excepto por la ley. Las decisiones judiciales en los casos concretos no son más que indicios. Si, por ejemplo, la Cámara de los Lores ejerce su derecho indudable de declarar la existencia de una regla de derecho contraria a la que ha declarado anteriormente la Corte de Apela-

[73] *Commissionners of Customs and Excise v. Cure & Deeley Ltd. (1962) 1. O.B. 340.* Es necesario señalar que no se trata de la oportunidad del reglamento en cuestión. El argumento de que un reglamento es «poco razonable» solo será admitido en casos excepcionales.

[74] *Report of the Comitee on Ministers Powers, 1932, Cmd. 4060.*

[75] La explicación que sigue representa la opinión personal del autor sobre un asunto muy discutido. V. Jalowicz, *La Jurisprudencia en derecho inglés.* Un resumen sobre la regla del precedente en *La jurisprudencia* (publicación del Centro de Filosofía del Derecho París, Archivos de Filosofía del Derecho, tomo 30, 1985), p. 105. La blibliografía de la regla del precedente en derecho inglés es considerable.

ción, nada cambia desde el punto de vista teórico: la Corte de Apelación se habría equivocado y la Cámara de los Lores ha descubierto esa que es —esa que siempre habría sido— la verdadera regia de derecho.

En realidad, considerando que no existe ningún indicio auténtico de eso que es el *Common Law* más allá de las decisiones de los tribunales, se trata aquí más de una ficción que de una teoría, pero el concepto de un derecho permanente no deja sin embargo de influir sobre la práctica actual. Ningún juez admitirá que su decisión, independientemente de la novedad que tengan sus efectos, pueda tener un efecto legislativo. Bajo reserva de la posibilidad de un error, error que solo podrá constatar normalmente una jurisdicción de apelación, es una presunción virtualmente irrecusable que toda decisión está conforme al derecho. En ausencia de un texto legislativo es, entonces, en el conjunto de las decisiones y solo en ese conjunto, que se puede descubrir lo que es derecho. Así, la hipótesis que se impone a todos los jueces de que todas las decisiones precedentes están conformes a derecho, bajo reserva de las excepciones que se mencionarán, conduce al principio de que cada juez debe aplicar en el caso que le es sometido a su consideración, una regla de derecho conforme a la totalidad de las decisiones precedentes.

He allí, en nuestra opinión, la explicación y la importancia del principio fundamental del sistema, es decir, que el juez está «atado» por las decisiones precedentes. Procederemos más tarde al examen de ese principio pero de entrada es necesario introducir dos principios subsidiarios.

54.– El principio jerárquico: La jerarquía de las jurisdicciones juega un papel primordial en el sistema. En consecuencia:

a) Toda jurisdicción está sometida a las decisiones precedentes tomadas por una jurisdicción de nivel superior: la *High Court* está sometida a las decisiones de la Corte de Apelación y de la Cámara de los Lores; la Corte de Apelación está sometida a las decisiones de la Cámara de los Lores.

b) La *High Court* no está estrictamente vinculada a sus propias decisiones. En interés de la certeza del derecho, un juez de la *High Court* no debe apartarse de lo que ha decidido uno de sus predecesores aunque él esté convencido de que este haya tenido un error, sin embargo le es permitido hacerlo[76].

c) No obstante la opinión de algunos de sus jueces, la Corte de Apelación está atada a sus propias decisiones[77].

d) Anteriormente la Cámara de los Lores también estaba atada por sus propias decisiones, pero a partir de 1966 la norma fue cambiada[78]. La Cámara está en libertad de tomar distancia frente a sus decisiones, lo cual solo hará muy excepcionalmente.

e) Ninguna jurisdicción está atada o sometida por las decisiones de una jurisdicción que le es inferior jerárquicamente o de una jurisdicción foránea, pero tales decisiones pueden poseer una autoridad «persuasiva».

---

[76] *Colchester Estates (Cardiff) v. Carlton Industries PLC (1986), Ch. 80.*

[77] Opinión mayoritaria de los jueces de la *Court of Appeal,* ahora confirmada por la Cámara de los Lores: *Davis v. Johnson (1979) A.C. 264.*

[78] *Practice Statement (Judicial Precedent) (1966) 1 W.L.R. 1234.*

55. – *La autoridad individual del precedente:* Bajo reserva del principio jerárquico, el sistema del precedente atribuye fuerza vinculante no solo a una jurisprudencia constante sino también a un precedente único, o más bien, a una *ratio decidendi:* su razonamiento esencial. En oposición al juez francés, el juez ofrece en su juicio una exposición detallada de los hechos del litigio, analiza las leyes y los precedentes que considera pertinentes y enuncia la regla de derecho, concepto más estrecho que el análogo francés y ubicado a nivel del caso[79] que aplica. No es, pues, siempre fácil descubrir la *ratio decidendi,* sobre todo cuando se trata de una decisión de una Corte colegiada —Corte de Apelación o Cámara de los Lores—, habida cuenta del derecho correspondiente a todo juez de enunciar su propia opinión, motivada como bien le parezca, esté o no conforme con la opinión de sus colegas. Para los teóricos del derecho, el problema de la búsqueda de la *ratio decidendi* plantea una interrogante cuya respuesta es difícil y controversial[80]. En la práctica, por consiguiente, es relativamente raro que el juez esté obligado a considerarla. Es excepcional que exista un solo precedente pertinente. Es tal el número actual de precedentes que, en la gran mayoría de los casos donde la decisión no se impone una vez establecidos los hechos, el juez deberá tomar muchas en consideración.

Que un precedente único se imponga quiere decir necesariamente que todos ellos se imponen, por consiguiente ninguno puede ser desconocido por el juez, bajo la única reserva del poder que posee una jurisdicción superior de rechazar la decisión de otra jurisdicción jerárquicamente inferior. Frente a la prohibición de declarar injusto lo que ha decidido su predecesor, el juez debe tomar como punto de partida la convicción de que la verdadera regla del *Common Law* —regla no escrita, sin formulación textual— es tal que todas las decisiones precedentes pueden ser justificadas. Dicho de otra manera, está obligado a encontrar una formulación de la regla capaz de armonizar, de reconciliar, todas las decisiones precedentes. Mientras más numerosas son las decisiones a tomar en consideración, más estrecha, más detallada, será la regla que de ellas emana, pero el descubrimiento de un precedente no conforme a la nueva formulación de la regla será la prueba de la inexactitud de esta. La regla de derecho aplicable a cualquier litigio, por consiguente el conjunto de las reglas de derecho que constituyen al *Common Law,* son ex-hipótesi conformes con la totalidad de las decisiones precedentes.

He allí, en nuestra opinión, lo esencial del sistema, pero esto no es todo. Es necesario tomar en consideración la técnica de la «distinción» que forma parte pero que juega también un papel suplementario muy importante. Es necesario observar también que la fuerza vinculante —la autoridad «absoluta»— de los precedentes por los cuales el juez está vinculado, es reforzada por una autoridad «persuasiva» —fuerte o débil según las circunstancias— que se le atribuyen a las decisiones que no vinculan a una jurisdicción dada y a las fórmulas que habrían adoptado los jueces en la motivación explícita de sus decisiones.

56. – *La técnica de la distinción:* Confrontado a un número de decisiones pertinentes cuyas conclusiones no son idénticas, el juez que se encuentra en la necesidad de armonizar tendrá que diferenciarlas, distinguirlas unas de las otras. Supongamos un juez confrontando a dos decisiones de las cuales, la primera, con hechos A, B, C, ha sido tomada en favor del demandado en tanto que la segunda, con hechos A, B, C, D, ha fallado en favor del demandante, nuestro juez —el tercero— deberá

[79] David, *Los grandes sistemas contemporáneos de derecho,* op. cit., n.º 317.
[80] V. Cross, *Precedent in English Law,* ed. 3 (1977), II.

deducir la importancia jurídica de la distinción entre las dos decisiones —la ausencia o presencia del hecho D—, distinción que debe ser incorporada en su propia formulación de la regla del *Common Law*. No obstante, no es el tercer juez el único que habrá reconocido la importancia de la distinción. Por el contrario, al no tener ninguna alternativa, él la habrá simplemente adoptado. El segundo juez, por el contrario, habrá tenido la opción: bien de seguir el (único) precedente ante el cual se encontraba —lo que equivalía a negar la importancia jurídica de la distinción—, o bien de distinguirlo y fallar la causa en favor del demandante y de esta manera incorporar a su razonamiento la importancia de la distinción. En otros términos, con la condición de no desatender las distinciones hechas anteriormente en los precedentes, con la condición de no llegar a una decisión no conforme a cualquier precedente que se le imponga, le está permitido al juez introducir en el derecho una nueva distinción si esta le parece buena y de acuerdo con el espíritu del *Common Law*. Solo una jurisdicción superior podrá negar su validez. No se andará enteramente errado creer que el juez goza, por medio de la técnica de la distinción, una libertad de escogencia no desdeñable y que puede de un momento a otro liberarse un tanto de las cadenas de la autoridad absoluta del precedente.

57.– La autoridad «persuasiva»: Se observa esta autoridad en dos hipótesis: En lo que concierne a las decisiones que no vinculan al juez, decisiones que él es libre de rechazar, se impone un equilibrio entre dos políticas opuestas. Por una parte, el rechazo por una jurisdicción superior de una decisión bien conocida y considerada por la profesión durante un determinado tiempo como justa puede implicar serias consecuencias para aquellos que han manejado sus asuntos fundándose en ella. Por otra parte, es esencial asegurar, en la medida de lo posible, la capacidad para el derecho de acomodarse a los desarrollos sociales o económicos de la sociedad, por consiguiente, de actuar de tal manera que una decisión perimida no contribuya a entrabar la administración de la justicia. Entra así en juego la repugnancia natural de todo juez a declarar injusto lo que haya enunciado como verdadera regla o norma del *Common Law* su predecesor, a menos que él no esté convencido o que considere que la antigua regla o norma ya no es capaz de servir a las necesidades de la justicia contemporánea. El rechazo por parte de la Cámara de los Lores de una decisión de la Corte de Apelación, aunque teóricamente se considera como la declaración de que la decisión precedente ha sido errónea desde su origen, evidentemente aparecerá a los ojos de todos como el rechazo de la antigua regla o norma y como su reemplazo por otra.

Por otra parte, lo que tiene autoridad en una decisión es su *ratio decidendi:* la razón esencial que ha conducido al juez a estatuir como lo ha hecho. En consecuencia estrictamente hablando la formulación de una regla o norma de derecho, que habrá adoptado un juez no puede ser sino provisoria. Cualquiera que sea su nivel en la jerarquía judicial, a él no le corresponde legislar, crear un texto legal como si él fuera legislador. Todo juez es libre de desatender las palabras de las cuales se ha servido con la condición de no contradecir la *ratio decidendi* de una decisión que le vincula. No es, pues, excepcional, que un juez no acepte al pie de la letra lo que haya enunciado otro juez como regla de derecho. No obstante, una autoridad persuasiva se vincula a las formulaciones adoptadas por los jueces y, en particular, a las adoptadas por los jueces de apelación y, algunas de esas formulaciones —las más conocidas, las más frecuentemente respetadas— han adquirido una fuerza vinculante casi tan fuerte como la de un texto legal. La explicación se encuentra en parte en el respeto que le será acordado a la opinión de un juez de alta distinción, en parte en la continua búsqueda de la certeza en el derecho y también en parte en el mecanismo del sistema del mismo precedente: cada vez que un juez adopta como suya y aplica a los hechos del litigio una regla de derecho formulada anteriormente por otro juez, un nuevo precedente se ha agregado al cuerpo de precedentes que conforma el *Common Law*, precedente cuya *ratio decidendi* será parcialmente la consagración de la fórmula anteriormente enunciada.

58. – Algunas advertencias: Para concluir esta exposición del sistema inglés del precedente son oportunas algunas observaciones de orden general.

En primer lugar, hoy día es imposible justificar la regla del precedente como una manifestación de un derecho consuetudinario[81]. Es necesario admitir que no existe soporte alguno fuera de ella misma. No obstante, por lógica que ella sea, esta crítica no perturba —jamás ha perturbado— ni a los jueces, ni a los practicantes del derecho. En la medida que una regla de derecho es reconocida por los mismos jueces, ella posee para los jueces la fuerza de derecho. Decir que, lógicamente, el juez no está ni puede estar vinculado a un precedente cualquiera, es una afirmación vana si el mismo juez realiza su tarea creyendo que su decisión debe estar obligatoriamente conforme a esta.

Por otra parte, se podría legítimamente criticar el sistema como mal adaptado a los procesos de elaboración y clarificación que deben conducir la vida en sociedad. Las reglas de derecho deducidas por los jueces de las decisiones precedentes son por lo general formuladas en términos concretos relativos a los hechos de cada caso, por lo tanto muy detallados, muy especializados, con el fin de servir o incluso de ser comprendidos por el hombre de la calle en su vida cotidiana. Ciertamente, los jueces a veces se extienden en sus juicios sobre cuestiones muy amplias. Ellos incluso se pronuncian en sus opiniones sobre cuestiones de principio tanto morales como jurídicas, y no se estaría ciertamente equivocado al reconocer que una gran parte de la «doctrina» inglesa se encuentra en las recopilaciones de jurisprudencia. Aunque no se trata aquí de *decisiones* que tengan una autoridad «absoluta». A decir verdad, el espíritu inglés normalmente no confía en la expresión de grandes principios para conducir la vida en sociedad, sean o no estos obra del legislador. Con excepción, quizás del Derecho Penal, el papel principal del derecho es concebido como la resolución de litigios por medio del juez al concluir un proceso, o voluntariamente por las partes después de una negociación y, en caso necesario, por medio de una consulta jurídica Desde nuestro punto de vista, es pues importante, que se pueda predecir lo que decidirá un juez en tal o cual situación de hecho que se tenga en mente, y por medio de esta predicción conducir a las partes a encontrar el medio para ponerse de acuerdo; si la situación continúa siendo hipotética, al menos es necesario que las partes puedan deducir la legalidad de las acciones que tienen en mente o buscar la mejor manera de tranzar sus asuntos. Para facilitar tales predicciones, el cuerpo de precedentes y de «doctrina judicial» que se encuentra en las recopilaciones de jurisprudencia dotadas de una autoridad absoluta o persuasiva nos proporciona una fuente de información muy rica y útil.

59. – El estrecho margen de libertad del juez: Es innegable que las técnicas del sistema del precedente, sobre todo la de la distinción, permitan al juez de apelación, si acaso no también al juez de primera instancia, una cierta libertad de opción en el caso en que la solución no se imponga. El juez que se encuentra confrontado

[81] Comparar A. Tunc, *Contume et Common Law*, en *Droits, 1985, vol. 3: La Contume.*

a un precedente que le parezca opuesto en su *ratio decidendi* a la solución justa de un litigio, podrá distinguir y así evitar la consecuencia que juzga inconveniente en su aplicación. ¿Acaso es necesario admitir ahora que a fin de cuentas no se trata de un verdadero derecho sino solamente de una serie de decisiones más o menos arbitrarias? La respuesta es negativa. Más allá de la fuerza unificadora bien importante de la organización judicial —organización unitaria y centralizada con una Corte de Apelación única sin recordar incluso la Cámara de los Lores a la cabeza de la jerarquía— nosotros apelamos a dos justificaciones suplementarias.

Para comenzar, si el juez es libre para distinguir un precedente cualquiera si este es pertinente, no puede desatenderlo, sea su autoridad absoluta o persuasiva. Por el contrario, está obligado a explicar en su juicio por qué la distinción que él ve —y siempre se podrían encontrar distinciones de todo tipo entre dos asuntos— justifica la decisión opuesta. La explicación ofrecida formará parte de su razonamiento, razonamiento que leerán sus sucesores en las recopilaciones posteriores. Toda una serie de decisiones se desarrollará así, y cuyo conjunto o mejor dicho la racionalización del conjunto resultante del análisis y de la armonización de las partes que lo componen, tendrá fuerza de derecho. Es más, lo que haya expuesto un juez —sobre todo un Juez de Apelación— como su razonamiento, en el futuro formará parte de la «doctrina judicial», doctrina que en Inglaterra es mucho más influyente que la doctrina de los profesores.

Por otra parte, incluso si se admite que la libertad que posee el juez en un determinado número de casos le permitirá decidir el litigio de conformidad a su sentido de justicia en la materia considerada, esto de ninguna manera implica que su decisión sea arbitraria. El sentido de la justicia del cual se trata no es una característica de la que él estaría dotado desde su nacimiento y, por consiguiente, personal, y sin relación alguna con el sentido de la justica de sus colegas. Al contrario, el sentido de la justicia de un juez se habrá formado durante los años de su educación y de su experiencia profesional como *barrister* y juez, a lo largo de años consagrados en buena medida al estudio de los juicios de sus predecesores, de los comentarios que estos suscitaron, de las lecciones que extrajeron sus profesores, sus predecesores y sus colegas. Que su decisión en un caso concreto sea impuesta por un precedente de autoridad absoluta que él no pueda distinguir o que esta resulte de la aplicación en el caso de su sentido de justicia, ella siempre será una consecuencia directa o indirecta de la regla o norma del precedente, a la cual todo juez inglés admite como fuerza imperativa, comprendida en un sentido o en otro.

3. LA INTERPRETACIÓN DEL DERECHO LEGISLATIVO

60.— Visión General: Nada impide al Parlamento, supremo legislador, prescribir determinadas reglas para la interpretación de sus leyes y es perfectamente normal no solo que se valga de una redacción muy detallada, sino que también prescriba en un artículo de la ley, cómo deben ser comprendidos determinados términos, determinadas expresiones que se encuentran en el texto. Más aun, una ley especial *—la Interpretation Act,* actualmente de 1975— otorga fuerza de ley a determinadas reglas de interpretación, por ejemplo, que, salvo indicación contraria, una palabra al masculino se aplique igualmente al femenino, un singular al plural. Por lo tanto, en vano sería buscar en esta ley los grandes principios del derecho inglés sobre la interpretación de la ley escrita. Para ello es mejor volver sobre la jurisprudencia, comprendiendo allí lo que hemos llamado la «doctrina judicial», aunque allí también se encontrarán más fácilmente reglas particulares (que con frecuencia se pueden oponer unas a otras), que propiamente principios generales. Ciertamente se puede en ella descubrir el principio fundamental según el cual, salvo excepciones, el juez debe buscar la intención del Parlamento en el texto de la ley; adoptando el método llamado «literal»; sin embargo, la extensión e incluso la naturaleza de las excepciones continúan siendo controversiales, hasta indeterminadas. En lo que sigue nos limitaremos a ofrecer un resumen de algunas particularidades del derecho inglés.

61. – *La regla del precedente:* Que la regla del precedente no sea capaz de dar lugar a unos principios de interpretación claros y de largo alcance no implica de manera alguna que ella no dicte la solución que debe adoptar el juez en un caso particular. Al contrario, la regla del precedente se aplica tanto a las cuestiones específicas de interpretación como a las cuestiones en estricto sentido del *Common Law.* El juez nunca puede desatender lo decidido por sus predecesores sobre la interpretación y aplicación de una prescripción legal pertinente al litigio que es sometido a su consideración. En determinados casos el número de decisiones que el juez tendrá que armonizar para encontrar la regla de derecho aplicable es tal que la cuestión a decidir se asemeja más a una cuestión de *Common Law* que a una interpretación de la ley. Nosotros hemos hablado más arriba de las dos fuentes formales del derecho: por una parte, del derecho legislativo y por la otra, de las decisiones precedentes; aunque ellas no son fuentes independientes una de la otra. No existe más que un solo derecho. Lo que ha sido desmentido para el derecho francés por M. Boulanger, proporciona una descripción exacta del derecho inglés: existe «por una parte, coexistencia y concurrencia de la ley escrita; por la otra, series de decisiones»[82]. En un número importante de litigios, la regla del precedente anula el deber del juez y controla su poder de poner fin al litigio, recurriendo directa y exclusivamente al texto de la ley.

62. – *Los trabajos preparatorios:* Según la regla tradicional toda referencia por parte del juez a los trabajos preparatorios —relaciones de comisiones consultivas, debates parlamentarios, etc.— está prohibida. Aunque encargados de la búsqueda de la intención del legislador, es al solo texto de la ley y a las decisiones que se vinculan a él, a lo cual debe ceñirse el legislador. Se ofrecen generalmente tres explicaciones de la regla de exclusión: a los trabajos preparatorios no conciernen sino excepcionalmente las cuestiones litigiosas y, si lo hacen, no hablan sino excepcionalmente a un solo tenor de voz su admisibilidad durante los debates ante el Tribunal aumentaría de manera significativa la carga de trabajo que le corresponde a los abogados y jueces y, con ello, los costos del proceso; la justicia exige que el juez le dé a la ley la interpretación objetiva que podría darle razonablemente un ciudadano después de leer el solo texto y sin tomar en cuenta los elementos que no sean de fácil acceso al público.

En lo que concierne a los debates parlamentarios, la regla absoluta de exclusión permanece siempre en vigencia. Pero la jurisprudencia moderna ha modificado la regla en lo que se refiere a su aplicación sobre los informes consultivos. Desde hace mucho tiempo se ha reconocido que el juez que confronta un texto ambiguo debe tener en cuenta «el mal» contemplado por el legislador y promover así el remedio prescrito. Pues bien, en el pasado, el juez no podía informarse sino por medio del examen del derecho en el estado anterior a la adopción de la ley pero, más recientemente, los jueces han sabido apreciar el valor proveniente de los

---

[82] Boulanger, Jurisprudence, in *Encyclopédie Dalloz de droit civil,* vol. 5.

informes preparados para conocimiento del Parlamento que se desprende sobre esta materia y, por medio de una especie de viraje jurisprudencial, tales informes se consideran hoy admisibles con la condición de que el texto de la ley no sea claro.

En una causa decidida en 1975[83], la Cámara de los Lores, en una decisión favorable a la admisión de los informes consultivos, subrayó por mayoría, sin embargo, que no se trataba sino del descubrimiento de un mal que el legislador tomaba en cuenta y no de la búsqueda de la intención legislativa en cuanto tal. Quizás, aun cuando elemental en teoría, la distinción no es fácil de mantener en la práctica y dos miembros de la Cámara de los Lores, en ese mismo asunto, prefirieron no adoptarla. Los autores del informe consultivo, objeto de la distinción, habían completado este, con un anteproyecto de ley, el cual fue aprobado por el Parlamento adoptándose el texto inalterado; se podría haber concluido entonces, según la opinión minoritaria, que la intención legislativa fue la de darle efecto a las recomendaciones contenidas en el informe.

La flexibilidad que le fue dada a la regla tradicional cumplida ha acercado, en cierta medida, el derecho inglés sobre la utilización de los trabajos legislativos preparatorios a los derechos extranjeros. Pero aun si la opinión minoritaria de 1975 llegase algún día a ser parte del derecho inglés —lo que es previsible que ocurra—, el movimiento de acercamiento mencionado será muy limitado y ocurrirá muy lentamente. En 1969, la *Law Commission* —Agencia Pública de reforma del derecho— recomendó una importante liberalización[84], y, en 1975, otra comisión, no sin algunas reservas, aprobó sus recomendaciones[85]. Sin embargo, hasta el presente, el Parlamento no demuestra disposición alguna a adoptarlo por vía legislativa. Será muy difícil, sino imposible, adoptarlas por vía jurisprudencial. Se debe concluir que, con excepción de los pequeños desarrollos que podrían realizar los jueces, el espíritu del derecho inglés continúa dándole preferencia a que las leyes sean redactadas con el máximo de precisión y de detalle, y que los jueces, en su búsqueda por encontrar la intención del legislador, no tengan en cuenta, en general, sino el texto adoptado por el Parlamento y las decisiones precedentes que él ha suscitado.

63.– *Las convenciones internacionales:* La interpretación de las convenciones internacionales pone de relieve tres interrogantes. Primera: ¿cuándo debe un litigio ser decidido por la aplicación de una convención internacional que ha sido incorporada al derecho inglés?; ¿está obligado el juez a emplear el mismo método de interpretación como si se tratara de una ley ordinaria inglesa? Segunda interrogante: ¿qué pasa con el caso especial de los tratados y de la legislación de la Comunidad Europea? Tercera: en la interpretación de una ley ordinaria inglesa o en la búsqueda de la «verdadera» regla de *Common Law,* debe el juez tomar en cuenta las obligaciones convencionales en el plano internacional del Reino Unido?

64.– *Las convenciones incorporadas:* En el caso en que el Parlamento no ha optado por dar fuerza de ley al texto de la convención, pero ha adoptado a este efecto un texto legislativo distinto redactado por él, en tal caso, esté o no la convención junto a la ley, ella será tomada en consideración si el texto del Parlamento no es claro sobre la cuestión en litigio. Es inútil argüir, si el texto es claro,

83 *Black Clawson International Ltd. v. Papierwerke Waldhof Aschaffenburg A.G. (1975) 1 All E.R. 810.*

84 *The Interpretation of Statutes, 1969 (Law Com. 21).*

85 *Report of the Committee on the preparation of Legislation (1975), Cmnd. 60-63.*

que la solución será la opuesta a aquella que sería requerida por la convención: la ley inglesa prevalecerá[86].

En el caso contrario, en que el Parlamento ha adoptado el texto de la convención, entran en juego consideraciones diferentes, consideraciones que exigen admitir una determinada flexibilidad en las reglas de interpretación. Ya no es cuestión de una ley puramente inglesa, sino de una ley en vigencia en un número de países firmantes de una convención, que tienen en la mira la unificación o la armonización de diferentes derechos; no se trata de una ley redactada por el Parlamento Británico; inclusive, si el Parlamento ha dado fuerza de ley exclusivamente al texto inglés de la convención o a una traducción inglesa de un texto redactado originalmente en una lengua extranjera, la intención legislativa es integrar al derecho inglés lo que ha sido convenido por las partes contratantes y no se podría pues desatender un texto auténtico, haya sido o no redactado en inglés; puede ocurrir que el mismo Parlamento prescriba que un texto distinto al inglés prevalezca en caso de conflicto, tal como lo ha hecho, por ejemplo, con el texto francés de la Convención para la Unificación de determinadas reglas relativas al transporte aéreo internacional[87].

Por estas diversas razones, un método de interpretación más flexible o, más bien, una variedad de métodos de interpretación son empleados según las circunstancias. Por ejemplo, en la medida en que el juez sea personalmente alguien capaz, puede recurrir directamente a los textos en lengua extranjera, puede valerse de diccionarios, etc., pero siempre atendiendo al principio de la contradicción. Se permite recurrir a los comentarios sobre la convención en cuestión en cualquiera que sea la lengua en que ellos se encuentren y recurrir también a las decisiones de jurisdicciones extranjeras, pero bajo la reserva de que no debe creerse en la existencia de una jurisprudencia constante sobre la base de un pequeño número de decisiones tomadas en consideración, y especialmente, sino se trata de decisiones de Cortes Supremas[88].

Es imposible resumir el conjunto de métodos de interpretación adoptados por los jueces ingleses confrontados a una convención internacional. No obstante se puede ilustrar el espíritu de esto por eso que ha dicho Lord Wilbeforce en un caso que se consideraba ante la Cámara de los Lores. Lord Wilbeforce ha citado, en una traducción de su puño y letra, un extracto de las conclusiones del Abogado general Schmelck ante el Tribunal de Casación francés sobre el empleo de los trabajos preparatorios[89]. M. Schmelck había dicho que para la interpretación de una convención internacional por parte de una jurisdicción francesa, era necesario no apoyarse demasiado sobre los trabajos preparatorios: aunque ellos puedan servir útilmente a un juez formado en la tradición jurídica francesa, ha dicho él, el juez formado en la tradición del derecho «Anglo-Sajón» no está en absoluto acostumbrado a la utilización de esos trabajos.

Pues bien, Lord Wilbeforce ha respondido a este gesto reconociendo que, incluso ante un Tribunal inglés, el recurso a los trabajos preparatorios de una convención internacional puede ser útil al juez inglés encargado de su interpretación. Así se

86 *Ellerman Lines v. Murray (1931) A.C. 126.*

87 V. *Fothergill v. Monarch Airlines Ltd. (1981) A.C. 251.*

88 *James Buckaman & Co. Ltd. v. Babco Forwarding & Shippin (U.K.) Ltd. (1978) A.C. 141.*

89 *Fothergill v. Monarch Airlines Ltd., supra* en la *p. 277.* Se trataba del caso *Consorts Lorans c. Cie Air France, Ass Plén. 14 enero de 1977, Rev. fr. dr. Aérien 1977, p. 268.*

reconoce, en los sistemas de derecho, la imperiosa necesidad de flexibilidad en las reglas de derecho nacional cuando se trata de la interpretación de convenciones internacionales y, también, la necesidad de vincular las reglas de las diferentes jurisdicciones en lo que concierne a la interpretación de una ley vigente en muchos países.

65. – *La Legislación de la Comunidad Europea:* Al incorporar en el derecho inglés el derecho de la Comunidad Europea, la ley de 1972 ha prescrito que toda cuestión de interpretación de las convenciones y de los otros textos comunitarios que tengan efecto directo en Inglaterra, sea resuelta de conformidad a los principios enunciados por la Corte Europea de Justicia y su jurisprudencia. El artículo 177 del Tratado de Roma, en tanto que regla de derecho inglés, asegura no solo el concurso de esa alta jurisdicción en los asuntos más importantes sino también el empleo, por parte de los jueces ingleses, de los principios de interpretación comunitarios cuando ellos deben aplicar un texto europeo en un litigio inglés.

En lo que concierne a las leyes del Parlamento británico ya hemos mencionado que jurídicamente sino políticamente el Parlamento puede derogar la ley de 1972. Pero, ¿qué se desprende de las consecuencias de haber introducido el derecho comunitario para la interpretación de las leyes inglesas, siendo que la ley de 1972 sigue vigente?

En el caso hipotético en que la ley inglesa es susceptible de dos interpretaciones de las cuales una sola es conforme a la legislación comunitaria, esta ciertamente será adoptada por el juez: esto es lo que explícitamente prescribe la ley de 1972[90]. Es más, el alcance de una ley inglesa puede estar limitado por una ley ulterior de la comunidad. Por ejemplo, siguiendo los textos de una ley de 1967 y de un reglamento de 1968, la importación a Inglaterra de determinados emisores-receptores estaba totalmente prohibida, prescripción aparentemente no conforme al artículo 30 del Tratado de Roma. Sin embargo, después del ingreso del Reino Unido a la Comunidad y visto el artículo 36 del tratado, la ley inglesa sigue siendo válida en la medida, pero solo en la medida, de que ella es necesaria para la protección de los intereses contemplados por el artículo citado[91].

Más difícil aun es la cuestión que plantea una ley inglesa puesta en vigencia ulteriormente a una ley comunitaria y que no esté conforme a las prescripciones de esta. Ciertamente, en caso de ambigüedad de la ley inglesa, el juez optará la interpretación más acorde a la legislación comunitaria. Pero, ¿qué pasa si la ley inglesa es precisa? Por un lado, observamos que la ley de 1972 hace referencia a las futuras leyes del Parlamento; ella prescribe que a partir de tales leyes serán interpretadas y tendrán efecto de conformidad con el derecho europeo. Pero, por otro lado, el juez debe en principio inclinarse ante la supremacía del Parlamento[92]. ¿Entonces no puede concluir que el Parlamento tenía la intención de anular la ley de 1972 en la medida necesaria como para dar efecto a las prescripciones de la nueva ley? Ninguna respuesta definitiva es posible. En un caso resuelto de 1979-1980, la Corte de Apelación ha decidido por mayoría que una ley inglesa de 1975 solo admitiera una única interpretación favorable a las pretensiones del demandado[93]. Estatuyendo en el mismo caso por aplicación del artículo 177 del Tratado de Roma, la Corte Euro-

---

90 *S. 2 (4).*
91 *R. v. Goldstein (1983) 1 W.L.R. 151.*
92 V. *supra,* n.º 48.
93 *Macarthys Ltd. v. Smith (1979) 3 All E.R. 325; (1981) 1. Q.B. 180.*

pea de Justicia ha decidido que el artículo 119 del Tratado debe ser interpretado en el sentido contrario. La Corte inglesa ha hecho ejecutar en el caso la opinión de la Corte Europea y así ha afirmado la primacía del derecho comunitario. Pero su decisión está motivada en base a la ley de 1972 y no en base a la jurisprudencia europea. Esta decisión, pareciera, ha dotado a la ley de 1972 de una suerte de protección contra la revocación implícita («involuntaria») por la acción del Parlamento británico, admitiéndose siempre que, por una ley explícita, pudiera este anular el derecho de la comunidad[94]. No hace falta pues confiarse demasiado en esa decisión de la Corte de Apelación. En 1982, en un caso similar[95], la Cámara de los Lores ha encontrado el medio de dar a la ley inglesa una interpretación conforme a la interpretación que había dado la Corte Europea al artículo 119. La Cámara ha insistido sobre la regla general de interpretación de que toda ley inglesa debe ser interpretada en la medida de la posible conformidad con las obligaciones internacionales del Reino Unido, regla que ha reforzado la ley de 1972 en lo que se refiere al derecho comunitario. Lord Diplock, con la anuencia de sus colegas, ha podido así rechazar el pronunciarse sobre la cuestión de saber si solo tendría efecto, desde 1972, una derogación explícita por el Parlamento del derecho comunitario. Una sola cosa es segura: los jueces ingleses pondrán todo de sí para evitar la crisis, crisis de orden institucional que produciría la constatación de un conflicto irreconciliable entre una ley inglesa y una prescripción de derecho de la Comunidad Europea.

66. – *Las convenciones no integradas:* De entrada es necesario subrayar que no se trata aquí de leyes vigentes en Inglaterra sino exclusivamente de convenciones internacionales suscritas por el Reino Unido. Persona alguna puede apelar directamente a una convención tal para apoyar sus pretensiones en un litigio inglés.

En lo que concierne al *Common Law* –el derecho no escrito– una convención no integrada no posee influencia alguna para la solución de la cuestión en litigio. En un caso de 1979[96], donde el demandante había intentado una acción (civil) contra la policía por escuchar (espiar) sus comunicaciones telefónicas, la cuestión de la responsabilidad de esta era un asunto puro y simple del *Common Law,* no obstante la Convención Europea de los Derechos del Hombre de la cual forma parte di Reino Unido y el caso *Klass*[97], decidido por la Corte Europea de Estrasburgo en 1978, ninguna ley reglamenta en Inglaterra las condiciones bajo las cuales será permitido tal espionaje de las comunicaciones. Esta omisión de legislación del Parlamento ha sido criticada por el juez. Este ha advertido que la regla de *Common Law* deducida por él de los precedentes –regla general de no responsabilidad en las circunstancias– tenía en su opinión poca probabilidad de satisfacer la Corte de Estrasburgo sobre la conformidad del derecho inglés a las prescripciones de la convención, opinión posteriormente confirmada por la decisión de la Corte en el mismo caso en 198 4[98]. El juez no podía tomar en consideración para el «descubrimiento» de la «verdadera» regla del *Common Law* aplicable ni al texto, ni a la existencia misma de la convención que no formaba parte del derecho inglés.

Por otra parte, en lo que concierne a la interpretación de las leyes, entra en juego la presunción de que el Parlamento, salvo indicación contraria, no ha tenido

---

94 V. también el caso escocés, *Prince v. Secretary of State for Scotland (1983) S.L.T. 74.*

95 *Garland v. British Rail Engineering (1983) 2 A.C. 731*

96 *Malone v. Metropolitan Police Comissioner (1979) Cb. 344.*

97 *Klass v. Germany (1978) 2. E.H.H.R. 214.*

98 *Malone v. United Kingdom (1984) 1 E.H.H.R. 14.*

la intención de desatender las obligaciones internacionales del Estado: si se trata de una ambigüedad o de alguna otra falta de claridad en el texto y, admitiendo siempre la supremacía parlamentaria, está pues permitido al juez recurrir al texto de la convención para aclarar la intención del Parlamento. Para tomar un ejemplo muy simple, el texto de una ley penal había dejado abierta la cuestión de saber si una de sus disposiciones tenía efecto retroactivo. Tomando en cuenta, entre otras consideraciones, el artículo 2 de la Declaración sobre los Derechos del Hombre de las Naciones Unidas y el artículo 7 de la Convención Europea, la Cámara de los Lores ha declarado «apenas creíble» que un departamento ministerial haya propuesto o que el Parlamento haya adoptado una ley penal retroactiva. El problema de la interpretación estaba así resuelto[99].

Determinados jueces ingleses han considerado que es necesario atribuir a la Convención Europea de los Derechos del Hombre una influencia sobre el derecho interno más importante que la que acabamos de señalar, Lord Denning, una vez ha dicho que incluso los agentes de la policía de frontera deben tomar en consideración las prescripciones de la Convención para el ejercicio de sus funciones[100], aunque cambió de opinión posteriormente[101]. Tiempo más tarde, otro juez de la Corte de Apelación ha emitido la opinión de que la interpretación de una ley de 1944 no podía seguir siendo la misma después de la adhesión del Reino Unido a la Convención[102]. Sus dos compañeros no compartieron dicha opinión. Cualquiera sea la importancia de la convención para la interpretación de las leyes inglesas, y aunque los jueces ingleses admiten que ellos deben vigilar en la medida de sus posibilidades a que sus decisiones sean conformes a sus prescripciones, de las que ellos siempre tendrán en cuenta, la Convención Europea de los Derechos del Hombre todavía no ha sido adoptada por el Parlamento como ley inglesa; ella no forma parte del derecho interno inglés. Su influencia sobre este derecho está pues limitada a la de una guía para la interpretación de las leyes inglesas en el caso, y solo en el caso, en que estas dejen indeterminada o incierta, en virtud de la falta de claridad en su redacción, la solución de la cuestión litigiosa.

Sección 7
LAS DIVISIONES DEL DERECHO

67. – La poca importancia del tema: En Inglaterra, país de derecho no codificado, uno nunca se ha entregado a los estudios profundizados sobre la clasificación y las divisiones del derecho, de las cuales tienen necesidad en otras partes los codificadores. En el pasado, la división entre la *Equity* y el *Common Law* era fundamental y, para el *Common Law* las divisiones del derecho se vinculaban principalmente a las *forms of action*. Divisiones tales como determinación de la competencia del Tribunal que entendiera la causa, del procedimiento y, con frecuencia, de la regla de derecho aplicable al caso, han marcado la práctica y así poseían un determinado valor. Dicho valor lo han perdido virtualmente desde la creación, en 1975, de una jurisdicción única, jurisdicción tanto de la *Equity* como del *Common Law* y de la desaparición del sistema formalista de las *forms of action*. Para reglamentar la competencia de los tribunales de excepción por supuesto que es necesario que la ley separe determinadas

99 *R. v. Midh (1974) 1 W.L.R. 683.*
100 *R. v. Home Secretary, ex p. Bhajan Singh (1976) 1 Q.B. 198.*
101 *R. v. Chief Inmigration Office, ex p. Bibi (1976) 1 W.L.R. 979.*
102 *Scarman L.J. in Ahmad v. Inner London Educational Authority (1978) Q.B. 36.*

«divisiones» o ramas del derecho; pero eso no exige una clasificación general del derecho: solamente la definición, con frecuencia muy técnica, de litigios sobre categorías particulares. En lo que concierne a las jurisdicciones de derecho común, las antiguas divisiones ya no gobiernan más; no es sino en casos excepcionales, de los cuales algunos van a ser mencionados, que el juicio estará influenciado por la clasificación de la regla aplicable como perteneciente a tal o cual división del derecho.

Claro está, para el estudio y la enseñanza del derecho, para la organización de las bibliotecas de derecho y, sobre todo, para facilitar los debates y la motivación de decisiones sobre cuestiones de derecho, una determinada sistematización, por consiguiente, una clasificación y unas divisiones, son indispensables. El antiguo lenguaje, entonces, ha sobrevivido. Se continúa, hablando, por ejemplo, de *Equity* y de *Common Law;* uno se vale todavía de los títulos de alguna de las antiguas *forms of action*[103]; uno se vale también de las divisiones del derecho bien conocidas en otras partes como, por ejemplo, el derecho público y el derecho privado, el derecho penal y el derecho civil, la responsabilidad contractual y la responsabilidad extracontractual, divisiones cuyo alcance en el derecho inglés será brevemente expuesto en lo que sigue. Sin embargo, es necesario subrayar que en la práctica no incumbe más que al litigante el indicar en el acto introductorio de la instancia, el fundamento jurídico de su demanda; solo se le exige que alegue los hechos propios que la fundamentan[104]. Ciertamente, en la audiencia, a él corresponde proponer al juez el o los fundamentos jurídicos que, en su opinión, justificarían un juicio a su favor pero, a fin de cuentas, en nuestra opinión, eso que ha escrito el profesor Motulsky con respecto al derecho privado francés es exacto para todo el derecho inglés: la parte no hace actuar al juez sino mediante una solicitud tendiente a lograr un resultado social o económico *«que no debe ser traducida en lenguaje conceptual sino solo por el juez?*[105]. Dicho de otra manera, no se trata aquí, salvo excepciones, sino de una cuestión de comodidad.

68.– Derecho público y derecho privado: René David ha escrito muy acertadamente que «todos los litigios sometidos a las Cortes Reales inglesas aparecen de una manera, en Inglaterra, como si fueran en cierta forma unos debates ¿o cuestionamientos? de derecho público[106]. Dicey, por el contrario, ha insistido sobre el hecho de que en Inglaterra un único derecho rige las relaciones jurídicas entre particulares y entre particulares y funcionarios. Ninguna ley inglesa corresponde a la famosa ley francesa entre los 16-24 de agosto de 1790 y, según Dicey, todas las libertades fundamentales de los Ingleses están fundadas sobre las decisiones de los Tribunales en los litigios ordinarios[107].

Culpable de determinadas inexactitudes —de las cuales, la omisión del antiguo principio de la no-responsabilidad de la Corona es chocante («el *rey no puede hacer mal»)*– Dicey no estaba, sin embargo, equivocado al atribuir al «derecho público» inglés el carácter de «derecho privado». Su opinión ha sido confirmada en buena medida después de su muerte por el *Crown Proceedings Act 1947,* ley que ha

---

[103] Sobre todo en materia de injusticia (tort): V. *Winfield and Jolowicz on Torts, ed. 12 (1984) Chap. 3.*

[104] V. *segunda parte, capítulo 2, nos. 130-134.*

[105] El papel respectivo del juez y de las partes en la alegación de los hechos, *Etudes de droit contemporain,* 1959, p. 257.

[106] *Les grands systemes de droit contemporains,* op. cit., n.º 278.

[107] *Introduction to the Law of the Constitution,* ed. 10 (1959) 195.

abolido el principio de la no responsabilidad de la Corona al prescribir que, salvo excepciones, la Corona sería tratado como una «persona privada mayor de plena capacidad jurídica».

Que se diga que el derecho inglés no es sino derecho privado o que se prefiera la conclusión inversa, lo cierto es que durante la historia del derecho inglés, la división entre derecho privado y derecho público, división que en otras partes es fundamental, no ha jugado sino un papel restringido. Ciertamente, se ha hablado desde hace tiempo del derecho constitucional. Más recientemente, la expresión «*administrative Law*» (derecho administrativo) que había rechazado Dicey para el derecho inglés, ha entrado ya en el lenguaje jurídico. Se admiten también determinadas materias, de interés para profesores y estudiantes en derecho, como ramas distintas del derecho[108], por ejemplo, las libertades públicas correspondientes al derecho público. Sin embargo, y siempre considerando la ausencia de dos órdenes de jurisdicciones distintas, el reconocimiento de un «derecho público», por consiguiente de un «derecho privado», no sirve en general sino a la comodidad. En lo que concierne a los derechos y a las obligaciones de cualquier persona —particular, persona moral o funcionario— no es normalmente necesario decidir si se trata de una cuestión de derecho público o de derecho privado[109].

Esto, por supuesto, no quiere decir que no existan leyes o reglas del *Common Law* que correspondan exclusivamente al «derecho público»: algunas conciernen exclusivamente a la estructura del poder público y de sus órganos, otras se refieren exclusivamente a las relaciones entre particulares y el Estado, etc. Pero constatar que una ley o una regla del *Common Law* corresponde al derecho público normalmente no significa nada en el plano de la práctica.

69.— La Aplicación for Judicial Review: A lo que viene de ser dicho, es necesario aportar una excepción cuya importancia ha crecido durante los últimos años. La competencia de las Cortes Reales, mencionada más arriba[110], para controlar, por medio del ejercicio de la prerrogativa real, la legalidad de esos que constituyen las «jurisdicciones inferiores» se extiende actualmente al control de lo que hace todo órgano de poder público capaz de afectar por sus decisiones los derechos de cualquiera[111], pero no se extiende sino a tales órganos. Es así imposible invocar la prerrogativa real si se trata de acciones o decisiones de una persona «privada» —incluidos sociedad industrial y sindicato— cualquiera sea su poder real en el actual estado de cosas. Fue necesario, lo es todavía, que aquel que exija a la Corte Suprema el ejercicio de la competencia «prerrogativa» de esta, siga un proceso especial y la acción intentada por medio de este proceso solo es admitida si el demandante posee la calidad de órgano del poder público.

En el pasado, el proceso en cuestión era muy técnico y el litigante que buscara, por ejemplo, la anulación de una decisión tomada por un Ministro, ha preferido

[108] Reconocer que un conjunto de principios y reglas de derecho constituya una rama distinta del derecho no presenta más que un interés académico y pedagógico.

[109] El estudiante inglés del derecho francés encuentra así en la obra de los comparatistas Kahn-Freund, Levy y Rudden (*Source-book on Frencb Law*, 2ª *edi.*, 1979, p. 204) la indicación de que «la distinción entre el derecho público y el derecho privado, distinción que en Inglaterra solo posee un alcance exclusivamente académico y pedagógico, es la fundamental en Francia».

[110] *Supra*, n.º 22.

[111] *R. v. Electricity Commissioner; ex. p. London Electricy Joint Committee Co. (1924) 1 K.B. 171.*

con frecuencia seguir el proceso ordinario. Es cierto que, por medio de esta vía, él no podía obtener la anulación de la decisión en tanto tal. Pero podía obtener del Tribunal una «declaración» de su ilegalidad, juicio que, en la práctica, venía a ser lo mismo. Es más, en el mismo proceso, la exigencia de una declaración estaba a la disposición del litigante, bien se tratase de la decisión de un órgano del poder público o bien el de una persona moral que el derecho francés calificaría de «derecho privado». Contra un órgano del poder público, el litigante tenía la opción de procedimientos o procesos y, escogiendo la vía ordinaria, siempre podía evitar el riesgo de que su acción fuera rechazada por error de procedimiento.

En 1977, por reglamento[112] y en 1981 por ley del Parlamento[113], el antiguo procedimiento para el ejercicio de la real prerrogativa por parte de los tribunales, ha sido modernizado y, en muchos, simplificado. En efecto, un nuevo procedimiento ha sido introducido bajo el nombre de «*Application for Judicial Review*». Pero el nuevo procedimiento, al igual que el antiguo, no puede, ser seguido más que Contra un órgano de poder público. Por otra parte, los trabajos preparatorios indican que persona alguna ha tenido la intención de eliminar la opción o escogencia de procedimiento posible al litigante[114] y el texto de la ley nada dice sobre el particular. No obstante, en 1981, la Cámara de los Lores ha juzgado inadmisible una acción, que había intentado un detenido, por vía del procedimiento ordinario, contra las autoridades de la prisión donde él se encontraba, acción que exigía una declaración sobre la ilegalidad de una decisión tomada, según él, en violación con su derecho de defensa[115]. La opción que existía anteriormente fue abolida por esta jurisprudencia.

El alcance de esta decisión de la Cámara de los Lores no es del todo claro. Por una parte, es seguro que en determinadas circunstancias la acción intentada por la vía ordinaria contra la administración será declarada inadmisible. Por la otra, es igualmente cierto que bajo otras circunstancias la vía ordinaria permanece abierta. Siguiendo la terminología que ha adoptado la Cámara de los Lores y teniendo en cuenta un determinado número de decisiones ulteriores, pareciera que el criterio se encuentra en la división entre el derecho público y el derecho privado por muy imprecisa que esta sea[116]. Por vez primera en la historia del derecho inglés la división ha adquirido una importancia práctica.

Bajo esas condiciones se puede prever que las decisiones por venir van a ilustrar la diferenciación entre el derecho público y el derecho privado en la medida que lo requiera la nueva regla de exclusividad o exclusión. Es necesario recordar no solamente que el procedimiento de la *Application for Judicial Review* debe ser obligatoriamente seguido en determinados casos, sino también que no puede dársele curso en el caso de que el demandado pueda ser calificado como órgano del poder público: contra una persona moral «de derecho privado», cualquiera sea su poder y

---

112 *R.S.C., O. 53.*

113 *Supreme Court Act 1981, s. 31.*

114 *Law Commission, Remedies in Administrative Law, Cmnd. 6407 (1976).*

115 *O'Reilly v. Mackman (1983) 2 A.C. 237.*

116 *Davy v. Spelthorne Borough Council (1948) A.C. 262,* en particular las observaciones de Lord Willbeforce en la página *276.* V. también *Wandsworth London Borourgh Cocncil v. Winder (1985) A.C. 461; Gillick v. West Norfolk A.H.A. (1986) A.C. 112* y notas *Wade (1986) 102 L.Q.R. 173,* y *Jolowicz (1986) C.L.J. 1.* Comparar *Woolf, Public-Law Private Law. Why the Divide.* en *(1986) Public Law 220.*

capacidad real para afectar por sus decisiones los derechos de alguien —por ejemplo, la decisión de un sindicato de expulsar uno de sus miembros—, únicamente le es posible el recurso de la vía ordinaria. Así, hasta un determinado punto; el derecho inglés ha venido a estar en conformidad con los otros derechos en los que diferentes procedimientos deben ser empleados bajo determinadas circunstancias en atención al carácter del demandado.

70. – Derecho penal y derecho civil: El derecho inglés en su estado primitivo casi no ha distinguido el derecho penal y el derecho civil. Por el contrario, el derecho moderno procede muy claramente a distinguir entre las dos ramas del derecho, ramas que son generalmente concebidas como englobando todo el derecho: la expresión «derecho civil» posee un alcance mucho más extenso que en otros derechos, puesto que ella cubre no solamente el «derecho civil», en el sentido del código civil francés, sino todo lo que no corresponde al derecho penal comprendido incluso el derecho «público». La importancia de la división se revela tanto para el plano procedimental como para el fondo del derecho.

71.— Procedimiento: La acción pública, ejercida a nombre de la reina, puede ser puesta en movimiento, salvo excepciones, por quien sea. Por el contrario, la parte perjudicada, aun cuando sea ella la que ha emprendido la jurisdicción represiva, no puede someter a consideración su acción civil. Las dos acciones son distintas y, la jurisdicción represiva no posee competencia civil alguna, aun cuando está dotada por la ley de un poder discrecional para otorgar a las víctimas de determinadas infracciones una reparación limitada[117]. Por contrapartida, la acción civil ante la jurisdicción civil está siempre abierta o es siempre posible: el derecho inglés no conoce ni el principio de que *«le criminel tient le civil en état»,* ni la autoridad de la cosa juzgada tocante a la jurisdicción civil de la décision penal. Después de una ley relativamente reciente, la prueba ante la jurisdicción civil de una condena en la penal, da lugar a la presunción de que la persona condenada ha cometido la infracción, pero la presunción no es irrefragable[118]; en cuanto a la prueba de una absolución en lo penal, ella está desprovista de todo valor ante la jurisdicción civil.

72.— Fondo del derecho: Desde un punto de vista teórico existe una separación más o menos completa entre el derecho penal y el derecho civil. Que un hecho sea calificado como ilícito por el derecho penal no cuenta para nada, por regla general, para el derecho civil y, en particular, no justifica que se atienda al hecho como generador de una responsabilidad civil. En el caso banal de que surjan de un único hecho la responsabilidad penal y la responsabilidad civil, no se trata de una cooperación entre las dos ramas del derecho sino de su simple coincidencia. El conductor de un automóvil, por ejemplo, que por su imprudencia al volante cause a otro un daño, es culpable de una infracción en la ley penal; él es también civilmente responsable hacia la víctima del accidente, pero el fundamento jurídico de su responsabilidad civil se encuentra en su *negligencia* y no en la infracción de la ley penal. Es más, corresponde al juez civil el estatuir sobre la cuestión de *negligencia* a la luz de las pruebas que se someten a su consideración, sin estar atado por la decisión de la jurisdicción represiva a suponer que esta haya sido ya estatuida[119].

---

[117] *Powers of Criminal Courts Act 1973, ss. 35-38.* Están excluidos los accidentes de circulación.

[118] *Civil Evidence Act 1968, s. 11.* En el solo caso de una acción (civil) por difamación, la presunción es irrefragable: *ibíd., s. 13.*

[119] Bajo la reserva indicada, *supra,* p. 83, note 118.

El principio de la separación de las dos ramas del derecho no quiere decir sin embargo que el juez civil no tome nunca en cuenta las prescripciones de las leyes penales. Por el contrario, y sobre todo cuando se trata de una acción civil por perjuicio corporal, una ley penal es frecuentemente interpretada como constitutiva del fundamento jurídico de una responsabilidad civil. Bajo pena de una multa, por ejemplo, la ley prescribe que en una fábrica, toda parte peligrosa de los equipos dispondrá de un dispositivo de protección eficaz[120]. He allí una obligación cuyo resultado incumbe al propietario de la fábrica, pero que el texto de la ley no considera sino la sanción penal. Sin embargo, innumerables personas han recibido daños y perjuicios sobre el fundamento de la infracción a esta ley o a una ley parecida, sin prueba suplementaria de un hecho ordinariamente reconocido como generador de responsabilidad civil.

Siguiendo la explicación tradicional de este fenómeno jurídico, no se trata aquí de una excepción al principio general de la separación. Por vía de la interpretación de la ley, el Tribunal civil discierne la intención del Parlamento civil[121]. En otros términos, la ley en cuestión no es exclusivamente ley penal; en su correcta interpretación, ella es a la vez penal y ley civil.

Se pretende que no exista aquí una cuestión de interpretación. A decir verdad, en la gran mayoría de los casos, la respuesta depende de los jueces más que del legislador, y la regla del precedente juega allí un papel muy importante. Por lo tanto, y aunque la pretendida búsqueda de la intención del Parlamento sea con frecuencia la búsqueda de lo inencontrable e incluso de lo inexistente, los jueces examinan siempre y muy cuidadosamente el texto de la ley antes de pronunciarse a favor o en contra de la existencia de una responsabilidad civil. Más aun, la teoría —la ficción— de que la acción civil es creación del Parlamento, tiene unas consecuencias importantes en la práctica. No hay posibilidad alguna, por ejemplo, de que la ley sea aplicada por analogía; si los hechos del caso no son aquellos que considera precisamente el texto de la ley, sus prescripciones no tendrán ninguna influencia sobre la decisión[122]. La acción en la responsabilidad fundada sobre la infracción a la ley penal no se comprende sino en tanto que es acción en la responsabilidad implícita pero directamente creada por el mismo Parlamento.

73.– Equity y Common Law: Se ha advertido que las *Judicature Acts 1873-1875* no han efectuado la fusión sino solamente la administración conjunta de la jurisdicción de *Equity* y del *Common Law*[123]. Expresión de la opinión ortodoxa, esta observación indica que la división entre los dos sistemas conserva una determinada importancia: si Inglaterra conocía desde 1875 una jurisdicción única, jurisdicción competente tanto en *Equity* como en *Common Law,* ella entonces ya conocía dos sistemas de reglas de «derecho» distintos y no un único sistema en el cual se reunían las reglas correspondiente a lo que anteriormente fuera *Equity* o *Common Law.*

La supervivencia de la distinción entre *Equity* y *Common Law* proporcionó ciertamente el fundamento teórico del *trust* y de todo lo que deriva de este. Es difícil si no imposible que un único sistema reconozca que una persona es propie-

[120] *Factories Act 1961,* s. 14.
[121] *Cutler v. Wadsworth Stadium Ltd. (1949) A.C. 398, Lonrho Ltd. v. Shell Petroleum Co. Ltd. (1982) A.C. 173.*
[122] *Chipchase v. British Titan Products Ltd. (1956) 1 Q.B. 545.*
[123] *Supra,* n.º *19.* V. también *B.I.C.C. PLc. V. Burndy Corp. (1985) CH. 232.* División de opinión sobre este punto entre Kerr L.J. y la mayoría en la *Court of Appeal.*

taria y que otras personas son al mismo tiempo titulares de determinados derechos de propiedad sobre un único bien[124]. Sin embargo, en un litigio entre beneficiario y *trustee,* en lo que la jurisdicción de *Equity* ejerce un papel «independiente», reconocer que las reglas aplicables son reglas de *Equity,* no es más que reconocer que el origen de esas reglas está en la jurisprudencia de la antigua *Court of Chancery.* No se trata más que de la aplicación de las solas reglas de *Equity;* la cuestión de saber si ha habido una fusión de la *Equity* con el *Common Law* no se plantea.

En lo que concierne al papel «correctivo» de la *Equity* es necesario tener en cuenta la declaración hecha en 1977[125], por algunos jueces de la Cámara de los Lores, según la cual no se trata más de la simple administración conjunta sino de una verdadera fusión de la jurisdicción de *Equity* y del *Common Law,* declaración cuyo fundamento se encuentra, pareciera, en la capacidad continua del derecho para desarrollarse; no era ni la intención, ni la consecuencia de las *Judicature Acts* en 1875 la de preservar para siempre las reglas de la *Equity* y del *Common Law* en su estado de la época. Frente a una regla de *Common Law* que «corregiría» en determinadas circunstancias una regla *equitable,* no basta pues que el juez se plantee la simple interrogante de: «¿qué habría hecho la antigua *Court of Chancery* en un caso parecido antes de 1875?». La pregunta sería incluso incorrecta. Desde esa fecha, los dos sistemas se desarrollaron conjuntamente, y se mezclaron al punto de que en nuestros días no existe sino uno solo.

Pese a la opinión de la Cámara de los Lores —enunciada sobre una cuestión particular—, desde nuestro punto de vista y tomando en cuenta el carácter evolutivo del derecho, la cuestión de saber si ha habido fusión o no presenta más que un interés teórico para ese aspecto de la materia. La administración conjunta de la *Equity* y del *Common Law* asegura que todas las cuestiones litigiosas serán tomadas en consideración en un único proceso; en caso de conflicto, la ley otorga primacía a las reglas de la *Equity;* todo litigio es resuelto de una vez por todas por la jurisdicción única, y está eliminada la posibilidad de contrariedad de juicios. Todo eso es lo que cuenta. Es inútil preguntarse si hubo o no fusión.

En lo que se refiere por el contrario al papel «accesorio» cuando se trata del remedio que debe ser concedido al demandante, la parte ganadora, sobre el fondo, la división entre *Equity* y *Common Law* cuenta todavía, a veces, de una manera decisiva. Para ilustrar nuestro propósito tomemos el ejemplo del incumplimiento de una obligación sea esta contractual o extracontractual[126].

74. – Los remedios al incumplimiento de una obligación: Recordemos, de entrada, que el *Common Law* no conocía generalmente más que un solo remedio para la inejecución de una obligación: la condena del demandado por daños y perjuicios. Eso de pleno derecho: el incumplimiento y el perjuicio causado una vez establecidos, el juez no tiene opción: está obligado no solamente a beneficiar al demandante sino también a condenar al demandado al pago por daños y perjuicios cuyo monto será fijado en atención a los daños sufridos. De modo claro, el derecho de la víctima de ser indemnizado proviene del *Common Law* y este no apunta más que al pasado; el *Common Law* no toma en cuenta sino el perjuicio ya sufrido. La jurisdicción de *Equity,* por el contrario, no señala, salvo excepcionalmente, daños y perjuicios. Los remedios de la *Equity* —siempre «discrecionales»; nunca de pleno derecho— apun-

[124] *Infra, segunda parte, cap. 11.*

[125] *United Scientific Holdings Ltd. v. Burnley Borough-Council (1978) A.C. 904.*

[126] V. nuestra discusión de la materia: *«Damages in Equity» (1975) C.L.J. 224.*

tan hacia el futuro: el demandado se ve conminado bien a ejecutar su obligación por naturaleza, bien a abstenerse de una determinada conducta.

Para que el demandante reciba el beneficio de un remedio *equitable,* no le basta entonces probar que él ha sufrido un daño. Le es necesario probar que, sin la emisión de una orden terminante *(injuction),* él sufrirá en el futuro un daño continuo o repetido. El vendedor de una cosa única e irremplazable, por ejemplo, se verá obligado a entregar la cosa vendida, no así el vendedor de una cosa cuyo comprador, debidamente indemnizado, encontrará fácilmente el equivalente en el mercado. Es más, en el ejercicio de su discreción, el juez siempre tendrá en cuenta la proporcionalidad y rechazará la *injunction* exigida si le parece que la injusticia causada al demandado por su emisión será más grave que la injusticia causada al demandante por su rechazo. En el supuesto de que el demandado haya construido una edificación, construcción que impide al demandante en el goce de una servidumbre de día o luz, es poco probable que el juez conmine al demandado a demoler la edificación. Por el contrario, si la acción de daños y perjuicios no es nunca admisible antes de que se hayan producido todos los hechos generadores de la responsabilidad del demandado, en determinados casos, la acción por un remedio de *Equity* es admisible sobre la prueba de una simple amenaza de inejecución (acción llamada *«quia timet»).*

En lo que se refiere a los remedios de los dos sistemas vemos, pues, que las reglas aplicables no son las mismas, pero que no existe aquí ninguna cuestión de conflicto. En un gran número de casos, el remedio del *Common Law* es suficiente; ninguna cuestión de *Equity* se presenta, por ejemplo, en una acción por perjuicio corporal. A la inversa, las solas reglas de la *Equity* son seguidas en la acción *quia timet* por amenaza de inejecución. Y si las condiciones para conceder los remedios de equidad y de *Common Law* son ambas cumplidas, la administración conjunta de los dos sistemas habilita al juez, en un mismo proceso, a señalar daños y perjuicios y a conminar al demandado de hacer o no hacer en el futuro. Pero ¿qué hará el juez si considera que la mejor solución será indemnizar al demandante por su perjuicio futuro en lugar de conminar al demandado a la ejecución natural de su obligación? Dicho de otra manera, ¿es qué acaso el juez puede otorgar el remedio del *Common Law* sobre el fundamento de reglas que corresponden exclusivamente a la *Equity?* La cuestión de saber si ha habido o no fusión viene a ser ahora esencial.

Incluso antes de las *Judicature Acts,* una ley de 1858[127], comporta una disposición que, tomada al pie de la letra, parece haber realizado la fusión sobre este punto. Según ese texto, texto que el Parlamento recientemente ha renovado[128], el Tribunal puede, bajo determinadas condiciones, sustituir la emisión de una *injunction* por el pago de daños y perjuicios. Desde un punto de vista práctico, esta solución parece útil: para retomar el ejemplo de la servidumbre de luz, en lugar de ordenar la demolición de la edificación, ¿por qué no indemnizar al demandante con el pago inmediato de una suma de dinero bajo la forma de daños y perjuicios por el perjuicio que él sufrirá en el futuro?

Es indudable que la ley de 1858 ha realizado a este respecto la fusión, en una cierta medida, de las reglas de la *Equity* y del *Common Law.* Se puede encontrar en las compilaciones muchas sentencias en que ha sido ordenado el pago por daños y

---

[127] *Chancery Amendment Act 1858 («Lord Cairns Act»).*

[128] *Supreme Court Act 1981,* s. 50.

perjuicios en lugar de la *injunction,* para indemnizar al demandado del perjuicio que iría a sufrir en el futuro[129]. Mientras tanto y hasta el presente, los jueces se han mostrado poco dispuestos a otorgar a esta ley un largo alcance. Ciertamente, el juez que sustituye el pago de daños y perjuicios a la ejecución natural de una obligación, da la impresión de haber consagrado la persistencia de un comportamiento ilícito contra el simple pago de una «prima». Pero eso no explica las decisiones, entre las cuales algunas son de la Cámara de los Lores[130], en las que la *injunction* ha sido rechazada como no proporcionada al perjuicio previsible sin que el demandado haya sido condenado al pago de daños y perjuicios. El demandante se encuentra obligado a esperar la realización del daño y, entonces, a intentar una nueva acción, acción por daños y perjuicios del *Common Law.*

75. – Equity y Common Law: dos conclusiones: De esta breve exposición de la situación actual concerniente a la antigua división más fundamental del derecho inglés, se desprenden dos conclusiones.

En la enorme mayoría de los casos, la administración conjunta de la *Equity* y del *Common Law,* permitida por las *Judicature Acts* hace más de cien años, ha bastado para hacer del derecho inglés un sistema integrado: la importancia actual de la división entre *Equity* y *Common Law* es más teórica e histórica que práctica.

Si estas leyes y algunas leyes especiales han abierto la puerta a una verdadera fusión por la vía jurisprudencial, sin embargo, los jueces ingleses, en su mayoría, no están todavía preparados sicológicamente para su realización. En el pasado, la división entre *Equity* y *Common Law* se presentó tan «natural» como la división entre la tierra y el mar. Hoy día, la jurisdicción única es, por así llamarla, «anfibia» pero la división en sí misma es permanente.

76. – Responsabilidad contractual y responsabilidad extracontractual: Quizás en razón de que los orígenes de la responsabilidad contractual se encuentra en parte en el desarrollo de la responsabilidad extracontractual, ninguna regla formal de no acumulación de las responsabilidades se encuentra ni en la ley ni en la jurisprudencia. Ciertamente, en ausencia de todo vínculo contractual entre las partes, la responsabilidad no puede ser más que delictual o casi delictual *(«in tort»).* Igualmente, la existencia de un vínculo contractual es condición esencial para la existencia; de determinadas obligaciones cuyo no cumplimiento da nacimiento exclusivamente a la responsabilidad contractual. Es sin embargo banal que de los mismos hechos surjan al mismo tiempo las dos formas de responsabilidad civil. El médico, por ejemplo, tiene la obligación de tratar a su cliente con todos los cuidados razonables, haya o no contrato entre ellos. En caso de falta de ejecución o incumplimiento, el médico es responsable y, bajo la hipótesis de que el cliente ha contratado directamente con él, su responsabilidad es a la vez contractual y extracontractual. Con todo, en la medida que existe o en la medida que parece existir tal cúmulo, algunas interrogantes pueden presentarse. Nosotros abordaremos dos.

Primera interrogante: en el caso de que sean producidos unos hechos generadores de una responsabilidad extracontractual, ¿cuáles son los efectos de un contrato celebrado entre las partes?

---

[129] *Hooper v. Rogers (1975) Ch. 43.*
[130] *Redland Bricks Ltd. v. Morris (1970) A.C. 652.*

Un primer punto es claro: una cláusula contractual de no responsabilidad bien redactada excluye en principio toda responsabilidad tanto delictual como contractual[131]. Sin embargo, el *Common Law* ha insistido, desde hace tiempo, en el adagio de que tales cláusulas deben ser interpretadas estrictamente, *contra proferentem* y, según la ley en vigencia, ninguna cláusula exoneratoria de la responsabilidad por *negligencia* es válida si se trata de un perjuicio corporal o de la muerte de alguien. Otras cláusulas no son válidas sino en la medida en que ellas son «razonables»[132].

Un segundo punto en la actualidad no plantea más el problema: la opinión a veces avanzada por algunos jueces de que la obligación contractual desplaza la obligación similar que habría impuesto el derecho de los *torts* en ausencia del contrato y se sustituye a ella[133], es ahora formalmente rechazada[134]. Las dos obligaciones pueden coexistir o, si se prefiere un análisis más preciso, una sola obligación puede emanar de dos fundamentos jurídicos diferentes. En todo caso sí, por ejemplo, la acción fundada sobre el incumplimiento de una obligación contractual está prescrita, la acción fundada sobre la falta de cumplimiento de la obligación extracontractual necesariamente no lo está[135].

Una segunda interrogante se plantea: en la hipótesis de que hubiese acumulación de las obligaciones y responsabilidad por incumplimiento, ¿debe el juez acaso detenerse en uno solo de los fundamentos jurídicos posibles en lo que se refiere a las partes accesorias del dispositivo? Evidentemente, la cuestión solo tiene interés en la medida que la escogencia de un fundamento, con exclusión del otro, tenga consecuencias concretas para el juicio.

En el pasado, para la asignación de las costas del proceso era necesario, en determinadas circunstancias, que el juez se pronunciara sobre la naturaleza de la responsabilidad; de allí la ley desprendía unas consecuencias diferentes. Esta ley ya no está más vigente. La disposición relativa a la asignación de costas será la misma cualquiera sea el fundamento de la responsabilidad del demandado; no hay necesidad alguna, por consiguiente, de que el juez se retenga. Por otra parte, la acción en responsabilidad contractual prescribe actualmente por un plazo que no es siempre el plazo aplicable a la acción de responsabilidad extracontractual; pero, si existe acumulación, la prescripción no será expuesta sino después de que expire el plazo más largo: no hay necesidad aquí tampoco de que el juez se decida por un fundamento único.

¿En qué consiste, entonces, finalmente, la fijación de los daños y perjuicios?

Se encuentra aquí una pregunta cuya solución es muy discutida: las reglas para fijar los daños y perjuicios, ¿son las mismas para las dos formas de responsabilidad? Desde un punto de vista general, la respuesta no puede ser sino negativa: cuando se trata del incumplimiento de una obligación contractual, el objetivo de la condena por daños y perjuicios del demandado es otorgar, se dice, al demandante, las ventajas que él habría obtenido, en la medida de lo posible, de la ejecución de la obligación; cuando se trata por el contrario de un delito o de un cuasidelito no es

---

131 Por el contrario, una cláusula que excluya solamente la responsabilidad contractual no excluye la responsabilidad extracontractual nacida de los mismos hechos: *White v. John Warwick (1931) 1 W.L.R. 1285.*

132 *Unfair Contract Terms Act 1977, s. 2.*

133 V. por ejemplo, *Bagot v. Stevens Scanlon & Co. (1966) 1 Q. B. 197.*

134 *Midland Bank Ltd. v. Hett Stubbs & Kemp (1979) Ch. 496.*

135 *Ibíd.*

cuestión sino de indemnizar la persona dañada por el perjuicio que ella ha padecido. Es más, en la formulación de las reglas de derecho aplicables, los jueces adoptan habitualmente diferentes modos de expresión de acuerdo a la naturaleza de la responsabilidad seguida. «Es verdad», ha advertido recientemente un juez de la High Court, «que las reglas de determinación del importe por daños y perjuicios no son las mismas en los dos casos». Con todo y eso, el mismo juez en el mismo asunto —asunto en el que había acumulación— ha declarado que «en este caso, la escogenda de la regla no implica diferencia alguna; el importe por daños y perjuicios será siempre el mismo»[136].

En nuestra opinión, allí está la clave. Que las reglas, que las fórmulas no sean las mismas no tiene interés práctico alguno, si, en cada caso en que hay acumulación, el resultado debe ser el mismo, cualquiera sea la regla que el juez aplique; el juez no estará jamás obligado a preferir uno solo de los dos fundamentos jurídicos de la responsabilidad del demandado y a rechazar el otro ofreciendo unos motivos más o menos convincentes pero necesariamente técnicos. Anteriormente las concepciones formalistas de un derecho fracturado entre las diferentes *forms of action* habría podido detener a los jueces en sus esfuerzos por minimizar o abolir las diferencias. Actualmente, nos parece, que la tendencia de los jueces ha cambiado; constatar que las consideraciones técnicas puedan decidir sobre el dispositivo de un caso concreto ya no les satisface más. «Yo estoy de acuerdo, ha declarado un juez de Apelación, con juzgar absurdo que la medida de los daños y perjuicios debe en principio depender de la denominación jurídica de la causa de la demanda»[137]. Dicho de otra manera, aun cuando se continúe repitiendo que las reglas accesorias varían de una responsabilidad a la otra, de hecho, en presencia de un caso concreto de acumulación, el resultado será el mismo cualquiera sea la naturaleza de la responsabilidad sobre la que el juez funda su decisión. La sentencia citada no es única; al contrario, ella representa la norma.

Para finalizar, dos advertencias.

Para comenzar, lo que terminamos de decir representa nuestra opinión personal sobre una cuestión controversial. No es la opinión de todos. Muchos juristas continúan declarando que es necesario considerar la distinción entre las consecuencias de las dos suertes de responsabilidades, se trate o no de un caso de acumulación.

Por otra parte, es necesario repetir que algunas obligaciones, cuyo número es indefinido, no pueden ser sino contractuales. Pese a la expansión de la responsabilidad extracontractual[138], siempre habrá obligaciones cuya existencia es inconcebible sin un contrato celebrado entre las partes. Poco importa, en tales casos, que se quiera decir que las reglas sobre las consecuencias accesorias de la responsabilidad contractual, las únicas aplicables, no son las mismas que en materia de responsabilidad extracontractual, reglas que, por hipótesis, no son aplicables en el caso. La situación es la misma desde que solo pueden entrar en juego las reglas de la responsabilidad extracontractual. Pero aun cuando exista acumulación de las obligaciones, por consiguiente responsabilidades contractual y extracontractual, las distinciones teóricas que se puedan hacer han perdido toda importancia.

---

136 *Archer v. Brown (1985) Q.B. 401.*

137 *Scarman L.J. in Parsons Ltd. v. Uttley Ingham & Co. Ltd. (1978) Q.B. 791, 806.*

138 V. *Junior Books Ltd. v. Veitchi Ltd. (1983) 1 A.C. 520* e *infra, n.º 203.*

SEGUNDA PARTE

LOS ÁMBITOS PRINCIPALES DEL DERECHO INGLES

CAPÍTULO I
DERECHO CONSTITUCIONAL

POR J. A. HOPKINS

77. – *Aspectos Generales:* El derecho constitucional es la rama del derecho inglés que trata de la organización del gobierno del país. Aunque no existe ni un documento único ni una serie de textos en los que se considere contenida «la constitución», hay un conjunto de reglas que definen la composición, las funciones y las relaciones de los diferentes órganos de gobierno, así como los derechos y los deberes de los gobernados.

Las principales reglas que constituyen este conjunto tienen sus raíces en la historia: del *Common Law,* representada por decisiones judiciales; la sección del *Common Law* vinculada exclusivamente al Soberano, y que se denomina al «royal prerogative»; ciertos actos del Parlamento; algunas medidas tomadas por aquellas instituciones a las cuales el Parlamento ha delegado el poder de tomarlas; el derecho y los usos de la *«High Court of Parliament»* (Cámara de los Lores y Cámara de los Comunes); y más recientemente, los derechos basados en textos emanados por los órganos de las Comunidades y que tienen vigencia en Inglaterra según la aplicación del *European Communities Act 1972 («enforceable Community rights»);* también puede agregarse la «costumbre» o las «convenciones de la constitution»; aun cuando no constituyan reglas de derecho en la medida en que ellas no pueden ser aplicadas por un tribunal, es en gran parte gracias a estas convenciones que está garantizada la constitucionalidad del gobierno[1]. Podemos incluso asegurar que el papel principal de las convenciones es darle efecto al principio de la responsabilidad gubernamental que constituye la base de un gobierno responsable. Así, mientras que según la ley la casi totalidad del poder ejecutivo central está concentrado en las manos de la Reina, por convención, esos poderes son ejercidos por los ministros de la Reina quienes son responsables ante el Parlamento, así como de un gran número de actos u omisiones susceptibles de ser sometidos a examen de los tribunales.

---

1 *Cf. Olivier Beaud, «Les conventions de la constitution. A propos de deux thises récentes»,* en *Droits,* vol. 3, 1986, p. 125 y s.

78.– Algunas características fundamentales: Se pueden constatar tres características fundamentales.

El Estado, en primer lugar, es unitario y no federal, pero ciertas regiones gozan de una cierta autonomía. Inglaterra, Gales y Escocia forman la Gran Bretaña; Gran Bretaña e Irlanda del Norte conforman el Reino Unido. El Reino Unido, junto con las islas Anglonormandas y la Isla de Man constituyen las llamadas Islas Británicas. Algunos territorios de ultramar conservaron su estatuto colonial, y a los efectos del derecho internacional, el Reino Unido y las colonias representan un solo Estado. El *Commonwealth* es una asociación de alrededor de cincuenta Estados independientes (entre los que se cuentan Australia, la India, Canadá, y varios países africanos) de la cual son miembros el Reino Unido y las colonias.

Por otra parte, la constitución se presenta normalmente más bien flexible que rígida. Esto, de hecho, no es más que el reflejo de la soberanía del Parlamento; toda regla de derecho y toda convención puede ser enmendada o derogada por una ley *(Act of Parliament),* ya que no existe una constitución escrita. El Parlamento, legalmente constituido es un cuerpo soberano[2].

Finalmente, el principio de legalidad es un supuesto del derecho. Determinar la existencia y la magnitud de los poderes de un órgano gubernamental es una cuestión de derecho que le compete a los tribunales. La doctrina de necesidad de Estado es desconocida para el derecho inglés. Así, el ejercicio de toda función ejecutiva debe ser justificada por la ley o la common law. Este principio fue afirmado en 1765 por Lord Camden en *Entick v. Carrinton*[3]*:* «en cuanto al argumento de necesidad de Estado... la *Common Law* no entiende este tipo de razonamientos».

Sección 1
LOS ÓRGANOS DE GOBIERNO

1. LA REINA

79.– Un soberano sin gran poder: La Reina es el Jefe del Estado. A menudo es designada como el Soberano, un término que puede prestarse a confusión debido a la soberanía del Parlamento. El título de estar a la cabeza del Estado, que es hereditario, está simbolizado por la Corona, aunque las reglas de sucesión de la Corona pueden ser modificadas por el Parlamento, el cual lo ha hecho en algunas ocasiones. Por una suerte de ficción jurídica, la Reina es inmortal; la muerte del soberano se denomina, en derecho, su retiro *(demise),* lo que significa que el reino es transferido a su sucesor.

En el papel, la Reina es una parte esencial de los órganos legislativos, ejecutivos y judiciales del Estado. Así, el poder legislativo es «la Reina en Parlamento», el ejecutivo es «el gobierno de su majestad», y los jueces son «los jueces de su majestad». Ella es también jefe de las fuerzas armadas y de la Iglesia de Inglaterra. Según la ley, la Reina no puede equivocarse *(«the Queen can do no wrong»).* Sin embargo, de hecho, la Reina no ejerce sino muy pocos poderes por iniciativa propia. Desde 1708, ningún soberano se ha negado a dar su consentimiento a un proyecto de ley votado por el Parlamento; el carácter automático de este consentimiento es un ejemplo, de

[2] Para la doctrina de la soberanía del Parlamento, v. *supra, No. 22, 48 y 69, e infra, No. 79, 84, 87, 92,94.*

[3] *19 St. Tr. 1030, 1073.*

los más típicos, de una convención de la constitución. En cuanto al poder ejecutivo, la Reina debe, por convención, salvo raras excepciones, actuar a solicitud de sus ministros; le queda el derecho a ser consultada, a alentar y prevenir. El poder fue transferido del soberano a los ministros. Sin embargo, se piensa que una parcela de poder quedó en manos de la Reina y que ella podría ejercerlo en ciertos casos de incumplimiento del gobierno. El poder de hacer justicia en los tribunales fue delegado irrevocablemente a los jueces; de esta manera, la Reina no tiene ningún papel que desempeñar en la administración de la justicia, salvo teóricamente, en el nombramiento de los jueces[4].

2. EL PARLAMENTO

80.– Composición: El Parlamento se compone del soberano y de los tres Estados del Reino, los Lores, espirituales y temporales, que sesionan en conjunto en la Cámara de los Lores *(House of Lords),* y los representantes elegidos por el pueblo que ocupan un escaño en la Cámara de los Comunes *(House of Commons).* El poder político lo retiene, principalmente, la Cámara de los Comunes. Las Cámaras del Parlamento son convocadas, prorrogadas y disueltas por el soberano en ejercicio de su prerrogativa real, aunque esta prerrogativa se ejerce, invariablemente, a solicitud del Primer Ministro[5].

80 bis.– La Cámara de los Lores: Los Lores espirituales son los 26 «*senior Bishops*» de la Iglesia de Inglaterra. Estos obispos son nombrados por el soberano a solicitud del Primer ministro, la Reina es a su vez aconsejada por una comisión de la Iglesia. Los Lores temporales son los Pares herederos de Inglaterra, Escocia y del Reino Unido, los miembros de la Cámara de los Lores, órgano judicial supremo, y los Pares vitalicios, creados en virtud de *Life Peerages Act 1958.* Las funciones judiciales y legislativas de la Cámara de los Lores son estrictamente diferentes[6].

81.– La Cámara de los Comunes: La Cámara se compone de 635 «Miembros del Parlamento», según los *House of Commons (Redistribution of Seats) Acts.* Estas leyes garantizan una representación específica para Gales, Escocia e Irlanda del Norte. Cada miembro del Parlamento representa una circunscripción; el candidato que recibe el mayor número de votos durante un escrutinio en una vuelta, retoma su escaño. Si bien esas leyes se inspiran en el deseo de aligerar circunscripciones con poblaciones bastante iguales, por razones geográficas e históricas estas circunscripciones tienen tamaños muy variados. Estas leyes prevén procedimientos de ajuste de límites para las circunscripciones; dichos ajustes se realizan a solicitud de las Comisiones permanentes de las circunscripciones para Inglaterra, Gales, Escocia e Irlanda del Norte, y tienen lugar, aproximadamente cada diez años. De conformidad con los *Representation of the People Acts,* cada año se establece un registro electoral para cada circunscripción, y únicamente los inscritos pueden votar. Están inscritos en el registro todos los no extranjeros de más de 18 años residentes en la circunscripción con excepción de los Pares, las personas mentalmente incapaces y

---

4 Véase *supra, No. 39 al 43,* sobre el nombramiento de los jueces.

5 En circunstancias excepcionales, el soberano puede, sin duda, rechazar una demanda ministerial de disolución. Es preciso señalar que en ciertos países del Commonwealth en los que la Reina es el Jefe de Estado, el Gobernador General, que la representa, ha destituido ministros y disuelto el Parlamento por iniciativa propia. Esto tuvo lugar recientemente en Australia, en 1976. La acción del Gobernador General fue duramente criticada.

6 Véase *supra, No. 1, 29,* referente a las funciones judiciales de la Cámara de los Lores.

los prisioneros. Las elecciones se realizan mediante escrutinio secreto según procedimientos precisos; también están previstos procedimientos para penalizar la corrupción y para resolver litigios electorales.

Las reglas de competencia para ser elegido miembro del Parlamento tienen su origen, para la época contemporánea en el *Act of Seulement 1700,* y actualmente están contenidos en el *House of Commons Disqualification Act 1975*. Además de las descalificaciones evidentes, como ser menor de edad, incapacidad mental y pertenecer a la Cámara de los Lores, esta ley prevé que no pueden ser elegidas aquellas personas que ejercen una función pública, judicial o ejecutiva. También se excluyen aquellas personas que desempeñan una función al servicio del soberano, incluyendo los funcionarios, los miembros del servicio de las fuerzas armadas o de la policía, los miembros de las comisiones más o menos independientes y los de los tribunales. En líneas generales, el objetivo de estas disposiciones es asegurar la separación de las funciones judiciales y ejecutivas, de la función legislativa. Hay también una disposición general según la cual se excluye del Parlamento a los altos funcionarios *(principal officers)* del Estado. La ley también prevé que las personas a cargo de funciones ministeriales designadas (por ejemplo: Primer Ministro, Secretario de Estado) que pueden sesionar en la Cámara de los Comunes son máximo 95. De esta manera ambas doctrinas, la de separación de los poderes y de la responsabilidad ministerial quedan aseguradas. La Cámara de los Comunes está presidida por el «*Speaker*» quien es también miembro del Parlamento y elegido por la Cámara en conjunto.

82.– Frecuencias de las sesiones y duración del Parlamento: El Parlamento debe reunirse al menos una vez al año, principalmente para decidir acerca de los impuestos y otorgar los créditos al ejecutivo. De hecho se reúne más a menudo. De acuerdo al *Parliament Act 1911,* el Parlamento no puede sesionar más de cinco años, por consiguiente si no se ha disuelto dentro de los cinco años siguientes a la última elección general, cesará de existir y habrá que organizar nuevas elecciones generales.

83.– Las funciones del Parlamento: Se puede decir que la tarea principal del Parlamento es votar las leyes, pero no es su única función. Si bien el papel del Parlamento no es gobernar, está llamado a «pedir cuentas a aquellos que lo hacen».

84.—a) El poder legislativo del Parlamento: A excepción de un solo caso, la fórmula de promulgación de una ley del Parlamento *(Act of Parliament)* se concibe de la forma siguiente: «Que sea promulgada por su Muy Graciosa Majestad la Reina, a solicitud de los Lores espirituales y temporales y de los Comunes reunidos en este Parlamento y con la aprobación de los mismos, y por la autoridad a ellos conferida, lo que sigue». La única excepción a esta fórmula de promulgación es la empleada en el procedimiento establecido por las leyes de 1911 y de 1949 *(The Parliament Acts)* para el caso de un proyecto de ley aprobado por la Cámara de los Comunes, pero rechazado por la Cámara de los Lores; dicho texto puede, después de un cierto lapso, recibir el consentimiento de la Reina y adquirir así fuerza de ley. Este procedimiento no puede ser utilizado para prolongar la vida del Parlamento. Las mencionadas leyes de 1911 y de 1949 pueden ser consideradas como la aplicación legislativa de la convención según la cual la Cámara de los Lores no puede oponerse a la voluntad de la Cámara de los Comunes elegida.

La doctrina de soberanía parlamentaria fue aceptada por los tribunales desde la revolución de 1668, para todos los actos del Parlamento. Los tribunales también reconocen que el Parlamento no puede, de ninguna manera obligarse a sí mismo y que es, en todo momento un cuerpo soberano. Sin embargo hay dos interrogantes que subsisten. En primer, lugar, se ha sugerido que, si bien está claro que el Parlamento puede legislar sobre cualquier asunto, podría, sin embargo, ser flexible en cuanto a la manera de legislar, de tal forma que en otros términos, la Reina, la Cámara de los Lores y la Cámara de los Comunes podrían dejar de constituir «el Parlamento». La interrogante que da sin respuesta; los argumentos sugeridos se basan en decisiones de tribunales de Irlanda, Australia, Suráfrica, Sri Lanka, y que pueden considerarse inaplicables en el Parlamento del Reino Unido. Saber si la composición del Parlamento fue modificada por las leyes de 1911 y de 1949, o si esas leyes solo resultaron en una delegación de poder del Parlamento a la Reina y a la Cámara de los Comunes es una interrogante que sigue siendo discutible. Por otra parte, tampoco se sabe si el efecto del *European Communities Act 1972* fue subordinar los actos del Parlamento a una autoridad externa del país. Esta interrogante sigue siendo objeto de especulaciones y la respuesta deberá esperar la decisión de un tribunal inglés. Sin embargo está claro que, desde el punto de vista del derecho inglés, el parlamento puede derogar el *European Communities Act*[7].

En derecho se reconocen dos tipos de legislaciones: las leyes públicas y las leyes privadas. Si bien el efecto legislativo es común a ambas, los procedimientos de adopción son diferentes. Para cada tipo de ley se prevé un procedimiento complejo, y cada Cámara decide soberanamente sus propios procedimientos. La diferencia entre estos dos tipos de actos se ha enunciado de la siguiente manera: toda medida que tenga por objeto modificar el derecho general o afectar el presupuesto del Estado o la administración de la justicia constituirá una ley pública; aquellas disposiciones cuya finalidad sea conferir poderes o derechos específicos a una persona o a una persona moral constituirán leyes privadas. El procedimiento de adopción de las leyes de este último tipo presenta semejanzas muy marcadas con los procedimientos contenciosos: las partes interesadas tienen la posibilidad de aparecer y estar representadas ante las comisiones parlamentarias.

85.—b) La legislación delegada: Durante el siglo XX, las leyes estuvieron, cada vez más orientadas a conferirle a los ministros de la Corona el poder de establecer reglamentos (*regulations o rules*) para garantizar en detalle la puesta en práctica de las leyes mismas. El procedimiento de promulgación de estos reglamentos está ampliamente cubierto por el *Statutory Instruments Act 1946,* el cual está sujeto al control de la Cámara de los Comunes y de sus comisiones. Un gran número de procedimientos son posibles y la materia, al igual que la referente a los medios por los cuales la validez de un reglamento de este tipo *(Statutory Instrument)* puede ser impugnado ante los tribunales, es competencia del derecho administrativo. Pero también debe mencionarse la existencia de comisiones de las dos Cámaras encargadas de analizar las proposiciones de las Comunidades Europeas y de indicar a las respectivas Cámaras si plantean problemas de política o de principio[8].

86.—c) El poder presupuestario del Parlamento. De acuerdo al artículo 4 del *Bill of Rights 1689,* «tomar dinero para la Corona o para su utilización sin autorización del Parlamento es ilegal». El último control que ejerce el Parlamento sobre el ejecutivo reside en el hecho de que el Parlamento puede exigir al ejecutivo que lleve a cabo políticas aceptables antes de otorgarle el recaudo de los impuestos o los demás

[7] Véase *supra, No. 50.*

[8] Véase *supra, No. 51, 52,* relativos a la legislación delegada.

recursos que le sean necesarios. El procedimiento presupuestario puede presentarse de la marera siguiente: el ejecutivo solicita fondos, la Cámara de los Comunes los otorga y la Cámara de los Lores aprueba su asignación. Los procedimientos adoptados son complejos: a menudo se les designa con el nombre de principios *de appropriation* y *supply*. El principio de *supply* establece que el estimado de las necesidades del gobierno debe ser aprobado por una resolución de la Cámara de los Comunes; el principio de *appropiation* es poner a la disposición del gobierno los fondos necesarios.

87.—d) La responsabilidad ministerial ante el Parlamento: Es claro que una separación general de las funciones legislativa y ejecutiva es deseable e inclusive indispensable; sin embargo, no menos importante es el poder que tiene el Parlamento (y especialmente la Cámara de los Comunes) de exigir a los ministros que le rindan cuenta. Existen ciertos casos en que un ministro, políticamente a cargo de un departamento, es a la vez miembro de la Cámara de los Lores; cuando este sea el caso, se le asignará un ministro adjunto, miembro de la Cámara de los Comunes con el propósito de responder ante esta Cámara por el funcionamiento del departamento. Pero, lo más frecuente es que un ministro jefe de un departamento sea miembro de la Cámara de los Comunes. Debido a que aproximadamente solo un séptimo de los miembros de la Cámara de los Comunes puede ser miembro del ejecutivo, el papel de los seis séptimos restantes es el de juzgar las políticas que se han decidido o las que realmente han sido llevadas a cabo por el ejecutivo. Que la teoría de la responsabilidad ministerial sea aplicada en la práctica puede ponerse en duda, sobre todo si se considera el fuerte sentimiento de lealtad política y de pertenencia a un partido político de los miembros del Parlamento.

Los ministros son solidariamente responsables ante el Parlamento; en términos más comunes se dice que su responsabilidad es individual y colectiva. La responsabilidad individual puede, teóricamente, ponerse en práctica, por medio del *impeachment* (acusación), que es un procedimiento criminal, instruido según el modelo judicial, en el que participan las dos Cámaras del Parlamento. Este procedimiento puede ser considerado obsoleto; el último *impeachment* tuvo lugar en 1805. Es imposible precisar el contenido de las convenciones constitucionales de responsabilidad ministerial frente al Parlamento, tanto si se trata de la responsabilidad individual como de la responsabilidad colectiva. La cuestión planteada se refiere, en el fondo, a la capacidad de un ministro, o de todos, de obtener la confianza del Parlamento. Los principios de responsabilidad individual están, sin lugar a dudas, fundados en este problema de la confianza. No se puede ser tan categórico con respecto a la responsabilidad colectiva, ya que la lealtad frente a los partidos políticos corre el riesgo de prevalecer. La cuestión ha sido considerada como un aspecto de «moralidad política». Si un ministro pierde la confianza de la Cámara de los Comunes, debido a la política que ha seguido o por una falta personal, debe renunciar. Un ministro es responsable ante la Cámara de todo lo que hace su ministerio; no puede invocar que desconocía un asunto particular o que actuó siguiendo el consejo de un colaborador. Sin embargo no tiene el deber de renunciar a causa de acciones de las que no tenía conocimiento. En cuanto a la responsabilidad colectiva, cada ministro está obligado a apoyar a los otros ministros. Si una mayoría de la Cámara de los Comunes expresara su desconfianza con respecto al gobierno, la Reina debería entonces recibir la recomendación de disolver el Parlamento; seguidamente habría elecciones generales con el fin de que el electorado resuelva la cuestión de confianza. Si, después de la elección, el gobierno no logra mantener la mayoría en los Comunes, se vería en la obligación de renunciar.

Entre los procedimientos que permiten garantizar la responsabilidad ministerial ante el Parlamento se encuentran: los asuntos ministeriales de la Cámara de los Comunes (o la de los Lores), que puede plantear cada parlamentario, el funcionamiento de las comisiones de las Cámaras, así como la actividad del Comisario del Parlamento para la administración *(Parliamentary Commissioner for Administration: the l'Ombudsman),* función establecida por una ley de 1967. De acuerdo a esta ley, el Comisario tiene el poder, por iniciativa de un miembro del Parlamento, de investigar, en un amplio rango, las faltas en la administración de los departamentos ministeriales.

88.– *Los privilegios parlamentarios:* Cada Cámara goza de ciertos privilegios que son reconocidos por el *Common Law* y forman parte integrante de ella. Los privilegios de la Cámara de los Comunes son más amplios y más importantes que los de la Cámara de los Lores. Como lo expresara un *clerk* de la Cámara de los Comunes; «la única justificación para esos privilegios es que son necesarios para garantizar el manejo y dominio de los asuntos de la Cámara, así como su autoridad». Los privilegios poseen un doble aspecto, interno y externo; en el aspecto externo; limitan las interferencias del exterior con respecto al Parlamento. De este modo, la Cámara puede decidir que una conducta sostenida fuera del Parlamento es una violación de sus privilegios y constituye un *contemp of Parliament* (literalmente: una falta de respeto para con el Parlamento). Todo ciudadano puede ser convocado ante la Cámara y obligado a disculparse; incluso, ya como medida excepcional en la actualidad, podría ser encarcelado por orden de la Cámara. Los privilegios protegen también a la Cámara de los ataques internos, por ejemplo, el comportamiento de uno de sus miembros que constituyera un abuso de su posición. De ello se desprende que, al menos en lo referente a los privilegios que afectan a las personas externas a la Cámara, la existencia y la magnitud de estos privilegios competen a los tribunales; pero ni el ejercicio de esos privilegios, ni los procedimientos internos de la Cámara van a ser examinados por los tribunales. Está claro que una Cámara no puede, por resolución propia, crear un nuevo privilegio; por lo demás se puede establecer, en este sentido, un paralelismo entre las relaciones de los tribunales y de la Cámara de los Comunes y entre los tribunales y la prerrogativa real.

El privilegio más fundamental y probablemente el más importante es la libertad de expresión. De acuerdo a la *Bill of Rights 1689,* art. 9; «la libertad de expresión, los debates y los procedimientos del Parlamento no deberán discutirse o cuestionarse ante los tribunales o por ellos, ni en cualquier otro lugar fuera del Parlamento». Esta disposición tenía por objeto poner fin a las pretensiones asomadas por el Rey de controlar los debates de la Cámara de los Comunes. Este derecho de expresión comprende el derecho de abrir un debate sobre cualquier tema, y debatirlo con toda libertad. Así, los miembros del Parlamento no incurren en ninguna responsabilidad, salvo frente a la Cámara misma, por las palabras que allí se pronuncien, ninguna acción civil o criminal podrá tomarse en su contra. Sin embargo hay dificultades de interpretación que subsisten con respecto a la expresión «Los procedimientos del Parlamento» *(«proceedings in Parliament»);* si bien esta expresión engloba, evidentemente, toda palabra pronunciada en el seno de la Cámara, cualquier cuestión y «todo lo dicho o hecho por un miembro en el ejercicio de sus funciones de miembro de una comisión» también se extiende, probablemente, a todos los *clerk* y demás empleados de la Cámara y la extensión de la protección permanece incierta para los casos referentes a las comunicaciones dirigidas a un miembro de la Cámara o aquellas intercambiadas entre miembros de esta, ministros y miembros del público. Asimismo, en *Common Law,* la aplicación del privilegio a los documentos publicados por orden de la Cámara ha permanecido incierto por mucho tiempo. El tribunal, en 1897, en *Stockade v. Hansard*[9] decidió que, según el *Common Law,* la autorización otorgada por la Cámara para publicar propósitos difamatorios no podía constituir una defensa válida frente a un procedimiento civil; en 1840, el Parlamento en conjunto, votó el *Parliamentary Papers Act,* que confiere un privilegio absoluto, que constituye una defensa a una acción de difamación, a las publicaciones realizadas con la autoridad de la Cámara, y un privilegio relativo, con el mismo efecto, a la reproducción de extractos reales y precisos de dichas publicaciones[10].

Entre los otros privilegios de la Cámara de los Comunes se pueden citar ciertas inmunidades con respecto a los arrestos, el derecho de la Cámara de reglamentar sus procedimientos internos y la facultad de sancionar un *contempt* para sí misma. Hay que recordar que la Cámara de los Comunes, como la Cámara de los Lores y, a decir verdad, el Parlamento en sí mismo, es en el sentido estricto una corte; a semejanza de las cortes de justicia, tiene el poder de pronunciar condenas por contempt para cualquier comportamiento que ella misma haya decidido que constituye un *contempt,* y siempre que la Cámara no especifique el fundamento del *contempt,* ningún tribunal tiene competencia sobre esta condena. Queda entonces la posibilidad, al menos teórica, de un conflicto entre la Cámara y otros tribunales. Pero la Cámara no abusa de su poder, por lo general se califican como *contempt* de la Cámara comportamientos que, en circunstancias similares habrían sido considerados *contempt* por una corte de justicia: entorpecer el procedimiento y funcionamiento de la Cámara, poner en duda la honestidad o la integridad de un miembro u obstaculizar el trabajo de la Cámara. En el seno de la Cámara de los Comunes existe un comité de privilegios cuya función es la de determinar en cada caso concreto sí parece o no plantearse una cuestión de privilegio o de *contempt,* pero la decisión final, claro está, le compete a la Cámara.

3. EL PODER EJECUTIVO

89.– Aspectos Generales: En virtud de la doctrina de soberanía parlamentaria, todo aspecto de la organización del gobierno puede en todo momento ser modificado por una enmienda de la ley. Por consiguiente, ningún poder ni deber está asociado en forma permanente al ejecutivo. Pero la necesidad de una continuidad constitucional, política y jurídica, impone que ciertas funciones sean invariablemente atribuidas al ejecutivo. La naturaleza de esas funciones, así como sus modalidades de ejecución pueden regirse por una combinación de reglas de derecho y de usos convencionales. Las funciones del ejecutivo incluyen: la formulación y la aplicación de una política global, la aplicación del derecho y de la política, el mantenimiento del orden público, la administración de los bienes de la Corona y de las industrias y servicios nacionalizados, la dirección de las relaciones exteriores y de

---

[9] *9 Ad. & E. 1.*

[10] Véase sobre este punto *infra, No. 214.*

la política extranjera, la conducción de las operaciones militares y la organización de los servicios públicos, tales como la educación, la salud pública, los transportes públicos, etc.

A. *El gobierno central*

Los principales órganos del gobierno central son:

90. – El Consejo Privado (Privy Council): Antiguamente el Consejo Privado era un órgano esencial del ejecutivo. En la actualidad, sus funciones son ampliamente formales. Por convención, los miembros de la familia real, los miembros del Gabinete ministerial, los jefes de los partidos políticos y los titulares de eminentes funciones no políticas, son nombrados por el soberano miembro del Consejo Privado, a solicitud del Primer ministro. Pertenecer al Consejo Privado concede el privilegio de hacer preceder el propio nombre por la fórmula *«Right Honorable», y* esta condición de pertenecer implica el juramento de respeto al secreto de las deliberaciones. Las decisiones del Consejo Privado son promulgadas, ya sea en forma de leyes o en forma de ordenanzas de la prerrogativa real bajo el nombre de *Orders in Council.* Las funciones judiciales del Consejo Privado son totalmente distintas.

91. – La Corona (Crown): Debemos mencionar la Corona como órgano a través del cual y en cuyo nombre se ejercen las funciones ejecutivas. El término peca de imprecisión pero se ha venido utilizando como «símbolo práctico del Estado». Lord Diplock, en una decisión de 1977[11] observaba: «hablar de 'la Corona' como que realiza actos legislativos o ejecutivos, cuando en realidad, si se descarta la ficción legal, estos actos son decididos y llevados a cabo por seres humanos ajenos a la Reina misma, se presta a confusión. 'El gobierno' es el término apropiado para designar a la vez, colectiva e individualmente los ministros de la corona y los secretarios parlamentarios, bajo la dirección de los cuales el trabajo administrativo del gobierno es realizado por los funcionarios distribuidos en el interior de los diferentes ministerios». La Corona puede ser demandada por responsabilidad contractual y es responsable por las faltas de sus funcionarios y agentes en virtud del *Crow Proceedins Act 1947*[12].

92. – Primer Ministro: El Primer Ministro es. la cabeza efectiva del gobierno ejecutivo y es designado por el soberano. Aunque en derecho esta elección sa realiza en forma discrecional, la práctica obliga a designar únicamente a una persona que sea capaz de obtener el apoyo de una mayoría en la Cámara de los Comunes. El Primer ministro es, de este modo, el jefe del partido político capaz de imponer su política en el Parlamento. Aunque en el pasado, algunos Primeros Ministros han sido miembros de la Cámara de los Lores, es muy poco probable que el Primer Ministro sea, en el futuro, nuevamente miembro de esta Cámara[13]. Que el Primer Ministro no pueda ser miembro de la Cámara de los Lores y que deba pertenecer a la Cámara de los Comunes son ejemplos típicos de convenciones de la constitución. La función ha evolucionado más a consecuencia de las necesidades políticas y de la

---

[11] *Town Investiment Ltd.* v. *Department of the Environment (1978) A.C. 359, 381.*

[12] La soberanía misma no puede ser demandada personalmente ante la justicia, en virtud del *Crown Proceeding Act 1947.*

[13] Cuando en 1963 la Reina nombró a un Lord, Lord Home, como Primer Ministro, él renunció inmediatamente a su condición de Par, presentó su candidatura a la Cámara de los Comunes y fue elegido.

práctica constitucional que por voluntad del legislador, incluso fortuitamente ha gozado de un reconocimiento jurídico en ciertas leyes relativas a las retribuciones del Primer Ministro y su residencia. Por convención, esta función a menudo se combina con otras, por lo general con la del Primer Lord del Tesoro, y cuando sea el caso, con la de Ministro de Relaciones Exteriores, o Ministro de la Defensa. El Primer Ministro puede considerar pertinente designar un Primer Ministro adjunto; esta práctica es reciente y no se ha afirmado.

En este punto, es menester hacer notar que el jefe de la oposición ha gozado, durante los últimos años, de un cierto reconocimiento legal. Es el dirigente del partido de la oposición que tiene la mayor representación en el Parlamento. Al igual que el ejecutivo actúa en nombre del soberano (*«Her Majesty's Goverment»*), así mismo lo hace la oposición (*Her Majesty's Most Loyal Opposition»*).

93.– Los ministros de la Corona. Aspectos generales: Los más altos servidores del Estado se designan, normalmente, con el término de ministros de la corona; son los miembros o *supporters* del partido que está en el poder y que ocupan un cargo político en el seno del gobierno. Muchas funciones ministeriales son anteriores a la de Primer Ministro. El nombramiento de los ministros lo realiza el soberano según el consejo del Primer Ministro, para cada nombramiento. En realidad estos nombramientos los decide el Primer Ministro. Ha ocurrido que este no tome en cuenta las reservas expresadas por el soberano a propósito de un nombramiento. El Primer Ministro puede exigir la renuncia de uno de sus ministros. Los principales ministerios son:

94.—a) El Secretario de Estado: Esta es una función antigua que probablemente tenga su origen en la función de primer secretario o clerc del soberano. Se ha convertido en una función propia que no debe confundirse con la de secretario privado del soberano. En teoría, no existe un solo Secretario de Estado; de hecho, se han creado varios cargos distintos de Secretario y en la actualidad se cuentan trece, cada uno a la cabeza de un departamento de gobierno. Sin embargo, la teoría conserva su importancia; ninguna función compete exclusivamente a un Secretario específico. Así, aunque por convención cada Secretario asume la responsabilidad de su departamento, todo Secretario puede, jurídicamente, actuar en el campo que compete a otro. Otra anomalía es que el título implica la existencia de un servicio central del Secretario de Estado, pero esta función central no existe, ya que no es ejercida ni por el Secretario del Gabinete ministerial, ni por la Secretaría ministerial. Quizás esas anomalías explican, en cierta medida, el carácter esencialmente convencional del funcionamiento del gobierno central. Los diferentes cargos de Secretario de Estado son creados en ejercicio de la prerrogativa real. Teóricamente, el número de cargos es ilimitado; sin embargo en la práctica su número está limitado a causa de consideraciones financieras y por el máximo número de ministros de la corona que pueden sesionar y votar simultáneamente en la Cámara de los Comunes.

El Secretario de Estado del Interior (Secretary of State for Home Department o más breve, *Home Secretary)* ocupa un lugar preponderante entre los Secretarios de Estado. Sus funciones, además de mantener el orden y aplicar la ley, incluyen todas aquellas que correspondían al Secretario del Rey antes que el despacho se dividiera en departamentos. Actualmente se extienden a diversos aspectos del funcionamiento de la policía, de la defensa civil, de la administración de prisiones y de la política de radiodifusión y televisión. Estas funciones son, en cierto sentido, residuales: le pertenecen porque no han sido atribuidas a otros.

Otros Secretarios de Estado importantes son: el de Relaciones Exteriores y del *Commonwealth,* los de Escocia, Gales, Irlanda del Norte, de la Defensa, de la Industria y Comercio, y del Ambiente.

95.—b) El Ministro de Hacienda (Chancellor of the Exchequer): El responsable principal de las finanzas del Estado era el Tesorero. Desde hace ya mucho tiempo la función fue trasformada en una comisión teóricamente bajo el control del Consejo de finanzas *(Treasury Board)* que en la práctica no se reúne jamás. La función de «Primer *Lord* del Tesoro», puramente formal, está siempre a cargo del Primer Ministro. El Ministro de Hacienda es el verdadero ministro de finanzas del Estado.

96.—c) El Lord Canciller (Lord Chancellor): La función de *Lord* Canciller ya fue descrita[14]; además de sus funciones en las ramas legislativas y judiciales del gobierno, es el principal consejero jurídico de la Corona y normalmente es miembro del Gabinete ministerial, como lo son los Secretarios de Estado, el Ministro de Hacienda, el *Lord* Presidente del Consejo Privado y otros de los más destacados ministros de la Corona.

El gobierno incluye, además, otros ministros, algunos de los cuales pueden estar a la cabeza de departamentos de Estado, otros pueden ser ministros de Estado *(Ministers of State)* o Secretarios parlamentarios *(Parliamentary Secretaries).* Por ley se han creado varios ministerios con funciones particulares. Sin embargo, en virtud del *Ministers of the Crown Act 1975* que reemplaza leyes anteriores similares, las funciones de todo departamento de Estado pueden ser transferidas a cualquier otro departamento. Al ser nombrado, un Secretario de Estado o cualquier otro ministro importante de la Corona, es recibido en audiencia por el soberano y recibe de él los sellos de su cargo, que deberá restituir al momento de abandonar su función. Hay que recordar que el soberano es una persona moral, y que así mismo lo son los grandes cargos del Estado[15]. Los documentos formales emanados de una persona moral deben ser autentificados por un sello del Estado. La cuestión ha sido planteada de la siguiente manera: «no debemos considerar los sellos de un cargo como simples símbolos ceremoniales; ellos constituyen verdaderos instrumentos de gobierno. Sin un gran sello (En poder del *Lord* Canciller), el Reino Unido no podría ser gobernado. Cada persona moral posee un sello *(common seal),* y muchísimas cosas no pueden realizarse sino utilizándolo. Sucede casi lo mismo en cuanto a los sellos de un cargo: los tribunales de justicia consideran estos sellos y son los que deben estar presentes en los documentos oficiales»[16].

97.— El Gabinete ministerial: El Gabinete ministerial, al igual que el cargo de Primer ministro, ha evolucionado por necesidad política y práctica constitucional, Está formado, por un grupo reducido de ministros de la Corona que conforman el Consejo de la Corona, órgano que decide las grandes opciones políticas y las reformas legislativas más importantes programadas por el gobierno. La elección de los miembros del Gabinete ministerial es una prerrogativa del Primer ministro. Su volumen es variable; durante este siglo, se pudo reducir a cinco miembros (en tiempos de guerra), pero normalmente comprende de 20 a 25 miembros. Sería

---

[14] Véase *supra,* No. 39.

[15] La teoría y la historia de la cuestión son curiosas. Una sociedad así, una «sociedad unipersonal», comprende una sola persona titular de una función en la que hay sucesión perpetua.

[16] Maitland, *The Constitutional History of England, 1908, p. 393.*

inconcebible que el Gabinete ministerial no estuviera constituido por al menos el Primer ministro, los Secretarios de Estado y el Ministro de Hacienda. En la práctica, forman parte del Gabinete ministerial, el *Lord* Canciller, el *Attorney General* y algunos de los principales ministros. Eventualmente, por problemas específicos, pueden ser invitados a participar en las reuniones del Gabinete ministerial otros ministros, los jefes del Alto Mando Militar y funcionarios importantes. Se ha dicho del Gabinete ministerial, que el es instrumento central de la dirección del gobierno tanto para la legislación como para la administración». Es en el Gabinete ministerial que se coordina la acción administrativa y se votan los proyectos de ley; es el Gabinete ministerial el que controla el Parlamento y quien gobierna el país»[17]. Hasta 1917, el Gabinete ministerial no contaba con una secretaría. En 1917 se creó una pequeña secretaría, y en là actualidad hay una secretaría estructurada que sirve al Gabinete ministerial y a sus diferentes comités[18].

98.— *La función pública (The Civil Service):* Los distintos departamentos del gobierno central funcionan gracias a personas normalmente llamadas funcionarios *(Civil servants).* En esta categoría están incluidas personas empleadas en tareas administrativas, profesionales, técnicas, de secretaría o manuales. Estas han sido definidas como «servidores de la Corona que no son los titulares de cargos políticos ni judiciales, y que están realizando tareas civiles, y remuneradas total y directamente con fondos aprobados por el Parlamento»[19]. En teoría los funcionarios son nombrados por el Soberano. Pero, claro está, la teoría no tiene ninguna relación con la realidad. Los funcionarios, cualquiera que sea su nivel y su función, son nombrados de acuerdo a determinados procedimientos y de conformidad con las normas establecidas por el *Civil Service Department,* el cual, por convenciones, está dirigido en la actualidad, por el Primer ministro. En la práctica, este delega sus funciones de jefe del departamento al *Lord Privy Sed.* También en teoría, los funcionarios no poseen ninguna seguridad laboral ni gozan de contratos de trabajo. Las funciones se ejercerían, entonces, a capricho del soberano, también en este caso, no se trata sino de la teoría. Los funcionarios no son despedidos sino en casos muy raros y por faltas graves probadas, sus salarios son negociados y pagados regularmente, y la estabilidad laboral está mejor garantizada que en la mayoría de los demás empleos asalariados. En la práctica, el funcionario está al servido del dirigente del departamento para el cual trabaja. Hay poco que decir a propósito de aquellos que desempeñan trabajos manuales o de secretaría. Sin embargo, aquellos que desempeñan funciones profesionales o administrativas de gran responsabilidad en la administración, constitucionalmente son considerados personalidades importantes. Se contratan según criterios no políticos, reservándose el derecho, claro está, de exclusión para aquellos que profesen opiniones extremas, o cuyo carácter no inspire confianza. La *Civil Service Commission* nombra los más altos funcionarios, en base a exámenes, entrevistas e informes. Sirven, entonces, a los gobiernos sucesivos cualquiera que sea su tendencia política. No son ni nombrados, ni despedidos de sus funciones por razones de orientación política del gobierno. Cada departamento de gobierno posee un secretario permanente y, los más importantes cuentan con varios. El secretario permanente cuyo empleo es estable, tienen un deber de lealtad y de discreción frente al ministro que dirige el departamento al cual le presta sus servicios. Lo

---

17 *Amery, Thoughts on the Constitution, 2da. ed., p. 70.*

18 La práctica anterior puede, sin lugar a dudas, explicarse por la idea exagerada de necesidad de secreto.

19 *Report of the Royal Commission on the Civil Service (1968).*

mismo puede decirse del consejero profesional, el jurista, el economista, o del científico de cualquier departamento. El corolario es que el ministro asume la responsabilidad de todos los actos u omisiones de su departamento.

99. – Las fuerzas armadas: Las fuerzas armadas de la Corona se componen, en la actualidad, de la armada *(Army)*, la marina *(Royal Navy)*, la fuerza aérea *(Royal Air Force)*, los servicios femeninos y las fuerzas de reserva. De acuerdo a la *Bill of Rights 1689*, art. 6: «el reclutamiento o el mantenimiento de una armada permanente en territorio del Reino Unido durante tiempos de paz, son contrarios a la ley». Desde 1964, las fuerzas armadas han estado bajo la responsabilidad del Secretario de Estado para la Defensa, titular del ministerio de la Defensa. Este ministerio está dividido en departamentos que corresponden, a grandes rasgos, a cada una de las ramas del ejército. Aunque el artículo 6 de la *Bill of Rights* pueda, evidentemente, ser derogado por el Parlamento, siempre se le ha considerado que detiene un principio fundamental; es por ello que por mucho tiempo se votó, cada año, en el Parlamento, una ley que previera el mantenimiento de un ejército en tiempos de paz, y asegurara los créditos necesarios para su funcionamiento y el mantenimiento de su disciplina. Este tipo de ley ya no se vota sino cada cinco años. Los miembros de las fuerzas armadas están sometidos a la disciplina militar y dependen de las cortes marciales, aunque los delitos más graves sean competencia exclusiva de los tribunales ordinarios. En tiempos de paz, la principal tarea de las fuerzas armadas es la de colaborar con las autoridades civiles. El despliegue de las fuerzas armadas es una prerrogativa real.

100. – *Oficinas (Public Boards) y cuerpos consultivos:* Durante el siglo XX, se crearon, por ley, una serie de instituciones para que desempeñaran funciones que pueden considerarse de naturaleza ejecutiva. Si bien jurídicamente son distintas a la Corona, los lazos estrechos y un determinado control cuando se considere pertinente, las unen a los ministerios. El grado de control y responsabilidad frente al Parlamento varía de una institución a otra.

B. Los órganos del gobierno local

Es imposible separar completamente el gobierno central del gobierno local, sin embargo se pueden dar ciertas indicaciones a propósito de este último.

101. – Estructura general del gobierno local: Esta estructura es el fruto de una larga y compleja evolución. En términos generales, comprende ciertas funciones públicas desempeñadas por organismos gubernamentales elegidos localmente y por personas por ellos nombradas y responsables ante ellos con este objeto, Inglaterra y Gales fueron divididas en circunscripciones *(Boroughs)* en las ciudades y condados *(counties)* en el campo. Para cada uno de ellos la población eligió consejos *(councils)*, las condiciones del electorado y de elegibilidad fueron en general las mismas que para las elecciones parlamentarias. La estructura del gobierno local fue ampliamente reorganizada durante el siglo XIX y, nuevamente en 1972. El Local Government Act estableció en ese entonces un sistema de gobierno local a dos niveles constituidos por consejos de condado *(County Councils)* y de distrito *(District Councils)* para las circunscripciones muy pobladas *(Metropolitan Counties)*, se prevé una organización particular. Además, para Londres y sus alrededores existe una estructura especial desde el *London Government Act 1963*. El gobierno local y sus servicios (que incluyen el mantenimiento de fuerzas policiales, la educación, la salud pública, el alojamiento, el ordenamiento territorial, y los transportes públicos) están financiados en parte por un impuesto sobre bienes inmuebles y, cada vez más, por subvenciones del gobierno central. Las relaciones exactas entre el gobierno central y el gobierno local a menudo resultan difíciles de precisar; son objeto de controversias ciertos proyectos de reforma para el gobierno de Londres, aquellos dirigidos a incrementar el control del gobierno central sobre los gobiernos locales y la abolición de los *Metropolitan Counties;* así como una reforma posible de las modalidades impositivas sobre la propiedad inmobiliaria.

102. – La Policía: El estatuto constitucional de la policía es anormal en muchos aspectos. No existe fuerza de policía nacional y no hay control directo de la policía por parte del gobierno central. Al igual que las relaciones entre el gobierno central y el gobierno local y sus ambigüedades, las relaciones entre estos dos aspectos del gobierno y la policía no pueden explicarse sino a través del desarrollo histórico.

En el pasado, cada circunscripción, a excepción de Londres, mantenía sus propias fuerzas policiales, pero a raíz del *Police Act 1964,* la mayor parte de las autoridades responsables de la policía fueron fusionadas. En virtud de dicha ley, cada autoridad debe mantener en su propia circunscripción, una fuerza policial adecuada y eficiente. Por intermedio de un comité constituido por miembros de las *County Councils* y de *magistrates,* dicha autoridad nombra un jefe de policía *(chief constable),* este dirige y controla la policía local. Es también responsable de todas las faltas de sus subordinados en ejercicio de sus funciones. Las condenas de gastos y perjuicio sentenciadas en su contra son pagadas con los fondos de los órganos locales. En Londres siguen aplicándose normas diferentes.

Aunque no existe dirección central de las diferentes fuerzas policiales, el Secretario de Estado del Interior ejerce poderes y funciones importantes. Se requiere su consentimiento para nombrar a un *chief constable;* también puede exigirle a los *chief constables,* informes sobre una amplia gama de asuntos. Además, adopta reglamentos para la administración de las fuerzas policiales y decide las condiciones de ejercicio del servicio en la policía. En Londres, el *Metropolitan Police Commisioner* es nombrado por la Corona a solicitud del Secretario de Estado para el Interior, este último goza de poderes más amplios sobre la policía de Londres que sobre cualquier otra fuerza policial. Como consecuencia de las relaciones complejas que existen entre un chief constable, una autoridad policial y el Secretario de Estado, los tribunales han enfrentado ciertas dificultades para precisar el estado legal del policía, aun cuando el problema, en la práctica, fue de alguna manera aclarado por el *Police Act 1964.* El asunto referente a la extensión del control judicial de la acción de la policía también está sujeto a controversias[20].

C. Los poderes de la Corona

103. – La prerrogativa real: Los poderes de la Corona también se desprenden de las leyes y la prerrogativa real. Los poderes atribuidos por las leyes a la Corona son considerados parte del derecho administrativo[21]. La prerrogativa real tiene sus raíces en el *Common Law,* y de acuerdo a la decisión de las proclamaciones de 1611[22], «el Rey únicamente goza de aquellas prerrogativas que les son otorgadas por el

[20] Véase en particular, *R.* v. *Metropolitan Police Commissioner, ex p. Blackburn (No. 3) (1973) Q.B. 241.*

[21] Véase *infra,* No. 461 y s.

[22] *12 Co. Rep. 74.*

derecho de la nación». Por consiguiente, la existencia de una prerrogativa es una cuestión de derecho que compete al tribunal. Una vez reconocida esta existencia, el tribunal, sin embargo, ya no puede controlar ni limitar su ejercicio. Se observa un paralelismo entre las funciones del juez frente a la prerrogativa real y frente a los privilegios del Parlamento. La definición clásica de la prerrogativa nos viene de *Blackstone:* «esta preeminencia particular del Rey, sobre los demás y por encima de cualquier persona, y fuera del control del curso normal del *Common Law,* en virtud de su dignidad real ... de ello se desprende que una prerrogativa debe ser por su naturaleza singular y original, y que no puede aplicarse sino a esos derechos y poderes que pertenecen solo al Rey»[23]. No hay que pensar que todo poder de la Corona de origen no legislativo es una prerrogativa. La Corona goza, conjuntamente con las demás personas morales, de poderes que son el resultado de la personalidad moral. Son ejemplos de prerrogativa que escapan al control de los tribunales: el poder de realizar tratados internacionales, declarar la guerra y concertar la paz, la protección de los ciudadanos británicos en el extranjero, el nombramiento de los ministros, el otorgamiento de títulos de nobleza, así como el derecho de gracia. Si se entablara una acción judicial contra la Corona a consecuencia de la actuación ilegal de uno de sus funcionarios o agentes policiales, llevada a cabo en el Reino Unido y contra un ciudadano británico o natural de un estado amigo de Su Majestad, o probablemente también, en contra de un ciudadano británico en el extranjero, el tribunal no recibiría ningún medio de defensa general que estuviera sustentado en la prerrogativa o la teoría de la necesidad pública o del acto político[24].

D. *El poder judicial*

104.– Las garantías de su independencia: El nombramiento de los jueces de las jurisdicciones superiores, así como su estado legal ya fueron descritos[25]. La importancia constitucional de la independencia de los jueces no puede exagerarse. Los jueces de los tribunales superiores gozan de inmunidades y poderes que tienen también importancia constitucional. En primer lugar, están protegidos contra toda demanda debida a la manera en que dirigieron los debates traídos ante ellos, y por las declaraciones que hayan podido hacer a la audiencia. Por otra parte, ciertos componentes pueden ser juzgados como desacato al tribunal *(contempt of court)* y ser reprimidos: «el derecho relativo a el desacato al tribunal se ha desarrollado con el propósito de permitirle a los tribunales impedir o castigar las conductas cuyo objetivo fuera obstaculizar o perjudicar la buena administración de la justicia, o de denigrarla, bien sea en un caso particular o en general»[26].

El *contempt of court* puede tomar dos formas: civil o penal. El *contempt* civil consiste en no respetar un mandato del tribunal que solicita una cierta conducta por parte de una de las partes en una acción civil. Puede ser castigado con una multa o una pena de encarcelamiento. La materia es competencia del *Common Law.* El *contempt* penal está, actualmente, regido en parte por el *Common Law* y en parte por la ley. En *Common Law,* puede cometerse ante el tribunal (creando desorden), mediante ata-

---

[23] Blakstone, *Commentaries on the Laws of England, 1765, Volume 1, p. 239.*

[24] *Walker* v. *Baird (1892) A.C. 491; Attorney-General* v. *Nissan (1970) A.C. 179.*

[25] Véase *supra, No. 39 y 40.*

[26] *Report of the Committee on Contempt of Court* (1947). Este comité recomendaba cambios del derecho; muchos de estos fueron introducidos en el *Contempt of Court Act 1981.*

ques contra el mismo (lanzando críticas contra los jueces y los tribunales que pudieran socavar la confianza del público con respecto a los mismos); o de cualquier otra forma que interfiera con el curso de la justicia. El *contempt* puede entrar también en el campo de aplicación del *Contempt of Court Act 1981* mediante la adopción de la «norma de responsabilidad de pleno derecho» para aquellas publicaciones que constituyan un grave riesgo, a tal punto que el curso de la justicia, durante un proceso específico, se vea seriamente obstaculizado o viciado. La ley prevé ciertos medios de defensa a las demandas; las demandas penales pueden acarrear multas o encarcelamiento.

Sección 2
EL INDIVIDUO Y EL ESTADO

105.— La ciudadanía (citizenship): Hasta 1948, el derecho inglés no conocía sino dos estados legales: el de súbdito británico y el de extranjero; la definición de cada uno era negativa: el que no era súbdito británico era extranjero y viceversa. Un súbdito británico era aquel individuo nacido bajo el juramento de fidelidad a la Corona o que se hubiese sometido posteriormente al mismo: una persona nacida en un dominio de Su Majestad o nacida en el extranjero de padre británico (o si fuese ilegítima, de madre británica), y una persona naturalizada, eran súbditos británicos. En líneas generales, este estado legal se adquiría por jus soli jus sanguinis o naturalización. No existía ningún estado local en el Reino Unido, y la nacionalidad era consecuencia del juramento de fidelidad.

El *British Nationality Act 1948,* alteró este sistema fundamentalmente, ya que para ese entonces era un hecho que la transformación del Imperio en *Commonwealth,* implicaría la creación de Estados que no querían, de ninguna manera, reconocer al Rey como jefe de Estado. Por consiguiente, la ley de 1948 suponía que cada Estado miembro del *Commonwealth,* después de su independencia o poco después de obtenerla adoptaría su propia ley de ciudadanía, y crearía un estado legal relativamente local, ciudadanía del Reino Unido y de sus colonias; así mismo, esta ley disponía que todos los nacionales de un Estado miembro del *Commonwealth* seguiría gozando del «estado legal común» de súbdito británico, adoptándose la expresión «ciudadano del *Commonwealth*» como sinónimo. Además la ley otorgaba un estado legal especial a los ciudadanos de la República de Irlanda. Un ciudadano de este tipo no era, para el derecho inglés, ni un súbdito británico ni un extranjero. La ley creaba un estado legal puramente legislativo según el cual el juramento de fidelidad se convertía en la consecuencia de la nacionalidad, y el estado legal de súbdito británico (o ciudadano del *Commonwealth),* se convertía en un estado legal secundario derivado de la ciudadanía local primaria. Todos los súbditos británicos (ciudadanos del *Commonwealth)* conservaban el derecho de entrar libremente en el Reino Unido.

Durante los años siguientes, tuvo lugar una inmigración a gran escala proveniente del *Commonwealth,* hasta que en 1962 y 1968, se tomaron medidas para controlarla. Esta legislación, y en particular el *Inmigratio Act 1971* que se crearía posteriormente, establecerían, por primera vez, un vasto sistema de control de inmigración. Solo los ciudadanos del Reino Unido y de las colonias que hubiesen nacido en el Reino Unido, o aquellos descendientes de uno de los progenitores o uno de los abuelos nacidos allí, estaban autorizados a entrar en el Reino Unido. Este arreglo complejo era necesario puesto que no existía estado legal local en el Reino Unido. Sin embargo, se creó un estado legal de esa naturaleza a través del

Nationality Act 1981, el cual reemplazó por completo la ley de 1948. De acuerdo a la ley de 1981, la ciudadanía del Reino Unido y de las Colonias fue reemplazada por tres estados legales separados, y todos aquellos que anteriormente eran «ciudadanos del Reino Unido y de las Colonias» adquirieron una u otra de las tres. Estos estados legales son la «ciudadanía británica» *(british citizenship),* la «ciudadanía de los Territorios británicos dependientes» *(British Dependent Territories citizenship), y* la ciudadanía británica de ultramar» *(british overseas citizenship).* Un ciudadano británico es aquel que tiene una relación privilegiada en el Reino Unido, principalmente (pero no exclusivamente) por haber nacido en allí, de un progenitor nacido también en el Reino Unido o que estuviera residenciado allí al momento del nacimiento del niño. La «ciudadanía de los Territorios británicos dependientes» se refiere a los territorios que permanecieron dependientes de la Corona, mientras que la «ciudadanía británica de Ultramar» es una categoría residual que incluye aquellas personas que eran ciudadanos del Reino Unido y de las Colonias antes de que la ley entrara en vigor, pero que, según estas disposiciones, no adquieren ni la ciudadanía británica, ni la ciudadanía de los territorios británicos dependientes. Los dos primeros estados legales pueden adquirirse y son hereditariamente transmisibles; el tercero no puede adquirirse, ni heredarse, y aparece, entonces como un estado legal transitorio. El antiguo estado legal común de «súbdito británico», ahora conocido únicamente como ciudadano del *Commonwealth,* es mantenido por la ley; de tal forma todos los ciudadanos británicos, los ciudadanos de los Territorios británicos dependientes, los ciudadanos británicos de Ultramar y todos los ciudadanos de cada país independientes del *Commonwealth* son ciudadanos del *Commonwealth* y, respecto al derecho inglés, no son extranjeros. Se debe agregar que los ciudadanos de la República de Irlanda siguen gozando de un estado legal especial respecto del derecho inglés. Todo «no extranjero» que llene las condiciones de residencia y demás condiciones requeridas, tiene el derecho de estar inscrito en el registro electoral. Pero en general, solo los ciudadanos británicos tienen, en la actualidad, el derecho de entrar en el Reino Unido. La estructura, extremadamente compleja del derecho de nacionalidad y de ciudadanía es el reflejo del paso de Imperio a *Commonwealth.*

106.— *Juramento de fidelidad y protección:* El juramento de fidelidad, un deber de lealtad hacia el soberano, es, con respecto a la common law, bien natural, o local. Así, el juramento de fidelidad natural lo debía un súbdito británico en todo momento, cualquiera que fuese el lugar en que se encontrara. El juramento de fidelidad local lo debía todo extranjero amigo[27] cuando se encontrara en los dominios del soberano. La ruptura del deber de juramento de fidelidad constituía una traición. El corolario del deber de juramento de fidelidad era el derecho a la protección de la Corona. De esta manera, el súbdito, o el extranjero amigo que se encontrara en los dominios, del soberano, estaba al abrigo de acciones que pudieran infringir un *«act of State»*[28], puesto que la Corina lo prohibía a través del *Common Law.* El súbdito británico también estaba protegido (probablemente) fuera de los dominios

[27] Cualquiera que sea ciudadano de un Estado que sostenga relaciones amistosas con el soberano.

[28] La expresión «act of State», en este contexto, designa un ejercicio arbitrario del poder por parte de un funcionario o agente de la Corona. Toda persona que esté bajo el juramento de fidelidad está, sin lugar a dudas, todo el tiempo al abrigo de un acto de esta naturaleza: *Attorney-General* v. *Nissan (supra).* Aquel que no se encuentre bajo juramento de fidelidad no está protegido: *Buron* v. *Denman 1848 2 Ex. 167.*

del soberano, no así el extranjero, Además, el súbdito británico tenía el derecho de pedir la protección diplomática de la Corona contra los otros Estados.

Estas disposiciones de la common law, deben ser modificadas respecto del *British Nationality Act 1981.* Toda persona que se encuentre en los dominios del soberano (salvo el extranjero enemigo) está bajo juramento de fidelidad y protegido en contra de cualquier «*act of State*»; lo mismo ocurre, probablemente, con los ciudadanos británicos, los ciudadanos de los Territorios británicos dependientes y los ciudadanos británicos de Ultramar cuando se encuentran en el extranjero, y todos tienen derecho a la protección diplomática de la Corona. Pero es igualmente probable que el no extranjero, ciudadano de otro Estado del *Commonwealth* no goce de esos derechos e inmunidades; es evidente que el extranjero tampoco. La prueba del derecho a la protección diplomática es el pasaporte, que puede ser solicitado por un ciudadano británico, un ciudadano de los Territorios británicos dependientes y un ciudadano de Ultramar. Los pasaportes son emitidos por prerrogativa real y su emisión parece totalmente discrecional. Por lo general no son rechazados.

107. – Inmigración y control de entradas: Las Islas Británicas conforman una sola zona geográfica, aunque por una reglamentación propia a las Islas Anglonormandas y a la Isla de Man, el establecimientos en estas islas está reglamentado. En *Common Law,* todos los súbditos británicos (ciudadanos del *Commonwealth)* tienen el derecho de entrar libremente en el Reino Unido; el extranjero no detiene este derecho y solo puede entrar con autorización de la Corona. Se puede decir, en términos generales, que del *Immigration Act 1971,* y del *British Nationality Act 1981* se desprende que únicamente un ciudadano británico goza de los derechos de entrada.

Sin embargo, se aplican principios especiales a los nacionales de los Estados miembros de las Comunidades Europeas. De acuerdo a las instrucciones emanadas de conformidad con la *Immigration Act,* dichos miembros solo pueden ser echados del Reino Unido por motivos precisos que conciernen el «bien público» y dichos motivos deben basarse en la «conducta personal» del individuo en cuestión. Se debe agregar que la combinación del *European Community Act 1972* y del derecho de la Comunidad, ha permitido a los nacionales de los Estados miembros de las Comunidades Europeas de basarse en el derecho comunitario y revindicar, de esta forma, sus derechos y restringir los poderes que de otro modo, se hubieran podido ejercer en su contra. El *Immigration Act 1971* prevé, por intermedio de *adjudicators* y del *Immigration Appeals Tribunal,* un sistema complejo de apelaciones contra las decisiones de solicitudes denegadas principalmente para los ciudadanos del *Commonwealth,* y existe un volumen importante de precedentes sobre el tema[29]. Un extranjero no nacional de un Estado miembro de las Comunidades Europeas y que entra en el Reino Unido por un período que exceda a una visita breve, debe inscribirse en la policía, pero por lo general no está obligado a portar documentos de identidad. Los ciudadanos de la República de Irlanda tienen el derecho de entrar en el Reino Unido; debido a la existencia de una frontera entre la República y una parte del Reino Unido y puesto que esos nacionales son no extranjeros para el derecho inglés, no es concebible ningún tipo de procedimiento[30].

[29] El *Immigration Appeals Tribunal* no forma parte de la *Supreme Court of Judicature.* Su procedimiento es judicial; en ciertas circunstancias está sometido al control judicial (véase *infra,* No. 467 y s.).

[30] Según el *Prevention of Terrorism (Temporary Provisions) Act 1984,* que reemplaza la legislación anterior de 1974 y 1976, pueden tomarse medidas para expulsar del Reino Unido a ciertas personas sospechosas de realizar actividades terroristas.

108. – La expulsión del Reino Unido: La expulsión de una persona del Reino Unido es un acto ejecutivo llevado a cabo por el Secretario de Estado del Interior, aunque, en ciertos procedimientos, los tribunales tengan un papel importante que desempeñar. A groso modo, los procedimientos se dividen en dos categorías: la extradición y la expulsión. La extradición implica la entrega de un delincuente fugitivo a otro Estado en el que se estima fue cometido el delito. La expulsión implica la acción de echar a una persona. Toda persona puede ser extraditada, cualquiera que sea su estado legal nacional, pero un ciudadano británico no puede ser expulsado.

a) La extradición. Pueden adoptarse tres procedimientos, todos previstos por una ley, una ley diferente que rige la entrega de delincuentes fugitivos a los Estados extranjeros, los Estados miembros del *Commonwealth* y a la República de Irlanda. La extradición hacia un estado extranjero reposa en la existencia de un «acuerdo» (por lo general un tratado), para el que se ha adoptado una ordenanza en virtud de la ley y que le concede fuerza en el derecho interno. Si las autoridades del Estado parte del acuerdo solicitan la extradición de un delincuente fugitivo acusado de una «infracción sujeta a extradición» especificada en el acuerdo y en la ley, esta persona puede ser arrestada para su extradición. Sin embargo, ella tiene el derecho de solicitar un habeas corpus[31], y solo puede ser, entonces, extraditada si se establecen ciertos hechos por el tribunal que conoce de su causa: que la infracción por la cual se está pidiendo su extradición esté prevista por la ley y el acuerdo; que existan pruebas que hubieran justificado un proceso de haberse cometido la infracción en el Reino Unido; que el derecho extranjero contenga disposiciones según las cuales dicha persona no será juzgada sino por la infracción por la que se extraditaría; y que no sea acusada de un delito de carácter político. Se han tomado ciertas disposiciones con el fin de facilitar la extradición de «terroristas», de acuerdo al Convenio Europeo de 1977 para la supresión del terrorismo[32]. Procedimientos similares se siguen en los casos de extradición hacia los Estados miembros del *Commonwealth* y hacia la República de Irlanda, salvo que ningún «acuerdo» es necesario para estos dos casos.

b) La expulsión. El Secretario de Estado puede ordenar la expulsión de una persona que no sea ciudadano británico, bien sea a petición de un tribunal ante el cual haya sido declarada culpable de una infracción, o por iniciativa propia si el Secretario de Estado «lo juzgara favorable al bien público». El Secretario de Estado puede designar el vehículo en el que la persona expulsada debería viajar. En ciertas circunstancias, es posible que el Secretario de Estado, en ejercicio de sus poderes, pueda cambiar las condiciones de funcionamiento de la extradición.

109.— Las libertades públicas y ciertos poderes del Ejecutivo: La expresión «libertades públicas» *(civil liberties)* muy de moda en la actualidad, incluye, esencialmente, dos materias. En primer lugar, designa, en el sentido estricto del término, la libertad de realizar actividades, salvo en los casos en que el derecho las prohiba o las veda; y en segundo lugar, designa la protección frente la intervención de terceros, a excepción de los casos en que el derecho le otorgue el poder de hacerlo. El corolario es la responsabilidad del individuo. Si bien es cierto afirmar, como Lord Atking en una decisión de 1942[33], que la función del derecho es «mantenerse entre

[31] A propósito de los procedimientos de habeas corpus, véase *supra, No. 7, e infra, No. 111.*
[32] El Convenio Europeo de 1977 para la supresión del terrorismo fue adoptado por el derecho inglés a través del *Supression of Terrorism Act 1978.* Un tratado similar se está negociando entre el Reino Unido y los Estados Unidos.
[33] *Liversidge v. Anderson (1942) A.C. 206, 244.*

el individuo y toda tentativa de usurpación de su libertad por parte del poder ejecutivo, y de velar porque toda acción coercitiva se ajuste a derecho», una expresión de esta naturaleza presume, de manera tácita que cada quien respete generalmente sus obligaciones: respaldar y preservar «la paz de la Reina», no transgredir el derecho de ninguna manera y no causar perjuicio a los derechos de los demás. No existe documento constitucional que encierre las libertades públicas, y el Convenio Europeo para la protección de los Derechos Humanos[34] no se ha incluido aun en el derecho inglés. Sin embargo, es un hecho que el derecho protege la situación del individuo de manera general, en lo referente a sus derechos patrimoniales y a su libertad contra cualquier detención, violencia, pena o imposición ilegales[35].

La declaración de las Naciones Unidas y el Convenio Europeo de los Derechos Humanos ejercen fuertes presiones sobre el gobierno, ya que la Corona forma parte de ambos convenios y que el derecho de demanda individual enunciado en el Convenio Europeo fue aceptado. La principal protección de las libertades del individuo es el resultado de esta situación, de la fuerza ejercida por la opinión pública y de los aspectos particulares del derecho: el desarrollo de la acción por trespass (lesión a un derecho) en sus diferentes formas, las *prerogative orders* y procedimientos de control judicial y, en particular, el *prerogative writ of habeas corpus*[36], la posibilidad de ser juzgado por un jurado, el principio según el cual ningún servidor de la Corona o cualquier otro funcionario público está exento de ser llevado a juicio y el principio según el cual las leyes deben interpretarse en favor del individuo.

110. – Algunos poderes retenidos por la policía: Los poderes de los que está investido el ejecutivo y que pudieran usurpar las libertades individuales son los poderes de arresto, de hacer pesquisas, efectuar averiguaciones e interrogar personas sospechosas de haber cometido infracciones, poderes ejercidos por la policía. Estas materias, en la actualidad, están regidas, en su mayoría pero no en su totalidad por el *Police and Criminal Evidence Act 1984,* completado por el *Code of Practice* emitido en virtud de la ley por el Secretario de Estado del Interior. A grandes rasgos, todo arresto, toda pesquisa o cualquier investigación que no estén legalmente justificados constituirán un trespass susceptible de sublevar una acción legal.

a) Arresto: Un agente de policía *(constable)* puede proceder a un arresto con o sin orden *(warrant).* Una orden es emitida, por lo general, por un magistrado en base a las informaciones que le son presentadas bajo juramento y que se refieren a la persona sospechosa de haber cometido la infracción. Una orden que no especificara la persona y la infracción en cuestión, sería ilegal. En *Common Law,* un agente de policía puede arrestar sin orden a alguien que haya cometido en su presencia una «violación del orden público», o a alguien cuyo arresto sea necesario para evitar que se cometa tal violación; el *Police and Criminal Evidence Act 1984* también le permite actuar en un gran número de circunstancias. En líneas generales, los poderes que le otorga la ley cubren los *«arrestable offences»,* las infracciones que justifican el arresto (estas son las más graves) cometidas en presencia del agente de policía o cuando este tiene motivos razonables para creer que una infracción de esta naturaleza fue cometido y que la persona arrestada es el autor de la misma.

[34] Convenio Europeo de los Derechos Humanos de 1950: v. *Supra, No. 49 y 66.*

[35] Históricamente, se debería hacer referencia a las cuatro grandes Cartas y leyes cuyo espíritu ha regido por mucho tiempo las relaciones entre la Corona y el pueblo: *Carta Magna 1297, Petition of Rirghts 1627, Bill of Rights 1689* y *Act of Seulement 1700.*

[36] Véase *supra, No. 7,* e *infra, No. 111.*

Estos poderes cubren, igualmente, los casos en que el agente de policía tiene motivos razonables para creer que una infracción cualquiera fue cometida y que la persona que está arrestando es el autor de la misma, desde el momento en que una de las condiciones generales de arresto se llene. Estas condiciones incluyen la negativa, por parte de la persona sospechosa de dar su nombre y dirección, o la duda, por parte del agente de policía acerca de la exactitud del nombre y la dirección.

b) Entrada en los locales y pesquisas. En virtud del *Police and Criminal Evidence Act 1984,* un agente de policía puede penetrar en los locales con una orden emitida por un magistrate y realizar una pesquisa; al igual que para la orden de arresto, la orden de pesquisa debe ser específica, y una supuesta «orden general»[37] es ilegal. Según la ley, el policía también puede entrar en un local para dar cumplimiento a una orden de arresto, para volver a arrestar a una persona que se encuentra ilegalmente en libertad y para realizar una pesquisa judicial en el domicilio de una persona arrestada. Los poderes con que cuenta para incautarse los bienes que allí se encuentren son amplios, como lo son los poderes para realizar pesquisas en los vehículos de motor; también posee muchos otros poderes legales.

Cuando una persona ha sido arrestada, debe ser informada de los motivos de su arresto y conducida a la comisaría tan pronto como sea posible. De conformidad con los *Codes of Practice* emitidos en virtud de la ley de 1984, dicha persona puede ser interrogada, y en su oportunidad, inculpada o liberada; si se le encuentra culpable, debe ser presentada rápidamente ante un *magistrate* quien decidirá ponerla en prisión en espera del proceso, liberarla totalmente o liberarla bajo fianza. No se puede exigir una fianza muy alta.

111. – Algunas libertades individuales: Por falta de un documento jurídico que incluya las libertades, no es muy útil tratar de hacer una lista de las mismas. Sin embargo, deben tenerse presentes las siguientes libertades que conservan el espíritu del *Common Law.*

En primer lugar, en lo referente a la libertad personal, todo arresto constituye, a primera vista, un trespass, un perjuicio, y es menester que se le aporte una justificación bien sea en virtud del *Common Law o* de una ley. Un arresto ilegal da lugar a una acción por daños y perjuicios y a una liberación por orden del tribunal sobre la prerogative writ of habeas corpus[38]. Dicho *writ* tiene una larga historia. En esencia, se trata de una instrucción dirigida al carcelero, cuando el arresto parece ilegal, pidiéndole que lleve al prisionero ante el tribunal y que justifique la legalidad del arresto. Una serie de leyes, principalmente el *Habeas Corpus Act 1679 y* la *Bill of Rights 1689,* corrigieron en gran medida los vicios de procedimiento y los vicios de fondo de la acción. Una solicitud de *babeas corpus* llevada ante la *High Court* tiene prioridad sobre cualquier otro caso.

Por otra parte, en cuanto al derecho a la propiedad, todo daño ocasionado a los bienes es, a priori un trespass y debe justificarse en el *Common Law o* mediante una ley. Esto no quiere decir que no se le pueden quitar los bienes a un individuo; según el *Common Law,* la Corona, en ejercicio de la prerrogativa real, pueden confis-

---

[37] Véase *Entick* v. *Carrington (1765) 19 St. Tr. 1030.* Una orden general que no sea específica en cuanto a la persona que debe ser arrestada o a la que se le deban pesquisar sus bienes, o que no precise la infracción que se piensa se ha cometido, es ilegal; y su utilización constituiría un *trespass* que inicia una acción judicial.

[38] Véase *supra, No. 7.*

car bienes para la defensa del Reino, este poder está sujeto al deber de pagar una compensación monetaria[39]; así mismo, un cierto número de leyes[40] le permiten tanto a la Corona como a otras autoridades públicas, apropiarse de bienes bajo reserva de dicha compensación, que puede ser definida por la ley. El derecho a la propiedad se extiende, igualmente, al principio según el cual ninguna imposición puede ser percibida sin la aprobación del Parlamento.

Por último, la libertad de expresión es general y, si bien se pueden dar ejemplos de la misma, no es posible definirla de manera particular. Se puede decir que comprende el derecho de recibir y expresar ideas e informaciones, y el derecho al carácter confidencial de las comunicaciones privadas. Este carácter confidencial puede, si así fuera necesario, estar limitado por el ejercicio de un poder conferido al ejecutivo para aquellas consideraciones mal definidas de seguridad nacional[41] y consideraciones de interés público. En cuanto a los derechos de recibir y expresar ideas o informaciones, las cuestiones de libertad de prensa, los derechos de reunión pública y los derechos de asociación constituyen materias muy importantes. Todas están, en cierta medida, limitadas por el derecho relativo a la blasfemia, la obscenidad, la sedición, el desacato al tribunal *(contempt of court)* y al Parlamento *(contempt of parliament),* el deber de mantener y preservar la «paz de la Reina» y el derecho de difamación[42]. En cuanto a la libertad de prensa, la censura como tal ya no existe desde 1695. Ha habido ejemplos de presiones ejercidas por el gobierno sobre la prensa, la Sociedad Británica de Radiodifusión, y la Autoridad Independiente de Radiodifusión con el fin de que no difundieran ciertos casos. Empero esto no debe exagerarse; las restricciones que pesan sobre la libertad de expresión son débiles y la intervención política en este campo es aun más débil. Lo mismo puede decirse de los derechos de reunión pública. Se trata, esencialmente del derecho de los individuos a expresar sus puntos de vista y sus opiniones en reuniones abiertas al público y que lleven a cabo en lugares privados o públicos. Es un derecho muy apreciado por la opinión pública y, aunque evidentemente este derecho está sometido a los derechos de los demás y, en ciertas circunstancias, al control de la policía, tanto las personas privadas como la policía tradicionalmente demuestran una gran tolerancia hacia aquellos que están involucrados. Los delitos de riña, reunión ilegal y amotinamiento, implican todos, en *Common Law,* elementos de conspiración y quebrantamientos graves de la paz pública, que dan lugar a la dispersión de una asamblea o una reunión. Además el delito de *Common Law* que se refiere a atentar contra la paz pública permite, que en circunstancias determinadas un agente policial disperse una reunión. El *Public Order Act 1936,* confiere poderes importantes a la policía para que actúe en la salvaguarda de la paz pública y, en circunstancias excepcionales, prohíba la realización de reuniones y desfiles públicos. Muy similares a los derechos que acaban de citarse son los llamados derechos de asociación; estos son considerables puesto que hay pocas restricciones legales a la libertad de contratar, constituir *trusts,* y formar sindicatos y compañías.

---

39 Véase *Attorney-General* v. *Keyser's Royal Hotel (1920) A.C. 308; Burmah Oil Co Ltd.* v. *Lord Advocate (1963) A.C. 75.*

40 Por ejemplo, *War Damage Act 1965* y los *Town and Country Planning Acts sucesivos.*

41 Véase *Official Secreta Acts 1911-39* y la acción de escuchar comunicaciones telefónicas. Aparentemente, se lleva a cabo una intercepción de esta naturaleza en ejercicio de la prerrogativa ral.

42 Veas *infra,* No. 214.

CAPÍTULO II
PROCEDIMIENTO CIVIL

Por J. A. Jolowicz

Sección 1
PRIMERA INSTANCIA

1. PROCEDIMIENTO ORDINARIO: ACCIÓN INTENTADA POR *WRIT*

112.— En la primera parte de esta obra insistimos sobre la diferencia, muy marcada en el procedimiento civil inglés, entre la fase «antes del *trial*» (la preparación del *trial)* y el *trial* mismo. Ahora bien, si la gran mayoría de los litigios concluyen antes de que tenga lugar el *trial*, bien sea por sentencia en contumacia o luego del procedimiento «sumario»[1], bien sea por desistimiento, consentimiento o transacción, las prescripciones de las *Rules of the Supreme Court* sobre los actos de procedimiento que deben llevarse a cabo durante la fase antes del *trial* han sido generalmente concebidas como si la instancia no concluyera sino por efecto de un juicio después del trial. Por lo tanto, es imposible describir, ni siquiera en términos generales, la fase de antes del *trial* sin haber explicado en qué consiste el *trial*.

A. *El «Trial»*

113.— A pesar de la desaparición virtual del juicio, el carácter del *«trial»* permanece inalterado en lo esencial. Se trata siempre de una audiencia ininterrumpida (salvo por receso) en la que se promueven las pruebas, se interroga a los testigos, los abogados presentan sus alegatos en voz alta, y dónde un juez único dicta su decisión motivada. Ciertamente, las pruebas escritas son admitidas con más libertad que en el pasado; es un hecho que hoy. en día le compete al juez decidir todos los asuntos de litigios, tanto de hecho como de derecho, pero según la concepción tradicional, el juez debe desempeñar dos papeles distintos, el de juez para los asuntos de derecho, y el de jurado para aquellas de hecho.

114.— Aunque el juez preside la audiencia, le compete a las partes o, más bien a sus abogados, controlar el desarrollo de la misma. El espíritu del derecho inglés ha hecho una cuestión de principios, de la imposibilidad del jurado de tener conocimiento de los hechos antes que comience el trial; en general se cree que la mejor justicia se obtiene cuando el juez entra en la sala de audiencia sin haber estudiado con anterioridad el caso que va a juzgar. El abogado del demandante, que toma la palabra de primero, debe entonces exponer, en primer lugar, el carácter del litigio y de los asuntos litigiosos; luego comienza a promover las pruebas, etapa que por

---

[1] *V. infra, Sección 2.*

lo general es inmediatamente seguida por la promoción de pruebas por parte del demandado, y por último, están los alegatos. Salvo en caso de excepción, el abogado del demandante tiene derecho a tomar la palabra de último.

Sin entrar en los detalles, es menester señalar cuatro aspectos del procedimiento del *«trial»*.

115. – La promoción de pruebas: Según la norma vigente, el juez no tiene ningún poder de solicitar, él mismo, la promoción de una prueba[2]. A condición de no contravenir las normas de derecho que rigen la materia (la *«law of evidence»*), cada parte escoge libremente los medios de prueba que desea que el juez tome en cuenta.

116. –Por regla general, las pruebas escritas no son admisibles sino en la medida en que las partes hayan acordado que sean presentadas[3]; el juez no recibe copia de dichas pruebas antes del *«trial»*, y el abogado de cada una de las partes llama la atención del juez sobre aquellos puntos cuya importancia desea destacar. En cuanto a la prueba testimonial, medio que sigue siendo el preferido del *Common Law*, las cosas son más complicadas. Cuando se trata de la audiencia de los testigos, incluyendo los testigos expertos[4], en los casos que así se requiera, ellos son interrogados no por el juez, sino por los abogados. A cada parte le corresponde llamar a los testigos que desea sean escuchados y el juez solo puede hacer sus propias preguntas cuando sea para aclarar una respuesta ya dada. En principio el interrogatorio de los testigos se divide en tres etapas:

117. – Examination in Chief (Interrogatorio principal): Consiste en el interrogatorio del testigo luego de que este ha prestado juramento, por parte de quien lo ha citado. Las preguntas tendenciosas, es decir aquellas presentadas en forma tal que sugieren la respuesta *(«leading questions»)* están prohibidas. Guiado por preguntas sencillas, se dejará que el testigo cuente, a su manera, aquello de lo que tiene conocimiento personal y que se refiere a los asuntos litigiosos.

118.– Cross-Examination (contrainterrogatorio): Es el verdadero centro del proceso que, tanto desde el punto de vista actual como tradicional, justifica por sí solo los inconvenientes del sistema. Su objetivo principal es poner a prueba la honestidad, la seguridad de la memoria del testigo y la credibilidad de todo lo que haya contado durante el interrogatorio principal. Se trata del interrogatorio del testigo por parte del abogado de la parte contraria quien tiene el derecho de hacer *«leading questions»* y que intenta disminuir, e incluso eliminar la influencia persuasiva del testimonio dado. El juez (o excepcionalmente, el jurado) que va a decidir sobre las cuestiones de hecho, toma en cuenta no solo las respuestas del

---

2 *In re Enoch & Zaretzky Bock (1910) 1 K.B. 327.*

3 El régimen actual de promoción de pruebas escritas se incluye en dos leyes, *los Civil Evidence Acts 1968 y 1972, y R.S.C., O. 38* (cita explicada *infra,* p. 143, nota 2). Salvo en caso de acuerdo entre las partes, las pruebas escritas no serán admitidas sino en condiciones limitadas, con autorización del juez. Continúa siendo un principio fundamental del procedimiento que las partes no pueden ser privadas sino excepcionalmente, de la posibilidad de controlar por vía de cross-examination, las pruebas promovidas por sus contrarios (v. *No. 118).*

4 El experto no está investido de sus poderes por el juez, como en el caso del «técnico» en el procedimiento civil francés. Se trata de un verdadero testigo, testigos expertos, que las partes eligen libremente. V. nuestro artículo, «L'expert, le temoin et le juge» (El experto, el testigo y el juez), *Rev. int. dr. comp. 1977,* p. 256 y s.

testigo durante el interrogatorio, sino también su comportamiento en la barra; se considera que de esta manera se revelará mejor la verdad.

119.– Re-examination (Nuevo examen).: Una vez concluido el contrainterrogatorio, la parte que ha llamado al testigo tiene el derecho de interrogarlo nuevamente, con el fin de reconstruir, en la medida de lo posible, el testimonio dado, y posteriormente destruido por el contrainterrogatorio. En algunas ocasiones, la *re-examination* es útil; pero es también peligrosa porque pudiera reforzar la mala impresión del testigo, creada por el contrainterrogatorio. El abogado experimentado solo recurre a su derecho de *re-examination* cuando tiene razones de peso para hacerlo.

120.– Los alegatos: Una vez que los testigos han sido interrogados y escuchados, le corresponde a los abogados presentar sus alegatos. En su alegato, el abogado debe presentarle al juez todos los argumentos útiles que sirvan de soporte a las pretenciones de su cliente, argumentos de hecho, de derecho y mixtos. Como veremos más adelante, en el procedimiento actual los documentos escritos no indican, necesariamente, el fundamento jurídico de la demanda o de la defensa, y en sentido estricto, el abogado es libre de invocar por primera vez en su alegato, la o las reglas de derecho que, a su juicio, son aplicables en el caso. Por consiguiente, en los alegatos se exponen, en forma definitiva, todos los argumentos que cada una de las partes quiere presentar al juez.

121.– La oralidad: Considerando el carácter del *«trial»* y por lo tanto la ausencia de un procedimiento de instrucción propiamente dicho, no existe, normalmente, ninguna posibilidad de que el caso sea juzgado en base a informes: es competencia de cada una de las partes llamar a «sus» testigos sin haber notificado al contrario su identidad y menos aun de los que van a testificar[5] y el abogado no podrá preparar un informe antes de la audición de los testigos en el *«trial»*. Sin embargo, no es solo por esta razón práctica que los alegatos han conservado su importancia hasta nuestros días. Por su parte la tradición de oralidad sigue ejerciendo su influencia; por la otra, el alegato contemporáneo inglés no equivale de ninguna manera al antiguo y criticable «arte oratorio del Palacio». Por el contrario, sobre todo si el caso es complicado y las cuestiones litigiosas de derecho son difíciles, el abogado se toma el tiempo de exponer las leyes y los mandatos que están relacionados con el mismo. El juez, por lo general aprovecha para dialogar con él, no solo pidiéndole las aclaraciones necesarias, sino también haciéndole preguntas, presentándole casos hipotéticos y, más frecuentemente, poniendo a prueba la validez de sus conclusiones.

122.– El papel «pasivo» del juez: En calidad de presidente de la sesión, el juez está investido de poderes draconianos. En un caso grave de mala conducta frente al tribunal, puede mandar a arrestar inmediatamente al ofensor por *contempt of court*. En cambio, en lo relativo al desarrollo del proceso, aunque le compete, claro está, resolver las cuestiones incidentes que puedan presentarse, por ejemplo sobre la admisibilidad de una prueba, no le compete interrogar a los testigos salvo si es para aclarar una respuesta ya dada, como tampoco le compete ordenar la promoción de una prueba sin el acuerdo de las partes. En lo que respecta los hechos, debe limitarse a los alegatos de las partes, decidir sobre los litigios basándose únicamente en las pruebas promovidas por las mismas; el juez preside para escuchar, resolver las cuestiones planteadas por las partes, y no para efectuar, de manera alguna, una investigación[6].

123.— En cuanto a las reglas de derecho aplicables, el derecho inglés no conoce nada equivalente al artículo 12 del nuevo código francés de procedimiento civil y, en opinión de ciertos autores, el juez no debe alejarse de los fundamentos jurídicos propuestos por las partes en sus alegatos[7]. Sin embargo, para nosotros esta opinión es inexacta. Es cierto que el mismo juez debe observar el principio de lo contradictorio. Empero, nada le impide proponerle a la audiencia un medio de derecho que no hubiese sido invocado; ni tampoco hay nada que le impida ordenar que se abran nuevamente los debates sí, habiéndose tomado el tiempo de reflexionar antes de dictar su veredicto, se le ocurriera un nuevo medio de derecho. Solo permanece incierto el poder del juez para hacer prevalecer su opinión sobre la regla de derecho aplicable frente a la objeción expresa de la parte que resultaría beneficiada.

Cualquiera que sea la solución a esta última cuestión, más académica que práctica, es evidente que, del litigio tal cual es, las partes son las dueñas, les pertenece. El papel de tribunal, declaró un *Lord of Appeal* en 1983[8], es el de hacer justicia entre las partes; no asume ningún deber ulterior de búsqueda de una verdad objetiva o independiente.

124.— *El juicio:* Desde un punto de vista técnico, el «juicio» es simplemente el mandato (no motivado) que sigue a la resolución por parte del juez de las cuestiones que oponen las partes: por ejemplo, la orden de que el demandado pague una cierta suma al demandante. Sin embargo, todo juez inglés hace por lo general, una exposición muy detallada de los motivos tanto de hecho como de derecho que lo condujeron a su decisión; narra los hechos y explica cómo y por qué decide las cuestiones de hecho de tal o cual forma; da su opinión acerca de la interpretación de las leyes pertinentes y sobre la «verdadera» regla de derecho que se desprende de los precedentes, explicando, cuando así se requiera, por qué existe diferencia entre un precedente y otro[9].

Esta exposición de motivos también es llamada, normalmente, «juicio», y es el que a menudo se encuentra publicado en las compilaciones. Por lo general, en primera instancia, la exposición de motivos la hace el juez en voz alta, al final de los alegatos y antes que se levante la sesión; sin embargo, si así lo prefiere, el juez puede tomarse su tiempo para reflexionar.

B. Procedimiento antes del «trial»

125.— Al igual que todos los demás sistemas de derecho, el derecho inglés tiene sus normas sobre la introducción de la instancia, la comparecencia del demandado y las sanciones de la falta. No nos tomamos el tiempo de exponerlas aquí,

---

5 A excepción de los testigos expertos: *R.S.C., O. 38, rr. 36-43.*

6 V. *Jones* v. *National Coal Board (1975) Q.B. 55,* en que la Court of Appeal envió nuevamente él caso para un nuevo trial basándose en el medio único de que el primer juez había interrumpido a los abogados durante los interrogatorios de los testigos.

7 *Mann, «Fusión of the Legal Professions» (1977) 93 L.Q.R.*

8 Lord Wilberforce en *Air Canada v. Secretary of State for Trade 1983 2 A.C. 394, 438.*

9 V. nuestro artículo. «Les décisions de la Chambre des Lords» (Las decisiones de la Cámara de los Lores), *Rev. int. dr. comp.* 1979, p. 521 y s.

para todo lo que viene a continuación, se presume que la acción es introducida de acuerdo a las normas.

126.— El control ejercido por el tribunal: Al contrario del «*trial*», fundamentalmente oral, el procedimiento de preparación consiste, esencialmente, en un intercambio de escritos entre las partes. Las modalidades de este procedimiento están prescritas por las *Rules of the Supreme Court*[10], pero de conformidad con la concepción del litigio como asunto de las partes, el tribunal solo desempeña un papel restringido y no actúa sino a solicitud. Existen, claro está, jueces llamados «*Masters of the Supreme Court*»[11], que se encargan del procedimiento antes del *trial;* su principal tarea es la de la fase antes del *trial* y de emitir, cuando así se requiera, los mandatos necesarios. Pero no les compete actuar de oficio sino en casos excepcionales. El *Master* no desempeña el papel que desempeña en Francia el juez de la *mise en etat;* por sanción a petición de la parte contraria.

127.— Los inconvenientes de este sistema, por muy bien fundado que esté en la idea esencial del principio dispositivo, son graves. Por una parte, el trial puede verse retrasado, incluso por años, por simple negligencia de las partes o, más bien, de sus solicitudes. Por otra, las partes litigantes, si no solo son contrarias sino también enemigas, estarán poco dispuestas a ponerse de acuerdo sobre las cuestiones de importancia secundaria, como los medios de prueba que deberán utilizarse, o alguna forma de conducirse para facilitar el desenvolvimiento eficaz del *trial.*

128.— Con el propósito de eliminar este tipo de inconvenientes, actualmente la ley prescribe, salvo en casos de excepción, que durante la fase preparatoria, al menos una audiencia tendrá lugar ante el *Master* u otro juez[12]. Durante esta audiencia, se resolverán todas las cuestiones de procedimiento que hubieran sido planteadas por las partes, y todo mandato útil será emitido a solicitud de las mismas. Además, el *Master* detiene un cierto poder de iniciativa, poder que debe ejercer para fomentar los acuerdos entre las partes a propósito de la eliminación de las controversias inútiles o sobre los medios de poder de ciertos hechos litigiosos; e incluso puede emitir de oficio mandatos sobre un número limitado de cuestiones, como por ejemplo, el número de testigos expertos que cada una de las partes va a citar.

129.— La norma actualmente en vigor fue introducida según las recomendaciones de una comisión para la reforma del procedimiento civil cuyo informe se publicó en 1953 y en el que se pone de manifiesto la intención de hacer más eficaz el control del *Master* en la preparación del *trial*[13]. Sería entonces ilusorio pensar que la práctica haya cambiado sustancialmente; la fase antes del trial sigue siendo asunto de las partes. La tendencia actual es buscar otros medios, específicamente la introducción de una norma legal sobre tal o cual cuestión, con el fin de lograr que el trial se desenvuelva de manera más rápida y más económica. En cuanto a la preparación con miras al *trial,* pareciera que establecer normas, mediante las *Rules of Court,* siempre que las mismas estén bien redactadas, podría resultar más exitoso que otorgarle un poder discrecional al *Master* o al juez para que actúen de oficio.

---

[10] «*R.S.C.*» Las Rules of the Supreme Court se dividen en «Orders» («O») que a su vez se dividen en «rules» («r»). En todas las cartas, la cita de la p. 141, nota i se escribe: *Rules of the Supreme Court, Order 38, rules/36-43".*

[11] Barrister o Solicitor que tenga menos de diez años de experiencia, el Master es nombrado por el Lord Chancellor. Su competencia, limitada en comparación con la de un juez de la High Court, es sin embargo, importante; *R.S.C., O. 32, rr. 11-15.*

[12] Se trata de la audiencia de la «*Summons for Directions*»: *R.S.C., O. 25.*

[13] *Final Report of the Commitee on Supreme Court Practice and Procedure, 1953, Cmd. 8878.*

130.— Los *pleadings:* El *writ,* acto de introducción de la instancia, proporciona pocas indicaciones acerca de la causa de la demanda. El propósito del procedimiento de *pleading* es definir tanto la demanda como la defensa. En el pasado era un procedimiento oral en presencia del tribunal, de allí el nombre que ya no puede traducirse por «alegatos», pero en la actualidad, y desde hace mucho tiempo, se trata de un procedimiento escrito, un intercambio de escrito entre las partes.

131.— Este procedimiento, que anteriormente tenía carácter técnico y cuyo fin era reducir a una sola las cuestiones litigiosas, fue transformado y simplificado por los *Judicature Acts 1873-1875.* De acuerdo con la norma vigente, que ha sufrido pocas modificaciones desde 1875, cada *pleading* debe contener, y contendrá, únicamente, los alegatos de los hechos sobre los cuales la parte intenta fundamentar su demanda o su defensa; no se mencionan en él, ni los medios de derecho, ni las pruebas.

132.— El primer *pleading,* el *«Statement of Claim»* (demanda), acompaña, normalmente al *unit* y debe contener los alegatos de todos los hechos que dan origen al derecho reclamado por el demandado. Si, en caso de que todos los alegatos fueran verdaderos el demandante no lograra, sin embargo ganar la causa, su demanda será desestimada sumarialmente a petición de la defensa o, por lo menos deberá reformular su demanda[14]. Ante una demanda bien redactada, el demandado deberá oponer su defensa *(«Defence»),* en la que tendrá que responder a cada uno de los alegatos del demandante, bien sea admitiendo su veracidad o negándolos; aquello de lo que no niegue expresamente su veracidad se considerará por él admitido. Además, el demandado debe incluir en su defensa todos los alegatos de hechos no mencionados en la demanda y sobre los cuales desea sustentar su defensa o una demanda por reconvención. Salvo en los casos de demanda por reconvención, el demandante no está obligado a replicarle a la defence: a menos que exista admisión explícita, se presume que niega la verdad de todos los alegatos de hecho contenidos en la defensa.

133.— Los *Rules* dejan abiertas, a las partes, ciertas posibilidades de reformar sus pleandings. Bajo esta reserva, ninguna prueba es admisible en el trial a menos que sea pertinente con respecto a las cuestiones litigiosas de hecho, es decir a las cuestiones que los *pleadings* plantean como controversias entre las partes. Los *pleadings* desempeñan un papel primordial en la preparación del *trial,* así mismo, desempeñan, en cierta medida, el papel de agenda del *trial.* Sin embargo, la introducción en 1875, del sistema actual de *pleading* que acompañó la abolición de las antiguas *forms of action,* redujo la importancia de los *pleadings* al campo del procedimiento y los privó de su influencia de fondo. Desde entonces, ya no le incumbe a las partes invocar tal o cual norma de derecho como sostén de la demanda o de la defensa. Ciertamente, le compete a las partes, y a menudo es esencial para ellas, apoyarse en sus conclusiones sobre aquellos argumentos de derecho que consideren más útiles, pero no están obligadas a elegir desde el inicio del proceso, el o los fundamentos jurídicos de la demanda o de la defensa.

134.— Los juristas ingleses no siempre comprenden cabalmente, la importancia fundamental de la introducción del sistema moderno de *pleading,* realizada en 1875. Incluso hoy en día, a menudo se dice que el demandante debe intentar su acción «por» inejecución de una obligación contractual, por ejemplo, o «por» negligencia, «por» disturbio (molestias de vecindad), etc. Esta manera de hablar

[14] *Infra, No. 147-150.*

es excusable sobre todo cuando los hechos del caso solo admiten la consideración de un medio de derecho único. Sin embargo no hay que engañarse, la acción, en la actualidad está fundada solamente en los hechos o, más bien, en los medios de hecho invocados en los *pleadings;* una vez establecidos los hechos, teóricamente hay que tomar en cuenta el derecho en su totalidad y no solo la o las normas de derecho que hubieren sido invocadas por el demandante en sus conclusiones. Las partes pueden utilizar, en sus alegatos, todos los argumentos de derecho pertinentes a los hechos y, así mismo el juez[15], a condición de que él mismo observe el principio de lo contradictorio. Las divisiones del derecho de las que hablamos en la primera parte de este libro, así como las subdivisiones de las mismas, como por ejemplo, los diferentes artículos relativos a la responsabilidad extra contractual, cualquiera que haya sido su importancia en el pasado, ya no deben considerarse decisivas como tales.

135.– El intercambio de documentos: «Discovery»: Siempre formó parte de los poderes de la *Court of Chancery,* pero jamás de aquellos de los tribunales del *Common Law,* ordenar el intercambio de documentos. Bajo el actual régimen de las *Rules of the Supreme Court,* un mandato de esta naturaleza puede ser otorgado a solicitud, en cualquier tipo de litigio[16]; pero en la mayoría de los casos ordinarios ya no es necesario. De acuerdo a la norma en vigencia aplicable a las acciones entabladas por *writ,* salvo en caso de accidente de tránsito, cada una de las partes está automáticamente obligada a proporcionarle a su contrario una lista de los documentos que ella tiene o ha tenido a su disposición y que están relacionados con las cuestiones litigiosas. Los documentos «privilegiados», documentos no comunicables por causa de secreto profesional, y para los cuales el derecho actualmente reconoce solo categorías muy restringidas, se incluirán en la lista bajo la mención debida, empero, salvo en caso de que el tribunal rechace, a petición, el pretendido «privilegio» permanecerán en manos del detentor. En cuanto a los otros, la parte contraria debe tener la posibilidad de estudiarlos y de sacarle copia[17].

2. ACCIÓN ENTABLADA POR ORIGINATING SUMMONS

136.– El procedimiento que acabamos de describir estaba fundado en la hipótesis de que las cuestiones litigiosas son en todo, o en parte, cuestiones de hecho que el juez no podrá decidir sino después de la audición de los testigos en el *trial.* Los *pleadings,* por vía de alegatos, admisiones, y desmentidos, establecen y definen las cuestiones de hecho controversiales y delimitan la gama de pruebas admisibles en el «*trial*». Ahora bien, un procedimiento de esta naturaleza, a nuestros ojos ingleses, el más eficaz para la resolución de cuestiones de hecho, es inútilmente complicado cuando se trata de un litigio en el que las cuestiones son o de puro derecho o bien resultan de la interpretación de un acto (contrato escrito, testamento, etc.) para la resolución de las cuales no es necesario escuchar testigos. Una reforma de las *Rules of the Supreme Court de 1883,* introdujo entonces otro procedimiento, inspirado en el procedimiento de la antigua *Court of Chancery,* pero más moderno y menos complejo que este. Designado con el nombre de acto introductorio de la instancia, el procedimiento en cuestión es el procedimiento por *Originating Summons*[18].

---

15 Para un ejemplo claro, v. *Drane* v. *Evangelou (1978) 1 Ñ.L.R. 455.*

16 En ciertas condiciones, se podrá presentar al tribunal únicamente una demanda por discovery: *Norwich Pharmacal v. Custom and Excise (1974) A.C. 133.*

17 *R.S.C., O. 24.*

18 R.S.C., O. *28.*

137.— Al contrario del *writ,* el *Originating Summons* que redacta el demandante indica claramente la o las cuestiones litigiosas y el remedio que se desea. Los pleadings como tales no son entonces necesarios. Luego de haber comparecido el demandado, incumbe al demandante solicitar una audiencia al tribunal, la fecha y hora de la misma son notificadas al demandado. En esta (primera) audiencia solo son admisibles las pruebas escritas, incluyendo las declaraciones escritas de los testigos bajo juramento (*«affidavis»*). El demandante promueve sus pruebas con copia al demandado al menos 14 días después de que este hubiera comparecido; este último, a su vez, entrega sus pruebas con copia al demandante entre los 28 días siguientes. El demandante goza entonces de un plazo de 14 días para promover nuevas pruebas por vía de réplica, después de lo cual ninguna prueba suplementaria será admisible sin la autorización del juez.

138. — La ley prevé que en la fecha fijada, el caso pueda ser juzgado, luego de haber oído a los abogados, sin necesidad de aplazarlo para una audiencia posterior. En la práctica, muy pocos litigios están suficientemente preparados para una resolución rápida. Por lo general, la primera audiencia es preliminar, el juez se limita a ordenar las medidas necesarias y los actos que las partes deben realizar seguidamente. Prescribe las modalidades para la promoción futura de las pruebas, la *cross-examination* durante el *trial* de los testigos cuyos *affidavis* fueron presentados es posible con la autorización del juez; si fuera necesario, este puede prescribir el intercambio de documentos *(discovery);* y en caso de plantearse cuestiones de hecho seriamente controvertidas, prescribe que el proceso continúe como si la acción hubiese sido iniciada por *writ.*

139.— En los casos complejos pueden requerirse varias audiencias. Cuando el juez considere que el caso está listo, lo devuelve para el *trial.* Si fuera necesario, la audiencia de los testigos tendrá lugar en el trial. Sin embargo, por lo general el *trial* ya no tiene por objeto sino los alegatos de los abogados y el juicio; con respecto a los hechos en especie, el caso es juzgado en base a las pruebas escritas ya promovidas. En contrapartida, los alegatos no son menos importantes en el procedimiento por *Originating Summons* que en el procedimiento por *writ.* Si el procedimiento antes del *trial* se asemeja aquí, en cierta medida a la instrucción francesa, cuando el caso es juzgado sobre la base de un «expediente» más que de pruebas orales, los argumentos de los abogados no se consignan jamás por escrito. Se vuelve a un procedimiento basado en las ventajas de la oralidad; se considera que la misma, con la posibilidad de diálogo entre juez y abogado, es incluso más valiosa cuando se trata de una cuestión de derecho o de la interpretación de. un acto, que cuando se trata de una cuestión de hecho que va a ser decidida después de la audiencia de testigos.

3. *APPLICATION FOR JUDICIAL REVIEW*

140. — La *application for judicial review* es un procedimiento moderno que remplaza, desde 1977 el antiguo procedimiento para el ejercicio de la prerrogativa real[19]. por parte de los tribunales; no puede ser iniciado sino en caso de que un órgano del poder público sea cuestionado. Se trata entonces de la competencia «administrativa» de la *Supreme Court,* competencia que, de acuerdo al derecho de la Cámara de los Lores de 1981, debe considerarse como que excluye la competencia del derecho común cada vez que el derecho reclamado competa al «derecho público»[20].

---

[19] *Supra, primera Parte, No. 22.* v. *Supreme Court Act 1981,* s. 31; *R.S.C., O.* 53.

[20] *O'Reilly* v. *Mackman (1983) 2 A.C. 237; Cocks* v. *Thanet District Council (1983) 2 A.C. 286.* La norma (jurisprudencial) de exclusividad es muy controversial. V. *supra, No. 68, 69, e infra, No. 476.*

141.— *Autorización del tribunal:* Con estos elementos, el procedimiento se asemeja al de la acción intentada por *Originating Summons,* y los poderes del juez en ambos casos son más o menos similares. En cambio, con respecto al sometimiento del caso al tribunal, existe una diferencia primordial. En la acción iniciada por *Originating Summons,* al igual que en la intentada por *writ,* normalmente no se requiere ninguna autorización previa. En contraposición, la *aplication for judicial review* no es jamás admisible sin la autorización del tribunal *(«leave of the court»),* autorización que el juez debe otorgar al demandante solo si considera que este tiene un «interés suficiente en el objeto de la demanda» *(«sufficient interest in the matter to which the aplication relates»).*

142.— La fórmula «interés suficiente», que fue adoptada por la ley en 1977, para reemplazar las normas poco claras de la antigua *Common Law,* conceden un amplio poder discrecional al juez quien debe ejercerlo de tal forma que no excluya a todo demandante sincero que a través de su demanda plantée una cuestión seria de ilegalidad por parte de un órgano del poder público: el civismo no debe ser muy desalentador, y la autorización será denegada únicamente en caso de que la demanda se considere fútil, malintencionada, o evidentemente mal fundada.

143.— Una vez otorgada la autorización, se le notifica la demanda al demandado y se presenta la causa ante el tribunal. Paradójicamente, los efectos de la exigencia de un interés suficiente no están agotados. Puede ocurrir que, tomando en cuenta los escritos, incluyendo las pruebas escritas, entregados inmediatamente por el demandado, el juez desestima su demanda por falta de interés suficiente. Es lo que hizo la Cámara de los Lores en un caso en que el demandante había sido autorizado a impugnar ciertos actos de los agentes del fisco[21]. La Cámara de los Lores consideró que el Juez, quien no podía tomar en cuenta sino los escritos entregados originalmente por el demandante, había tenido toda la razón de concederle la autorización solicitada con anterioridad, pero a su vez, y sin dejar que prosiguiera el proceso, aceptó la inadmisibilidad y desestimó sumarialmente su demanda: los *affidavis* presentados por el demandado ponían de manifiesto la falta de interés suficiente de su parte.

144.— La lógica de esta solución, que utiliza doblemente el concepto de interés suficiente, es criticable, no así su valor en el plano práctico. Durante la etapa preliminar, le incumbe al demandante darle la impresión al juez de que se trata de un alegato serio frente al cual puede legítimamente pedir una respuesta por parte del órgano del poder público cuestionado; pero eso es todo. La autorización previa no debe ser denegada por el juez habiendo escuchado únicamente al demandante, por la simple razón de que, incluso de ser cierto todo lo que alega el demandante, la existencia del derecho reclamado no sería cierta. Pero por otra parte, si una vez oída la primera respuesta del demandante, se manifestara la falta de fundamento de las pretenciones del demandante, ¿para qué dejar que continúe inútilmente el proceso? Si la Cámara de los Lores ha desnaturalizado el concepto de admisibilidad al reconocer que una acción ya declarada admisible por el juez y debidamente iniciada puede transformarse más adelante en inadmisible, ha creado, incluso, por la autoridad del precedente, un procedimiento muy útil para la administración de la justicia administrativa.

---

[21] R. v. *Inland Revenue Commissioners, ex p. National Federation of Small Businesses (1982) A.C. 617.*

PROCEDIMIENTO CIVIL

Sección 2
PROCEDIMIENTO SUMARIO: JUICIO SIN «*TRIAL*»

En este caso no se trata de decisiones relacionadas con la preparación para el «*trial*», sino de sentencias definitivas que se pronuncian sobre el fondo y que reglamentan todo el proceso. Además del juicio en contumacia por no haber comparecido, que no nos tomaremos el tiempo de exponer, en ciertas circunstancias una sentencia considerada contradictoria puede ser dictada sin necesidad de que el caso sea llevado hasta el *trial*.

1. A SOLICITUD DEL DEMANDANTE

145.— Una vez entregado el *Statement of Claim* y habiendo comparecido el demandado, tiene la posibilidad, si lo considera útil, de solicitar la condena sumaria de su adversario[22]. El demandante afirma, en un *affidavit* que los hechos por él alegados son verdaderos, declara estar convencido de que no existe defensa alguna y cita al demandado para que comparezca ante el tribunal (que será presidido por un *Master como juez en* primera *instancia)* al menos diez días después. El demandado que desee defenderse deberá entonces entregar, normalmente por intermedio de un *affidavit*, suficientes indicaciones para convencer al *Master* de que existe una cuestión litigiosa digna de ser decidida por un juez después de un *trial*. En caso de que el Master no se convenza, y tampoco esté convencido de que por alguna razón debe realizarse el *triai*, dará su veredicto inmediatamente a favor del demandante.

146.— Este es un procedimiento muy útil en los casos simples en que el demandado únicamente intenta retrasar su inevitable condena. En cambio, es menester recalcar que ni las cuestiones de hecho, ni las de derecho pueden ser decididas mediante este procedimiento si su solución no es enteramente clara. Si, por ejemplo, el demandante afirma haber pagado ya la suma de dinero objeto de la demanda, no servirá de nada que el demandante lo desmienta, existe una cuestión litigiosa, cuestión que solo podrá ser decidida después del *trial*. De acuerdo a la expresión un poco insólita utilizada por la ley, el demandado recibirá autorización para defenderse, el proceso se realizaría en forma ordinaria. No obstante, en caso de que el *Master*, aunque en vista del *affidavit* del demandado, esté convencido de que existe una cuestión litigiosa, también considere que los alegatos del demandado son poco verosímiles, tiene la potestad de supeditar la autorización a ciertas condiciones. Puede, por ejemplo, imponer la condición de que el demandado deposite ante el tribunal una determinada suma de dinero.

2. A SOLICITUD DEL DEMANDADO

147.— Estrictamente hablando, los conceptos de inaceptabilidad e inadmisibilidad no existen en el procedimiento ordinario inglés. Sin embargo, a solicitud del demandado, el *Master* puede eliminar el *Statement of Claim* por falta de fundamento jurídico «razonable»: en este caso la demanda del demandante es desestimada sumariamente[23].

---

[22] *R.S.C., O. 14.*

[23] *R.S.C., O. 18, r, 19.* Para ser exactos, hay que recalcar que el procedimiento que va a ser descrito está igualmente abierto al demandante. Este puede solicitar que la Defence (o algunos de sus párrafos) sean eliminados. La utilización del procedimiento de esta forma es menos importante que su utilización por parte del demandado.

148.— Al considerar la solicitud del demandado, el *Master* toma en cuenta exclusivamente los alegatos que están incluidos en el *Statement of Claim* y se plantea una sola pregunta: en caso de que todos los alegatos de hecho presentados por el demandante resultaran ciertos, ¿tendría este derecho a ganar el juicio? Si la respuesta fuera negativa, y si el *Master* considera inútil otorgar el demandante la posibilidad de reformar su demanda, el proceso se termina mediante un veredicto definitivo, a menos que el veredicto del *Master* no sea cambiado por apelación.

149.— A diferencia del procedimiento sumario a solicitud del demandante, el procedimiento que aquí contemplamos no toma en cuenta los medios de defensa. La cuestión es de puro derecho, y los alegatos de hecho del demandante se consideran verdaderos. Supongamos un litigio en el que el demandante reclama daños y perjuicios por negligencia sin afirmar que esta le causó personalmente un perjuicio, en el derecho francés a falta de interés, al demandante le será denegada la demanda puesto que la norma de derecho aplicable en el caso, es decir que solo la víctima de un daño ocasionado por negligencia será indemnizada, es perfectamente clara: existe, entonces, falta de fundamento jurídico «razonable» por parte del demandante.

150.— Si, en algunas ocasiones, ocurre que las cuestiones planteadas durante este procedimiento se han revelado tan importantes y tan complejas que en resumidas cuentas es la Cámara de los Lores la que ha tenido que decidirlas[24], la intención del legislador es que el procedimiento aquí descrito solo se utilice en los casos simples donde la norma de derecho aplicable no es ni dudosa, ni compleja. Muy útil para resolver rápidamente y sin gastos inútiles aquellas acciones que no tienen posibilidad alguna de éxito, el procedimiento sumario debe emplearse solo cuando la cuestión de hecho planteada es relativamente simple. En el caso contrario, si el *Master* considera necesaria la presentación de alegatos más específicos debe rechazar la solicitud del demandado y dejar que el proceso siga normalmente[25].

Sección 3
LAS FORMAS DE RECURSO

151.— En ciertas circunstancias, la *Application for judicial Review* equivale a una forma de recurso «extraordinario». Si, por ejemplo, un tribunal competente en materia «civil» ha desconocido el principio de lo contradictorio, la *Supreme Court,* al conocer de una *Application for Judicial Review,* anula la decisión. Sin embargo, esta vía no estaba abierta contra las decisiones de las *High Court* ni contra las de la *County Court* en ejercicio de su competencia en derecho común; en estos casos solo está abierta la vía «ordinaria» de apelación. El *writ of error*[26] está abolido desde 1875 y, si bien la *Court of appeal* continúa teniendo competencia para ordenar un nuevo *trial,* solo lo hará en ocasiones únicamente a la apelación contra las sentencias civiles, bien sea de la *High Court,* o de la *County Court.*

---

[24] V. por ejemplo, *Rondel v. Worsley (1969) 1 A.C. 191,* decisión de gran importancia acerca de la responsabilidad civil de un barrister frente a su cliente.

[25] En *Wenlock* v. *Moloney (1965) 1 W.L.R. 1238,* el Master había recibído diez affidavit y, después de escuchar alegatos durante dos días, dictó sentencia de 22 páginas. La Court of Appeal revocó su decisión de eliminar la demanda, por el único hecho de que el Master había desconocido por completo el procedimiento que no se utiliza sino en los casos claros.

[26] *Supra, primera parte, No. 15.*

1. EL DERECHO DE APELACIÓN

A. *Decisiones antes del «trial» o después del procedimiento sumario*

152.—Casi todos los mandatos del *Master* sobre una cuestión referente a la preparación del *trial* son susceptibles de pleno derecho de apelación ante un juez (*Judge of the High Court*). Contra la decisión del cual, la vía de apelación posible es la *Court of Appeal* y, eventualmente la Cámara de los Lores. Sin embargo, en ambos casos se requiere siempre la autorización del tribunal. Las decisiones del *Master* en el procedimiento sumario están sujetas al mismo régimen.

B. *Decisiones después del «trial»*

153.– *County Courts:* Cuando el valor de la demanda (o de la demanda reconvencional, dependiendo del caso) no excede la mitad del valor prescrito como límite de su competencia, la *Country Court* resuelve en última instancia a menos que el juez o la *Court of Appeal* autoricen una apelación ante la *Court of Appeal.* En los otros casos, la vía de apelación a la *Court of Appeal* está libremente abierta.

154.– *La High Court:* Si el derecho inglés continúa rehusándose a admitir, como principio general, el derecho del demandante a un doble grado de jurisdicción[27], los casos en que el *High Court* resuelve en última instancia son raros. Por lo general, la apelación a la *Court of Appeal* es de pleno derecho. Sin embargo, con el propósito de evitar una etapa inútil, en ciertos casos y bajo condiciones estrictas es posible la apelación directa a la Cámara de los Lores[28]. En primer lugar, es menester que el juez en primera instancia certifique: a) que las partes acordaron la apelación directa, b) que se trata de una cuestión de derecho de importancia pública y general y que concierne bien sea la interpretación de una ley, o el mantenimiento de la fuerza imperativa de un precedente que limita tanto al juez mismo como a la *Court of Appeal*[29], y c) que en esas circunstancias se justifique una solicitud de la Cámara de los Lores. La parte que apela debe, entonces, obtener la autorización de la Cámara de los Lores antes de poder introducir la apelación. En caso de que el juez rechazara el certificado o que la Cámara negara la autorización, la apelación normal frente a la *Court of Appeal* vuelve a abrirse.

155.– *La Court of Appeal:* En el pasado existía la posibilidad libremente abierta de recurrir a la Cámara de los Lores contra las decisiones de la *Court of Appeal,* en cambio, a partir de 1934, se requiere siempre una autorización previa, bien sea de la *Court of Appeal,* o de la Cámara de los Lores en caso de rechazo de la *Court of Appeal.* Salvo en los casos de apelación directa, el legislador no plantea ningún criterio de autorización de apelación, y la decisión de otorgarla o no se pronuncia sin exposición de motivos. Lo único que se puede hacer son conjeturas, pero la conjetura encuentra su apoyo en la práctica, únicamente aquellas apelaciones con puntos de

---

[27] Se sigue sosteniendo que el Common Law no conoce ningún derecho de apelación, luego ese derecho no existe sino n los casos prescritos por la ley. Para los asuntos civiles cotidianos, esta constatación es de interés puramente histórico.

[28] El procedimiento denominado «leap frog» («salto de rana») es introducido por una ley de 1969: *Administration of Justice Act 1969, ss. 12-15.*

[29] En el segundo caso, la apelación de la Court of Appeal no servirá de nada. Es menester que la cuestión haya sido bien discutida y bien considerada: ya sea en el marco del primer caso, por el juez de primera instancia, o, en el segundo caso, por la Court of Appeal en el caso anterior.

derecho no solo dudosos, sino importantes, serán normalmente admitidas; hay muchos casos en que la apelación es rechazada a pesar de la diferencia de opiniones entre los jueces de la *Court of Appeal* sobre un punto de derecho[30].

2. CARÁCTER GENERAL DE LA APELACIÓN

156.— En cuanto a la *Court of Appeal,* la ley prescribe desde 1875, que goza de la misma competencia y de los mismos poderes que el tribunal contra el cual se ha interpuesto la apelación. En lo referente a la Cámara de los Lores, la ley de 1876 todavía en vigencia, prescribe que la misma «determina lo que, de derecho *(«right»)* y según las leyes *(«the law»)* y costumbres del reino, debe realizarse en las circunstancias que son objeto de la apelación». Ambas fórmulas tienen, esencialmente el mismo alcance. Aunque situada judicialmente a la cabeza jerárquica, la Cámara de los Lores no es, entonces, el equivalente del Tribunal de casación francés: al igual que la *Court of Appeal,* es un tribunal de apelación (normalmente de tercera instancia), no un tribunal de casación. Es cierto que, si al tribunal de primera instancia no le compete estatuir sobre el fondo, si se trata, por ejemplo de la *Application for judicial Review,* la Cámara de los Lores no puede ir más lejos; pero la norma es la misma ante la *Court of Appeal.* Si, en cambio, y es la norma corriente, el tribunal a quo posee una competencia general, la *Court of Appeal* y en su defecto, la Cámara de los Lores, deben decidir de manera definitiva los casos presentados ante ellas. Para lo que viene a continuación no se hace distinción alguna entre los poderes de la *Court of Appeal* y los de la Cámara de los Lores.

157.— Como tribunal de segunda o tercera instancia, es competencia de una jurisdicción de apelación emitir su propia decisión sobre el caso, y no, ordinariamente, enviarlo a otra jurisdicción». La apelación, según la expresión elegida por el legislador, es la nueva audición *(«rehearing»)* del caso[31]. Sin embargo, durante un primer período, después de 1875, los jueces de apelación se mostraron poco dispuestos a admitir su competencia en lo referente a los hechos e, incluso en la actualidad, la apelación no constituye un verdadero *novum judicium.*

158. – Irrecusabilidad del veredicto: El veredicto de un jurado es irrecusable como tal. Salvo en casos extremos, una jurisdicción de apelación no puede declarar que el jurado se equivocó sobre una cuestión de hecho. Solo pueden ser apeladas las cuestiones que hubiera tenido que decidir el juez, así como, claro está, las informaciones que este proporcionó al jurado antes de las deliberaciones[32]. Más aun, cuando el jurado empezó a desaparecer, y durante varias décadas, los jueces de apelación consideraron que el juez de primera instancia, quien después del trial sin jurado, decidía por sí mismo todas las cuestiones litigiosas, desempeñaba el doble papel de juez y jurado: en cuanto a este último, su «veredicto», como el veredicto de un verdadero jurado, debía tratarse como irrecusable.

159. – El comportamiento de los testigos: Con la desaparición casi total del jurado civil, se abandona la ficción de que el juez cumple, él solo, dos funciones completamente distintas. Desde hace por lo menos treinta años se reconoce, libremente, incluso se hace énfasis en este punto, que la jurisdicción de apelación es competente

---

[30] V. *In re Wilson (1985) A.C. 750.*

[31] *R.S.C.,0. 59, r. 5 (1).*

[32] El *lector francés puede,* para su utilidad, recordar que, después de un trial con jurado, el juez no asiste jamás a las deliberaciones.

tanto en materia de hecho como de derecho. En la actualidad es entonces, extremadamente raro, que la *Court of Appeal* se vea obligada a enviar un caso para un *new trial,* sin embargo, está consciente que la audición de apelación no es en sí misma un trial. Ni la *Court of Appeal,* ni la Cámara de los Lores proceden a una audición de los testigos, sino que deben conformarse, respecto a las pruebas orales, al atestado del trial. En otras palabras, los jueces de apelación únicamente pueden leer las respuestas de los testigos a las preguntas que les fueron planteadas por los abogados durante el *trial,* mientras que el juez de primera instancia puede y debe aprovechar la oportunidad que tiene de observar el comportamiento de los testigos en la barra.

160.— En lugar de la distinción artificial e imprecisa entre las cuestiones de hecho y las cuestiones de derecho, distinción que en Inglaterra, le debe muy poco al análisis científico y mucho a la división pragmática entre las funciones del juez y las del jurado, el derecho moderno reconoce una distinción válida entre dos categorías de cuestiones de hecho. Por una parte están aquellas cuestiones que el juez de primera instancia está en mejor posición de decidir porque puede observar el comportamiento de los testigos; se trata sobre todo, de cuestiones sobre las cuales los testimonios se encuentran en conflicto, un conflicto que el juez solo puede resolver apreciando la honestidad de los testigos, la confianza que se merecen. Por otra parte aquellas cuestiones, como por ejemplo sobre la calificación de los hechos o sobre una presunción de hecho, que pueden ser decididas sobre la base del atestado del *trial,* y en su efecto, de las pruebas escritas: a propósitos de este tipo de cuestiones, la jurisdicción de apelación actual, contrapone libremente su opinión a la del juez de primera instancia[33]. Los jueces de apelación, en nuestros días, Hart hecho hincapié, en diferentes oportunidades, en que el procedimiento inglés de apelación es un procedimiento de nueva audición en base al atestado y no una nueva audición de los testigos.

3. PROMOCIÓN DE NUEVAS PRUEBAS

161.— Contrariamente a lo que acaba de decirse, entre los poderes discrecionales de la jurisdicción de apelación se encuentra el poder de autorizar la promoción, por parte de las partes, de nuevas pruebas[34]. En lo que respecta a la apelación contra una decisión emitida antes del *trial,* decisión llamada «interlocutoria» (*«interlocutory»*), no es raro que la *Court of Appeal* reciba *affidavis* adicionales. Por otra parte, en cuanto a las decisiones sobre el fondo después del trial, el otorgamiento de la autorización necesaria está sujeta a condiciones limitativas:

162 —(i) A excepción de lo referido en el párrafo siguiente, la ley prescribe que ninguna prueba nueva podrá admitirse a no ser que trate de «razones particulares» *(«special reasons»),* frase que según su interpretación jurisprudencial[35], supone que la autorización será otorgada solo si cumple las tres condiciones siguientes:

a) el demandante demuestra que no pudo tener conocimiento de la prueba a tiempo para el *trial;*

b) la prueba debe ser de tal naturaleza que de haberse sometido al trial hubiera podido ejercer una influencia importante en el veredicto;

---

[33] Sin embargo, si se trata de una cuestión sobre la cual el juez debe ejercer un poder discrecional del cual él goza en virtud de una ley, los jueces de apelación no modificarán, sino en muy raras excepciones, la decisión de aquél, sobre todo su decisión interlocutoria.

[34] *R.S.C., O. 59, R. 10 (2).*

[35] *Ladd v. Marshall)1954) 1 W.L.R. 1489.*

c) la prueba debe ser verosímil.

163.— (ii) En caso de que se trate de la prueba de un hecho que aconteció después de la del «*trial*», no hay ninguna necesidad de «razones particulares». Si el juez de primera instancia habría tenido la obligación de prever en qué forma se desarrollaría un suceso (por ejemplo la evolución de las consecuencias de una herida), la promoción de nuevas pruebas será autorizada con el fin de evitar que la *Court of Appeal* se vea obligada, también a adivinar, cuando en realidad puede saber. Sin embargo, teniendo en cuenta la necesidad de poner fin al litigio, la jurisprudencia requiere que el hecho que debe probarse sea de tal naturaleza que su prueba desmienta en lo esencial, las presunciones admitidas por el juez de primera instancia[36].

164.— Una vez realizada la promoción de las nuevas pruebas autorizadas, la *Court of Appeal* decidirá ella misma el caso, salvo en los casos en que considere que, tomando en cuenta dichas pruebas, es inevitable realizar un nuevo *trial;* esto ocurre cuando la corte constata que es necesario convocar nuevamente a los testigos ya escuchados en el primer *trial*. Si, por ejemplo, la nueva prueba pone gravemente en duda la credibilidad de un testimonio oído y admitido como verosímil durante el *trial*, la *Court of Appeal* no tendrá elección: debe ordenar un nuevo trial. A causa de los plazos y los gastos adicionales que ocasionará este mandato, la corte hará lo posible para evitarlo.

4. EFECTO DE LA APELACIÓN

165.— Efecto devolutivo: Exceptuando el caso muy raro en que la *Court of Appeal* se ve obligada a enviar el caso para un nuevo «*trial*» puede atribuírsele a la apelación inglesa un efecto devolutivo en el sentido francés del término: la jurisdicción de apelación de segunda o tercera instancia estatuye sobre el fondo; y lo que es más, la prohibición de introducir demandas o recurrir a medios nuevos, aun siendo una norma corriente, no constituye una norma legal. En cuanto a la modificación de los pleadings (a solicitud de una de las partes), y por lo tanto en lo referente al litigio en su totalidad, una vez presentado el caso a la jurisdicción de apelación, esta se constituye en dueña y señora de la cuestión; la ley prescribe que está investida de los mismos poderes y del mismo poder discrecional que el tribunal de primera instancia[37]. Siempre como consecuencia de la necesidad de poner fin al litigio, el tribunal no admitirá los medios nuevos y más aun las demandas nuevas sino bajo condiciones estrictas de jurisprudencia más que legales, pero detenta el poder de admitirlos.

166. — *Ausencia de efecto suspensivo:* El derecho inglés, sin embargo, no concede ningún efecto suspensivo a la apelación. Salvo mandato contrario, la parte que gana tiene el derecho de proceder inmediatamente a la ejecución del veredicto que le es favorable[38]. «El tribunal no suele ni privar de los frutos de su litigio al litigante victorioso, ni bloquear los fondos a los que parece tener derecho[39]».

A la parte perdedora le corresponde solicitar, si así lo desea, un mandato de aplazamiento, pero los jueces por lo general están poco dispuestos a otorgarlo.

---

36 *Multholland* v. *Mitchell (1971) A.C. 666.*
37 *R.S.C., O. 59 R. (10 (1).*
38 *R.S.C., O. 59 R. 13 (1).*
39 *The Annot Lyle (1886) 11 P.D. 114.*

Por ejemplo, la parte condenada a pagar daños y perjuicios, por lo general no obtendrá mandato de aplazamiento, salvo que pruebe que, en caso de que la *Court of Appeal* fallara a su favor, no podría, por razones prácticas, recuperar lo que ya hubiese pagado[40].

Sección 4
OBSERVACIONES GENERALES

La importancia de este procedimiento es evidente, para un derecho cuyas normas de fondo son de origen judicial, y justifica, por sí mismo que este capítulo se encuentra a los inicios de la segunda parte de esta obra, antes que los capítulos que tratan sobre los diferentes ramas del derecho. Sin embargo, hay dos observaciones generales que pueden ser útiles para el lector de los capítulos siguientes.

1. LA UNIDAD DEL DERECHO

167.— En el pasado, era facultad del litigante, elegir el momento de la introducción de la instancia *form of action* única, normas de procedimiento y normas de fondo mezcladas, que él considerara convenían a su causa. A partir del régimen introducido en 1875, esto ya no es así: el litigante se basa exclusivamente sobre los hechos de la especie. Le corresponde al abogado, en la etapa de alegatos, y finalmente al juez, invocar el o los fundamentos jurídicos que mejor correspondan a los pleadings, y a las pruebas promovidas. En otros términos, el objetivo general de las normas del procedimiento en vigencia es garantizar, en lo posible, que todo litigio sea decidido conforme al derecho, este concebido como un sistema complejo, pero único, cuyas divisiones solo sirven para la comodidad. Claro está, cuando se trata de una relación jurídica particular, esposa y esposo, patrono y empleado, comerciante y consumidor, etc., en la ley se encuentran prescripciones exorbitantes del derecho común, pero por norma general las leyes de excepción constituyen complementos más que sustitutos de derecho común. Por ejemplo, el empleado víctima de un accidente en su trabajo, tiene derecho a prestaciones en dinero gracias a una ley especial de seguridad social, pero, llegado el caso, nada le impide recurrir a la responsabilidad contractual o extra contractual de su patrono de acuerdo a los principios generales de la responsabilidad civil.

2. EL PRINCIPIO DISPOSITIVO Y EL *ADVERSTRY SYSTEM*

168.— Es sabido que en Francia y en otros países de Europa occidental, por no mencionar los países socialistas, el principio dispositivo está actualmente atenuado y los poderes del juez para actuar de oficio han aumentado. Sin embargo en Inglaterra, nada ha cambiado en este sentido, en comparación al pasado, salvo excepciones mínimas. Le corresponde al juez, sobre todo al *Master* durante la fase antes del *trial,* presentar sus sugerencias a una parte o a la otra. Pero no puede, sino en casos muy excepcionales, pronunciar de oficio un mandato para que se haga o no se haga un determinado acto de procedimiento, y menos aun sancionar a una de las partes por su falta, a menos que sea en base a la solicitud de la otra. Específicamente, si bien puede conceder, a solicitud, la autorización para reformar un pleading, pudiendo proponer una reforma de esta naturaleza, jamás puede ordenarla de oficio.

[40] *Atkins v. G.W.Ry. (1896) 2 T.L.R. 400.*

169.— Así, considerando la importancia de los *pleadings,* tanto para la definición de las cuestiones litigiosas como para la promoción de pruebas en el *trial,* el juez carece de poderes, salvo por vía de persuasión, para influenciar la materia del litigio o las pruebas en las que se fundamentará el veredicto. El litigio sigue siendo asunto de las partes; ellas son los contrarios, contrarios que eligen, no solo combatir, sino, en los límites prescritos por la ley, los puntos sobre los cuales van a oponerse y los medios que utilizarán para hacerlo. Como declarara en 1983 un *Lord of Appeal*[41], el papel del juez es hacer justicia a las partes, y no iniciar la búsqueda de una verdad objetiva. Poco importa que el veredicto, a consecuencia de la insuficiencia de pruebas, no refleje la verdad total. Si la decisión es acorde a las pruebas promovidas, si es acorde con el derecho, «la justicia está hecha», en forma satisfactoria. Es un proceso entre contrarios, un adversary procedure; que fue sometido al juez.

3. CONCLUSIÓN

170.— En nuestra opinión las dos constataciones antes expuestas brevemente, demuestran la existencia de una cierta tensión, véase de un desequilibrio. La primera se deriva esencialmente de las reformas de 1875, mientras que la segunda revela la persistencia de una concepción anticuada del juez como simple árbitro, y del proceso como una simple manera de remplazar, civilizadamente, el combate entre particulares. No es posible, en el mundo actual, afirmar que una decisión de justicia no concierne jamás, sino el interés de las partes y de sus derechohabientes. Nos parece peligroso no admitir, que el tribunal, una vez que las partes de manera voluntaria le hubieren sometido una causa, pueda y deba asumir una cierta responsabilidad y hacer lo que pueda para garantizar el buen desarrollo del proceso, preocupado de no permitir que el mismo se extienda, pero en la medida de lo posible, intentando lograr el resultado justo, desde un punto de vista más elevado que el del interés de las partes habiendo visto su conducta en «su» caso. Es probable que en un futuro bastante cercano, veamos incrementarse los poderes del juez, cuyo objetivo sería reducir los costos de cierto tipo de procedimientos actualmente muy costosos. En nuestra opinión personal, un incremento de esta naturaleza es aconsejable también en nombre de la integridad del derecho y de la justicia.

---

41 *Air Canada* v. *Secretary of State for Trade, supra, No. 123.*

CAPÍTULO III
EL DERECHO DE LOS CONTRATOS

Por J. A. WEIR

171. – Dos rasgos característicos del derecho de los contratos: En el sistema del «*Common Law*», el derecho de los contratos es de una uniformidad notable, más aun si se considera que, hoy en día, comprende, además de los convenios cotidianos entre particulares, los contratos comerciales (como el contrato de flete) y los contratos del sector público. Esta unidad resulta menos de un esfuerzo intelectual de abstracción que del hecho histórico que, durante varios siglos, existía en el procedimiento civil —lo que ignoraba el antiguo derecho romano— un medio de derecho único para la solución de los litigios contractuales *(assumpsit).*

Son de notar, dos aspectos con dos reservas. En primer lugar, el jurista inglés se interesa muy poco por las diferencias que pueden existir entre los diferentes contratos: los contratos especiales; en principio, las mismas reglas se aplican a la formación de un contrato de compra-venta o de seguro de vida, a la interpretación de un contrato de trabajo o de una transacción, a la revocación de un mandato o la terminación de un arrendamiento. Por otra parte, el jurista inglés presta poca atención a las diferencias que pueden existir en el interior de un contrato, es decir, a las distinciones entre obligaciones de dar, de hacer y de no hacer, entre los compromisos u obligaciones y las garantías, entre las promesas y las afirmaciones, entre las cláusulas exoneratorias y los pactos comisorios.

No es que se ignoren esas distinciones: se trata de poca disposición a tomarlas en consideración. En lo que concierne a las distinciones entre los diversos tipos de contratos, existen algunas leyes sobre tal o cual tipo (venta mobiliaria, trabajo, arrendamiento inmobiliario, seguro marítimo); sus reglas, siendo de origen legislativo, no son, naturalmente, susceptibles de aplicación por analogía a los contratos de otro tipo. En cuanto a las diferencias interiores del contrato, si los jueces del «*Common Law*» las descuidaban, otra cosa sucedía con los jueces de «*equity*». Al principio de este capítulo, pues, nos encontramos frente a las divisiones principales del derecho inglés: «*Common Law*» / estatuto, «*Common Law*» / equidad («*equity*»).

Sección 1
EL NACIMIENTO DEL CONTRATO

1. ESCRITURA, OFERTA, ACEPTACIÓN

172. – ¿Es necesaria una escritura?: Ninguna regla del «*Common Law*» exige que una promesa, para ser válida, sea consignada por escrito. La única formalidad que conoce (el *Common Law)* es la imposición de un sella *(seal)*, simple círculo impreso o pegado sobre un acta *(deed)*. El sello confiere validez hasta a una promesa gratuita, (nula de otro modo, por falta de causa *«consideration»)* y vuelve eficaz una transferencia de bienes (para la cual, de otro modo, sería necesaria la entrega). Pero, aquí también, la ley suple al *«Common Law»*. Diversas leyes exigen la escritura, sea como elemento de validez de fondo, sea como prueba. Aun cuando el Estatuto de Fraude *«Statute of Frauds»* de 1677, ampliamente conservado en los Estados Unidos en el Código de Comercio *«Uniform Commercial Code»*, haya prácticamente desaparecido en Inglaterra, la escritura continúa exigiéndose solo para la fianza, la cesión de crédito, las transferencias de ciertos intereses en equidad, y las convenciones relativas a los bienes inmuebles. Allí donde la escritura se exige como elemento de prueba, la equidad, poco preocupada de formalismos, reprime el hecho de invocar su ausencia abusivamente *(«part performance»)*. Más recientemente, el legislador ha exigido la escritura, y a veces dos ejemplares, a fin de proteger al consumidor[1].

173.– La Oferta: El hombre nace libre, pero el contratante está encadenado. Hay, pues, un momento en el que nace la obligación contractual. Es importante en todos los sistemas jurídicos identificar este momento, en el cual, terminadas las negociaciones y cerrado el negocio, el deudor queda atrapado en la trampa contractual y el acreedor se puede sentir en seguridad. En el sistema del *«Common Law»*, es habitual indagar si ha habido una *oferta* seguida de una *aceptación*. Esto implica que los hechos se violenten un poco, porque nuestros conciudadanos no estipulan hoy como los antiguos romanos, y es un análisis que se presta mucho mejor a ciertos procedimientos (por ejemplo, las subastas públicas) que a otros. Se ha sostenido, entonces, que este análisis es anticuado, pero no se ha encontrado ningún otro.

Para saber si una declaración constituye una oferta, se debe preguntar si el *«PROPONENS»* (declarante) ha manifestado su voluntad de comprometerse inmediata y jurídicamente, si al prometer ha parecido dispuesto a comprometerse. Puede que tal intención se excluya por frases expresas. Sobre todo cuando está en perspectiva la venta de un terreno, los documentos, incluso los más detallados, contienen a menudo la frase «sujeto a contrato»: el *«PROPONENS»* queda enteramente libre[2], salvo en un caso absolutamente excepcional[3]. Las frases «compromiso de honor» *(binding in honour only)* o pacto de caballeros *(gentleman's agreement)* significan lo mismo. Tal reserva puede ser implícita. Así los contratos colectivos no tienen obligatoriedad jurídica[4]: quién supondría que un sindicato tiene la intención de obligarse. Igualmente, el comerciante que despliega sus mercancías en los estantes no ofrece venderlas: invita al cliente a que este ofrezca comprarlas.

Por demás, la oferta debe ser suficientemente clara y precisa. El *«Common Law»* no conoce una lista de elementos esenciales para la validez del contrato: una venta puede existir sin precio convenido, un seguro puede ser válido aunque se haya diferido la fijación de la prima; pero es evidente que un juez no estará muy dispuesto a calificar de contractual un acuerdo tan vago que hubiese grandes dificultades para hacerlo ejecutar.

El que hace una oferta permite a su destinatario obligarlo, pero no se obliga a nada: hasta que su oferta sea aceptada, el oferente está en su derecho de revocarla,

---

[1] *«Consumer Credit Act»* 1974, s. 61.

[2] *Chillingworth* v. *Esche (1924) 1 ch. 97.*

[3] *Alpenstow* v. *Regalian Properties (1985) 2 All. E.R. 545.*

[4] *Ford Motor Co.* v. *Amalgamated Union (1969) 2 Q.B. 303.* V. *infra, No. 547.*

aun dentro del término que pueda, expresamente haber sido previsto, sin que haya lugar de indagar sus motivos. Es una norma que el Código de Comercio «*Uniform Comercial Code*» ha podido modificar en los Estados Unidos, pero que en Inglaterra conserva toda su vigencia. No podría ser de otra forma a menos que la oferta estuviese contenida en un acta sellada, lo cual rara vez es el caso, o si existiese algún tipo de contrapartida *(option).*

174. – La aceptación: La aceptación de la oferta debe ser dada por su destinatario sin condición ni reserva. El que propone variaciones no solamente no acepta la oferta, sino que corre el peligro de convertirla en definitivamente inaceptable, neutralizada por su contraproposición[5]. No así cuando es evidente que pide se den detalles o informaciones[6].

La modalidad de la aceptación queda bajo el control del oferente, quien puede exigir que la aceptación se haga de una cierta manera o dentro de un término determinado, o bien renunciar a cualquier tipo de comunicación. Salvo una indicación de este tipo, el contrato nace, en principio, cuando el oferente se entera que la oferta ha sido aceptada. Pero hay una excepción importante: se considera que el que envía una oferta por correo acepta que el contrato quede formado en el momento que la otra parte envía su aceptación en una carta dirigida y posteada correctamente[7]. Que la carta pueda retardarse o perderse en el camino no cambia nada[8]. Esta regla exorbitante es de interpretación restrictiva: no se aplica a las comunicaciones instantáneas, sobre todo por telex; allí la regla general recupera su imperatividad: el oferente no queda atado sino cuando conoce de la aceptación de su oferta[9].

175. – La responsabilidad pre-contractual: Hay que notar que el hecho de que no se produzca un contrato de las negociaciones no implica necesariamente que no se derive de ellas ninguna responsabilidad: podría resultar una responsabilidad extracontractual del hecho que una parte haya cometido una falta, y el que ha recibido cualquier ventaja puede verse obligado a pagarla en el plano cuasicontractual.

Dejando de lado el efecto que una falta anterior pueda tener sobre un eventual contrato, hay que admitir que el «*Common Law*» no conoce una obligación general de negociar de buena fe. El «*Common Law*» ha sido muy reticente a admitir un deber jurídico de velar por los intereses puramente económicos del particular: la equidad era más sensible en este punto, pero no acordaba nunca daños y perjuicios, contentándose con anular, como veremos, el eventual contrato. Ya se ha visto que una oferta, aun sometida a un término fijo, puede ser revocada sin motivo y sin sanción. Inclusive un compromiso recíproco de negociar de buena fe no engendra ninguna obligación[10]. Lo más que se puede decir es que el culpable de haber hecho falsas afirmaciones puede ser responsable de las consecuencias que se deriven de ello para la otra parte. Según el «*Common Law*», solo incurre en esta responsabilidad el que miente conscientemente[11]; desde 1964 esta responsabilidad incumbe a aquel

---

5 *Hyde* v. *Wrench (1840) 49 Eng. Rep. 132.*
6 *Stevenson* v. *Mc. Lean (1880) 5 Q.B.D. 346.*
7 *Adams* v. *Lindsell (1818) 106 Eng. Rep. 250.*
8 *Rousehold Fire Ins.* v. *Grant (1879) 4 Ex. D. 216.*
9 *Brinkibon* v. *Stanhag Stahl (1983) 2 A.C. 34.*
10 *Courtney & Farbairn* v. *Tolaini Bros (1975) 1. All E.R. 716.*
11 *Derry* v. *Peek (1889) 14 App. Cas 337.*

que hace una afirmación sin tener buenas razones para ello[12]; una ley de 1967 presume la ausencia de buenas razones en el caso en el que de la declaración resulte un contrato[13]. La idea de «*misrepresentation*» se concibe con bastante amplitud: se admite que el que se casa afirma implícitamente no estar ya casado[14], y aquel que promete una prestación para la cual es necesario un permiso puede considerarse que afirma que el permiso necesario le ha sido concedido[15].

Frecuentemente sucede que una parte comience a preparar o incluso a cumplir con su prestación durante las negociaciones, antes que se haya concluido el contrato. Suponiendo que el contrato fracase por cualquier razón, puede la parte reclamar el pago o una indemnización? La respuesta es matizada[16], pero, en general, se puede decir que se debe pagar si la prestación ha sido particularmente solicitada o si ha sido útil. Aquel que incurre en gastos, sin utilidad en si para la otra parte, con la esperanza, aun justificada, que de ello resultará un contrato, no tendrá derecho a ninguna indemnización, aun si la ruptura de las negociaciones fuera poco justificada, inclusive abrupta.

176.– La modificación del contrato: A partir del nacimiento del contrato, las partes ya no son libres, salvo escapatoria expresa. No se permite ninguna modificación unilateral de las obligaciones. Pero, ¿qué sucede con una modificación consentida? ¿Es definitiva? Si el acreedor renuncia a sus derechos, su renuncia, en principio, no lo ata, no habiendo contraprestación y siendo por tanto gratuita. Pero si, en principio, los derechos a los cuales se ha renunciado se mantienen en vigor, la equidad no permite que se los invoque abusivamente, y es abusivo o «injusto» invocar un derecho al que se ha renunciado libre y definitivamente de manera inesperada y perjudicial. El rápido y reciente desarrollo de esta teoría *(équitable estoppel, waiver)* proviene de una decisión de Lord Denning.[17]

2. LA TEORÍA DE LA CAUSA *(«CONSIDERATION»)*

177.– Visión general: La dificultad que se experimenta en Inglaterra cuando un acreedor renuncia a sus derechos resulta del hecho que, según el «*Common Law*», una promesa no obliga sino cuando tiene una contrapartida, pedida por el promitente. En la famosa tesis de la causa *(«consideration»)* .

Ahora bien, de hecho, la mayoría de los contratos en todos los países son sinalagmáticos: normalmente X promete pagar a Y una suma de dinero a cambio de una contraprestación. En el «*Common Law*» el contrato es forzosamente sinalagmático: sin contrapartida no hay obligación contractual. Una promesa de pagar o de hacer no obliga al promitente si este no exige una contraprestación: no es la promesa dada la que obliga, sino la promesa hecha a cambio.

Damos algunos ejemplos de la puesta en práctica de la doctrina. Un día, yo prometo prestarle a Ud. mi automóvil el próximo martes por un período de varios días. El martes, cuando Ud. viene a buscar el automóvil, yo se lo niego. Solución: no estoy obligado, no habiendo pedido nada como contrapartida de mi promesa de

---

12 *Hedley Byrne & Co.* v. *Heller & Partners (1964) A.C. 465.*

13 *Misrepresentation Act 1967, s. 2 (1).*

14 *Shaw v. Shaw (1954) 2. Q.B. 429.*

15 *Strongman (1945)* v. *Sincock (1955) L.O.B. 525.*

16 *British Steel Corp.* v. *Cleveland Bridge & Eng. Co. (1984) 1. All E.R. 504.*

17 *Central London Property Trust* v. *Iligh Trees House (1947) K.B. 130.*

prestarle mi automóvil. Segundo ejemplo: le presto a Ud. mi automóvil y Ud. promete devolverlo el sábado en la mañana. Ud. no me lo entrega sino el domingo en la tarde. Solución: su retardo le vuelve responsable en el plano contractual: su promesa le obliga pues Ud. había pedido algo como contrapartida, a saber: el uso del automóvil. Tercer ejemplo: habiéndole prestado el automóvil por una semana, se la pido al cabo de tres días y Ud. me la niega. Solución: puesto que yo he renunciado libremente al derecho (de propietario) que invoco, mi demanda sería denegada si, en el conjunto de circunstancias, es considerada «injusta».

178.— Función: Comprendemos mejor la teoría de la causa *(«consideration»)* si nos damos cuenta de su meta, de su función principal, que es la de permitir al que ha prometido hacer una donación de retractarse de su promesa salvo que la haya hecho bajo sello. Deseando distinguir las donaciones de las otras promesas y encontrándose en la imposibilidad de acoger el que sin duda es el mejor criterio, es decir, la intención del promitente, a causa de la antigua norma de procedimiento civil de que el testimonio de los contratantes era inadmisible, el *«Common Law»* ha seleccionado un indicio externo, objetivo: la causa. ¿Qué ha pedido el promitente como precio de su promesa? Así fuese un acto, o una promesa, es la causa. Si nada pide, su promesa no le obliga, carente de causa. Ahora bien, en los contratos nominados no hay problema: en la venta la causa la promesa de entregar la cosa es el precio, pagado o por pagar, y en el contrato de trabajo, la causa del salario es el trabajo o la promesa de trabajar.

Sin duda es normal que para el acreedor sea perjudicial entregar lo que exige el promitente como precio de su promesa, pero cualquier perjuicio sufrido por él como consecuencia de la promesa no constituye CAUSA. Por ejemplo: como consecuencia de un divorcio, el demandado promete a la demandante pagarle 100 francos por año. Confiando en esa promesa, ella no presenta demanda alguna al tribunal. Ella no puede exigir la suma prometida, puesto que no es a petición del demandado que la demandante ha obtenido de hacer valer sus derechos; es un perjuicio debido a la promesa *(detriment),* pero no es el precio de la promesa[18]. En los Estados Unidos, un perjuicio semejante puede volver válida una promesa sin CAUSA[19], pero en Inglaterra esto no es admitido. Es de notar que la equidad aquí no interviene, pues la equidad no viene en ayuda de un donante.

Si el perjuicio del acreedor no compromete al promitente, lo mismo sucede en cuanto al beneficio que este ha recibido: la promesa de remunerar a una persona por servicios ya prestados no obliga, salvo en el caso de que tales servicios fuesen normalmente remunerables y hayan sido solicitados o libremente aceptados[20].

Es verdad que la teoría de la causa no llena sus funciones de manera satisfactoria. No solamente permite al donante disimular su donación exigiendo una contrapartida de valor puramente simbólico, como dos rosas o una berenjena, sino que anula promesas que nunca tienen que ver con las donaciones. Por ejemplo: yo le prometo dinero a cambio de un servicio que estoy ya en derecho de exigir, en virtud de un contrato celebrado entre nosotros o de la ley. Usted me presta el servicio y exige el precio convenido. Yo estoy en derecho de rehusarlo, pues yo no he pedido nada (a lo que ya no tuviese derecho). En tal caso, la teoría se utiliza para dificultar el chantaje, no para permitir al donante cambiar de opinión[21].

---

[18] *Combe* v. *Combe (1951) 1. All E.R. 767.*

[19] *Restatement Second, Contracts.*

[20] *Re Casey's Patents, Stewart* v. *Casey (1892) 1 ch. 104.*

[21] *Stilk* v. *Myrick (1889) 170 Eng. Rep. 1168.*

Si las consecuencias de la teoría de la causa no son molestas, es porque la causa encontrada es artificial. Por ejemplo: se acuerda entre un taller, un cliente y el asegurador de este último, que el taller efectuará las reparaciones necesarias y que el asegurador pagará la factura. ¿Está el taller contractualmente obligado para con el cliente a efectuar las reparaciones en un plazo normal? Sí. ¿Dónde está la causa por la promesa del taller de actuar en su debido tiempo? Esta reside en el hecho de que el cliente, (a petición implícita del taller) va a pedir a su asegurador cancelar la deuda[22].

179. – Distinción de la teoría de la lesión: La causa no es una teoría de la lesión: ciertamente, una promesa sin contrapartida alguna es nula, pero no es de ninguna manera necesario que la causa sea suficiente, adecuada o proporcional a la promesa. Después de todo, un negocio no lo es menos por ser muy malo y, en derecho, una cosa es vendida, no regalada, aun si el precio es muy bajo. Para controlar los contratos leoninos, hay que recurrir a la *«equity»* o a un texto legal.

Un contrato no puede entonces ser anulado por el solo hecho de ser muy leonino. Pero hay medios de remediar la explotación de un contratante por el otro. Si el deudor ha sido engañado por el acreedor, invocará los principios de la *«misrepresentation»*. Si el deudor se ha equivocado (en su perjuicio), invocará, con menos probabilidades de éxito, las reglas del error. Si existe entre las partes una relación muy particular, el deudor puede a menudo anular un contrato, incluso una transferencia, invocando una «influencia indebida» *(«undue influence»)*. A veces, pero muy raramente, un contrato es de tal manera opresivo que sería incompatible con el orden público *(«public policy»)* mantenerlo. Aparte de esos ejemplos, el *«Common Law»*, e inclusive, con un poco más de vacilaciones, la *«equity»* respetan las convenciones, por muy duras que sean. El legislador ha intervenido en ciertos casos. Todo arreglo por el cual un individuo obtiene un crédito cualquiera, puede ser modificado si los términos son demasiado exorbitantes (lo que por demás se presume) o injustos *(unfair)*[23]. Por otra parte, ciertas cláusulas se reputan no escritas, y otras son controladas, si restringen indebidamente los derechos del deudor o aumentan sus obligaciones de una forma inaceptable[24].

180. – Carácter privado del contrato: El compromiso del promitente no puede ser invocado, incluso si este ha exigido una contraprestación, que por el que la ha entregado: la otra parte contratante. Es la regla de la *«privity»:* ningún tercero, inclusive aquel al cual el servicio contractual debe ser prestado, inclusive aquel que sería el único en aprovecharse del servicio, puede invocar el compromiso contractual. La estipulación en nombre de otro no se reconoce en el *«Common Law»* inglesa. Si el vendedor de una cosa promete al comprador entregarla a un tercero, este último no adquiere ningún derecho a la entrega, ni a invocar la responsabilidad contractual del vendedor por defectos del objeto entregado. Esta norma restrictiva ha suscitado vivas críticas. La norma ha sido abandonada en los Estados Unidos[25], pero se mantiene en Inglaterra, e incluso ha sido afirmada bastante recientemente por la Cámara de los Lores[26].

---

22 *Charnock* v. *Liverpool Corp. (1968) 3 All E.R. 473.*
23 *Consumer Credit Act. 1974, s. 137-140, 171 (7).*
24 *Unfair Contract Ferms Act, 1977.*
25 *Restatement Second, Contracts, 302-315.*
26 *Beswick* v. *Beswick. 1968. A.C. 58.*

181. – Caso excepcional en el que el Contrato puede ser invocado por un tercero: El alcance práctico de esta norma se encuentra, sin embargo, atenuado en numerosas situaciones. Una promesa hecha por A a B puede ser invocada por C en los casos siguientes:

a) Si B ha cedido su crédito a C. La cesión, desconocida por el «*Common Law*» fue introducida por una Ley de 1873 *(assignment)*[27].

b) Si B ha contratado como mandatario de C. No es de ninguna manera necesario que A esté al tanto de ese mandato (un-disclosed agency); incluso si no hay mandato pero B pretende que es el mandatario de C, C puede «adoptar» un acto y aparecer como el co-contratante de A *(ratification).*

c) Si B ha transferido un bien o un fondo a A y A le ha prometido manejarlo por cuenta de C *(Trust).*

d) Si A ha asumido una responsabilidad hacia C y la inejecución de su promesa se debe a su propia falta (negligencia); por ejemplo: A, Subcontratante, ejecuta mal su contrato con B, el constructor principal, e instala en la fábrica de C, el propietario que lo había seleccionado, un piso defectuoso cuyo reemplazo causa pérdidas comerciales a C[28].

e) En materia de seguros la situación es complicada. Si el poseedor de una cosa la asegura, el propietario no tiene ningún derecho frente al asegurador, pero el poseedor puede reclamar la totalidad del valor y se convierte automáticamente en *trustee* del interés del propietario[29].

El comprador de mercancías a bordo se convierte en cesionario de la póliza suscrita por el remitente, y el comprador de un bien terrestre puede, en ciertas condiciones, prevalerse de la póliza suscrita por el vendedor[30]. Pero el beneficiario de un seguro de vida no tiene derecho alguno frente al asegurador salvo que la póliza sea una póliza «*trust*» *(Trust Policy)* en beneficio de un hijo o cónyuge[31].

Además, los tribunales a veces hacen oídos sordos a la aplicación de la norma. Así, la víctima de un conductor culpable, que no tenga el seguro obligatorio, puede actuar en contra del «*Motors Insurance Bureau*» (Oficinas de Seguros de Automotores) aun cuando el único fundamento de la responsabilidad de esta última sea un convenio celebrado, sin fuerza legal, con el Ministro[32]. Igualmente, el banco que abre, a solicitud de su cliente, un crédito irrevocable, está obligado con el beneficiario[33]. Hay que señalar igualmente que la jurisprudencia anterior, según la cual el estibador *(acconiver)* no podía invocar una cláusula exoneratoria establecida en su favor por el armador ha sido abandonada[34].

---

27 *Law of Property Act 925, s. 136 (1).*
28 *Junior Books* v. *Veitchi Corp. (1983), 1. A.C. 520.*
29 *Tomlinson* v. *Hepburn (19663 A.C. 451.*
30 *Marine Insurance Act 1906. ss. 15,50. Law of Property Act 1925 s. 47.*
31 *Married Women's Property Act, 1882, s. 11*
32 *Hardy* v. *Motors Insurance Bureau (1964) 2 Q.B. 745, 757.*
33 *Treitel. «Law of Contract». 6ª ed. 1983, p. 116.*
34 *Cort Jackson* v. *Salmond & Spraggon (1980) 3 All E.R. 257.*

3. EL CONTENIDO DEL CONTRATO

182. — La interpretación del contrato: Normalmente, no es la existencia o la validez del contrato lo que se discute, sino más bien su alcance. Muy a menudo el litigio se refiere a las condiciones en las que una parte ha aceptado una obligación convencional o la extensión de esta.

Si la cláusula discutida es expresa, el problema es el de su interpretación *(construction).* Aquí, los jueces ingleses no buscan tanto la intención subjetiva del promitente cuanto la impresión que su expresión habría causado a un oyente razonable, salvo en el caso que su verdadero oyente sepa que el promitente se ha expresado de una manera idiosincrática. Dicho de otra forma, la interpretación es objetiva. Hay que señalar que la interpretación es objetiva. Hay que señalar que la interpretación de las cláusulas expresas es una cuestión de derecho sobre la cual la Cámara de los Lores controla de buena gana las jurisdicciones inferiores, o en su caso a los árbitros. Ciertas cláusulas, tales como las de irresponsabilidad, son interpretadas de una manera bastante artificial y rígida a fin de aminorar su efecto indebidamente perjudicial para el deudor. Los tribunales ingleses no admiten que se interpreten las cláusulas expresas a la luz de la conducta subsiguiente de los interesados: Es al tribunal, no a las partes, a quien corresponde interpretar su acuerdo[35].

183.— Las obligaciones implícitas: Muy a menudo, una de las partes pide al juez que imponga a la otra una obligación que esta última no ha asumido expresamente, o que someta su propia obligación a una condición no formulada. Alega (la parte) que las cláusulas expresas no son suficientes como régimen de la aventura emprendida, que existe una laguna que conviene llenar, e invita al juez a encontrar lo que no se ha expresado. Sin embargo, en el *«Common Law»* existe una especie de derecho judicial supletorio *(Terms implied by law)* según el cual una cláusula se considera incluida salvo indicación contraria. Es una técnica de la cual se sirve también el legislador, quien además dispone del poder de crear un derecho imperativo que se impone a los contratantes, digan estos lo que digan, con ciertas cláusulas normalmente protectoras de la parte más débil.

En ausencia de un texto legislativo, corresponde al juez añadir o no una cláusula propuesta. A veces lo hará, en vista de la naturaleza jurídica del contrato en cuestión. Así, la Cámara de los Lores ha aceptado que, en el arrendamiento de un apartamento en un gran inmueble, hay que «encontrar» una cláusula según la cual el propietario velará por el mantenimiento del ascensor (sin por ello garantizar la continua eficiencia[36]; pero, en otro caso, ha rehusado imponer al patrono de un camionero la obligación de indemnizar a este último por la responsabilidad en la que pudiese incurrir al volante[37].

Muy a menudo los jueces aceptan que un contrato de duración indeterminada se considera que contiene una cláusula según la cual una de las partes puede dar por terminada su obligación luego de un preaviso, pero, en general, parece que no se introducirá una cláusula salvo si es necesaria al buen funcionamiento del negocio contractual *(business efficacy).* No es suficiente que la cláusula propuesta sea perfec-

---

[35] *Wickman Machine Tool Sales* v. *Schuler (1974) A.C. 235.*
[36] *Liverpool C.C.* v. *Irwin (1977), A.C. 239.*
[37] *Lister* v. *Romford Gee & Cold Storages (1957) A.C. 333.*

tamente razonable: después de todo, los particulares tienen el derecho a realizar acuerdos irracionales. En particular, cuando se trata de una cláusula que se añadiría no por causa del tipo de contrato, sino de circunstancias particulares de su origen, se ha incluso dicho que tal cláusula no se introduciría salvo que las partes hubiesen seguramente dicho «no hay ni que decirlo»[38].

184. – Las obligaciones ilícitas o inmorales: Es evidente que el ciudadano debe abstenerse de cometer actos contrarios a la ley o a las buenas costumbres. No puede, por tanto, obligarse a cometer tales actos. Si promete cometer uno de ellos la promesa no entraña ninguna obligación de cometerlo; la promesa es nula. Esto es verdadero aun si el promitente ignoraba totalmente la naturaleza penal o inmoral de lo que ha prometido hacer, o si ignoraba que la prestación prometida no podía ser ejecutada sin una infracción: no se puede admitir que exista una obligación de infringir la ley. Es casi tan evidente como que el que es culpable de un acto ilícito no puede valerse de ello para reclamar una recompensa, aun si se le ha prometido una al probar que se ha ganado la recompensa, se establece que debe ser privado de ella.

Los juristas ingleses admiten, pues, que está viciado de nulidad todo contrato cuya ejecución conlleve necesariamente una infracción a la Ley positiva o moral. Pero el rigor de este principio tiende a flexibilizarse en caso de que la Ley que sería infringida sea de naturaleza fiscal o puramente administrativa, y en el caso en el que una de las partes sea mucho más culpable que la otra. Los jueces han llegado a decir que no es siempre la voluntad del legislador, al reprimir tal o cual acto, anular los contratos en cuya ejecución sería sometido dicho acto: por ejemplo, al someter el ejercicio de una profesión a la condición de tener una licencia, el legislador no necesariamente ha querido anular los contratos celebrados por un profesional carente de la licencia legal[39]. Otra técnica es la de decir que la parte había garantizado la licitud de lo que intenta hacer[40], un medio que es particularmente satisfactorio en el caso en que una de las partes conocía las circunstancias y la otra no, puesto que uno piensa naturalmente que la parte inocente no debe ser privada de sus derechos, mientras que la parte culpable no puede quejarse de nada viéndose vencida o declarada responsable.

Un problema particular se presenta cuando una persona paga por adelantado para obtener una prestación ilícita o inmoral y trata de recobrar lo pagado, no habiéndose ejecutado la contraprestación ilícita. Aquí, la culpabilidad del demandante es capital[41].

Hay que admitir que el «*Common Law*» no ha sabido distinguir ni resolver muy bien las diferentes cuestiones que se pueden presentar cuando ambas partes persiguen un objetivo ilícito o inmoral, o se sirven de medios dudosos para la búsqueda de un fin perfectamente lícito en sí.

185. – Los atentados contra la libertad: El hombre tiene ciertos derechos. No está obligado a ejercerlos, pero debe permanecer libre de ejercerlos si lo desea. Una obligación de no ejercer tal o cual derecho es por tanto inaceptable: sería una restricción inadmisible de su libertad. Un derecho inalienable no puede ser enajenado,

38 *Shirlaw* v. *Southern Foundries (1926) (1939) 2 K.B. 206.*
39 *Phoenix gen'l* v. *Halvanon Ins. Co. (1986) E All E.R. 908.*
40 *Strongman (1945)* v. *Sincork (155) 2 Q.B. 525.*
41 *Parkinson* v. *College of Ambulance (125) 2 K.B. 1.*

ni siquiera por su titular. De ello se sigue que ciertos contratos, que implican una restricción demasiado severa de tales derechos, son ineficaces. La cesión de todos los ingresos futuros es nula, pues se tiene el derecho a vivir[42]. Una promesa de no trabajar no es válida, ya que se tiene el derecho a trabajar[43]. La promesa de no promover una acción ante los Tribunales es nula, puesto que uno tiene el derecho a reivindicar sus derechos[44].

Ahora bien, hay que admitir que no es bajo este ángulo que el *«Common Law»* ve estos contratos de dudosa validez. Se habla más bien de *«contracts void as being contrary to public policy»* (contratos nulos por ser contrarios al orden público) y se los distingue mal de los contratos de los cuales acabamos de hablar, es decir, de los contratos que implican un acto ilícito o inmoral. En los contratos que nos interesan, no es el acto o la abstención a las que uno se obliga que son inaceptables, sino la obligación de actuar o de abstenerse en un campo en el cual se debe permanecer libre de actuar o abstenerse según la propia voluntad.

Sin embargo, los juristas ingleses ven la promesa de no casarse como perjudicial para la institución del matrimonio más que a la libertad del individuo de casarse o no[45]; la promesa de no entablar acción judicial sería perjudicial a la administración de la justicia[46]; se considera la promesa de no competencia como un ataque a la economía así como una restricción inaceptable de la libertad del empleado *(restraint of trade).*

Así, ciertas promesas que no implican ninguna infracción son nulas a menos que sean razonables dentro del interés público y del de los interesados. Los jueces son muy, y hasta demasiado, reticentes a extender estas categorías, aun cuando sea bastante evidente que la fuerza de una obligación contractual debe depender de la importancia del interés que dicha obligación restringe. Después de todo, una mujer que ha aceptado someterse a un aborto seguramente está en el derecho de rehusarse a hacerlo: ello es cierto sea el aborto legal o no, pero las razones de la solución son completamente diferentes en los dos casos.

4. ERROR, DOLO, VIOLENCIA

186.– Exclusión del error por principio: En el *«Common Law»*, como lo hemos visto, las obligaciones contractuales nacen no porque el promitente haya querido asumirlas, sino porque ha parecido quererlo: se está obligado por lo que se ha dicho, no por lo que se ha querido decir. El error no se presenta, pues, como un vicio del consentimiento, sino en una perspectiva muy original.

El *«Common Law»* era muy claro: jamás se podrá escapar a la fuerza obligatoria de la promesa hecha alegando cualquier error. Se podía demostrar que no se había formado ningún contrato —por ejemplo: que el presunto acreedor no era el verdadero destinatario de la oferta[47]; o que hubiese habido un malentendido tal durante las negociaciones que la oferta aceptada no fuese la oferta emitida[48], o que el sello del presunto deudor hubiese sido estampado por otra persona *(non est faction).*

---

[42] *King* v. *Faraday (1939) 2 K.B. 753.*
[43] *Herbert Morris* v. *Saxelby (1916) 1 A.C. 688.*
[44] *Lee* v. *Shawman's Guild (1952) 2 Q.B. 329.*
[45] *Baker* v. *White (1690) Eng. Rep. 740.*
[46] *Treitel. «Law of Contract». 6ª ed. 1983 pp. 336-339.*
[47] *Ingram* v. *Little (1961) 1 Q.B.*
[48] *Hartong* v. *Colin & Shields (1939) 3 All. E.R. 566.*

Esta última excusa («No fui yo quien firmó») se ha extendido («Este no es el documento que yo pensaba firmar»), pero, después de un reciente viraje de la jurisprudencia, las normas del *«Common Law»* hacen muy difícil escapar a la fuerza obligatoria de la propia firma[49].

187. – Posibles efectos del error: Decir que se continúa como deudor equivale no obstante un gran error a decir que el acreedor puede aprovecharse de ese error. Sin embargo, el enfoque de la «equidad» es preguntar si el acreedor, en conciencia, podía exigir la prestación prometida, visto el error del deudor. Bajo este ángulo, una cosa es clara: es monstruoso querer aprovecharse del error del que se es causante. Ahora bien: se causa un error procediendo a una afirmación inexacta en la cual la otra parte cree. Así pues, si se es culpable de una *«misrepresentation»*, consciente o no, no se tiene derecho a hacer valer el contrato, que se encontrará sujeto a la recisión»[50]. Se distingue según que el acreedor haya engañado al deudor o que sea este último que se haya equivocado solo. En general, es necesaria una afirmación: al guardar silencio no se es culpable de *«misrepresentation»*. En ciertas situaciones – seguros, relaciones de confianza–, existe la obligación de *sacar* a la otra parte de su error, pero la regla no es general. En un caso famoso, un joven entró en una tienda de granos, tocó la avena que allí estaba expuesta y dijo: «que bella vieja avena», y ordenó una cierta cantidad. El comerciante, que sabía muy bien que la avena era reciente e inapropiado para la nutrición de los caballos de su cliente, entregó la cantidad ordenada. El tribunal decidió que el comerciante tenía derecho a reclamar el precio[51]. La decisión suscitó ciertas críticas, y es posible que la norma que la dicta no sobreviva mucho tiempo. Ciertamente, puede parecer poco delicado, sobre todo a los profesores, que se quiera sacar provecho de un error del cual se ha tenido conciencia, pero los hombres de negocios sagaces lo hacen todos los días.

No existe caso alguno de *«misrepresentation»* si el acreedor no ha contribuido al error del deudor. Pero, si ha sometido él el mismo error, la «equidad» puede intervenir. La decisión famosa sobre el tema es de Lord Denning en un caso en el que se formó un contrato de arrendamiento en el que propietario y arrendatario suponían, independiente y equivocadamente, que el inmueble no caía bajo el control legal: el arrendatario no tuvo derecho de aprovecharse de este error'[52].

Según el *«Common Law»* no se podían contradecir los términos de un documento. Los simples errores de redacción se corrigen según las reglas de la «equidad» (*«rectification»*).

La parte en error no puede hacer valer la «equidad»:

a) Si no actúan en tiempo útil;

b) Si no puede o no quiere devolver lo que ha recibido, pues no se puede pedir la anulación de un contrato conservando las ventajas; y

c) En caso de trasmisión (de la cosa), si un tercero ya ha comprado la cosa de buena fe la *«equity»* respeta así la adquisición de una cosa de buena fe; el *«Common Law»*, por su parte, acepta la tesis de *«nemo dat quod non habet»;*

---

49 *Gallie* v. *Lee (1971) A.C. 1004.*

50 *Misrepresentation Act. 167.*

51 *Smith* v. *Hughes (1871) L.R. 6 Q.B. 597.*

52 *Solle* v. *Butcher (1950) 1 K.B. 671.*

he aquí la justificación de su reticencia a anular los contratos por error, pues de otro modo, el error podría perjudicar a los terceros.

En resumen, los juristas ingleses no hacen distinción entre errores sobre la sustancia, sobre la persona, etc., sino que más bien preguntan:

1) ¿Se debió el error a la otra parte?

2) ¿Fue el error cometido por la otra parte también?

3) ¿El error era conocido por la otra parte?

Se sigue que una parte permanece obligada si se equivocó sola, sin conocimiento de la otra que por su parte no cometió ningún error.

188.— La violencia: Contrariamente al error, la violencia *(duress),* es tratada por el *«Common Law»* como un vicio del consentimiento. Se admite que nadie está obligado por una promesa extraída bajo amenazas injustificables que tienen como efecto viciar el consentimiento al constreñir la voluntad y privarla de toda escogencia real. Tradicionalmente, solo las amenazas de vías de hecho tenían ese efecto, pero recientemente se ha admitido que las presiones puramente económicas podían sr suficientes[53].

Hay que notar, además, que muy a menudo las promesas arrancadas son nulas por falta de «causa».

La «equidad» interviene sobre un frente mucho más amplio que el *«Common Law».* No permite al culpable de un abuso de autoridad exigir o conservar una ventaja que le hubiese podido otorgar, con toda confianza, aquél que se fiaba de su honestidad. En ciertos casos, se presume que existe tal abuso de autoridad hasta prueba de la libertad del deudor, quien habría actuado, por ejemplo, por consejo de un tercero independiente. Este sería el caso de una relación entre notario y cliente, o de cura y feligrés. En los otros casos, como la relación de *«manager»* y cantante pop[54] el abuso de autoridad se debe demostrar.

En todos los casos es el que quiere escapar a la fuerza jurídica de su acto quien debe demostrar que este le ha resultado perjudicial[55].

Incluso se ha tratado de extender este principio a fin de anular los contratos leoninos. Lord Denning ha sugerido que si un contrato cuyos términos resultan muy injustos es el resultado de una negociación entre una parte fuerte y una parte débil, el Tribunal puede anular el contrato inclusive si no ha habido coacción de la voluntad de la parte pobre ni abuso consciente de poder por parte de la fuerte[56]. La Cámara de los Lores ha obstaculizado definitivamente este desarrollo[57]. El derecho inglés no admite, pues, que cualquier contrato o cláusula contractual que sea *«UNCONSCIONABLE»* —contraria a la consciencia— esté sujeta a modificación o anulación, como es el caso en los Estados Unidos según el artículo 2-302 del *«Uniform Commercial Code».*

---

53 *Pao On* v. *Lau Yiu Long (1980) A.C. 614.*

54 *O' Sullivan* v. *Management Agency & Music (1985) 1 All E.R. 351.*

55 *National Westminster Bank* v. *Morgan (1985) 1 All E.R. 821.*

56 *Lloyd's Bank* v. *Bundy (1975) Q.B. 326.*

57 *National Westminster Bank* v. *Morgan (1985) 1 All E.R. 821.*

Sección 2
LOS EFECTOS DEL COMPROMISO CONTRACTUAL

1. LAS CONDICIONES DE LA RESPONSABILIDAD

189. – La noción de inejecución (breach of contract): Un contratante que no puede invocar el error, la violencia, el abuso de autoridad o la ilicitud para escapar a la fuerza obligatoria de su promesa, deberá ejecutarla. Pero, no conociendo el «*Common Law*» la ejecución en especie (salvo para las obligaciones de pagar), la inejecución de la obligación primaria se traduce normalmente en una obligación secundaria de pagar daños y perjuicios. Inclusive se ha sostenido, sin escandalizar mucho los espíritus ingleses, que el que promete hacer algo no se obliga a hacerlo, sino solamente a pagar una indemnización si no lo hace.

Para el jurista inglés es evidente que la inejecución (*breach*) implica la responsabilidad, y el asunto de la culpa no se presenta. La única cuestión sería saber qué obligación se ha asumido, si ha sido ejecutada o no y, en caso negativo, que perjuicio resulta de la inejecución. Normalmente no se investiga la causa de la inejecución: no se pregunta si la inejecución por parte del deudor ha sido intencional, ni si el ejercicio de sus derechos por parte del acreedor ha sido razonable.

Para saber qué obligación se ha asumido, el «*Common Law*» no conoce la distinción entre obligación de medios y obligación de resultados, y la mayoría de los autores guarda silencio sobre la cuestión de la intensidad, por así decir, o del nivel de las obligaciones contractuales. En ciertos casos es muy claro que el contratante no garantiza un resultado: el médico no garantiza la curación del enfermo, y el abogado no garantiza el éxito de su cliente en el proceso. Pero si el contrato prevé la producción de una cosa, hay una fuerte tendencia a admitir que el contratante había garantizado la calidad y eficacia de la cosa. No solamente el vendedor garantiza la calidad de la cosa vendida[58], sino que el constructor de un inmueble garantiza la calidad de los materiales que utiliza, incluso si son indicados por el propietario[59]. Tal garantía no es vista como algo anormal y no tiene régimen especial como la acción redhibitoria. Para el jurista inglés, la garantía *(warranty)* es el tipo mismo de la cláusula contractual, no obstante su carácter absoluto: si la cosa no es como debe, se presenta un «incumplimiento de contrato» totalmente típico.

Si el vendedor promete así que la cosa estará bien, no promete de la misma manera que será entregada. El vendedor de una cosa específica no es responsable de la no entrega si la cosa se ha destruido sin su culpa, inclusive si la culpa es del transportista escogido por él. Así, el mecanismo que promete devolverle a Ud. su vehículo el miércoles por la mañana, no será responsable si se encuentra en la imposibilidad de hacerlo porque el taller, sin culpa del personal, se ha incendiado el martes en la tarde: el poseedor obligado a devolver la cosa a su propietario es un «depositario», cuyo deber es velar con todo el cuidado normal a la seguridad de la cosa, no a garantizarla.

En lo que concierne a las personas, las obligaciones de seguridad son muy normalmente obligaciones de medio, conforme a la responsabilidad extracontractual, en donde casi no existe responsabilidad sin culpa por daños corporales[60]. Si, en

---

58 *Sale of Goods Act. 1979, s. 14.*
59 *Young Marien* v. *Mc. Manus Childs (1968) 2 All E.R. 1169.*
60 *Occupiers' Liability Act. 1957, s. 5.*

nuestros días, el ferrocarril responde automáticamente por accidentes sobrevenidos en el curso de un viaje es porque una ley ha intervenido[61].

A pesar del gran número de obligaciones de medio en el campo contractual, el jurista inglés tiene una fuerte tendencia a suponer que las obligaciones contractuales son normalmente obligaciones de resultado.

190.— La frustración del contrato («frustration of contract»): Hasta para los ingleses puede parecer duro tener por responsable a alguien que se encontraba en la imposibilidad de hacer otra cosa: *«contractus codit ad impossibilia»?* Pero ¿cómo escapar a esta solución, si las obligaciones se suponen absolutas y si no hay teoría de la causa extraña o de la fuerza mayor liberatoria?

En 1861 el propietario de una sala de conciertos campestre la alquila a un empresario artístico para que este dé en ella cuatro conciertos. Una semana antes de la fecha del primer concierto la Sala se incendia, sin culpa del propietario ni de su personal. El empresario reclama los gastos perdidos. La demanda es rechazada por el Tribunal[62]. El tribunal no dijo que la obligación del propietario fuese solo velar por la seguridad de la Sala más que garantizarla, como es la obligación del «depositario» de un mueble; sino que decidió que el contrato estaba sometido a la condición de que la Sala de Conciertos continuase existiendo, y que el contrato mismo dejó de existir en el momento del siniestro. Sin contrato, no hay obligación; sin obligación, no hay responsabilidad.

Es la teoría de la «frustración». Esta teoría es muy poderosa. Al suprimir por completo un contrato sinalagmático, no solamente se libera de la responsabilidad que se desprende de la inejecución a la parte que ha prometido la prestación cometida en imposible, sino que se libera al mismo tiempo al que ha prometido pagar, aunque el pago no sea en modo alguno imposible. La teoría puede pues aplicarse muy bien cada vez que haya habido un cambio profundo e inesperado de las circunstancias. Quien ha prometido cargar un navío en mayo no está obligado a hacerlo en noviembre, aun si el retardo no es culpa del propietario[63]; quien ha arrendado un cuarto ubicado sobre la ruta de la procesión real se libera cuando el monarca es víctima de la gripe y la consagración es suprimida[64].

El efecto de la *«frustration»* es también muy poderoso. El contrato desaparece automáticamente. Los jueces incluso han tenido dificultad en salvar una cláusula compromisoria, y no tienen ningún poder para modificar los términos del contrato; solo pueden constatar su desaparición y así, en cierto sentido, poner término a su fuerza obligatoria. Pero son reticentes a admitir una solución tan brutal: las partes, cuando la ejecución de sus obligaciones se ha vuelto mucho más pesara o menos útil, a menudo invocan la «frustration», pero rara vez con éxito[65].

191 — La resolución por inejecución: No solamente la *«frustration»* puede liberar un contratante; este efecto se puede desprender de una cláusula del contrato o del comportamiento de su contraparte.

Es evidente que si uno promete solo bajo ciertas condiciones, no está obligado sino si esas condiciones son satisfechas.

61 *Carriage by Railway Act. 1972.*

62 *Taylor* v. *Caldwell (1863) 122 Eng. Rep. 309.*

63 *Jackson* v. *Union Marine Ins. Co. (1874) L.R. 10 C.P. 125.*

64 *Krell* v. *Henry (1903) 2 K.B. 740.*

65 *National Carriers* v. *Panal pina (Northern) (981) A.C. 675.*

Ahora bien, la condición a la que más frecuentemente se somete una promesa es que la otra parte ejecute su contraprestación: «No pagaré el precio si Ud. no me entrega las mercancías antes del fin del mes»[66]. Puesto que una prestación puede tener diversos componentes o modalidades, es importante saber cuáles faltas liberan a la parte inocente. Antiguamente, se distinguían las diferentes obligaciones según su importancia probable para el desarrollo de la operación convenida: las obligaciones centrales o fundamentales eran *«conditions»* de la obligación de la otra parte, quien quedaba por tanto liberada por su inejecución, mientras que la inejecución de las obligaciones accesorias *(warranties)* que engendraba siempre la responsabilidad de la parte culpable, no tenía ningún efecto liberatorio para la parte inocente[67]. Según las decisiones modernas, la importancia de la obligación inejecutada cuenta menos que la importancia de los efectos de su inejecución: en ausencia de una cláusula expresa o de una *«condition»* evidente, Uno no queda liberado de sus obligaciones salvo si el efecto de la inejecución de las de la otra parte es muy serio[68].

No es necesaria constatación alguna por parte del juez: una parte con derecho a liberarse, lo que puede hacer sin formalidad alguna. Es un derecho del que debe gozarse con cierta celeridad, desde el momento que se tiene conocimiento del mismo, pues puede verse impedido de ejercerlo si no se manifiesta claramente su intención de poner fin a la obligación: el propietario pierde un derecho de rescindir el contrato si este acepta el pago del alquiler del mes siguiente *(Waiver, Estoppel)*. Pero se debe actuar con prudencia, pues aquel que erróneamente crea que ha sido liberado por el comportamiento de su contraparte pone fin a sus propias prestaciones, será responsable de la inejecución injustificada.

192.— La resolución anticipada: La resolución del contrato por inejecución puede producirse antes de la fecha de la prestación, pues en Inglaterra se conoce el *«anticipatory breach»*. El contrato que manifiesta la intención de no asegurar una futura prestación o que, sin que allí haya frustración, se encuentra dentro de la imposibilidad de suministrarla, puede verse demandado inmediatamente, pues el acreedor no está obligado a perder su tiempo esperando inútilmente que la prestación sea de plazo vencido[69]. Las exigencias del comercio justifican la acepción de la paradoja que uno puede ser responsable de la inejecución antes de la fecha prometida de la ejecución. Es menos seguro que el acreedor tenga el derecho de negarse a aceptar el desconocimiento del deudor, en todo caso él se arriesga, no lo niega, de ver reducida su indemnización si su perjuicio aumenta por su comportamiento irracional[70].

2. LA ACCIÓN JUDICIAL

193. – El principio: acción de pago o de daños y perjuicios: En Inglaterra se piensa a menudo que la víctima de una inejecución demanda normalmente por daños y perjuicios *(damages)*. De hecho, más del 90% de las demandas contractuales son acciones de *«debt»*, en las que el demandante reclama el pago de la suma prometida en vez de la reparación del perjuicio sufrido.

66 *Sale of Goods Act 1979, s. 28.*
67 *Sale of Goods Act 1979, s. 11 (3), 61 (1).*
68 *Hong Kong Fir Shipping Co.* v. *Kawasaki Kisen Kaisha (1962) 2 Q.B. 26.*
69 *Hochster y De La Torre (1853 118, Eng. Rep. 922.*
70 *The Alaskan Frader (1984), 1 All E.R. 129.*

Para reclamar una deuda, el acreedor prueba simplemente que las condiciones bajo las cuales el deudor ha prometido pagar se han cumplido. No puede surgir ninguna cuestión de perjuicios, ningún problema de causalidad, ningún deber para el acreedor de conducirse de manera razonable. La acción es, por así decirlo, «*stricti juris*». Hay que notar dos puntos. Las deudas en moneda extranjera se pagan ahora en especie; anteriormente, tales deudas se traducían a libras esterlinas, al cambio de la fecha de la deuda, no a la de la sentencia[71]. En segundo lugar, el «*Common Law*» no acordaba ningún tipo de intereses sobre las deudas no pagadas sin ninguna estipulación figuraba en el contrato[72]. Una ley permite ahora al juez ordenar el pago de intereses[73]; además, según un cambio reciente de jurisprudencia, el acreedor que ha sufrido un perjuicio particular debido a circunstancias excepcionales conocidas el deudor puede pedir que le sea indemnizado bajo forma de daños y perjuicios[74].

Se verá que la ejecución en especie de las obligaciones no monetarias es asunto de la «equidad», y por tanto excepcional. Ante los Tribunales del «*Common Law*», el acreedor de tales obligaciones demanda por daños y perjuicios en caso de inejecución. Debe establecer la inejecución de la obligación, la pérdida que ha sufrido como consecuencia de ella, el nexo de causalidad entre la inejecución y la pérdida, y la imposibilidad para él, por medios que se podrían esperar de él, de reparar la pérdida. Además, se supone que el deudor habría escogido ejecutar su obligación de la manera menos ventajosa para el acreedor[75]. Por ejemplo, el que despide a un empleado injustificadamente no le debe, según el «Common Law», más que el salario correspondiente al periodo del preaviso necesario para terminar la relación laboral de manera legal, previa deducción de lo que él empleado habría podido ganar buscando otro trabajo conveniente[76].

194.— *Determinación de los daños y perjuicios:* Sobre el montante de los daños y perjuicios, el «*leading case*» es *Hadley v. Baxandale*[77]. Un molino permanecía dañado como consecuencia del retardo inexcusable de un transportista en la entrega de una pieza esencial del mecanismo, y el molinero reclamaba una indemnización por las ganancias no percibidas. El reclamo fue rechazado por el Tribunal. No se es responsable, se dijo, sino de las consecuencias normales de la inejecución —por ejemplo, el valor intrínseco de la cosa destruida— y de las consecuencias previsibles en vista de las circunstancias especiales conocidas por el deudor en el momento de contratar. Para los daños físicos, las reglas que determinan el montante de los daños y perjuicios se asemeja a las de la responsabilidad extracontractual[78]. Para el daño moral, la responsabilidad contractual hacia el contratante frustrado y contrariado es de origen muy reciente[79].

195.— *Cláusulas relativas a la responsabilidad:* Una de las partes puede tener interés en prever en *el* contrato una modificación de las consecuencias jurídicas normales de la inejecución, pero está muy lejos de ser libre de así hacerlo.

---

71 *Miliangos* v. *George Frank (Textiles) (1976) A.C. 443.*
72 *President of India* v. *La Pintada Cía. (1894) 2 All E.R. 773.*
73 *Administration of Justice Act., 1982, s. 15.*
74 *Wadsworth* v. *Lydall (1981) 2 All E.R. 401.*
75 *Jarvis* v. *Swan's Tours (1973) Q.B. 233.*
76 *The Mihalis Angelos (1971) 1 Q.B. 164.*
77 Para la solución legal, ver *Cap. 19.*
78 *Hadley v. Baxendale (1854) 156. Eng. Rep. 145.*
79 *Parsons* v. *Witley Ingham (1978 Q.B. 791.*

Una cláusula según la cual la parte culpable de la inejecución pagaría una suma preestablecida en lugar de los daños y perjuicios, corre el riesgo de ser anulada si la suma prevista no está en relación con el daño que normalmente resultaría de la inejecución. Para escapar a la norma estricta incluso demasiado estricta, de la *«equity»*, según la cual las cláusulas penales son nulas, la suma debe ser una evaluación sincera de la pérdida probable del acreedor *(liquidated damages).*

Igualmente se puede querer excluir o limitar la responsabilidad personal en el caso de la propia inejecución. Según el *«Common Law»*, tal cláusula era en principio válida, y la *«equity»* no ha intervenido nunca en su contra. Los tribunales, sin embargo, han tratado de frenar la injusticia que tal cláusula puede acarrear y han adoptado frente a ella una interpretación muy estricta. Inclusive han inventado una teoría según la cual una de las partes, culpable de *«fundamental breach»* no conservaría el derecho de prevalerse de una cláusula de irresponsabilidad. La Cámara de los Lores ha desaprobado esta teoría[80], en razón de la importante ley de 1977 que afecta de nulidad ciertas cláusulas exoneratorias y somete otras a un criterio de *«reasonableness»*[81].

196. – La ejecución en especie en la «equity»: Si los tribunales del *«Common Law»* no podían emitir más que juicios monetarios, el Canciller tenía muchos más recursos. Podía ordenar la ejecución en especie de las obligaciones de hacer o de dar *(specific performance)* o de las obligaciones de no hacer *(injunction).* Ahora bien, mientras que los jueces del *«Common Law»* estaban estrictamente obligados a emitir la sentencia a la cual el demandante tenía derecho, el Canciller decidía de manera más discrecional, ejerciendo su discrecionalidad según ciertas normas, menos rigurosas que las del *«Common Law.* En pocas palabras, la *«equity»* no interviene:

a) Si los daños y perjuicios concedidos por el *«Common Law»* son satisfactorios (mercancías que uno puede proporcionarse);

b) Si la ejecución en especie debe causar al demandado un perjuicio desproporcionado respecto a la ventaja que ofrecería al demandante;

c) Si el demandante hubiese actuado en forma reprochable *(unclean hands);*

d) Si la ejecución del juicio fuese muy difícil de supervisar. La reticencia de los jueces de la *«equity»* se justifica, tal vez, por el hecho de que el deudor que no obedece sus órdenes pude verse emprisionado.

---

80 *Photo Production* v. *Securicor Transp. (1980) A.C. 827.*

81 *Unfair Contract Terms Act. 1977.*

CAPÍTULO IV
LA RESPONSABILIDAD EXTRACONTRACTUAL O DELICTUAL

Por J. A. WEIR

197. – Consideraciones introductorias: Si bien la responsabilidad contractual depende de la existencia de un contrato, pudimos constatar, en el capítulo anterior, que la naturaleza del contrato: venta, arrendamiento, giros seguros, etc., carecía prácticamente de interés ya que los principios de la responsabilidad contractual son generales. En cambio, para la responsabilidad extra contractual, al igual que la responsabilidad penal, es necesario identificar con precisión el delito o el cuasidelito (agravio) que se le imputa al demandado, y mostrar la existencia de los elementos que lo conforman y lo caracterizan. La mayoría de los delitos civiles están definidos: *negligence, ruisance, trespass, libel, inducing, breach of contract,* pero algunos se definen a partir de la decisión que determinó su existencia, como en *Wilkinson v. Downton*[1], *o Ryland v. Fletcher*[2]. Los jueces tienen entonces el poder de crear una nueva base de responsabilidad, al decidir que, de ahora en adelante, en las circunstancias dadas, une cierto tipo de comportamiento, de perjuicio y de relación de causalidad acarreará responsabilidad civil. En lo que respecta a los delitos ya en desuso, aunque el juez puede disminuir el alcance, es al legislador a quien le corresponde abolirlos; tal fue la suerte del detiene en 1977[3] y de la seducción en 1982[4].

Sección 1
OBSERVACIONES GENERALES

198. – Fragmentación de ta responsabilidad: Existen principios generales en el campo de la responsabilidad civil en Inglaterra; en particular, el *Common Law* no reconoce responsabilidad del guardián de hechos de las cosas bajo su custodia. Esto no significa que en Inglaterra una cosa no genera jamás la responsabilidad de su guardián; pero hay que saber de qué cosa se habla: avión, animal, edificio, árbol (¿raíz o rama?) parte peligrosa de una máquina, cosas que han escapado del campo del defensor; normas diferentes para cosas diferentes. Podemos observar que prácticamente no existen normas especiales para los automóviles: la víctima de un accidente de tránsito, normalmente debe probar la existencia de una falta[5]. Lo mis-

---

1 *(1897) 2 Q.B. 57.*

2 *(1868) L.R. 3 H.L. 330; L.R. 1 Ex. 265.*

3 *Tonts (Interference with Goods) Act 1977 s. 2 (1).*

4 *Administration of Justice Act 1972 s. 2 (1).*

5 *Phillips* v. *Britannia Hygienic Laundry (1923) 2 K.B. 832.*

mo ocurre cuando un consumidor es víctima de un producto defectuoso, en Inglaterra no se acepta abiertamente la responsabilidad sin culpa del fabricante tal y como se conoce en Estado Unidos. Pero si bien, en general, la víctima de daños corporales debe probar la falta, existen ejemplos importantes de responsabilidad sin falta: *trespass, nuisance, defamation, conversion,* incumplimiento de las normas de seguridad; veremos que en esos casos, la responsabilidad civil persigue otros objetivos y no únicamente la simple reparación del perjuicio.

199. – El daño: Sin embargo, es cierto que la mayoría de los demandantes reclaman una indemnización, del perjuicio que han sufrido. Pero se puede sufrir un perjuicio sin que otro tenga culpa; luego existen otros sistemas de reparación o de disminución de los daños, particularmente los seguros y la seguridad social. El efecto recíproco de estos sistemas y de la responsabilidad civil es de primordial importancia.

Si el daño consiste en la destrucción de una cosa, y en caso de que la víctima esté asegurada contra ese siniestro, no se permite ninguna acumulación de indemnizaciones el asegurador le paga a la víctima y él es subrogado en sus derechos contra el autor del daño. Si se trata de heridas corporales, la víctima puede acumular los productos de su seguro privado y de su acción en responsabilidad civil. En aquellos casos en que la víctima ha recibido sumas de dinero de la seguridad social se aplica un régimen especial: en principio esas sumas disminuyen el monto de la responsabilidad del autor del daño[6], pero en ciertos casos importantes, la víctima puede conservar la mitad[7]. En ningún caso se subroga la seguridad social en los derechos de la víctima en contra del autor del daño, lo que es particularmente importante en lo que respecta al costo de los cuidados médicos y los gastos farmacéuticos. Ya que el Servicio Nacional de Salud *(National Health Service)* cura gratuitamente a todo aquel que esté herido o enfermo, el autor de las heridas corporales no paga nada: ni al *Health Service* en defecto de subrogación, ni a la víctima, la cual no podrá reclamar sino sus propios gastos[8]. El hecho de que la mayoría de los gastos de atención médica estén a cargo del sector público, evidentemente reduce las primas de seguro para los conductores de automóviles.

Por supuesto, que a menudo, el autor del daño está a su vez asegurado contra la responsabilidad: este seguro es incluso obligatorio para los cuidadores de vehículos contra la responsabilidad por daños corporales[9], y para los patronos contra la responsabilidad frente a sus empleados[10]. En Inglaterra no se demanda al asegurador sino una vez obtenida una sentencia en contra de su asegurado[11].

200. – Lugar que ocupa la responsabilidad civil: Veremos que si la extensión de la responsabilidad civil es muy amplia, su importancia práctica es mucho menos grande. Su extensión es amplia porque la responsabilidad civil desempeña varios papeles, algunos de los cuales son cubiertos en otros sistemas por el derecho de contrato o el derecho de bienes, el derecho penal o el derecho público; también es amplia, porque en Inglaterra, el régimen especial de accidentes del trabajo no excluye el

---

6 *Lincoln* v. *Hayman (1982) 2 All E.R. 819.*
7 *Law Reform (Personal Injuries) Act 1948 s. 2.*
8 *Administration of Justice Act 1982 s. 5.*
9 *Road Traffic Act 1972 s. 143-145.*
10 *Employers' Liability (Compulsory Insurance) Act 1969.*
11 *Third Parties (Rights Against Insurers) Act 1931.*

juego de la responsabilidad civil entre el patrono y el empleado. Pero la importancia de la responsabilidad civil no es tan grande como se podría creer, ya que normalmente solo hay reparación si hay falta, y porque incluso una parte que esté en falta, por lo general no sufraga los gastos de tratamiento o de hospitalización.

Sección 2
LA NEGLIGENCIA

201.— Noción: En la actualidad el daño, y con mucho, es la negligencia, que se aplica en aquellos casos en que la víctima sufrió un perjuicio que sea la consecuencia previsible de una falta de comportamiento de la que el demandado ha sido culpable. Sin embargo, la víctima debe, con anterioridad, demostrar que el demandado estaba, a su vez, sometido al deber jurídico de tratar de evitar el perjuicio en cuestión. El «debido cuidado», al igual que la «causa» en la responsabilidad contractual, constituye un medio técnico que le permite al juez controlar la imposición de la responsabilidad según las circunstancias.

En la mayoría de los casos, la existencia de un debido cuidado no plantea problema alguno: el deber de no crear un daño inútil es casi general. Así, el conductor de un vehículo debe respetar la seguridad de los demás viajeros, de sus pasajeros, de los peatones, en la carretera. El principio de la famosa decisión *Donoghue v. Stevenson,* pronunciada en 1932[12] y fundamental en la materia, es que el fabricante debe velar por la seguridad del consumidor (y de cualquier persona que podría estar en peligro por su producto). Cincuenta años más tarde, Lord Wilberforce declaró, que ya no era necesario buscar un precedente exacto: si las partes tienen una relación directa una con otra, a tal punto que el demandado hubiera debido saber que el incumplimiento de su parte podría ser perjudicial para la otra, el deber actuar le incumbe como es debido[13]. Sin embargo, el juez puede buscar si existe una buena razón para negar la existencia de tal deber, o modificar su alcance en cuanto a las víctimas o a los posibles daños. De este modo, en lo que respecta al alegato, un abogado no es responsable ante su cliente, incluso si comete una falta[14]. Igualmente, si bien un municipio que ha otorgado un permiso de construcción sin respetar las normas es responsable de los gastos de reconstrucción frente a un ocupante cuya salud o seguridad estén amenazadas por la construcción defectuosa, dicho municipio no asume ningún deber con respecto al constructor o frente al propietario que no ocupe la vivienda[15].

La existencia de un deber jurídico, condición esencial de la responsabilidad en *negligence,* se ha cuestionado en dos casos particulares. En primer lugar, en el caso en que el demandado no ha causado daño él mismo, sino que simplemente se descuidó y no eliminó un daño proveniente de otra parte. También, en aquellos casos en que el daño sufrido por la víctima no es de naturaleza física, sino que se sitúa en un plano puramente económico o puramente moral: en resumen, como decían los romanos, cuando el daño no está causado *corpore corpori.*

202.— El no delito de omisión: Es evidente que no debemos poner en peligro al vecino, pero, en general, tampoco se está obligado a protegerlo contra un daño del

---

12 *(1932) A.C. 562.*
13 *Anns* v. *Merton London B.C. (1978) A.C. 728, 751.*
14 *Rondel* v. *Worsley (1969) 1 A.C. 191.*
15 *Peabody Donation Fund* v. *Sir Lindsay Parkinson (1985) A.C. 210.*

cual no se es responsable. Sin embargo, este principio general, tampoco se está obligado a protegerlo contra un daño del cual no se es responsable. Sin embargo, este principio general, acepta excepciones importantes. En primer lugar, una relación especial entre la víctima y el demandado puede generar un deber de protección: este tipo de relación existe, por ejemplo, entre el patrono y el empleado, entre el poseedor y propietario, entre el que controla la vivienda y aquel a quien se le permite entrar en la misma. En estos casos el deudor acepta una responsabilidad mayor a la impuesta a una persona cualquiera frente a un tercero. Se podría, si acaso, intentar generalizar: se debe proteger a aquellos que confían en usted *(reliance).*

Pero un tercero puede exigir la protección del demandado, si existe una relación especial entre este y la fuente de peligro. El padre y el maestro no son, por supuesto, responsables de pleno derecho por los daños causados por el niño y el alumno, sin embargo deben procurar que este no ocasione daños que hubieran podido prevenir[16].

Demos un ejemplo: en un supermercado, X deja caer un yogurt; y se acerca y se resbala con el líquido; Z observa la escena con indiferencia. Si las partes no se conocen, X es responsable frente a Y por haber causado el daño por su culpa, mientras que Z no es responsable; sin duda hubiera «tenido» que prevenir a Y, lo que hubiera podido hacer fácilmente, pero no le incumbe ningún deber jurídico de protegerlo. Pero si suponemos que Z es el poseedor del lugar, entonces será responsable, porque el negociante debe proteger a sus clientes. Lo mismo ocurre si suponemos que Z es la madre de X, el cual es un niño pequeño, ya que los padres deben controlar a sus hijos.

203. – El daño puramente económico: El lector francés podría sorprenderse de que un sistema de derecho establezca una distinción de acuerdo a la naturaleza intrínseca del daño que denuncia la víctima; pero en lo que respecta al daño puramente económico, la *Common Law,* al igual que el sistema alemán, aunque de manera menos formal, se muestra muy reticente a conceder reparación por el daño. La víctima que haya sufrido daños corporales, y aquella cuya cosa haya sido dañada o destruida obtienen una indemnización que incluye las consecuencias económicas (salarios o ganancias perdidas, gastos de tratamiento o de reparación) mucho más fácilmente que aquel demandante cuya sola demanda sea haberse visto empobrecido por el comportamiento culpable del demandado.

La distinción está lejos de ser insostenible. «*Safety first*» implica una cierta prioridad, la superioridad de la salud como valor social por encima de las riquezas; limitándose a la reparación de los daños físicos, se reprimen solo las acciones dañinas, es decir aquellas acciones más reprensibles que plantean los riesgos más graves. Pero además, las dificultades técnicas se presentan si la distinción en cuestión es abolida o atenuada, ya que se torna difícil limitar la extensión de la responsabilidad. La causalidad es completamente diferente en el plano físico que en el plano económico, donde un simple error puede ocasionar pérdidas asombrosas. En conclusión, no es ni deseable, ni posible aplicar las mismas normas, de la misma manera, a dos tipos de daños.

Hasta los años 60, el *Common Law* no protegía a aquéllos que habían sufrido una pérdida puramente financiera sino en caso de que el demandado estuviese

[16] *Carmarthenshire C.C.* v. *Lewis (1955) A.C. 349.*

acusado de dolo. Claro que la responsabilidad contractual asegura plenamente la reparación del daño económico, pero no existe vínculo contractual sino entre aquel que exige una consideración y aquel que la proporciona. Ahora bien, un servicio gratuito mal prestado puede ocasionar una pérdida para aquel que lo solicitó, y un servicio pagado puede dañar a un tercero. Las declaraciones inexactas son un buen ejemplo de ello. En 1964, la Cámara de los Lores decidió que aquel que responde gratuitamente a una cuestión seria está en la obligación de cuidar que la respuesta no sea falaz, y que es responsable, en caso de incumplimiento de esta obligación, de las consecuencias pecuniarias sufridas por la persona a quien le dio la respuesta[17]. Es la *«negligent misrepresentation»*. La responsabilidad existe únicamente frente a una parte muy cercana: se exige una *«special relationship»* un casi contrato.

Una relación de esta índole existe entre el propietario de un inmueble en construcción y el subcontratista que instala un piso defectuoso en el mismo, aunque no sea peligroso[18]. Al parecer, también existe una relación de este tipo entre el notario que redacta un testamento y el beneficiario que pierde un legado a causa de su mala redacción[19]. Pero cuando no existe un vínculo especial, no se es responsable de los daños de naturaleza puramente económica causados por propia negligencia; como el caso del constructor que por no tomar las precauciones debidas, corta un cable eléctrico que suministra energía a una fábrica cercana, en este caso, no se está llamado a responder por las ganancias pérdidas ocasionadas por la falta de electricidad[20]; más aun, el fabricante de un producto defectuoso no es, civilmente responsable de las pérdidas del consumidor[21].

La cuestión puede plantearse de otra forma. Si el demandado ha causado un daño físico, ¿frente a quién es responsable? De acuerdo al derecho inglés, es responsable ante el poseedor y el propietario, de la cosa estropeada, pero no será responsable frente a las otras personas que pueden sufrir una pérdida, como por ejemplo el comprador o el asegurador, si la cosa es por su cuenta y riesgo[22]. De la misma manera, aquel, que ocasione daños corporales, responde únicamente frente a la propia víctima; para los casos de herida mortales, hubo necesidad de una ley que permitiera a la viuda reclamar la compensación de la pérdida de su manutención[23].

204. – *El daño mord:* Si, de acuerdo a la *Common Law,* la viuda no recibía ninguna indemnización por la pérdida de quien la mantenía tampoco tenía derecho a compensación alguna por su dolor (a partir de una ley de 1982, al cónyuge, la madre y el padre del difunto le corresponde una indemnización de 3.500 libras)[24]. *No* es que la *Common Law* no admitiera el daño moral, la víctima de daños corporales siempre recibió un *pretium doloris,* pero el daño puramente moral, sin lesión física, ha planteado problemas. El miedo, el horror, pueden ser muy dañinos, pero sus procedimientos son invisibles, y el *Common Lawyer* se encuentra desconcertado por aquello que no puede ver. Sin embargo durante el siglo veinte las categorías de víctimas admitidas que pueden reclamar daños y perjuicios se han extendido pro-

---

17 *Hedley Byrne* v. *Heller & Partners (1964) A.C. 520.*
18 *Junior Books* v. *Veitchi Corp. (1983) A.C. 520.*
19 *Ross* v. *Caunters (1980) Ch. 297.*
20 *Spartan Steel* v. *Martin & Co. (1973) 1 Q.B. 27.*
21 *Muirhead* v. *Industrial Tank Specialities (1985) 3 All E.R. 705.*
22 *The Aliakmon (1985) 2 All E.R. 44.*
23 *Fatal Accidents Act 1976 (1846).*
24 *Fatal Accidents Act 1976 s. 1 A. 1982.*

gresivamente; así, en primer lugar, aquel que teme por su propia seguridad; luego aquel que ha sido testigo de un accidente que pudiera perjudicar a un ser querido; la madre que habiendo sido informada de que le ocurrió un accidente a su familia corriera al hospital y se afligiera al ver a sus hijos ensangrentados y moribundos[25].

205.— *La falta:* Una vez resuelta la cuestión del «debido cuidado» queda la cuestión del incumplimiento de su deber *(breach of duty).* En este caso el criterio es el del *«reasonable man»,* lo que es equivalente al buen padre de familia o al hombre prudente y sagaz, con la reserva de que los profesionales deben probar ser competentes en sus profesiones. La falta se exige siempre y uno está en falta si no reduce, en la medida de lo posible, los daños inherentes a su actividad, sin recurrir, empero, a precauciones desmedidas. Los daños que debían preverse indican las precauciones que hay que adoptar para evitarlos; como por ejemplo, si hay que adoptar para evitarlos; como por ejemplo, si hay niños o explosivos cerca se requieren precauciones adicionales. En general, si el no adoptar precauciones normales constituye una falta, aquel que se comporta como todo el mundo no está, necesariamente al abrigo de toda crítica, ya que los jueces pueden ser más exigentes que el hombre de la calle. En caso de que el comportamiento del demandado no sea satisfactorio, la gravedad de su falta no disminuye la responsabilidad, y la falta grave, categoría desconocida para el *Common Law,* no la agrava.

Si la cuestión de «deber» constituye una cuestión de derecho, el «incumplimiento», por su parte es una cuestión de hecho que puede ser revisada por los tribunales superiores. En cuanto a la prueba, normalmente le corresponde a la víctima establecer que el demandado estaba en falta, es decir, convencer al juez de que es probable (si la balanza de las pruebas se inclina en ese sentido) que el demandado actuó de manera censurable. Ahora bien, ciertos accidentes no se producen sino cuando alguien comete una falta (por ejemplo, un tonel se cae de la ventana de un almacén y rompe la cabeza de un transeúnte[26]; en un caso como este, se puede presumir la falta del demandado, si es el dueño de la situación *«Res ipsa loquitur»* se dice. De la misma manera, un fabricante puede suponerse en falta si su producto sale de su fábrica en condiciones defectuosas[27]. Sin embargo, en caso de que el cliente de un negocio se había resbalado a causa de un yogurt y que no existía ninguna indicación del momento en que dicho yogurt se había caído al suelo, la corte encontró aceptable la conclusión del que el negociante era culpable de una falta de vigilancia[28]. Estas cuestiones, capitales para la práctica, no representan gran interés para la teoría.

206.— *La violación de una disposición legislativa o reglamentaria:* Si en Francia es natural que todo el que comete una infracción es, solo por ello culpable de una falta en el campo civil, ese no es el caso en Inglaterra. La responsabilidad civil no se vincula a una infracción sino en los casos en que el juez, al interpretar la ley o el decreto desconocido, concluye que el legislador quiso hacer responsable a aquel que no respetó sus prescripciones o sus prohibiciones, lo que es muy raro si la intención no está explícita[29]. Si bien es cierto que las normas de seguridad en las fábricas, construcciones y otros sitios de trabajo generan la responsabilidad, la si-

[25] *McLoughlin* v. *O' Brian (1983) A.C. 410.*

[26] *Scott* v. *London & St. Katherine Docks Co. (1985) 159 Eng. Rep. 665.*

[27] *Hil* v. *James Crowe (Cases) (1978) 1 All E.R. 812.*

[28] *Ward* v. *Tesco Stores (cases) (1978) 1 All E.R. 812.*

[29] *Lonrho* v. *Shell Petroleum (982) A.C. 173;* véase introducción, No. 72.

tuación es distinta para las normas de circulación vial, incluso aquellas referentes al límite de velocidad.

La víctima de una infracción que genera la responsabilidad debe probar que la ley tenía por objeto protegerla del daño que sufrió, pero no está obligada a probar que la infracción se debió a la falta del demandado: he allí, entonces, una responsabilidad sin falta, y esa es la razón por la cual los jueces se muestran tan reticentes a admitirla.

207.— La causalidad: Aquel que no ha cumplido su deber de cuidar los intereses ajenos es responsable de cualquier daño que sea la consecuencia previsible de ello.

Un daño no es la consecuencia de la falta del demandado, incluso si se produjo habiendo actuado el demandado en forma impecable. Por ejemplo, el patrono que no cumplió con su deber de proporcionar un cinturón de seguridad, no es responsable de la muerte del obrero que no lo llevaba[30]; el médico que comete una falta de diagnóstico no es responsable de la muerte de un enfermo al que ningún tratamiento le hubiera podido salvar la vida[31].

No se busca la «causa» del daño, sin lugar a dudas hay varias, y ni siquiera se plantea la pregunta de si la falta del demandado causó el daño; basta con que la falta del demandado haya contribuido a ello, incluso si el hecho o la falta de un tercero contribuyeron en mayor medida; por ejemplo, el patrono que actuó con negligencia al disminuir el aire contaminado en la fábrica, es responsable de la enfermedad pulmonar del obrero, incluso si gran parte de la contaminación era inevitable[32].

No es necesario que el daño sea el resultado de la falta del demandado, sin embargo, no es menos cierto que un evento que venga a interponerse puede «romper la cadena de la causalidad». En ese caso el demandado, que con toda seguridad contribuyó al daño, no es responsable del mismo. Para que exista este efecto de ruptura debe haber un evento natural muy inesperado, y el acto o la omisión de un tercero, o de la víctima, debe realizarse en forma consciente y voluntaria[33]. Si el acto culpable cometido por un tercero, inclusive un pariente, no posee esa característica, no tendrá, entonces, ningún efecto sobre el derecho a indemnización de la víctima. Mientras que, de acuerdo a una ley de 1945, su indemnización será reducida si su propia falta ha contribuido con la del demandado para provocar el daño que está denunciando[34].

El demandado que está en falta, no es necesariamente responsable del daño que resulte directamente de dicha falta, incluso si no interviene ningún acontecimiento. En una famosa decisión de 1961 *(The Wagon Mound).* El Consejo Privado decidió que los daños imprevisibles quedan a cargo de la víctima[35]. El principio incluye una excepción importante: si el daño es agravado contra toda previsión, a consecuencia de una receptividad de la víctima, el demandado sigue siendo responsable[36].

---

[30] *Mc. Williams v. Sir William Arrol (1962) 1 All E.R. 623.*

[31] *Barnett* v. *Chelsea & Kensington Hospital (1969) 1 Q.B. 428.*

[32] *Bonnington Castings* v. *Wardlaw (1956) A.C. 613.*

[33] *The Oropesa (1943) p. 32.*

[34] *Law Reform (Contributory Negligence) Act 1945.*

[35] *Overseas Tankship* v. *Morts Docks & Eng. Co. (1961) A.C.*

[36] *Smith* v. *Leech Brain (1962) 2 Q.B. 405.*

Hasta hace muy poco, existían dos principios que parecían estar muy bien establecidos: en primer lugar, que la víctima debe probar que posiblemente el daño no hubiera ocurrido si no hubiera habido falta del demandado; en segundo lugar, que el demandado responde de la totalidad del daño indivisible al cual ha, probablemente contribuido. En la actualidad, los tribunales comienzan a conceder daños y perjuicios si la falta del demandado ocasionó la pérdida de una oportunidad de curación o de supervivencia, incluso si dicha oportunidad no fuere tan grande[37]. Por consiguiente, los jueces comienzan a disminuir la indemnización en ciertos casos[38].

208.– La evaluación del perjuicio: A estas alturas, la constatación de los elementos del daño que debe repararse se confunde con su evaluación. Ahora bien, en Inglaterra, la evaluación del daño está controlada por los tribunales superiores, y los jueces de primer grado están obligados a detallar los elementos contenidos en la indemnización que conceden. Existen numerosos precedentes sobre la materia.

En el plano material, la víctima de heridas corporales recibe una indemnización por sus gastos médicos y su salario perdido. Solo se recibe indemnización por los gastos razonables en los que se ha incurrido efectivamente, sin estar, no obstante, obligados a beneficiarse de los servicios públicos[39]; pero aquella víctima de la que uno de los padres haya tenido que renunciar a su trabajo con el fin de proporcionarle cuidados, puede reclamar una suma por concepto de remuneración[40]. No hay pérdida de salario cuando el patrono continúa pagándole, y este tiene la obligación de hacerte ocho semanas[41]; en cualquier caso, lo que se pierde es el salario neto, ya que los daños y perjuicios que lo reemplazan no están sujetos a imposición[42]. Sin embargo, la víctima que se reincorpora a su antiguo trabajo puede obtener una indemnización si su condición ha aumentado los riesgos de un eventual despido y ha disminuido sus oportunidades de encontrar otro empleo igualmente satisfactorio[43]. La víctima cuya esperanza de vida ha disminuido a causa del siniestro puede reclamar todo el salario que hubiera ganado, deduciendo los gastos en los que ya no incurrirá debido a su muerte acelerada[44].

Por el daño moral, la víctima recibe un *pretium doloris,* esté o no consciente[45]; después de todo se puede perder alguna cosa sin saberlo, y saber que se ha perdido es otra pérdida. Los Jueces aplican una tabla no oficial que se basa en la gravedad de las heridas. Las Sumas asignadas por esta autoridad son importantes y constituyen la mitad de todos los daños y perjuicios.

En caso de muerte, la acción de la víctima se transmite a sus herederos, pero no cubre sino el daño, tanto material como moral que sufrió la víctima antes de su muerte[46].

Si la muerte es consecuencia del accidente del que el demandado es responsable, y si el difunto no había hecho valer sus propios derechos, ni los había dejado

---

37 *Hotson* v. *Fitzgerald (1985) 3 All E.R. 167.*
38 *Brooks* v. *J. & P. Coates (1984) 1 All E.R. 657.*
39 *Law Reform (Personal Injuries) Act 1948 s. 2 (4).*
40 *Housecroft* v. *Burnett (1986) 1 All E.R. 332.*
41 *Social Security and Housing Payments Act 1982 s. 1-27.*
42 *British Transport Commin* v. *Gourley (1956) A.C. 185.*
43 *Moeliker* v. *Reyrolle (1977) 1 All E.R. 9.*
44 *Pickett* v. *British Rail Eng. (1980) A.C. 136.*
45 *H. West & Son* v. *Shepard (1964) A.C. 326.*
46 *Law Reform (Misc. Prov.) Act 1934 s. 1 (1982).*

prescribir, los padres, especificados en la ley de 1976 (versión original: 1846) tienen una acción personal, dicha acción cubre únicamente el daño material, con la reserva de que el padre, la madre o el cónyuge, tiene la posibilidad de reclamar 3.500 libras por causa de su dolor; la falta del difunto es oponible a los sobrevivientes[47].

En cuanto a los daños ocasionados a los bienes, por lo general se pueden reclamar gastos de reparación o de sustitución y los daños y perjuicios por pérdida temporal de uso. Pero en este caso, como en el resto, encontramos un deber constante de velar por los intereses del demandado y de reducir, en la medida de lo posible y sin exagerar, el monto del daño *(mitigation of damage)* a esta última[48]; y durante la inmovilización de un automóvil medio, no se debe alquilar uno de lujo[49]. En ciertos casos, la pérdida sufrida por el demandante puede ser muy inferior al valor de la cosa a la que él tiene derecho: está claro que el simple poseedor de una cosa puede reclamar el valor global de la misma aunque únicamente el propietario haya sufrido perjuicio[50]; pero en caso contrario, cuando el perjuicio es mucho mayor al valor de la cosa, los tribunales se han mostrado muy reticentes a concederle la reparación total[51].

209. – Responsabilidad del comitente: Los *torts* pueden cometerse durante las vacaciones o las horas de esparcimiento, pero muy a menudo tienen lugar durante las horas de trabajo. La cuestión que se plantea es saber si el patrono debe responder de los daños causados por sus empleados. La *Common Law* acepta esta responsabilidad *(vicarious liability);* la misma es, inclusive, particularmente importante porque el patrono responde por el daño ocasionado por un empleado a otro. La responsabilidad está sujeta a una doble condición que el autor del daño sea verdaderamente el empleado del demandado y no un empresario independiente que tenga al demandado por cliente y, en segundo lugar, que el acto culpable haya tenido lugar en el estricto ejercicio de sus funciones por parte del empleado *(course and scope of employment).* En caso de robo, por parte del empleado, el *Common Law* ha sido muy reticente en admitir la responsabilidad del patrono y no la acepta sino en caso de que este último haya delegado a su empleado la ejecución de su propio deber de vigilar por la seguridad de la cosa[52].

Sección 3
AGRAVIOS DIVERSOS

210. – La transacción: La negligencia, fenómeno bastante moderno, está incorporada a un error venerable que se remonta a los albores del *Common Law:* se trata de la transacción. En el lenguaje popular un trespass es aquella persona que entra o se queda en el terreno de otra sin permiso ni justificación; pero en derecho, el significado de la palabra es mucho más amplio. También se es culpable de una transacción si se atenta contra la libertad de otro *(false improsonment),* si se toca su cuerpo *(battery)* o si se amenaza con tocarlo *(assault),* o si se tocan sus bienes mobiliarios. Se requiere de un acto positivo, ya que aquel que no hace nada no comete una trasgresión, y es menester que el efecto que está denunciando el demandante

---

[47] *Fatal Accidents Act 1976.*

[48] *Darbishire* v. *Warrant (1963) 3 All E.R. 310.*

[49] *Watson Noire* v. *Shaw (1967) 111 Sol. Jo. 117.*

[50] *The Winkfield (1902) A.C. 449.*

[51] *The Edison (1933) A.C. 449.*

[52] *Morris* v. *Martin & Son (1966) 1 Q.B. 716.*

resulte directamente de este acto positivo, donde el vínculo de causalidad está estrechamente concebido. Si estas dos condiciones son satisfechas, el transgresor es responsable incluso si no está en falta, aun si no ocasiona ningún daño, puesto que ha faltado a su deber de respetar los derechos de su conciudadano.

Ahora bien, salta a la vista que existe un conflicto entre los elementos de la negligencia (deber, falta daño previsible) y aquellos de la transgresión (acto positivo, invasión directa de cuerpo o bienes). La cuestión central es saber si actualmente se responde por los daños físicos que resultan directamente de un acto positivo pero no culpable. La respuesta es negativa. La transgresión ahora se aplica únicamente a las usurpaciones intencionales de los derechos de los demás[53]. Esto no quiere decir que la transgresión se haya convertido en algo sin interés; al contrario, queda la protección indispensable del individuo contra los agentes policiales y los funcionarios que abusan de su poder, inclusive de buena fe, aun debido a un error perfectamente excusable. Para obtener una reparación, se recurre a la negligencia, pero para hacer valer sus derechos, se recurre a la transgresión.

Claro está, a menudo la ley permite a los funcionarios entrar en el apartamento de un particular sin permiso, o aprehenderlo en la calle[54]. En Inglaterra, gracias a las normas la transgresión, le compete al funcionario justificar su acto, probar que los poderes que utilizó existían en derecho, en las circunstancias dadas. Si el funcionario no posee los poderes que suponía, el individuo no solo tiene derecho a demandarlo, sino que también puede recurrir a la fuerza razonable para proteger sus derechos: uno puede defenderse y defender sus bienes contra cualquier transgresor, no solo contra un agresor. En resumen, es bajo el título de transgresión que en Inglaterra se decide cuándo se tiene derecho de recurrir a la fuerza; si se puede hacer una transfusión de sangre a una persona que no quiere; si uno puede pasearse en una playa; si se tiene el derecho de sobrevolar un castillo para tomar una foto aérea; si se puede entrar en el jardín del vecino para buscar la pelota, o para apagar un incendio.

211.— *La nuissance:* Si bien el *trespass* puede aplicarse perfectamente entre vecinos, cuando mi insignia está suspendida sobre su terreno, o si usted construye un muro que invade el mío, en general, lo que reglamenta los problemas de vecindad es el *tort de nuisance.* La *nuisance* es un *tort* bastante multiforme, difícil de comprender. Su campo principal está en esos casos en que las actividades del vecino hacen la vida insoportable por causa de ruidos, humos, etc... También se aplica a los daños físicos causados a un edificio por las raíces de un árbol, o los causados a un cultivo agrícola por emanaciones o exhalaciones. Por otra parte, aquel que cause una obstrucción o un peligro en la vía es culpable de *nuisance,* y puede ser emplazado ante un juez por aquel que haya sufrido algún «daño particular» a consecuencia de esa situación. Por último, se ha entendido que un piquete de huelga voluminoso e injurioso constituye una *nuisance* si molesta a los empleados fieles en el ejercicio de su derecho de ir al trabajo[55].

Si la actividad que realiza el demandado en su terreno hace insoportable la vida al vecino, el tribunal le ordenará cesar dicha actividad o disminuir su efecto. Esto es cierto incluso si: a) la actividad en sí misma es perfectamente lícita, véase,

---

[53] *Letang* v. *Cooper (1965) 1 Q.B. 232.*

[54] *Police and Criminal Evidence Act 1984 s. 1-65.*

[55] *Thomas* v. *N.U.M. (South Wales Area) (1985) 2 All E.R. 1.*

inclusive autorizada por la administración; b) la actividad es muy importante para la economía de la región; c) la actividad se ejerce desde hace mucho tiempo; d) el demandado ha hecho cuanto ha podido para reducir los inconvenientes de la misma; e) el demandante se instaló al lado de la actividad en pleno conocimiento de causa. Hay ciertos aspectos curiosos de este tort que se explican por el de que durante el siglo XIX, era casi el único medio de ponerle remedio a la contaminación ambiental, función que en la actualidad se realiza por vía administrativa. Para saber lo que es insoportable se toma en cuenta la naturaleza del entorno (¿zona residencial, industrial, agrícola?) pero no se considera para nada la sensibilidad particular del demandante.

La naturaleza del entorno es menos importante si la víctima ha sufrido no solo inconvenientes, sino también daños materiales[56]. En este caso, los principios de la negligence van a ejercer su influencia. Por ejemplo, la omisión puede generar la responsabilidad puesto que se dice que el propietario de un terreno cuya condición representa un peligro para su vecino, está obligado a hacer cuanto esté a su alcance para evitar dicho peligro, incluso si no es por su culpa que dicho peligro existe[57]. Además, los casos de responsabilidad sin culpa en este campo parecen estar disminuyendo.

212.— *Rylands v. Fletcher:* En este campo de la responsabilidad sin culpa se sitúa una de las decisiones más famosas de la *Common Law: Reylands v. Fletcher*[58]. Sin culpa alguna por parte del demandado, una cantidad de agua se bota del tanque que acababa de construir sobre su terreno e inunda el depósito de huya cercano, perteneciente al demandante. Sin tomar en cuenta la relación de vecindad, el tribunal responsabiliza al demandado del daño causado por la fuga de lo que había acumulado sobre su terreno en ejercicio de una actividad anormal *(non natural)* sin que hubiera culpa por su parte, ni en la acumulación, ni en la fuga. En Inglaterra, la aplicación de este principio es muy restringida. No puede invocarse este principio si el siniestro tiene lugar en el terreno del propio demandado[59]; ni si la cosa que se fuga es de uso cotidiano, como por ejemplo el agua de las tuberías domésticas[60] o públicas, como el gas de la red municipal[61]. Aunque el principio se aplica al agua, no así al fuego: aquellos que vieran su edificación quemarse por causa de un incendio proveniente del terreno vecino tiene que demostrar que el propietario o uno de sus invitados fue el culpable[62]. En los Estados Unidos, en cambio, *Rylands v. Fletcher* generó el principio de que la responsabilidad sin culpa está vinculada a toda actividad que represente riesgos excepcionales.

213.— *Responsabilidad de los animales:* En lo referente a los daños causados por animales, el *Common Law* conocía normas especiales que fueron sustituidas en 1971 por una ley cuyos aportes no son grandes, ni la redacción satisfactoria[63].

En general se es responsable por los daños causados por el propio animal exótico (incluso se estima que el aprendiz de domador de leones no debería

---

56 *St. Helen's Smelting Co. v. Tipping (1865) 11 Eng. Rep. 1483.*
57 *Leakey* v. *National Trust (1980) Q.B. 485.*
58 *(1868) L.R. 3 H.L. 330; (1866) L.R. 1 Ex. 265.*
59 *Read* v. *Lyons (1947) A.C. 156.*
60 *Rickards* v. *Lothian (1913) A.C. 263.*
61 *Dunne* v. *North Western Gas Roard (1964) 2 Q.B. 806.*
62 *Mason* v. *Levy Auto Parts (1967) 2 Q.B. 530.*
63 *Animals Act 1971.*

aceptar los riesgos de su profesión), mientras que el guardián de un animal doméstico no es responsable sino en la medida en que sabía o debía saber que el animal tenía una tendencia a provocar un daño de naturaleza tal que excedía los daños típicos. El que cuida ganado responde automáticamente de los daños causados en el terreno de otros; también responde por los accidentes causados en la carretera si ha cometido una falta al permitir que los animales escaparan de su terreno.

214.– Difamación: El *Common Law* protege la reputación del ciudadano y el standing de las instituciones a través del dato de difamación *(libel, slander).* Esta protección no la reciben ni el amor propio del ciudadano, ni la intimidad de su vida personal, sino exclusivamente su reputación, la opinión que de él se tiene, lo que se piensa de él. Por esta razón, es entonces necesario que las declaraciones injuriosas se hayan realizado ante terceros capaces de identificar a la persona a la que se alude y que dichas injurias sean de tal naturaleza que envilezcan al afectado frente a una persona normal. Sin embargo, una vez establecidos estos hechos, el demandante ha cumplido lo que le compete, no está obligado a probar que las declaraciones demandadas son inexactas, ni demostrar un daño cualquiera *(slander),* así como tampoco debe probar una falta cometida por el demandado (aun menos probar que este último actuaba de mala fe o que su intención fuese perjudicarle). El demandado puede verse responsabilizado del hecho incluso si estaba completamente inconsciente de la existencia del demandante o de los hechos que hacían difamatorio lo que inconscientemente había publicado, y si se le puede excusar por dicho desconocimiento[64]. Esta exagerada protección de la reputación difícilmente se concilia con la libertad de palabra y de prensa.

El daño comporta ciertas defensas. Si las injurias constituían únicamente una expresión de la opinión personal del demandado, este no es responsable si se trata de un tema de interés público vinculado, por ejemplo, a un hombre político o a una pieza de teatro. Se tiene derecho a publicar las opiniones personales, inclusive si son extremistas, sobre un tema de interés público *(fair comment).* Pero no se tiene el derecho de engañar al público sobre los hechos. Así pues, si en apariencia se hacen constataciones de hecho, incluso implícitas, no es posible escapar a la responsabilidad porque se creía sinceramente en la veracidad de las mismas o por haber hecho todo lo posible para verificarlas, ya que las constataciones de hecho gozan de la protección otorgada a la opinión. El demandado debe entonces probar la exactitud de lo que ha dicho *(justification).* Si logra probarla, no podrá perjudicarlo un objetivo malicioso, puesto que el demandante no merecía su reputación. Pero a falta de justificación, el demandado debe demostrar un *privilege.* Ahora bien, existen en la vida ciertas situaciones en las que una persona que tiene conocimientos de determinados hechos que se refieren a un tercero está casi obligada, por más desagradables que estos sean, a informar a otra que tienen algún interés en saberlo. En una situación de esta naturaleza, el informante no es responsable siempre que se actúe de buena fe y que lo comunique únicamente al destinatario interesado *(qualified privilege);* así, se ha juzgado que el demandado, amigo de la esposa de un colega, que escuchó que su colega, mientras estaba en una misión comercial en Casablanca, llevaba allí, una vida escandalosa, tenía el derecho de informar al patrono pero no a la esposa del colega[65].

---

[64] *Hulton* v. *Jones (1910) A.C. 20.*

[65] *Watt* v. *Longsdon (1930) 1 K.B. 130.*

Los periódicos de gran circulación no pueden invocar esta defensa, pero la ley les permite reproducir en forma moderada, los debates y conclusiones de un gran número de tribunales y cuerpos públicos[66]. Esta protección era necesaria ya que aquel que repite las declaraciones difamatorias de otro, incluso atribuyéndolas correctamente, se presume que las adopta.

Hay que señalar que el derecho de respuesta no existe en Inglaterra. La ley de 1952 introdujo la posibilidad para un demandado, de escapar a toda responsabilidad si la publicación es enteramente sin culpa y si ofrece excusas Satisfactorias; este medio de defensa, por así decirlo, no se invoca jamás[67].

El daño de difamación es muy especial, e incluso los jueces se quejan de su complejidad. Los abogados son especialistas. El caso, muy a menudo se presta ante un jurado, el cual dictamina daños y perjuicios frecuentemente muy elevados. No hay legal aid; y ni el derecho de actuar, ni la responsabilidad se transmiten a los herederos.

215.– La conversión: Hemos visto que el poseedor de un bien está protegido contra las agresiones por la transgresión; solo el poseedor tiene autoridad para actuar, solo el agresor es responsable. Según las normas de la *negligence* si un bien es perjudicado, aquel que haya causado el daño debe responder por su falta frente al poseedor o al propietario. Pero ¿qué ocurre si una cosa fue sustraída y el ladrón o el estafador son inencontrables o insolventes ¿Es posible denunciar a un tercero a cuyas manos ha llegado la cosa? Se hubiera podido pensar que la cuestión competía al derecho de bienes en lugar de al derecho de obligaciones, pero el *Common Law,* al no reconocer la reivindicación de muebles, utiliza la responsabilidad civil para resolver la cuestión.

El principio de base no es tonto. Aquel que está en posesión de la cosa de otro debe devolvérsela, y según el derecho inglés, incluso si la compró de buena fe, ya que el *Common Law* acepta la norma romana, a la que la ley a aportado múltiples excepciones, de *nemo iat quod non haber.* Del mismo modo, aquel que ha vendido la cosa ajena debe devolver el precio. La *Common Law,* al tratar de encontrar el principio que explica la responsabilidad del comprador y del vendedor, enuncia la norma más amplia, según la cual la responsabilidad es de aquel que, sin derecho alguno, se conduce como si fuera el propietario de la cosa, La noción es insólita pero tiene un cierto valor práctico. De ello se deduce que el subastador ejerce su profesión a su cuenta y riesgo, lo que quizás justifique la comisión que reclama[68].

Así, al reemplazar la reivindicación de muebles por el tort de conversión, se ha mantenido la responsabilidad sin falta del demandado, pero modificada en otros aspectos. Mientras que para la reivindicación, solo el propietario tiene autoridad para actuar, en Inglaterra, solo puede actuar aquel que tiene el derecho inmediato a la posesión de la cosa; de esto se desprende que en el caso de alquiler, el arrendador puede actuar pero no así el propietario. Sin embargo, es en su calidad de poseedor que el arrendador puede actuar, ya que la posición de aquel que no goza sino de un derecho contractual en cuanto a la posesión de la cosa es siempre incierta[69].

---

[66] *Defamation Act 1952, Sch.*
[67] *Defamtion Act 1952, s. 4.*
[68] *R. H. Willis & Son.* v. *British Car Auctions (1978) 2 All E.R.*
[69] *International Factors* v. *Rodríguez (1979) 1 All E.R. 17.*

De acuerdo a una ley de 1977 cuyo objeto es unificar ciertos aspectos de procedimientos relativos a los daños referentes a los bienes mobiliarios, el demandante puede reclamar bien sea la restitución de la cosa con indemnización para el período de privación, o daños y perjuicios[70]. El monto de los daños y perjuicios equivale, por lo general, al valor de la cosa, pero puede limitarse al perjuicio sufrido por el demandante.

Las normas de conversión se aplican no solo a las cosas físicas, sino también a los cheques y otros efectos[71]. Luego fue necesaria una ley que protegiera a los banqueros que presentan o cobran cheques robados o endosados de manera abusiva: ellos no son responsables frente al portador legítimo sino en caso de que hayan cometido una falta[72]. Los bienes que constituyan una infracción los derechos de autor se suponen que son «convertidos» por sus propietarios[73].

216. – Violación de la propiedad intelectual y de los derechos contractuales: Al igual que los bienes mobiliarios, la propiedad intelectual es una fuente de posibles ingresos. En Inglaterra, como en otras partes, los derechos de autor, las patentes y las marcas de fábrica están protegidos: el falsificador es culpable de un daño. Sin embargo, ¿qué ocurre con los intereses económicos que no se concretizan ni en el plano físico ni en el plano jurídico?

Los derechos contractuales, supuestos relativos, ocupan una posición intermedia. En el *leading case,* la sobrina de Richard Wagner había prometido presentarse únicamente en las tablas del demandante, pero fue convencida, por el demandado, de que cantara en su teatro[74]. El tribunal juzgó que aquel que, en pleno conocimiento de causa, persuade a otro de no respetar sus obligaciones contractuales para con un tercero, es responsable frente a este último *(inducing breach of contract).* Desde 1969, ya no es necesaria la corrupción del contratante, ya que es suficiente con que el demandado haya puesto trabas a sus prestaciones[75]. Es necesario haber actuado en conocimiento de causa, quizás también con la intención de causar perjuicio.

Esta ampliación de la responsabilidad es difícilmente conciliable con el principio de *leading case Alien v. Flood* en 1897[76]. El jefe de un sindicato había notificado al patrono de una constructora que los miembros de dicho sindicato no trabajarían más con dos empleados, y el patrono despidió a estos últimos. Todos los obreros estaban contratados al jornal, los sindicalistas no estaban obligados a trabajar al día siguiente y los otros no tenían ningún derecho a trabajar. Luego, los despidos eran lícitos. Cuando intentaron reclamar daños y perjuicios, las demandas de ambos obreros fueron denegadas. Claro que los sindicalistas les habían causado un daño, puesto que sus contratos habrían sido, sin duda, renovados y los demandados no solo habían provocado, sino querido ese daño, pero de acuerdo al principio clásico, si bien se debe respetar los principios contractuales de terceros, se puede, libremente frustrar sus esperanzas comerciales, siempre que no se utilice ninguna treta ilícita[77].

[70] *Torts (Interference with Goods) Act 1977, s. 3.*
[71] *Marfani & Co.* v. *Midland Bank. (1968) 2 All E.R. 573.*
[72] *Bill of Exchange Act 1882, ss. 60, 80; Cheques Act s. 4.*
[73] *Copyright Act 1956, s. 18.*
[74] *Lumley* v. *Gye (18523) 118 Eng. Rep. 749.*
[75] *Torquay Hotel Co.* v. *Cousins (1969) 2 Ch. 1066.*
[76] *(1898) A.C. 1.*
[77] *Mogul Steamship Co.* v. *McGregor Gow (1892) A.C. 25.*

Hay que observar que en este caso, una infracción penal no comporta la responsabilidad sino cuando tal responsabilidad ha sido prevista por el legislador[78].

El medio lícito por excelencia es el engaño, que constituye un elemento esencial de la competencia desleal, daño bastante poco desarrollado en Inglaterra. El daño de base es el *passing off*, cuyo ejemplo clásico se presenta cuando un fabricante le da a su producto la apariencia del producto competidor con el propósito de captar la clientela de este último[79]. Lo que es decisivo en este caso es el efecto engañoso, más que la intención de engañar.

El engaño causa el error. El error puede perjudicar a la persona que se equivoca, así como a un tercero con quien la persona tuvo o hubiera tenido relaciones beneficiosas. Si X engaña a Y, y este último, bajo el efecto del error causa un daño a Z, X comete el *tort de deceit* a Y, y el *tort* de *injurious falsehood* frente a Z. Desde 1964, Y no debe ya probar el dolo de X: la simple *negligence* es suficiente, ya que se debe tener cuidado de los intereses del interlocutor[80]; pero Z debe, de todos modos, demostrar la intención de causar perjuicio, o al menos la mala fe de X, salvo en el caso en que fueran declaraciones difamatorias[81].

---

78 *Lonrho* v. *Shell Petroleum (1982) A.C. 173.*

79 *Erven Warnink* v. *Townwnd & sons (1979) A.C. 731.*

80 *Hedley Byrne* v. *Heller & Patners (1964) A.C. 465.*

81 *Balden v. Shorter (1933) Ch. 427.*

CAPÍTULO V
EL DERECHO DE LOS CONSUMIDORES

Por A. M. TETTENBORN

217. – Aspectos generales[1]*:* El jurista extranjero que por primera vez examinara el derecho inglés aplicable a los consumidores seguramente podría equivocarse. Se daría cuenta, por lo menos formalmente, que los juristas ingleses no hacen la distinción entre los consumidores y los otros contratantes; que se aplican indistintamente reglas idénticas de derecho civil. Descubriría que en Inglaterra, no hay Código de Comercio; que por ejemplo, el mismo régimen jurídico se aplica para todas las ventas, ya sea sobre 500 grs. de café o sobre un buque que cuesta millones de dólares.

A partir de todo esto, se podría llegar a pensar que en Inglaterra no existe un derecho de los consumidores. Mas se cometería un error. Dos consideraciones de suma importancia, que no se pueden desechar, le confieren al derecho inglés un «derecho de los consumidores» que es comparable con el existente en la mayoría de los otros sistemas jurídicos. En primer lugar, aun si en teoría se deben aplicar las mismas normas de la *Common Law* a las transacciones de los consumidores y a las demás, felizmente en la práctica, la sagacidad judicial ha manipulado estás normas para satisfacer las necesidades especiales de los consumidores. Por otra parte, en la actualidad, existen una gran cantidad de leyes que garantizan una protección especial a los consumidores en varios tipos de transacciones[2].

Por lo tanto se puede confirmar y asegurar con confianza que hoy en día, por lo menos en la práctica, el derecho inglés efectivamente separa el derecho de los consumidores del derecho general de comercio.

Este capítulo se divide en tres secciones. En la primera, se explica de qué manera se aplica el régimen general de ventas y de responsabilidad a los consumidores. En la segunda, se describen las medidas que se tomaron en la jurisprudencia y en las leyes, para diferenciar los derechos de los consumidores de los derechos de los otros comerciantes. En la tercera, haremos referencia a las medidas más importantes, de naturaleza penal o administrativa, que protegen a los consumidores. La importancia práctica de estas últimas medidas es tal que ninguna descripción del derecho inglés aplicable a los consumidores estaría completa si no las mencionáramos.

---

1 R. Lowe & G. Woodroffe, *Consumer Law and Practice.* 2da. edic. (Londres, Sweet & Maxwell, 1985).

2 Por ejemplo, el *Consumer Credit Act 1974* o el *Unfair Contract Terms Act 1977.*

Sección 1
EL DERECHO COMÚN

1. LA VENTA DE OBJETOS MUEBLES CORPORALES

218. – Obligación del vendedor: En el derecho inglés no existe responsabilidad general del vendedor por los vicios ocultos. En cambio, el comprador de objetos muebles corporales está protegido por cinco obligaciones claras que el *Sale of Goods Act 1979* incluye en todo contrato de venta (de hecho esta ley, precedida por otra de 1983 de la cual retoma los términos exactos, reproduce en gran medida, las normas de la *Common Law* sobre las ventas tal y como los jueces las habían elaborado en el siglo XIX).

1) El vendedor debe garantizar que el comprador pueda adquirir un título válido sobre un objeto (v. el *Sale of Goods Act* art. 12). Esta obligación tiene más importancia de lo que aparenta, ya que el derecho inglés no tiene ningún equivalente para el art. 2279 del Código Civil y porque aplica en el sentido más estricto de la palabra la máxima *nemo dat quod non habet.*

2) Cuando se trata de una venta por muestra *(sale by sample)* es necesario que la cosa vendida sea conforme con la muestra.

3) En caso de «venta por descripción» *(sale by description),* el art. 13 de la ley exige que la cosa vendida sea conforme a la descripción. En virtud de este artículo el vendedor compromete su responsabilidad si, por ejemplo, habiendo ofrecido un automóvil de 1983, entrega un modelo de 1982. Sin embargo, esta obligación es menos estricta de lo que parece, ya que todo lo que dice el vendedor con respecto a la cosa vendida no forma parte de su «descripción»: únicamente las características más importantes[3]. Por ejemplo, si el vendedor de un automóvil que ha rodado 30.000 km afirma que solo ha recorrido 20.000 km., esta afirmación no será considerada como parte de la «descripción» del automóvil según el art. 13.

4) Si el comprador le informa al vendedor, de manera expresa o tácita, sobre la utilización que se propone darle a la cosa vendida, este deberá proporcionar una cosa apta para este uso. (v. art. 14). Esta obligación, que se aplica en todos los casos en que el vendedor no puede partir del hecho de que el comprador no estaba contando con su conocimiento y experiencia o que no fuera lógico que contara sobre estos, es una protección de los consumidores prácticamente muy importante. Por ejemplo, se supone que el comprador de un automóvil deseará conducirlo, el comprador de comida va a querer probarla; si ello no es posible el vendedor deberá comprometer su responsabilidad. Por ejemplo, en un caso de 1902, el pescadero que vendió cangrejos podridos a un comprador que había pedido «dos cangrejos frescos para la cena», comprometió su responsabilidad por el hecho de que el cliente padeció problemas intestinales[4].

5) La cosa vendida debe ser de «calidad comercial» *(merchantable quality; v. art. 14).* Sin duda, esta es una expresión bastante misteriosa. Prácticamente, impone que los bienes posean cualidades que los compradores pueden razonablemente esperar que estos tengan. Si se trata de mercancías nuevas, estas deben ser casi perfectas. En

---

[3] *Ashington Piggeries Ltd. v. Hill* (1972) A.C. 441.
[4] *Wallis v. Russell* (1902) I.R. 58.5 (Tribunal de apelación de Irlanda).

cuanto a los bienes de segunda mano, se actuará de una manera menos estricta; sin embargo, se exigirá que no estén demasiado defectuosos, tomando en cuenta el tiempo y las demás circunstancias[5]. Esta estipulación tácita de «calidad comercial» no se aplica a los vicios señalados específicamente por el vendedor en el momento de la venta (art. 14, a), así como tampoco a aquellos vicios observados por el comprador al examinar la cosa.

A menudo, estas cinco obligaciones pueden acumularse. Por ejemplo, el vendedor de carne podrida puede comprometer su responsabilidad con respecto al comprador que se intoxica, por lo menos en base a tres motivos: que la cosa cedida no corresponde a la descripción, que no está conforme con el uso que le quiere dar el comprador, y que no posee «calidad comercial».

219. – Alcance de estas obligaciones: Las obligaciones del vendedor que acaban de ser especificadas presentan dos aspectos jurídicos. En primer lugar, son consideradas como obligaciones de resultado. La violación de estas, aun de manera no equivocada, le da automáticamente al comprador el derecho de pedir daños y perjuicios[6]. El dependiente de una tienda de comestibles que vende una lata de salmón contaminado por botulismo comprometerá su responsabilidad para con el comprador intoxicado, incluso si establece la ausencia total de falta de su parte.

Por otro lado, en todos los casos de violación de una de estas obligaciones por parte del vendedor, el comprador tiene derecho a renunciar a sus propios compromisos, es decir a considerar el contrato de venta como concluido[7]. Evidentemente, esta norma obliga a los vendedores a tener una diligencia extrema: el vendedor de un automóvil, sabiendo que el comprador podría rechazarlo por cualquier defecto trivial, por ejemplo una imperfección en la pintura, sin duda va a hacer todo lo que esté a su alcance para asegurarse de que el vehículo que va a proporcionar esté en perfecto estado.

El *Sale of Goods Act 1979* se aplica estrictamente solo a las transacciones de venta. Sin embargo, las mismas obligaciones están ampliadas por otras leyes, el *Supply of Goods (Implied Terms) Act* y el *Supply of Goods and Services Act 1982,* a operaciones análogas a la venta: el arriendo con opción de compra *(hire purchase)* y los contratos de permuta *(exchange).*

220. – Derechos complementarios del comprador: El comprador de bienes que no está satisfecho todavía dispone de otros recursos importantes.

1) Tiene derecho de renunciar a sus obligaciones y a rechazar la cosa vendida si el vendedor lo incitó a celebrar un contrato por medio de una declaración inexacta[8]. No importa si la inexactitud no es el resultado de una falta del vendedor. En caso de dolo del vendedor, este derecho del comprador es absoluto, a menos que no haya confirmado el contrato o se haya tardado demasiado en rechazar la inexactitud. Si por el contrario, el vendedor no actuó de manera dolosa, el tribunal podrá, a su propia discreción, adjudicarle únicamente daños y perjuicios (v. el *Misrepresentation Act 1967, act 2*).

---

5 Por ejemplo, *Crowther v. Shannon Motors* Ltd. (1975) 1 W.L.R. 30.

6 *Frost* v. *Aylesbury Dairies* Ltd (1905) 1 K.B. 608.

7 *Jackson v. Rotax* (1910) 2 K.G. 937. Cf, sin embargo, *The Hansa Nord* (1976) Q.B. 44.

8 Se trata más exactamente de una misrepresentation. El error del comprador puede ser el resultado, no de una declaración del vendedor, sino de su comportamiento o de una combinación de declaración y de comportamiento.

2) El vendedor que expresamente garantice una calidad determinada de la cosa vendida compromete su responsabilidad si esta no posee la calidad deseada. Esta obligación, es una obligación de resultado, como las otras obligaciones del vendedor. No importa si la violación es el resultado de una causa de fuerza mayor o de cualquier otra causa no imputable al vendedor.

3) Toda declaración *(representation)* falsa del vendedor, que impulse al comprador a celebrar un contrato, aun si no está considerada como una garantía dentro del contrato de venta, compromete la responsabilidad de su autor y lo expone a *daños y perjuicios, a menos que pueda establecer que* su declaración fue hecha sin ningún error (v. el *Misrepresentation Act 1967, art. 2)*[9].

221.– *Responsabilidad delictuosa:* A pesar de que las soluciones que acabamos de esbozar son bastante amplias, siguen siendo muy insuficientes. Debido a que se trata de soluciones contractuales, no delictivas, solo se aplican entre los vendedores y compradores mismos[10]. Para que un tercero (por ejemplo la familia del comprador o un donatario) pueda exigir al vendedor, o para que el comprador pueda acusar la responsabilidad de alguien que no sea vendedor (por ejemplo un fabricante), es necesario recurrir exclusivamente a la responsabilidad delictuosa. En este caso, la situación es completamente diferente, ya que la responsabilidad delictuosa siempre depende de la falta del demandado. Para introducir la responsabilidad de hecho de los productos se necesitará una ley especial, de la cual se espera, en la actualidad, tanto la redacción como la adopción por el parlamento tomando en consideración la Directiva Comunitaria finalmente aprobada en 1985 por el Consejo de la C.E.E.[11].

El derecho del consumidor a demandar al fabricante, en caso de que pueda establecer la falta de este en la fabricación, fue establecida definitivamente por el caso *Gonoghue v. Stevenson*[12] en 1932. Se puede observar que el vendedor incurre en la misma responsabilidad, por ejemplo, el carnicero que vende carne sabiendo o debiendo haber sabido que estaba deteriorada; pero el *Sale of Goods Act 1979* le proporciona al comprador una solución más efectiva que esta responsabilidad delictuosa.

En principio es el demandante el que debe establecer la falta del demandado. Pero esta norma ha sido bastante mitigada por la máxima *res ipsa loquitur.* Por medio de la misma, si el vicio de las mercancías es de tal naturaleza, que normalmente es consecuencia de una falta del demandado, el tribunal podrá concluir que, al no haber otra explicación, el vicio fue consecuencia de la falta del demandado[13].

Hasta 1982, la responsabilidad delictuosa del fabricante culpable se limitaba a la reparación del daño corporal sufrido por el demandante mismo y del daño

---

[9] La responsabilidad delictuosa también se puede comprometer, v. *Hedley Byrne* v. *Heller* (1964) A.C. 465.

[10] La jurisprudencia inglesa jamás ha creado equivalente alguno de la acción directa admitida por los tribunales franceses.

[11] El parlamento no consideró oportuno poner en práctica a este respecto ni las recomendaciones de la Law Commission *(Liability for Defective Products,* 1977), ni las de la *Royal Mommission on Civil Liability and Compensation for Personal Injury* (1978), Cmnd. 7054, Capítulo 22).

[12] (1932) A.C. 562.

[13] *Cf. Grant* v. *Australian Knitting Mills* Ltd. (1936) A.C. 35.

sufrido por sus otros bienes. Particularmente, no cubría la insuficiencia del valor de las propias mercancías defectuosas, así como tampoco los gastos de su reparación[14]. A partir del caso *Junior Book v. Veitchi*[15] de 1982, la norma se volvió menos incierta; empero, basta con decir que el asunto sigue estando abierto.

2. LA VENTA DE INMUEBLES

222. – Protección diferente para el comprador: El régimen que rige las ventas inmuebles es totalmente diferente al de la venta de bienes muebles corporales. El comprador no goza de las mismas protecciones. No obstante, está protegido efectivamente de tres maneras.

1) En virtud de las normas de la *Common Law*, el constructor de un inmueble defectuoso debe pagar los gastos de reparación, si la falla es el resultado de un error de su parte[16]. Esta obligación existe para cualquier subsiguiente propietario, y no únicamente para el comprador mismo.

2) Las municipalidades, al ejercer su función legal de velar por que los cimientos de las edificaciones en construcción sean sólidos, están en la obligación de poner la diligencia de un buen padre de familia. De esta forma, si alguna falla del cimiento se le escapa a la atención de los agentes de la municipalidad por un descuido de su parte, y si por este hecho, se construye una edificación peligrosa para el propietario o su familia, este podrá exigirle a la municipalidad los gastos de reparación en calidad de daños y perjuicios[17].

3) Conforme al *Defective Premises Act 1972, art. 1,* el constructor de vivendas *(dwelling houses)* está obligado por una estipulación tácita con el comprador a construir la edificación con el esmero de un buen artesano *(in a proper and workmanlike manner).* Por otra parte, esta estipulación, también puede beneficiar a ulteriores propietarios gracias a una excepción específica del principio de la *Common Law,* según la cual los contratos solo tienen efecto entre las partes contratantes.

No obstante, esta protección del consumidor únicamente representa el mínimo. Nada le impide al constructor otorgar al comprador una garantía más completa, y en caso de que la garantía esté conforme con un plan de garantías aprobadas por el ministro, es la garantía, y no el art. 1 de la ley, la que rige la responsabilidad del constructor.

3. LA PRESTACIÓN DE SERVICIOS

223. – Normas particulares: De la misma forma que el *Sale of Goods Act 1979* para las ventas, el *Supply of Goods and Services Act 1982* describe las obligaciones generales que asumen aquellos que, a lo largo de una actividad comercial, ofrecen sus servicios al público. Desde el punto de vista de los consumidores, dos de estas obligaciones son importantes. En primer lugar, los servicios deben ser prestados con el esmero de un buen padre de familia. Por otra parte, el proveedor

---

[14] *Young & Marten Ltd.* v. *McManus Childs* Ltd. (1969) 1 A.C. 454.

[15] (1983) A.C. 520. Este caso no se refería a una venta; sin embargo su alcance sobrepasa los hechos en especie.

[16] *Dutton* v. *Bognor Regis U.D.C.* (1972) 1 QB. 373; *Batty* v. *Metropolitan Property Realisations* Ltd. (1978) Q.B. 554.

[17] V. El caso Dutton, *supra: Anns* v. *Merton* L.B.C. (1978) A.C. 728; *Peabody Trust* v. *Sir Lindsay Parkinson* Ltd. (1985) A.C. 210.

está obligado por una estipulación tácita a ejecutar el contrato por completo en un período razonable.

Empero estas obligaciones son presuntas, ya que pueden ser modificadas por estipulaciones expresas contrarias o de hecho por la práctica establecida en los negocios. Por ejemplo, en lo que respecta los servicios bancarios, las obligaciones normales fueron desplazadas desde hace tiempo por la jurisprudencia y la práctica comercial; por esta razón, las obligaciones generales contenidas en el *Supply of Goods and Services Act* se han excluido casi por completo.

De la misma forma que las disposiciones del *Sale of Goods Act,* las del *Supply of Goods and Services Act* solo se aplican entre los contratantes: no pueden ni beneficiar a terceros ni a ellos ser opuestas. Mas en la práctica, esta norma no tiene mucha importancia. La responsabilidad delictuosa expresada en el caso *Donoghue v. Stevenson*[18], *supra,* incluye tanto a los prestatarios de servicios como a los vendedores de mercancías, y los obliga a ejercer su diligencia en favor de terceros. Por ejemplo, un mecánico que repara de manera incorrecta los frenos de un automóvil, se hace responsable frente a todos los terceros heridos en el accidente como resultado de su falta[19].

Sección 2
MEDIDAS ESPECIFICAS DE PROTECCIÓN A LOS CONSUMIDORES

1. REGLAMENTACIÓN DE OPERACIONES PARTICULARES

224. – La reglamentación del crédito: Es inusual que el derecho inglés controle operaciones de interés para los consumidores a través de una legislación específica. Sin embargo, existen excepciones.

La más importante se refiere al crédito del consumidor *(consumer credit).* Apartando un corto período de no intervención entre 1854 y 1900, el préstamo con interés y las operaciones similares siempre han estado controladas estrictamente por el derecho inglés. En la actualidad, el *Consumer Credit Act 1974,* del cual describiremos a continuación las disposiciones más importantes, prevé controles mucho más amplios.

1) El tribunal tiene el poder de modificar las cláusulas abusivas de los contratos *(«to re-open extortionate credit bargains»)* para restablecer la justicia entre los contratantes (art. 137 y s.).

2) Existen numerosas disposiciones que exigen la *«truth in leading»:* es decir que los prestamistas deben proporcionarle la información suficiente a los prestatarios para que estos puedan comprender correctamente cuáles serán sus obligaciones (v. Part IV),

3) Los prestatarios tienen derecho a anular ciertas operaciones de crédito por medio de un acto unilateral en un período de cuatro días siguientes a su conclusión; este «período de gracia» *(«cooling-off period»)* es una medida muy útil contra la imprevisión generada por un momento de entusiasmo excesivo.

4) Una disposición general rige el caso en el que una persona A suministra las mercancías o servicios, pero una persona B financia toda la operación. Por ejemplo,

---

18 *(1932) A.C. 562.*

19 Por ejemplo, v. *Stennett* v. *Hancock* (1939) 2 All E. R. 578.

en el arriendo con opción de compra *(hire purchase)* de un automóvil, el mecánico le suministra el vehículo al comprador, pero se lo vende al financiero: este se lo alquila al consumidor durante dos años, otorgándole el derecho al final de este período, de volverse propietario del mismo por un precio nominal. En estos casos, se considera que A y B están conjuntamente comprometidos en la misma operación; en consecuencia, la responsabilidad contractual y delictiva de A se extiende a B (V. *art. 75 del Consumer Credit Act).* La ventaja para el consumidor es evidente. Si todavía no le ha pagado el precio total a B, puede cobrarse el precio por los daños sufridos por el hecho de que A incurrió en la violación de sus obligaciones al rechazar pagarle al financiero B.

5) El *Consumer Credit Act 1974* limita de varias formas la ejecución abusiva de los derechos por el acreedor. Por ejemplo, está prohibido terminar una operación de crédito (por ejemplo un arriendo con opción de compra) por la simple razón de que el deudor-consumidor haya muerto; se le debe conceder la oportunidad a sus herederos de continuar con el contrato. Aun en el caso de que el deudor desconozca los términos del crédito, no se le permite al comerciante ponerle fin inmediatamente; ante todo deberá informar al deudor sobre la violación cometida dándole la oportunidad de ponerle remedio (v. art. 87 y s.). Además, en los contratos con opción a compra los acreedores no pueden tener, debido a que el comprador pagó la tercera parte del precio, la posibilidad de retomar los bienes vendidos sin autorización judicial (v. art. 90 y s.).

El *Consumer Credit Act* no regula todas las operaciones relativas al crédito. Trata de hacer una distinción entre las que requieren de la protección especial de la ley. Por este motivo, limita la mayor parte de sus contratos a las operaciones en que el deudor es un particular, y en donde el montante del crédito no excede las L. 15.000 (v. el *Consumer Credit Act, Part II*).

2. EL CONTROL DE LOS CONTRATOS DE ADHESION Y DE LAS CLAUSULAS DE EXONERACIÓN

225.— Los contratos de adhesion: la acción del legislador: Los contratos celebrados entre los comerciantes y los consumidores casi siempre son contratos de adhesión. Las mejores medidas de protección de los consumidores resultaría entonces inútiles, si se les permitiera a los contratantes excluirlas con una estipulación contraria. Por consiguiente, en el derecho inglés la libertad contractual está estrictamente limitada (como por lo demás en casi todos los otros sistemas europeos).

Los límites más importantes son impuestos por la ley; en ello la jurisprudencia de la *Common Law* solo ha desempeñado un papel muy secundario. Esta reglamentación legal de los contratos de adhesión se produjo hace ya tiempo[20]; en la actualidad, el control más importante está asegurado por el *Unfair Contract Terms Act 1977.*

1) El art. 2 de la ley de 1977 prohibe cualquier cláusula cuyo objetivo sea la exoneración de responsabilidad de un comerciante por muerte o lesión corporal ocasionada por un error suyo o el de uno de sus empleados.

2) En lo que respecta otros daños, es decir, un daño a los bienes o al patrimonio del demandante, el art. 2 determina que los comerciantes no pueden exonerarse

[20] Por lo menos desde 1854; v. *el Reilway and Canal Traffic Act 1854,* art. 7 (derogado).

de los mismos, exceptuando los casos en que el tribunal considere que la exclusión de la responsabilidad es razonable.

3) En los contratos del consumidor *(consumer contracts)*, es decir cuando se trata de mercancías de un tipo que normalmente se suministran para uso no comercial y que el comprador mismo no pretende comprar para un uso comercial, cualquier estipulación, cuyo objetivo fuere excluir las obligaciones del vendedor contenidas en los art. 12 a 14 del *Sale of Good Acts 1979*, es nula (v. la ley de 1977, art. 6).

4) Solo se puede excluir el derecho de un contratante o anular un contrato en razón de declaraciones falsas (representations) en caso de que la exclusión se juzgue como razonable (ibid, art. 8).

Únicamente queda una pregunta: en el marco de los art. 2 y 8, ¿cuándo será razonable permitirle a un comerciante que se exonere? En este caso, la ley tiene una laguna; solo determina que el tribunal ordene si la estipulación de exoneración es «bastante justa y razonable» para que se considere válida, antes de precisar que es el comerciante quien debe establecer esas características. Prácticamente se puede constatar que los jueces ingleses no tienen la costumbre de aprobar las cláusulas de exoneración que han sido atacadas basándose en el fundamento de los art. 2 y 8.

Muchas otras legislaciones específicas protegen a los consumidores contra las cláusulas de exoneración en casos particulares. Por ejemplo, el *Consumer Credit Act 1974, art. 173*, y el *Defective Premises Act 1972, art. 6*,, prohíben expresamente la exclusión por estipulación contraria de las normas de protección; además, el Merchant Shipping Act 1979, que rige el transporte de pasajeros en los buques, a través del Anexo 3 hace nula toda estipulación que tendría por efecto el de exonerar al armador de las obligaciones que le han sido impuestas por medio de esta legislación.

226.— Las cláusulas de exoneración: la contribución de los tribunales: En la práctica, la contribución de los tribunales, en el marco de la *Common Law*, para el control de las cláusulas de exoneración, ha sido mucho menos importante. No solo por el hecho de que desde hace tiempo los jueces ingleses han mantenido una larga tradición de libertad de los contratos; sino también, sin duda, porque los jueces saben perfectamente que dichas estipulaciones pueden ser controladas de manera más eficaz por la legislación, con sus distinciones arbitrarias, que a través del derecho judicial y sus normas más generales. Se podría pensar, claro está, que en ausencia de intervención legislativa, los tribunales se habrían otorgado un poder más efectivo para anular las cláusulas de exoneración en nombre del orden público[21]. Pero, de hecho, la intervención judicial en este caso ha sido, en la práctica, intersticial.

En primer lugar, a menudo los jueces han podido, con una sagacidad notable, decidir que una determinada cláusula de exoneración no formaba parte del contrato. Por ejemplo, los comerciantes que han pretendido establecer contratos haciendo referencia a los avisos fijados en los locales o a términos incluidos en talonarios o facturas, han podido comprobar, con frecuencia, que los esfuerzos realizados para

[21] V. las sugerencias de Lord Denning en el caso *Gillespie* v. *Roy Bowles* (1973) Q.B. 400, 415.

informar a sus clientes se consideraban insuficientes[22]. De hecho, los jueces han utilizado hábilmente el principio según el cual los términos de un contrato no pueden modificarse después de su celebración[23]. Cuando, por ejemplo, un automovilista toma un comprobante de un tarjetero o la entrada de un estacionamiento, se ha considerado que el contrato de estacionamiento concluyó en ese momento; y como consecuencia, las cláusulas de exoneración inscritas en el consumidor ha manifestado la aceptación de ciertos términos a través de su firma, se ha decidido que el comerciante no puede aprovecharse de las cláusulas de exoneración en aquellos casos en que haya explicado incorrectamente sus efectos jurídicos[24].

Por otra parte, es una norma que las cláusulas de exoneración deben ser comprendidas *contra proferentem:* si hay alguna ambigüedad, la cláusula debe interpretarse en contra del interés de aquel que ha elaborado el contrato (normalmente el comerciante). Este principio se ha utilizado con frecuencia. Por ejemplo, las cláusulas que simplemente niegan la responsabilidad del comerciante, se han interpretado como si el único objetivo fuera la responsabilidad sin falta, y en consecuencia permitiendo que la responsabilidad del comerciante, se han interpretado como si el único objetivo fuera la responsabilidad sin falta, y en consecuencia permitiendo que la responsabilidad subsista para los actos equivocados[25]. De esta forma, en un contrato para alquilar una bicicleta, la cláusula según la cual «en este contrato nada comprometerá la responsabilidad del arrendador para los efectos de los vicios ocultos» se interpretó como que se dejaba toda la responsabilidad extracontractual[26].

Finalmente, en muchos fallos se decidió que se debía presumir que las cláusulas de exoneración no se aplicaban a los comerciantes que habían violado sus obligaciones gravemente: es la doctrina del *«fundamental breach»*. Por ejemplo, un armador que ha celebrado un contrato para un viaje de placer, no está protegido de manera válida por una cláusula que prevea que: «los buques, las fechas de salida, los precios y los itinerarios pueden modificarse sin notificación», cuando posteriormente pretenda cambiar el buque y casi todo el itinerario[27]. De hecho, antes de 1979, se creía que jurídicamente era imposible que cláusula alguna pudiera exonerar de las consecuencias de una violación del contrato que constituyera un «fundamental breach». En la actualidad, esta proposición se muestra demasiado radical. Si una cláusula de exoneración busca, sin ninguna ambigüedad posible, proteger a un comerciante contra la violación seria de sus obligaciones, esta estipulación será válida[28].

No obstante, debemos recordar que la mayoría de estos ejemplos de mutilación judicial de las cláusulas de exoneración datan de un período anterior al control efectivo de estas cláusulas en el marco legislativo. No es posible que ahora que han recibido del *Unfair Contract Terms Act 1977* el poder de anular las cláusulas de exoneración, los jueces muestren un poco menos de ingeniosidad en una interpretación perversa de los contratos de adhesión.

---

22 Por ejemplo, *Mc Cutcheon v. David McBrayne* Ltd (1964) 1 W.L.R. 125. V. también *Parker* v. *S E. Railway* (1877) 2 C.P.D. 416.

23 *Thornton* v. *Shoe Lane Parking* Ltd (1971) 2 Q.B. 163.

24 *Curtis* v. *Chemical Cleaning* Co. Ltd. (1951) 1 K.B. 805.

25 *A.M.F.* v. *Magnet Rowling* (1968) 1 W.L.R. 1028.

26 *White* v. *John Warwick* (1953) 1 W.L.R. 1285.

27 *Anglo-Continental Holidays Ltd* v. *Typaldos* (1967) 2 Lloyds L.R. 61.

28 Photo Productions Ltd. v. Securicor Transport Ltd. (1980).

Sección 3
MEDIDAS REPRESIVAS Y ADMINISTRATIVAS PARA LA PROTECCIÓN DE LOS CONSUMIDORES

227.—*Necesidad de estas medidas:* Es evidente que el derecho civil, que está limitado a la responsabilidad contractual y delictiva, en la práctica no es el medio más importante de protección de los consumidores a la inercia de los particulares, su falta de información, su repudio a incurrir en los gastos, considerables de un litigio, son tales que el derecho civil no es suficiente para proteger sus derechos efectivamente. También es cierto que el daño sufrido por un consumidor particular a menudo tendrá un valor comparativamente *infinitesimal;* ¿Acaso un daño de 10 libras esterlinas justificaría las preocupaciones y los gastos de una instancia judicial? El procedimiento estadounidense de la class action, por medio de la cual varias demandas menores contra un solo demandado pueden ser el objeto de una acción en conjunto, no está abierto a los consumidores en Inglaterra. Esta es la razón por la cual las medidas represivas y administrativas son tan importantes en el derecho inglés.

1. MEDIDAS REPRESIVAS

228.– *Variedad de estas medidas:* Las disposiciones más simples castigan la venta de cierto tipo de mercancías peligrosas para la salud pública. Por ejemplo, el *art. 1 del Food Act 1984* prohibe la venta de alimentos no aptos para el consumo humano. A través del *Consumer Safety Act 1978,* la administración tiene el poder de prohibir la distribución de determinados productos que considere peligrosos.

Otras prohibiciones tienen que ver, no con la distribución de mercancía peligrosa, sino con las prácticas catalogadas como engañosas hechas a expensas de los consumidores. Por ejemplo, el *art. 2 del Food Act 1984* prohibe que se proporcione una descripción inexacta de estos, así como también que se suministre comida de naturaleza o calidad diferente a las que ha solicitado el consumidor. El *Weights and Mesures Act 1963* castiga el uso de pesos faltos. Por medio del *Trade Descriptions Act 1968,* se pena el hecho de dar una descripción falsa *(false trade description)* de los bienes vendidos (art. 1) o de realizar falsas representaciones, de forma deliberada, en cuanto a los servicios (art. 14). De hecho, el *Fair Trading Act 1973* otorga a la administración un poder general para prohibir las prácticas comerciales que resultaren *inter alia.* «engañosas para los consumidores» *(misleading to consumers) (art. 17).* Ya existen dos ejemplos de prácticas prohibidas por las medidas administrativas concernientes al anuncio de bienes a la venta por un comerciante que falsamente pretende venderlos por debajo del precio comercial así como las falsas afirmaciones de reducciones de precio en las tiendas.

2. CONTROLES ADMINISTRATIVOS

229.– *Et registro:* Los controles administrativos también son muy variados. La técnica más simple obliga a los que practican ciertos tipos de actividad registrarse y a obtener un permiso. Por ejemplo, en virtud del *Consumer Credit Act 1974,* casi todos aquellos cuya actividad está relacionada con el crédito para el consumo (por ejemplo los prestamistas y los corredores de crédito, alias «*credit brokers*») necesitan obtener un permiso. En algunos otros casos, esta exigencia para obtener una automación es denegada: por ejemplo, el *Director-General of Fair Trading* tiene el poder, según él *Estate Agents Acts 1979,* de prohibirle las actividades inmobiliarias a los agentes que hayan cometido diversos delitos, como la estafa.

230. – Medidas profilácticas: Otras medidas administrativas pueden ser consideradas como profilácticas. Por ejemplo, los *solicitors* están en la obligación de tener cuentas bancarias diferentes para sus propios fondos y para sus clientes; de esta forma, si un solicitor va a la quiebra, los clientes pueden recuperar totalmente sus fondos (así mismo los *solicitors* tienen la obligación de tener un seguro que cubra su responsabilidad frente a sus clientes). De hecho, a veces este tipo de protección profiláctica abarca intereses comunes y corrientes; por ejemplo, los turistas están protegidos, contra la quiebra de las agencias de viajes, por medio del *Air Travel Reserve Fund Act 1979,* el cual exige a todas las agencias de viajes que organizan paquetes turísticos por vía aérea, que mantengan un depósito considerable en la administración para compensar a los pasajeros en caso de que fueran a la quiebra.

231. – El Fair Trading Act 1973: Sin embargo, las medidas administrativas más radicales e interesantes se incluyen en la tercera parte del *Fair Trading Act 1973.* Esta ley le concede al *Director-General of Fair Trading* el poder de actuar de oficio judicialmente en contra de los comerciantes que, a lo largo de sus relaciones con los consumidores, en varias oportunidades hayan cometido infracciones a la ley, o de alguna otra manera hayan comprometido su responsabilidad civil (contractual o delictiva) hacia los consumidores. En primera instancia, la acción consiste en hacer una petición a la *Restrictive Practices Court* para obtener una prohibición específica (semejante a una injunction) dirigida contra el comerciante. Si este desobedece la prohibición se expone a la pena de desacato al tribunal *(contempt of court).* De hecho, el comerciante puede comprometerse alternativamente con la *Restrictive Practice Court (undertaking)* a cesar sus prácticas ilícitas; la violación de tal compromiso será penado como la violación de una injuction.

Este procedimiento, al cual el *Director-General of Fair Trading* ha recurrido en varias ocasiones, es muy interesante por diferentes causas. En primer lugar, los poderes del Director-General son muy amplios. Casi todas las formas de acciones comerciales ilícitas están cubiertas; no solo delitos, como la estafa, sino también, por ejemplo, la violación de la obligación de suministrar los bienes con *merchantable quality.* Además, el procedimiento tiene como objetivo comprometer eventualmente la responsabilidad penal del comerciante por faltas civiles. El procedimiento es bastante riguroso; tal responsabilidad penal es muy rara dentro del derecho inglés.

El aspecto más notable en este procedimiento previsto por el *Fair Trading Act* es, sin embargo, la prueba que aporta de que el Estado finalmente ha decidido que puede intervenir de manera legítima en controversias que, superficialmente, solo parecen referirse a partes privadas. Lo que expresamos al comienzo de este capítulo queda así confirmado: cuando se trata del derecho de los consumidores, es necesario y legítimo que la administración intervenga con su poder superior. Los principios de no intervención ya no son suficientes para proteger a los consumidores del siglo XX.

CAPÍTULO VI
EL DERECHO COMERCIAL

Por M. A. Clarke

232.— Objeto de este capítulo: No se debe confundir el «Derecho Comercial» del derecho inglés con el derecho comercial del derecho francés. Este último se ocupa sobre todo de la reglamentación interna de la empresa comercial, tema que la doctrina inglesa trata bajo el nombre de «Derecho de las Corporaciones» *«law of corporations»*. El Derecho Comercial *«Commercial Law»*, está dirigida normalmente a las relaciones externas de la empresa.

En cuanto al Fondo de Comercio y a los actos de comercio ejecutados por la empresa, el derecho inglés no les consagra un régimen especial. Son bienes y actos como los otros.

Incluso entre los autores ingleses no existe acuerdo sobre el campo de la *«Commercial Law»* ni sobre la importancia relativa de las materias. En este capítulo, trataremos sucesivamente de la venta, de las letras de cambio, de los créditos documentarios, del derecho del transporte y del derecho de seguros; es un agrupamiento de las divisiones del derecho inglés que puede interesar al comerciante y sobre todo al hombre de negocios en las relaciones internacionales.

Sección 1
LA VENTA

1. GENERALIDADES

233. – *Las Fuentes del derecho de la venta:* A primera vista, el Código de la Venta se encuentra en la *«Sale of Goods Acts de 1979* (S.G.A.).[1] Esta pone al día la ley de 1891, que codificaba la jurisprudencia anterior de la *«Commercial Law»*. Pero la venta, como las otras transacciones comerciales, encuentra su fundamento jurídico en el derecho de obligaciones. Sobre este fundamento, la *«Sale of Goods Act»* trata sobre las materias especiales de la venta, pero ella misma no es específica del derecho comercial: sus reglas se aplican igualmente a la venta de los consumidores.

En lo que concierne a la venta internacional, la sumisión a la *«Uniform Law of International Sales Act» de 1987,* que incorpora las dos Convenciones de La Haya de 1964, es solo facultativa; en la práctica estas convenciones no han sido aprobadas. En cuanto a la Convención de Viena de 1980, el gobierno británico no la ha firmado y no tiene ninguna intención de adherirse a ella en el futuro próximo, pero se

[1] Sobre el derecho de sociedades, v. *Infra,* cap. 10.

estima que si entra en vigor en una mayoría de los Estados del Mercado Común, el gobierno podrá cambiar su parecer.

234.— Definición de la venta: El campo de aplicación del «*Act*» depende sobre todo de la definición del contrato de venta: es un contrato por el cual el vendedor transfiere o se compromete a transferir la propiedad de mercancías mediante el pago por el comprador del precio convenido *(S.G.A.* s. 2). El término «mercancías» engloba dentro de su acepción los bienes mobiliarios, salvo el dinero *(S.G.A.* s. 61). Distinguimos la transferencia, obligación esencial de la venta, del mandato, del arrendamiento de bienes y del contrato de obra, quedando estos regidos por la «*Supply of Goods and Services Act*» de 1982.

235. – La formación del Contrato de venta: La formación del contrato de venta se rige por el derecho de obligaciones[2]. Los problemas particulares que puede presentar la venta, sobre todo la venta internacional, son resueltos por la evolución de los principios del derecho de obligaciones, habida cuenta de los usos comerciales: por ejemplo, los problemas que presentan las negociaciones por telex entre zonas horarias diferentes. Se hace una excepción en materia de precios: si las cosas han sido entregadas al comprador sin acuerdo sobré el precio, este debe pagar un precio razonable, fijado, llegado el caso, por los Tribunales *(S.C.A.* s. 9).

Los principios de la «*Common Law*», concebidos a la luz del contrato clásico y relativamente simple, se adaptan mal a las exigencias del contrato moderno, cuya negociación puede durar meses y cuyo texto puede extenderse por lo menos unas treinta páginas. La evolución de la «*Common Law*» en este sentido es lenta y torpe.

2. LAS OBLIGACIONES DEL VENDEDOR

236. – Las Mercancías: El vendedor debe entregar las mercancías convenidas en un estado conforme a las estipulaciones del contrato de venta. El contrato mismo debe identificar las mercancías; si no la obligación no tiene la precisión requerida por la «*Common Law*». Las características y las cualidades de las mercancías pueden ser libremente estipuladas por las partes mismas o por el con trato-tipo que hayan adoptado, dentro del marco de los contratos-tipo editados por las organizaciones profesionales, por ejemplo *la «Grain and Food Trade Association»*. La estipulación puede tomar una forma bastante simple, por ejemplo: «entrega en buen estado».

Salvo estipulaciones contrarias sobre las cualidades de las cosas, el vendedor debe cumplir las obligaciones establecidas por la ley. Estas prescripciones se aplican igualmente en las relaciones entre vendedor y consumidor.

Estas prescripciones, que se aplican imperativamente en estas últimas relaciones, pueden ser descartadas en los contratos celebrados entre comerciantes, siempre que la solución preferida por las partes sea razonable. Además, las excepciones estipuladas en el contrato-tipo no son válidas sino en la medida en que sean razonables —asunto resuelto en caso de litigio por los elementos de apreciación prescritos por la *«Unfair Contract Terms Act» de 1977,* tales como los usos comerciales, las posibilidades de seguro, etc...

237.— La entrega: La hora y lugar de la entrega se establecen por las estipulaciones del contrato de venta. A falta de estipulación en contrario, la entrega está

---

[2] *Supra,* cap. 3, n.º 172-175.

regulada por la *S.G.A.* s.29. Es efectuada por el vendedor en el local de explotación de su empresa, o a falta de dicho local, en su residencia. Si el vendedor se ha comprometido a enviar las mercancías al comprador, debe entregarlas dentro de un tiempo razonable. Cada operación de entrega se efectúa a costas de aquél al que incumba.

El derecho inglés también conoce los términos comerciales en relación a la entrega, tales como entrega en la planta, F.A.S. (Franco al costado del buque), *F.O.B.* (Franco a bordo), *C.I.F.* (costo, seguro, flete), *ex ship*. No es del todo seguro que estos términos serán interpretados de la misma manera que en Francia. Además, los vendedores ingleses están menos acostumbrados que los vendedores franceses a prever un precio que comprenda la entrega en la planta del comprador. En consecuencia, el derecho inglés de la entrega consiste principalmente en decisiones judiciales sobre las obligaciones en la venta *F.O.B.*, en la venta *C.I.F.*, y de las ventas híbridas; cuyo carácter está tomado en parte de la venta *F.O.B.* y en parte de la venta *C.I.F.* Para la venta «entregada» en destino, debe hacerse una extrapolación de la abundante jurisprudencia sobre la venta *C.I.F.*

238.— La entrega F.O.B.: La entrega *F.O.B.* se hace a bordo del navío en el puerto indicado por el contrato de venta. A falta de indicación precisa, el puerto será designado por el comprador dentro de los límites geográficos indicados en el contrato. Pero en todo caso, a falta de un navío que esté conforme con las exigencias del contrato, el vendedor no está obligado a entregar las mercancías. Un navío conforme comprende un navío que se presenta en el puerto y en el plazo convenidos por el contrato, capaz de transportar con seguridad las mercancías.

Cuando el comprador ha designado un navío conforme, el vendedor debe entregar las mercancías dentro del plazo permitido por el contrato: deben ser izadas a bordo del navío a costas del vendedor; no es suficiente depositarlas a lo largo de la borda del navío o en el muelle, aun si el navío designado por el comprador no lograse llegar a tiempo.

239.— La venta C.S.F.: La venta *C.S.F.* —en inglés *C.I.F.*— deriva su nombre de la venta de mercancías cuya entrega tiene lugar por la transmisión de los documentos relativos a las mercancías a ser vendidas. Estos son los documentos estipulados en el contrato de venta, normalmente la factura que identifica las mercancías y los documentos de transporte y seguro que cubren su desplazamiento; puede que se exija también, por ejemplo, un certificado de origen, un certificado de calidad o una licencia de exportación. La jurisprudencia inglesa ha rechazado el análisis según el cual la venta C.S.F. es una venta de documentos más que una venta de mercancías.

Antes de la transmisión de los documentos al comprador, el vendedor debe enviar al comprador una notificación de embarque *(notice of appropriation)* que individualiza las mercancías objeto del contrato de venta; las menciones de la notificación son precisadas por el contrato de venta; La notificación no puede ser cambiada ni reemplazada por otra notificación sino dentro del plazo previsto en el contrato y en caso de no-conformidad con la notificación original.

Los documentos son entregados al comprador en la dirección de su empresa en el plazo convenido o, a falta de acuerdo sobre este punto, dentro de un tiempo razonable después del envío de las mercancías y, en todo caso, antes que el comprador esté obligado a pagar el precio.

240. – *El documento de transporte:* El vendedor está obligado a transmitir el documento de transporte exigido por el contrato de venta: contrato de flete (rara vez), conocimiento de embarque, directo, o aviso de entrega, directo, o aviso de entrega.

En el caso típico, el vendedor debe establecer o comprar un conocimiento de embarque emitido en el momento de la carga de las mercancías, que las cubra durante toda la duración del transporte, y cuyas menciones (fecha, cantidad) sean exactas.

El conocimiento del embarque debe hacer prueba del contrato de transporte y del cargamento de la mercancía conformes a las estipulaciones del contrato de venta. Hecho esto, poco importa que las mercancías se pierdan durante el transporte, pérdida cuya información es dada al vendedor antes de la transmisión de los documentos al comprador. Además, es necesario un conocimiento de embarque limpio, es decir, un conocimiento de embarque sin ninguna reserva que pueda derogar la extensión del conocimiento de embarque en tanto que este certifica el tomar a cargo Gabinete ministerial no contaba con una secretaría. En 1917 se creó una de la calidad requerida. Igualmente es necesario que el conocimiento de embarque sea conforme a los usos de la venta.

En cuanto a las estipulaciones del conocimiento de embarque, normalmente están sometidas al régimen internacional: sea a las Reglas de La Haya, sea a las Reglas Haya-Visby (infra, No. 251). Recientemente los tribunales se han preocupado mucho de las cláusulas de fuerza mayor a propósito del transporte a granel proveniente de los Estados Unidos. La obligación de cargamento impone al vendedor una obligación de rigor, de resultado, de la cual se ha querido desembarazar por estas cláusulas. Según la jurisprudencia, el efecto de estas cláusulas es el de transformar la obligación de resultado en obligación de medios.

241.– *La Póliza de Seguro:* El seguro, del cual la póliza hace prueba, debe ser especial para las mercancías vendidas y debe cubrirlas durante toda la duración del transporte.

La póliza debe contener las estipulaciones normales según los usos de la venta particular. El seguro marítimo se rige por la «*Marine Insurance Act*» *de 1906,* y adaptada al transporte directo por la utilización de cláusulas llamadas «*Institute argo lauses*» (A) cuya «*Transit Lause*» extiende el campo de aplicación del seguro a la planta (o la tienda) del comprador.

Un certificado de seguro puede sustituir a la póliza de seguro, a condición que se haya previsto en el contrato de venta.

3. LAS OBLIGACIONES DEL COMPRADOR

242. – *La entrega:* El comprador está obligado a recibir las mercancías en el lugar convenido y dentro del plazo convenido.

Tiene del derecho de rechazar las mercancías que no estén de acuerdo, aun en el más mínimo detalle, con las estipulaciones del contrato de venta o con las disposiciones de la ley. *(S.G.A. s.s.12-15).* En el caso de venta *C.I.E.,* esta posibilidad se presenta dos veces: en el momento de la transmisión de los documentos y de la entrega de la mercancía; documentos y mercancías deben estar conformes a las estipulaciones del contrato. La conformidad de las mercancías es de rigor, severidad que constituye el objeto de un vivo debate.

243.– *El precio:* En principio, el comprador está obligado a pagar el precio convenido en el momento y lugar de la entrega de la mercancía *(S.G.A.* s. 28) o, en caso de venta *C.I.F.*, de la entrega de los documentos; el comprador dispone de un plazo razonable para controlar los documentos antes de pagar el precio. Normalmente, la ejecución a tiempo de las obligaciones comerciales es de rigor, pero el pago retardado no permite al vendedor pedir la resolución del contrato, a menos que el retardo sea prolongado. *(S.G.A. s.10).*

Siguiendo los usos bancarios actuales, la jurisprudencia admite que la ejecución de las obligaciones de pago pueda tener lugar hasta la medianoche del día convenido, a condición que, según los usos del banco que lo recibe, el comprador disponga inmediata y libremente de los fondos recibidos.

El modo de pago es el estipulado en el contrato de venta, orden de retiro contra un banco, una transferencia entre los bancos de las partes, una letra de cambio o la apertura de un crédito documentario (infra).

Sección 2
LAS LETRAS DE CAMBIO

244.– *Funcionamiento:* Entre los efectos de comercio hay que señalar la importancia de la letra de cambio, instrumento clásico del crédito en el comercio. La *«Common Law»* que la regula ha sido codificada en la *«Bill of Exchange Act» de 1882,* que ha sufrido pocas modificaciones en el curso de los años siguientes y continúa siendo la fuente principal del derecho en la materia.

La letra de cambio en el sentido del *«Act»* consiste en una orden sin condición, firmada por A (el librador) que la dirige a B (el librado), de pagar dentro de un cierto plazo, a una persona determinada, puede ser A mismo, o al portador, un monto determinado. Ordenar es una cosa, y obligar es otra. La letra, como la hemos descrito, no obliga a nadie; pero una vez aceptada por B, la obligación de pagar el montante pesa sobre él. Si la letra no va más lejos, entonces es B quien debe pagar el montante al librador como persona designada. Pero normalmente A vende la letra a un tercero, C, quien, tal vez, la vende a D. El portador, sea C o D, tiene el derecho de reclamar el montante del librado, B. Si B no ejecuta su obligación de primer orden, nacida de su aceptación de la letra, el portador, digamos D, tiene la posibilidad de reclamar el monto del librador A, del librado B, o de C, este porque ha endosado la letra, —a menos que la haya endosado «sin recurso».

Como efecto de comercio, la letra de cambio posee ciertas ventajas: a) la transferencia por entrega, o, según el caso, por endoso, sin ninguna obligación de notificar al librador, b) la autonomía de la obligación, sean cuales sean las circunstancias que han inspirado la creación de la letra; y c) la posibilidad para el portador de re clamar el montante ante los tribunales en su propio nombre.

Sección 3
LOS CRÉDITOS DOCUMENTARIOS

245.– *Modalidades:* El crédito que procura el vendedor debe ser del género estipulado en el contrato de venta. Entre las posibilidades figura, en primer lugar, el crédito revocable, que puede ser revocado en cualquier momento por el banco sin que el beneficiario sea notificado de ello. Pero el crédito puede ser irrevocable: caracterizado por el compromiso firme del banco emisor. El crédito irrevocable puede incluso ser confirmado por otro banco establecido en el país del vendedor, práctica nacida en Inglaterra de la petición de negociantes británicos que exigían la confirmación de un banco establecido en Londres. El crédito revocable solo es utilizado por el vendedor cuyo comprador es un cliente bien conocido. El crédito irrevocable confirmado continúa siendo el paradigma del crédito documentario; se adapta al cliente cuyo crédito es desconocido, y es el objeto de los parágrafos que siguen.

La gran mayoría de los créditos están sometidos a las Reglas y Usos Uniformes relativos a los créditos documentarios. *(UCPDC 1983)* emitidas por la Cámara de Comercio Internacional, cuya sede se encuentra en París.

246. – Las obligaciones del comprador: El comprador debe proporcionar el crédito dentro del plazo prescrito en el contrato de venta o, a falta de tal prescripción, dentro de un plazo razonable. La inejecución de esta obligación justifica la anulación del contrato de venta. El banco emitirá el crédito mediante el pago de una comisión por el comprador y el eventual reembolso del monto del crédito. Si el banco no cumple sus obligaciones nacidas de la emisión del crédito, principalmente el pago del monto al vendedor que presenta los documentos regulares, el comprador queda obligado con el vendedor a pagar el precio de las mercancías.

El banco, que ha pagado al vendedor el montante del crédito, puede retener los documentos recibidos de este (derecho de prenda). Pero puede que el vendedor tenga necesidad de los documentos para revender las mercancías y obtener con que reembolsar al banco. El medio de salir de este impase es la entrega de los documentos al comprador, que, provisto del conocimiento de embarque, está en condición de obtener las mercancías del transportista y revenderlas. Como garantía, el banco exige del comprador un *«trust receipt»*, bajo cuyos términos el comprador reconoce los derechos (de prenda) del banco y que no tiene equivalente exacto en Francia. Pero hay que decir que el *«trust receipt»* no impide al comprador vender las mercancías en circunstancias que van contra los derechos del banco; en último análisis, la eficacia del *«trust receipt»* depende de la confianza que el banco ponga en el comprador y de las sanciones, independientes del *«trust receipt»*, que contra él pueda tener el banco. Si el comprador incumple, el banco tiene derecho a vender las mercancías, a condición, evidentemente, que todavía estén disponibles.

247. – Las obligaciones del banco emisor del crédito: El banco está obligado a emitir el crédito dentro del plazo convenido, que figura en el contrato de venta. A falta de estipulación exacta, esta obligación debe ser ejecutada dentro de un plazo razonable, cuyo cálculo depende de las reglas siguientes: a) Se toman en cuenta las dificultades, incluso inesperadas, que de hecho rodean al mecanismo de emisión. b) No se sobrepasa jamás el límite fijado por la fecha, o si es el caso, el comienzo del plazo, fijado para el embarque de las mercancías. c) Se toma en cuenta la ejecución tardía por el vendedor de una obligación de la cual dependa la apertura del crédito, por ejemplo, el envío tardío de una factura.

Puede suceder que el vendedor sea notificado del crédito por un corresponsal del banco, corresponsal cuya sede esté en el país del vendedor. En este caso, es el corresponsal el que trata con el vendedor, controla los documentos, paga el monto del crédito; pero a menos que el crédito sea confirmado por el corresponsal, la responsabilidad (hacia el vendedor o el comprador) por la inejecución de las obligaciones del crédito incumbe exclusivamente al banco emisor. En caso de error por su parte, la responsabilidad del corresponsal hacia el banco emisor es la del mandatario.

El banco debe controlar los documentos presentados por el vendedor con miras al pago del precio. Es una verificación estricta sobre tres puntos: a) Los documentos deben estar conformes con la carta de crédito, emitida por el banco al vendedor, cuyas estipulaciones tienen su origen en el contrato de venta. b) Los documentos deben concordar entre ellos. c) El banco debe controlar la regularidad propia de los documentos: los documentos deben ser válidos en tanto cuanto documentos del género del que se trata: conocimiento de embarque, certificado de seguro, etc. Pero esta verificación consiste solamente en una ojeada a los enunciados de los diversos documentos para buscar las irregularidades manifiestas; no es el caso de hacer una investigación sobre la autenticidad de los documentos o la veracidad de las menciones.

Si el comprador pretende que los documentos, cuya apariencia está conforme a la carta, son falsos, pero sin hacer la prueba de ello, el banco debe aceptar los documentos y pagar el monto del crédito. Si el comprador prueba que las mercancías no están conformes al contrato de venta, el banco debe de todos modos aceptar los documentos conformes y pagar el precio de las mismas: es el principio de la autonomía del compromiso del banco en relación al contrato de venta.

Jamás se ha resuelto una cuestión fundamental del crédito: la naturaleza jurídica del derecho del vendedor de accionar contra el banco emisor. El vendedor no es parte del contrato concluido por el comprador, en tanto que emisor de la orden, y el banco. Este no es parte del contrato de venta. Cuando el vendedor, notificado por el banco de la apertura del crédito, comienza a obtener los documentos, se pretende que se ha celebrado un contrato entre el vendedor y el banco; pero es un contrato que no responde a todas las necesidades del crédito como elemento de comercio y que no satisface a las exigencias del derecho en lo que concierne a la *«consideration»*. En último análisis, el banco está obligado, sea en razón de la costumbre comercial, sea en razón de las presiones del mercado que no tocan al derecho.

Sección 4
EL DERECHO DE LOS TRANSPORTES

1. EL TRANSPORTE MARÍTIMO

248. – El fletamento: El derecho inglés conoce no solamente el fletamento por tiempo y el fletamento por viaje, sino también fletamentos híbridos que toman prestados ciertos caracteres de los dos modelos clásicos. No hay que olvidar el fletamento «casco desnudo», tipo distinto que no se utiliza a menudo.

No hay legislación sobre este tema. En ninguna parte se encuentra una codificación de este derecho. Incluso la doctrina se preocupa de detalles y matices de especies, sin dibujar de manera clara los grandes rasgos del tema, sin tratar un análisis verdaderamente jurídico de la materia. Constatamos que el derecho de transporte marítimo se funda en el derecho de obligaciones. Sobre esta base se construyen los contratos-tipo, cuya importancia no ha logrado llegar a la de la legislación. En el caso de fletamento por tiempo, se piensa en el *«Baltimore»* de la *«Baltic and International Maritime Conference»* y en la *«New York Produce Exchange*

Form». En el caso de fletamento por viaje, se piensa en el «*Gencon*», igualmente de la «*Baltic Conference*» pero hay que señalar que se encuentra a menudo en los contratos de flete la incorporación de las «Normas de La Haya» (infra No. 2251) técnico torpe que conduce a muchos litigios. Las obligaciones son establecidas por el contrato y, en su defecto, por los principios de la «*Common Law*».

En el fletamento, tal como es concebido no solamente por los redactores de los contratos-tipo, sino también por la «*Common Law*», las obligaciones principales son las siguientes:

249. – El fletamento por tiempo determinado: Por el fletamento por tiempo determinado, el fletante se compromete a poner a la disposición del fletador un navío durante un tiempo determinado, mediante el pago de un flete calculado sobre el tiempo durante el cual el fletador dispone del navío. El fletante conserva la gestión náutica del navío, mientras que la gestión comercial pertenece al fletador.

El fletante está obligado a ejercer una diligencia razonable para presentar el navío en buen estado de navegabilidad en el lugar y fechas convenidos, y, mantenerlo en tal estado durante la duración del contrato de fletamento.

El buque debe obedecer las órdenes del fletador en lo relativo a la gestión comercial, dentro de los límites fijados en el contrato.

En caso de pérdida o daño sufrido por el fletante, cuya causa directa es una orden del fletador, este debe indemnizar al fletante. Los gastos de explotación comercial son a cargo del fletador.

El fletador debe pagar el flete convenido por mensualidades adelantadas; esta solución puede ser confirmada por el contrato, cuyas previsiones son a menudo muy detalladas y son objeto de una jurisprudencia abundante. El asunto se ha presentado, sin ser definitivamente resuelto, por las deducciones que podría hacer el fletador en razón de la inejecución por el fletante de sus obligaciones contractuales. Por otra parte, no cabe ninguna duda que no se debe el flete por los períodos, normalmente de más de veinticuatro horas, durante las cuales el navío es incapaz de prestar el servicio comercial, siempre dentro de los límites del contrato, exigidos por el fletador.

En cuanto a las averías comunes, en la práctica, la «*Common Law*» cede el paso al régimen convencional, bien conocido en Francia, que lleva el nombre de Reglas de *York* y de *Amberes* (edición 1974).

250. – El fletamento por viaje: En virtud del fletamento por viaje, el fletante pone a disposición del fletador durante uno o varios viajes, mediante el pago del flete calculado sobre el volumen, peso o unidades de mercancía a transportar. El fletante conserva la gestión náutica y comercial del navío.

El fletante debe poner una diligencia razonable para presentar en el lugar y en la fecha convenidos un navío en buen estado de navegabilidad con vista a las operaciones previstas en el contrato de fletamento, teniendo en particular cuenta del viaje y de las mercancías de las que se trata. La carga se efectúa de acuerdo a los usos del puerto. El fletante debe llegar al destino siguiendo la ruta habitual y conservar las mercancías durante el viaje: según la «*Common Law*», estas son obligaciones de resultado, que en los contratos-tipo se convierten, según la jurisprudencia, en obligaciones de medio o de diligencia razonable.

Normalmente, el capitán está obligado por el contrato a firmar los conocimientos de embarque, que son presentados por el fletador y que dan testimonio del cargamento de las mercancías en el navío, salvo la posibilidad para él de asentar reservas, si tiene razones serias para dudar de la exactitud de las menciones contenidas en el conocimiento de embarque.

La carga y descarga de mercancía se realiza a costas del fletador, que debe poner a bordo las mercancías del género y la cantidad descritos en el contrato de fletamento. El fletador está obligado a procurar un puesto en los muelles o un amarraje en los puestos convenidos. El tiempo destinado a descargar es regulado por el contrato de fletamento o, en su defecto, según un plazo razonable. En caso de excederse de los plazos así computados, el fletador debe pagar la sobre estadía.

Debe pagar el flete convenido contra entrega de las mercancías, aun en mal estado, bajo reserva de reclamar eventualmente los daños y perjuicios al fletante, quien será responsable salvo casos expresamente exceptuados.

251. – Los transportes bajo conocimiento: La mayor parte de los transportes marítimos bajo conocimiento están sometidos a la Convención de Bruselas de 1924 *(«Hague, Rules»)*, puesta en vigor en la *«Carriage of Goods by sea Act» de 1971;* esta ley se aplica no solo en caso de transporte internacional *(artículo x);* sino también al cabotaje *(Act. s.l.* Este régimen es el del protocolo de 1968 *(«Hauge-Visby Rules»)* que contiene modificaciones a la Convención de Bruselas. Sabemos que la convención fue concluida «para la unificación de ciertas normas sobre conocimientos de embarque»; no se trataba de una obra de codificación completa. La convención se aplica en el marco de la *«Common Law»*.

En primer lugar, es al destinatario al que incumbe la prueba de que el transportista no ha entregado las mercancías según las menciones del conocimiento de embarque (la condición aparente, la cantidad, las marcas principales), menciones exigidas por la Convención. Toca entonces al transportista alegar una excepción reconocida por la Convención *(art. IV); o* avería de las mercancías. Excepcionarse no significa necesariamente aportar la prueba de su diligencia; no es sino demostrar la causalidad adecuada de un suceso particular. Si el transportista ha logrado interponer una excepción reconocida por la Convención, corresponde al destinatario probar la falta de diligencia de los empleados del transportista. Hecho esto, el transportista se defiende en última instancia invocando la prescripción o la limitación monetaria calculada según el peso o la unidad de la carga.

En lo que concierne al traspaso del conocimiento de embarque por el cargador al destinatario, debemos dirigimos a la *«Bills of Landing Act» de 1855,* todavía en vigor a pesar de sus defectos aparentes y que se aplica a la luz de la jurisprudencia más reciente. La transferencia se hace según la intención del cargador, de la cual el endoso hace prueba.

252. – El Seguro marítimo: El Código de Seguro marítimo se encuentra en la *«Marine Insurance Act» de 1906,* cuyo apéndice contiene la célebre póliza *SD de Lloyd,* empleada desde 1779, pero reemplazada en 1982 por las nuevas cláusulas llamadas *«Institute Clauses» de 1982.* Los principios fundamentales del *«Act»* son los del derecho de los seguros terrestres. Pero hay que subrayar ciertas diferencias en relación al cálculo de la indemnización y el interés legítimo.

Este régimen, dirigido sobre todo a los transportes marítimos, se adapta al transporte directo por el empleo de las *«Institute Clauses»*, y en particular, por la aplicación de la *«Transit Clause»*.

253. – *Derecho público:* El derecho público que asegura la vigilancia del Estado en cuanto a la seguridad y la higiene de la navegación, así como la reglamentación del trabajo a bordo, se encuentra sobre todo en las *«Merchant Shipping Acts».*

2. EL TRANSPORTE TERRESTRE

254. – *Variedad de regímenes:* En lo que concierne a los transportes combinados o directos, se adapta sea el régimen marítimo, *(supra),* sea el régimen *C.M.R. (infra)* según las necesidades del transporte particular.

Los transportes internos son regulados por los contratos-tipo, sobre todo el de la *«Road Haulage Association»* en caso de transporte por carretera y el del *«Britisb Rail»* en caso de transporte ferroviario. En cuanto a los transportes internacionales que conllevan una etapa marítima, si el siniestro sucede en tierra, están regulados así: los transportes por carretera, por la Convención relativa al contrato de transporte internacional de mercancías por carretera, de 1965. *(C.M.R.),* que tiene fuerza legislativa en virtud de *la «Carriage of Goods my Road Act» de 1965,* y el Transporte Ferroviario por las Convenciones de Berna de 1970 *(C.I.M.* y *C.I.V.)* que reciben aplicación convencional.

Sección 5
EL DERECHO DE SEGUROS

255.— *Fuentes del derecho:* La organización profesional del seguro es el objeto de la *«Insurance Companies Act 1982».* En lo que concierne al contrato de seguro, no hay régimen legislativo, a excepción del seguro marítimo que está sometido a la *«Marine Insurance Act de 1906».* Esta enuncia muchos principios de la *«Common Law»,* pero es delicado saber en qué medida sus enunciados se aplican igualmente a los seguros terrestres.

Presentaremos aquí los grandes principios del derecho de seguros, sobre todo del seguro de bienes y el seguro de responsabilidad civil *(R.C.),* salvo el seguro automotriz obligatorio.

256. – *El interés:* El asegurado es la persona cuyo patrimonio está amenazado por el riesgo cubierto: el derecho exige un interés legítimo *(«insurable interest»),* es decir, una relación del asegurado con el objeto del seguro, que la ley reconozca. En el seguro *R.C.,* es suficiente que la responsabilidad civil del asegurado esté establecida. En el seguro de bienes, no es suficiente que el asegurado deba sufrir una pérdida económica en razón del siniestro; hace falta una conexión más estrecha, es decir, que el asegurado tenga un derecho sobre los bienes perdidos, tales como derecho de propiedad, de prenda, etc.

257 – *La declaración de los riesgos asegurados:* Antes de la conclusión del contrato de seguros, corresponde al asegurado hacer una declaración de los riesgos asegurados, es decir, suministrar todos los elementos conocidos por él, que sean de naturaleza a hacer apreciar por el asegurado los riesgos que toma a su cargo. El criterio es la apreciación del asegurador prudente, sea cual sea la opinión del asegurado, la cual sea el consejo del agente del asegurador que presenta la proposición, y sean cuales sean las preguntas formuladas por el asegurador en la proposición de seguro. El error a la reticencia en la declaración, aun si el asegurado no es de mala fe, comporta la nulidad del contrato de seguro, sea cual sea su importancia. Se trata de una regla más severa que la establecida en Francia por el artículo L.113.4 del

Código de Seguros. En especial, en Inglaterra se desconoce la reducción de la indemnización en relación a la prima efectivamente pagada y la que hubiese debido pagarse si el riesgo hubiese sido declarado correctamente. En las sucesivas renovaciones del contrato de seguros el asegurado debe declarar, en las mismas condiciones si es el caso, las agravaciones del riesgo surgidas durante la vigencia del contrato. Esas reglas son objeto actualmente de un proyecto de ley que trata de atenuar su rigor, sobre todo en relación a los consumidores.

258. – La conclusión del contrato: La proposición del seguro, rellenada y firmada por el asegurado y entregada al asegurador no es más que un ofrecimiento de contratar. Si el asegurador acepta cubrir el riesgo, el contrato se forma sin formalidades obligatorias, salvo estipulación contraria del asegurador. En todo caso, el asegurador entrega una póliza de seguro que prueba la existencia y las estipulaciones del contrato, sin que se exija la firma del asegurado. Puede suceder que el asegurador subordine el inicio de la cobertura al pago de la primera prima. Si no, el seguro es efectivo desde la conclusión del contrato o en la fecha que este señale.

Salvo estipulación en contrario, el derecho no reconoce causa de resolución unilateral del contrato. La cobertura termina al final del término estipulado, o, si el objeto del seguro es destruido, al momento del siniestro. El caso de la inejecución de sus obligaciones por el asegurado es distinto: esta conlleva la resolución judicial provocada por el asegurador antes del fin del período de cobertura.

259. – Las estipulaciones del contrato: Entre las estipulaciones del contrato de seguro hay que señalar la distinción entre aquellas (condiciones resolutorias) que tienen por objeto una variación en la situación del riesgo, y las que establecen la naturaleza y extensión del riesgo cubierto, englobando, sobre todo, los riesgos excluidos, sean las exclusiones legales, sean las exclusiones convencionales.

Las partes son libres de determinar la extensión de la cobertura, sea mediante cláusulas positivas que enuncien los riesgos cubiertos, sea mediante cláusulas negativas, es decir, exclusiones convencionales.

Las exclusiones legales dependen del orden público, cuya interpretación por los tribunales es difícil de prever.

Podemos afirmar la exclusión legal del seguro de responsabilidad civil (salvo en caso de seguro de automóviles) en caso de crimen intencional cometido por el propio asegurado. Tal vez sería distinto en caso de crimen cometido por alguien de quien el asegurado sea responsable. Fuera del campo de las infracciones penales, no hay ninguna razón de principio que prescriba el aseguramiento de un siniestro producido por el hecho doloso o intencional del asegurado, con tal que la intención no haya nacido desde la conclusión del contrato de seguro. En realidad, estos sucesos son objeto de exclusiones convencionales, sobre todo en caso de seguro de bienes.

Las condiciones resolutorias tienen por objeto que se mantengan las circunstancias que impiden la agravación del riesgo. Las agravaciones temporales (por ejemplo: la no ocupación de un inmueble) son objeto de exclusiones convencionales, pero la agravación permanente permite al asegurador pedir la resolución del contrato. Sin embargo, sucede que a menudo algunos cambios temporales de la situación (por ejemplo, el no respeto de una medida de prevención estipulada) sean tenidas por el contrato como causas de resolución. Además, a pesar de la naturaleza esencial de esas condiciones la jurisprudencia precisa que liberan al asegurador de la garantía, aun si en el caso, la condición no tiene ningún efecto ni sobre la pérdida ni sobre el riesgo.

260. – La indemnización: El asegurado está obligado a dar aviso al asegurador de todo siniestro de naturaleza a acarrear la exigibilidad de la prestación ofrecida dentro del plazo estipulado en el contrato y, a falta de tal estipulación, dentro de un plazo razonable. El plazo razonable se aprecia sobre todo según el conocimiento del siniestro por parte del asegurado y según el interés del asegurador de hacer una investigación sobre el siniestro y reducir los efectos del mismo.

El asegurado debe establecer que ha sufrido un perjuicio causado por siniestro cubierto por el contrato de seguro. La obligación del asegurador es el pago del siniestro según el principio indemnizatorio, que supone una correcta evaluación del perjuicio.

El asegurador que ha pagado la indemnización del seguro se subroga hasta concurrencia de esta indemnización en los derechos y acciones del asegurado en contra del tercero responsable, teniendo en mente, sobre todo, un delito que produzca sus efectos sobre los bienes asegurados. Es una condición de la cobertura que el asegurado no cause la pérdida del derecho de subrogación que se otorga al asegurador.

En caso de infraseguro, es decir, cuando la suma asegurada es inferior al valor asegurable del riesgo, el asegurado se convierte en su propio asegurador por el excedente del valor asegurable sobre la suma asegurada.

En caso de seguros multiples acumulativos, es decir, cuando se toman varios seguros sobre el mismo riesgo al mismo tiempo, el asegurado debe notificar a cada asegurador, pero tiene el derecho de hacerse indemnizar al daño sufrido por uno solo de ellos. Este irá contra los otros aseguradores para hacerse reembolsar en proporción a las sumas aseguradas: es la repartición proporcional de la indemnización entre los aseguradores.

CAPÍTULO VII
COMPETENCIA Y PRÁCTICAS COMERCIALES RESTRICTIVAS

Por R. G. Fentiman

261.– *Las fuentes del derecho:* En derecho inglés, la reglamentación legal de la competencia es el resultado, por una parte, de la acción de los tribunales en el marco de la *Common Law y* por otra, de la intervención del legislador.

En *Common Law,* la cláusula de un contrato cuyo objetivo es la restricción de la libertad económica de las partes podría resultar nula en virtud de la doctrina contractual de la restricción a la libertad de comercio *(restraint of trade).* Un convenio cuyo fin sea el de perjudicar los intereses económicos de un tercero también podría justificar una acción judicial como constitutiva de una falta civil. Mas la *Common Law* ha resultado ser un sistema limitado e ineficaz para el control de las prácticas competitivas. En particular, los tribunales no están muy dispuestos a proteger solo los derechos privados individuales. Tienden a evitar la revisión de estos asuntos complejos relativos al interés público y a la reglamentación de la competencia que, finalmente, en este campo deben ser tomados en consideración.

Por esta razón, a partir del final de la segunda guerra mundial, se desarrolló un régimen de normas legales complejo y cuya orientación era el interés general, para enfrentar los problemas de la competencia comercial.

Este régimen es de naturaleza mucho más administrativa que judicial, con el fin de enfrentar la reticencia judicial con respecto a las apreciaciones del interés general. Así mismo, está sometido al control estricto del gobierno en el poder, ya que la ley le otorga un papel preponderante al Secretario de Estado para la Industria y a los otros ministros interesados. De hecho, cada vez más, las normas legales no representan más que la estructura por medio de la cual la política comercial del gobierno se transmite al mercado y dentro del marco de la cual se elaboran arreglos en su mayoría oficiosos entre los correspondiente departamentos administrativos y los comerciantes. En general, se puede decir que las normas legislativas tienen una importancia práctica mayor que las reglas del *Common Law,* empero constituyen por sí mismas un simple marco formal dentro del cual se ha desarrollado un conjunto de prácticas administrativas. Además, este campo parece ser el testimonio de la reticencia general que tienen los hombres de negocios a litigar, por lo menos en el caso de que pudieran verse acusados de haber actuado incorrectamente. Sin embargo, sigue siendo importante establecer la posición general del derecho inglés en materia de competencia.

Por lo tanto, a continuación vamos a examinar las normas del *Common Law,* adoptadas por el legislador, y luego procederemos a una discusión sobre las relaciones entre el derecho de competencia del Reino Unido y el de la Comunidad Europea.

Sección 1
LA RESPUESTA DEL *COMMON LAW*

262. – Los dos fundamentos de su intervención: Tradicionalmente, el *Common Law* adopta una posición tolerante y laxista con respecto a la competencia económica.

Esta actitud general se resume en dos proposiciones. En primer lugar, una cláusula contractual cuyo objetivo sea la restricción de la libre competencia será anulada a menos que se pruebe que es razonable y que no va a perjudicar el interés público. En segundo lugar, la asociación de dos o varias personas para perjudicar el comercio de un tercero puede dar lugar a una acción por daños y perjuicios en la medida en que la víctima sufre un daño, a menos que se establezca que el objetivo real de esta asociación era la de defender los intereses económicos de los participantes.

La primera proposición compete al derecho de contratos. En ella está encerrado el fundamento de la doctrina contractual de la restricción de comercio *(doctrine of restraint of trade).* La segunda proposición es la consecuencia del delito civil de conspiración delictuosa *(tort of conspirancy).* Se trata de un delito civil en el que existe un acuerdo para perjudicar los intereses de un tercero. Cada una de estas doctrinas se desarrollaron de manera independiente, y la jurisprudencia de las cuales han sido objeto responden a situaciones muy diferentes. A continuación estudiaremos cada una de estas doctrinas.

1. UNA RESPUESTA CONTRACTUAL: LA DOCTRINA DE LA RESTRICCIÓN A LA LIBERTAD DE COMERCIO

263.– Definición: Esta doctrina puede describirse en términos simples, y sin duda simplistas, de la siguiente manera: cuando un contrato contiene una cláusula destinada a restringir la libertad de comercio de una de las partes, la cláusula es en principio inejecutable. Únicamente tiene fuerza obligatoria si es razonable tomando en consideración el interés público y el de las partes[1].

No obstante, es necesario señalar que solo en caso de que una u otra parte desee escapar a la restricción se planteará el asunto ante un tribunal[2]. Una cláusula que restringe la libertad de comercio puede ser legalmente impugnada solo a petición de la parte descontenta. Se puede dar un ejemplo sencillo de la utilización de la doctrina. El vendedor de un fondo de comercio se compromete con el comprador a no establecer, después de la venta, un comercio competidor. En tal caso, la posibilidad para el comprador de obtener un embargo para asegurar el respeto de la cláusula o para obtener daños y perjuicios por el daño causado no se decreta si el vendedor puede demostrar que había una concusión ilícita a la libertad de comercio.

264.– Dificultades: Sin embargo, esta explicación tradicional de la doctrina es simplista e ineficaz, ya que es imprecisa en un sinnúmero de aspectos y no concluye en nada importante.

---

1 *Nordenfelt,* v. *Maxim Nordenfelt Guns and Ammunition Company Ltd.* (1894 A.C. 535.
2 *Esso Petroleum Co., Ltd.* v. *Harper's Garage* (1968) A.C. 269, 297.

Por ejemplo, no se puede saber a ciencia cierta si la doctrina se aplica a todos los tipos de contratos o solo a algunos. Tradicionalmente, los fallos pronunciados no se referían sino a ciertos tipos de contrato, empero no existe una razón de principio como para que ello sea así.

Además, es posible que una de las partes basándose en una cláusula pueda sostener que ninguna actividad comercial no ha sido o será limitada. Esto constituye un asunto difícil, la que a veces no es posible dar respuesta alguna.

Por encima de todo, saber si una restricción alegada es razonable constituye un asunto que tiene que ver, totalmente, con el poder discrecional del tribunal. Como se podía esperar de ello, la incertidumbre total del criterio de la espera fue reconocida por los jueces: «a menudo (y a veces sin percatarse de ello) el *Common Law* se desarrolló en la ambigüedad y sería un error, aun si ello fuese posible, tratar de fijar en proposiciones claras las reglas de tal o cual aspecto de interés general»[3].

En presencia de tal indeterminación, consciente y pragmática de parte de los tribunales, es necesario preguntarse cuáles son en la práctica, los principios que inspiran las decisiones judiciales con respecto a las restricciones a la libertad de comercio. La aplicación de la doctrina está prácticamente limitada de dos maneras: por consideraciones procesales y por preferencias judiciales.

A. *Procedimiento: Materia de prueba*

265. – El principio: Se ha establecido que a la parte que invoca una cláusula que restringe la libertad de comercio le corresponde probar su carácter razonable[4]. Si se proporciona esta prueba, la parte que impugna la cláusula deberá, sin embargo, demostrar que va en contra del interés público[5]. En definitiva, este sistema aventaja a los que invocan las cláusulas que restringen la libertad de comercio. Los tribunales, de hecho, por lo general dudan en declarar que ciertas convenciones, en apariencia concluidas libremente, puedan no ser de interés para las partes. Además, la reticencia de los tribunales a dilucidar la cuestión del interés público disminuye las oportunidades de la parte que impugna la cláusula.

266.— *Sus consecuencias:* Así descrita, la doctrina de la restricción a la libertad de comercio favorece a aquellos que invocan las cláusulas que restringen la libertad de comercio y favorece la libertad de contrato específicamente la libertad de comercio; la misma permite establecer un mercado sin control, teniendo como posible y paradójico resultado la disminución efectiva de la competencia. Sin embargo, esta descripción se debe atenuar bajo dos puntos de vista. En primer lugar, existen indicios que revelan que los tribunales se vuelven más sensibles a las situaciones en las cuales se puede poner en duda la realidad del consentimiento de una parte a una cláusula restrictiva. Ahora, están más dispuestos a dictaminar que una cláusula restrictiva no se concluye en interés de ambas partes[6]. Por otra parte, apartando las relaciones vendedor-comprador y patrono-empleador en torno a los cuales la doctrina se ha desarrollado, existe una tendencia creciente a interesarse por la cuestión del interés público[7]. En la medida en que se aplican estos puntos de vista, el equi-

---

3 *Esso Petroleum Co., Ltd.* v. *Harper's Garage, Ltd.* (1968) A.C. 269, 331.
4 *Herbert Morris Ltd. v. Saxelby* (1916) A.C. 688, 7007.
5 *Wyatt* v. *Kreglinger & Fernau* (1933) 1 K.B. 793.
6 *A Schroeder Music Publishing Co. Ltd.* v. *Macaulay* (1974) 1 W.L.R. 1308.
7 *Ibíd.*

librio de los intereses en los casos de restricción le es favorable a la parte que busca escapar a la restricción. En esta medida, la common law podría favorecer el control del mercado en interés de la libre competencia.

B. *Las preferencias de los jueces: la libertad contractual y los derechos adquiridos*

267. – *La libertad contractual:* En general, la doctrina de la restricción a la libertad de comercio se aplica para hacer valer el ideal de la libertad contractual. Es conforme al principio según el cual los tribunales no intervienen en la ejecución de los contratos concluidos libremente. Esta concepción puede perjudicar la parte sometida a la restricción.

En estos últimos años, este enfoque se ha atenuado, conformemente a la tendencia general del derecho de los contratos ingleses a proteger las partes contratantes más débiles al poner más fácilmente en tela de juicio la realidad del consentimiento. En el caso *Schroeder V. Macaulay*[8], un joven aspirante compositor de canciones aceptó trabajar para algunos editores de música. El acuerdo era muy disparejo: durante cinco años el compositor debía trabajar exclusivamente para los editores y, sin embargo, los editores no tenían ninguna obligación de utilizar sus obras y podían concluir la convención después de un breve preaviso. La Cámara de los Lores rechazó aplicar el contrato, por considerar que se trataba de una restricción a la libertad de comercio. La severidad de los términos del contrato y la posición débil del compositor en relación a la de los editores mostraba que la convención «no se había celebrado libremente entre las partes en plan de igualdad»[9]. Parece ser que, así como una restricción libremente aceptada es razonable, de la misma forma un convenio no equitativo es desrazonable. En ambos casos, saber si se puede admitir una limitación de la competencia no depende si se toma en consideración una política de la competencia, sino del ideal de la libertad contractual.

268. – *Los derechos adquiridos:* Así mismo, los jueces ingleses han mostrado su preferencia por el reconocimiento de los derechos adquiridos. Las tres situaciones siguientes son ejemplo de ello: cuando un empleado se compromete a no divulgar informaciones consideradas confidenciales por su patrono, tales como secretos de fabricación e informaciones sobre sus relaciones comerciales[10]; cuando un vendedor de un fondo de comercio conviene con el comprador en no hacerle competencia para no explotar la clientela de dicho fondo[11]; y cuando un acreedor hipotecario busca preservar su seguridad al imponer condiciones severas al deudor[12]. En cada una de las situaciones, los tribunales tienden a constatar que la cláusula restrictiva es razonable y ejecutoria, ya que defiende lo que ellos consideran como un derecho adquirido del beneficiario de la convención.

En conclusión, es evidente que los tribunales no han establecido, a través de la doctrina de la restricción a la libertad de comercio, una teoría coherente sobre la competencia desleal. Ello por dos razones: en primer lugar, la doctrina se desarrolló a partir de un análisis caso por caso, y se pensó que situaciones, de hecho, diferentes ocasionarían problemas particulares. Por otra parte, como se mencionó,

---

[8] V. *supra*, p. 263, nota 6.
[9] *Ibíd.*, p. 1314.
[10] *Printers & Finishers Ltd.* v. *Holloway* (1965) 1 W.L.R. 1.
[11] *Wyatt* v. *Kreglinger & Fernau* (1933) 1 K.B. 793.
[12] *Texaco-Ltd.* v. *Mulberry Filling Station Ltd.* (1972) 1 W.L.R. 814.

los tribunales se preocuparon por defender los derechos individuales, derechos contractuales o cuasireales. No consideraron asuntos de más interés general o los intereses colectivos de los asuntos.

2. CONCUSIÓN DELICTUOSA Y COMPETENCIA COMERCIAL

269. – El delito y sus elementos: En derecho inglés el delito de concusión *(conspirancy)* es el medio técnico por medio del cual la competencia comercial puede ser objeto de una acción judicial. Constituye una concusión susceptible de una acción judicial toda asociación de personas cuyo «verdadero objetivo... es el de causar daños a otros y no servir de buena fe a los intereses legítimos de los que se asocian»[13].

El derecho que rige la responsabilidad que resulta de una concusión delictuosa toma en consideración cinco elementos: el acuerdo, la intención, el perjuicio, la carga de la prueba y la justificación. La exigencia de un acuerdo significa que dos o varias personas han debido ponerse de acuerdo para causar un daño. La existencia de dicho acuerdo es una cuestión de hecho y no se establecerá por un simple comportamiento uniforme. La intención es un concepto que escapa, pero es evidente que se debe probar en el tribunal que el objetivo principal de la asociación era perjudicar al demandante. El perjuicio es evidentemente esencial; un acto manifiesto que ha ocasionado daño debe ser probado. En cuanto a la carga de la prueba, normalmente se considera que, en los casos de concusión delictuosa, el demandante debe probar la existencia de la asociación, así como demostrar que esta se constituyó para perjudicarlo[14]. Es posible para los autores de la concusión establecer una justificación de sus actos. De hecho, la justificación es el nervio del delito de concusión. En el contexto de la competencia comercial, a pesar de que los jueces tengan un lenguaje diferente, está claro que los comerciantes son legalmente libres de actuar para defender sus intereses económicos[15], Es, por supuesto, un asunto difícil, en los casos individuales, saber si la salvaguarda de tales intereses justificaban sus actos.

270. – Una decisión fundamental: Mogul Steamship o. Ltd. v. McGregor, Gow and Co.[16], es un caso viejo, pero clásico, que hace referencia a una supuesta concusión comercial delictuosa. Varias compañías marítimas transportaban té entre china e Inglaterra, durante el año. Una compañía de la competencia aseguraba el transporte marítimo hacia Australia, pero durante el período más rentable de la cosecha de té, desviaba sus buques hacia China. El primer grupo de compañías le concedió a las personas que utilizaban sus buques una remesa de forma exclusiva, para, de esa manera, garantizarse el comercio de té. Reducían las tarifas de transporte y enviaban uno de sus buques a China cada vez que la compañía competidora hacía lo mismo. Dicha compañía intentó una acción por daños y perjuicios ante los tribunales ingleses. Esgrimió el hecho de que la concusión llevada a cabo por el primer grupo de compañías con el fin de mantener su comercio, constituía una restricción abusiva a la libertad de comercio *(undue restraint of trade).* Ella concluía que la concusión era ilegal y que tenía derecho a daños y perjuicios por los reveses que había sufrido. Unánimemente, la Cámara de los Lores declaró que la concusión no era ilegal, al

[13] *Crofter Hand Woven Harris Tweed Co. Ltd.* v. *Veitch* (1942) A.C. 435, 443.
[14] *Ibíd.,* p. 459, 471-472.
[15] *Sorrell* v. *Smith* (1925) A.C. 700.
[16] (1892) A.C. 25.

tiempo que confirmaba que el derecho de los contratos según el cual un acuerdo que perjudica la libertad de comercio no puede ser la causa de una ejecución forzosa.

271. – *Sus consecuencias:* En el marco de las concusiones comerciales, el análisis hecho en el caso *Mogul* tuvo las siguientes consecuencias. Cuando haya comerciantes oponentes y cada uno trate de realizar sus propios intereses económicos, se les reconoce la posibilidad de tomar las medidas propias para salvaguardar sus intereses. Una concusión constituida para hacer fracasar a los competidores a través de una política de reducción de precios sería lícita[17], así como la elaboración de una lista negra para hacer respetar una política de mantenimiento de los precios al detal[18]. Así mismo, legalmente se justifica exigir una compensación para evitar el boicoteo[19] o la amenaza de interrumpir los envíos de ciertos proveedores[20].

Las decisiones que están relacionadas con las concusiones delictuosas frecuentemente son largas y complejas. Ello debido a la dificultad que existe para aplicar el criterio relativamente establecido de la responsabilidad a situaciones de hecho complicadas. Un punto general parece, sin embargo, claro: es intencionalmente que los tribunales rechazan perderse en consideraciones de interés general, que consideran no ser de su competencia. Como Lord Justice Fry dijo en el caso *Mogul:* «establecer una frontera entre la competencia leal y la competencia desleal, entre lo que es razonable y lo que no lo es, va más allá de los poderes de los tribunales»[21]. Parece ser que los tribunales están dispuestos a apoyar los intereses de la libre competencia, empero no están dispuestos a utilizar el instrumento de la concusión delictuosa para hacer una distinción entre la competencia leal y la competencia desleal. Un comerciante es libre, solo o junto con otros, de hacer lo que desee para aumentar sus beneficios económicos, aun si el resultado significará una pérdida para otros. Por lo tanto, no es de sorprenderse que la intervención jurídica más efectiva en el campo de la libre competencia sea de naturaleza legislativa.

Sección 2
EL MARCO LEGISLATIVO DE LA INTERVENCIÓN

272. – *La filosofía del legislador:* Como se ha podido ver, el enfoque de la common law en lo que respecta la competencia desleal es laxista y abstencionista. Después de la época de la guerra, marcada por la cooperación y la intervención gubernamental en la economía, resultó necesario y posible legislar en este campo. Un informe gubernamental de 1944 estableció la política en vigencia, desde entonces, es el derecho inglés. Dicho informe rezaba: «En estos últimos años se ha podido observar una tendencia creciente de las concusiones y de los acuerdos, tanto nacionales como internacionales, por medio de los cuales los fabricantes han tratado de controlar los precios y la producción, repartirse los mercados y fijar las condiciones de venta. Tales acuerdos o conclusiones no van necesariamente en contra del interés público, pero tienen la posibilidad de hacerlo. Por lo tanto, el gobierno buscará el poder de informarse sobre el alcance y los efectos de los convenios restrictivos, así como de las actividades de las condiciones; también buscará el poder de tomar las

[17] *Ibíd.*
[18] *Ware & de Freville* v. *M.T.A* (1921) 3 K.B. 40.
[19] *Thore* v. *M.T.A.* (1937) A.C. 797.
[20] *Sorrell* v. *Smith* (1925) A.C. 200.
[21] (1889) 23 Q.B.D. 598, 65-66.

medidas necesarias para obstaculizar las prácticas que puedan aventajar los intereses de producción sectoriales, pero que podrían perjudicar a todo el país»[22].

En consecuencia, la intervención reemplazó a la abstención, y la protección del interés público substituyó la salvaguardia del principio de la libertad contractual. Específicamente, el *Restrictive Practices Act 1956* introdujo un sistema de registro y examen de las convenciones relativas a los bienes mobiliarios por la *Restrictive Practices Court.* El *Resale Prices Act 1964* extendió, esencialmente, el mismo régimen a los precios de reventa impuestos. El *Monopolies and Mergers Act 1965* previo el control de las fusiones entre compañías. En la actualidad es el *Resale Prices Act 1976* que contiene el derecho de los precios impuestos. El derecho de los acuerdos restrictivos concernientes a los bienes y servicios fue reestructurado en el *Restrictive Trade Practices Act 1976;* recibió importantes enmiendas del *Competition Act 1980.*

El régimen legal de las reglas que rigen la competencia se puede describir de la manera siguiente:

1. EL CONTROL DEL PODER DE MONOPOLIO

273.– El problema de la empresa dominante: La legislación está esencialmente orientada hacia el problema de la empresa dominante, empresa que en razón del lugar que ocupa en el mercado es capaz de comerciar sin considerar las fuerzas presentes en el mercado y las reacciones de sus clientes y competidores. El poder económico de la empresa dominante está sometido al control de la Comisión de los monopolios *(Monopolios Commission).* Se trata de un órgano creado por la ley e investido de poderes que en la actualidad le son reconocidos en la parte cuarta del *Pair Trading Act 1973.* Cuando el director general del servicio del *Pair Trading* o el ministro de comercio consideran que existe un monopolio en un mercado específico, someten el asunto a la Comisión de monopolios, la cual decidirá, entonces, si existe un monopolio. En términos generales, un monopolio existe cuando el 25% o más del mercado en cuestión es detentado por una persona o un grupo de compañías. Si la Comisión decide que existe tal monopolio, esta determina si esta situación es contraria al interés público. El artículo 84 del *Pair Trading Act 1973* exige que la Comisión tome en consideración, en su búsqueda del interés público, todos los elementos que le parezcan pertinentes en circunstancias particulares. Específicamente, la Comisión debe considerar los siguientes objetivos:

a) asegurar una competencia efectiva dentro del Reino Unido;

b) promover los intereses de los consumidores y de los compradores de bienes y servicios en cuanto al precio, la calidad y la diversidad de los bienes y servicios;

c) estimular la baja de los precios, el desarrollo de nuevas técnicas y nuevos productos, y facilitar la entrada de nuevos competidores en los mercados existentes;

d) asegurar una repartición equilibrada de la actividad industrial y del empleo en todo el Reino Unido;

e) hacer de manera que los productores de bienes tengan una actividad competitiva en los mercados existentes fuera del Reino Unido, y que los distribuidores de bienes y servicios sean competitivos dentro del Reino Unido.

---

22 *1944 White Paper on Employment Policy,* par. 54.

Cuando la Comisión reconoce la existencia de un monopolio que va en contra del interés público, esta tiene el poder de declarar ilegal dicha actividad de monopolio. A este respecto, los poderes de la Comisión están enumerados, detalladamente, en el anexo 8 de la ley de 1973.

Es importante observar que la Comisión no se interesa en las actividades de las compañías o de las personas. Examina la producción y la distribución de un producto específico. Se interesa en bienes particulares o servicios, y no en los individuos o su conducta.

274. – Ejecución del principio: Es difícil presentar puntos de vista generales en cuanto a la actitud de la Comisión o en cuanto a los criterios que adopta para apreciar el interés público. Su concepción es flexible y sus decisiones solo atañen las circunstancias particulares de los negocios individuales. Rara vez se expresa en forma general sobre la oportunidad de las prácticas competitivas. Sin embargo, de manera muy general, se puede decir que la Comisión está poco dispuesta a declarar que el dominio de una empresa en el mercado es contrario al interés público. No lo hará, sin duda, a menos que dicho dominio tenga como consecuencia excluir del mercado a empresas igualmente eficaces. La plasticidad de este enfoque responde, totalmente, a la política del legislador que consiste en darle una flexibilidad deliberada a los criterios que determinan el interés público.

2. EL CONTROL DE LAS FUSIONES DE COMPAÑÍAS

275. – La noción de fusión: Específicamente, en derecho inglés, una compañía efectúa una fusión con otra cuando adquiere todas sus acciones. Sin embargo, la flexibilidad del derecho inglés de las compañías permite disponer de medios diferentes, menos directos, para llegar a ese resultado. Por ejemplo, la compañía X puede emitir acciones y canjearlas por las acciones de la compañía Y. La compañía Y puede continuar explotando sus negocios, por separado, o puede transferirle sus activos a X, para luego ser liquidada y dejar de existir. De forma más sutil, dos compañías que tengan la intención de fusionarse, podrían ponerse de acuerdo para crear una tercera compañía, conocida bajo el nombre técnico de compañía holding. Una vez creada la compañía *holding,* los accionistas de la compañía X y los de la compañía Y pueden intercambiar sus acciones por las del *holding.* La técnica de la creación de un *holding* es un medio ordinario y flexible de unir los intereses de compañías separadas. Tomando en consideración los medios indirectos existentes para unir el poder de las compañías, el derecho inglés adopta una concepción muy amplia del concepto «fusión» *(merger).* Específicamente, la definición de una fusión sometida al control legal está incluida en el artículo 64 del *Fair Trading Act 1973.* En este artículo se dispone que la Comisión podrá examinar una situación en la que:

a) de hecho o posiblemente dos o más empresas, siendo una de ellas explotada en el Reino Unido o trabajando por control o bajo el control de una compañía del Reino Unido, hayan «dejado de ser empresas distintas»;

b) o el valor de los activos absorbidos es superior a 15 millones de libras, o bien existe una situación de monopolio relativa a la distribución o adquisición de bienes o servicios que se crea o se refuerza luego de la fusión.

El artículo 65(1) de la ley de 1973 definió la expresión «una compañía que ha dejado de ser una empresa distinta» de la manera siguiente:

> ...dos empresas cualesquiera serán consideradas como que han dejado de ser empresas distintas si

a) pasan a ser de propiedad común o a estar bajo un control común...

b) o.... dejan de ser explotadas por completo luego de convenios o arreglos tomados para impedir la competencia entre ellas.

276. – Mecanismo de control: En el marco de esta definición amplia, el *Fair Trading Act 1973* controla las fusiones entre las compañías de la manera siguiente. Las fusiones entre los periódicos necesitan casi siempre del acuerdo de la Comisión. En otros campos, el Ministro de comercio puede someter una fusión para que sea examinada por la Comisión, dentro de los seis meses de la fusión. Una práctica corriente es la de notificarle al ministro las fusiones importantes antes de que se realicen. Ello permite darle una respuesta rápida e informal al asunto de saber si la fusión debe someterse a la Comisión. Aproximadamente el 3% de las fusiones realizadas en el Reino Unido se someten a este examen, a pesar de que un número mucho mayor caigan bajo la acción del artículo 64 de la ley de 1973.

Una vez que se ha sometido un asunto a la Comisión, el Ministro de comercio puede impedir que la fusión se lleve a cabo esperando el resultado de la investigación realizada por la Comisión. Si una fusión entra dentro del ámbito de aplicación del artículo 64, la Comisión decidirá si la misma perjudica el interés público. Al pronunciar su decisión, la Comisión se inspira en el artículo 84 de la ley de 1973, como si estuviera investigando un eventual monopolio. Si la Comisión considera que la fusión va en contra del interés público, el Ministro puede impedir que se realice aplicando el artículo 73 y el anexo B, párrafo 12, de la ley de 1973. Cuando una fusión prohibida ya tuvo lugar, el Ministro puede ordenar un «renunciamiento», un «desposeimiento» *(divestiture)* luego del cual se desmantelará la fusión.

277.– *Ejecución del control:* Es difícil decir, de manera general, cuando una fusión determinada se declarará contraria al interés público. De la misma manera que para el control de poder del monopolio, la Comisión trata de evitar concluir que una fusión deba ser condenada nula. Así, es posible que se permita una fusión porque la misma conduce a una mayor eficacia, a pesar de que implique una reducción considerable de la competencia. Así mismo, por respeto a las «prerrogativas de la dirección» de la empresa nuevamente formada por fusión, a veces la Comisión ha autorizado una fusión tomando como base la palabra empeñada por los participantes, en realidad sin garantías, de que la competencia no será afectada. De hecho, parece ser que, en la actualidad, la política gubernamental está menos orientada hacia el efecto que tienen las fusiones sobre la competencia que sobre la eficacia general de las industrias particulares. La amplitud del poder que tiene la Comisión en cuanto a la apreciación del interés público permite tomar en consideración cuestiones tales como la competencia de la «nueva» dirección de la compañía. Está claro que la Comisión se interesa tanto en la viabilidad comercial de la fusión como en sus posibles efectos sobre la competencia.

3. EL CONTROL DE LAS PRÁCTICAS COMERCIALES RESTRICTIVAS *(RESTRICTIVE TRADE PRACTICES)*

278. – Las prácticas restrictivas: Existe un cierto número de prácticas comerciales ordinarias capaces de reducir la libre competencia. Las empresas que trabajan en el mismo mercado podrían querer establecer acuerdos mutuos destinados a reforzar su situación común. Podrían, por ejemplo, ponerse de acuerdo para que cada una de ellas, únicamente negocie con consumidores o proveedores designados.

Igualmente, podrían convenir en fijar de manera colectiva los precios de sus productos, limitar su producción, o tratar de dividirse los mercados excluyendo a otros competidores potenciales. Tales actividades se conocen en derecho inglés bajo el nombre de prácticas comerciales restrictivas *(restrictive trade practices)* y están sometidas a un control legal.

El derecho actual de las prácticas restrictivas de comercio fue reestructurado en 1976 por el *Restrictive Trade Practices Act*, el *Restrictive Practices Court Act* y el *Resale Prices Act*.

279. – El dispositivo legal: El primero de estos documentos reglamenta las prácticas restrictivas de la manera siguiente. Cuando dos o más personas se ponen de acuerdo para realizar una de las prácticas refrendadas por la ley, los detalles del convenio se someten al Director general del *Fair Trading*. La función del Director es la de tener un registro de todos los convenios que se le someten. Los tipos de convenio a los que se les aplica la ley se definen en los artículos 6(1) y 11(1). El artículo 6(1) somete a reglamentación los convenios:

a) relativos a los precios facturados por bienes o servicios;

b) relativos a los precios que se deben recomendar o sugerir;

c) relativos a las condiciones al término de las cuales se deben proveer o adquirir los bienes;

d) relativos a la naturaleza o a la cantidad de bienes que se van a producir, entregar o adquirir;

e) relativos al procedimiento de fabricación que se va a utilizar; o

f) que limitan el número de personas con las que se va a negociar.

El Director puede dudar si un convenio debe ser registrado o no. En ese caso, él o las partes del convenio pueden llevar el caso a la *Restrictive Practices Court* especializada, para que lo resuelva. En la mayoría de los casos, el Director someterá el convenio, que se le ha notificado, ante el Tribunal para que este decida si la práctica prevista en el convenio va en contra del interés público. Si el Tribunal decide sobre la cuestión afirmativamente, el convenio es automáticamente nulo en cuanto a esta práctica. El Tribunal tiene el poder de prohibirle a las partes que le den curso a su convenio o que establezcan un convenio que tenga el mismo efecto.

280. – El interés público: Los artículos 10 y 19 de la ley le dan al tribunal las indicaciones sobre la manera de decidir si una restricción particular es contraria al interés público. En primer lugar, toda restricción que haya sido objeto de un convenio se considera contraria al interés público, a menos que se establezca una excepción entre las ocho mencionadas por la ley. De las ocho excepciones posibles, dos son particularmente importantes: la que protege las restricciones destinadas a impedir que se le cause un perjuicio al público, y la que permite una restricción que para los consumidores presenta intereses o ventajas importantes (v. *art. 10(1)).*

Seguidamente, el Tribunal debe preguntarse si la restricción en cuestión es razonable, sopesando la razón por la cual figura entre las ocho excepciones y cualquier perjuicio que podría padecer el público en caso de que se autorizaran las restricciones. Durante las dos etapas de la investigación, la carga de la prueba pesa sobre las partes.

281. – *La Práctica:* Entre 1965 y 1982, la audiencia solo conoció dos casos para decidir si una restricción que había sido objeto de un convenio era contraria al interés público. Las partes que corren el riesgo de un proceso pero prefieren arreglar sus asuntos con el fin de evitar la aplicación de la ley por completo, o entonces tratan de persuadir al Director de no llevarla ante el Tribunal. La gran dificultad con la que se ha enfrentado el Tribunal al estatuir sobre cuestiones complejas de política económica, así como la duración y el costo del procedimiento han hecho del recurso al Tribunal algo superfluo. Puede ser que el gran mérito de la ley es que se aplica como medio de prevención más que como un remedio.

El mecanismo anteriormente descrito solo atañe a los acuerdos recíprocos. Por lo tanto, se puede eludir fácilmente la legislación de 1976: ya sea no concluyendo convenio formal alguno, o concluyendo un convenio que únicamente contenga una restricción para una de las partes; por ejemplo, el compromiso que adquiere el vendedor de un fondo de comercio de no hacerle la competencia al comprador, o el de un consumidor de un producto de comprárselo a una sola persona.

4. EL CONTROL DE LAS «PRÁCTICAS ANTICOMPETITIVAS» *(UNCOMPETITIVE PRACTICES)*

282. – *La ley de 1973:* La legislación que hemos examinado hasta ahora estaba destinada a casos particulares de competencia desleal. El artículo 78(1) (b) del *Fair Trading Act 1973* le reconoce al Ministro de comercio un poder general que le permite pedirle a la Comisión que examine el efecto sobre el interés público de «toda práctica que considere... constituya una práctica anticompetitiva», *(«uncompetitive practice»)*. Las prácticas anticompetitivas se definen ampliamente con el fin de incluir cualquier práctica que «tenga como objetivo impedir, restringir o viciar la competencia relativa a toda actividad comercial en el Reino Unido» (v. art. 137(2)). Además del poder general de redactar un informe, también se le puede pedir a la Comisión que examine la oportunidad de cualquier acción que pueda ser necesaria para controlar las prácticas anticompetitivas.

283 – *La ley de 1980:* La política de ampliación del fundamento del control legal de las prácticas anticompetitivas y la tendencia a aumentar el control gubernamental en cuanto a las actividades de mercado fueron confirmadas por el *Competition Act de 1980*. Esta ley reforzó los poderes del Director y de la Comisión para realizar una investigación sobre las prácticas anticompetitivas. Específicamente, autoriza al Director de oficio para abrir una investigación sobre una práctica específica y para que acepte, si es preciso, de parte de la empresa en cuestión un compromiso de renuncia a la práctica. La investigación legal realizada por el Director conlleva dos etapas. El Director puede comenzar una investigación preliminar destinada a determinar si existe verosimilitud de práctica anticompetitiva. Si resulta ser así, puede enviar el caso a la Comisión, o tratar de resolverlo inmediatamente obteniendo un convenio de: contraventor. Durante las dos etapas, el Director puede utilizar sus poderes para evitar los gastos y el retraso inherentes al procedimiento de convocar a la Comisión.

284. —*La práctica:* En la práctica, no es raro que el Director investigue campos que ameritan una indagación de su parte. En general, está en conocimiento de los casos debido a las denuncias de los consumidores y competidores. En la práctica, los poderes que la ley de 1980 le reconoce al Director usurpan la esfera de actividad de la Comisión Europea que actúa en virtud de los artículos 85 y 86 del Tratado de Roma. Es evidente, que en cierto número de casos el Director y la Comisión se

pusieron de acuerdo para que cada organización vigilara diferentes sectores del mercado del Reino Unido.

Las consecuencias más indirectas de los poderes que se le reconocen al Director en virtud de la ley de 1980 serán consideradas a continuación en las conclusiones.

5. EL CONTROL DE LOS PRECIOS IMPUESTOS

285.– La ley de 1976: El control de los precios de reventa impuestos en el Reino Unido está destinado a solucionar dos situaciones ligeramente diferentes. En primer lugar, un fabricante puede exigirle a sus vendedores que no revendan su mercancía por debajo de los precios especificados. Por otra parte, los detentadores de marcas competidoras pueden llegar a un acuerdo para mantener los precios de reventa a un nivel elevado, boicoteando a los vendedores que practiquen precios inferiores al precio especificado. La primera situación es un ejemplo de práctica individual de precios impuestos. La parte II del *Resale Prices Act 1976* anula todos los convenios de este tipo que fije precios, a menos que se refieran a una categoría de bienes que haya sido eximida del control legal por la *Restrictive Practices Court.* En la actualidad, únicamente los medicamentos y los libros escapan al control. La segunda situación es un ejemplo de práctica colectiva de precios impuestos. Esta práctica está prohibida por la parte I del *Resale Prices Act.*

Con el establecimiento del control legal de las prácticas individuales de precios impuestos, las disposiciones relacionadas con la fijación colectiva de precios ya no tienen ningún interés. En materia de práctica individual de precios impuestos, la ley de 1976 anula cualquier cláusula incluida en un contrato de venta de mercancías a un revendedor en la medida en que fija el precio mínimo de reventa de las mercancías. Sin embargo, es lícito fijar precios máximos y sugerir, más que imponer, precios mínimos.

En la práctica son pocos los casos que están sujetos a estas disposiciones. Ya se trate o no de una consecuencia de la legislación adoptada en 1976, en el Reino Unido un fabricante, rara vez, trata de controlar los precios de reventa de sus bienes.

Sección 3
EL EFECTO DEL DERECHO DE LA COMUNIDAD

286.– La superioridad del derecho de la Comunidad: Desde el ingreso del Reino Unido al Mercado Común en 1972, el derecho de competencia de la C.E.E. se superpone al esquema arriba descrito. Las relaciones que existen entre el derecho interno y el de la C.E.E. son las mismas en Inglaterra que las existentes en cualquier otro Estado miembro, y en el presente capítulo no nos proponemos profundizar el derecho de la C.E.E. Él principio consiste en que las normas inglesas que ya existían se mantienen en vigencia, sin embargo, ahora los comerciantes deben respetar al mismo tiempo el derecho inglés y el derecho de la comunidad. Una vez más, a pesar de que la cuestión fue objeto de una discusión clásica y que sigue siendo discutida por los autores, se presume que la reglamentación de la C.E.E. prevalece sobre toda norma de derecho inglés que se contradiga con la misma. Las disposiciones que regulan la cuestión son el artículo 2 del European Communities Act 1972 y el artículo 189 del Tratado de Roma. La primera prevé que cualquier parte del derecho de la C.E.E. que haya sido incorporado al derecho del Reino Unido prevalecerá sobre cualquier disposición contraria al mismo. El segundo decreta que todos los reglamentos tomados por el Consejo de Ministros tendrán una aplicación general, se impondrán y serán aplicables directamente en todos los Estados miembros. Esta cuestión se analiza en profundidad en la introducción del presente libro.

287.— La influencia del derecho de la Comunidad: El derecho de la C.E.E. tiene una influencia práctica en el derecho de competencia del Reino Unido, de tres maneras diferentes. En primer lugar, la filosofía más bien diferente que inspira la concepción europea, normalmente, deberá tener algún efecto en la manera inglesa de concebir la materia. Por otra parte, pueden haber casos en los cuales las funciones administrativas del *Office of Fair Trading* y la Comisión europea tengan una doble función. Se ha visto que ambas instituciones tienden a actuar de común acuerdo. Finalmente, es posible que el derecho de competencia de la C.E.E. sea directamente aplicable ante las jurisdicciones inglesas. Hecho que vamos a verificar al examinar un fallo importante que trata esta posibilidad e ilustra la aplicación en el país sobre la reglamentación de la Comunidad.

288.— Ilustración: El caso *Garden Cottage Foods Ltd. v. Milk Marketing Board*[23] es un hito en la afirmación de que las jurisdicciones inglesas están abiertas a una acción por daños y perjuicios por la violación del artículo 86 del Tratado de Roma. El caso aporta la respuesta de las jurisdicciones inglesas a la concepción desarrollada por la Corte europea de justicia, según la cual el artículo 86 tiene un efecto directo y confiere derechos individuales que se pueden hacer valer ante los tribunales nacionales[24]. El punto de partida de este caso comienza con la decisión tomada por el Consejo inglés del mercado de productos lácteos de limitar las ventas de mantequilla a cuatro distribuidores. Antes de que el Consejo tomara esta decisión, el demandante le había comprado grandes cantidades de mantequilla. Este alegaba que la decisión del Consejo le impedía continuar con sus negocios. Había adquirido el 90% de su mantequilla al Consejo y declaró que no podía comprársela a un precio rentable a otro proveedor. Entabló una acción civil contra el Consejo, pidiendo específicamente daños y perjuicios, basándose en que el rechazo del Consejo de suministrarle mantequilla constituía una violación de las disposiciones del artículo 86. La Cámara de los Lores no declaró, sin equívoco, que el comprador tenía derecho a daños y perjuicios. Sin embargo, a la luz del artículo 2 del *European Communities Act 1972*, la Cámara de los Lores admitió que sería difícil negar que dicha violación iniciaba una acción de naturaleza comparable a la acción inglesa reconocida para aquellos casos en que se produce el incumplimiento de un deber legal *(action for breach of a statutory duty)*. A pesar de que la Cámara de los Lores vaciló en ser totalmente firme sobre este punto, es muy poco probable que de ahora en adelante, los tribunales se rehúsen a otorgar una compensación en forma de daños y perjuicios en caso de violación de las disposiciones del artículo 86. Un caso como el *Garden Cottage Foods* muestra como, finalmente, el derecho europeo se insertó (aun si se hizo de mala gana) en el derecho inglés de control de competencia.

Sección 4
CONCLUSIÓN

289.— De los intereses individuales al interés general: La historia de la reglamentación inglesa del control de competencia revela una evolución de la protección

---

23 (1984) A.C. 130.

24 Case 127/73 *Belgische Radio en Televisie* v. *S.V.* SABAM (1974) ECR 51.

judicial de los derechos privados hacia el control administrativo de una política de competencia. A la luz del caso Garden Cottage Foods, resulta que esta tendencia puede invertirse de cierta forma, ya que es probable que los particulares utilicen cada vez más la posibilidad que se les ha dado de invocar el derecho de la C.E.E. ante las jurisdicciones inglesas. Sin embargo, la tendencia general es clara: ya sea bajo la dirección del Secretario de Estado de comercio o bajo la de la Comisión europea, ahora el derecho inglés de competencia es una materia de política económica. A este respecto, recientemente el derecho inglés de competencia sufrió, desde un punto de vista importante, una transformación interesante. Tal y como lo observamos, el *Competition Act 1980* le confiere al Director general del *Fair Trading* un poder de investigación sobre las empresas sospechosas de prácticas anticompetitivas. Una vez concluida dicha investigación, el Director debe decidir si la someterá o no a la *Monopolies Comission,* o si aceptará un compromiso de la empresa. Para tomar esta decisión, el Director evidentemente, deberá considerar el carácter razonable de las prácticas competitivas de la empresa. En este sentido, y por un camino algo bizantino, el derecho inglés parece haber llegado, casi al concepto continental de la competencia desleal. Existe una distancia considerable entre la idea según al cual los tribunales deben reglamentar indirectamente el mercado protegiendo los derechos individuales contractuales o cuasireales y la concepción desarrollada por el Director general, según la cual él debe «dejarle el campo libre a los adversarios para que se respete el *fair play* dentro de la industria»[25].

[25] *Director General's Annual Report for 1979.*

CAPÍTULO VIII
LA PROPIEDAD INMOBILIARIA

Por A. J. OAKLEY

290.— Nociones preliminares: El derecho inglés de propiedad abarca varios campos distintos y, por esta razón en esta obra se trata en varios capítulos, además de este. Los capítulos «*'Trusts*» y «sucesiones» y, en menor grado, «Derecho de familia» y «Derecho fiscal», están, evidentemente relacionados con el derecho de propiedad, mientras que ciertos aspectos del derecho que rigen la propiedad mobiliaria son tratados en los capítulos relativos a «Derecho comercial» y «Propiedad intelectual». El papel que cumple este capítulo es, entonces, el de exponer el derecho inglés que rige la propiedad inmobiliaria.

291.— Realty y personalty: Una vez introducida la distinción entre muebles e inmuebles, hay que insistir enseguida en que en derecho inglés, contrariamente a los sistemas de derecho codificado, no se adopta una clasificación de esta naturaleza. El derecho inglés distingue más bien dos categorías «*Real Property*» (que a menudo se abrevia como «*Realty*») y «*Personal Property*» («*personalty*»). Esta clasificación data del siglo XII; en aquella época, la propiedad era considerada como «*real*» (real) cuando los tribunales debían devolver a un propietario desposeído la cosa misma; mientras que si los tribunales solo concedían al propietario desposeído una compensación por la pérdida, entonces la propiedad era «*personal*» .(personal). La distinción más evidente que hubiera debido adoptarse hubiera sido aquella que se refiere a la naturaleza de la cosa, con el fin de permitir a todo bien inmueble ser específicamente recuperable. Fue, de hecho, la distinción que se adoptó, pero únicamente en lo referente a la propiedad considerada como propiedad inmobiliaria en el siglo XII. época en que la propiedad de la tierra estaba gobernada por el sistema feudal. Debido a que un contrato de arrendamiento («*lease*»: convenio comercial según el cual el propietario de una tierra permite la ocupación de la misma por otra persona a cambio de pagos periódicos en dinero), no se consideraba parte del sistema feudal, con sus vínculos jerárquicos, el derecho de ocupación de una tierra en virtud de un contrato de arrendamiento era una propiedad personal, clasificación que aun persiste hoy en día. De esta manera, el concepto de *real property* engloba todos los intereses incluidos en la propiedad inmobiliaria excepto aquellos que se originan en virtud de un contrato de arrendamiento (estos intereses a menudo se denominan intereses sobre la tierra libre, *interests in frehold land,* por oposición a los intereses sobre la tierra alquilada, *interests in leasehold land,* que nacen en virtud de un contrato de arrendamiento), mientras que la *personal property* comprende los intereses nacidos en virtud de un contrato de arrendamiento e, igualmente, todos los intereses de la propiedad mobiliaria (estos dos tipos de propiedad menudo se denominan «*Chattels cal*» y «*Pure Personalty*» respectivamente). El hecho de que la tierra gravada con un contrato de arrendamiento fuera clasificada como propiedad personal tuvo un significado considerable hasta 1925, cuando una legislación reformadora, a la cual se hará referencia en muchas oportunidades a lo largo de este capítulo, dio nacimiento al sistema moderno de derecho inglés de propiedad. A partir de esta legislación, la clasificación de tierra alquilada, definida como *personal property* ya no tiene ningún significado práctico.

292. – *La tradición feudal:* La distinción entre propiedad *«real»* y *«personal»* no es sino uno de los aspectos de la deuda que el derecho inglés de propiedad le debe a su contexto histórico. El sistema feudal era un sistema por medio del cual la tierra era detentada a través de *«tenure»*, expresión que recuerda las condiciones en las que cada ocupante feudal tenía la tierra de su señor feudal. Aunque la doctrina de *tenure* ya no tiene prácticamente ninguna importancia en la actualidad, debido a que las leyes de 1925 establecieron una sola tenure, su influencia aun persiste. Según la doctrina de *tenure,* toda la tierra en Inglaterra proviene de la Corona *(Is hestc from the Crown),* a quien volverá si no existe ninguna persona que tenga sobre ella un título justo. Esto quiere decir que no existe propiedad absoluta de la tierra en derecho inglés. Aquel que tenga un interés en tierra «libre» *(frehold land)* sigue siendo, técnicamente ocupante feudal, *tenanat,* del monarca en lo que respecta a dicha tierra. Lo que entonces quiere decir que en Inglaterra los bienes raíces son relativos y no absolutos. Prácticamente se desprende que aquel que pretende ser propietario de una tierra debe simplemente mostrar que tiene un título mejor que la persona en posesión de la misma, la cual no puede defenderse aludiendo que el verdadero propietario es en realidad un tercero. De este modo, una persona en posesión de una tierra sin el menor derecho puede hacer valer su posesión en contra de cualquiera que quiera expulsarlo, salvo frente al verdadero propietario[1].

293. – *Distinción de los derechos de acuerdo a su duración:* Otro legado de la historia, si no particularmente del feudalismo, es la terminología que denota la duración de los intereses sobre la tierra. Aquel que detenta tal interés, se denomina detentor de un *«estate»* sobre la tierra (se dice que él es un *tenant of the land for the estate).* En 1300, se habían desarrollado tres *estates,* los cuales existen en la actualidad, sin cambios significativos, en el derecho moderno. El *estate* feudal original, del cual se han desprendido los otros dos, fue el *«life estate»*, que duraba únicamente mientras el detentor *(tenant)* original estuviese con vida (el detentor de un *estate* de esta naturaleza se denominaba *life tenant).* El segundo fue el *«estate in fee tail»*, que duraba mientras el detentor de origen o uno de sus descendientes de línea directa estaba vivo, y que pasaba sucesivamente de un detentor a su descendiente más cercano (el detentor se denominaba *tenant in fee tail»).* El último *estate* que se desarrolló (que hoy es prácticamente la fuente de los otros dos) fue el *«estate in fee simple»*, el cual duraba mientras que el primer detentor o uno cualquiera de sus herederos estuviere vivo, pasando de cada detentor a su respectivo heredero (el detentor se denominaba *tenant in fee simple).* En la actualidad, un *estate in fee simple*

[1] Quizás se deba también a una tradición que se remonta a la época feudal también, entre otros, los bienes inmobiliarios que ella posee (madera, aguas, que la palabra *land* designa, en el lenguaje jurídico inglés no solo la tierra, sino construcciones) y los bienes del subsuelo. Para simplificar la exposición y, en cierta medida para permanecer fiel al espíritu del derecho inglés, vamos a utilizar en francés la palabra «Terre» (en español tierra *– nota del traductor español –)* en este sentido muy amplio. El lector debe, por lo tanto pensar que puede tratarse, por ejemplo, de un apartamento en un inmueble colectivo. *(Nota del traductor francés).*

no puede terminarse sino en caso de que el detentor muera sin dejar testamento y sin parientes o dependientes que pudiesen heredar dicha tierra. De este modo, un *estate in fee* simple es prácticamente eterno y en la práctica si no en teoría, equivale a la propiedad de la tierra. Hoy en día, un *life estate* y un *estate in fee tail,* poco frecuentes por razones fiscales, necesariamente son concedidos por el *tenant in fee simple,* y a él volverá la tierra al final del *life estate* o del *estate in fee tail.* Al igual que estos tres «libres» *estates («freehold estates»),* el derecho inglés reconoce también que una persona que goza de un contrato de arrendamiento (léase) tiene un *leasehold estate* cuya duración la determina, claro está, la duración del contrato de arrendamiento. Este último estate debe, evidentemente, muy poco a la historia.

294. – *Derechos at law e in equity:* El legado quizás más importante de la historia es la distinción entre derecho de propiedad «en derecho» (legal) y «en *equity*» *(equitable).* La introducción histórica en la primera parte de esta obra explicó la evolución de los sistemas separados del *Common Law* y la *Equity,* y mostró de qué manera ciertas clases de derechos reales[2], aun no siendo reconocidos por los tribunales del *Common Law,* fueron protegidos en *equity* por la intervención del Juez en la *Court of Chancery.* Esto no quiere decir, claro está, que la *equity* no haya jamás seguido a la *Common Law,* por el contrario, siempre estuvo dispuesta a seguir a la *Common Law* cuando no había razón válida para no hacerlo (de tal manera que un *estate in fee simple* es reconocido tanto por la *equity* como por el *Common Law).* Sin embargo, la importancia de la *equity* ha sido su creatividad, y esto afecta el derecho actual de propiedad de dos maneras. En primer lugar, la *equity* ha moderado el formalismo de las normas del *Common Law,* al darle efecto en *equity,* en ciertas circunstancias, a derechos reales que, de acuerdo a las normas del *Common Law,* no habían sido creados de la manera requerida. En segundo lugar, la *equity* vino a llenar las lagunas y omisiones del *Common Law* al crear *ex nihilo* nuevas especies de derechos reales. El ejemplo más importante de esto es el *trust,* que como se explicó en la primera parte de esta obra y en el capítulo consagrado a los trusts, constituye una situación en la cual la propiedad y el disfrute de un bien pertenece a personas diferentes. Se constituye un *trust* cuando se transmite un bien a una persona que no debe beneficiarse del mismo (el *«trustee»),* sino que debe detentar dicho bien para que el beneficio corresponda, bien sea a aquel que se lo ha confiado, o a un tercero (el *«beneficiary»:* beneficiario). El *Common Law* no reconocía la existencia de *trusts* y, por ello, consideraba que el *trustee* tenía derecho a los beneficios. Sin embargo, el Tribunal de Equidad *(court of chancery)* intervino para proteger al beneficiario, el cual tiene entonces un derecho en equity a la propiedad del bien *(equitable property right).* Esto no es más que uno de los derechos reales reconocidos en equity, la cual reconoce, igualmente, el derecho de una persona que haya realizado un contrato por la compra de una tierra, a exigir la ejecución del contrato y, por lo tanto, de obtener dicha tierra *(«estate contract»);* el derecho de un deudor que debe una cantidad de dinero y que pone su tierra en garantía de su deuda, a reembolsar su deuda

[2] A falta de algo mejor, creemos poder traducir «property interests» por «derechos reales». Es solo una traducción aproximada. Se trata de un interés jurídicamente protegido sobre una propiedad. Pero puede tratarse, por ejemplo, tanto de un contrato de arrendamiento, como de una hipoteca; si bien el primero, para el derecho francés, no se considera como creador de un derecho real. Por otra parte, se verá que las prerrogativas del titular de un *property interest* no son exactamente las mismas de las de un titular de un derecho real en Francia. La expresión «derecho real» no tiene, entonces, en este caso sino un valor descriptivo, no técnico. (N. T.).

y rescatar su tierra incluso después de la fecha de exigibilidad de la deuda *(«equity of redemption»)*; y el derecho a imponer restricciones para la utilización de una tierra en. forma tal que quedan comprometidos los compradores sucesivos *(«restrictive covenant»)*. La creatividad de la *equity* aun no se ha agotado, puesto que en los momentos actuales está creando derechos de propiedad que el día de mañana podrían figurar en la lista arriba mencionada. Además, la *equity* jamás perdió su competencia inicial para actuar *«in personam»* cuando las circunstancias así lo exigen, por ejemplo en caso de fraude o perjuicio, en casos como estos que el Canciller intervino al principio, y la *equity* puede hacerlo aun en la actualidad.

La distinción entre los derechos reales reconocidos *«at law»*, es decir por el *Common Law*, y los derechos reconocidos *«in equity»*, mantiene su interés en el derecho inglés de propiedad, ya que los derechos reconocidos por el *Common Law* tienen más efecto frente a terceros que aquellos solo reconocidos por la *equity*. Los derechos reales que reconoce el *Common Law* deben ser respetados por todos. De esta manera, si un *tenant in fee simple* crea un contrato de arrendamiento bajo las condiciones requeridas por el *Common Law*, este contrato de arrendamiento será válido y oponibles a todos, incluso frente a un comprador oneroso, de buena fe y que no posee ninguna manera concebible de descubrir la existencia del contrato de arrendamiento. Por el contrario, los derechos reales reconocidos únicamente in *equity* no vinculan el *«bona fide purchaser»*: el comprador oneroso, de buena fe que ha adquirido un derecho real reconocido *at law, y* que ignore *(has no «notice»)* la existencia de un derecho de propiedad reconocido *in equity*. Un comprador tiene «conocimiento» de un derecho *(«notice»)*, si sabía o hubiera debido saber que ese derecho existía, la ley ha establecido una serie de averiguaciones que se espera que todo comprador realice, y aquél que no las lleve a cabo se considera como que sabe lo que él hubiera descubierto si las hubiera realizado. Así, aunque los derechos reales reconocidos por la *equity* relacionan a todas las demás personas, el hecho de que no sean oponibles al *buona fide purchaser* hacen que tengan menos efecto que aquellos reconocidos por el *Common law*. Por lo tanto, si un *tenant in fee simple* crea un contrato de arrendamiento sin respetar las formas requeridas por el *Common Law* y que el contrato de arrendamiento esté, sin embargo, protegido en *equity*, o si un *tenant in fee* simple crea simplemente un trust o cualquier otro derecho real reconocido únicamente en *equity*, un *bona fide purchaser* adquirirá la tierra libre de ese derecho que será destruido. Es por ello que la distinción entre derechos de propiedad *«at law»* e *«in equity»* sigue siendo importante en el derecho contemporáneo.

Sección 1
LA ESTRUCTURA MODERNA DE LOS DERECHOS SOBRE LOS INMUEBLES

295.— Las leyes de 1925 y el registro de los traspasos: La estructura moderna del derecho inglés de la propiedad inmobiliaria está contenida en un conjunto de textos legislativos promulgados en 1925. El objetivo expreso de esta legislación era lograr que el mecanismo de traspaso de propiedad se tornará más rápido y menos costoso. Esta era una reforma verdaderamente necesaria, ya que el sistema anterior de traspaso era un «traspaso privado no registrado» *(private unregistered conveyancin)*. De acuerdo a este sistema, el Estado no tenía ningún papel ni en la averiguación ni en el registro de títulos sobre bienes raíces; por consiguiente, una persona que deseara adquirir algún interés inmobiliario debía examinar el título por sí misma. Por supuesto, a dicho comprador se le opondrán todos los intereses reconocidos, aun cuando le fuera imposible descubrir su existencia, así como todos los intereses de *equity* de los que él tuviese *«notice»*. Cada comprador sucesivo debía, entonces, realizar las averiguaciones necesarias del título; y el sistema era al mismo tiempo costoso e inútilmente complicado. Estas son las fallas que intentó solventar la legislación de *1925, mediante la introducción* de un nuevo sistema de traspaso de bienes raíces, un sistema de «traspaso registrado» *(«registered convenyancings»)*. En este sistema, un funcionario público conduce las averiguaciones a propósito del título cuando se le solicita su registro, y sus conclusiones son asentadas en un Registro de Títulos *(Register of Titles)*. Además, al menos en principio, ninguna transacción tiene efecto antes de ser registrada, y las obligaciones de los compradores dependen únicamente de lo que está inscrito en el registro.

Sin embargo, el legislador no quiso que este nuevo sistema fuera de una aplicación absolutamente general, para aquella época un proyecto de esa naturaleza hubiera sido juzgado demasiado controvertido y probablemente no hubiera sido aprobado. En lugar de eso, las leyes establecieron un régimen de traspasos registrados que coexistiera con el antiguo sistema de traspaso privado no registrado, profundamente reformado. Originalmente, la intención era comparar los méritos respectivos de ambos sistemas por un período experimental de diez años, pero de hecho, aun coexisten ambos en la actualidad. Hoy se admite que el sistema de traspasos registrados es el sistema del futuro; es un sistema obligatorio en la mayoría de las zonas urbanas de Inglaterra y de Gales, por lo tanto cubre alrededor del 75% de la población (lo cual no quiere decir que todos los títulos de esas zonas estén inscritos en el registro, ya que el registro de un título no se impone sino en la oportunidad de realizar el primer traspaso a título oneroso). Sin embargo, el resto de Inglaterra y Gales siguen estando sujetos al sistema reformado de traspaso privado no registrado, así como también todos los títulos en las zonas urbanas que aun no han sido inscritos. Con el tiempo el sistema de traspaso inscrito se volverá obligatorio en todo el país y, una vez que se hayan registrado los títulos, este sistema se tornará universal y el antiguo sistema habrá desaparecido. Este es el objetivo del derecho moderno sobre propiedad de bienes raíces, pero no hay ninguna esperanza de poderlo lograr antes de la mitad del siglo XXI. Hasta ese momento, el derecho inglés mantendrá dos sistemas coexistentes de traspaso de bienes raíces.

296. – Los conflictos de derechos: Una vez que el legislador hubo reformado de esta manera el sistema de traspaso de inmobiliarios, se vio confrontado a una cuestión fundamental para todo sistema de propiedad sobre bienes raíces: ¿Cómo proteger al mismo tiempo al comprador de una tierra y a terceros que poseen intereses en esa tierra? La complejidad del derecho de propiedad inmobiliaria se debe, casi en su totalidad, a la cantidad de derechos reales diferentes *(Property rights)* que pueden existir simultáneamente sobre una misma tierra y que, por lo tanto, pueden imponerse al propietario. Prácticamente todos los sistemas jurídicos reconocen ciertos derechos reales tales como los contratos de arrendamiento, las hipotecas, y aquellos que el derecho codificado denomina servidumbres, en el derecho inglés estos últimos están divididos en *«easement»* que le otorgan al poseedor del derecho, bien sea de hacer alguna cosa o de oponerse a que se haga alguna cosa (ejemplos de este tipo son el derecho de paso y el derecho a la luz); y los *«profits»*, que le otorgan al poseedor el derecho de tomar algo de la tierra (por ejemplo el derecho de pastoreo o el derecho a la caza). Sin embargo, el derecho inglés reconoce, igualmente, otros derechos reales, principalmente las creaciones de la *equity* ya examinadas, como los trusts, los *estate contracts* y los restrictive covenants. El reconocimiento de estos derechos adicionales, por lo general no reconocidos por los sistemas de derecho codificado, conjuntamente con el hecho de que los derechos reales concedidos por el *Common Law* tienen más efecto frente a terceros que aquellos derechos reconocidos únicamente en *equity*, le ha dificultado al derecho inglés decidir si hay que proteger al comprador de una tierra a expensas de terceros que poseen algún interés legítimo sobre ella, o viceversa. Mientras existan más derechos reconocidos por el *Common Law*, más precaria es la situación del comprador, ya que se le pueden oponer todos los derechos reales incluso si no se tiene ningún medio de descubrirlos; mientras menos derechos reconocidos por el *Common Law* existan, más segura será su posición. En contraposición, mientras más sean los derechos reconocidos únicamente en *equity*, más estos serán frágiles, ya que pueden ser destruidos si la tierra se traspasa a un comprador a título oneroso de buena fe y sin «*notice*». La legislación de 1925 resolvió esta cuestión mediante la reducción radical del número de estates y otros derechos reconocidos por el *Common Law* y, por otra parte, mejorando fuertemente la protección de los derechos reconocidos solamente en *equity*. Esta política se puso en práctica a través de una serie de reformas que en la actualidad están retomadas en el *Law-of Property Act. 1925*, ley que constituye el fundamento del derecho de propiedad moderno. Las principales medidas adoptadas son las siguientes.

297. – Soluciones presentadas por la ley de 1925: En primer lugar, las leyes disponen que la única propiedad inmobiliaria libre (*frehold estate*) que puede existir en *Common Law* es el *estate in fee simple*. Todos los demás derechos, tales como el *estate in fee tail* o el *life estate*, solo tienen efecto en *equity*, detrás de un *trust del estate in fee simple*. Por consiguiente, el efecto de la creación de un *life estate* es que el *estate-in fee. simple* es transferido a *trustees* quienes toman ese interés en *trust* para aquel que tiene el interés de por vida, y al finalizar este interés, para aquel que posteriormente tiene derecho a la tierra. El propósito de esta reforma era facilitar las investigaciones de título. Dado que la sola propiedad inmobiliaria libre reconocida por el *Common Law* es el *estate in fee simple*, este debe siempre pertenecer a alguien, luego es fácil buscar la manera en que un título pasó de un propietario a otro.

En segundo lugar, la legislación reclasifica los derechos reales inmobiliarios (*property rights in land*) de terceros al distinguir, por una parte los derechos que resultan de transacciones comerciales y, por otra, aquellos derivados de operaciones familiares. La ley dispone que el tipo de derecho que se desprende normalmente de las operaciones comerciales, tales como los contratos de arrendamiento, las hipotecas, los *easements* y los *profits*, van a ser normalmente reconocidos por el *Common Law*. Debido a que estos derechos por lo general van a ser adquiridos a título oneroso, el titular de los mismos espera, como es su derecho, beneficiarse de la protección reforzada que se otorga al poseedor de un derecho real reconocido por el *Common Law*. Inversamente, la ley decide que el tipo de derecho real que se desprende normalmente de operaciones familiares, tales como los derechos creados por los *trusts*, deberán ser reconocidos únicamente en *equity*. Los derechos de esta naturaleza por lo general no se adquieren a cambio de una suma de dinero, y por lo tanto pueden ser protegidos solo por la manera más leve que se le otorga a los *equitable rights*.

En tercer lugar, la ley prevé una protección suplementaria para los derechos reales detentados por terceros al hacer, nuevamente, una distinción entre los derechos que resultan de transacciones comerciales y los que resultan de operaciones familiares.

Los derechos que resultan de operaciones comerciales se tratan de dos formas: se hace la diferencia entre los que se refieren a una tierra aun no registrada (y por lo tanto sujeta al régimen de transacciones privadas no registradas) y los que se refieren a una tierra registrada (sujeta al sistema de traspasos inscritos, introducido en 1925).

298. – Los derechos de origen comercial sobre una tierra no registrada: Cuando la tierra no ha sido registrada, el sistema previsto por la ley es, como era de esperarse, una forma modificada de lo que ocurría antes de las reformas.

Ciertos derechos reales (en su mayoría, aunque no exclusivamente, aquellos que son reconocidos solamente en *equity),* han sido sometidos a un sistema de inscripción: *registration of land charges* (se debe insistir en el hecho de que ese sistema de inscripción de una «carga» no tiene ninguna relación con el de registro del título; de hecho, el registró de una carga no se aplica sino cuando la tierra no ha sido registrada). El sistema de registro de cargas funciona de la siguiente manera: todo derecho real contenido en la lista de cargas registrables proporcionada por el *Land Charges Act 1972* (que reemplaza el texto original de 1925) y que está debidamente registrado se puede oponer a todo el mundo, lo que implica que será oponible a todo comprador. Por el contrario, si un derecho registrable no está inscrito, todo comprador a título oneroso de un derecho reconocido *at law,* tomará la tierra libre de ese derecho, incluso si conoce la existencia del mismo. De esta manera, el sistema de registro de cargas modifica las normas usuales en cuanto a los derechos a los cuales se aplica. La inscripción de derechos registrables los convierten oponibles a todos, mientras que la ausencia de inscripción da lugar a la posibilidad de que el comprador a título oneroso de un derecho reconocido *at law,* tome la tierra libre del derecho no inscrito. Sin embargo, la mayoría de los derechos reales reconocidos *at law* y ciertos derechos reales reconocidos *in equity,* que son el resultado de operaciones comerciales, no están incluidos en el sistema de cargas. Estos derechos siguen estando bajo el régimen de las normas habituales relativas a la posibilidad de hacer respetar los derechos *at law* o *in equity.* Así, los derechos no registrables reconocidos *at law* son oponibles a todos, mientras que los derechos no registrables reconocidos *in equity* son oponibles a todos, salvo a un *bona fide purchaser.*

En consecuencia, cuando una persona adquiere una tierra no registrada que está sometida a un derecho real de origen comercial, pueden presentarse seis casos diferentes.

a) El derecho en cuestión es registrable como carga, y ha sido registrado. En este caso, este derecho será oponible al comprador y se podrá obtener que sea respetado.

b) El derecho en cuestión es registrable como carga y no ha sido registrado, pero el comprador no ha adquirido a título oneroso un derecho de propiedad real reconocido *at law* y, por lo tanto, a pesar de la falta de registro, él no podrá tomar la tierra libre de ese derecho real de origen comercial. También en este caso, el derecho será oponible al comprador y se podrá obtener que sea respetado en su contra.

c) El derecho en cuestión es registrable pero no ha sido inscrito, y el comprador ha adquirido a título oneroso un derecho real reconocido *at law.* En este caso el comprador, haya o no conocido este derecho tomará la tierra libre del mismo, que será entonces eliminado. El titular de ese derecho eliminado podrá eventualmente interponer recursos, sin lugar a dudas en contra de aquel que vendió la tierra, o contra su solicitar por no haber realizado la inscripción necesaria.

d) El derecho en cuestión no es una carga registrable, y constituye un derecho real reconocido *at law,* en este caso, el derecho de origen comercial será oponible al comprador y se podrá obtener que sea respetado en su contra.

e) El derecho en cuestión no es una carga registrable y constituye un derecho real reconocido en *equity,* pero el comprador no ha adquirido a título oneroso de buena fe y sin «*notice*» un derecho real reconocido *at law.* En este caso también, el derecho de origen comercial será oponible al propietario y se podrá obtener que sea respetado en su contra.

f) El derecho en cuestión no es una carga registrable y constituye un derecho real reconocido *in equity;* en cuanto al comprador, ha adquirido a título oneroso de buena fe y sin «*notice*» un derecho real reconocido *at law.* En este caso, el comprador adquirirá la tierra libre de ese derecho de origen comercial, que será eliminado, y el antiguo titular de ese derecho deberá, eventualmente, interponer recursos, a todas luces, contra aquél que efectuó el traspaso.

299. – Los derechos de origen comercial sobre una tierra registrada: Cuando la tierra está registrada, el sistema adoptado por la ley es completamente diferente puesto que está fundado en una clasificación bien clara de los derechos reales, clasificación contenida en el *Land Registration Ast 1925.* Los derechos reales sobre la tierra registrada están clasificados como intereses «registrables» *(registrable interests),* «prioritarios» *(Overriding interests), o* «menores» (minor interests).

Los intereses «registrables» deben ser, por definición, derechos reales reconocidos *at law.* Estos derechos están inscritos en el Registro de los Títulos *(Register of Titles),* y su existencia será anotada sobre la inscripción del título de la tierra en cuestión. Cualquier comprador de dicha tierra conocerá, entonces, obligatoriamente la existencia de tales derechos gracias a que están asentados en el Registro y le serán oponibles.

Los intereses «prioritarios» que figuran sobre una lista en el *Land Registration Act 1925,* se supone que comprenden los derechos reales de los que se puede pensar, razonablemente, que un comprador los descubrirá haciendo una inspección física del lugar, aunque ese no sea siempre el caso. Esos intereses, por definición, no están inscritos en el Registro de Títulos pero sin embargo, vinculan a todos los compradores, independientemente del hecho de saber si en realidad había un medio de descubrir su existencia.

Los intereses «menores» forman una categoría residual. Estos derechos deben ser protegidos por una inscripción en el Registro de Títulos. Si se hizo la inscripción, todo comprador conocerá necesariamente su existencia en virtud de su mención en el Registro, y le serán opuestos. Por el contrario, si un interés menor no está protegido por una inscripción en el Registro, todo comprador a título oneroso que hubiese asentado su adquisición en el registro tomará la propiedad libre del interés menor, tenga o no conocimiento del mismo.

Los derechos reales que resultan de operaciones comerciales sobre una tierra registrada son, entonces, necesariamente «registrables», «prioritarios», o «menores». Estas dos primeras categorías serán automáticamente oponibles a todos los compradores, a condición de que estuvieran protegidos por una inscripción en el Registro de Títulos. La ausencia de esta protección comporta el derecho de todo comprador a título oneroso que ha registrado su adquisición, a tomar la tierra libre de ese derecho.

De este modo, cuando un comprador adquiere una tierra registrada, sometida a un derecho real de origen comercial, cinco situaciones son posibles.

a) El derecho es un interés registrable. Será oponible al comprador y se podrá imponerle que lo respete.

b) El derecho es un interés prioritario. También en este caso, será oponible al comprador y se le podrá imponer que lo respete.

c) El derecho es un interés menor y ha sido protegido por una inscripción en el Registro de Títulos. Una vez más será oponible al comprador y se le podrá imponer que lo respete.

d) El derecho es un interés menor y no ha sido protegido por una inscripción en el Registro de Títulos, pero él; comprador no ha adquirido a título oneroso un derecho que ha sido asentado en el Registro de Títulos, de suerte que, a pesar de la no protección, no podrá tomar la tierra libre de derecho. También en este caso, el derecho será oponible y se le puede imponer que lo respete.

e) El derecho es un interés menor y no fue protegido por una inscripción en el Registro de Títulos, y el comprador adquirió a título oneroso un derecho que fue registrado en el Registro de Títulos. En este caso, haya o no el comprador conocido la existencia de este derecho, el mismo no será oponible y será entonces destruido. El titular del derecho destruido podrá, eventualmente, interponer recursos, probablemente en contra de aquel que traspasó la tierra al comprador o contra su solicitor quien omitió proteger su derecho como debía mediante inscripción en el Registro.

300. – Los derechos de origen familiar: De este modo la ley ha regido los derechos reales resultantes de las transacciones comerciales. Los derechos reales resultantes de las operaciones familiares se tratan de manera diferente. Este tipo de derechos nacen cuando una tierra es detentada conjuntamente por dos o más personas, o cuando una tierra es otorgada sucesivamente a dos o más personas. En estos casos, la tierra *(el estate in fee simple)* será detentada por los *trustees,* quienes la detentarán en trust, para los propietarios comunes o sucesivos. Así, cuando marido y esposa detentan una tierra conjuntamente (en Inglaterra no hay comunidad de bienes entre marido y esposa), la tierra será detentada para su beneficio, por *trustees.* Nada impide que las mismas personas sean a la vez *trustees* y beneficiarios y, en el presente ejemplo es muy probable que ese sea el caso. Aunque esto parezca bastante extraño, el propósito de esta combinación es de establecer una separación neta entre los intereses *at law* y los intereses *in equity,* y facilitar así, la investigación del título. Igualmente, es menester señalar que en derecho inglés existen dos maneras de detentar una propiedad simultáneamente con otra persona: la *«joint tenancy»* o propiedad solidaria, en virtud de la cual, si uno de los titulares muere, su interés pasa automáticamente al otro; y la *«tenancy in common»*, o propiedad en común, por la cual los derechos de cada titular se transmiten de conformidad a las normas de sucesión *ah intestato o* a las disposiciones de su testamento. Marido y esposa detentan su interés solidariamente con el fin de permitir al que sobrevive de detentar la propiedad en su totalidad a la muerte del otro. Otros propietarios que detentan una tierra conjuntamente con varias personas, por lo general la detentan en común. De todas formas, la tierra está bajo *trust* para los dos propietarios.

La situación es casi la misma si existen varios intereses sucesivos. De este modo, si un marido, en su testamento, deja sus bienes a su esposa durante su vida y, seguidamente, a sus hijos, la tierra (el *estate in fee simple)* será detentada todavía en *trust* por la esposa (que tendrá un *life estate)* y para los hijos (que tendrán un *estate in fee simple* sujeto al *life estate* de la esposa). La legislación de 1925 ha regido estos problemas de derechos reales de origen familiar por medio de la utilización de la doctrina del *«overreaching»* (muy aproximadamente: saneamiento —en francés *détournement*—). Esta doctrina permite que una tierra cargada de derechos reales reconocidos en *equity* sea vendida a un comprador libre de ésos derechos, incluso cuando este sabe que esos derechos existen. La doctrina (que no se aplica sino a los derechos reales de origen familiar, jamás a los derechos reales de origen comercial) funciona de la siguiente manera. Hemos visto que cuando una tierra es detentada por dos o más personas conjunta o sucesivamente, el *estate in fee simple* será detentado por *trustees* quienes detentan la tierra en trust para los propietarios conjuntos o sucesivos. Si los *trustees* venden el *estate in fee simple,* el comprador recibirá esa tierra libre de los derechos reales reconocidos en *equity* de las propiedades conjuntas o sucesivas, con la condición de que se le haya pagado el precio a los *trustees* (dos o varios). Los derechos reconocidos por el *equity* pasan entonces de la tierra al dinero pagado por dicha tierra, de manera que los *trustees* detentan en *trust* más bien el dinero que la tierra en nombre de los propietarios conjuntos o sucesivos. En este tipo de procedimiento, por medio del cual los derechos reales de *equity* son transferidos de la tierra al precio de venta, que se denomina *«overreaching';* una vez que ha intervenido el mecanismo se dice que los derechos reales de *equity* fueron *«overreached»*. El procedimiento no perjudicará en nada a los propietarios conjuntos o sucesivos a condición de que el precio pagado por el comprador sea justo. Claro está que pueden preferir que no venda la tierra, en ese caso tienen el derecho, en ciertas circunstancias, de presentar una demanda para tratar de impedir la venta. Sin embargo, este es un asunto entre ellos y los trustees. Si una venta tiene lugar y el comprador paga el precio a los *trustees,* los derechos reales reconocidos en *equity* serán *overreached,* cualquiera que sea la voluntad de los propietarios conjuntos o sucesivos, y el comprador tomará la tierra libre de sus derechos.

301. – La falta de overreaching: En la intención del legislador de 1925, toda venta de tierra sometida a derechos reales de origen familiar debería realizarse siempre de esta manera, por utilización de la doctrina del overreaching. Sin embargo, es posible que el *estate in fee simple* sea detentado por un solo *trustee.* Tal será el caso cuando, por ejemplo, el marido y la esposa compran una tierra conjuntamente y el estate in fee simple se pone a nombre de uno solo de los dos. En una situación de este tipo, el único trustee detentará siempre la tierra en trust por los propietarios conjuntos o sucesivos, pero una venta realizada por él no podrá poner término a sus derechos reales de *equity,* por la simple razón de que no hay *overreaching* sino cuando el precio de venta ha sido pagado a dos o más *trustees.* Claro que si el comprador descubre la situación cuando aun está a tiempo insistirá para que se nombre un segundo *trustee* con el fin de que los derechos de los propietarios conjuntos o sucesivos sean cancelados. Empero, si ignora la existencia esos derechos reales, no tendrá ninguna razón para hacerlo y pagará simplemente el precio de venta al *trustee* único. Esta situación no había sido prevista por los redactores de la legislación de 1925. El problema fue resuelto por los tribunales que, en resumidas cuentas, decidieron que en tales circunstancias, los derechos reales de *equity* de los propietarios conjuntos o sucesivos serían tratados como si fueran el fruto de operaciones comerciales. Así, esta situación está regida por las normas ya expuestas. Si la tierra en cuestión no ha sido registrada, el resultado dependerá de la calidad del comprador. Si es un comprador de buena fe a título oneroso de un derecho real reconocido *at law* y, si se encuentra en la ignorancia admisible (sin «notice») de los derechos reales de equity de los propietarios conjuntos o sucesivos, tomará la tierra libre de esos derechos, que serán entonces destruidos. Si no lo es, deberá respetar esos derechos reales de *equity* y se podrá imponerle el respeto de los mismos. Si, por otra parte, la tierra en cuestión ha sido registrada, el resultado dependerá de la calidad de los derechos reales de *equity* de los propietarios conjuntos o sucesivos, intereses «prioritarios» o «menores» y, en el último caso, de su protección mediante inscripción en el Registro de Títulos. Si los derechos son de intereses «prioritarios», o intereses «menores», convenientemente protegidos por una inscripción en el Registro de Títulos, al comprador se le opondrán esos derechos y se le podrá imponer que los respete. Si en cambio, los derechos reales de *equity* son intereses «menores» que no fueron protegidos por una inscripción en el Registro de Títulos, el resultado dependerá del comprador. Si es un comprador a título oneroso que inscribió su adquisición en el registro de Títulos, tomará la tierra libre de esos derechos, que serán, entonces destruidos. Si no lo es, se le podrán oponer esos derechos y se le podrá imponer que los respete.

302.— Resumen: Todo esto significa que cuando un comprador adquiere una tierra sometida a un derecho real de origen familiar, se pueden presentar tres situaciones:

a) El comprador paga el precio de venta a dos o más *trustees*. En este caso, tomará la tierra libre de derecho, que será *overreached* y que pasará de la tierra al dinero de la venta. El titular del derecho real de origen familiar podrá entonces ejercer su derecho de *equity* en contra de los *trustees* exactamente del mismo modo que antes de la venta y, por lo tanto, no sufrirá ningún perjuicio. Esta es la situación que debiera producirse, y efectivamente es lo que ocurre en la gran mayoría de los casos.

b) El comprador no paga el precio de la venta a dos o más trustees, pero, sin embargo, toma al tierra libre de derechos reales de origen familiar en virtud de las normas que rigen los derechos reales de origen comercial. En este caso, el derecho de origen familiar será destruido, y el detentor de ese derecho deberá interponer todo recurso que le parezca justificado, probablemente en contra del *trustee* único que ha transferido la tierra al comprador.

c) El comprador no paga el precio de venta a dos o más *trustees,* y loa derechos de origen familiar le son oponibles en virtud de las normas que gobiernan los derechos de origen comercial. En este caso, el derecho de origen familiar será oponible al comprador y se le podrá imponer el respeto del mismo. El comprador deberá entonces interponer aquellos recursos que considere posibles, probablemente en contra del *trustee* único que le hubiere vendido la tierra.

Tal es entonces, la estructura compleja del derecho inglés de los bienes inmobiliarios establecida por la legislación de 1925. A pesar de su complejidad, el sistema de satisfacción en la mayoría de los casos; su eficacia está ilustrada por la ausencia de toda reforma importante que hubiera podido aportarse a la legislación y, por la ausencia de contencioso judicial en gran parte de la legislación existente.

Sección 2
UNA TRANSACCIÓN TÍPICA DE TRASPASO DE PROPIEDAD

303. – Los convenios y las gestiones preliminares: Una transacción típica de traspaso de bienes inmobiliarios comienza cuando el vendedor y el comprador se ponen de acuerdo antes de cualquier formalidad, para vender y comprar por una cantidad determinada. Por lo general en esta etapa, las partes se cuidarán de no comprometerse formalmente. En el derecho inglés, los contratos de venta de una tierra no pueden invocarse ante los tribunales sino cuando están redactados o pueden probarse por escrito, o si una de las partes actuó basándose en el contrato de manera no equívoca y con conocimiento de la otra. Por consiguiente, el convenio oficioso inicial será, probablemente, oral y si es por escrito contendrá una cláusula «*subject to contract*» (sujeto a contrato) que tendrá por objeto quitarle a dicho escrito cualquier fuerza obligatoria. El solicitar del vendedor preparará, posteriormente, un proyecto de contrato y lo enviará al solicitar del comprador para que este dé su aprobación y ponga su firma. Los contratos de venta de una tierra normalmente se negocian de tal manera que, cuando llega el momento de firmar, el comprador firma un ejemplar y lo envía al vendedor conjuntamente con una suma de dinero como garantía (por lo general el 10 por ciento del precio de la compra) y el vendedor, al recibir el dinero firma un segundo ejemplar que envía al comprador. Sin embargo, antes de firmar el contrato, el comprador mandará a un perito topógrafo para que inspeccione la tierra, y conseguirá la asistencia financiera que pudiera necesitar solicitando un préstamo (que estará, por supuesto, protegido por una hipoteca sobre la tierra que está comprando). Durante este período, el solicitar procederá a realizar las llamadas «investigaciones preliminares» *(preliminary enquiries),* con el fin de recaudar más información a propósito del título, los límites, las disputas, las servidumbres, y así sucesivamente. Una vez resueltos todos estos problemas, y firmados e intercambiados los contratos, las partes se verán obligadas a cumplir el convenio. Aunque el título sobre la tierra no es transferido por el contrato (esto debe realizarse posteriormente mediante un documento formal denominado *«conveyance»),* la *equity* obligará la ejecución efectiva de un contrato de venta de una tierra. Por consiguiente, una vez concluido el contrato, el comprador posee inmediatamente un derecho de *equity* sobre la tierra en cuestión, y el vendedor la detiene en *trust* a nombre de él, bajo reserva del pago del resto del precio de venta cuando corresponda pagar. Empero, el riesgo de destrucción accidental del objeto del contrato pasa también al comprador en el momento en que celebra el contrato, de tal forma que este deberá cumplir sus obligaciones y pagar íntegramente el precio, inclusive en caso de que, por ejemplo, todos los inmuebles del terreno quedaran accidentalmente destruidos por un incendio. Por esta razón, por lo general el comprador asegura la tierra desde el momento en que firma el contrato.

304. – El traspaso. Primer caso: la tierra no está registrada: Una vez realizado el intercambio de los contratos, el solicitar del comprador examina el derecho sobre la tierra. El proceso y la realización subsiguiente de la transacción difieren según la tierra esté o no registrada.

Si la tierra no está registrada, el comprador, como hemos visto anteriormente, estará sometido a todos los derechos reales sobre la tierra reconocidos *«at law»*, así como a todos los derechos reales de *equity* de los que *tenga «notice»*, a menos que los mismos no sean *overreached*. Luego, el *solicitor* debe tratar de descubrir todos los derechos que se impondrían a su cliente. De él se esperan dos cosas: en primer lugar que examine los documentos a través de los cuales se traspasó la tierra remontándose hasta el primer documento de más de quince años y, en segundo lugar, que efectúe una inspección física de la tierra, y que se informe sobre todo lo que parecería contradecir los derechos sobre la tierra que reivindica el vendedor. Se considera que el comprador conoce todo lo que hubiera podido descubrir de haber realizado sus investigaciones de manera adecuada. Así, el vendedor, está obligado a proporcionar todos los documentos por medio de los cuales la tierra ha sido transferida hasta el primer documento con más de quince años. El *solicitor* del comprador examinará dichos documentos a la luz de lo que habrá constatado durante su inspección física de la tierra, así mismo efectuará investigaciones en el Registro de Cargas con el propósito de ver si existe algún derecho real de origen comercial protegido por registro. Después de haber dilucidado cualquier problema que pudiere presentarse, deberá decidir hi el título es o no satisfactorio. Si considera que no lo es, aconsejará al comprador que renuncie a la compra y que reclame su depósito inicial con intereses y costos. Si el título es satisfactorio, lo aceptará y comenzará, a redactar el *conveyance*, documento por medio del cual el vendedor traspasa al tierra al comprador. Una vez que el solicitor del vendedor ha aprobado este documento, y que se haya realizado una última investigación en el Registro de Cargas, con el propósito de verificar que no se ha inscrito nada a último momento, la transacción será considerada completa. En cambio del *conveyance* firmado, y sellado por el vendedor, el comprador pagará el complemento del precio de venta, teniendo cuidado de exigir un recibo de los dos o más *trustees*, en caso de existir derechos reales de origen familiar que deben ser *overreached*. A partir del momento en que se le entrega el *conveyance*, el comprador es dueño de la tierra.

305.— Segundo caso: la tierra está registrada: Cuando la tierra está registrada, el comprador, como lo mostramos anteriormente, estará sometido a todos los intereses «prioritarios», así como a todos los intereses «registrables» y «menores» protegidos por una inscripción en el Registro de Títulos, salvo aquellos que son *overreached*. Luego deberá, una vez más, tratar de descubrir todos los derechos que le serán oponibles. La ley espera que realice una investigación en el Registro de Títulos, y también, que proceda a una inspección física de la tierra. El vendedor deberá, entonces, proporcionar al comprador una copia de la inscripción de su título y darle permiso para que realice averiguaciones en el Registro de Títulos. El solicitar del comprador inspeccionar el Registro de Títulos a la luz de lo que descubrió en la inspección física de la tierra y decidirá si el título es satisfactorio o no. Si no lo es, aconsejará a sus clientes que renuncie al contrato y que reclame el dinero pagado. Si, por el contrario, el título es satisfactorio, lo aceptará. Se llenará el formulario reglamentario para el traspaso de tierras publicado por el Registro de Títulos y, después de una última averiguación en el Registro para verificar que ninguna inscripción tuvo lugar a última hora, se completarán los últimos trámites. En cambio del formulario de traspaso firmado por el vendedor, teniendo cuidado, una vez más, de obtener un recibo de los dos o más trustees en caso de existir derechos de origen familiar que deban ser sometidos al *overreaching*. Sin embargo, el comprador solo será propietario después de que el formulario de traspaso se haya presentado al servicio de registro de tierras y se haya presentado al servicio de registro de tierras y se haya inscrito regularmente en el Registro de Títulos. El funcionamiento mucho más claro del sistema de traspaso de la tierra registrada demuestra sus ventajas prácticas, en comparación con el sistema de traspaso privado no registrado.

Sección 3
EL CONTROL SOCIAL DE LA TIERRA

306.– Aspectos generales: La mayoría de los estados modernos han estimado necesario controlar, en considerablemente, la utilización social de la tierra. En el Reino Unido, estos controles se refieren, principalmente al ordenamiento territorial *(planning control)* y la producción del arrendatario *(protección of leasehold tenants)*. Estos dos aspectos son, evidentemente muy amplios, y únicamente haremos un resumen muy breve de las disposiciones de la ley inglesa relativas a los mismos.

307.– El ordenamiento territorial: La legislación inglesa relativa al ordenamiento territorial se conoce con el nombre de *«Town and Country Planning Legislation»*, y su principal texto es el *Town and Country Planning Act 1971.* La administración central de estas leyes es confiada a un ministro del Gobierno, el Secretario de Estado para el ambiente, mientras que la administración local está bajo el control de las autoridades *(authorities)* de condado y de distrito de ordenamiento territorial. La legislación le otorga a cada autoridad de ordenamiento territorial de condado el poder de establecer el plan de su región y preparar un plan de ordenamiento *(«Structure plan»)* que trate los problemas principales de ordenamiento mediante un documento escrito en el que se especifica la política general de ordenamiento en la región. Este documento debe ser aprobado por el Secretario de Estado. Además, la autoridad del condado debe establecer un programa para la preparación de «planes locales» *(«local plans»)* que consisten en mapas detallados y proposiciones conformes al plan de ordenamiento y que cubran zonas específicas del campo del dominio de dicho plan; estos planes locales son establecidos por las autoridades del distrito. El conjunto de estos documentos constituye el plan de desarrollo de la región. Aunque útiles en tanto que indicativos de las operaciones que probablemente serán admitidas, poseen una fuerza más indicativa que imperativa puesto que las autoridades de ordenamiento son libre de liberarse de ellos en el momento en que deban decidir a propósito de solicitudes de autorización. Tales permisos deben ser otorgados por la autoridad del distrito antes de cualquier «ordenamiento» *(development* de una tierra, término definido como toda operación de construcción de vivienda o fábrica; operación minera; operación que requiera un cambio importante de utilización de un inmueble u otros bienes inmuebles. Si bien se excluyen ciertas alteraciones mínimas de esta definición y, ciertos cambios de utilización gozan de una autorización automática, por lo general se debe obtener un permiso para cualquier alteración de cierta importancia en cuanto a la modificación de la apariencia exterior de la construcción, así como para cualquier cambio en la utilización general de la tierra o de una construcción. Se puede solicitar una simple autorización de principio *(«outline» permission)* con el fin de asegurar que una autorización ha sido debidamente otorgada para ese tipo de ordenamiento, en cuyo caso se solicitará, posteriormente, una autorización detallada. Las solicitudes son publicadas, normalmente, poniendo un cartel en la tierra en cuestión, con el objeto de brindarle a los propietarios vecinos la posibilidad de expresar su oposición a la solicitud efectuada. La autoridad debe tomar su decisión en un lapso de dos meses; puede, otorgarle la autorización sin condiciones, u otorgársela bajo ciertas condiciones, o bien rechazarla (en los últimos dos casos es posible apelar ante el Secretario de Estado). Cualquier no respeto del control, es decir, toda operación de desarrollo que se realice sin la autorización requerida, puede detenerse mediante un aviso denominado *«enforcemente notice»*, en contra del cual también se puede apelar ante el Secretario de Estado.

La ley permite, igualmente, establecer una lista de edificaciones que están protegidas por el interés arquitectónico o histórico que tienen, así como una lista de árboles. La ley controla la publicidad y los terrenos para acampar.

Por lo general no existe ningún tipo de resarcimiento posible a causa de una pérdida de valor de una tierra que se derive de una negativa de autorización de ordenamiento.

La legislación también contiene disposiciones que contemplan la expropiación forzosa de la tierra por la autoridad de ordenamiento, en cuyo caso el propietario recibe en compensación el valor que su tierra tiene en el mercado.

308. – Protección del arrendatario: Si bien las medidas que reglamentan el ordenamiento están contenidas en un texto legislativo general, aquellas concernientes a la protección de los arrendatarios están repartidas en varios textos. Como en todo sistema relativo a la materia, las dos formas principales de la protección son la protección contra la anulación del contrato de arrendamiento y el control del alquiler, pero esos problemas están regidos por un gran número de procedimientos contenidos en varias leyes diferentes.

Los contratos de arrendamiento de locales comerciales están regidos por la segunda parte del *Landlord and Tenant Act 1954* (ley sobre el arrendador y el arrendatario) que garantiza el mantenimiento del local a todo ocupante de locales comerciales, lo cual le permite solicitar un segundo contrato de arrendamiento al precio del mercado, salvo si el arrendador puede probar que el arrendatario ha desconocido los términos de su contrato, o si puede ofrecerle al arrendatario un local parecido, o si quiere ocupar el inmueble él mismo.

Los contratos de arrendamiento de tierras agrícolas, están regidos por el *agricultural Holdings Act 1948,* que proporciona seguridad a todo arrendatario de tierra alquilada con fines agrícolas, permitiéndole oponerse a cualquier notificación de anulación de contrato, enviando un aviso en contrario, el cual priva al primero de todo efecto, salvo en caso de que un organismo medio judicial, el *Agricultural Land Tribunal,* ordena su aplicación, lo que hará cuando el arrendatario haya desconocido los términos de su contrato o si el arrendador se propone utilizar la tierra para fines no agrícolas. El alquiler puede someterse al arbitrio cada tres años y, si el arrendatario se ve obligado a abandonar el lugar se le indemnizará por todo daño que sufrirá y por toda mejora que hubiera podido efectuar.

Los contratos de arrendamiento con fines habitacionales están regidos por siete sistemas diferentes de protección. Los dos más importantes, contenidos en el *Rent Act 1977,* protegen, respectivamente, las «ocupaciones reglamentadas» *(regulated tenacies)* y los «contratos limitados» *(restricted contracts).* Una *regulated tenancy* se produce cuando una casa o parte de ella está alquilada como habitación separada, salvo en caso de que el arrendador resida en la misma, o si el contrato de arrendamiento es por vacaciones o con fines educativos, o si el valor del inmueble es superior a un límite fijado. El ocupante, en virtud de tal alquiler no podrá ser expulsado al final de su contrato de arrendamiento, sino que podrá permanecer en el lugar durante toda su vida, y mientras estén con vida dos miembros de su familia que también estén residenciados en el lugar, salvo en caso de que el arrendador pueda probar que el arrendatario ha desconocido los términos del contrato o si puede proponerle otro local, o si quiere vivir él en el lugar. El alquiler razonable es fijado periódicamente por un director de inquilinato de alquileres de la región, el cual toma en cuenta todas las circunstancias pertinentes. Un *restricted contract* tiene lugar cuando un inmueble completo o parte del mismo está ocupado con fines habitacionales en virtud de un contrato de arrendamiento o de una licencia que no constituya una *regulated tenancy*. En este caso, el *Rent Tribunal* fija periódicamente el alquiler, pero no existe protección contra la anulación del contrato, sino que la misma podrá ser retrasada por el tribunal por un período de máximo tres meses. La protección otorgada por estos dos régimen, particularmente aquella de las *regulated tenancies,* tuvo una influencia negativa sobre la disponibilidad de los inmuebles que son de alquiler. Por consiguiente, a partir del *Housing Act 1980,* es posible alquilar casas con fines habitacionales por períodos de uno a cinco años bajo un régimen de «alquileres protegidos a corto plazo» *(protected shorthold tenancies),* en las que el arrendador tiene el derecho de retomar la posesión en forma automática al finalizar el plazo. Debe precisarse, que existen disposiciones especiales que rigen los alquileres de los establecimientos públicos, tales como las administraciones locales, y que los arrendatarios que residen en las casas habitacionales alquiladas por más de veintiún años y con bajo alquiler (un alquiler que no refleja el verdadero valor del lugar, a menudo porque al inicio del contrato de arrendamiento se pagó una suma de dinero) tienen la posibilidad, después de tres años de adquirir la casa en *fee* simple a un precio fijado por un tribunal.

La cantidad y la diversidad de métodos de las legislaciones que brevemente acaban de estudiarse, en realidad pueden desorientar. Sin embargo, la protección muy amplia, incluso tal vez excesiva, otorgada a los arrendatarios no puede ponerse en duda.

CAPÍTULO IX
PROPIEDADES INTELECTUALES

Por W. R. Cornish

309.— Introducción: El término «propiedad intelectual» es una expresión práctica que sirve para reagrupar las patentes de invención, los modelos registrados, los derechos de autor, la protección del «*Know-how*» a otra información confidencial, las marcas y nombres comerciales y otros derechos afines. Recientemente, se ha comenzado a utilizar en Inglaterra siguiendo la adopción que de él se hizo en el ámbito internacional, y hace poco se incluyó en una ley[1]. Existen algunos puntos sobre los cuales el derecho inglés está unificado en cuanto a los diferentes componentes sobre propiedad intelectual. Esto es particularmente válido en los campos del procedimiento y de los remedios frente a las infracciones al derecho; por lo que estos puntos se analizarán, en forma global, al final del capítulo. Sin embargo, en el fondo legal del derecho, cada uno de los regímenes de protección ha desarrollado sus propios conceptos para adaptarlos a sus necesidades particulares. Por ejemplo, aun no existe teoría general alguna que aporte una solución única al problema predominante del «agotamiento del derecho». Así mismo, las normas relativas al derecho de propiedad varían de una categoría a otra. Por consiguiente, cada uno debe describirse por separado.

No todos los regímenes están gobernados por la ley. El fundamento del derecho de patentes, modelos registrados y propiedad literaria es totalmente legislativo, mientras que el derecho de información confidencial fue totalmente desarrollado por el precedente judicial. El sistema de marcas y nombres comerciales es mixto: en common law las marcas y los nombres están protegidos contra todo intento voluntario de confusión *(passing off)* en el mercado, mientras que las marcas de los artículos (y muy pronto de los servicios) pueden registrarse siguiendo el procedimiento establecido por el *Trade Marks Act 1938.* Cuando la ley rige, se aplica en todo el territorio del Reino Unido. Técnicamente, el derecho judicial depende de cada uno de estos componentes. No obstante, en este campo, existe una fuerte tendencia a considerar que el derecho es común para todo el Reino.

Con el fin de impedir formas específicas de competencia en negocios que en cierto sentido serían desleales existen formas variadas de propiedad intelectual. Sin embargo, ningún cuasi delito que lleve el nombre de competencia desleal, o actividad comercial desleal, se ha desarrollado a partir de ellas, tanto en *Common Law* como legislativamente. Todos los cuasidelitos relacionados con la actividad económica tienen un carácter más específico y limitado. El passing off y el delito asociado

---

1 *Supreme Court Act 1981,* s. 72.

de difamación *(injurious falsehood)* son ejemplos de ello, y los analizaremos más adelante. Esta situación suscita cierta voluntad de extender los regímenes particulares, específicamente los de la propiedad literaria y de la información confidencial, para aprehender nuevas formas de competencia desleal surgidas del progreso técnico o de la ingeniosidad en los negocios.

Sección 1
LAS PATENTES

310. – El fundamento del derecho: El derecho británico de patentes, cuyas bases históricas se remontan cuando menos hasta la Ley de Monopolios de 1624, ahora depende de la Ley sobre patentes *(Patents Ast* 1977: «P.A.»).

No obstante, la ley anterior (el *Patents Act* 1949) aun tiene una aplicación limitada para las patentes que fueron registradas antes del primero de junio de 1978, fecha en la que la ley de 1977 entró en vigor. Particularmente, la validez de estas patentes debe ser juzgada en base a los criterios prescritos por la ley de 1949, mientras que la violación de todas las patentes, en la actualidad, está regida por la nueva ley. Este análisis tratará, exclusivamente, la ley aplicable a las nuevas patentes.

Una de las funciones principales del Patents Act de 1977 consistió en adaptar el sistema británico a fin de que sea conforme con el sistema de atribución de patentes europeas establecido por la Convención europea sobre patentes de 1973 *(European Patent Convention:* «E.P.C.») y. administrado por la Oficina europea de patentes en Munich. Así mismo, la ley establece el mecanismo por medio del cual la Convención sobre la patente de la Comunidad de 1975 se podrá incorporar a este sistema europeo cuando entre en vigor. Además, la ley de 1977 proporciona el mecanismo para la participación británica en el Tratado de Cooperación sobre patentes de 1970 que, al igual que la Convención europea, entró en vigor el 1 de junio de 1978. Este tratado, de alcance potencialmente mundial, establece un sistema único de depósito, investigación y examen para la protección de las patentes en los Estados contratantes. Dado que Francia también participa en los convenios europeos y en el Tratado de Cooperación sobre las patentes, ahora Francia y el Reino Unido están más cercanos en su actitud con respecto a las patentes que en relación a cualquier otro aspecto de la con respecto a las patentes que en relación a cualquier otro aspecto de la propiedad intelectual.

311. – La administración de las patentes: Desde principios del siglo XX, el Reino Unido ha tenido un sistema para examinar las solicitudes de patentes antes de concederlas. Por lo tanto, ha estado más próximo al nuevo régimen europeo que el antiguo sistema francés de patentes. El control tenía un carácter más limitado que en la actualidad. Sin embargo, de ello resultaba que en Gran Bretaña se había desarrollado una profesión separada, la de mandatario de patentes, para representar a los demandantes ante la Oficina de Patentes.

La entrada en vigor del sistema europeo de obtención de patentes para un cierto número de países de Europa occidental, significa que ha habido dos vías por medio de las cuales se puede obtener una patente que resulta protegida en el Reino Unido. Un solicitante puede proceder a través de la Oficina Europea de Patentes *(European Patent Office)*, en cuyo caso se le asigna un «paquete» de patentes en el que se puede incluir, si así lo especifica, uno para el Reino Unido[2]. Alternativamente,

2 E.P.C. artículos 75 a 98.

puede solicitar una patente nacional en la Oficina Británica[3]. Los procedimientos a seguir en los dos sistemas son bastante paralelos. Parten de la presunción que el primer inventor en introducir la solicitud de protección tiene un derecho prioritario para la patente. La fecha primordial que se va a tomar en consideración es la fecha de depósito de la solicitud, a menos que el postulante pueda invocar una prioridad que provenga de un primer depósito hecho (para el mismo invento entro los 12 meses precedentes) en el mismo sistema o en uno de los numerosos países contratantes de la Convención de París sobre Propiedad Industrial[4].

La primera etapa importante en el procedimiento de solicitud es la investigación de hechos anteriores pertinentes en el estado de desarrollo de la técnica (relevant *«prior art»)*, encontrar ejemplos de técnicas idénticas o muy similares en las especificaciones de una patente anterior o en otro documento. Normalmente, la solicitud se publica 18 meses después de la fecha de prioridad al mismo tiempo que el informe de investigación. El solicitante tiene entonces 6 meses para pedir un examen a la luz del informe de investigación. El examen está relacionado con todos los fundamentos sobre los cuales se juzga la validez de las patentes, así como con ciertas exigencias complementarias (relativas, en particular, al nombre del inventor, la unidad del invento y la formulación de las reivindicaciones). Durante el tiempo que dure el examen, es posible modificar la especificación a la luz de las objeciones o por otras razones, a condición de que la divulgación original del invento no se complete de manera importante. Un objetivo primordial del examen es el de garantizar que el invento se divulgue lo suficientemente a través de su descripción en la especificación de la patente y que las reivindicaciones, que especifican el alcance del monopolio, se justifiquen con esta divulgación. Una vez que el examen haya concluido satisfactoriamente, se puede otorgar la patente. Su duración (bajo reserva de derechos de renovación progresivos) será de un máximo de veinte años, contados a partir del depósito de la solicitud y no del otorgamiento[5]. No se puede iniciar ninguna acción por imitación fraudulenta alguna antes de que se otorgue la patente. Mas, bajo ciertas condiciones, se pueden solicitar daños y perjuicios a partir del período de publicación de la solicitud[6].

El procedimiento de la solicitud no prevé la intervención formal de terceros (con derecho de audiencia) antes del otorgamiento. A lo sumo, los terceros pueden llamar la atención de la Oficina de Patentes, a propósito de una información. En cambio, después del otorgamiento pueden atacar la validez de la patente a través de un procedimiento formal. Si la solicitud fue hecha en la Oficina Europea, se puede intentar una oposición dentro nueve meses después del otorgamiento. Se puede atacar la patentabilidad del invento o la suficiencia de la divulgación en la especificación[7]. Durante su vida, la validez de una patente británica que haya sido otorgada por la Oficina Europea o por la Oficina Británica, puede impugnarse bien sea, por medio de un procedimiento (ampliamente escrito) ante la Oficina de Patentes (apelando al Tribunal de Patentes) *(Patents Court)*, o por medio de un procedimiento (completo) ante el Tribunal de Patentes mismo (en Inglaterra, el Tribunal de Patentes forma parte de la *Chancery División* de la Corte Suprema). La cuestión

---

3 P.A. s. 14-24.
4 P.A. s. 5.
5 P.A. s. 25.
6 P.A. s. 69.
7 E.P.C. artículos 100 a 105.

sobre la validez se puede plantear como acción principal o invocar como una demanda reconvencional o defensa de una acción por violación de patente[8].

312. – Validez de las patentes: Las patentes se otorgan para proteger los «inventos» que puedan ser aplicados a nivel industrial (incluyendo el nivel agrícola). Expresamente, hay un cierto número de campos que expresamente están excluidos de la posibilidad de ser patentados, tales como la creación puramente intelectual o estética (entre las que se encuentran los métodos de programación de una computadora como tal), los métodos para el tratamiento del cuerpo humano o animal (sin embargo, las substancias totalmente nuevas y las substancias para las cuales se ha descubierto un primer uso médico entran dentro del sistema de patentes), así como las variedades vegetales y animales[9].

Para que pueda ser patentable, un invento tiene que ser nuevo y al mismo tiempo implicar una actividad inventiva en relación al estado de la técnica[10]. En virtud de la ley 1977, «el estado de la cuestión» observado en la fecha de prioridad de la patente, abarca todo elemento puesto a la disposición del público «por medio de una descripción escrita u oral, un uso o cualquier otro medio». Basta con que un inventor le haya revelado su idea a una sola persona, que sea libre de utilizarla como quiera, para que «el estado de la cuestión» se enriquezca. Esta revelación, ya sea a modo de información discreta o de uso, puede ocurrir en cualquier lugar del mundo; el antiguo sistema británico solo tomaba en consideración aquello que se conocía o utilizaba en el Reino Unido. La prueba para verificar la innovación consiste en esencia, en una investigación de hecho para determinar si toda incorporación afirmada en la patente se ha puesto previamente a disposición del público[11]. Si un inventor ha realizado un primer trabajo en búsqueda de las propiedades específicas de substancias o cosas que anteriormente solo se conocían de manera general, puede tener derecho a una patente de «selección» en la que reivindica como su invento las ventajas particulares que da a conocer[12].

La prueba para «la actividad inventiva» implica una apreciación, a menudo difícil, para saber si el invento reivindicado podría haber sido evidente, a partir de lo que ya se conocía, aun para un especialista en la industria referida que por sí mismo no tendría capacidad inventiva alguna. Ello necesita una evaluación que depende de muchas circunstancias particulares. Frecuentemente resulta difícil y constituye un factor importante que contribuye con la duración y los gastos del procedimiento de la patente.

La especificación por sí sola debe cumplir con dos pruebas principales. La divulgación del invento deberá ser bastante completa y no debe estar sujeta a enmiendas que puedan alargar indebidamente la materia o las reivindicaciones[13]. Que el mejor método de utilizar el invento no se haya divulgado, que el invento no tenga utilidad, o que las reivindicaciones sean inútilmente ambiguas o indebidamente largas, ya no constituyen medios separados de objeción. Empero, son hechos sobre los cuales, en ciertas ocasiones, nos podemos basar para impugnar la suficiencia de la divulgación.

---

[8] PA. s. 72.
[9] E.P.C. artículos 52, 53, 57; P.A. s. 1, 2 (4).
[10] E.P.C. artículos 54, 56; P.A. s. 2, 3.
[11] *Fomento* v. *Mentmore* (1936) R.P.C. 87.
[12] Du Pont's (Wietsiepe) Application (1981) F.S.R. 377.
[13] E.P.C. artículos 83, 100; P.A. s. 72.

313. – *Imitación fraudulenta:* Para que haya imitación fraudulenta de una patente, se debe demostrar que el demandado está relacionado con un objeto que tiene todas las características esenciales especificadas en una reivindicación de la especificación, o con un procedimiento que comprende todas las etapas descritas en una reivindicación[14]. De esta forma, las reivindicaciones definen el alcance del monopolio otorgado, y el sentido de los términos allí utilizados a menudo constituye el punto de agudas controversias. Debido a que las patentes de gran valor abarcan progresos técnicos que abren grandes posibilidades para lograr beneficios en el campo del monopolio, los competidores sofisticados van a buscar, a toda costa, alternativas que estén justo fuera del alcance de la patente. Las reivindicaciones se interpretarán a la luz del cuerpo de la especificación y de todos los diseños que puedan estar relacionados con el mismo. Las reivindicaciones deben ser comprendidas de la misma forma como los trabajadores calificados de la industria particular las entenderían. La interpretación de los tribunales está acorde con el Protocolo para la Convención Europea sobre Patentes, artículos 69[15].

Las actividades comerciales e industriales que constituyan una imitación fraudulenta en derecho británico se inspiran en la Convención sobre la patente de la Comunidad, artículos 29 a 31, pero no están formulados exactamente en los mismos términos[16]. Se produce una imitación fraudulenta cuando se fabrica un producto patentado o cuando se utiliza un procedimiento patentado; cuando se dispone de un producto patentado o de un producto obtenido directamente por medio de un proceso patentado; cuando se ofrece poner a la disposición un producto de este tipo, utilizarlo, importarlo o conservarlo para disponer del mismo. Los hechos antes descritos deben haberse cometido en el Reino Unido. Contrariamente a la solución anterior, en la actualidad, también resulta ser una imitación fraudulenta ofrecerle a una persona no autorizada un proceso de utilización o suministrarle (u ofrecer suministrarle) los medios relacionados con un elemento esencial del invento para poner en práctica dicho invento, a sabiendas que los medios son propios a su puesta en práctica y están destinados para la misma. No obstante, si los medios constituyen un producto comercial principal, este tipo de imitación fraudulenta indirecta solo ocurrirá si alguien más es incitado a incurrir en la misma. Existen excepciones que abarcan los casos de uso privado, no comercial y experimental, y algunas otras circunstancias más específicas. Una persona qué haya utilizado un invento antes de la fecha de la prioridad de una patente que lo cubre puede continuar utilizándolo a pesar de la patente[17]. No obstante, se trata de un derecho personal que no puede, en sí mismo, ser transferido; y probablemente no abarca los perfeccionamientos cubiertos por la patente.

Por tradición, el derecho británico de patentes no tiene una doctrina de «agotamiento», en virtud de la cual los bienes puestos en el mercado por el patentado o con su consentimiento no están sometidos a restricción ulterior alguna que provenga de la patente. Al contrario, el principio tradicional ha sido que aun los artículos en relación con el patentado necesitan de una autorización para que puedan ser vendidos, utilizados o tratados por medio de las otras maneras contempladas por los Patents Acts. La presunción consiste en que si se venden sin una condición

14 *Catnic v. Hill y Smith* (1982) R.P.C. 183.
15 P.A. s. 125 (3), 130 (7).
16 P.A., s. 60. Para la Convención (aun no en vigor), véase *supra* No. 310.
17 P.A., s. 64.

restrictiva, comportan una autorización implícita que permite su libre explotación. Más si se aplican restricciones explícitas a los bienes, estas afectarán a toda persona que tenga conocimiento suficiente de las mismas[18]. Este sigue siendo el principio, a pesar de que ahora se haya sometido a importantes excepciones. Una legislación más reciente impide que esta técnica se utilice con el fin de imponer un precio mínimo de reventa en la mayoría de las circunstancias[19], y probablemente impide las cláusulas de «enlace» («tie-in») en virtud de las cuales el artículo patentado no se puede utilizar sino con otros artículos suministrados por el patentado[20]. Además, no se pueden aplicar las condiciones que limiten o impidan la exportación de los artículos patentados a las exportaciones hacia otros Estados miembros de la C.E.E.[21]. Si la Convención sobre la patente de la Comunidad de 1975 entra en vigor, se aplicará una doctrina general de agotamiento[22].

314. – El derecho a la patente. El derecho de solicitar una patente se otorga al inventor, el creador del invento, o al patrono, en caso de que el invento se realice durante su estancia en un trabajo[23]. En ambos casos, el derecho de solicitar una patente puede transferirse libremente. Cuando existen varios inventores, el derecho es común. La copropiedad de la patente puede resultar de un invento común o de una atribución subsecuente de derechos. Cada copropietario tiene derecho de llevar a cabo o utilizar el invento y realizar todos los otros actos que son el objeto del otorgamiento de la patente. Mas ningún copropietario puede transferir o hipotecar su interés o conceder una licencia a terceros sin el consentimiento de los otros copropietarios[24].

El invento de un empleado le pertenece a su empleador, tanto en el caso de que se le haya pedido utilizar su competencia y su ingenio inventivo para resolver un problema técnico, como cuando ocupa un alto cargo de nivel tal que su deber general de fidelidad lo obliga a considerar que su invento le pertenece a su empleador[25]. Esta norma solo se aplica para un empleado y no para una persona que presta servicios del exterior en calidad de contratante independiente. Sin embargo, la ley de 1977 prevé un régimen especial que le asegura al inventor empleado una indemnización bajo ciertas circunstancias[26]. No existe ningún otro derecho de propiedad intelectual que posea derechos comparables. Si la patente le ocasiona al patrono beneficios considerables, un empleado británico puede tener derecho a una indemnización bajo dos circunstancias: a) si el invento pertenece al patrono inicialmente, o b) si el invento pertenecía inicialmente al empleado, ya que se realizó fuera de su trabajo, pero este se lo transfirió a su patrono por lo que resulta una contrapartida insuficiente. El monto de la indemnización y su modalidad (por ejemplo: suma global o cuotas) pueden arreglarse a través de un procedimiento entablado ante la Oficina de Patentes *(Patent Office)* o la Corte Suprema. Si resulta ser justo que el empleado reciba una indemnización, su determinación equitativa debe tomar en consideración todas las circunstancias del invento, así como sus

---

[18] *Betts* v. *Willmontt* (1871) L.R. 6 Ch. 239.

[19] *Resale Prices Act 1964.*

[20] *Patents Act 1977,* s. 44.

[21] Tratado de Roma, artículos 30 a 36.

[22] P.A. s. 60 (4).

[23] P.A. s. 7.

[24] P.A. s. 36.

[25] P.A. s. 39.

[26] P.A. s. 40 a 43.

subsecuentes desarrollos y explotaciones. Las disposiciones en cuanto a la indemnización solo afectan los inventos hechos después del 1 de junio de 1978. Se pueden eliminar en un contrato colectivo celebrado con un sindicato, pero no con anterioridad en un contrato individual.

315. – Las licencias: La filosofía del derecho inglés en materia de autorización para el uso de las patentes, así como de las otras formas de propiedad intelectual, ha consistido en permitir y reforzar un régimen de libertad contractual. Una licencia de patente no requiere formalidad alguna; al contrario de la transferencia de patente misma, puede ser oral o ser el resultado de las circunstancias. No obstante, muchas licencias son más que un simple permiso para actuar en el marco de la patente. Están destinadas a disciplinar las relaciones entre la parte que otorga la licencia y el titular de la licencia durante. un período de tiempo considerable; pueden incluir más de una patente, así como el *Know-how*»; le pueden conferir al titular de la licencia un derecho exclusivo. En la práctica, dichas licencias se redactan por escrito. No solo abarcan los derechos que se le han acordado, su duración y los pagos que el titular de la licencia debe realizar como contrapartida; también es probable que incluyan los perfeccionamientos del invento, realizados por cualesquiera de las partes, los compromisos de un titular de la exclusividad de explotar el invento y los compromisos del que concede la licencia de otorgar condiciones más favorables a otros titulares de licencias. El *Patents Act 1977* únicamente contiene dos restricciones sobre las cláusulas que pueden incluirse en una licencia de patente. Las cláusulas de «enlace», que obligan al titular de una licencia a obtener de la parte que concede la licencia los materiales no patentados de lanzamiento en el mercado, solo se permiten en condiciones muy restringidas; si no, la cláusula es nula y la titularidad de la patente no se podrá obtener mientras que la licencia sigue siendo efectiva[27]. Por otra parte, una cláusula que prevea la continuación de la licencia, aun después de la expiración de la última de las patentes inicialmente autorizadas, está sometida a una disposición imperativa; cada una de las partes puede poner fin a la licencia después de un preaviso de tres meses[28].

El derecho de competencia del Reino Unido afecta el hecho de permanecer en comunidad de patentes cuando más de dos partes aceptan las restricciones mutuas sobre la licencia de patentes. Pero en general las licencias de patente entre dos partes escapan a esta legislación. Sin embargo, si tales licencias restringen o vician la competencia en el comercio entre Estados miembros de la C.E.E., pueden resultar contrarias al artículo 85 del Tratado de la C.E.E.

316. – Las licencias obligatorias (compulsory licences): Desde finales del siglo XIX, el sistema británico de patentes ha atenuado el derecho de monopolio estricto de lo patentado, en circunstancias en que se considere que este abusa de su situación al no explotar el invento. Tres años después del otorgamiento de una licencia, el Director General de Patentes tiene el poder de conceder licencias obligatorias por las siguientes razones: la patente no se ha explotado de la forma más amplia razonablemente posible en el Reino Unido; la demanda del producto patentado en el Reino Unido no es satisfecha en condiciones razonables o es satisfecha solo en gran medida por la importación; la actividad en el Reino Unido es obstruida o impedida por la importación; el rechazo de licencias (o su rechazo en condiciones razonables)

[27] P.A. s. 44.
[28] P.A. s. 45.

impide que un mercado de exportación esté provisto con productos del Reino Unido o perjudica al establecimiento o al desarrollo de la industria del Reino Unido; la explotación de otro invento patentado en el Reino Unido puede impedirse u obstruirse por el rechazo de otorgar licencias (por lo menos en condiciones razonables). Al Director se le concede un amplio poder discrecional para que establezca los términos de dichas licencias[29]. De hecho, son pocas las solicitudes presentadas. Las disposiciones se conservan como un estímulo a la explotación razonable sobre una base voluntaria.

317.– El uso de la Corona: A la Corona le corresponde otro tipo de licencia obligatoria. En principio, el gobierno, así como los ciudadanos particulares, está sometido a los derechos de las patentes. Sin embargo, los actos efectuados por los servicios de la Corona por un departamento gubernamental o por cualquiera que haya sido autorizado a actuar en nombre de la Corona pueden llevarse a cabo sin licencia previa; la única obligación es la de pagarle una indemnización razonable al patentado. Todos los actos que podrían resultar en una restricción al derecho de patentes no gozan de esta exención. Los actos de fabricación, uso y las actividades de conservación y de importación conexas están cubiertos por la exención, empero la venta y la oferta de venta solo están cubiertas excepcionalmente: cuando se trata de incidentes en la fabricación, en el uso o la importación; la exención se aplica igualmente para los contratos de suministro de armas a los gobiernos extranjeros, para el suministro de medicamentos registrados a través de los servicios farmacéuticos de la seguridad social y para las ventas de excedentes. Si el monto de la indemnización no se puede negociar, será fijado por la Corte Suprema[30].

Sección 2
LA INFORMACIÓN CONFIDENCIAL

318.– Aspectos generales: La protección de la información confidencial se desarrolló en la Corte de la Cancillería por dos razones: esta es la Corte que históricamente concedía el remedio de prohibición judicial y por otra parte, esta protección recurría al gran principio moral de la jurisdicción d'equity[31]. La esencia de esta rama del derecho consistió, durante mucho tiempo, en la idea de que a una persona a la cual se le proporciona una información en secreto debe respetar la confianza en ella depositada. La mejor explicación de esta protección es que constituye una forma de obligación en *equity sui géneris*[32]. A pesar de que puede ser el resultado de un contrato (y en ciertos casos, es solo por causa de un contrato que se puede dar un asunto de confianza), ahora es evidente que el contrato no es ni una condición ni, a otros respectos, un factor limitativo[33]. La obligación no depende de la responsabilidad civil, XXXX que una reciente y determinada literatura sugiere que se le confiera; sus orígenes históricos no son XXX la responsabilidad civil y está sometida a terceros discrecionales que parecen justificar su tratamiento por separado. La protección jurídica de la información confidencial lleva a convenios que la aproximan a la condición legal de un bien. Así, las licencias de *Know-how* técnico constituyen una práctica corriente y se parecen mucho a las licencias de patentes. Sin embargo,

[29] P.A. s. 48 a 54.
[30] P.A. s. 55 a 59.
[31] *Prince Albert* v. *Strange* (1849) 2 De G. y Sm. 652.
[32] *Fraser v. Evans* (1969) 1 Q.B. 349.
[33] *Saltman* v. *Campbell* (1948) 65 R.P.C. 203.

la información confidencial aun no ha sido clasificada como una forma de objeto de propiedad, ni en *Common Law* ni en *equity*.

319.— Campo de la protección: La primera condición para que se justifique una acción por violación de secreto es que exista una materia que necesite protección. En principio, la protección jurídica es muy amplia. Esta se le ha otorgado a la información técnica, comercial, gubernamental y personal, a condición de que ya no se trate de meras murmuraciones[34]. No es necesario demostrar que la información es innovadora o tiene carácter de invento, factores necesarios para una patente, ni que esté expresada de manera tal que cubra la propiedad literaria y artística. Recientemente la «idea» de una serie de televisión se protegió como confidencial. La información que está libremente disponible para el público no podrá ser protegida, empero sucederá todo lo contrario con la que se divulgue en un círculo restringido[35]. Si la información se la ha comunicado al demandado de manera confidencial, pero enseguida se ha vuelto del dominio público, aun se puede impedir que el demandado utilice su ventaja como «trampolín»; ciertamente, sucederá de esa forma si un miembro del público realiza su propia investigación (por ejemplo por un «manejo a la inversa» «reverse engineering», para descubrir la información). La protección será rechazada si existe un interés público superior de revelar la información de la manera propuesta por el demandado; esto puede ocurrir si se trata de una actividad ilegal, injusta o peligrosa, o que perjudica la buena administración de la justicia.

320.— La obligación del secreto: Si un hombre razonable debía suponer que se le había dado debía permanecer confidencial, o que él mismo la recabara o descubriera en condiciones secretas, la obligación nace. La relación puede ser contractual sin que ello sea necesario. Si existe un contrato, sus condiciones constituirán el primero de los elementos que van a determinar la extensión del secreto. Cuando el beneficiario de la información es un empleado, se aplican consideraciones especiales: a) la información técnica discreta, tal y como una fórmula química, que cualquier persona honesta sabría reconocer como perteneciente al patrono, será protegida en virtud del derecho general; b) la información fortuita que pertenece exclusivamente al patrono puede ser protegida por medio de un arreglo expreso de no divulgarla a los otros o no utilizarla después de haber dejado el empleo; c) no se pueden proteger los procedimientos genéricos del hacer[36].

La acción por violación de secreto no solo existe contra el primer beneficiario de la transmisión de la información, sino contra los terceros a quien se la transmitió, hayan o no estado en conocimiento de la obligación ligada a la misma. Aun se está discutiendo si una persona que la adquirió de buena fe, de su propio peculio, sin conocer la obligación debe guardar el secreto. Y tampoco se ha establecido que la obligación de secreto se extiende al que proporciona la información, no por una relación, sino por vigilancia clandestina.

321. —Uso ilícito: La obligación de secreto puede ser violada por divulgación, o por uso de la información. Un demandado puede ser responsable por haber copiado la información inconscientemente, habiendo olvidado que la había recibido del demandante. Se había sostenido que el demandado solo era responsable en caso de que hubiera actuado en perjuicio del demandante, pero no está claro que se trate de una condición distinta de la responsabilidad.

---

[34] *Coco* v. *Clark* (1969) R.P.C. 41.

[35] *Marshall v. Guinle* (1979) Ch. 227.

[36] *Printers and Finishers* v. *Holloway* (1965) R.P.C. 239.

Sección 3
LOS DERECHOS DE AUTOR

322. – Aspectos generales: La propiedad literaria y artística fue establecida por primera vez, en derecho inglés, por una famosa ley de 1709. Antes de la misma, existía una protección de los impresores de libros contra la imitación fraudulenta, junto con una censura del Estado. En un principio se concedió la propiedad literaria a los autores de «libros», luego poco a poco se extendió a los autores de grabados, esculturas, otros trabajos artísticos, piezas musicales y de teatro (para otorgar un derecho de representación) y así sucesivamente. En 1911, las diversas propiedades literarias y artísticas fueron reunidas y enmendadas en una ley que se hizo extensiva a las colonias y promulgada en los Dominios autónomos para crear un sistema unificado para el Imperio británico. En 1956, se promulgó el actual *Copyright Act* («C.A.»). La mayoría de los países miembros del *Commonwealth* británica poseen su propia legislación sobre la propiedad literaria y artística, y benefician las relaciones mutuas con Gran Bretaña por estar suscritos, una o ambas, a las convenciones internacionales.

Desde sus comienzos, el Reino Unido fue miembro de la Unión de Berna (1886) y de la Convención universal sobre el derecho de autor (1952). En virtud de la primera, el país abandonó (en 1911), toda exigencia de registro como condición de la propiedad literaria y artística; también adoptó la vida del autor, aumentada a 50 años, como duración de principio de los principales derechos de propiedad literaria y artística. De este y otros modos, el derecho de autor británico vino a parecerse más estrechamente al de los países europeos. Sin embargo, subsiste una cierta diferencia, el derecho británico, en particular, aun se niega a reconocer que los derechos morales de autor tengan una condición legal equivalente al de sus derechos económicos.

323. – La materia de la propiedad literaria y artística: El Copyright Act 1936 confiere la propiedad literaria y artística a cuatro tipos «clásicos» de obras: las obras de naturaleza literaria, dramática, musical y artística. La protección se otorga a todas aquellas obras que son «originales», en el sentido de que las mismas no son copias[37]. En consecuencia, las obras literarias no solo abarcan las novelas o las poesías, sino también los catálogos, las guías de calles y las agendas. «La competencia, el trabajo y el juicio» requeridos también pueden consistir en un trabajo secundario como por ejemplo presentar una edición crítica de textos literarios, preparar una colección y traducir. Así mismo, con las obras musicales, se concede una propiedad literaria distinta al que hace un «arreglo» u orquesta una composición. La categoría de obras artísticas es la más compleja; comprende: a) pinturas, esculturas, dibujos, grabados y fotografías, b) obras de arquitectura y c) artesanía artística. En la primera de estas categorías, la obra está protegida «independientemente de su calidad artística»[38]. Eso significa que los proyectos para productos completamente técnicos (tales como las piezas para automóviles) se consideran propiedad artística. Debido a que la propiedad artística en una obra de las dimensiones puede ser violada en tres dimensiones (véase *infra, No. 326)*, actualmente existe (específicamente a partir del *Design Copyright Act 1968)*, una propiedad literaria y artística para la protección del diseño industrial, que es sumamente utilizado. En cambio, «artesanía artística» únicamente son objeto de propiedad artística si tienen un carácter estético distintivo[39].

---

[37] *London University Press* v. *University Tutorial Press* (1916) 2 Ch. 601.

[38] C.A. s. 3.

[39] *Hensher* v. *Restawile* (1976) A.C. 64; v. también *British Leyland* v. *Armstrong* (1986) F.S.R. 221.

La ley de 1956 confiere «el derecho de autor de la Parte II» a las grabaciones de sonido, películas cinematográficas, textos de televisión y emisiones sonoras, difusión por cable y al formato tipográfico de una edición publicada[40]. Se trata de derechos con un carácter parecido a los de la propiedad literaria y artística, ya que los derechos inicialmente han sido conferidos no a los creadores, sino a los que organizaron financieramente la producción (véase *infra, No. 327).*

324. – Relación: Los derechos de autor británicos protegen una obra si existe una relación suficiente dada por la condición legal personal del autor (o del organismo financiero en caso de que se trate de los derechos de autor de la Parte II) o por la primera publicación. En el primer caso, se puede tratar de un súbdito británico o del *Commonwealth,* de un ciudadano irlandés, o del domicilio o residencia en Gran Bretaña; o en razón de la afiliación que tiene Gran Bretaña con la Unión de Berna y la Convención universal sobre los derechos de autor, de un vínculo por nacionalidad, domicilio o residencia con todo Estado miembro de estas convenciones. Cuando la relación se lleva a cabo debido a la primera publicación, la misma puede ocurrir en Gran Bretaña, sus colonias o en todos los países de las Convenciones[41].

Para este y otros propósitos, una obra se publica cuando se ponen en circulación, para el público, reproducciones de todo el tema en cantidades destinadas a satisfacer la demanda razonable del mismo (existen definiciones especiales en cuanto a las grabaciones de sonido y películas). A este respecto no se toma en consideración ninguna publicación no autorizada[42].

325. – La duración de los derechos de autor: Mientras una obra literaria, dramática o musical, fotografías o grabados no se publiquen, los derechos de autor de las mismas son indeterminados. La propiedad de las fotografías dura 50 años a partir del año de publicación. La propiedad de las otras obras antes mencionadas, si se publicaron cuando el autor estaba en vida, se mantiene durante toda la vida de este y los siguientes 50 años contados a partir del año en que murió. Si solo son publicadas después de su muerte, la propiedad dura 50 años a partir del año de publicación. La propiedad de las otras obras artísticas continúa durante la vida del autor y 50 años después de su muerte[43]. Existen normas especiales para las obras publicadas de manera anónima o bajo un seudónimo[44]. La propiedad literaria y artística de la Corona perdura 50 años a partir del año de su primera publicación[45].

En cuanto a los derechos de autor de la Parte II, referida a las grabaciones de sonido dura 50 años a partir de la publicación; la de las películas que se pueden grabar, 50 años a partir de la grabación, y la de las otras películas, 50 años a partir de la difusión; la de las emisiones 50 años a partir de la primera difusión; y la de las tipografías, 25 años a partir de la primera publicación.

326. – Imitación fraudulenta: Los derechos de autor solo se violan en caso de «copia», es decir, cuando sin autorización del autor o de su derecho-habiente, se toma una parte importante de la obra para reproducirla o representarla en una de las formas definidas como imitación fraudulenta. La copia se puede hacer de mane-

40 C.A. s. 12 a 15.
41 C.A. s. 1, 31, 32; *Copyright (International Conventions)* Order 1979.
42 C.A. s. 49.
43 C.A. s. 2, 3.
44 S. 11.
45 S. 39.

ra inconsciente. También puede ser indirecta: copia de una copia. Si, por ejemplo, en el diseño de una muñeca, las muñecas conforme al diseño resultan ser copias, las copias en tres dimensiones violarán el diseño inicial si existe una semejanza suficiente en su apariencia[46]. Para considerar si se ha tomado una parte suficiente de la obra, todas las circunstancias son pertinentes: la extensión de la extracción, su valor en relación al conjunto, el punto de competencia y de trabajo incorporados en la obra protegida, la manera como se aprovecha el demandado de los derechos de autor, el punto en el cual habrá interferencia con la explotación de sus derechos por parte del demandante, etc.

Las obras literarias, dramáticas y musicales son objeto de imitación fraudulenta cuando se reproducen ya sea de forma material, publicación, adaptación, ejecución en público, difusión o cableado. En cuanto a las obras artísticas, puede haber reproducción material, publicación, inclusión en una emisión de televisión o cableado. Los derechos de autor de la Parte II referentes a las grabaciones de sonido, películas cinematográficas, emisiones y difusiones por cable conllevan el derecho de impedir además de la fabricación de reproducciones a través de películas y discos, la radiodifusión, retransmisión, difusión por cable y en ciertas circunstancias, el de impedir que la representación sea escuchada o vista por el público. La protección de la tipografía solo prohíbe la fabricación de una reproducción por medio de un proceso fotográfico o afín. La imitación fraudulenta, no solo puede resultar de dichos actos, sino también de la posibilidad que se les da a terceros de llevarlos a cabo[47]. Estamos en presencia de una vasta noción de responsabilidad que puede resultar por causa de terceros, por ejemplo, la organización de una orquesta para una fiesta bailable, o la instalación de una fotocopiadora en una biblioteca. Con mayor razón, una persona que manipula copias ilícitas, al importarlas, venderlas, arrendarlas, ofrecerlas o exponerlas a la venta o para alquiler, o mostrárselas al público con fines comerciales, etc., estará infringiendo la ley si sabe que estas copias eran imitaciones fraudulentas[48]. Estas disposiciones pueden aplicarse a las copias de un libro o de un disco que han sido autorizadas para su venta en el extranjero, pero que originalmente no se vendieron en el extranjero por el titular de la propiedad literaria y artística británica[49].

Los derechos de autor de obras literarias, dramáticas, musicales y artísticas no se violan cuando se trata de diversas actividades realizadas de buena fe, con fines de investigación o estudio particular, crítica o reseña, o (para las obras literarias, dramáticas o musicales) para el reportaje de acontecimientos actuales[50]. Existen otras defensas diferentes de la misma naturaleza que están relacionadas con la educación, bibliotecas, procedimiento judicial, grabaciones circunstanciales, representaciones en las residencias o clubes, reproducciones en tres dimensiones de obras en dos dimensiones, etc.[51]. Existen dos límites de suma importancia para la protección de los autores, a saber: a) las grabaciones realizadas de obras musicales protegidas por la propiedad literaria y artística requieren una autorización legal sobre el pago de una cuota del 6 1/4% del precio neto de la venta si se satisfacen ciertas

---

[46] *King Features* v. *Kleeman* (1941) A.C. 417.
[47] C.A. s. 1.
[48] C.A. s. 5, 16.
[49] *C.B.S.* v. *Charmdale* (1980) F.S.R. 289.
[50] C.A. s. 6, 9.
[51] S. 6, 7, 41, 48.

condiciones legales[52]; b) la aplicación de un diseño artístico protegido a un producto industrial está limitado a 15 años a partir de la primera grabación legítima si el diseño también estuviera sujeto a ser registrado[53].

Excepcionalmente, en una acción por imitación fraudulenta, se pueden obtener daños y perjuicios no solo por las pérdidas causadas por la competencia, sino también porque se puede considerar que las copias ilegales le pertenecen al titular de la propiedad literaria y artística[54]. Particularmente, en los negocios de diseño industrial, dichos daños y perjuicios pueden resultar ser de un orden muy elevado.

327. – Los derechos de propiedad: La propiedad de una obra literaria, dramática, musical o artística inicialmente pertenece al autor, a menos de que se trate de un empleado que la haya realizado durante su trabajo (en cuyo caso pertenece a su patrono) o como periodista (en este caso la propiedad se divide entre el periodista y el director del periódico) o que haya actuado según instrucciones para imprimir una fotografía, un retrato o grabado (en este caso pertenecen al poderdante). Estas normas legales pueden ser objeto de estipulaciones contractuales[55]. Así mismo, la propiedad intelectual puede ser objeto de una transferencia o de una licencia exclusiva antes o después de la creación de la obra, a condición de que haya un escrito firmado que la avale[56]. Se pueden otorgar otras autorizaciones sin formas sacramentales, las cuales regirán para todos, con excepción de los compradores de buena fe.

Las obras de colaboración, en las que las contribuciones están inexplicablemente mezclas, pertenecen a los coautores. Estos se volverán copropietarios iniciales, a menos que se aplique una de las condiciones antes mencionadas. En este caso, la duración de la propiedad se calcula tomando la vida del último sobreviviente de los coautores[57]. En derecho británico, la letra y la música de una canción se consideran obras separadas, sujeta cada una a su propiedad literaria y artística respectiva.

328. – Los derechos morales: Los derechos de autor británicos no le confieren protección directa alguna al autor con respecto a cualquier derecho para decidir sobre la publicación, reclamar la calidad de autor o impedir las alteraciones o mutilaciones de su obra. Sin embargo, hasta cierto punto, se puede obtener dicha protección en el marco de la responsabilidad civil. De este modo, si una obra del autor se presenta en forma modificada, de tal manera que atente contra su reputación en la mente del público culto, esto podría constituir un delito de difamación. Si la obra se modifica de tal forma que en su fundamento ya no refleja al autor, el resultado podría ser el cuasidelito de passing off o el que está previsto por la ley, de inserción de un nombre de autor en una obra que no le pertenece[58]. Aun estas posibilidades de protección operan dentro de un régimen de contrato libre. Evidentemente, un autor puede celebrar un contrato para proteger sus derechos morales; este contrato será válido entre las partes y con respecto a terceros que, por ejemplo, ayudarían o estimularían la violación del contrato. Empero, del mismo modo, a

---

52 S. 8.

53 C.A. s. 10; *Design Copyright Act 1968.*

54 C.A. s. 17, 18.

55 C.A. s. 4.

56 S 36, 37.

57 S 11.

58 C.A. s. 43; *Moore v. News of the World* (1972) 1 QB. 441.

través de un contrato el autor puede renunciar anticipadamente a su derecho de objetar una forma de publicación o de cualquier tipo de modificaciones. Dichos contratos son válidos, a menos que existan circunstancias excepcionales que indiquen una restricción desrazonable para la libertad de comercio u otros elementos de convenio abusivo[59].

329.– Control del monopolio: Un punto sobre el cual el derecho británico trata de limitar el poder potencial del titular se refiere al derecho «automático» de realizar grabaciones de obras musicales. Existe otro relacionado con la administración colectiva de los derechos de ejecución. El *Performing Right Tribunal* tiene competencia legal para dirimir las discrepancias entre la compañía que percibe las cuotas y los usuarios del material[60]. Se puede solicitar el recurso ante este órgano cuando la compañía perceptora ha rechazado una autorización particular u ofrecido una autorización únicamente bajo condiciones inaceptables. Será entonces el tribunal el que solventará la discrepancia a la luz del o que es razonable dentro de las circunstancias. A menudo se han sometido casos ante dicho tribunal, específicamente bajo condiciones ofrecidas a las organizaciones de radiodifusión, danza, etc., por la *Performing Rights Society* (que controla el derecho para la ejecución de las obras musicales) y la *Phonographic Performance Ltd.* (que controla el mismo derecho pero para las grabaciones).

Además, en la actualidad la propiedad literaria y artística británica debe practicarse tomando en cuenta política de competencia (especialmente los artículos 85 y 86) y las políticas de libre circulación de bienes y libre disposición de los servicios del Tratado de Roma.

330.– Los derechos del ejecutante: Mientras que los productores de sonido, películas y emisiones poseen cada uno una propiedad de la parte II, no se le concede derecho equivalente alguno a los ejecutantes, como los actores o los músicos. Empero, reciben cierta protección del derecho penal. Los *Performers Protection Acts 1958-1972* consideran un delito el hecho de grabar o filmar, a sabiendas, una ejecución sin el consentimiento escrito de los ejecutantes. Así mismo, algunos actos complementarios, tales como vender la grabación o la filmación que de ellos resulten, también constituyen delitos. Se trata de delitos menores que acarrean multas limitadas. Con el desarrollo del *«bootlegging»* (es decir, de las grabaciones clandestinas) de los conciertos pop, los remedios para estas prácticas plantean serios problemas. Los tribunales dudan en admitir que estos actos confieren el derecho de entablar una acción civil de prohibición judicial y daños y perjuicios. No obstante, si está claro que las compañías de grabación y otras que explotan las realizaciones no gozan de ese derecho, la cuestión aun no se decide para los ejecutantes mismos[61].

331.– El derecho de préstamo al público: A través del *Public Lending Right Act 1979,* el Reino Unido ahora dispone de un régimen especial para el préstamo de libros al público. Se excluyen los derechos de autor y artísticos. Los derechos de autor son financiados por medio de una subvención del gobierno y administrados por una autoridad pública sobre la base de encuestas con respecto a los préstamos de las bibliotecas públicas.

---

[59] *Schroeder* v. *Macaulay* (1974) 1 W.L.R. 1308.
[60] S 23-27.
[61] *FCA* v. *Pollard* (1983) F.S.R. 9.

332. – *Derecho de sucesión; dominio público que paga:* Ninguno de estos conceptos se conocen en derecho inglés: el primero otorga a un artista una parte en la reventa de sus obras originales, el segundo crea una cuota pública para la explotación de obras una vez terminada la propiedad literaria y artística. A menos que sean impuestos por una decisión de la C.E.E., existen pocas probabilidades de que se introduzcan en este derecho.

Sección 4
LOS DISEÑOS REGISTRADOS

333. – El sistema de diseño registrado existe desde los comienzos del siglo XIX; en la actualidad está regido por el *Registered Designs Act 1949.* A pesar de que originalmente se consideró análogo a la propiedad literaria y artística, se ha parecido más íntimamente al sistema de patente y es administrado por la Oficina de patentes. En la actualidad, su importancia es relativamente poco relevante, debido a las extensiones de la propiedad literaria y artística en la esfera del diseño industrial, en particular desde el *Design Copyright Act 1968* (véase *supra,* N.° *323).* Por lo tanto, no se entrará en los detalles del mismo.

Sección 5
LAS MARCAS REGISTRADAS Y LOS NOMBRES COMERCIALES

334. – *Aspectos generales:* Dentro de este ámbito, el derecho no protege las ideas por su valor intrínseco, sino por su valor como parte de los fondos de comercio. Su punto central consiste en la protección de las marcas registradas para los bienes, los nombres comerciales para las prendas de vestir, envases, slogans, logos, etc... Específicamente, la tendencia del derecho inglés ha sido proteger su utilización efectiva en el comercio. Primero, se llevó a cabo a través de las acciones de *Common Law, passinf off* e *injurious falsehood.* Luego, a partir de 1875, se le agregó un asiento de las marcas registradas para los bienes. El asiento, que. tiende a considerar la marca registrada como un bien independiente, se consideró una forma suplementaria de protección, el cual solo se concedía luego de un control cuidadoso. Por ello, la protección, de *Common Law* de la reputación de una empresa siguió siendo primordial.

335. – *Responsabilidad del Common Law: passing off:* El *passing off* supone una declaración falsa, hecha por un comerciante a un posible cliente en su actividad con el fin de perjudicar a otro comercio, lo que le causa relativamente un daño o probablemente se lo causaría[62]. En consecuencia, el demandante debe establecer que, por medio de su comercio existente, el público o parte de él lo relaciona con bienes o servicios, por ejemplo, a través del uso de una marca registrada o de un nombre comercial. La reputación puede descansar sobre una «marca de fábrica» que le asigna a todas sus mercancías o sobre una «marca de producto» que reserva para un producto particular. Presentar uno de esos productos como si se tratara de uno de mejor calidad puede constituir un *passing off*[63]. En caso de que la marca o el nombre tengan cualquier otra asociación natural, como por ejemplo una palabra geográfica o descriptiva, o un nombre personal, el demandante tendrá la razón únicamente si demuestra que la palabra ha adquirido un sentido secundario, es decir, que el

---

[62] *Ervin Warnink* v. *Townend* (1979) A.C. 751.
[63] *Spalding* v. *Gamage* (1915) 32 R.P.C. 273.

público la ha asociado con sus bienes o servicios[64]. El comerciante puede perder su reputación si permite que una marca, en principio distintiva, se utilice regularmente como la descripción de un tipo de bienes. Hace poco, los tribunales extendieron el tipo de reputación que se puede proteger del passing off, para incluir en la misma la coreputación de un grupo de comerciantes en un producto de tipo determinado, es decir, la champaña, el *cherry*, el *whisky* escocés y el aguacate. Lo que se pone en tela de juicio es la reputación en el público británico, y por ello solo se puede tomar en consideración el comercio dentro del Reino Unido. No se puede intentar acción alguna, una vez que el demandante abandona el comercio y decide no retomarlo. Su reputación le pertenece a él. Puede transferirla como una parte del total de la empresa, pero más nada.

El demandante debe demostrar que la otra parte ocasiona al menos una probabilidad de confusión en la mente del público, al imitar una marca o un nombre comercial, o al suministrar sus propios bienes en respuesta a un pedido que está relacionado con la marca o el nombre del demandante. Debe ser responsable de la confusión final, a pesar de que ello sea posible poniendo los instrumentos del engaño en manos de otro comerciante. No importa si dicho comerciante venda, de hecho, en el extranjero. Sin embargo, si el demandante es el principal responsable de la confusión, no habrá responsabilidad.

Cuando los bienes y servicios ofrecidos por el demandante y el demandado a la vez, resultan ser los mismos o similares, es probable que el demandante sufrirá un daño debido al passing off. Si no se trata de los mismos, el demandante debe mostrar algún motivo que torne verosímil el perjuicio. Ello debido a que la confusión, probablemente, lo expondrá a un litigio inútil o a una disminución de su reputación general. Aun no se da por sentado el hecho de que una celebridad pueda proteger su nombre personal contra su utilización para el patrocinio no autorizado de productos. Así mismo, aquellos que explotan los nombres de personajes en las novelas, películas y otros, no tienen derecho de autorizar su uso para promocionar una mercancía a menos que ellos mismos comercien con dicha mercancía.

336. – Responsabilidad del Common Law: la mentira injuriosa (injurious falsehood): A través de este delito, las mentiras escritas u orales dependen de estos tribunales cuando se propagan con malevolencia y su propósito es el de causar un daño pecuniario al demandante, y en efecto deben causárselo, al menos cuando están relacionadas con una función, una actividad profesional, comercial o de negocios, por él realizadas[65]. La declaración debe ser, directamente o por deducción, inexacta con respecto al demandante. Su publicación se considerará malintencionada si su autor sabe que es falsa o que la ha propagado por un motivo cualquiera indirecto o deshonesto. Un caso particular en el ámbito de la propiedad intelectual tiene que ver con la pretensión de que los productos del demandante violan los derechos del demandado cuando ese no es el caso. Por ello, es solo en caso de que la afirmación sea deliberadamente falaz de un derecho que depende de los tribunales, salvo en caso de las patentes y diseños registrados, en que ciertas disposiciones legislativas especiales, consideran un cuasidelito la amenaza de demanda judicial en la mayoría de las circunstancias en que el derecho no se puede justificar[66]. Las afirmaciones falsas que se hacen de los productos o servicios del demandante en una publicidad

---

64 *Reddaway v. Banham* (1896) A.C. 199.

65 Véase el *Defamation Act 1952*, s. 3.

66 *Patents Act 1977*, s. 70; *Registered Designs Act 1949*, s. 26.

comparativa pueden ser perseguidas judicialmente como mentiras injuriosas. Empero, los tribunales son muy reticentes con respecto a tales acciones. Solo concederán el remedio en aquellos casos en que va a resultar claro para una persona razonable que la falsa declaración estaba destinada a ser considerada como algo serio y no como un simple «reclamo escandaloso»[67].

337.– *Las marcas registradas asentadas:* El sistema de asentamiento de la marca registrada concede otros derechos además de aquellos provenientes del *Common Law (Trade Marks Act 1938: «T.M.A.»).* A menudo, son más fáciles de hacer respetar cuando se pueden obtener; sin embargo, pueden haber circunstancias en las cuales el propietario de una marca registrada asentada está en la obligación de ampararse en sus derechos de common law en su reputación en el comercio.

Hasta ahora, únicamente las marcas registradas para los bienes pueden ser asentados; empero para 1986, debió extenderse a las marcas de servicios de todo tipo[68]. En principio, un comerciante tiene derecho a registrar su marca para los bienes con los cuales comercia y «los bienes del mismo tipo» (*«goods of the same description»;* el mismo principio será válido para las marcas de servicios). El concepto «bienes del mismo tipo» no es amplio y solo abarca los bienes que presentan ciertos términos descriptivos comunes que se utilizan en el comercio. Si se registra la marca para otros bienes, esta se puede retirar por el no por una persona interesada.

El registro se rige por la clasificación internacional de las marcas registradas, la cual divide los bienes en 34 categorías. Si se gestiona el registro para bienes en más de una categoría, se deberán presentar solicitudes por separado. La clasificación es simplemente administrativa y no afecta el alcance del monopolio otorgado. En 1919, el Registro se dividió en Parte A y Parte B. La Parte B se utiliza para registrar las marcan que carecen por sí mismas de cierto carácter distintivo (por ejemplo porque son descriptivas). En caso de que se presente una prueba con un carácter distintivo suficiente por el uso comercial que de él se hace, se podrá transferir la marca a la Parte A. Una marca será registrada en el Reino Unido si llena todos los requisitos del minucioso control oficial realizado por el *Trade Marks Registry.* Además del carácter distintivo inherente a la marca, el control también implica una investigación en cuanto a las marcas anteriores de la misma categoría y las posibles confusiones. La marca solo podrá ser aceptada en ciertos límites o bajo ciertas reservas. Una vez aprobada por el *Registry,* se publica y los terceros pueden oponerse a su concesión por razones intrínsecas a la misma o a derechos anteriores[69].

Una marca registrada es una palabra, un emblema o un símbolo similar, que se utiliza o que alguien se propone utilizar para indicar una relación en la actividad del comercio entre los bienes y el propietario registrado o el usuario registrado de la marca[70]. Los tribunales han aceptado asentar como marcas registradas, los surcos que atraviesan un tubo y la coloración de una cápsula farmacéutica, no obstante, hace poco rechazaron la forma de una botella de *«coca-cola».* Además, la marca debe destinarse a ser distintiva. Para efectos de la Parte A, debe «adaptarse con miras a distinguir», mientras que para la Parte B, únicamente debe ser «apta

[67] *White* v. *Mellin* (1895) A.C. 154.

[68] *Trade Marks (Amendment) Act* 1984.

[69] T.M.A. s. 14-17.

[70] T.M.A. s. 68.

para distinguir» los bienes del propietario o del usuario registrado de los demás bienes[71]. Por lo tanto, las marcas que no posean otra connotación pueden registrarse antes de que se les utilice, mientras que las marcas descriptivas, geográficas o las que constituyan apodos, casi siempre necesitarán una cierta prueba de utilización efectiva como marca comercial. La importancia de la prueba depende de las circunstancias. Para los comerciantes existen algunas palabras que poseen un tal interés potencial que no se pueden registrar en ninguna de las dos partes: *«York», «Yorkshire», «Perfection»*, etc.[72].

No se podrá registrar una marca si existe un registro previo idéntico o semejante al punto de crear confusión para los mismos bienes o bienes del mismo tipo[73]. Además, en caso de que la misma marca probablemente pudiera engañar o causar una confusión, no tendría derecho a la protección legal[74]. Para plantear esta última objeción, no es necesario demostrar que el solicitante de una marca registrada incurrió en un *passing off*[75]. Cuando dos comerciantes se han comprometido honestamente en un uso competitivo de las mismas marcas o de marcas similares durante un largo período, es posible que cada uno de ellos obtenga el registro. El Registrar posee un poder discrecional para permitir dicho registro en caso de que el grado de confusión posible no sea importante, al igual que en todas las circunstancias en que parezca justo[76]. El corolario es que ninguno de los dos puede demandar judicialmente al otro por violación de su marca registrada; empero cada uno puede aun incoar una acción por *passing off* si puede justificarla[77].

Una persona que haya utilizado o se propone utilizar la marca como marca comercial puede solicitar su registro como propietario. No tiene derecho a solicitar el registro si su única intención es la de autorizar su uso para otros en calidad de «derechos de mercadeo» *(merchandising rights)*[78].

Una vez que la marca registrada ha sido asentada, el Registrar y la Corte Suprema tienen la facultad de retirarla, bien sea porque el registro original no se ha debido realizar, o porque la marca permanece sin motivo alguno en el registro debido a que no se ha utilizado, ya que se ha vuelto descriptiva o falaz[79]. Sin embargo, existe un principio limitado de incontestabilidad. En lo que respecta el registro original, un registro de la Parte A ya no se podrá impugnar después de siete años, a menos que se haya obtenido por fraude o no haya creado o aun cree la probabilidad de confusión de una manera que le haga perder su derecho a la protección legal[80].

Una persona que tenga un interés comercial en ella puede hacer eliminar una marca si su propietario no tenía la intención de utilizarla, de buena fe, para artículos y no la utilizó, o si no la utilizó durante los cinco años anteriores[81]. La no

71 T.M.A. s. 9, 10.
72 *«York» Trade Mark* (1982) 1 All E.R. 257.
73 T.M.A. s. 12.
74 S. 11.
75 *«Bali» Trade Mark* (1969) R.P.C. 472.
76 S. 12 (2); Pirie's Application (1953) 50 R.P.C. 147.
77 S. 2, 4 (4).
78 S. 17; «Hollie Hobby», *Trade Mark* (1984) F.S.R. 199.
79 T.M.A. 15, 26, 32.
80 S. 13.
81 S 26.

utilización puede ser dispensada si existen circunstancias especiales, si la marca se ha utilizado de buena fe para bienes del mismo tipo o si se ha utilizado una marca comercial asociada (es decir, que se ha denominado de esa manera debido a su similitud). Para estimar si ha habido utilización, se debe tener en cuenta cualquier utilización por un usuario registrado[82]. Si una marca bien conocida, que toma la forma de una palabra inventada, se ha registrado por precaución para bienes en los cuales no se ha utilizado, el registro no se puede impugnar por no utilización[83]. El registro de precaución se admite cuando, a pesar de que los bienes en cuestión no son del mismo tipo, el público podría suponer que el propietario de la marca sumamente conocida también estaba relacionado con los bienes[84].

Una marca que, al momento de registrarse, era distintiva no se retirará del Registro debido a un uso genérico subsecuente, salvo en caso de circunstancias limitadas. Debe demostrarse que personas en el mismo tipo de actividad comercial llegaron a utilizar la marca registrada como nombre o descripción. Alternativamente, la marca será eliminada si se trata del único nombre o la única descripción práctica para un artículo o una substancia anteriormente fabricada conforme a una patente y que la misma ya no tenga efecto desde hace dos años o más[85].

Si una marca ha llegado a crear una confusión en el público en cuanto al origen comercial de los bienes, no se retirará a menos que la confusión provenga de alguna conducta censurable por parte del propietario registrado[86]. Por ejemplo, no basta con que haya comenzado a utilizar su marca en Gran Bretaña de una manera más vasta que antes.

Cuando se introdujo el sistema de registro, se suponía que las marcas solo podían ser objeto de una transferencia o de una licencia con la empresa en su totalidad. Esta suposición cambió bajo la presión de los negocios, y en ese sentido las marcas registradas pasaron a ser objeto de propiedad independiente. Cuando se transfiere una marca sin el fondo de comercio en el cual originalmente se utilizaba, es necesario pedirle al Registrador instrucciones sobre la publicidad de transferencia dentro de seis meses[87]. Así mismo, la ley prevé el control de las licencias por el Registrador. El mismo registrará los contratos de utilización si no van en contra del interés público. Normalmente, el usuario deberá demostrar que la licencia le ha sido concedida por una casa matriz a su filial, a través de un patentado al titular de la licencia, o un propietario que obtendrá un poder efectivo para controlar la calidad de los productos que recibirán la marca por parte del usuario. Es únicamente de este modo que se le evitará al contrato de utilización el reproche de «tráfico» de la marca registrada[88]. Luego de una evolución jurisprudencial, en la actualidad ya no es necesario registrar una licencia como un contrato de utilización para que sea válida. Si sus condiciones conservan a la parte que concede la licencia el poder de controlar la calidad, la licencia será considerada conveniente y efectiva[89]. Por ejemplo, su concesión no dará motivo para atacar todo el registro como si creara posibilidades de utilización que se presten a confusión.

---

82 S. 28.
83 S. 27.
84 Ferodo's Application (1945) Ch. 334.
85 S. 15; «Daiquiri Rum», *Trade Mark* (1969) R.P.C. 600.
86 «B.E.» *Trade Mark* (1973) R.P.C. 297.
87 T.M.A. s. 22.
88 S. 28.
89 «G.E.», *Trade Mark* (1970) R.P.C. 339.

En el derecho del Reino Unido, el concepto de imitación fraudulenta de una marca registrada está limitado por los términos del registro. Las violaciones únicamente se producen cuando otra persona ha utilizado la marca sobre los bienes para los cuales la misma se ha registrado. De allí, la importancia de asegurar un registro que abarque los bienes de lanzamiento en el mercado, así como los bienes del mismo tipo. Bajo esta reserva, la imitación fraudulenta se produce cuando una persona sin licencia utiliza la marca o una marca engañosamente similar como marca comercial, es decir para indicar una relación en la actividad comercial con el propietario o el usuario registrado[90]. De esta forma, basta con que el propietario asentado pruebe su registro y no necesita establecer que goza de una reputación profesional efectiva. La comparación debe realizarse entre cualquier uso razonable al cual podía destinarle dicha marca tal y como está registrada y la utilización real de una marca hecha por el demandado[91]. En el caso de una marca de la Parte A, es inútil que el demandado le haya agregado algún otro elemento como explicación. Empero cuando la marca está en la Parte B, una precisión de tal naturaleza puede impedir la imitación fraudulenta si puede llegar a disipar toda semejanza de confusión[92]. La limitación fraudulenta puede producirse por la utilización de las marcas en los bienes mismos, o en cualquier envase, publicidad o factura; pero para ello debe haber una representación impresa o visual de la marca[93].

En caso de que el propietario o el usuario registrado o con el consentimiento de uno de los dos, haya colocado la marca en los bienes, comercializar con los mismos no constituye una imitación fraudulenta. Subsecuentes modificaciones pueden resultar en una imitación fraudulenta si se prohíben por medio de un contrato escrito[94]. La ley contiene excepciones que le permiten a una persona utilizar de buena fe su propio nombre o el de su empresa, y así utilizar una marca como descripción de buena fe de la calidad o de las características de sus bienes[95]. Igualmente, le proporciona una defensa a una persona que resulta ser un usuario anterior de la marca, a condición de que el uso haya comenzado y continúe a partir de un momento anterior al registro, así como de cualquier uso por parte del propietario registrado[96].

Una forma separada de imitación fraudulenta consiste en «introducir una referencia» para el propietario, el usuario o sus bienes[97]. Esta disposición constituye un límite importante para la posibilidad de que se produzca una publicidad comparativa, en caso de que las comparaciones se hagan en referencia a una marca registrada de la Parte A. De esta forma, un tribunal no le permitiría a un comerciante decir que su producto «reemplaza a la levadura *Yeastvite*», ya sea verdad o no[98]. Las estrictas condiciones en las que se reconoce el delito de mentira injuriosa no se aplican en este caso.

338. – Las marcas de certificación: Organizaciones profesionales pueden registrar como marcas de certificación aquellas marcas destinadas a indicar que los bienes cum-

---

90 T.M.A. s. 4
91 *Saville* v. *June Perfect* (1941) 58 R.P.C. 147.
92 S. 5 (2).
93 S. 68.
94 Véase s. 6.
95 S 8.
96 S. 7.
97 S. 4.
98 *Bismag* v. *Amblins* (1940) Ch. 667.

plen con una norma definida. Es necesaria la aprobación del *Department of Trade* para las reglamentaciones que rigen dichas marcas. El propietario frente a los usuarios no autorizados tiene derechos equivalentes a los de otros propietarios de marcas registradas[99].

Sección 6
EJECUCIÓN DE LOS DERECHOS

339.— Dado que la propiedad intelectual se refiere a valores intangibles y, en particular, la prevención de ciertos tipos de actividad competitiva, los métodos de ejecución jurídica son especialmente importantes. El instrumento principal de ejecución es el proceso civil a través de una prohibición judicial, remedios pecuniarios o ambos. El foro principal para dichas acciones es la Corte Suprema (normalmente en la *Chancery Division);* sin embargo, los problemas menores, tales como la ejecución musical o teatral no autorizada por negocios o clubes, dependen de la *Country Court.* Únicamente la violación de los derechos de autor está sujeta a penas penales específicas. La importación de bienes que violen la propiedad literaria y artística o las marcas comerciales pueden impedirse notificándolo a los Administradores de derechos aduaneros e impuestos indirectos *(Commissioners of Customs and Excise)*[100]. La legislación sobre la protección del consumidor, específicamente el *Trade Descriptions Act de 1968,* que prescribe sanciones penales, se puede invocar en aquellos casos que comporten la imitación fraudulenta de marcas comerciales y de los derechos de autor. Además, los servicios de control de comercio de las autoridades locales, que recientemente han demostrado un interés en esta tarea, colaboran para que se respete esta legislación. En el campo de la publicidad, existen otros controles. La publicidad en la televisión y en la radio está controlada por la *Independent Broadcasting Authority,* que administra su propio código pormenorizado que abarca problemas tales como el de la publicidad comparativa. Para los otros medios de comunicación la industria posee su propia organización, *la Advertising Standards Authority.* Es posible impedir que se transmitan publicidades con el argumento de que su contenido viola el *British Code of Advertising Practice.*

Si se entabla un procedimiento civil, el primer objetivo del demandante, frecuentemente, consistirá en una prohibición judicial interlocutoria con el fin de impedir que el demandado continúe fabricando o vendiendo hasta tanto no se tenga el fallo del conflicto. A menudo, el éxito en este punto soluciona el problema. El remedio interlocutorio se acordará muy ampliamente en función de la oportunidad[101]. En primer lugar, el demandante deberá demostrar que existe un litigio serio que se va a someter ante el tribunal en el fondo. Luego, es el tribunal el que va a apreciar cuál de las dos partes corre el riesgo de sufrir más daños: el demandante si no hay prohibición judicial hasta el fallo de fondo, o el demandado por encontrarse paralizado en su actividad comercial. Esto puede significar que las posiciones comerciales respectivas del demandante y del demandado tienen más importancia al momento de decidir la cuestión, que los méritos de las pretensiones de las partes tal y como aparecen en esta etapa preliminar. Sin embargo, cuando las cuestiones de fondo son relativamente claras, es probable que un tribunal las tenga en consideración en su decisión. Si el demandante obtiene la prohibición judicial interlocutoria, normalmente tendrá que comprometerse a pagar daños y perjuicios si fracasa en el fondo.

---

[99] T.M.A. s. 37.
[100] *Copyright Act* s. 22; *Trade Marks* Act s. 64.
[101] *American Cyanamid* v. *Ethicon* (1975) A.C. 396.

Después del fallo de fondo, en general un demandante ganador tendrá derecho a una prohibición judicial. No obstante, en caso de violación de secreto los tribunales adoptan un enfoque un poco más discrecional. En general, las reparaciones monetarias se hacen en forma de daños y perjuicios, es decir una indemnización por pérdidas debidas a la competencia o, alternativamente, por perjudicar el derecho de propiedad sin licencia (como lo hemos visto en la parte dedicada a los derechos de autor, se podrían reclamar daños y perjuicios por robo, conversión, de copias). Un demandante también podría tratar de hacer que el demandado le rindiera cuenta de los beneficios que obtuvo gracias a su infracción. Esto implica una investigación en sus cuentas. Así mismo, el tribunal puede ordenar la restitución de los artículos que infringen los derechos del demandante o (normalmente a opción del demandado) su destrucción bajo juramento. En ciertas circunstancias, no se conceden daños y perjuicios u otras reparaciones monetarias contra un demandado inocente[102].

En muchas ocasiones, especialmente en caso de imitación fraudulenta deliberada, la dificultad más importante es probar quienes son los principales culpables. Recientemente, los tribunales se preocuparon de extender las técnicas procesales. En particular, él «*Anton Piller Order*» le permite a un demandante, que pueda establecer un caso de imitación fraudulenta muy probable, obtener un mandato *ex parte* e *in camera,* exigiéndole al demandado que deje entrar al demandante y a su abogado con el fin de que puedan inspeccionar los locales, retirar los artículos que infringen la ley y obtener informaciones sobre las fuentes de suministro, etc.[103]. Este mandato se otorgará cuando el tribunal tenga razones para suponer que, sin él mismo, se podrían destruir las pruebas. El demandado no tiene derecho a oponer el derecho que tiene cada uno a no autoincriminarse *(privilege against selfincrimination),* empero las pruebas así obtenidas no podrán serle opuestas en un procedimiento penal[104]. También es posible intentar una acción en contra de un no imitador fraudulento con el objetivo de descubrir el nombre del autor de la imitación fraudulenta. Por ejemplo, esta acción se utilizará en contra de un puerto franco que confisca bienes o contra los Administradores de derechos aduaneros e impuestos indirectos. En caso de que el demandado esté en posesión de fondos que parezcan ser el resultado de beneficios de una imitación fraudulenta, el tribunal puede dictar una prohibición judicial «*Mareva*» la cual bloquea los fondos hasta el fallo[105].

---

102 Véase el *Patents Act 1977,* s. 62 (1), el *Copyright Act 1956,* s. 17 (2), 18 (2), el *Registered Designs Act 1949,* s. 9 (1).

103 *Anton Filler* v. *Manufacturing Processes* (1976) Ch. 35.

104 *Supreme Court Act* 1981, s. 72.

105 *C.B.S.* v. *Lambert* (1983) F.S.R. 127.

CAPÍTULO X
DERECHO DE SOCIEDADES

Por L. S. Sealy

340.— Introducción: Los lectores de este libro ya estarán familiarizados con uno o dos notables características del Derecho Inglés que poseen una significación particular para lo desarrollado en este capítulo. Esas características son las siguientes: por ejemplo, el hecho de que se trata de un derecho no codificado; que no se hace en él ninguna distinción entre organizaciones y transacciones «comerciales» y no comerciales; y que no existe en la práctica inglesa nada que corresponda al Registro de Comercio. No resultará sorprendente saber entonces que en Inglaterra las asociaciones o sociedades comerciales y las asociaciones no-comerciales son ambas regidas gobernadas por las mismas normas jurídicas. Y que la misma forma legal —la compañía— puede ser usada por empresas de negocios y por asociaciones que no están involucradas en el comercio, hasta por organizaciones puramente sociales como Clubes deportivos.

Otra característica que es importante comprender para una adecuada evaluación o apreciación del derecho inglés es el papel que juegan en él las instituciones y las profesiones, las cuales tienen una importante función en la regulación y control de la conducción o marcha de los negocios. Y esto ocurre a pesar de que ellas puedan no tener autoridad o capacidad alguna para aplicar sanciones legales sobre esas actividades. Así, por ejemplo, la prensa financiera a lo largo de muchos años ha sido muy influyente: trae al centro de la escena comercial comentarios muy bien informados que se consideran vitales para la eficiencia empresarial y que ningún cuerpo de administradores públicos o de gobierno puede igualar. De manera parecida, la profesión de auditores, que posee una alta reputación, ha impuesto sobre los asuntos financieros de las compañías unos patrones de conducta muy exigentes y ha establecido una disciplina que ha llegado a ser, en general, hasta aun más severa que la requerida por el propio Derecho. Y, sobre todo, la regulación de los títulos valores y del mercado de capitales ha sido confiada al control del Mercado de Valores y de otras instituciones, i.e. al centro financiero de la ciudad de Londres, a lo que se conoce como *«the city»*. Desde el primero de enero de 1985 las negociaciones sobre valores a través del Mercado de Valores han sido reguladas en parte por medio de normas que tienen fuerza de ley[1]; pero hasta ese mismo año[2] estos asuntos se regulaban con ausencia de todo respaldo normativo de carácter jurídico y, sin embargo, el régimen resultante fue tan estricto como el que se pudiera haber logrado por medio de un

---

1 La expresión the «City» es sinónimo en inglés de Londres como plaza financiera.

2 Desde el 1 de enero de 1985 la oferta pública de valores mobiliarios a través del Mercado de la Bolsa ha sido regulado por las normas que tienen fuerza de ley. Véase *infra* § 14.

código especial. Es de notar también que ese mismo régimen alcanzó un grado de flexibilidad y de velocidad de respuesta ante las necesidades específicas que bien podría no ser alcanzado por ningún cuerpo legislativo.

Sección 1
VISIÓN GENERAL DE LAS SOCIEDADES Y SU DERECHO

341. – Clasificación de las asociaciones y compañías: Las dos principales formas empleadas en la Gran Bretaña son la asociación *(partnership)* o sociedad en nombre colectivo y la compañía *(company);* y aunque esta última puede subdividirse en sociedad anónima *(public limited company),* en sociedad de responsabilidad limitada *(private limited company),* en sociedad de responsabilidad ilimitada, y en sociedad limitada por garantía (sociedad creada sin aportes, pero en donde los asociados toman a su cargo un eventual pasivo de liquidación), son considerados por los abogados ingleses como variaciones sobre una misma forma y son regidas por una misma ley del Parlamento, la Ley de Compañías de 1985 *(Companies Act).* Es posible también crear tanto una sociedad en comandita simple[3] *(limited partnership)* y disponer que los directores de la compañía asuman una responsabilidad limitada[4], lo que, para efectos prácticos, establece una sociedad en comandita por acciones. Pero ambas formas societarias han caído en desuso en virtud de las superiores ventajas que ofrece la sociedad anónima. No existe equivalente en Gran Bretaña de la sociedad en cuentas de participación.

La compañía limitada o sociedad anónima no está sujeta por normativa expresa a ninguna restricción en lo tocante a su forma o propósito. De tal manera que en manos del eventual redactor de sus instrumentos constitutivos o estatutos puede llegar a ser una institución muy versátil. Así, esta misma forma jurídica puede ser usada para instituir o construir una corporación multinacional, una pequeña explotación comercial familiar (hasta un negocio individual), una asociación profesional, una cooperativa, un condominio de dueños de apartamentos, un club de socios, una organización de caridad, inclusive una Universidad, sin que para ello sea necesario invocar normas jurídicas especiales para cada uno de esos casos particulares. Además, si se recurre en conjunción con la compañía a esa otra flexibilísima institución, el *trust*[5], con el fin, por ejemplo, de transferir propiedades a una compañía, y sus acciones se instituyen sobre diferentes intereses bajo los términos y condiciones de uno o más *trusts,* es fácil ver que se abren infinitas posibilidades para propósitos de planificación testamentaria o financiera.

La *public limited company* debe ser denominada como tal tanto en sus estatutos *(memorandum of association)* como en las palabras constitutivas de su propia razón social[6]. Tiene un requisito mínimo de capital montante la suma de £ 50.000[7] y está sujeta a un régimen legal más estricto que el correspondiente a otras compañías, aunque esa diferencia no alcanza un grado de rigor que requiera una ley especial del Parlamento. Solamente una *public limited company* puede hacer oferta pública para que se invierta en sus acciones u otros títulos valores o instrumentos negociables. Y, desde luego, solamente ellas pueden ser admitidas en los listados del mer-

3 La ley *Limited Partnership Act 1907.*
4 La ley *Companies Act 1985, S: 306.*
5 Véase Capítulo 11.
6 O la abreviatura equivalente de 'ple'.
7 Véase la ley *Companies Act 1985, s. 118.*

cado de valores. La actual diferencia entre compañías de capital privado y público data apenas de 1980, cuando se estableció, en virtud del segundo instructivo del Mercado Común Europeo, que, en materia de Ley de sociedades fue necesario instrumentarlas en Inglaterra: esto hizo obligatorio para aquellas compañías que desearen ser de capital público tener que hacer una solicitud de renovación de registro. Para sorpresa de la mayoría, solamente 5.000 compañías, de un total de más de 800.000, eligieron asumir este nuevo status. Como resultado la relación proporcional entre compañías de capital público y privadas es considerablemente menor en Inglaterra que en casi todas partes de Europa.

Cualquier compañía que no se registre como una compañía *public limited* se define por la Ley de Compañías del 85 como una compañía privada *(private company).* Y, en caso de que, como es usual, esté formada por un capital accionario y una responsabilidad limitada, su denominación terminará siempre con la palabra en inglés *limited,* o su abreviatura *Ltd.* La descripción de privada podría crear desorientación o equívoco: algunas compañías privadas pueden ser ciertamente empresas muy grandes, con muchos accionistas —no existe límite legal— y activos que alcanzan millones de cientos de libras.

La Ley de Compañía autoriza la formación también de compañías con *responsabilidad ilimitada:* sus miembros, desde luego, serán personalmente responsables por las obligaciones societarias sin que exista restricción alguna. Esta forma de organización social es usada principalmente por miembros de ciertas profesiones a quienes se le deja actuar comercialmente por intermedio de organizaciones corporativas, pero no con responsabilidad limitada, e.g. en corretaje bursátil o financiero. Algunas de las obligaciones de la Ley de Compañías, especialmente aquellas relacionadas con regulación financiera se temperan con respecto a las compañías limitadas.

En las compañías limitadas por garantías los miembros no se encuentran bajo la obligación de contribuir al capital de la compañía mientras esta se encuentre en operaciones: esta suele buscar en otras fuentes la obtención de sus fondos, tales como honorarios o suscripciones; pero los miembros sí se comprometen a contribuir una suma cada uno, hasta por un monto fijado —normalmente una suma ínfima como, por ejemplo, 5 libras— para hacerle frente a las obligaciones de la compañía ante la eventualidad de una liquidación. Esta forma es usualmente empleada por organizaciones sin fines de lucro tales como instituciones de caridad, educativas o clubes sociales o deportivos.

Existe una prevención[8] que establece la posibilidad de alterar el status de una compañía. Por ejemplo, se puede cambiar de carácter privado a público, de limitada a ilimitada y viceversa, y para permitir volver a registrar la compañía bajo su nueva modalidad sin necesidad de proceder a su liquidación previa.

No existe ninguna previsión expresa en el Derecho Inglés para el establecimiento de cualquier organización equivalente al instituto francés del *«Groupement d'Intérét Economique».* Pero, no obstante, existen los medios para que, dentro del marco jurídico existente, esto pueda realizarse sin que para ello sea necesaria alguna específica legislación habilitante. ¡Lo que podría considerarse de importancia más inmediata para el hombre de negocios inglés sería el tener a su disposición los

[8] Véase *Companies Act 1985, ss. 43-55.*

mismos privilegios fiscales correspondientes a esa forma de asociación que le otorga esa figura a sus contrapartes francesas!

Las estadísticas más recientes disponibles referentes al año 1987 hablan de 1.091.000 compañías registradas, de las cuales solo 5.000 eran compañías públicas limitadas. Las nuevas incorporaciones, es decir, constituciones de compañías, están realizándose a una rata de 90.000 por año y son casi en su totalidad compañías privadas.

342.– fuentes del Derecho de Sociedades: La primera legislación que proveyó lo concerniente a la constitución de sociedades mediante registro fue promulgada en 1844. Pero desde antes se conocía, por lo menos desde unos doscientos años, el funcionamiento de sociedades con masa común *(joint stock companies)* y sociedades comerciales establecidas por patentes reales *(royal charter) –la East India Company y la Hudson Bay Company–*, las cuales operaban desde el siglo XVI o aun antes de esa fecha. Un considerable cuerpo de normas jurídicas y los principios de la moderna sociedad ya habían sido desarrollados por los tribunales en relación con los precursores de esta institución mucho antes de la ley de 1844. Muchas de esas disposiciones legales todavía perduran en la actualidad y ellas coexisten con la legislación vigente. Cualquier estudiante del Derecho de Sociedades inglés debe llegar a dominar tanto las medidas legislativas, hoy consolidadas bajo forma de la Ley de Sociedades de 1985, como un considerale cuerpo de derecho casuístico: la Ley de Sociedades no es un código completo en sí mismo, ni siquiera una fuente primaria para mucha doctrina fundamental sobre la materia. Para la mayoría de los propósitos prácticos las mismas normas –sean legislativas o de proveniencia jurisprudencial– gobiernan el conjunto de la materia de sociedades, con la específica salvedad de previsiones especiales, e.g., las referentes a las sociedades públicas en materias particulares. De tal forma que en este capítulo casi todo lo que se ha escrito puede considerarse aplicable a cada tipo de Sociedad.

343.– La Naturaleza del Derecho de Sociedades inglés: Por tradición las Leyes de Sociedades *(Companies Acts)* de la Gran Bretaña han sido normas habilitantes en lugar de reguladoras, a pesar de que esta tradición particular ha sido más consistentemente mantenida en otros países del *Common Law, como* los Estados Unidos de Norteamérica, Canadá y Australia, que en la propia Inglaterra. Desde el ingreso de Inglaterra al Mercado Común Europeo ha aumentado crecientemente el número de aspectos prescriptivos del Derecho Inglés de Sociedades y se ha producido una correspondiente pérdida de flexibilidad, rasgo que muchos consideran como uno de sus más atractivas características. No es difícil encontrar ejemplos de este tradicional punto de vista permisivo. Por ejemplo, es posible para quien redacte los estatutos de una sociedad inglesa (el llamado *memorandum* de los *articles of association)* que pueda hacer virtualmente cualquier provisión que requieran los asuntos o negocios contemplados. Esta posibilidad existe sin que prive un dictado específico de la administración pública o del derecho: pueden formarse sociedades de duración indefinida y, de hecho, se fundan muchas de esa manera; pueden constituirse sociedades con el número de suscriptores que se desee o que estos sean apenas dos, o, por medio del expediente del accionista *ad-hoc,* que este sea efectivamente uno solo. En lo concerniente al capital es posible formar sociedades con la autorización de capital de dos acciones por valor de dos peniques cada una, con acciones invertidas de derechos preferenciales de voto o con poder de voto limitado y, llegado el caso, sin voto alguno. El objeto u objetos de la sociedad puede ser tan extenso como lo deseen sus fundadores (y muy frecuentemente cubre numerosas, páginas) o pueden dejar abierto, al juicio de los directores para una fecha futura, la posibilidad de separarse de los objetos originales y de incursionar hacia nuevas y previamente no declaradas empresas.

Retrospectivamente considerada a lo largo de un siglo o más de experiencia es claro que el derecho ha sido sobremanera indulgente frente a la ingeniosidad que proporciona la inventiva de los redactores. Por lo general la respuesta de los Jueces, confrontados con situaciones límites, ha sido decir: ¿por qué no? Ciertamente que en algunos casos esto ha sucedido a regañadientes, pero, no obstante, lo han aceptado y han evitado considerar las novedades como inaceptables. Por su parte, los legisladores tampoco han buscado erradicar estas prácticas a menos de que quede demostrado que abusos comprobables hayan sido su consecuencia.

Es fácil aducir razones de carácter teórico para condenar estas normas de apariencia laxa y estas actitudes tolerantes, pero su justificación consiste en el hecho de que han funcionado bien en la práctica sin haber provocado escándalos mayores. De hecho en los Estados Unidos han habido jurisdicciones que han revertido a estas permisivas prácticas luego de un período de experimentación durante el cual normas mucho más rígidas se habían adoptado con la expectativa de mejorar el derecho.

Debe haber, por supuesto, algún elemento de equilibrio si se desea que un régimen legal permita que funcionen reglas flexibles y que no se abra el espacio institucional para que surjan prácticas deshonestas, fraudulentas u opresoras. En Inglaterra se pueden identificar dos factores como las principales influencias reguladoras. El primer importante freno sobre lo que se podría considerar —visto de otra manera— las actividades no reguladas de las sociedades y de sus contralores ha sido la responsabilidad asumida por las profesiones y las instituciones: no solamente por la profesión legal —de hecho su papel en este sentido ha sido uno relativamente secundario—, sino por los auditores y los miembros del Mercado de Valores, así como otras organizaciones que se han mencionado bajo el 340. Sin una aplicación consecuente por estas personas y cuerpos profesionales de sus exigentes patrones de conducta profesional el grado de regulación jurídica requerido sería, desde luego, mucho mayor.

El segundo factor ha sido el fuerte énfasis que se ha puesto en materia de publicidad. Desde los primeros tiempos las Leyes de Sociedades *(Companies Acts)* han impuesto extensivos requerimientos para regular la divulgación. Muchos y variados detalles deben figurar en los Registros de las Sociedades. Están abiertos para la inspección de todos los sectores del público, incluyendo la prensa financiera. Se ha obligado también a las Sociedades a que mantengan cierta información disponible en sus propias oficinas, la cual puede ser vista a solicitud de cualquiera que se interese en ello mediante el pago de una suma nominal. Las materias que de esta manera requieren ser públicas incluyen los estatutos de las compañías, el nombre, dirección y todos los particulares relacionados con los activos de las compañías; y en el caso de las sociedades públicas estos requisitos son aun mayores. Además, cada sociedad debe registrar ante el registro su «informe anual» *(anual return),* en donde la información estipulada se halla resumida y también, cada año, deben figurar hojas de beneficios, pérdidas y balances. Esta divulgación de estados financieros ha sido exigida a todas las sociedades y desde 1987, la Ley de Sociedades[9] eliminó una exención que previamente le había sido concedida a sociedades de menor cuantía. Desde 1981 una nueva concesión ha sido hecha para con las sociedades que se indican a continuación: no es necesario registrar públicamente estados financieros de auditorías de pérdidas y ganancias. Con el informe anual y los balances también debe registrarse un informe de auditoría e, igualmente, en el caso de sociedades de capital público, un informe de los directores, el cual debe proporcionar un detallado cierre de cuentas de los activos de la compañía durante el año. A menudo este instrumento llega o sobrepasa las cuarenta páginas, y debe contener la divulgación de los particulares referentes a, e.g. la remuneración de los directores, las donaciones a instituciones de caridad o contribuciones públicas, las políticas de personal y cualquier otra cosa que la administración vigente considere que sea del interés público divulgar[10]. Existen normas adicionales de carácter específico que regulan la información financiera y otras informaciones que deben ser suministradas por las sociedades que negocian o que se encuentren asociadas a un grupo. En años recientes estos requerimientos de divulgación se han hecho ciertamente muy extensivos; las exigencias del cuarto instructivo del Mercado Común fueron comparativamente vistos como muchos menos exigentes.

344. – Inglaterra y la Comunidad Europea: Para el primero de enero de 1985 el Parlamento del Reino Unido había puesto en marcha por medio de su legislación doméstica el Primero[11], el Segundo[12] y el Cuarto[13] instructivo del Derecho de Sociedades de la Comunidad Europea. También entraron en vigor los tres instructivos relacionados con la Admisión de Garantías de los listados de Títulos Valores, la divulgación de informes internos y lo concerniente a toda la información a ser incluida en el Registro de particularidades exigidas en la materia[14]. El instructivo sobre UCIT, fue hecho vigente por las regulaciones contenidas dentro del marco legal del *Financial Services Act* 1986[15]. Tercero y Sexto instructivo (sobre fusiones y divisiones societarias respectivamente) se hicieron vigentes desde el 1 de enero de 1986[16].

---

9 La ley de *Companies Act* (1967), s. 2 removió una exención que se había permitido con anterioridad para el caso de compañías muy pequeñas. Desde 1982 una nueva concesión se ha hecho para las compañías que estén por debajo de una dimensión determinada: los estados financieros o contables no necesitan ser registrados públicamente. Véase *Companies Act 1981, ss. 5-10,* consolidados como nuevos. *Companies Act 1985, ss. 247-231.*

10 Este requerimiento puede ser alterado de tiempo en tiempo por regulaciones: véase, e.g. *Companies Directors Report (Political etc., Contributions) Regulations 1980 (s. 1. 1980* N.° *1055).*

11 *Directiva del Consejo CEE N.° 68/151 /CEE, implementado en el Reino Unido por la Ley de la Comunidad Europea 1972, s. 9.*

12 *Directiva del Consejo de la CEE. N.° 77/91 CEE, implementado en el Reino por la Ley Companies Act. 1980.*

13 *Directiva del Consejo de la CEE N.° 78/660/CEE, implementada en la Companies Act 1981.*

14 *Directiva del Consejo de la CEE N.° 79/279/CEE, implementada en el Reino Unido por la disposición The Stock Exchange (Listing) Regulations 1984 (s. 1. 1984. N.° 716). Directiva del Consejo de la CEE N.° 82/121/CEE y Directiva del Consejo de la CEE N.° 80/390/CEE, también implementadas en el Reino Unido por la normativa antes mencionada.*

15 *Directiva del Consejo de la CEE* N.° *85/611/CEE, implementada en el Reino Unido por la disposición Financial Services Act 1986, s. 86.*

16 *Directivas del Consejo de la CEE Nos. 78/855/CEE, implementadas en el Reino Unido por la Disposición Companies (Bergers and Divisions) Regulations 1987 (1.1. 1987 N.° 1991 y la Companies Act 1985, s. 427 a y el Anexo 15A.).*

Cuando el Reino Unido ingresó a la Comunidad Europea el 1 de enero de 1973, el primer instructivo del Derecho de Sociedades ya se encontraba operando y, por consiguiente, se tomaron las provisiones para que en el Protocolo de ingreso *(Act of Accesión)*[17] se pudieran hacer vigentes los términos y conclusiones de ese instructivo de la Comunidad. Algunos rubros o títulos de ese instructivo no exigían tomar acción legal alguna: por ejemplo, nunca ha habido lugar para acomodar el concepto de anulación de la constitución de la sociedad o el de anulación por defecto de la acción de constitución misma en el Derecho Inglés. En otras áreas, tales como capacidad corporativa o social y contratos celebrados antes de la constitución de la sociedad, el Derecho Inglés ya se encontraba esperando reformas aun más completas o exhaustivas que las exigidas por el instructivo de la Comunidad Europea. Y hoy es ampliamente aceptado que al meramente hacer entrar en vigor el instructivo, sin más, los reformadores se quedaron cortos.

También y siguiendo este Primer Instructivo, existe la provisión[18] para que se dé una «notificación oficial» de ciertos cambios constitucionales y de otros importantes eventos por vía de la divulgación —en entradas— en la *London Gazette.* Se prevé la protección de aquellos terceros que estén en desconocimiento de. ese evento; se les protege de las consecuencias del mismo hasta 15 días después de su notificación[19].

La puesta en vigencia del segundo instructivo exigió una reorganización mucho mayor del régimen de las sociedades de responsabilidad limitada en el Reino Unido. Esto ocurrió por efecto del reemplazo de lo que previamente había sido un esquema unitario de registro mediante la existencia de dos sistemas para las sociedades públicas y privadas respectivamente. Y además por obra también de la introducción de nuevos requerimientos en el caso de las primeras y en lo concerniente a los capitales numéricos exigidos, las evaluaciones independientes de activos aceptadas a cambio de acciones y así sucesivamente. Estos cambios se lograron en 1980[20]. El cuarto instructivo, que entró en vigor en 1981[21], también trajo normas que fueron mucho más detalladas y prescriptivas en su forma que lo que los abogados ingleses estaban acostumbrados, aunque en esencia las nuevas normas de auditoría —que obtuvieron su sanción o fuerza de ley— eran algo menos exigentes que las prácticas de auditoría para entonces prevalecientes.

345.— De la administración y regulación de las compañías: Existe un solo registro de sociedades para todas en Inglaterra y Gales y otros para Escocia. A la cabeza de cada uno de estos registros se encuentra un registrador, un funcionario del Departamento de Industria y Comercio. No existe registrador comercial ni tampoco registro de sociedades locales en el Reino Unido. Las funciones del registrador son puramente ministeriales: no posee ninguna función discrecional o judicial. Todos los documentos relacionados con sociedades individuales que han sido registradas con el registrador se hallan a disposición del público. En general, las consecuencias jurídicas no se hacen depender del hecho o fecha de registro, aunque la omisión de registro con respecto a algunas materias, tales como las cargas que afectan la propiedad de una sociedad, pueden hacer que algunos derechos no sean sancionables.

17 *Ley European Communities Act 1972 s. 9.*
18 *Ibíd., s. 9 (3).*
19 *Ibíd., s. 9 (4).*
20 *Disposición Companies Act 1980, Partes II-IV.*
21 *Disposición Companies Act 1981, Parte I.*

El Departamento de Comercio tiene por su cuenta algunas responsabilidades administrativas en asuntos de sociedades[22], y en el caso de fraude o seria irregularidad, puede dar inicio a la investigación de los asuntos de la sociedad[23].

La Corte (en la mayoría de los casos, la *Chancery Division de la High Court)* posee una jurisdicción con competencia legal, e.g. para sancionar la reducción de capital[24] o para un esquema de arreglo o compromiso[25], o para efectuar una orden de liquidación[26], pero además de estas funciones expresamente conferidas, la Corte tiene el poder general de adjudicar en asuntos de Derecho de Sociedades, tanto en lo tocante a interrogantes que surgiesen bajo el imperio de las *Companies Act* como en atención a disputas que sean originadas en otra parte.

El mercado de valores (una sola organización creada por federación con lo que una vez fueron distintos y separados mercados en diferentes ciudades) tiene la exclusiva autoridad de controlar la admisión de los valores societarios a los registros para los propósitos del comercio de valores y también regular el mercado mismo, así como el control para acceder a él. La regulación de las fusiones *(take-overs, ofertas públicas de compra)* es ejercido por otro cuerpo de la *City,* el informalmente instituido *Panel on take-over and Mergers,* el cual ha sido descrito en la sección 20.

El *Panel* es, no obstante, una institución solamente encargada de asegurar la equidad en el proceso de conducción de las ofertas; los asuntos de monopolio y otras cuestiones de interés público solamente pueden ser revisadas por una agencia de gobierno, el *Monopolies and Mergers Commission*[27].

Sección 2
CREACIÓN DE LA SOCIEDAD

346.– Constitución de nuevas sociedades: Todas las sociedades son constituidas en el Reino Unido por medio de un procedimiento inmediato. No existe nada equivalente a la sucesión de fases que caracteriza el proceso de formación de aquella sociedad anónima francesa *(societé anonyme)* que está destinada a recurrir al público para la suscripción de su capital accionario. La constitución de la nueva sociedad se realiza con un mínimo de formalidad. Los dos instrumentos constitutivos, que son, respectivamente, el *memorandum of association y los articles of association,* son redactados y firmados por los fundadores —comúnmente solo se suscriben dos acciones en esta etapa— y esos instrumentos son entregados al Registro con uno o dos documentos de apoyo y el pago de los derechos correspondientes[28].

No es necesaria la revisión por Notario ni por funcionario gubernamental ni por cualquier otra figura semejante, ni siquiera son necesarios los servicios de un abogado. Tampoco existe la obligación de celebrar una Asamblea estatutaria ni otro procedimiento equivalente, ni siquiera la obtención de la aprobación previa de la designación social[29]. Existen, no obstante, restricciones acerca del uso de ciertas

[22] *Supervisión de los Servicios Financieros de la Industria.* Véase *infra,* § 14.
[23] *Companies Act 1985, ss. 135-141.*
[24] *Companies Act 1985, ss. 135-141.*
[25] *Companies Act 1985, ss. 425-427.* Ver *infra,* § 20.
[26] *Disposición, Insolvency Act 1986, ss. 117.* Véase *infra,* § 21.
[27] *Véase supra, Capítulo* 7.
[28] Aproximadamente 50 £.
[29] Hay, no obstante, restricciones del uso de ciertos nombres tales como «real» en la designación o razón de un nombre de compañía.

palabras tales como el empleo del término «Royal» para la designación de la compañía. La constitución se efectúa, entonces, por este solo acto de registro y la expedición correspondiente por el Registro en caso de que los instrumentos se encuentren en regla, de un certificado de constitución *(certificate of incorporation)*. Y este certificado constituye prueba decisiva o concluyente *(conclusive evidence)* tanto del hecho de la constitución como de la validez de todos los asuntos relacionados con ella[30].

No existe por consiguiente posibilidad alguna de que surja cualquier interrogante en torno a una constitución defectuosa o incompleta.

Tanto la *unlimited company* como la *company limited by guarantee* se constituyen por este mismo procedimiento de registro.

La simplicidad del proceso de constitución societaria ha conducido al desarrollo en el Reino Unido de un tipo especial de actividad empresarial: la constitución por agencias comerciales de sociedades «hechas a la medida» (algunas veces conocidas como *shelf companies)*. Estas agencias comerciales crean sociedades que existen solo en el papel, a veces más de den al mismo tiempo y cuyos suscriptores son apenas dos funcionarios que trabajan en las oficinas de la agencia. No existe ningún negocio ni tampoco se ha pagado el capital. Tales sociedades permanecen en los archivos de dichas oficinas en estado de pasividad hasta que ellas sean requeridas por individuos que tengan verdaderamente algún negocio que organizar, quienes compran la sociedad hecha a la medida, ya constituida, al asumirlas mediante una transferencia de las acciones suscritas. Proceden de esa manera a alterarles el nombre original, los estatutos, el capital, etc., para adaptarlas a sus propios requerimientos. Esta es una manera rápida y económica de lograr una sociedad. El precio normal de la operación es de aproximadamente 100 libras e incluye el pago de todos los gastos de registros. Podría ser más prudente que este trabajo fuese hecho por un abogado experto, pero no existe posibilidad al guna de que algún abogado pueda igualar esos precios. Se estima que algo más de la mitad de todas las sociedades que se constituyen son el resultado de las modificaciones efectuadas a las sociedades hechas a la medida. Esto explica por qué del promedio de 90.000 nuevas constituciones de sociedades que se registran anualmente, aproximadamente el 60% tienen un capital inicial por debajo de las 100 libras.

347.— Inicio de operaciones: Una sociedad privada *(private company)* puede comenzar a operar tan pronto como se halla constituido sin ninguna restricción o formalidad; pero una sociedad pública *(public company)* no podrá comenzar a actuar en negocios sino hasta que ciertos requerimientos legales relacionados con el mínimo de capital, etc., se hallan cumplido[31]. Esta limitación en lo referente a la capacidad de negociar es normalmente eludida al formar primero la sociedad como una privada *(private company)* para convertirla luego a pública en una etapa posterior *(public company)*; expediente este que refleja buen sentido comercial, ya que la principal ventaja de la sociedad pública, como es el acceso al mercado de valores, no se confiere por las autoridades de ese mismo mercado *(Stock Exchange)* a menos que la sociedad posea un considerable registro de actividad comercial.

348.— Personalidad moral: Todas las compañías tienen plena personalidad jurídica moral[32]. Esta personalidad moral no será perdida por ningún evento subsi-

---

[30] *Companies Act 1985, s. 13 (7).*

[31] *Companies Act 1985, s. 117.*

[32] *Companies Act 1985, s. 13; Solomon v. Solomon & Co. LH (1897) A.C. 22.*

guiente como, por ejemplo, el número de socios o que el capital emitido caiga por debajo del mínimo estatutario o por el hecho de que todas las acciones resulten en beneficio de la propiedad de una sola persona. No obstante, en algunas situaciones los socios de una sociedad o aquellos otros socios que la administren, pueden ser declarados responsables ilimitadamente en relación a las deudas de la sociedad por la *Companies Act* o por el Tribunal, actuando estos por vía de poder legal, e.g. en el caso de una sociedad que haya comerciado fraudulentamente[33], o en el caso de una sociedad pública *(public company)* que haya iniciado operaciones negociables sin haber cumplido con los requisitos legales pertinentes[34]. En estos casos es la responsabilidad limitada de los socios y no la personalidad jurídica de la sociedad lo que es anulado. Existen, además, un cierto número de instancias en que los tribunales, sin actuar por efecto del poder legal, le ha retirado *(lifted the veil)* por su propia moción la personalidad jurídica a las sociedades; en algunos casos de fraude o de evasión[35] o en algunos para darle efecto a lo que parecía ser la «realidad» de la situación[36]. Pero casos de este último tipo de jurisdicción no aparecen basados en ningún principio claro. Generalmente es más usual para los tribunales reconocer de manera estricta el principio de la personalidad moral individual. Y, en particular, no existe ninguna inclinación a imponer sobre el miembro dominante del grupo de sociedades la responsabilidad por las deudas de una subsidiaria insolvente, ni tampoco existe la inclinación de subordinar la insolvencia *inter se* de las sociedades del mismo grupo frente a las pretensiones de derecho de los acreedores externos. Las proposiciones dirigidas en este sentido, incluidas en el Proyecto del Noveno Instructivo de la CEE, muy probablemente no van a ser aceptadas con facilidad por los abogados del Derecho de Sociedades inglés.

349.— Los Estatutos Constitutivos de la Sociedad: El marco jurídico constitutivo del Derecho de Sociedades inglés se ha basado, desde 1856, en dos instrumentos: el *memorandum of association* y los *articles of association.* En caso de conflicto el memorándum posee autoridad superior. Hablando de manera muy general, el memorándum establece los aspectos externos de la constitución de la nueva sociedad al determinar el nombre de la sociedad, el domicilio, los objetos, el status y el capital inicial, mientras que los *articles* se refieren a asuntos de la organización interna tales como la celebración de las asambleas, la designación de directivos y así sucesivamente. Existe un modelo de forma para los *articles* en la legislación, el cual puede ser adoptado como referencia con o sin modificaciones, por aquellas sociedades que así lo deseen[37]. El memorandum puede ser alterado en casi todos sus aspectos y los *articles* en todos ellos; ambos, por medio de una resolución especial *(special resolution)* de los socios que requiere el apoyo de una mayoría de tres cuartas partes de los votantes. Existe un Derecho Legislativo para aquellos socios que disientan y que representen el 15%, que les permite atacar la alteración del memorandum mediante

---

33 *Insolvency Act 1986, s. 213.*

34 *Companies Act 1985, s. 117.*

35 *E. g. Gilford Motor Co. v. Home (1933) cap. 935: el* intento de usar una sociedad para evadir obligaciones contractuales fue declarado inefectivo, es decir, sin efectos.

36 *E. g. D.H.N. Food Distributer v. Tower Hamlets B.C. (1976), 1. W.L.R. 852:* tres compañías en un grupo tratadas como una para asegurar la equitativa evaluación de las compensaciones provenientes de adquisición por efecto de expropiación de inmueble.

37 La forma modelo se conoce como la Tabla A, ver *Companies Act 1985, s. 8 y Companies Alteration de la Tabla A, etc. Regulaciones 1984 (s. 1. 1984 N.º 1717. Companies Act, Tablas de la «A» hasta la «F»; Regulaciones 1985 (s. 1. 1985. N.º 805).*

una solicitud ante los tribunales. También existe un Derecho de *Common Law* que permite que el tribunal rechace la alteración de los *articles*, pero esto se da solo en el caso en que se demuestre que la mayoría no actuó de buena fe. Allí en donde ocurra que la alteración afecte los derechos especiales inherentes a cierta clase de acciones preferenciales, existe protección adicional bajo la forma de un requerimiento que establece el consentimiento del 75% de la mayoría de los socios de esa clase de acciones[38].

Los términos y condiciones del memorandum y de los *articles of association* tienen el efecto de un contrato que se considera como vinculante tanto para la sociedad misma como para todos sus socios[39]. Pero, por interpretación judicial, esta provisión se limita a aquellas materias referentes a la capacidad del socio como socio y no a ningún otro aspecto especial o personal, e.g. como Director o empleado de la Sociedad[40]. La determinación precisa del ámbito de esta limitación ha sido tema de abundante debate académico.

350.– Actos Societarios: La mayoría de los actos de una sociedad pueden ser llevados a cabo con un mínimo de formalidad y, ciertamente, existen muy pocas reglas legislativas que prescriban cualquier forma fija o método para realizar jurídicamente actos particulares de la sociedad. Estas materias por lo general se le dejan a la provisión de la constitución de la sociedad misma y a las reglas del *Common Law*. La forma modelo se conoce bajo el nombre de *Table A*.

A través de toda su historia el Derecho de Sociedades inglés se ha visto perseguido por la doctrina de «*ultra vires*», la cual hace recaer la sanción de nulidad sobre aquellos actos que no estén contenidos dentro de los límites especificados por los objetos que se declaran en el *Memorandum of Association* de la sociedad y aun cuando esto se refiera a terceros. Los peores efectos de esta doctrina han sido en gran parte evitados por la práctica universal de redactar cláusulas de objetos que alcanzan muchísimas páginas y que cubren todas las actividades concebibles. Una práctica que ha sido aceptada por los tribunales con apenas una demostración simbólica de protesta. Pero en cualquier caso existe hoy una protección para los terceros que negocian de buena fe[41].

Los terceros también están protegidos por esta sección en aquellos casos en que los directores u otros funcionarios de la sociedad llegaran a actuar más allá del ámbito legal de su autoridad. Pero, de hecho, esta protección probablemente ya había sido concebida por la combinación de (i) la regla de *Common Law (the internal mangement rule o Regla establecida en Royal British Bank v. Turquand)*[42] que establece que no es responsabilidad de tales personas investigar la regularidad de los asuntos domésticos tales como la convocatoria de las asambleas, la toma de resoluciones o la eligibilidad de una persona para ejercer cargos; (ii) la muy bien establecida regla de representación que hace responsable a un principal por los actos realizados por un agente no solo cuando estos estén dentro del ámbito de su autoridad actual sino también para el caso de que estos se encuentren dentro del ámbito de su autoridad

---

38 *Companies Act 1985, s. 125.*

39 *Companies Act 1985, s. 14.*

40 *Hickman v. Kent or Romney Marsh Sheep Breeders' Assc. (1915) 1. Ch. 881).*

41 *Companies Act 1985, s. 25,* que pone en vigencia el Instructivo Primero de la CEE en materia de Derecho de Sociedades.

42 *(1856) 6E & B. 327.*

ostensible[43]; y (iii) por el hecho de que en la práctica no es usual imponerle límites a los poderes de los funcionarios o directivos de la sociedad en los *articles of association.*

Sección 3
LOS ÓRGANOS DE LA SOCIEDAD

351. – Los órganos de la sociedad: el proceso decisorio y la administración: Los *articles* establecen el marco institucional a través del cual la sociedad ha de funcionar. Ellos especifican de manera detallada todos los procedimientos necesarios para la asamblea de socios, para la Junta de Directores y delimitan las respectivas funciones de estos órganos y de los funcionarios ejecutivos de la sociedad. El Derecho inglés de Sociedades es bastante inusual en tanto que existe muy poca provisión relacionada con estas materias dentro del marco de la legislación.

Los socios normalmente actúan por decisión de una mayoría (en el caso de alteraciones de la constitución de la sociedad o uno o dos casos importantes, esto significa una mayoría del 75%) en cada asamblea. La Asamblea de Accionistas es comúnmente denominada Asamblea General *(general meeting).* Existe, no obstante, jurisprudencia de los tribunales que declara que un acuerdo informal es tan válido para cualquier propósito como una resolución de Asamblea, siempre y cuando dicho acuerdo represente el consentimiento unánime de todos los socios capacitados para votar aun si estos consintieren de manera separada y en diferentes ocasiones[44]. Vemos así, una vez más, como el Derecho adopta una actitud tolerante.

Un accionista puede legalmente comprometerse por contrato a votar de una determinada manera o como le indique otra persona[45]; pero los directores, cuando voten en su calidad de tales, no podrán limitar o condicionar su discreción de esa manera[46].

La división de funciones y poderes entre los socios y la Junta de Directores es, en gran medida, un asunto que determinan los *articles.* En la práctica todos los asuntos de negocios y de la administración se conciben como del dominio reservado y exclusivo de los Directores. De esta manera ellos no están sujetos a los dictados o revocaciones de los socios (con excepción, desde luego, del uso del poder de estos para cambiar la Junta Directiva). La competencia de la Asamblea General se halla confinada a la designación y remoción de los directores, a la aprobación de su remuneración y a la designación de los auditores. Los socios retienen un poder de *Common Law,* de carácter residual para ratificar aquellos actos irregulares o no autorizados de los directores y, excepcionalmente, para actuar en asuntos de administración en los momentos en que no exista una Junta de Directores que sea competente para actuar.

La estructura gerencial o administrativa de «dos pisos», consistente en una Junta Ejecutiva y una Junta de Supervisión, como es obligatoria en Alemania occidental y permitida en Francia, es totalmente desconocida en el Reino Unido. El asunto es uno de mera práctica: no existe en la legislación vigente nada que lo autorice o que impida su uso. La posibilidad de introducir una estructura gerencial

---

43 *Freeman & Lockyer v. Brukhurst Park Properties Ltd. (Mangal) Ltd. (1961). 2 K.B. 480.*
44 *Parker & Cooper Ltd. v. Reading (1926) Ch. 975.*
45 *Puddepbatt v. Leith (1916) 1 Ch. 2.00.*
46 *Kregor v. Hollins (1913) 109 L.T. 225.*

o administrativa nueva, de conformidad con estas líneas, para el caso de las sociedades más grandes, y la cuestión vinculada con esto de la participación obrera en la administración o gestión, fue tema de un Informe gubernamental en 1977[47]. También ha sido objeto de un persistente debate, desde ese entonces, en relación con el Proyecto de Quinto Instructivo de la CEE y del Instructivo «*Vredeling*». Pero la opinión prevaleciente hasta el presente es que cualquier cambio en estas áreas deberá ser voluntariamente establecido y sin intervención legislativa. La resistencia a la introducción de normas jurídicas de carácter legislativo es muy fuerte.

No existe provisión alguna en la *Companies Act* relacionada con la designación o poderes de los funcionarios ejecutivos de la sociedad. Ni el Presidente ni Director individual alguno de la sociedad se consideran como dotados de un poder administrativo o gerencial en virtud del solo cargo; tampoco se presume que tengan la autoridad o competencia para representar a la sociedad. No existe ningún funcionario de sociedades de los Estados Unidos o del «*President*» de las sociedades francesas. La cuestión de los funcionarios ejecutivos, para el caso de que una sociedad decida tenerlos, sean uno o varios, son cuestiones que el Derecho deja abiertas para que cada sociedad decida internamente. En la práctica estas designaciones son usualmente realizadas mediante poder conferido por los *articles* a la Junta Directiva para investir a uno o más de sus propios miembros como directores ejecutivos *(«managing directors»)*. De esta manera la persona así designada se convierte simultáneamente en un empleado asalariado dotado de poderes ejecutivos y en un miembro de la Junta de Directores. Los poderes y autoridades que se le confieren a un director ejecutivo no se hallan fijados o determinados legislativamente; se considera esta materia asunto interno de la sociedad. La ausencia de normas jurídicas legislativas en esta área es considerada con asombro por la mayoría de los observadores extranjeros. El abogado inglés solo puede argumentar como justificación que el sistema funciona satisfactoriamente, algo que sin duda se debe, en gran medida, a la versatilidad de los principios ingleses de la «representación» y al hecho de que estos principios normalmente operan ventajosamente en favor de terceros.

No existe restricción alguna en el derecho inglés para la designación de empleados como directores o de directores como empleados. Los términos y condiciones del contrato de servicio de un director, que también sea un empleado asalariado, normalmente son establecidos por la Junta de Directores. Pero se requiere por ley la autorización de los accionistas si el término del ejercicio del cargo es de más de cuatro años[48].

Cada sociedad ha de tener un secretario que, en el caso de una sociedad pública *(Public Company)*, debe poseer calificaciones profesionales[49]. La autoridad del secretario se suele confiar a materias administrativas aunque en el caso de sociedades grandes esto pueda llegar a significar que estas son muy extensas[50].

352.— Directores, deberes y obligaciones: Los tribunales o la jurisdicción de *Chancery (Courts of Chancery)* por lo menos desde la mitad del siglo XVIII impusie-

47 *Report of the Committee of Inquiry on Industrial Democracy, tbe «Bullock Report» Cmnd. 6706, 1977.*

48 *Companies Act 1985, s. 319.*

49 *Companies Act 1985, s. 283:* en efecto, el secretario debe ser o un *barrister, solicitor,* auditor o un secretario acreditado.

50 *Panorama Developments (Guilford) Ltd. v. Fidelis Furnishings Ltd. (1971)* 2. *Q.B. 711:* un caso en donde un secretario fue considerado como capaz para proceder al alquiler de automóviles de lujo.

ron obligaciones fiduciarias en materia de buena fe, lealtad, honestidad y —en medida limitada— en materia de cuido y destreza sobre la actuación de los directores. Se buscó para esto establecer una estrecha analogía con la situación de responsabilidad de los *«trustees»*. Estas obligaciones son, por tradición, debidas a la sociedad como ente corporativo y no debidas a los accionistas individuales. Bajo las reglas jurisprudenciales de los tribunales de *Chancery*, un contrato hecho o efectuado por una sociedad en el cual un director posea un interés adverso no revelado, se consideraba anulable[51] y cualquier beneficio personal logrado por el director en razón de su cargo debe ser pagado a la sociedad[52]. Estas normas de equidad se aplican estrictamente y no se permite ninguna investigación en lo relativo a la *bona fide* del director o a la equidad de sus transacciones. Existen otras «normas de equidad» *(equitable rules)* que autorizan a los tribunales para derogar aquellas decisiones de los directores que no hayan sido alcanzadas por vía de la *bona fide*[53] o que por otra razón fueron consideradas impropias[54]. Pero estas irregularidades podrían ser ratificadas por los accionistas.

En años recientes, el número de normas de equidad ha aumentado por efecto de nuevas restricciones legislativas sobre la actividad de los directores[55]. Por ejemplo, se prohíben los préstamos y operaciones comerciales análogas entre la sociedad y el director[56]. También se prohíben las operaciones entre el director y su familia en relación a opciones sobre las acciones de la sociedad[57]; se considera también un delito criminal la competencia desleal interna[58]. Se requiere la aprobación de los accionistas para el pago a los directores en relación con la pérdida del cargo, e.g. por efecto de absorción *(take over)* por otra sociedad[59].

La disposición legal, *Company Directors Disqualification Act 1986,* sección 295, confiere a los tribunales amplios poderes para descalificar como elegibles para el cargo de director a aquellas personas que hayan seria o persistentemente quebrantado el Derecho de Sociedades o que se hayan visto envueltos en liquidaciones insolventes.

Sección 4
LA VIDA FINANCIERA DE LA SOCIEDAD

353.— Emisiones Públicas y Mercado de Valores: Solamente las sociedades públicas limitadas pueden ofrecer sus acciones o bonos mediante suscripciones públicas o lograr que ellas sean registradas para ser negociadas en el mercado.

La mayoría de los aspectos de la regulación del mercado de valores *(The Stock Exchange)*. Existen provisiones legislativas relacionadas con los prospectos públicos[60],

51 *Aberdeen Railway Co. v. Blaikie Bros Ltd. (1854) 1. Macq. 461.*
52 *Regal (Hastings) Ltd. v. Gulliver (1942) 1. All E.R. 378.*
53 *Re Smith & Fawcett Ltd. (1942) Ch. 304.*
54 *Hogg v. Cramphorn Ltd. (1967) Ch. 254.*
55 Algunas de estas disposiciones legislativas duplican de modo algo imperfecto y menos extensivamente las obligaciones fiduciarias referidas en el parágrafo precedente: véase, c.g. *Companies Act 1985, ss. 320-322,* relacionadas con los contratos de los directores.
56 *Companies Act 1985, s. 330.*
57 *Companies Act 1985, s. 323.*
58 *Company Securities (Insider Dealing) Act 1985.*
59 *Companies Act 1985, ss. 312-316.*
60 *Financial Services Act 1986, Parte V; Companies Act 1985, ss. 56 et seq.*

pero estas medidas legislativas poseen poca importancia en la práctica, ya que si los títulos-valores en cuestión han de ser negociados en el mercado sobre ellos se aplican las reglas mucho más exigentes del mercado de valores excluyendo el imperio de las medidas legislativas.

El mercado de valores es en esencia una organización privada. Tiene completa autonomía con respecto al control de su membrecía y con respecto a las normas que gobiernan los registros de los títulos-valores y de la conducción de las negociaciones de las transacciones. Existen tres mercados: uno para las sociedades más grandes, que son admitidas a. pleno o a total registro *(«full or official listing»)* bajo condiciones muy exigentes en lo relativo a las materias de informes y de divulgación; el segundo, llamado equivocadamente «*Unlisted* Securities Market» dentro del cual se negocian las acciones de las sociedades algo más pequeñas y que están sujetas a obligaciones no menos onerosas; y un tercer mercado que rige las operaciones de las sociedades aun más pequeñas[61].

La regulación de las operaciones de inversión en el Reino Unido fue objeto de una nueva legislación promulgada en 1986. Sin embargo, el gobierno (en ejercicio de poderes especialmente conferidos por el Legislativo) ha delegado la mayor parte de la responsabilidad en la supervisión de los servicios de la industria financiera a un cuerpo no gubernamental; se trata del *Securities and investment Board.* Este ente está, capacitado, a su vez, para autorizar a agencias subordinadas para que ejerzan el control sobre sectores particulares de la actividad de inversión. El mercado de valores *(Stock Exchange)* ha recibido la competencia —como de esas agencias— para expedir licencias a corredores en materia de títulos-valores y para regular el acceso a sus mercados. De esta manera, y a pesar de que de hecho actualmente opera dentro de un marco legislativo formal, el mercado de valores *(Stock Exchange)* sigue siendo la misma organización privada que tradicionalmente siempre ha sido.

Para cumplir con los Instructivos de la CEE ha sido necesario que el Reino Unido establezca o designe una autoridad responsable de los muchos aspectos del mercado de títulos-valores. Esto se ha hecho al nombrar al Mercado de Valores *(Stock Exchange)* responsable de estas actividades y conferirle fundamentación legislativa a su poderes[62].

354.— Capital: Hasta la adopción del segundo Instructivo de la CEE de 1980, el Derecho de Sociedades inglés no contenía ninguna estipulación relacionada con el mínimo de capital y esto sigue siendo verdad en lo referente a las sociedades privadas. Las sociedades públicas deben tener hoy un capital mínimo de £ 50.000,00 pagado hasta un 25%[63]; pero esto es en la práctica un requisito inútil, ya que es necesario que las sociedades tengan una capitalización muy superior a la cantidad jurídica establecida para que ellas puedan ser admitidas y aparecer en el Registro del Mercado de Valores.

Las provisiones relacionadas con el capital que se encuentran establecidas en el Instructivo Segundo de la CEE han obtenido efectos legislativos; pero la mayoría de ellas ya habían sido adecuadamente satisfechas o cumplidas por las normas jurídicas de fuerza equivalente provenientes de la jurisprudencia *(Case Law).* Una

---

61 *Financial Services Act 1986.*

62 *Financial Services Act 1986, Part IV,* lo que deja sin vigencia la disposición *The Stock Exchange (Listing) Regulations 1984 (s. 1. 1984 N.º 716).*

63 *Companies Act 1985, ss. 117-118.*

excepción a esto fue el requisito que establecía que los activos adquiridos por una sociedad a cambio de la emisión de acciones fuese objeto de una evaluación independiente: el Derecho inglés había dependido tradicionalmente del valor acordado a la integridad y buen juicio de los directores.

Todas las acciones de las sociedades inglesas deben tener un valor a la par; pero es muy común que las acciones sean emitidas por prima muy superior a su valor nominar. En este caso el diferencial debe ser contabilizado en una «cuenta de prima» *(Share Premium Account»)* y darle generalmente el trato de capital: no puede ser distribuido como dividendo[64].

Una sociedad puede liberar las acciones que fueron emitidas en atención a los términos y condiciones en que podían serlo y, en cualquier caso, puede readquirirlas. Las sociedades públicas solo pueden utilizar con estos propósitos aquellos fondos que, de no afectarlos a este fin, habían sido distribuidos como dividendos; pero las sociedades privadas pueden hacer esto usando el capital. Las garantías legislativas para todos estos casos son muy elaboradas y estrictas. No existe límite en torno al número o porcentaje de acciones que pueden ser adquiridas de esta manera; pero las acciones deben en todo caso ser canceladas[65].

355.– Prestamos y Cargas: No existen restricciones legales que afecten la competencia de las sociedades para celebrar prestamos, aunque, desde luego, solo las sociedades públicas pueden emitir bonos para el público inversionista.

Una sociedad tiene la capacidad, de la cual no dispone un individuo bajo el derecho inglés, de dar garantías por medio de «emisión pública» *(«floating charge»)*. A través de este mecanismo se pueden asumir no solamente los activos fijos sino también cualquier clase de activos designados en tal condición como sus valores negociables *(«stock-trade»)* y sus deudas asentadas o contables *(hook debts») o* ciertamente la totalidad de sus activos, presentes y futuros, incluyendo el *«goodwill»*, el capital no pagado y el negocio mismo. La garantía continuará en plena vigencia y efecto a pesar de que los activos en cuestión puedan fluctuar en el tiempo; pero la sociedad entretanto se le permite comerciar y negociar con sus activos en la conducción ordinaria de sus negocios con el consentimiento expreso del portador de la carga. En caso de que se haga necesaria la exigibilidad del pasivo (lo que normalmente se hace mediante la designación de un depositario *«receiver»)*[66], la garantía sigue inmediatamente aquellos activos que estén para ese momento en posesión de la sociedad y, con respecto a ellos, la garantía en cuestión se convierte en un pasivo fijo revocándose el permiso de la sociedad para que esta continúe negociando con dichos activos.

Este mecanismo de un pasivo flotante es considerado como de tanta utilidad por la comunidad comercial y por los banqueros, que a los propietarios de un negocio no constituido en forma de sociedad se les aconseja frecuentemente adoptar la forma de una sociedad con el solo propósito de permitir que se pueda otorgar la posibilidad de un pasivo flotante.

El pasivo flotante ha sido un desarrollo independiente de la legislación y aun permanece sin ningún tipo de autorización legislativa; pero ciertas provisiones legislativas[67], imponen algunas restricciones sobre su aprobación *(fixed charges)* en interés de otros acreedores.

---

64 *Companies Act 1985, ss. 130 et seq.*
65 *Companies Act 1985, ss. 159 et seq.*
66 Véase *infra,* § 17.
67 E.g. lo dispuesto por la *Insolvency Act 1986, ss. 15, 40, 59, 175.*

Una sociedad puede, desde luego, crear pasivos fijos sobre sus activos más permanentes, bien sea en conjunción con un pasivo flotante o bien independientemente de ello.

Los detalles particulares de esos pasivos o cargas deben ser registrados en un plazo de 21 días[68].

356.– Remedios a favor de titulares de bonos-liquidación: Además de los medios normales existentes para lograr la exigibilidad del pago de una deuda (incluyendo como último caso la solicitud de liquidación), un acreedor con garantía –y especialmente el portador de un pasivo flotante– normalmente invocará el remedio consistente en la designación de un liquidador *(«receiver»)*. Las funciones de este serán las de asumir la propiedad de la sociedad y sus ingresos y, según sea el caso, ejecutar los activos suficientes para satisfacer la deuda existente. Si el pasivo afecta la totalidad de la empresa, un liquidador administrador *(receiver and manager»)* podría ser designado, el cual tiene, además, el poder de continuar los negocios diarios de la sociedad excluyendo a sus directores, sea con la esperanza de que la sociedad pueda lograr recuperar su margen de beneficio o, en el peor de los casos, que el negocio pueda mantenerse intacto para que pueda ser vendido como una empresa operativa en funciones en lugar de ser vendida sobre la base de su liquidación.

357.– Acciones: No existe restricción acerca del tipo o clase de acciones que una sociedad pueda crear ni sobre los derechos (e.g. con respecto a dividendos o votación) que puedan determinar las acciones de cualquier clase. De esa manera se permiten crear acciones sin derecho a voto. No existe ninguna presunción o regla que establezca que todas las acciones deben ser iguales. Sin embargo, una reciente innovación legislativa si ha conferido un derecho de opción de compra sobre los accionistas existentes para el caso de que se emitan nuevas acciones de la misma clase; pero existen muchas excepciones.

Las acciones en Inglaterra, hoy en día, son tenidas invariablemente bajo forma registrada. No existe ninguna prohibición legal con respecto a la emisión de acciones al portador[69]. Pero este tipo de acción cayó en desuso cuando se le sometió a las restricciones derivadas de la normativa sobre control de cambio durante la segunda guerra mundial y no se ha producido un renacimiento de este tipo de acción a pesar de que los controles han desaparecido.

La transferencia legal de acciones no se completa o perfecciona sino hasta que tenga lugar la formalización escrita de la transferencia y que esta haya sido registrada por la sociedad. Un sistema computarizado ha acelerado el procedimiento para las acciones que se negocian en el mercado de valores. Es también posible hacer válida una transferencia de intereses «beneficiales» *(«beneficial interest»*, a ser distinguidos de los títulos legales) sobre acciones sin registro[70].

Existen normas especiales que capacitan a las sociedades para determinar la verdadera propiedad de las acciones detentadas por los titulares nominales y para

---

68 *Companies Act 1985, s. 395.*

69 Acciones al portador son, de hecho, expresamente autorizadas por s. 188 de la *Companies Act 1985.*

70 La consecuencia de esta transacción es la de constituir a quien recibe la transferencia en un accionista «nominado» que se halla obligado a actuar en el interés del transferente y está sujeto a su discreción.

detectar aquellos intentos destinados a construir intereses de control sobre las acciones de la sociedad por personas que actúan concertadamente y en secreto[71]. Si los titulares registrados de dichas acciones no cooperan en el proceso de revelación de la información solicitada los derechos afectados a esas acciones pueden ser suspendidos[72].

358.– Protection de los intereses minoritarios: La legislación de protección especial a los intereses de las minorías en situaciones muy particulares, e.g. en caso de una reducción de capital o en un esquema de pago *(«schema of arrangement»)* es necesaria la aprobación del tribunal, mientras que para el caso de una alteración del memorándum o de una variación de la clase de derechos existen requisitos de consentimiento por mayoría especial de votos. Y, además, los disidentes tienen el derecho por ley de solicitar ante el tribunal que el cambio sea rechazado[73].

Adicionalmente, algunas normas del Common Law han sido desarrolladas para regular el abuso de poder de quienes están en control: por ejemplo, los deberes fiduciarios de los directores y la obligación que tiene la mayoría de los accionistas de actuar de buena fe en el interés de la sociedad como un todo. Algunas veces, sin embargo, esta protección legal puede resultar ilusoria, ya que un obstáculo procesal establecido en la regla expresada en *Foss v. Harbottle*[74] puede impedir que se ejerza el derecho de acceder al tribunal. Esta regla declara que un daño societario o corporativo o una irregularidad es, a primera vista, un asunto que deberá ser demandado por la propia sociedad. De tal manera que si aquellos que se encuentran en control no están dispuestos a actuar procesalmente la minoría de los accionistas podrá no tener remedio alguno, a menos de que puedan demostrar que se ha producido un quebrantamiento de la constitución de la sociedad o que la mayoría ha actuado fraudulentamente. Existe mucha disconformidad con esta regla y por ello se han efectuado intentos por introducir legislativamente un derecho de acceso al tribunal para amparar a cualquier accionista en aquellos casos de conducta que sean «injustamente perjudiciales *(unfairly perjudicial»)* para él[75]. Es aun demasiado temprano para poder decir lo bien que operará este nuevo procedimiento en la práctica: un intento precedente de introducir un remedio procesal similar en 1948[76], resultó un fracaso.

359.— Reconstrucciones, disposiciones, presiones y tomas: Las provisiones especiales establecidas en la *Companies Act* facilitan la mayoría de los tipos de reorganización que las necesidades hacen deseable. La conducción de los negocios por una o más sociedades puede ser transferida a otra sociedad, que puede ser constituida especialmente para ese propósito. En este caso los antiguos accionistas aceptan las acciones en la nueva sociedad a cambio de su antigua inversión y la vieja sociedad o sociedades, según sea el caso, se liquidan[77]. Un «plan de acuerdo» *(Scheme of Arrangement)*[78] permite que cualquier tipo de reorganización o compromiso que vaya a ser aprobado por el tribunal comprenda a los miembros y acreedores de una

---

71 *Companies Act 1985, ss. 198 et seq.*
72 *Companies Act 1985, ss. 454-457.*
73 Véase *infra* § 10.
74 *(1843) 2. Hare 461.*
75 *Companies Act 1985, 459.*
76 *Companies Act 1948, s. 210.*
77 *Companies Act 1985, S Setet.*
78 *Insolvency Act 1986, ss. 110-112.*

o más sociedades. Y que los comprenda de una manera que sea vinculante para aquellos que disientan, una vez que la proposición haya recibido el apoyo de una mayoría del 75% de los socios y acreedores, apoyo expresado en votaciones celebradas en las diferentes asambleas de cada uno de las clases de miembros o de acreedores involucrados. Este procedimiento puede ser usado para efectuar una alteración de las clases de derecho, para realizar una presión entre diversas sociedades o para efectuar un acuerdo compromiso con los acreedores relacionado la insolvencia de la sociedad y es sumamente versátil en su aplicación. Una presión también puede tener lugar por efecto de una absorción *(take-over)*, situación en la cual una sociedad adquiere un interés de control en las acciones de otra por medio de la compra directa de sus accionistas y, de esta manera, convierte a esta última sociedad en su subsidiaria. En caso de que la oferta de compras de acciones sea aceptada por parte de por lo menos el 90% de los socios de la segunda compañía, la primera sociedad podrá adquirir de manera obligatoria todas las restantes acciones y, de manera conversa, darle el derecho a la minoría de insistir en que le sean también compradas sus acciones en los mismos términos y condiciones[79].

El Código de la *City* sobre Fusiones y Absorciones *(City Code on Takeovers and mergers)* puesto en vigencia y administrado periódicamente por el *Panel on takeovers (Un cuerpo voluntario que ejerce poderes de regulación sin base legal)*, es un código de prácticas diseñado para garantizar que los accionistas reciban un trato de igualdad así como plena información en relación con la absorción. Este Código ha sido notablemente exitoso en la prevención de abusos y en el establecimiento de un régimen de conducta.

Sección 5
EL FIN DE LA VIDA SOCIETARIA

360. – Liquidación y Disolución: En el derecho de sociedades inglés los términos «liquidación» *(liquidation)* y cierre de negocios *(Winding up) (las expresiones se consideran sinónimas)* se emplean para describir el procedimiento por medio del cual una sociedad cesa en sus negocios, liquida sus archivos y aplica lo proveniente de esa liquidación en beneficio de sus acreedores y socios de acuerdo con sus respectivas prioridades y derechos. Esta tarea es emprendida por un funcionario designado para llevar a cabo ese propósito y el cual se denomina «liquidador» *(liquidator)*. Pero este funcionario de la sociedad no realiza esos actos en nombre propio, ya que la personalidad jurídica de la sociedad continúa a través de todo el desarrollo del proceso de liquidación.

En la gran mayoría de los casos, las mismas normas rigen la situación independientemente de que la sociedad esté o no solvente.

Una sociedad puede ser liquidada de la manera siguiente:

(a) *obligatoriamente (i.e. por orden del tribunal).* Normalmente esto es realizado como consecuencia de la demanda de un acreedor, pero el solicitante de una liquidación obligatoria puede ser también socio de la sociedad o también la solicitud puede venir de la corona[80]. Las razones que fundan esta liquidación obligatoria dependen de la incapacidad de pago de las obligaciones o por que se considera que

---

[79] *Companies Act 1985, ss. 428-430 F.*
[80] *Insolvency Act 1986, s. 124.*

es «*justo y equitativo*» (*just and equitable*) que se procede a la liquidación de la sociedad (e.g. por efecto de actividades fraudulentas o mala administración)[81]. El liquidador, en el caso de la liquidación obligatoria, es designado por el tribunal o (b) *voluntariamente* (i.e. por resolución de los socios).

Una mayoría del voto de los tres cuartos se requiere para que esto proceda. En este caso los socios nombran al liquidador si los directores certifican que la sociedad está solvente; en caso contrario, los acreedores tienen derecho a efectuar el nombramiento[82].

Para algunos propósitos una liquidación puede operar retroactivamente y en este caso se presume que ella ha comenzado antes de la fecha en que ocurre la orden de liquidación, esto es, normalmente para la fecha en que la petición o solicitud de liquidación haya sido presentada por primera vez ante el Tribunal[83]. A este respecto el derecho inglés de sociedades difiere notablemente del derecho de la mayoría de las jurisdicciones europeas. El liquidador puede intentar recuperar la propiedad que haya sido dispuesta durante el período de intervención y también impedir retroactivamente otros actos jurídicos tales como el levantamiento de las medidas ejecutorias que se hayan llevado a cabo durante ese tiempo[84].

Se confiere derecho de preferencia entre los acreedores a ciertos impuestos y a los empleados por salarios atrasados *(arrears of wages)*[85].

Estos derechos de preferencia se gradúan en prioridad en el caso de un pasivo flotante *(floating charge)*[86], pero no sucede lo mismo en atención a un pasivo específico.

El acto jurídico por medio del cual la personalidad moral de una sociedad se extingue es conocido como disolución *(dissolution)*: se trata de una pura formalidad que ocurre después de que se haya completado el proceso de liquidación[87]. Muy frecuentemente la formalidad es dispensada y se le deja al registrador eliminar la sociedad del registro después de haberse cerciorado que la sociedad ya no funciona más[88].

Sección 6
LA SOCIEDAD DE PERSONAS

361.— Asociaciones: La sociedad en nombre colectivo *(partnership)* es un instituto jurídico basado esencialmente en el contrato y, en sus relaciones con terceros, se rige por las normas de representación del *Common Law*. Las asociaciones están, en verdad, regidas por las provisiones de un Acto del Parlamento, *The Partnership Act 1890*. Pero esta ley contiene poco que sea regulativo y realmente no se trata más que de una codificación de las normas del *Common Law* existentes para la fecha de su promulgación.

---

81 *Insolvency Act 1986, s. 122.*
82 *Insolvency Act 1986, ss. 89, 90, 91, 100.*
83 *Insolvency Act 1986, ss. 83, 129.*
84 *Insolvency Act 1986, ss. 127-128-238-245.*
85 *Insolvency Act 1986, ss. 175, 186* y listado *6.*
86 *Insolvency Act 1986, s. 175 (2) (b).*
87 *Insolvency Act 1986, ss. 201-205.*
88 *Companies Act 1985, ss. 652-653.*

El propósito de la ley ha sido principalmente establecer los términos y condiciones bajo los cuales se presume que los socios han querido establecer sus relaciones *inter se* en ausencia de cualquier acuerdo expreso sobre la materia. Así, por ejemplo, la ley provee que si los socios no han acordado lo contrario, se presumirá que deberán compartir los beneficios y las pérdidas de la firma por igual, independientemente de la cuantía de la contribución de cada socio a los activos de la asociación[89].

La Ley de Asociaciones define la asociación como «una relación que subsiste entre dos personas que explotan un negocio en común con fines de lucro»[90]. Es esencial a la existencia de una asociación, por consiguiente, que exista un negocio, pero no necesariamente un comercio; y no existen normas específicas para regular las asociaciones de comercio.

Una asociación es creada simplemente por el acuerdo entre las partes: no se necesita ninguna forma o procedimiento para hacerlo. El acuerdo puede ser oral e informal, y puede aun ser inferida su existencia de la conducta de las partes, de tal manera que es posible que las personas sean asociados a los ojos de la ley sin que, de hecho, estén conscientes de ello. No existe obligación alguna de registrar los detalles de la asociación en ningún registro. Ni siquiera existe la obligación de registrar el nombre, aunque existe la obligación —de base legal— de dar los nombres de los asociados en funciones y de divulgar la misma información en el lugar de la sede del fondo de negocios de la asociación. El acuerdo de asociación es un asunto privado y las demás personas no tienen el derecho ni la obligación de conocer sus términos y condiciones. Los términos y condiciones del acuerdo pueden variarse en el tiempo y tal variación puede ser inferida o deducida de la conducta de los asociados.

Una asociación en el Derecho inglés no posee ninguna personalidad moral separada: se le considera simplemente como una agrupación colectiva de asociados individuales y solo estos tienen derechos y obligaciones. En virtud de que no tiene personalidad moral, toda la propiedad es del disfrute común de los asociados. Los asociados son responsables solidariamente por sus obligaciones. (A los efectos de conveniencia las reglas de los tribunales permiten que el litigio sea conducido en nombre de la asociación y, en la práctica, una sola evaluación impositiva es efectuada, recayendo esta sobre los asociados en calidad de asociados; pero ninguno de estos factores altera la sustancia de la cuestión).

No existen restricciones sobre el nombre que pueda ser escogido por una asociación (con la excepción de que la palabra «*limited*» solo puede usarse para el caso de las asociaciones constituidas); el nombre puede o no incorporar el nombre de cualquiera de los asociados. Existe un límite legal de un máximo de 20 asociados[91], pero hay una exención a este límite para el caso de las profesiones más conocidas tales como los abogados *(solicitors)*, los auditores, etc.[92].

No existen límites con respecto a los poderes o con respecto a lo que pueden ser los «objetos» de una asociación. Cada asociado se presume legalmente tener el derecho de participar plenamente en la administración de los asuntos de la asociación y, aunque esta pueda ser restringida o variarse por acuerdo de los asociados

[89] *Partenership Act 1890, s. 24 (1).*
[90] *Partnership Act 1890, s. 1 (1).*
[91] *Companies Act 1995, s. 716.*
[92] *Ibíd., s. 716 (2)-(4).*

inter se, dicho acuerdo no afectará a los terceros que desconozcan su existencia. De tal manera que, cumpliendo con las normas jurídicas normales en materia de representación, cada asociado tiene una autoridad ostensible para vincular la firma con respecto a todas aquellas materias que caigan bajo el ámbito de los negocios de la asociación.

Una acción en una asociación no es transferible sin el consentimiento de los demás asociados.

Una asociación puede ser disuelta por acuerdo, por muerte o quiebra de cualquier asociado y por orden del tribunal. Y las asociaciones que son de duración indefinida cesan por notificación dada por uno cualquiera de los asociados a sus colegas. Hablando en términos generales, después de cualquiera de esos extremos, la explotación del negocio puede continuar por intermedio de aquellos asociados que así lo deseen, siempre y cuando ellos puedan adquirir las acciones de los demás; pero entonces es estrictamente cierto decir que una nueva asociación llega a existir jurídicamente en lugar de la antigua, pues no existe personalidad moral alguna que pueda sobrevivir el cambio. Los acreedores no podrán perseguir a la nueva asociación o firma para poder satisfacer sus demandas en contra de la antigua; de manera conversa, el asociado saliente no podrá ser eximido de la responsabilidad de sus obligaciones con respecto, a sus antiguos acreedores de la asociación, a menos de que exista un contrato especialmente efectuado entre todos los asociados, incluyendo a cada acreedor individual, para cubrir ese fin.

CAPÍTULO XI
EL DERECHO DEL TRUST

Por G. H. JONES

362.— Orígenes: La idea sobre la cual se fundamenta el *trust* es bastante simple: un bien puede ser propiedad de una persona pero detentado en beneficio de otra. La responsabilidad del propietario se halla, por consiguiente, separada de la facultad o disposición de gozar del bien en cuestión.

El *trust* o *use,* como lo denominaban los juristas de antaño, ha respondido siempre a necesidades muy diversas y nunca dentro del marco de un objetivo único. Un propietario de un bien inmobiliario llamado por su vocación a las cruzadas encontraba en esta institución un medio para proteger el patrimonio de sus herederos al transferir la titularidad de sus bienes a amigos poderosos, dignos de fe, con el fin de que estos cuidaran de ellos en beneficio *(to the use of)* de sus herederos. Además el patrimonio se encontraba de esta manera protegido ante la eventualidad de conspiraciones impuestas por casos de condena de traición o felonía.

Para los Franciscanos el uso servía otro fin; las transferencias de titularidad realizadas por terceros a simpatizantes, la comunidad de un burgo, por ejemplo, pero en beneficio de los Franciscanos, permitían a estos últimos conciliar sus votos espirituales de pobreza con la necesidad material de lograr dotaciones para poder satisfacer los requerimientos de la subsistencia diaria de la orden.

Para otros, menos militantes o menos devotos, el uso ofrecía todavía otras ventajas. Permitía disponer de un bien inmobiliario para el día de su muerte, lo que, en general no era posible antes de la ley sobre Testamentos de 1540, es decir la *Wills Act de 1540.* También permitía el establecimiento solemne de actas estudiadas o diseñadas para retener un bien inmobiliario dentro de una familia. Pero, sobre todo, y esto es lo más importante, permitía evadir o esquivar las pesadas cargas feudales como, por ejemplo, los derechos fiscales por concepto de guarda, matrimonio y la asistencia alimentaria.

363. – Utilidad del trust hoy: Los objetivos financieros de las gentes que actualmente tienen cierta riqueza y sus intereses humanitarios no difieren en mucho de lo que fueron hace seiscientos años. Los empresarios de hoy se encuentran prestos a proteger a sus jóvenes vástagos en contra de lo que gustan llamar las debilidades de juventud. Suelen incluir en testamentos disposiciones «razonables» en beneficio de sus hijos y nietos. El *trust* se los permite. Se les descubre decididos a desafiar la rapacidad del fisco y a buscar reducir el peso de los impuestos que los golpean. Buscan medios juiciosos para reducir el impacto del impuesto sobre la renta y los derechos sucesorales. De hecho el moderno Derecho del *trust* ha estado durante mucho tiempo dominado por la atención prestada a los problemas planteados por las actas de institución o establecimiento (settlements) de contribuyentes previsivos, al punto que fácilmente se corre el riesgo de descuidar la importancia del *trust* en la vida comercial.

Las compañías o sociedades de acciones consolidadas (joint stock companies), que han precedido a las actuales sociedades por acciones, fueron frecuentemente *trusts.* La Bolsa de Londres está todavía regida por un Acta Constitutiva *(«deed of settlement»)* de esta naturaleza.

El *Unit Trust,* sociedad de inversión de capital variable, ha hecho mucho por conducir indirectamente al pequeño ahorrista hacia el mercado bursátil. Las sociedades mercantiles, deseosas de lograr nuevos capitales o de tomar las medidas necesarias para asegurar el futuro de sus empleados, utilizan el *trust* para proteger a los intereses de sus obligatorios y antiguos empleados jubilados o pensionados.

364. – Desarrollo Indicial del Trust: Como lo subrayara Maitland, gran historiador del derecho, el *trust* es una institución muy flexible. Recoge esa flexibilidad de un conjunto de normas jurisprudenciales imaginadas y desarrolladas por los tribunales de Equidad *(Chancery)* y no por la jurisdicción del *Common Law.* El «feoffor» (a quien se denomina hoy como el *«settlor»)* transfería *(«enfeoffed»)* un bien inmobiliario a los *«feoffees»* (hoy día los *trustees)* con el fin de que estos cuidasen de los bienes en beneficio de «cestui que use» (hoy en día el beneficiario). Las Cortes o tribunales del *Common Law* decidieron, no sin alguna vacilación, que no era de su competencia proteger los intereses del *«cestui que use»* y que no admitirían, por consiguiente, acciones judiciales intentadas con ese fin.

El Canciller *(Chancellor),* a quien el rey transmitía las peticiones de aquellos que demandan procesalmente un abuso de confianza de los *«feoffees»,* era sobre quien recaía la tarea de obligar a los *«feoffees»* a cumplir con sus compromisos y detentar o cuidar el bien en beneficio de otro. Con este propósito los amenazaba con procesarlos por *«contempt of court»* (ultraje a la Corte). Desde el inicio del siglo XV su competencia en ese dominio se encontraba bien establecida. En un inicio el Canciller no intervenía sino para obligar a los *«feoffees»* originales a mantener sus promesas. Pero muy pronto la jurisdicción de la Cancillería sentenció que estaban vinculados por el *uso* no solamente las personas que tenían los derechos de los *«feoffees»* (sus herederos por ejemplo), sino también los terceros que hubiesen adquirido el bien con conocimiento de causa. Solo el adquirente a título legal de los *«feoffees»,* habiendo adquirido *sin conocimiento del uso,* podía tener pretensión a la titularidad del bien desprendido de su carga.

Estos principios estuvieron al origen de lo que el derecho inglés llamó los *«equitable interests»* (intereses de equidad): derechos de los beneficiarios protegidos por la jurisdicción de Equidad. Fueron formulados hacia el final de la Edad Media. Pero hubo que esperar a la segunda mitad del siglo XVII para que el Canciller, Lord Nottingham, los organizara en un cuerpo de normas que tomó entonces el nombre de Derecho de *Trust.* El Trust no tuvo mejor adepto que Lord Nottingham. Según el Jefe de la Corte, Lord Mansfield, Lord Nottingham erigió un «sistema noble, racional y uniforme... Los *trust* fueron creados para satisfacer los deseos de los familiares y para responder a toda suerte de necesidades»[1].

---

1 *Burgess* v. *Wheate* (1759) 1 Eden. 177, 233.

Dos Cancilleres, Lord Hardwicke y Lord Eldon, no ejercieron menos influencia que los dos anteriores. Se mostraron capaces «de dominar el futuro y de abordar los problemas particulares con la amplitud de espíritu de un legislador»[2]. El derecho del *Trust* lleva la marca de esos prestigiosos nombres. Su aporte intelectual tuvo tal influencia que lo que en un comienzo no fue sino un cuerpo jurisprudencial maleable llegó a ser un cuerpo de normas extraídas de la noción de equidad. Para Lord Eldon la concepción de *equidad* gestada por los tribunales no debía cambiar con los estados anímicos de tal o cual Canciller[3]. Esta opinión tuvo tanta influencia que en 1951, Lord Simonds declaró todavía que encontraba que las generalizaciones fundadas sobre la noción de equidad *(fairness)* no presentaban ningún interés para poder decidir un litigio[4].

No obstante, durante estos últimos años se ha podido, asistir a como algunos Jueces han concluido que la elegancia del sistema había sido un ideal demasiado seductor y que el ejercicio de un poder discrecional por el juez no es, necesariamente, una cosa mala en sí ni algo arbitrario. Los jueces que así piensan parecen más pragmáticos y más prestos a inflexionar la inexorable lógica del derecho de corte judicial que han heredado del pasado.

365. – El Legislador ante el trust: El *trust* frecuentemente ha suscitado la desconfianza cuando no la hostilidad del legislador. Las transferencias de bienes inmobiliarios fueron frecuentemente empleadas para cometer fraudes en contra de los acreedores o para ponerse a salvo de las acciones procesales reivindicatorias intentadas por aquellos que habían sido desposeídos ilegalmente. De igual mañera a lo que ocurrió durante la Edad Media las leyes intentaron hacer fracasar tales recursos de los *uses*. La ley de Quiebras de 1914 protegió a los acreedores en contra de los efectos de los *«settlements»* fraudulentos celebrados en vísperas de una quiebra. La celebrada ley sobre *uses* de 1536 *(Statute of Uses 1536)* intentó impedir que los vasallos se pudiesen sustraer del pago de los derechos feudales mediante el recurso a la ejecución *(«execution»)* del *use*. Es decir, impidiendo que operara la transferencia de la titularidad legal al *«cestui que use»*, lo que acarreaba el fenecimiento del use. El equivalente contemporáneo de esa ley, la Ley de Finanzas, busca cada año disminuir el atractivo que ejercen los *trusts* como medio de evasión fiscal. Este conflicto entre el interés de la Sociedad y los deseos u objetivos de los particulares es inevitablemente un fenómeno permanente.

El derecho de los *trusts* en sus aspectos legislativos y judiciales refleja esta tensión. Buena parte del derecho contemporáneo versa sobre el afán y tentativas puesto por *settlors* ingeniosos al servicio de la evasión de las garras de las imposiciones fiscales como son, por ejemplo, el impuesto sobre la renta o los derechos sucesorales. Hoy los tribunales se muestran hostiles al despliegue de procedimientos artificiales para la evasión fiscal, aun cuando esto no ha sido siempre el caso en el pasado. El juego y presencia de estos intereses encontrados ha tenido un papel importante en el desarrollo de los *trusts*.

Sección 1
¿QUÉ ES UN *TRUST*?

366. – Naturaleza del trust: He allí una cuestión que muy pocos juristas prácticos cuidan de considerar. Edward Coke, Jefe Supremo de la Corte de *Common Pleas*

---

2 S.F.C. Milsom, *Historical Foundations of the Common Law*, capítulo 4.
3 Vid *supra* N.° 6.
4 *Ministerio de Sanidad* v. *Simpson* (1951) A. C-251, 276).

(Chief Justice of the Common Pleas), a comienzos del siglo XVII, y jurista extremadamente notable, definió el *trust* como una obligación impuesta por la equidad *(equity)* a una persona, el *«trustee»,* en beneficio de otra, el beneficiario. Maitland admitió que esa definición, de una simplicidad sorprendente, era correcta, y que lo era tanto histórica como científicamente[5]. El derecho del beneficiario se definía como un derecho de actuar en equidad *(equity)* en contra del *«trustee»* para obtener o lograr la correcta administración del *trust.* El beneficiario no tenía, sin embargo, ningún *derecho real* en equidad, ningún *«equitable interest»* sobre la propiedad del bien gravado por el *trust.* No podía, por consiguiente, de acuerdo con esta definición, reivindicar su derecho en contra de un adquirente de buena fe.

Esta definición del derecho del beneficiario desató una controversia a la vez tan viva como estéril. Algunos universitarios contemporáneos, como por ejemplo Austin Scott, de la Facultad de Derecho de Harvard *(Harvard Law School),* cuyo tratado ha ejercido una influencia considerable en los Estados Unidos, han pretendido que el beneficiario tiene un *derecho red* en *equity,* un *«equitable property interest»* con respecto al objeto del *trust.* Por esto puede ceder su derecho a terceros; ejercer en contra de terceros el derecho de reivindicación actuando por el vendedor que no haya obtenido un pago; ejercer el derecho de persecución sobre el bien en posesión de un tercero (tercero que no sea un adquiriente de buena fe); puede, igualmente, inspeccionar o pedir la revisión de los documentos relativos al *trust.*

En realidad el derecho del beneficiario es un derecho a la vez *personal y red.* Los beneficiarios tienen el derecho de exigir a los *«trustees»* que administren el *trust* en calidad de buenos padres de familia sin que, no obstante, ellos mismos puedan asumir esa gestión, lo que, de ocurrir, constituiría una usurpación de los deberes y poderes de los *«trustees».* Además, son titulares sin duda de un derecho de propiedad en *equity* sobre los bienes del *trust.* Si tal no fuera el caso no podrían reivindicar la propiedad en *equity* de los bienes de las manos de los *«trustees»* negligente o de terceros (distintos de los adquirentes de buena fe). Ninguna definición del *trust* puede rendir cuenta de la naturaleza tan particular de los derechos de los beneficiarios. Ninguna puede describir de manera exhautiva los deberes que se imponen al *trustee* y los poderes que él puede ejercer. Redactada en términos muy generales o dotada de demasiadas restricciones, toda definición, por hermosa que sea, está condenada al olvido. Esta es la razón por la cual parece ser más útil proceder a una descripción de las características principales de esta institución.

Sección 2
COMO NACE LA OBLIGACIÓN DEL *«TRUSTEE»* DE DETENTAR EL CUIDADO DE UN BIEN EN BENEFICIO DE OTRO

367. – El trust ordinario: El *trust* puede ser legal o convencional. Si una persona muere intestada sus bienes serán afectados a ciertos *trusts* creados por ley. Pero, más corrientemente, es el propietario, el *settlor,* quien decide él mismo la creación del *trust.* Puede proceder de dos modos. Puede declararse a sí mismo *trustee* de ciertos de sus bienes en beneficio de otro, o bien escoger, transferir sus bienes a *trustees* para que estos los detenten en beneficio de otro (se dirá en inglés que los *«trustees hold the property or trust for another»).* En los dos casos, el *trust* será calificado de *trust* explícito (express trust). En efecto, que se declare *trustee* o que ceda los

[5] F W. Maitland, *Equity,* Cuarta Conferencia.

bienes en cuestión a *trustees,* el propietario es quien indica, sin equívoco posible, que desea crear lo que el jurista llama o denomina un *trust.* Los términos empleados por el settlor deben ser muy precisos para imponer sobre los «*trustees*» una obligación susceptible de ser ejecutada por medio de la fuerza, esto es la obligación de detentar y cuidar la propiedad en beneficio de un tercero. A la inversa, aquél que ceda un bien a un tercero no contentándose con expresar el «deseo» o la «esperanza» de que ese tercero hará un uso determinado ese, se dice, de manera general, que no creará un trust. Las palabras «rogatoria» *(precatory)* no expresan más que una confianza moral y no deben considerarse como creadoras o constitutivas de una obligación en el mundo de la realidad.

Sin embargo, esto no quiere decir que sea necesario emplear efectivamente la palabra *trust* para que sea creado un *trust.* Muchos hombres de negocios no tienen sino una idea muy vaga de lo que es un *trust* en derecho. Esto no les impide o no los inhibe de celebrar y firmar contratos que, en lo esencial, se corresponden con lo que los tribunales llaman un *trust.* En un sonado caso[6], una sociedad, *Quistclose,* convino en adelantar fondos a otra, *Rolls Razor Ltd,* con la condición de que estos fondos no tuviesen otro destino que el pago de dividendos a los accionistas de la Rolls. En caso de que el dividendo no pudiese o no fuese pagado, los fondos debían revertir a la *Quistclose.* La Sociedad *Rolls* fue declarada en quiebra y puesta en marcha su liquidación de tal forma que los dividendos no fueron pagados. La Cámara de los Lores decidió que las partes tuvieron la intención de crear un *trust* principal, cuyos beneficiarios eran los accionistas, ya que los fondos debían ser utilizados principalmente para su provecho o beneficio, y un trust secundario, cuyo beneficiario habría sido la sociedad Quistclose misma en caso de imposibilidad de ejecutar el *trust* principal como fue el caso.

368. – Trusts imperfectos: Una persona puede prometer mediante acto jurídico solemne *(under sed)* la transferencia de un bien a unos «*trustees*» en beneficio de otro[7]. Estaríamos entonces en presencia de un *trust* imperfecto o incompleto *(imperfect or incompletely constituted trust).* En equidad *(equity),* las promesas efectuadas mediante acto solemne *(under seal)* no puede ser objeto de una ejecución forzada en especie. El «*trustee*» no puede ser obligado a efectuar su compromiso si el beneficiario ha proporcionado o dado una «*consideration*». Es muy raro que esto ocurra. De manera muy excepcional, y en *equity* solamente, los tribunales pueden considerar que el beneficiario estaba dentro de la «*consideration*» del matrimonio. Brevemente expuesto, puede decirse que si A promete en un acto solemne constituir un trust (transfiriendo, por ejemplo, 100.000£) con miras al matrimonio *(in consideration of the)* de B con C, y luego A no mantiene su promesa, B, C o sus descendientes, podrán obligar a que se ejecute la obligación. Se considera en efecto que casándose han dado una «*consideration*» de la promesa de A.

369. – Trusts explícitos y trusts por presunción: La mayor parte de los *trusts* son de carácter explícito o expreso. Se puede, sin embargo, deducir la existencia de un *trust* no a partir del decir del propietario sino de su comportamiento. Los tribunales pueden darle efectos jurídicos vinculantes a la intención no expresa de las partes. Si Pedro transfiere voluntariamente acciones a nombre de Pablo o las compra en su

6 *Barclays Bank* v. *Quistclose Invertments Ltd.* (1970) A.C. 567.

7 El sello es necesario en este caso, puesto que no se puede en derecho inglés obligar a alguien a cumplir o ejecutar una promesa desprovista de «consideration» a menos que la promesa haya sido dada cumpliendo con cierto formalismo o solemnidad: V. *supra,* N» 172. N.D.L.T.

nombre, Pablo se reputará como su tenedor mediante *trust* a favor de Pedro. Pablo, sin proporcionar «*consideration*» alguna, hace presumir que Pedro quiso que Pablo detentase las acciones en beneficio de él. De igual manera, si dos personas contribuyen desigualmente a la compra de una casa habitación, se presume que su intención fue la de disfrutar a título de beneficiario en proporción a su contribución, aun si en *Common Law* la casa habitación pertenece a uno de ellos. Este tipo de *trust* lleva el nombre de *trust resultante por presunción (presumed resulting trust).*

Como todas las presunciones estas caen ante la prueba de la intención contraria. Por ejemplo, si Pedro es el padre de Pablo, o ejerce el lugar de tal, se presume que su intención es la de hacer recaer sobre él una liberalidad. En el pasado esas presunciones daban resultados relativamente satisfactorios, ya que daban cuenta de lo que las partes —de haber pensado en ello— habrían tenido la intención de hacer. Sin embargo, durante estos últimos años, algunos jueces las han condenado como vestigios de épocas convulsas de un predominio económico esencialmente inmobiliario. Es cierto que esas presunciones se han revelado ineficaces para resolver los numerosos y complejos problemas sociales que confrontan en la actualidad los jueces: por ejemplo, en el caso de un litigio que opone una pareja divorciada sobre la propiedad conyugal, ¿cómo determinar la parte de cada quién? El Parlamento ha votado, por consiguiente, leyes que le otorguen a los tribunales un amplio poder discrecional para la determinación de particiones equitativas.

El derecho de los *trusts* define de manera bastante precisa las circunstancias en las cuales los tribunales podrán deducir la existencia de un *trust* a partir del comportamiento de las partes. Sin embargo, el *derecho de trusts* podrá igualmente deducir la existencia de un *trust* resultante del advenimiento, a posteriori, de un acontecimiento. No es siempre fácil saber cuándo un tribunal estará dispuesto a proceder de este modo. Ejemplos históricos: el *trust* fracasa por efecto de una razón imprevista, o bien el «*settlor*» no ha dispuesto sino de una parte del beneficio del bien, objeto del *trust*. Existe entonces un *trust resultante* que evita la laguna en el beneficio del bien. Y es un *trust resultante* porque responde a lo que habría deseado el «settlor» si hubiese pensado en ello. Semejante *trust* lleva ahora el nombre *de «trust resultante automático» (automatic resulting trust).*

370. – Trusts impuestos por la ley con independencia de la intención de las partes: En ciertas situaciones el derecho impone la creación de un *trust* con independencia de lo que haya sido la voluntad de las partes. Se habla en este caso de «*constructive trust*». Es muy posible que no exista un principio único que permita explicar las diferentes situaciones en dónde los tribunales ingleses hayan reconocido la existencia de semejante *trust*. Hubo un tiempo en que se adelantó prudentemente el criterio que, en ciertos casos se impondría un «*constructive trust*» con el fin de prevenir un fraude o una conducta reprobable *(«unconscionable conduct»).*

Hoy un cierto número de jueces y de juristas aceptan una formulación más general según la cual un «*constructive trust*» se impondría necesariamente en todos aquellos casos en que se tratara de evitar un enriquecimiento sin causa. El demandado sería declarado «*trustee constructivo*» con el fin de privarlo de un enriquecimiento que habría realizado injustamente a expensas del demandante. El demandante puede de hecho ser ya un «*trustee*»: habría podido obtener ventaja de su status o condición en beneficio propio en lugar de aprovechar o beneficiar al *trust*. En este caso el provecho en cuestión se grava como un «constructive trust». Pero la equidad (equity) puede igualmente imponer un «*constructive trust*» a alguien que bajo ningún respecto sea «*trustee*», pero quien se hizo agente de negocios del *trust* o quien se inmiscuyó de cualquier otra manera en la gestión del *trust, o* quien haya aceptado un bien gravado sabiendo que le había sido transferido en violación del *trust.*

El «*constructive trust*» estuvo durante mucho tiempo limitado a estos casos. Recientemente un pequeño número de jueces ingleses han querido seguir la jurisprudencia de los tribunales norteamericanos al decidir que un «*constructive trust*» puede muy bien ser impuesto o extendido a otras situaciones. Este tipo de *trust* no es, a sus ojos, sino «un medio para obtener un remedio en equidad»[8], un medio para prevenir el enriquecimiento sin causa. La mayor parte de los jueces ingleses, antes de decidir que existe un «*constructive trust*», buscan encontrar una «relación de confianza» *(fiduciary relationship)* entre las partes, y están dispuestos a encontrarla en las situaciones más inverosímiles. Es así como en un asunto reciente[9], se decidió que el Banco British-Israel, que había recibido por error una suma de dinero del Banco Chase-Manhattan se encontraba en posición de «*constructive trust*» en beneficio del pagador en virtud de existir una relación de confianza entre los dos bancos.

371.— Interés de la clasificación: La clasificación de los *trusts* que acabamos de esbozar es importante en atención a varias razones. En efecto, toda declaración de *trust* que recaiga sobre un bien inmueble debe ser probada por escrito, al igual que toda cesión de interés en equidad *(equity)* quid recaiga sobre cualquier bien Sin embargo, la misma ley que exige esta prueba formal dispone que no se refiera a «la creación ni al funcionamiento de los trusts resultantes, implícitos o interpretados» *(«resulting, implied or constructive trusts»)*[10]. Por otra parte, ya que ciertos *trust* se presumen por el derecho, es esencial conocer los principios que permitirán saber cuándo será así: los jueces no deben tener carta blanca para crear *trusts* cuando ellos lo consideren justo. En fin, si un menor no puede ser el «trustee» de un *trust* explícito, puede serlo de un *trust resultante o* de un «*constructive trust*».

372. —Trusts secretos: La mayor parte del tiempo la creación del *trust* se hace abiertamente. Sin embargo, un *trust* puede ser secreto en dos sentidos. En primer lugar, alguien parece disfrutar o gozar de la plena propiedad de un bien puede inferirse que este haya aceptado a no ser más que un *trust* totalmente secreto *(«fully secret trust»)*. Por otra parte, los bienes pueden ser transferidos a un «*trustee*» sin que el detalle de su contenido o substancia sea conocido. Se tendrá, por ejemplo, una cláusula del acto constitutivo que indique lo siguiente: «sobre tales bienes que yo he precisado»; el *trust* ser; entonces o en este caso tan solo parcialmente secreto *(«half secreto» trust)*. Esos trusts son válidos si su autor respeta ciertas reglas técnica que se refieren a la comunicación del objeto del *trust.*

Sección 3
LOS *TRUSTEES*

373.— Escogencia de trustees: El autor de un acto de constitución de un *trust* debe en principio designar sus «*trustees*». Sin embargo, si ha omitido designarlos, el «*trust*» no será necesariamente nulo. El acto debe entonces nombrar a la persona que tendrá el poder de designar a nuevos «*trustees*». En efecto de una cláusula

---

[8] *Selangor United Rubber Estate* v. *Cradock* (Bankrupt) No. 3 (1968) 1 «W.L.R. 1555. 1585, en la opinión jurídica de Ungved-Thomas J.

[9] *Chase Manhattan Rank N.A.* v. *Israel-British Rank* (London) Ltd. (1981) CH. 105.

[10] *Ley de Propiedad (Property Law Act)* 1925, s. 53 (2).

semejante ciertas disposiciones de la Ley sobre *Trustees (Trustee Act 1923)* le confieren supletoriamente ese poder o competencia a ciertas personas. El autor del acto puede ser un «*trustee*» propiamente dicho o, en principio, puede designar tantos «*trustees*» como desee; no obstante, en los «*trusts*» creados por la venta de un bien inmobiliario la ley limita a cuatro el número de «*trustees*» que pueden ser designados.

En la práctica es preferible tener siempre dos «*trustees*» de manera que cada uno pueda vigilar a los demás. El acto constitutivo puede prever la renuncia de los «*trustees*»; la ley de Trustees *(Trustee Act 1925)* suple el silencio sobre esta materia. Los «*trustees*» pueden ser revocados judicialmente cuando, por ejemplo, hayan contravenido las disposiciones del «*trust*» («*breacla of trust*»).

374. – El objeto del trust: El deber del «*trustee*» es detentar el cuido de un bien en beneficio de otro. El bien sobre el cual versa el *trust* debe ser identificable de manera cierta. Puede ser un bien tangible; un inmueble, una suma de dinero o un bien mueble. Puede igualmente ser un bien intangible: el *trust* puede versar corrientemente sobre las acciones de una sociedad anónima. El *trust* puede también versar sobre el beneficio de una promesa, por ejemplo, la de perseguir procesalmente la entrega de un bien sobre la base de transferencia solemne *(deed of convenient)*. De esta manera Pierre puede declararse «*trustee*» en beneficio de Jacques para perseguir judicialmente el derecho de Pablo. Es hasta posible que un solo y mismo acto cree una promesa vinculante que ligue a su autor con un «*trust*» que tenga por objeto esa promesa. Por ejemplo, A conveniente con B, «trustee», que le transferirá un cierto cuadro en beneficio de C. El tribunal podrá concluir que, para ese Acto, A ha hecho de B un «*trustee*» del derecho de persecución procesal sobre el fundamento del acto jurídico.

No es fácil predecir cuándo «descubrirá un juez un «*trust*» semejante. A veces se adelanta que depende de la intención del autor del acto jurídico constitutivo para el momento de su redacción; pero ¿puede acaso el jurista interpretar acertadamente esa intención? Existe, por consiguiente, una interpretación confusa que trata de configurar el principio del *Common Law* según el cual nadie puede intentar en justicia una acción fundado sobre un contrato del cual no forme parte, aun en el caso de que dicho contrato haya sido celebrado en beneficio suyo.

Un bien exigible judicialmente (un bien procesal) puede entonces ser objeto de un *trust*. Pero este no es el caso de una deuda de dinero: un deudor no puede ser «*trustee*» del derecho procesal contra él mismo. Deberá por lo tanto reservar ciertos bienes y declararse «*trustee*» de ellos. Pero un *trust* de este tipo podría fracasar por varias otras razones: si el deudor quiebra, el *trust* podrá ser considerado como un medio de defraudar a otros acreedores. Además, ese *trust* no podrá alcanzar la deuda sino en el caso en que el acreedor participe en ello o lo ratifique posteriormente.

Lo más frecuente es que se cree un *trust* sobre un bien sobre el cual se tiene la plena propiedad, es decir, sobre un bien que se tenga plena titularidad bajo el *Common Law* y la *equidad (equity)*. El *trust* versará entonces sobre la titularidad en *Common Law*, sea el bien tangible o intangible. No obstante, es igualmente posible crear un *trust* que verse sobre un interés reconocido en equidad (equitable interest): el beneficiario de un *trust* existente podrá así declararse él mismo «*trustee*» de su interés en beneficio de otro. Habría entonces creado un *sub-trust (subtrust) o «trust submodo»,* en virtud de que el primer *«trust»* guarda u oculta el segundo. No es fácil descubrir cuando hay o no la creación de un nuevo *trust* o cuando, más simplemente, la declaración se corresponde con una cesión de interés en *«equity».* Esta distinción es importante, ya que no es necesario observar formalidades particulares para la creación de nuevos *trusts* que versen sobre bienes muebles, mientras que las cesiones de interés en *equity* cualesquiera que sean las categorías de bienes deben ser necesariamente formalizadas por escrito.

375. – Naturaleza del derecho del trustee: El *«trustee»* es un propietario en beneficio de otro: he allí un principio fundamental. Para asegurar que el *«trustee»* actúe como una persona responsable, la equidad *(equity)* le impone deberes muy estrictos y exige que haga uso de sus poderes como una persona responsable. Uno de sus deberes más importantes es la obligación de tomar todas las medidas necesarias tendientes a la conservación del bien y de disponer el capital y los intereses producidos de conformidad con las disposiciones del acto jurídico constitutivo. Debe siempre ser imparcial con respecto a los beneficiarios y no debe jamás colocarse en una situación que pudiese hacer que sus propios intereses pudiesen entrar en conflicto con su deber de lealtad con respecto al *trust.* En virtud de que esos deberes son esenciales a la naturaleza de las relaciones jurídicas creadas por el *trust,* los tribunales no admiten sino muy difícilmente que un acto jurídico constitutivo de *trust* pueda ser interpretado como exceptuando de semejante carga a los *«trustees».* Se exige entonces de los *«trustees»* que estos cumplan sus deberes con extrema diligencia.

El *«trustee»* debe siempre cumplir sus deberes. Puede o no ejercer sus *poderes,* pero debe siempre examinar la oportunidad en la cual los debe ejercer. Al decidir ejercer o no un poder, no debe actuar de mala fe o de manera ligera. Si ejerce un poder debe hacerlo con la calidad de una específica atención, a saber, la de un hombre de negocios razonable *(«razonable man of business).* Puede hasta llegarse excepcionalmente (si debe decidir, por ejemplo, la oportunidad de una inversión) a que se exija de él un grado más grande de atención. Sin embargo, no se le pedirá rendir cuenta de las razones que habrían determinado su decisión de ejercer un poder de una forma determinada. Pero si da razones, estas podrían ser cuestionadas jurídicamente. Los poderes del *«trustee»* son entonces de naturaleza fiduciaria. Pero se le confían a él y no al beneficiario. Este no puede decirle al «trustee» cómo debe ejercerlas. El *«trustee»* no es su mandatario. El beneficiario no puede ni designarlo, ni revocarlo; recíprocamente, no puede ser atacado ni en *Common Law* ni en equidad por los actos jurídicos que realice el *«trustee».*

El *«trustee»* puede delegar el ejercicio de sus poderes a un mandatario. La Ley del *Trustee (Trustee Act 1925)* preveía expresamente esta deleción. Pero el *«trustee»* deberá en ese caso prestar una atención suficiente al control de los hechos y actuaciones de sus delegados. En todo caso la cuestión de hecho. Estaría violando sin duda alguna el *trust* si se limitara a dejar que su mandatario o su empleado actuase por su propia cuenta.

376. – Poderes del trustee: La naturaleza y extensión de esos poderes depende en buena medida de los términos en que esté redactado el acto jurídico constitutivo. La mayor parte de los *trusts* modernos resultan de actos jurídicos muy complejos que extienden los poderes legales de los *«trustees»* más allá de las previsiones legales. La ley más importante es la ley sobre *Trustee (Trustee Act 1925),* que confiere al *«trustee»* poderes que «se pueden anexar eventualmente a aquellos que pueden ser previstos por el acto constitutivo». Esos poderes legales son incorporados al «trust» «independientemente de no haberse expresado la voluntad contraria[11] en el acto constitutivo.

Entre los poderes se notará que el poder de inversión (extendido por una ley de 1961 con el fin de permitir a los «*trustees*» invertir hasta la mitad de la capital del *trust* en acciones de cierto tipo de sociedades), el poder de cubrir las necesidades de los beneficiarios mediante el empleo de los réditos y hasta el poder de hacer adelantar una fracción del capital. Si los «*trustees*» encuentran sus poderes insuficientes pueden solicitar su extensión judicialmente.

377.– La situación de confianza del trustee: Numerosas consecuencias resultan del principio que establece que la situación del «*trustee*» es una situación de confianza (*fiduciary office*). Así el «*trustee*» no tiene por lo general derecho a percibir una remuneración por su trabajo, aunque pueda percibir la correspondiente a las sumas que le indemnicen por cubrir los gastos en que haya incurrido por el *trust*. La remuneración es juzgada incompatible entonces con el *trust*. Existen, no obstante, excepciones a esta regla. La más importante es la que dice que el acto constitutivo puede prever acordar a los «*trustees*» una remuneración. Es más, los tribunales tienen competencia para acordar una remuneración cuando ello parezca justo.

El principio de confianza es tan exigente que aun el «*trustee*» honesto y que actúe asumiendo el mejor cuidado de sus intereses del *trust* puede verse reprochar haber permitido que un conflicto se estableciera entre su interés y su deber de lealtad. Los tribunales pueden designarle este reproche mientras que los beneficiarios se habrían plenamente aprovechado de su iniciativa y no habrían podido realizar ningún provecho sin su concurso.

378.– Ilustración: Un caso célebre, «*Phipps v. Boardman and Phipps*[12], sentenciado en 1967, puede ilustrar este principio draconiano. En ese caso un testador creó un *trust* cuyos «*trustees*» fueron su viuda (la cual de seguidas cayó en estado de senilidad), su hija casada y un contador. Gran parte del capital del *trust* estaba formado por acciones de una sociedad que no eran el resultado de una oferta pública de ahorro en el mercado de capitales. A la muerte del testador esas acciones constituía una mala inversión. Los demandantes en el caso eran, por una parte, Boardman, un «*solicitor* (un abogado en ejercicio) del *trust*, hombre descrito como eminentemente competente, enérgico y perseverante; por otra parte, Thom Phipps, uno de los beneficiarios del *trust*. A la muerte del testador, Boardman indagó la suerte financiera del trust de la sociedad y encontró tan poco sólida la situación que juzgó oportuno tomar enérgicas medidas a ser emprendidas perentoriamente. Boardman se dirigió entonces en compañía de Phipps a la asamblea general de los accionistas de la sociedad en su calidad de mandatarios del trust. Esperaban así lograr la designación de Thom Phipps como administrador de los intereses del *trust*. Esta iniciativa fracasó. Boardman y Phipps decidieron entonces lograr el control de la sociedad adquiriendo para ello las acciones pertenecientes a terceros. Participaron de esta decisión a los dos *trustees* distintos de la viuda. Estos objetaron la decisión. Por lo demás los *trustees* no tenían ni el poder legal ni los medios financieros, ni siquiera el deseo de adquirir el excedente de acciones en nombre del *trust*.

---

[11] Mismo texto, s. 69.

[12] *Phipps v. Boardman and Phipps* (1967) A.C. 46.

Boardman obtuvo de la sociedad una lista de sus acciones y entabló extensas negociaciones con sus respectivos administradores y con los accionistas mayoritarios presentándose por lo menos en algunas oportunidades, como representante del *trust.* Estas negociaciones le permitieron obtener ciertas informaciones. Las negociaciones se prolongaron después de un viaje de Boardman (a expensas suyas) a Australia donde la sociedad tenía importantes intereses. Los esfuerzos de Boardman dieron sus frutos. Pudo adquirir —junto con Thom Phipps— las acciones de manos de los administradores que tanto ansiaban. El negocio se reveló provechoso tanto para el *trust* como para Boardman y Phipps. Habían logrado adquirir un excedente de acciones al precio de 4 libras y 10 chelines; de seguidas la sociedad se encontró en la posición de distribuir un total de 5 libras, 17 chelines y 6 peniques por acción, lo cual dejó las acciones con valor superior a las 2 libras. El valor de los bienes del *trust* que contenía 8.000 acciones se encontró considerablemente aumentado y Boardman y Phipps lograron una ganancia que se elevó por encima de las 75.000 libras. Un beneficiario del *trust,* John A. Phipps, hermano de Thom, a quien se le había consultado el desarrollo de las negociaciones, pero no de una manera detallada, decidió demandar a Boardman y a Phipps reivindicando las ganancias en nombre de los beneficiarios.

La Cámara de los Lores le dio la razón a la mayoría. Al presentarse en el curso de las negociaciones con los administradores como representantes del *trust,* Boardman y Phipps, se habían colocado en una situación de confianza especial. Esta posición y las informaciones que habían logrado extraer les había permitido adquirir las acciones. Poco importaba que hubiesen actuado honestamente, honesta y abiertamente y en beneficio del *trust.*

379. – La violación del trust: La equidad *(equity)* igual de severa en lo concerniente a la determinación de la responsabilidad de un *trustee* en caso de pérdida sufrida por el *trust* a consecuencia de una contravención del *trust (breach of trust).* Un beneficiario puede perseguir a un *trustee* para la reparación de semejante pérdida aun si ella no fuese previsible, si no existiese vínculo causal entre el acto y la pérdida o si esta última hubiese inevitablemente sobrevivido. Además, es muy raro que a un *trustee* se le permita cubrir las pérdidas ocasionadas por medio del acto con las ganancias que hubiese logrado en la operación. Se trata de un cuerpo de normas rigurosas que no dan casi pie para que las personas acepten ser *trustees.* No es entonces raro encontrar que en el acto constitutivo existan disposiciones que tiendan a flexibilizar estos principios olímpicos.

Los *trustees* son responsables solidariamente de las pérdidas sufridas por el trust en caso de violación de sus obligaciones. Cada *trustee* responde entonces ante los beneficiarios por la totalidad del daño sufrido por el *trust.* Si un «*trustee*» se encuentra de esta manera constreñido a responder por la totalidad del daño causado, puede él, a su vez, actuar judicialmente en contra de sus «*co-trustees*» con el fin de que estos contribuyan a reparar el daño o al menos que lo indemnicen por la reparación efectuada. Este derecho a una contribución está hoy establecido por ley: los tribunales tienen un poder discrecional para determinar la contribución o la indemnización que estimen «justa y equitativa» con respecto a lo que consideren ser la responsabilidad particular del *trustee* que haya pagado[13].

---

13 *Civil Liability (Contribution) Act,* 1978.

La ley da a los tribunales el poder, rara vez ejercido, de eximir a un *trustee* de las consecuencias de la contravención de un *trust.* Si esta contravención ha sido cometida, a instancias de un beneficiario, el tribunal podrá ordenar que se proceda al embargo de su interés con miras a asegurar la indemnización del *trustee.* Además, el conjunto de beneficiarios —si son mayores de edad— pueden cubrir los costos procesales y liberar al *trustee* de su responsabilidad. En fin, la acción del beneficiario puede haber prescrito: el período de prescripción es normalmente de seis años, pero no comienza a transcurrir si los *trustees* han actuado fraudulentamente o si todavía detentan el bien perteneciente al *trust.*

Sección 4
EL BENEFICIARIO DEL *TRUST*

380.— Designación del beneficiario: La mayor parte de los *trusts* se constituyen por seres humanos. Es esencial que todos los beneficiarios del *trust* sean debidamente identificados. Debe ser posible establecer una «lista exhaustiva» de todos los beneficiarios. Un *trust* de 500 libras sterling a ser dividido entre «todos mis amigos» sería un *trust* sin validez a causa de la falta de identidad de los beneficiarios. Por el contrario, un *trust* que verse sobre la misma suma a ser dividida «entre mis nietos» sería válido, ya que la expresión «mis nietos» constituye un conjunto o clase cierto e identificable a diferencia de la expresión anterior (mis amigos). Existen, no obstante, algunas excepciones a este principio. Así, por ejemplo, el *trustee* puede tener que distribuir un capital o unos intereses a ciertos miembros de una categoría dada que habría sido escogida discrecionalmente. Un arreglo semejante sería posible si fuese para el momento determinable con certeza si una persona dada pertenece o no a la categoría en cuestión. En este caso no es entonces esencial identificar a los miembros de la categoría en cuestión.

381.— El beneficiario es en principio una persona: Un *trust* debe tener por beneficiario una persona física o moral (una sociedad, por ejemplo), ya que es preciso que alguien esté en capacidad de acudir a la justicia para alegar la mala administración. He allí porque los *trusts* constituidos con miras a la persecución legal de un objetivo dado no sean en principio válidos: una persona sí puede hablar, no un objetivo.

Sin embargo, la jurisprudencia admite la validez de ciertos *trusts* constituidos para sostener una causa en caso de ser esta una causa caritativa. De hecho no se limita al punto a acordarle existencia jurídica a un *trust* de caridad *(charitable trust):* se le acuerdan una diversidad de privilegios a los cuales no pueden aspirar los demás *trusts.* Es tan socialmente importante darle incentivos a las donaciones caritativas que el *«Attorney General»* (Procurador General) recibió la misión de vigilar estos *trusts* en nombre de la Reina en calidad de *«parens patriae».* El legislador le ha concedido privilegios fiscales especiales no desdeñables a los *trusts* caritativos *(charitable trusts).* En *Common Law* se les rehúsa anularlos por causa de incertidumbre; pero en caso de que el objetivo caritativo no pueda ser alcanzado o no pueda ser perseguido, los tribunales afectarán en ciertas circunstancias el capital del *trust* a la prosecución de un propósito caritativo análogo al inicial.

Toda definición legal de lo que es caritativo es inevitablemente un tanto inestable. Es notable que la definición inglesa dependa sobre esto todavía del preámbulo de una ley de 1601 hoy derogada. Los propósitos jurídicos de la caridad son en número muy limitados y comprenden, entre otros, la ayuda a los pobres, el progreso de la religión, de la educación y algunos otros objetivos socialmente benéficos.

Numerosos objetivos muy loables no son jurídicamente caritativos: los *trusts* que pretenden perseguirlos están entonces condenados al fracaso.

Sin embargo, los tribunales no siempre han sido lógicos, coherentes o consecuentes en su aplicación de ese principio: han reconocido así la validez de un pequeño número de *trusts* constituidos por una duración limitada dentro del marco de un objetivo o propósito no caritativo en derecho. Entre estos son de notar los *trusts* constituidos para mantener monumentos o tumbas, para cubrir las necesidades de determinados animales, y aquellos otros constituidos para oficiar misas para el reposo de las almas de los fallecidos. Se habla de este tipo de *trusts* como «los casos en que Homero estaba dormido». Su duración se halla limitada a lo que los juristas ingleses llaman «período de perpetuidad», definido como la duración de la vida de una persona determinada, es decir más de veintiún años. Es posible preguntarse, sin embargo, si no es acaso lamentable que Homero no haya dormido con más frecuencia: es recomendable reconocer el *trust* en beneficio de un objetivo si este es limitado en el tiempo, preciso y además si no es irrazonable su propósito.

382. – Las asociaciones sin personalidad moral: Diversas personas pueden agruparse para la realización de un objetivo no lucrativo: se habla en estos casos de asociación sin personalidad moral *(unincorporated association).* Estas asociaciones se observan desde la Edad Media y son tan frecuentes como la primavera. A pesar de esto, el derecho inglés no les reconoce una existencia jurídica independiente. Normalmente los bienes son detentados en trust por otros. Para admitir la validez de los legados en su favor, los tribunales debieron salvar un obstáculo doble: que un *trust* no puede ser creado en provecho de un objetivo (el de la asociación) y que todos los beneficiarios de un *trust* (los miembros de la asociación) deben poder ser identificados para el momento de la creación del *trust* o durante el llamado período de perpetuidad. Se trataba de dos objeciones de monta, ya que las asociaciones sin personalidad moral se constituyen para un propósito (por ejemplo el sostén de un partido político o el suministro de equipos sociales) y sus miembros cambian constantemente. Fue preciso entonces que jueces bien dispuestos a desplegar con ingeniosidad los principios del derecho de trusts buscaran impedir que fracasaran la mayor parte de los legados efectuados por testadores a las asociaciones sin personalidad moral.

Sección 5
EVOLUCIÓN Y FIN DE UN *TRUST*

383. – Irrevocabilidad del trust: El *trust* es irrevocable. He allí un principio que padece como todo principio general algunas excepciones. La más importante de estas se refiere al poder de modificación o revocación que puede reservar el acto constitutivo a su autor o a otra persona. En consecuencia de esta disposición las posibilidades dadas por la jurisprudencia al juez para extenderle o ampliarle los poderes de administración de los *trustees son* muy limitados. Los jueces no pueden jamás, bajo ningún caso, modificar la naturaleza de los intereses resultantes del *trust.* Sin embargo, la ley le da hoy a los tribunales la posibilidad de ampliar esos poderes de administración si lo juzgan conveniente. Los tribunales pueden aun avalar una modificación del interés de los beneficiarios incapaces siempre y cuando esta modificación les sea ventajosa[14].

[14] *Ley de Variación de Trusts 1958 (Variacion of Truts) Act* 1958.

El acto constitutivo de un *trust* enuncia por lo general su duración. Por ejemplo, puede ordenar que los intereses le sean pagados al beneficiario hasta su mayoría y que el capital le sea luego entregado en esa misma oportunidad. Puede igualmente establecer que el *trust* cese con el advenimiento de cierto acontecimiento, por ejemplo, la muerte del último descendiente de Jorge V vivo para la muerte del autor del acto. El acto constitutivo puede también dar a los *trustees* todo poder para ponerle fin al *trust*. Por lo demás, todos los beneficiarios, si son mayores y si tienen derecho a todo el beneficio del *trust*, pueden poner fin al *trust* en todo momento. Ese derecho no puede ser objeto de ninguna restricción en Inglaterra a diferencia de lo que sucede en los Estados Unidos.

CAPÍTULO XII
EL DERECHO DE FAMILIA

Por K. J. Gray

384. – Aspectos generales: Tradicionalmente, el derecho inglés ha tenido una actitud de no intervención con respecto a la familia y sus relaciones internas mientras dure el matrimonio. El derecho tiene poca injerencia a propósito del marido y la esposa mientras la relación entre ellos se base en la cooperación, o al menos en una asociación. Ante todo el derecho inglés de familia se preocupa de la patología de estas relaciones y solo interviene cuando las mismas se han deteriorado o acabado. Fuera de ello, supone que los esposos mismos desempeñan el papel de «abogados, jueces, tribunales, fiscales, escribanos» y cada hogar es «un dominio en el cual las órdenes del Rey no se van a aplicar, ni sus funcionarios van a penetrar»[1]. Así, en su conjunto, el derecho inglés no ha intervenido directamente para definir las funciones y los derechos de las partes mientras duren las relaciones conyugales. Se ha limitado a explicar el contenido jurídico de las mismas, considerándolas como un simple subproducto de la teoría medieval de la «unidad conyugal».

Sin embargo, durante los últimos veinte años, el derecho inglés de familia sufrió, así como los derechos de familia en muchos otros países, una evolución radical. Indudablemente, al observar hasta qué punto se ha alejado de su principio fundamental e histórico de la «unidad conyugal» se puede apreciar aun mejor la importancia de los cambios que se produjeron en tan corto período. Ante todo, el derecho aun se ocupa de las situaciones patológicas, empero ha comenzado, lentamente y más bien torpemente, a tomar la forma de un amplio código para las relaciones familiares.

Sección 1
MARIDO Y ESPOSA

1. LA DOCTRINA DE LA UNIDAD CONYUGAL Y SU DETERIORO

385. – La teoría de la unidad conyugal: La doctrina de la unidad conyugal es la formulación en *Common Law* de la antigua creencia judeocristiana según la cual el marido y la esposa se vuelven «una sola carne» a través del matrimonio. En consecuencia, durante siglos, la *Common Law* consideró que en derecho los esposos, mediante su matrimonio, se vuelven una sola persona. Esta idea de una personalidad conyugal fusionada dejó una huella profunda en el derecho inglés, y su influencia fue disminuyendo finalmente con los acontecimientos de los últimos veinte años aproximadamente.

---

[1] *Balfour* v. *Balfour* (1919) 2 K.B. 571, 579, por Atkin L.J.

La noción de unidad conyugal fue el resultado de una rica metáfora bíblica: «los dos se volverán una sola carne». El matrimonio adquirió un significado sacramental, y tanto la Iglesia como el Estado mantuvieron el dogma según el cual la unidad de los cónyuges era inviolable. Inevitablemente, de ello resultaba que el divorcio era imposible, de hecho sin significado, puesto que el matrimonio forjaba un lazo indisoluble, que ningún poder terrestre podía destruir. Es únicamente con la adopción del *Matrimonial Causes Act 1857* que el derecho inglés, finalmente y con reticencia, admitió la existencia de una jurisdicción temporal que podría conceder el divorcio, y aun entonces, solo por causa probada por parte de uno de los cónyuges[2]. El advenimiento del derecho de divorcio en la época moderna se retrasó hasta la adopción del *Divorce Reform Act 1969*. Esta ley cambia completamente el fundamento conceptual de divorcio, al reconocer un nuevo consenso social y legislativo según el cual se debe conceder el divorcio, sin consideración de las faltas, a partir del momento en que el matrimonio se ha roto, de hecho, de una manera irremediable.

A decir verdad, no es solo en el campo del divorcio que la metáfora de la unidad conyugal ha controlado históricamente el desarrollo del derecho de familia. Los juristas de *Common Law* de los siglos pasados, rápidamente se dieron cuenta que la noción de una fusión de las personalidades en el matrimonio constituía un perfecto artificio para un sistema de derecho de familia favorable al marido. Si el marido y la esposa formaban uno, luego ese «uno» era evidentemente el marido. Como lo describe Blackstone en un pasaje clásico[3]: «Por medio del matrimonio, el marido y la esposa forman, en derecho, una persona; es decir, que el ser mismo o la existencia jurídica de la esposa están suspendidos durante el matrimonio, o al menos están incorporados a los del marido; ella realiza todo bajo su ala, su protección y su abrigo...».

386. – La práctica: la inexistencia de la esposa: De esta forma, la noble metáfora de la unidad conyugal sutilmente fue transformada en un principio de subordinación legal de la mujer casada[4]. A la mujer, una «no persona» frente al derecho, se le privaba de la capacidad legal de celebrar contratos o de poseer o adquirir propiedades. Casi todos los bienes que detentaba al momento de contraer matrimonio, automáticamente, pasaban a manos de su esposo. Su capacidad productiva, representada por sus salarios, le pertenecía por derecho a su marido. Su trabajo en el domicilio conyugal no gozaba de reconocimiento jurídico, salvo en el sentido de que el matrimonio era considerado como un intercambio contractual de los servicios de la esposa frente al derecho de ser mantenida de por vida por su marido. Inclusive la obligación alimentaria que tenía el marido para con su esposa, estaba explicada en términos humillantes, como un subproducto de la unidad conyugal. En *Manby v. Scott*[5], Hyde J. declaraba: ella es «hueso de sus huesos, carne de su carne, y ningún hombre ha odiado jamás su propia carne al punto de no asegurarle la supervivencia». La obligación de sostén no era recíproca entre los cónyuges; a decir verdad, tampoco lo eran ninguno de los otros derechos derivados por el hecho del matrimonio. El marido gozaba de los derechos exclusivos e incontestables sobre los hijos habidos en el matrimonio, la esposa solo tenía la guarda y custodia de un hijo ilegítimo quien, de manera significativa, era considerado un *filius nullius*.

2 Véase *Matrimonial Causes Act 1857*, ss. 27, 31.

3 *Commentaries*, Vol. I (1765), p. 430.

4 Véase K.J. Gray, «Unite du coople et droits patrimoniaux des époux», en *H.A. Schwarz-Liebermann von Wahlendorf* (bajo la dirección de), *Mariage et familie en gestion.*

5 (1663) 1 Mod. 124 a 128.

Prácticamente, la *Common Law* admitía la idea de que en caso de dificultades en la vida de la pareja, el marido gozaba de un derecho de cuasipropiedad sobre su esposa. Entre derecho (el cual, recordémoslo, no era recíproco) incluso podía ser invocado contra un tercero culpable. El marido, más no la esposa[6], podía pedir daños y perjuicios por «ruptura de la asociación conyugal *(loss of consortium)*, en caso de que la esposa fuera muerta por causa de un tercero. En el *Common Law* medieval, el marido tenía un *writ of ravishment o trespass «vi et armis de uxore rapta et abducta»* (el cual le daba derecho a daños y perjuicios) contra el seductor de su esposa. Más tarde, este derecho pasó a ser una prerrogativa del marido, que le permitía exigir daños y perjuicios al cómplice del adulterio por «relación criminal» *(criminal conversation)*. Aun después que en 1857, a los tribunales civiles se les acordara el poder de pronunciar el divorcio, el marido ofendido tenía derecho, según la ley, a exigir daños y perjuicios (un término cuyo fundamento era el derecho de propiedad) a un tercero en razón del adulterio cometido con su esposa.

387.— La contestación del principio: Al exponer las consecuencias de la «unidad conyugal», los juristas de *Common Law* trataban de hacer ver, así como Blackstone[7], que «aun las incapacidades que recaían sobre la esposa estaban destinadas, en su mayoría, a asegurar su protección y fueron concebidas para su provecho». Esta conclusión, ha debido parecer más convincente otrora que hoy en día, ya que para la mayoría de los observadores con temporáneos dichas opiniones representan, en el mejor de los casos, una forma repulsiva de paternalismo romántico. El derecho de *Common Law* de familia estaba basado en una amalgama de ideas de dependencia en el matrimonio, de la condición legal de las esposas y, más en general, de las relaciones entre los sexos; amalgama que en la actualidad se ha vuelto muy poco atractiva y totalmente indefendible. Hoy en día, las consecuencias jurídicas derivadas de la doctrina de la unidad conyugal se consideran incompatibles del todo con cualquier concepción elevada de la dignidad intrínseca de la persona humana.

388.— La desaparición del principio: Desde entonces, es significativo el hecho de que los mayores adelantos del derecho inglés de familia durante los últimos cien años, y particularmente la evolución de las dos décadas precedentes, hayan ocasionado el desmoronamiento sistemático del principio histórico de la unidad conyugal. Con la casación de una jurisdicción secular del divorcio en 1857, se volvió posible la disolución del matrimonio por medio del ejercicio del poder estatal. La ley de 1870[8], reconoció para la mujer casada la «propiedad separada» de sus salarios. Más en general, el *Married Women's Property Act 1882,* confirmó el principio de «separación de bienes» entre los cónyuges, así como también aseguró que el matrimonio por sí solo, ya no implicaba la expropiación general de los bienes de la mujer casada. La capacidad independiente de celebrar contratos, promover una acción judicial como demandante o demandado, en el campo de los contratos y de los cuasidelitos, finalmente se le reconoció a la mujer casada en el *Law Reforme (Married Women and Tortfeasors) Act 1935*[9]. El derecho que tenía el marido a exigir daños y perjuicios por adulterio se abolió en 1970[10]. El trabajo doméstico realizado por la mujer casada, en forma de tareas domésticas y cuidado de los niños, al menos se

6 *Best v. Samuel Fox & Co Ltd* (1952) A.C. 716.

7 *Commentaries,* Vol. I (1765), p. 433.

8 *Married Women's Property Act 1870,* s. 1.

9 *Law Reform (Married Women and Tortfeasors) Act 1935,* s. 1.

10 *Law Reform (Miscellaneous Provisions) Act 1970,* s. 4.

reconoció parcialmente en las leyes de 1970 y 1975[11]. Algunas leyes de 1970 y 1978 hicieron que el deber conyugal de la manutención se tornara recíproco e independiente del sexo[12], y dicho deber comienza a ser considerado inútil e indeseable en ciertas situaciones. La naturaleza no recíproca de las reparaciones por «ruptura de la asociación conyugal» encontró una solución en 1982 con la abolición hasta del derecho de acción del marido[13].

Posiblemente es con respecto a la situación de los hijos que se produjeron las reorganizaciones más profundas del derecho inglés de familia. Los derechos paternales y la autoridad del padre y de la madre con respecto a sus hijos finalmente fueron declarados en 1973 «iguales y aptos para ser ejercidos por uno o por el otro solo»[14]. No obstante, es más aceptado que el derecho inglés de familia se separó de lo que constituía su preocupación principal, los cónyuges mismos, expresada esta en el principio histórico de la unidad conyugal. La tendencia en derecho inglés de familia, durante los últimos diez o veinte años, se inclinó a aumentar la atención llevada a las necesidades afectivas y materiales de los hijos, al punto que la piedra angular del derecho de familia en su conjunto, ahora puede describirse más justamente en términos de centralismo de la protección del hijo, que en términos de derechos y obligaciones recíprocas de los miembros adultos de la familia.

2. LA DISOLUCIÓN DEL MATRIMONIO

389.— Las modalidades de la disolución: En derecho inglés, el tribunal puede disolver el matrimonio al establecer una sentencia de divorcio *(divorce)* o una sentencia de nulidad *(nullity)*[15]. Estos dos tipos de remedio ahora se rigen por la Parte I del *Matrimonial Causes Act 1973.* Las sentencias de divorcio (que son mucho más corrientes que las sentencias de nulidad) [16] señalan el final de una relación jurídica perfectamente válida. Por el contrario, las sentencias de nulidad, en general, se otorgan en reconocimiento de algún vicio o incapacidad, que existía en el momento de celebrar el matrimonio y que impedía la creación de una relación jurídica perfectamente válida.

390. – El divorcio: Actualmente, en derecho solo existe un motivo de divorcio. Dicho motivo, promulgado en el artículo 1 del *Matrimonial Causes Act 1973*[17] le exige al demandante demostrar que «el matrimonio se ha roto definitivamente» *(«the mariage has broken down irretrievably»).* No se puede intentar[18] ninguna acción de este

---

11 *Matrimonial Proceedings and Property Act 1970,* s. 5 (1) (f), ahora retomado en el *Matrimonial Causes Act 1973,* s. 25 (2) (f); *Inheritance (Provision for Family and Dependants) Act 1975,* s. 3. (2) (f).

12 *Matrimonial Proceedings and Property Act 1970,* s. 3 (1), ahora retomado en el *Matrimonial Causes Act 1973,* s. 23 (1); *Domestic Proceedings and Magistrates Courts Act 1978,* s. 2 (1).

13 *Administration of Justice Act 1982,* s. 2 (a).

14 *Guardianship Act 1973,* s. 1 (1).

15 Según el artículo 17 del *Matrimonial. Causes Act 1973,* el tribunal también puede otorgar una sentencia de «separación jurídica», la cual tiene visiblemente el mismo efecto que una sentencia de divorcio, pero que no rompe definitivamente el vínculo jurídico de los cónyuges y, por consiguiente, no permite que las partes vuelvan a contraer matrimonio.

16 En 1984, último año del cual se tienen cifras disponibles, los tribunales en Inglaterra y en Gales otorgaron 147.136 sentencias provisionales de divorcio, contra 871 sentencias provisionales de nulidad solamente. Véase *Judicial Statistics (Annual Repor 1984, Cmnd. 9599), Cuadro 4.6.*

17 Anteriormente este motivo estaba incluido en el *Divorce Reform Act 1969,* s. 1.

18 Casi todos los procedimientos que buscan obtener una sentencia de divorcio se llevan a cabo ante las County Courts.

tipo en el año siguiente al matrimonio[19]. Además, ningún matrimonio será considerado como definitivamente roto a menos que el demandante pueda establecer al menos una de las cinco situaciones de hecho, enunciadas en el artículo 1. Si para el día de la audiencia se cumplen con una de estas condiciones, existe una presunción que admite prueba en contrario de que se ha producido una ruptura irremediable[20].

La primera situación enunciada por el artículo 1[21] es aquella en la que «el demandado ha cometido adulterio y el demandante considera intolerable vivir con el demandado»[22]. Los tribunales han precisado que no es necesario que exista un vínculo de causalidad entre el acto de adulterio y la afirmación (totalmente subjetiva) por parte del demandante de que la cohabitación será, en lo sucesivo, «intolerable»[23]. Sin embargo, no se puede tomar como base un acto de adulterio si, después de que el demandante haya tenido conocimiento del mismo, las partes han continuado viviendo juntas durante un período, o varios períodos reunidos, que sobrepasa los seis meses[24].

La segunda situación se presenta cuando «el demandado se ha comportado de manera tal que no se puede esperar, razonablemente, que el demandante viva con el demandado»[25]. Esta disposición es fácil de probar; necesita por parte del tribunal una determinación objetiva en cuanto a la imposibilidad de una cohabilitación continua, considerando todas las circunstancias subjetivas que afectan a las partes[26]. La conducta que justifica el divorcio está considerada de manera bastante amplia como para incluir aun la conducta «negativa» o pasiva de un inválido crónico[27], más no la mera existencia de un estado de hecho o de un «estado de ánimo»[28]. No se requiere la intención por parte del demandado, a pesar de que su conocimiento del efecto de su conducta sobre el demandante hará menos «razonable» la espera de que se continúe la cohabilitación[29].

La tercera situación consiste en la ausencia del demandado durante un período de por lo menos dos años[30]. Los períodos de cohabilitación intermitentes no destruyen la continuidad necesaria si en total estos no exceden los seis meses, empero evidentemente no se incluyen en el período de ausencia[31].

---

19 *Matrimonial Causes Act 1973,* s. 3 (1), reemplazado por el *Matrimonial and Family Proceedings Act 1984,* s. 1.

20 Si no se puede establecer una de estas situaciones, la sentencia de divorcio será rechazada, aun si la relación personal de los cónyuges está evidentemente rota. Véase *Richards* v. *Richards (1972)* 3 All E.R. 695.

21 *Matrimonial Causes Act 1973,* s. 1 (4). Véase *Santos* v. *Santos* (1972) Fam. 247, 255.

22 *Matrimonial Causes Act 1973,* s. 1 (2) (a).

23 *Cleary* v. *Cleary* (1974) 1 W.L.R. 73; *Carr* v. *Carr* (1974) 1 W.L.R. 1534.

24 *Matrimonial Causes Act 1973,* s. 2 (1).

25 *Matrimonial Causes Act 1973,* s. 1 (2) (b).

26 *Livingstone-Stallard* v. *Livingstone-Stallard* (1974) Fam. 47, 54.

27 *Thurlow* v. *Thurlow* (1975) 2 All E.R. 979.

28 Véase *Katz* v. *Katz* (1972) 1 W.L.R. 955 a 960; *Pheasant* v. *Pheasant* (1972) Fam. 202, 208.

29 Véase *Gollins* v. *Gollins* (1964) A.C. 644 y *Williams* v. *Williams* (1964) A.C. 698, o inclusive según la ley anterior al *Divorce Reform Act 1969,* la Cámara de los Lores decidió que la intención no constituía un elemento que condicionaba el reconocimiento de las «sevicias conyugales» («matrimonial cruelty»).

30 *Matrominial Causes Act 1973,* s. 1 (2) (c).

31 *Matrimonial Causes Act 1973,* s. 2 (5).

Las cuarta y quinta situaciones previstas por el artículo 1 constituyen una innovación importante aportada por el *Divorce Reform Act 1969*. El divorcio puede ser otorgado con el consentimiento del demandado cuando el marido y la esposa «han vivido separadamente» durante un período de al menos dos años[32]; o inclusive sin el consentimiento del demandado, cuando los cónyuges «han vivido separadamente» durante un período de por lo menos cinco años[33]. Al comienzo de cualesquiera de los dos períodos, uno de los cónyuges debe reconocer que el matrimonio ha terminado, empero este reconocimiento no es comunicado obligatoriamente al otro cónyuge[34].

Lo arriba expuesto hace una descripción del divorcio tal y como está contenido en la ley. No obstante, la aplicación práctica del derecho de divorcio ha sido sumamente simplificada gracias a la introducción de un «procedimiento especial» de los casos de divorcio. Según este «procedimiento especial», que ahora se aplica a todas las acciones en rebeldía[35], ninguno de los dos cónyuges comparecía ante el tribunal. En lugar de ello, el divorcio se concede después de un procedimiento casi totalmente administrativo tomando como base la introducción de una prueba escrita inconclusa por una de las dos partes. Las ventajas del «procedimiento especial» se traducen en términos de rapidez, eficacia, ausencia de formalismo, costo[36]. Se ha reconocido ampliamente que dicho procedimiento ha introducido un derecho de divorcio que se basa, en efecto, en el consentimiento de las partes, en el sentido de que estas ventajas sustanciales existen cuando las partes están de acuerdo tácitamente para que el procedimiento de sentencia no se impugne.

391. – La nulidad del matrimonio: De la misma forma, el matrimonio se disuelve más raramente, por el hecho de su nulidad. La parte I del *Matrimonial Causes Act 1973*[37], enuncia varias circunstancias en las cuales el matrimonio puede ser declarado nulo y sin valor por el tribunal. Sin embargo, la ley establece una distinción importante entre ciertos defectos de forma o de fondo que hacen el matrimonio *nulo ab inicio* y ciertos defectos o circunstancias que hacen un matrimonio simplemente anulable. Un matrimonio que está viciado por el primer tipo de defectos ni siquiera necesita procedimiento judicial: es automática e irremediablemente nulo[38].

---

32 *Matrimonial Causes Act 1973*, s. 1 (2) (d). En cuanto al significado de «vivir separadamente», véase *Fuller* v. *Fuller* (1973) 1 W.L.R. 730. Períodos intermitentes de cohabitación que no excedan seis meses en total, no destruyen la continuidad de la separación *(Matrimonial Causes Act 1973, s. 2* (5).

33 *Matrimonial Causes Act 1973*, s. 1 (2) (e). El artículo 5 de la ley de 1973 prevé una defensa para una demanda basada en una separación de cinco años, cuando el otorgamiento del divorcio acarrearía para el demandado «una grave dificultad». Sin embargo rara vez esta defensa se ha planteado con éxito (v. por ejemplo *Rukat* v. *Rukat* (1975) Fam 63; *Le Marchant* v. *Le Merchant* (1977) 1 W.L.R. 559.

34 *Santos* v. *Santos* (1972) Fam. 247.

35 *Matrimonial Causes Rules 1977* (SI 344/1977), normas 33 (3), 48. Menos del 1% de las demandas de divorcio son denegadas: véase Judicial Statistics (Annual Report 1984, Cmnd. 9599), Cuadro 4.7.

36 La relativa facilidad por medio de la cual se puede obtener un divorcio según el «procedimiento especial» se ha demostrado por el hecho de que la ayuda judicial, en general, no se concede para un procedimiento de divorcio no contradictorio.

37 Anteriormente estas disposiciones estaban contenidas en el *Nullity of Marriage Act 1971*.

38 Una de las razones para pedir una sentencia de nulidad de un matrimonio nulo ab initio puede ser el deseo de obtener del tribunal una compensación adicional (cf. *infra*, No. 395; v. *Matrimonial Causes Act 1973*, ss. 23-25). El hijo habido de un matrimonio nulo puede considerarse legítimo en ciertas circunstancias (v. *Legitimacy Act 1976*, s. 1).

En cambio, un matrimonio que entra en la segunda categoría sigue siendo perfectamente válido hasta que una de las partes gane una acción en nulidad[39].

Los motivos por los cuales un matrimonio es *nulo ab initio* están enumerados en el artículo 11 del *Matrimonial Causes Act 1973.* Se incluyen los casos en los cuales las partes entran dentro del grado de parentela o parentesco que prohíben el matrimonio[40], aquel en que una de las partes no tenía dieciséis años[41] o ya estaba legalmente casada[42], o el caso en que una de las partes no pertenecía al sexo masculino o femenino respectivamente[43].

Los motivos que hacen un matrimonio anulable incluyen los casos de incapacidad de consumar el matrimonio[44] o el rechazo voluntario de consumarlo[45], y la falta de validez del consentimiento para el matrimonio «por causa de coacción, engaño, enajenación mental u otra causa»[46]. Así mismo, un matrimonio es anulable cuando una de las dos partes, a pesar de que es encontrada en capacidad de dar su consentimiento válido, sufría de un desorden mental[47], o cuando, en el momento del matrimonio, el demandado fue aquejado por una enfermedad sexualmente transmisible[48] o estaba embarazada por otra persona diferente al demandante[49].

La ley prevé determinados obstáculos para el otorgamiento de la sentencia de nulidad para casos de matrimonio anulables desde otro punto de vista. Una parte no puede pedirle cosa alguna al tribunal si su comportamiento ha llevado al otro a pensar razonadamente que la sentencia de nulidad no sería solicitada y si fuera injusto para la misma que dicha sentencia se dictara[50]. Las peticiones basadas en ciertos motivos de nulidad normalmente deben ser presentadas entre tres años siguientes a la fecha de matrimonio[51].

3. LOS EFECTOS DEL MATRIMONIO EN CUANTO A LOS BIENES

392. – El principio de la separación de bienes: Como ya se mencionó; el derecho inglés moderno que rige los derechos patrimoniales del marido y la esposa durante el

---

39 Aun si una sentencia de nulidad se concede en caso de un matrimonio anulable, la sentencia solo tendrá efecto para el futuro. En todos los aspectos se considera que el matrimonio hubiera existido hasta ese momento *(Matrimonial Causes Act 1973,* s. 16).

40 *Matrimonial Causes Act 1973,* s. 11 (a) (i). Véase *Marriage Act 1949,* Sched. 1.

41 *Matrimonial Causes Act 1973,* s. 11 (a) (ii).

42 *Matrimonial Causes Act 1973,* s. 11 (a) (ii).

43 *Matrimonial Causes Act 1973,* s. 11 (c). Véase *Corbettv. Corbertt* (1971) P. 83. Otros casos de nulidad legal están previstos por el artículo 11 del *Matrimonial Causes Act 1973,* en caso de que las partes hayan contraído matrimonio entre los miembros de una misma familia sin haber cumplido ciertas formalidades requeridas (v. *Marriage Act 1949,* ss. 25, 49; *Marriage (Registrar General's Licence) Act 1970,* s. 13) o en caso de que el matrimonio sea potencialmente polígamo.

44 *Matrimonial. Causes Act 1973,* s. 12 (a).

45 *Matrimonial Causes Act 1973,* s. 12 (b). Véase *Baxter* v. *Baxter* (1948) A.C. 274; *Kaur* v. *Singh* (1972) 1 W.L.R. 105.

46 *Matrimonial Causes Act 1973.* s. 12 (c). Véase *Szechter* v. *Szechter* (1971) p. 286; *Hirani* v. *Hirani* (1982) 4 F.L.R. 232.

47 *Matrimonial Causes Act 1973,* s. 12 (d). Véase *Mental Health Act 1983.*

48 *Matrimonial Causes Act 1973,* s. 12 (e).

49 *Matrimonial Causes Act 1973,* s. 12 (f).

50 *Matrimonial Causes Act 1973,* s. 13 (1) (a).

51 *Matrimonial Causes Act 1973, s.* 13 (2), reemplazado por el *Matrimonial and Family Proceedings Act 1984,* s. 2.

matrimonio está basado en el principio de la separación de bienes. El simple hecho de que dos personas estén casadas no tiene efecto automático alguno sobre los derechos de propiedad respectivos. Los cónyuges son, en este contexto, tratados como extraños, y sus derechos patrimoniales se determinan según las crudas e inflexibles normas del derecho general de propiedad[52]. En otras palabras, el derecho inglés no le impone «régimen matrimonial» alguno a los cónyuges en el sentido continental del término y, evidentemente no prevé ningún sistema de «comunidad de bienes».

En el momento de su introducción en el *Married Women's Property Acts de 1870 y 1882,* el principio de separación de bienes se consideró como una etapa muy innovadora hacia la emancipación de la mujer casada. Sin embargo, cada vez se hizo más evidente que dicho principio ocasionó más injusticias de las que había suprimido. Más bien, la mujer casada está expuesta injustamente al rigor total del derecho aplicable entre extraños, según el cual las contribuciones financieras para la adquisición de un bien tienden a ser determinantes en los derechos respectivos sobre propiedad[53]. De todas formas, el principio de la separación de bienes carece de sentido cuando se coloca en la realidad de la vida conyugal, en donde, marido y esposa forman una asociación económica y viven, prácticamente, a pesar que no de manera oficial, en una comunidad de bienes. Específicamente esto es aparente con respecto a la propiedad del domicilió conyugal, y desde hace veinte o treinta años, los tribunales ingleses han tratado, finalmente sin ningún éxito, de introducir a través de un fiat judicial algo parecido a un régimen de comunidad en lo que respecta este bien tan importante.

393. – La comunidad práctica de bienes; el caso del domicilio conyugal: En derecho inglés, es un principio elemental que la propiedad en *equity (equitable o beneficial ownership)* de un bien (diferente de la propiedad en *Common Law: legal* o *nominal ownership)*[54] está regida por las intenciones existentes para el momento de la adquisición. De esta forma, la propiedad del domicilio conyugal es un asunto bastante claro cuando el acto traslativo de propiedad que da fe de la adquisición del bien estipula expresamente la naturaleza o la cuantía de la propiedad en *equity,* ya que esta declaración, en general, es decisiva en cuanto a los derechos respectivos de las partes[55]. Si, por ejemplo, el domicilio conyugal es atribuido expresamente a los dos cónyuges conjuntamente, no solo desde el punto de vista de la common law, sino también en *equity,* esta expresión de intención establece como copropietarios en *equity* a los cónyuges, con la posibilidad de «división»[56] futura de su propiedad de *equity* en partes iguales. Prácticamente, los cónyuges se han colocado, por voluntad

52 Esta es la razón por la cual las normas que rigen los derechos patrimoniales de los cónyuges de iure igualmente se aplican para la solución de problemas similares acusando a los cónyuges de facto.

53 El artículo 17 del Married *Women's Property Act 1882* le concede al tribunal, para todo litigio entre cónyuges relacionado con sus derechos patrimoniales, el poder de ordenar cualquier medida que «le parezca apropiada». No obstante, en *Pettitt* v. *Pettitt* (1970) A.C. 777, la Cámara de los Lores decidió que aun esta disposición no le otorga al tribunal el poder de decidir los asuntos de los derechos patrimoniales de los cónyuges de otra forma que no esté en conformidad con las normas estrictas del derecho general de bienes.

54 Para una explicación en cuanto a la diferencia entre la propiedad «Common Law y la propiedad «equity», véase *supra,* No. 384.

55 Dicha declaración solo es concluyente en ausencia de fraude o error, Véase *Pettitt* v. *Pettitt* (1970) A.C. 777, 813, por Lord Upjohn; *Re Johns Assignment Trusts* (1970) 1 W.L.R. 955.

56 Para la significación de «división», véase *supra,* No. 300.

propia, en una especie de comunidad de bienes[57]. Sin embargo, surgen problemas más profundos cuando el acto traslativo de propiedad del domicilio conyugal, a pesar de especificar evidentemente el propietario del bien en *Common Law,* permanece callado en cuanto al título en *equity.* Se forma, entonces, un cuerpo de precedentes sumamente artificial y muy poco satisfactorio, el cual conduce a las siguientes soluciones.

Si se atribuye un título en *Common Law* conjuntamente al marido y a la esposa, se presume, que en ausencia de otras pruebas, también tenían la intención común de volverse copropietarios en *equity*[58]. Empero, si el título en *Common Law* se establece a nombre de uno solamente, la cuestión de saber si el otro cónyuge posee una parte cualquiera de la propiedad en *equity* dependerá de ciertos factores complejos. Específicamente, el otro cónyuge no tiene parte en el título en *equity,* a menos que él (o más frecuentemente que ella) pueda demostrar que contribuyó financieramente en la adquisición del bien. En caso de que la contribución financiera sea «directa», es decir aportada directamente para el pago del precio inicial de la compra o para el del canon de la deuda hipotecaria, entonces en general se concluirá que los cónyuges estaban implícitamente de acuerdo para tomar partes proporcionales en *equity* a sus contribuciones financieras respectivas[59].

No obstante, si, en la misma situación, el cónyuge no propietario en *Common Law* puede demostrar que él (o más frecuentemente ella) ha aportado contribuciones financieras «indirectas», entonces surgen otros problemas. En este contexto, las contribuciones «indirectas» son típicamente los pagos efectuados por la esposa para otros rubros de gastos familiares, tales como las facturas habituales y los gastos corrientes de la pareja; a menudo estos gastos le han permitido al marido hacer en su nombre pagos «directos» para amortizar la deuda hipotecaria que pesa sobre el hogar.

Durante los años 50 y 60, el Tribunal de Apelación (presidido por Lord Denning M. R.) adoptó la idea de que aun las contribuciones financieras «indirectas» deberían general para el contribuyente una parte, normalmente una parte igual, en la propiedad del hogar en *equity*[60]. Sin embargo, en *Gissing v. Gissing*[61], la Cámara de los Lores finalmente rechazó esta solución y refutó conceder cualquier parte en *equity* a un contribuyente «indirecto», salvo en caso de que existiera una prueba clara de que los cónyuges, por medio de sus palabras o actos, hubiesen admitido que la contribución indirecta debería conferir dicha parte al contribuyente[62]. En consecuencia, únicamente, en raras excepciones las contribuciones «indirectas» de un cónyuge generarán un interés en equity sobre el bien conyugal. Este resultado bastante injusto y excesivamente técnico fue confirmado hace poco en *Burns v.*

---

57 La prueba empírica limitada disponible en este campo permite pensar que hubo un «aumento rápido» de esta forma precisa de copropiedad desde finales de los años 60. Véase J. E. Tood and L. M. Jones. *Matrimonial Property* (London 1972), p. 80.

58 Véase *Cowcher* v. *Cowcher* (1972) 1 W.L.R. 425, 430. El mismo enfoque se puede aplicar exactamente en el caso de los cónyuges de facto; véase *Bernard* v. *Josephs* (1982) Ch. 391.

59 Véase, por ejemplo, Re Rogers' Question (1948) 1 All E.R, 328. El tribunal tiene derecho de otorgarle a un cónyuge una parte en equity, en toda propiedad (real o personal), para la «mejora» de la cual el cónyuge ha aportado una contribución importante (véase *Matrimonial Proceedings and Property Act 1970,* s. 37).

60 Véase, por ejemplo, *Fribance v. Fribance* (No. 2) (1957) 1 W.L.R. 384.

61 (1971) A.C. 886.

62 (1971) A.C. 886, 905 por Lord Diplock.

Burns[63], relativo a los derechos de propiedad de cónyuges de facto. Además, es evidente que según el derecho general de propiedad, jamás se adquirirá interés alguno sobre un bien por las contribuciones domésticas realizadas por concepto de administración del hogar y los cuidados de los hijos menores[64].

Evidentemente, se puede decir que varios factores han intervenido para atenuar la gravedad de estas fallas del derecho inglés. En primer lugar, desde la decisión *Gissing* se adoptó una ley, ahora contenida en el *Matrimonial Causes Act 1973,* que le confiere a los tribunales una competencia nueva y bastante diferente para volver a atribuir los derechos de propiedad entre los cónyuges en caso de divorcio. Se podría decir que esta innovación legislativa corrigió el caso más grave de injusticia en las relaciones patrimoniales de los cónyuges. *Gissing,* el mismo caso de divorcio, hoy en día sería decidido de una manera diferente. Aquí hace su aparición el segundo factor. Así mismo, se podría pensar que las anomalías que permanecen en el derecho patrimonial del matrimonio tienen pocas consecuencias prácticas, puesto que en un matrimonio estable, cuando ni siquiera se piensa en divorcio, la determinación precisa de los derechos de los cónyuges no es ni útil, ni pertinente.

Sin embargo, estos argumentos son desvirtuados debido al predominio de un problema importante que afecta cada vez más los matrimonios contemporáneos; la incidencia del fracaso. Por supuesto, los acreedores de un comerciante fallido son resarcidos sobre los bienes a los cuales el propio comerciante fallido tiene derecho en *equity.* Así, el cónyuge de un comerciante fallido puede oponerse a las pretenciones de los acreedores, total o parcialmente, en la medida en que él o ella pueda demostrar tener un derecho en *equity* sobre los bienes del comerciante fallido. La existencia de dicho derecho puede no ser suficiente para impedir la venta del bien[65], pero al menos una parte del producto de esta venta se conservará para la familia en caso de quiebra. En algunas situaciones, incluso es posible que al hacer valer exitosamente su derecho en *equity,* un cónyuge pueda prohibirle a un acreedor financiero que haga vender el domicilio conyugal para resarcirse el préstamo no pagado que se concedió al otro cónyuge[66].

4. LA OCUPACIÓN DEL DOMICILIO CONYUGAL DURANTE EL MATRIMONIO

394. – La normativa legal: En *Common Law,* la esposa siempre ha tenido el derecho de ocupar el domicilio conyugal[67]. En la actualidad, este derecho ha sido reforzado y bilateralizado por medio de normas introducidas en la legislación por el *Matrimonial Homes Act 1967*[68] y hoy en día contenidas en el *Matrimonial Homes Act 1983.* El artículo

---

63 (1984) Ch. 317. Véase también *Bristol end West Building Society* v. *Henning* (1985) 1 W.L.R. 778; (1985) Cambridge L.J. 354. (M. Welstead).

64 *Button* v. *Button* (1968) 1 W.L.R 457.

65 Véase *In re Solomon* (A Bankrupt) (1967) Ch. 573: *In re Bailey* (A Ban*krupt)* (1977) 1 W.L.R. 278; *Re Lowire* (A Bankrupt) (1981) 3 All E.R.

66 Véase *Williams & Glyn's Bank Ltd.* v. *Boland* (1981) A.C. 487.

67 Este derecho, que coexiste en el derecho de la mujer a ser mantenida por su marido, puede protegerse por medio del otorgamiento de una prohibición judicial destinada a impedir la venta del domicilio conyugal; véase *Lee* v. *Lee* (1952) 1 All E.R. 1299.

68 El *Matrimonio Homes Act 1967* fue adoptado como una especie de substituto legislativo de la doctrina de la «deserted wife's equity» establecida por el juez y que finalmente fue rechazada por la *Cámara de los Lores en National Provincial Bank Ltd. v. Hastings Car Mart Ltd.* (1965) A.C. 1175.

1 de la ley de 1983 confiere ciertos «derechos de ocupación» del domicilio conyugal[69] a diferentes categorías de cónyuges[70]. Estos «derechos de ocupación» normalmente existen durante la única duración del matrimonio y están sujetos a la normativa, a discreción del tribunal, que puede incluso ordenar la exclusión total de uno de los dos esposos del domicilio conyugal[71]. Recientemente, este poder de exclusión pasó a constituir un aspecto crucial de poder general de los tribunales para emitir prohibiciones judiciales protectoras en caso de servicios conyugales[72].

Los «derechos de ocupación» conferidos por la ley en su artículo 1 pueden registrarse, según el artículo 2, en el *Land Charges Register,* o en el *Land Registry,* e imponerse de esa forma a todos los terceros que compraren el domicilio conyugal o tomaren una garantía hipotecaria sobre este. Sin embargo, es relativamente raro que un cónyuge registre esos derechos, lo que en consecuencia hace que no tengan efecto en relación a terceros[73]. Además, los «derechos de ocupación» no pueden ser considerados jamás como un «interés prioritario» sobre un bien raíz registrado[74], y no pueden imponerse jamás a un liquidador de quiebra[75]. La futilidad relativa de los «derechos de ocupación» reforzó la proposición de hacer de los derechos de los cónyuges sobre el domicilio conyugal (en términos de títulos de propiedad y en términos de derechos de ocupación al mismo tiempo) el tema de un nuevo proyecto de copropiedad del domicilio[76]. Sin embargo, esta audaz proposición aun no ha obtenido la aprobación del Parlamento.

---

69 El domicilio debe haber servido, en un momento determinado, como domicilio conyugal (v. *Matrimonial Homes Act 1983,* s. 1 (10), y uno de los cónyuges debe tener algún derecho de ocuparlo en virtud de un título de propiedad, de un contrato o de un título legal (v. *Matrimonial Homes Act 1983,* s. 1 (1).

70 La ley confiere estos «derechos de ocupación» a los cónyuges que no tienen derecho alguno sobre el domicilio conyugal (v. *Matrimonial Homes Act 1983* s. 1 *(10)* o que solo poseen un derecho en *equity* (v. *Matrimonial Homes Act 1983,* s. 1 (11), pero no a los cónyuges que tienen la propiedad en *Common Law.* Estos últimos en realidad no tienen necesidad de los derechos que les concede la ley, ya que pueden invocar su derecho de ocupación como propietarios.

71 *Matrimonial Homes Act 1983,* s. 1 (2). Este poder de normativa del tribunal existe aun cuando los cónyuges son propietarios conjuntos en *Common Law* del domicilio conyugal (v. *Matrimonial Homes Act 1983,* s. 9 (1).

72 Este poder de exclusión debe ser ejercido como el tribunal «lo considere justo y razonable, tomando en consideración la conducta de los cónyuges con respecto del uno para con el otro o para con terceros, de sus bienes respectivos y de sus recursos financieros, de las necesidades de los hijos, y d todas las circunstancias del caso» *(Matrimonial Homes Act 1983,* s. 1 (3). En una decisión controversial, *Richards* v. *Richards* (1984) A.C. 174. La Cámara de los Lores decidió que esos criterios legales no son ponderados, ni colocados por orden de prioridad, y que por consiguiente no se le debía dar automáticamente una importancia más grande a los factores que determinaban la «conducta» o las «necesidades de los hijos». Los criterios legales, simplemente. son una enumeración legal de las consideraciones que se deben tomar en cuenta en todo procedimiento judicial de expulsión. Para otros poderes legales en caso de violencia doméstica, véase *Domestic Violence and Matrimonial Proceedings Act 1976,* s. 1. (aplicable a los cónyuges de iure y de facto al mismo tiempo) y *Domestic Proceedings and Magistrates Courts Act 1978,* s. 16.

73 *Land Charges Act 1972,* s. 4 (8); *Registration Land Act 1925,* s. 59 (6).

74 *Matrimonial Homes Act 1983,* s. 2 (8) (b).

75 *Matrimonial Homes Act 1983,* s. 2 (7).

76 Dicho proyecto fue propuesto por la English Law Commission en 1978. Véase *Law Com.* No. 86: *Third Report on Family Property; The Matrimonial Home (Co-ownership and Occupation Rights) and Household Goods.*

5. LAS CONSECUENCIAS FINANCIERAS DEL DIVORCIO O DE LA ANULACIÓN DEL MATRIMONIO

395. – El vasto poder discrecional de los tribunales: En Inglaterra, la normativa que decide la suerte de los bienes del matrimonio y de las consecuencias financieras de la misma está regida por la Parte II del *Matrimonial Causes Act 1973*[77]. Esta ley le concede a la *High Court* y a las *County Courts* el poder de tomar disposiciones para cada cónyuge a través de todas las combinaciones de orden que transfieran la propiedad, de orden de pago de un capital, de orden de venta, o de orden de disposición financiera que el tribunal al cual se haya sometido el caso pueda considerar apropiados[78]. El poder discrecional que tiene el tribunal de ordenar estas formas variadas de «compensación accesoria» (accesoria al juicio de divorcio) está libre de todo acatamiento de las normas ordinarias sobre el derecho de propiedad; el tribunal simplemente puede tomar un bien perteneciente a uno de los cónyuges y atribuírselo todo o en parte al otro sin ocuparse de saber quién era el propietario inicial del mismo[79]. Estos poderes legales se formulan sin tomar en consideración el sexo, en este sentido tanto el marido como la esposa son libres de solicitarle al tribunal una «compensación accesoria»; más, es igualmente claro que el ejercicio de estos poderes no va a conducir necesariamente a una repartición igual entre los cónyuges[80].

El ejercicio de los poderes del tribunal está sometido a un cierto número de criterios enunciados en el artículo 25 del *Matrimonial Causes Act 1973,* recientemente enmendado en 1984. Esta disposición no fija repartición alguna de los bienes o de las finanzas entre los cónyuges, simplemente obliga al tribunal a «considerar todas las circunstancias del caso»[81]. Esta sentencia general se completa con una larga lista

---

[77] Anteriormente la mayoría de estas disposiciones estaban contenidas en la Parte I del *Matrimonial Proceedings and Property Act. 1970.* La Parte II del *Matrimonial Causes Act 1973* se aplica al otorgamiento de las sentencias de divorcio, de nulidad y de separación judicial, pero evidentemente es inaplicable a los cónyuges de facto. No existe obligación legal alguna de manutención de un cónyuge de facto antes o después de la ruptura de la relación, empero hasta fecha reciente, los tribunales estuvieron relativamente inclinados a aplicar el derecho de *constructive trust* y del *estoppel* con el fin de asegurarle a los concubinos derechos sobre los bienes (v., por ejemplo, *Eves* v. *Eves* (175) 1 W.L.R. 1338; *Pascoe* v. *Turner* (1979) 1 W.L.R. 431; *Greasley* v. *Cooke* (1980) 1 W.R.L. 1306). No obstante, parece que esta actitud liberal, asociada en gran parte a Lord Denning M.R., podría ya no prevalecer (véase *Bristol and West Building Society* v. *Henning* (1985) 1 W.L.R. 778.

[78] Para otros poderes legales que le permitan al tribunal tomar medidas financieras en circunstancias que no constituyen divorcio, nulidad, ni separación judicial, véase *Matrimonial Causes Act 1973, s. 27,* enmendado por el *Matrimonial and Family Proceedings Act 1984,* s. 4; *Domestic Proceedings and Magistrates Courts Act 1978,* ss. 1-3 tal y como fueron enmendados por el *Matrimonial and Family Proceedings Act 1984, s. 9.*

[79] Véase *Wachtel* v. *Wachtel* (1973) Fam. 72, 91 ss., por Lord Denning M. R. El tribunal puede ejercer su poder en toda propiedad sobre la cual uno de los cónyuges tenga un derecho de propiedad.

[80] Véase *Calderbank* v. *Calderbank* (1976) Fam. 93, 103.

[81] *Matrimonial Causes Act 1973, s. 25* (1), reemplazado por el *Matrimonial and Family Proceedings Act 1984,* s. 3. La Cámara de los Lores decidió en *Livesey* v. *Jenkins* (1985) 2 W.L.R. 47, que las partes tienen el deber de «divulgar completa y honestamente» todos los elementos que le permitan al tribunal ejercer su poder discrecional en virtud del artículo 25. En este caso, la Cámara de los Lores anuló una sentencia dictada de acuerdo entre las partes por una tribunal inferior sin que la esposa hubiera revelado su nuevo inminente casamiento.

de cuestiones que el tribunal «tendrá que considerar particularmente»[82]. Estos factores específicos abarcan los recursos económicos presentes o previsibles de las partes; las necesidades financieras, obligaciones y responsabilidades presentes o previsibles; el nivel de vida existente antes de la ruptura del matrimonio; la edad de cada una de las partes y la duración del matrimonio; cualquier tipo de incapacidad mental o física que pueda afectar a una de las partes; las contribuciones hechas por cada uno de los cónyuges al bienestar de la familia, entre otras «cualquier contribución que resulte de los ciudadanos del matrimonio y de la familia»; y el valor de cualquier ventaja eventual (tal y como un derecho a pensión) perdida a causa de la disolución del matrimonio.

En razón de la naturaleza pragmática y tan discrecional del poder del tribunal de proceder, luego del divorcio, a realizar ajustes de los derechos de propiedad y a tomar disposiciones financieras, resulta sumamente difícil poner en evidencia una actitud corriente o una orden tipo[83]. Sin embargo, en general parece que el tribunal ordenará la venta del antiguo domicilio conyugal y la división del producto de dicha venta solo en caso de que los cónyuges sean jóvenes y no tengan hijos. Cuando las partes son más mayores[84] o cuando existen hijos menores, el tribunal mucho más probablemente, colocará el domicilio conyugal en un «*trust* por venta» e impedirá la venta inmediata y la repartición de su monto. A pesar de que el tribunal puede fijar las cantidades respectivas de las partes en este «*trust* por venta», esas cantidades solo se traducirán en términos monetarios cuando la venta tenga lugar en una fecha ulterior (puede que bastante lejana). Si, para la fecha del divorcio, existen hijos menores, normalmente el tribunal le otorgará la ocupación del antiguó domicilio conyugal al progenitor que tenga la guarda y custodia de los hijos (casi invariablemente la madre), aplazando la venta del bien hasta que ese progenitor fallezca, contraiga segundas nupcias, viva maritalmente con otro compañero o se mude voluntariamente[85].

396. – Las enmiendas de 1984: El efecto de dicha orden es que el progenitor que no tenga la guarda y custodia de los hijos debe buscar otra residencia[86], y la única compensación que se le ofrece es la vaga esperanza de recibir un capital en una fecha posterior, pudiendo esto no acaecer mientras viva de su ex cónyuge[87]. En gran medida, la preocupación esencial de este derecho de la «compensación accesoria» consiste en la administración eficaz de los recursos del matrimonio en lugar de la

---

82 *Matrimonial Causes Act 1973*, s. 25 (2), reemplazado por el *Matrimonial and Family Proceedings Act 1984*, s. 3.

83 En la actualidad, los tribunales han abandonado en gran parte el «principio del tercero» propuesto por el Tribunal de Apelación en *Wachtel* v. *Watchtel* (1973) Fam. 72.

84 Véase, por ejemplo, *Martin* v. *Martin* (1977) 3 All E.R. 762.

85 Los tribunales tenían la costumbre de aplazar la venta, simplemente, hasta que el hijo menor de la familia fuese mayor de edad (v., por ejemplo, *Browne* v. Pritchard (1975) 1 W.L.R. 1366; empero, en la actualidad, la venta tiende a diferirse por períodos más largos (v. por ejemplo *Harvey* v. *Harvey* (1982) Fam. 83.

86 Por supuesto, con mucha frecuencia, el marido desposeído encuentra ese alojamiento en una vivienda recuperada por su segunda esposa de su primer matrimonio (v., por ejemplo, *Masher* v. *Mesher* (1980) 1 All E.R. 126 n.

87 Un posible sentimiento de injusticia con respecto a dicha solución se encuentra en *Harvey* v. *Harvey* (1982) Fam. 83, en el cual el Tribunal de Apelación consideró que el progenitor que tenía la guarda y custodia del hijo debería comenzar a pagar un alquiler por el hecho de que él solo iba a ocupar el hogar, a partir del momento en que los hijos cumplieran la mayoría de edad.

distribución equitativa de los activos[88]. El tribunal asume el papel social de atender a las necesidades de alojamiento a largo plazo del cónyuge más débil económicamente y de los hijos de él dependientes, a tal punto de que parece que expropiara al marido sin compensación en ciertas ocasiones. Resultaba inevitable que surgieran críticas por parte de algunos, según las cuales el divorcio podía hacerle perder a un marido de conducta irreprochable su esposa, hijos y domicilio, pero manteniendo la obligación de subvenir a su manutención.

Como respuesta parcial a las inquietudes que acaban de ser expuestas en cuanto al efecto práctico de la ley de 1973, se adoptaron varias enmiendas importantes respecto al derecho de «compensación accesoria» a través del *Matrimonial and Family Proceedings Act 1984.* Curiosamente, no es del todo cierto que estas enmiendas, en la práctica, sean compatibles entre sí. En primer lugar, debido a la orientación del derecho de familia, cada vez más encauzado hacia el interés de los hijos, el tribunal debe considerar primero, aun en materia de compensación accesoria, «el interés de cualquier hijo menor de la familia que no tenga 18 años»[89]. En segundo lugar, el tribunal debe tomar en consideración cualquier aumento de las posibilidades de ingreso de uno u otro cónyuge cuando «el tribunal considere razonable esperar que una de las partes del matrimonio tome las medidas necesarias para adquirir estas posibilidades»[90]. El ideal moderno de autosuficiencia económica, que de esta forma recomienda la ley de 1984 a los cónyuges después del divorcio, se encuentra reforzado por una tercera enmienda importante, la cual trata de promover la filosofía de la «ruptura amistosa» evocada ante los tribunales a fines de los años 70[91]. En la actualidad, el tribunal que ejerce sus poderes accesorios debe «considerar si sería apropiado ejercer dichos poderes de tal manera que las obligaciones financieras de cada parte para con la otra concluyan tan rápidamente, después del pronunciamiento de la sentencia (de divorcio), como el tribunal lo estime justo y razonable»[92]. Una cuarta enmienda corresponde a la inserción en la ley principal de una conducta de cada una de las partes, si dicha conducta es tal que, según la concepción del tribunal, resultaría injusto no tomarla en consideración»[93]. Queda por ver si estas enmiendas van a afectar la práctica del derecho bajo el *Matrimonial Causes Act 1973* y, en casi positivo, en qué medida Muchos consideran extremadamente dudoso el hecho de que los cambios incluidos en la ley de 1984 sean algo más que artificiales.

6. LOS DERECHOS EN EL MOMENTO DEL FALLECIMIENTO

397.– Llamada: Las normas que rigen los derechos de los miembros de la familia en el momento del fallecimiento de una persona, haya o no hecho un

[88] Cuando el domicilio conyugal solo se alquila, el tribunal tiene la facultad de ordenar la transferencia del arrendamiento de un cónyuge al otro, según el *Matrimonial Causes Act 1973,* s. 24 (1) (a), o según el *Matrimonial Homes Act 1983;* Cched. 1. Véase *Thompson* v. *Thompson* (1976) Fam. 25; *Lewis* v. *Lewis* (1985) 2 W.L.R. 962.

[89] *Matrimonial Causes Act 1973,* s. 25 (1) reemplazado por el *Matrimonial and Family Proceedings Act* 1984, s. 3.

[90] *Matrimonial Causes Act 1973,* s. 25 (2) (a), reemplazado por el *Matrimonial and Family Proceedings Act 1984,* s. 3.

[91] Véase, por ejemplo, *Minton* v. *Minton* (1979) A.C. 593, 608 por Lord Scarman.

[92] *Matrimonial Causes Act 1973.* s. 25 A (1), reemplazado por el *Matrimonial and Family Proceedings Act 1984,* s. 3.

[93] *Matrimonial Causes Act 1973, s.* 25 (2) (g), reemplazado por el *Matrimonial and Family Proceedings Act 1984,* s. 3.

testamento, no se describirán en este capítulo, puesto que se explicarán en otra parte en este volumen[94].

Sección 2
LOS HIJOS

398.– *El principio director del bienestar del hijo (child welfare):* Tal y como se ha mencionado, la idea dominante del derecho inglés con respecto a los hijos y, de hecho, la característica predominante de todo el derecho moderno de familia, está basada en la nueva importancia que se le da a la necesidad de promover el bienestar de los hijos. En la actualidad, el principio director del bienestar del hijo está incluido en la legislación por el artículo 1 del *Guardianship of Minors Act 1971*[95], el cual prevé que, cuando la guarda y custodia o la educación de un menor[96] está en tela de juicio en cualquier procedimiento ante un tribunal, este «considerará en primer lugar y por encima de todo el bienestar del menor»[97]. Esta directriz se encuentra en muchas otras leyes relativas a los hijos[98], lo que provoca, de esta forma, un vuelco total de la vieja filosofía según la cual los derechos de los progenitores, prácticamente los del padre, prevalecían por sobre cualquier otra consideración concerniente al bienestar de los hijos[99]. Las sacrosantas nociones mencionadas anteriormente relativas al derecho parental, hoy en día, han sido reemplazadas por el principio del bienestar del hijo, dejando únicamente vestigios del viejo enfoque en el derecho moderno[100].

399.– *El derecho de guarda y custodia (custody) y el derecho de visita (access):* El derecho inglés establece una distinción entre el derecho de guarda y custodia «jurídico» (legal) y el derecho de guarda y custodia «efectivo» (actual) de los hijos. El derecho de guarda y custodia «jurídico» se refiere, en gran medida, a los «derechos y deberes de los progenitores relativos a la persona de un hijo (lo que abarca el lugar y la manera como transcurre su tiempo)»[101]. En este sentido, el derecho de guarda y custodia «jurídico» comprende a la vez la función de decisión por cuenta del niño y la forma de guarda y custodia conocida como el derecho de guarda y custodia «efectivo». Esta última expresión se utiliza para hacer referencia a «la posesión efectiva» de la persona de un hijo[102], y está relacionado con el ciudadano

---

[94] Véase *infra,* Nos. 407-413, 415, 416 bis.

[95] La fuente de este principio es el *Guardianship of Infants Act 1925,* s. 1.

[96] La mayoría de edad fue disminuida de 21 a 18 años por el *Family Law Reform Act 1969,* s. 1 (1).

[97] Véase, por ejemplo, *J.* v. C. (1970) A.C. 668.

[98] Véase *Children Act 1975,* s. 3; *Adoption Act 1976,* s. 6; *Child Care Act 1980,* s. 12 F (1), tal y como se introdujo por el *Health and Social Services and Social Security Adjudications Act 1983,* s. 6, Sched. 1.

[99] Véase, por ejemplo, *Re Agar-Ellis* (1883) 24 Ch. D. 317, 334 por Cotton L. J.

[100] El único campo importante en el cual las consideraciones del derecho parental no están totalmente sujetas al principio del bienestar del hijo es, tal vez, el derecho de adopción. En este campo, el progenitor de un hijo legítimo (y la madre de un hijo ilegítimo) pueden en todo caso hacer una objeción sobre una adopción, que se ha propuesto para el mejor bienestar del hijo. Sin embargo, dicha objeción parental será desechada por el tribunal tomando en cuenta casos enumerados limitativamente por la ley (v. *Children Act 1975,* s. 12 (2); *Adoption Act 1976,* s. 16 (2).

[101] *Children Act 1975,* s. 86.

[102] *Children Act 1975,* s. 87 (1); *Domestic Proceedins and Magistrates Courts act 1978,* s. 88 (1).

y el control físicos cotidianos del niño. El derecho de guarda y custodia en estas dos formas dura, al menos en teoría, hasta que el niño sea mayor de 18 años[103].

Durante el período que dura el matrimonio, el derecho de guarda y custodia jurídico de un hijo legítimo recae sobre los dos progenitores conjuntamente. Los derechos que continúan perteneciéndole a los progenitores en el derecho actual son esencialmente, de todas maneras, responsabilidades. Cada uno de los dos progenitores puede ejercer o cumplir solo los «derechos y deberes de los progenitores[104] de cualquier manera que le parezca correcta, hasta tanto el otro progenitor no haya manifestado su desaprobación[105]. De esta forma, los derechos de un padre y de una madre de un hijo legítimo se tornan «iguales y aptos para ser ejercidos por una de los dos sin el otro»[106], a pesar de que la madre de un hijo ilegítimo detente exclusivamente los «derechos y deberes de los progenitores[107].

Cualquier convenio de un progenitor cuyo fin sea el de abandonar sus derechos paternales y responsabilidades no es necesariamente ejecutorio[108]. Según el artículo 1 del *Guardianship Act 1973,* si los padres están en desacuerdo sobre un asunto concerniente al interés del hijo, el caso puede ser llevado ante el tribunal, el cual tiene el poder de fallar lo que considere apropiado. El poder de que dispone el progenitor en cuanto a imponer su punto de vista en el hijo es limitado, no solo porque el principio del interés del mismo es primordial, sino también porque se ha admitido, en gran medida, que el derecho de guarda y custodia paternal es un «derecho debilitado que los tribunales dudarán en aplicar contra los deseos de un niño, y ello tanto más cuanto más edad tenga». El derecho de un progenitor «comienza con un derecho de control y se termina por algo más que un simple consejo»[109].

Las querellas entre progenitores en cuanto al otorgamiento del derecho de guarda y custodia de un hijo pueden suscitarse en diferentes tipos de procedimientos. El tribunal de divorcio goza del poder de conceder la guarda y custodia a uno u otro cónyuge o incluso a un tercero, como por ejemplo una autoridad local[110]. El *Guardianship of Minors Act 1971* le confiere al tribunal una competencia más general, a petición del padre o de la madre, para estatuir sobre el derecho de guarda y custodia[111]. En todos los casos, el tribunal adoptará la solución apropiada tomando en consideración el interés del niño y desechando las consideraciones de falta conyugal, salvo en la medida en que dicha falta pudiera reflejar la incapacidad que tiene una de las partes para asumir convenientemente sus res-

---

103 *Family Law Reform Act 1969,* s. 1 (1).

104 Esta expresión está definida en el *Children Act 1975,* s. 85 (1).

105 *Children Act 1975,* s. 85 (3).

106 *Guardianship Act 1973,* s. 1 (1).

107 *Chlidren Act 1975,* s. 85 (7).

108 *Guardianship Act 1973,* s. 1 (2).

109 *Hewer* v. *Bryant* (1970) 1 Q.B. 357 369 por Lord Denning M. R. V. también *Gillick v. West Norfolk and Wisbech Area Health Authority* (1985) 3 W.L.R. 830 (Cámara de los Lores).

110 *Matrimonial Causes Act 1973,* ss. 43, 43. Del resto, antes de conceder su fuerza obligatoria a cualquier sentencia de divorcio, el tribunal debe certificar que se hayan tomado medidas apropiadas para la protección de todos los hijos de la familia *(Matrimonial Causes Act 1973,* s. 41).

111 *Guardianship of Minors Act 1971,* s. 9 (1). Este poder abarca la protección de los hijos ilegítimos por el *Guardianship of Minors Act 1971,* s. 14 (1). Véase también el *Domestic Proceedings and Magistrates Courts Act 1978,* s. 8.

ponsabilidades paternales[112]. A pesar de que no existe norma alguna de derecho obligatorio al respecto, está claro que en la mayoría de los casos el derecho de guarda y custodia se le otorga a la madre[113]. El progenitor que no obtenga el derecho de guarda y custodia, en general obtiene un derecho de visita[114], salvo en casos excepcionales en que dicho derecho de visita resultare claramente contrario a los intereses del niño. Sin embargo, existe una tendencia cada vez mayor a considerar la visita más en términos de derecho del niño para que vea a su progenitor, que en términos de derecho del progenitor para que visite su hijo[115]. En la actualidad, el tribunal puede conceder el derecho de visita a un abuelo, a solicitud[116].

400. – La tutela de la High Court: El método más radical, y ciertamente el más eficaz, para resolver una disputa relativa al derecho de tutela y custodia o al interés del hijo radica en la competencia de tutela que compete a la *High Court*[117]. Toda persona que tenga un interés por un niño puede solicitar que el mismo se torne «un pupilo bajo tutela judicial». La *High Court* asume entonces la responsabilidad general del interés del niño, atribuyéndole la protección física y el control a un particular o a una autoridad local. Se necesita el consentimiento del tribunal antes de tomar cualquier medida importante sobre la vida del menor. Por lo tanto, la competencia de tutela constituye un foro para decidir un sinnúmero de cuestiones controversiales que conciernen a los niños, que van desde saber si un niño debería ser esterilizado[118], hasta saber si un menor debería ser autorizado a casarse o a salir del país. La sentencia de la *High Court* liga al menor mismo; y esta tutela, que persiste hasta que el niño cumpla los 18 años, es el único medio eficaz de ejercer un control paternal sobre un niño difícil después de los 13 o 14 años.

401. – La Protección del niño por autoridad local: La antigua noción según la cual la Corona es *parens patriae,* en la actualidad se cumple, por lo menos en parte, gracias al importante papel desempeñado por las autoridades locales que aseguran la protección de los niños cuyas familias son incapaces o reacias de hacerlo ellas mismas.

Según el *Child Care Act 1980,* una autoridad local se encuentra en el deber legal de asegurar la protección (*«receive into care»*) de ciertas categorías de niños que están abandonados, son huérfanos o por alguna razón se ven privados de aquello que les aseguraría «alojamiento, sostén y educación convenientes»[119]. Una vez que el niño se coloca bajo protección, este puede ser alojado en el hogar de una autoridad local o pensionado en casa de padres putativos. Seguidamente, la autoridad local puede adoptar una resolución para asumir los derechos y deberes paternales sobre los niños colocados bajo su protección[120]. Sin embargo, esta nueva etapa debe estar justificada de manera cuidadosa por uno o varios motivos legalmente especifica-

---

[112] Véase *Re K. (Minors) (Children Care and Control)* (1977) Fam. 179.
[113] Véase J. Eekelaar, E. Clive, K. Clarke y S. *Raikes, Custody After Divorce* (1977), Cuadro 34.
[114] Véase *S.* v. *S.* (1962) 1 W.L.R. 445.
[115] Véase, por ejemplo, *B.* v. *B.* (1971) 3 All E.R. 682.
[116] *Guardianship of Minors Act 1971,* s. 14 A (1) agregado por el *Domestic Proceedings and Magistrates Courts Act 1978,* s. 40.
[117] Véase *Supreme Court Act 1981,* s. 41.
[118] *Re D. (Warship: Sterilisation)* (1976) Fam. 185.
[119] *Child Care Act 1980,* s. 2 (1).
[120] *Child Care Act 1980,* s. 3 (1).

dos[121] y en todo caso, la autoridad local debe brindarle la posibilidad a los progenitores o a los tutores de que emitan una objeción[122].

En el sentido estricto, el *Child Care Act 1980* no le confiere a la autoridad local poder alguno de exigir que un niño sea colocado bajo su protección[123]. A este respecto, solo puede imponer su voluntad en el marco del *Children and Young Persons Act 1969*. Según esta ley, un procedimiento para tomar alguien a cargo *(«care proceedings»)* puede ser entablada por la autoridad local, la policía, o cualquier «persona autorizada» (por ejemplo, un trabajador social)[124]. El tribunal de menores tiene el poder de emitir una «sentencia de asistencia» *(care order)* para el niño, si se asienta que uno o varios de estos motivos legales son establecidos[125] y que el niño «necesita protección o control y que es improbable que las obtenga sin la sentencia del tribunal»[126]. El individuo de la sentencia de asistencia es entonces alojado y tomado a cargo por la autoridad local hasta que cumpla los 18 años[127], a menos que la sentencia haya sido revocada anteriormente[128].

En caso de urgencia, cualquier persona puede solicitar de un magistrate una «sentencia para poner a salvo» según el *Children and Young Persons Act 1969*[129]. Dicha sentencia es particularmente apropiada si existe una razón para creer que el niño ha sido sometido a malos tratos o si se encuentra en peligro inminente de ser la víctima de ellos. El efecto de la «sentencia para poner a salvo» consiste en autorizar la colocación rápida de un niño en un establecimiento local de asistencia pública durante un período que no exceda 28 días, tiempo durante el cual se deben hacer arreglos más duraderos para proteger al niño.

402. – Las responsabilidades financieras relativas a los niños: Un cierto número de disposiciones le confiaren al tribunal el poder de ordenarle a uno de los cónyuges pagos eventuales periódicamente para un niño, cuando se concede el divorcio u otra cosa[130]. Sin embargo, en cada uno de los casos, el tribunal solo pue-

---

121 El más importante de estos motivos es el hecho de que el niño ya ha sido confiado a los cuidados de una autoridad local en el marco del artículo 2 del *Child Care Act 1980,* durante un período de tres años (v. *Child Care Act 1980,* durante un período de tres años (v. *Child Care Act 1980,* s. 3 (1) (d).

122 *Child Care Act 1980,* s. 3 (2) (7).

123 No obstante, puede haber restricciones en cuanto a la suspensión de la protección del niño: Véase *Child Care Act 1980,* s. 13 (2); *Lewisham London Borough Council* v. *Lewisham Juvenile Court Justices* (1980) A.C. 273.

124 *Child and Young Persons Act 1969,* s. 1 (1).

125 *Child and Young Persons Act 1969,* s. 1 (2). Estos motivos abarcan esencialmente los casos de peligro físico o moral para el niño, así como formas variadas de privación social y de educación. Otro de los motivos consiste en que el niño resulte ser «culpable de una infracción, exceptuando el homicidio» *(Child and Young Persons Act 1969,* s. 1 (2) (f).

126 *Children and Young Persons Act 1969,* s. 1 (2).

127 *Children and Young Persons Act 1969,* s. 20 (3) (b).

128 La Cámara de los Lores decidió que el procedimiento de tutela de la High Court normalmente no debía utilizarse como medio para oponerse al ejercicio de los poderes y deberes por una autoridad local, en virtud del *Children and Young Persons Act 1969 o* del *Child Care Act 1980.* Véase *A.* v. *Liverpool City Council* (1982) A.C. 363; *In re W. (A. Minor) (Wardship: Jurisdiction)* (1985) 2 W.L.R. 892.

129 *Children and Young Persons Act 1969,* s. 28 (1).

130 *Matrimonial Causes Act 1973,* s. 23 (1) (d), (e), (f); *Domestic Proceedings and Magistrates Courts Act 1978,* s. 2 (1) (c), (d). V. también *Guardianship of Minors Act 1971,* s. 9 (2) reemplazado por el *Domestic Proceedings and Magistrates Courts Act 1978,* s. 41.

de emitir dichas sentencias para un «hijo de la familia», en esta definición se incluye un hijo producto de las dos partes durante el matrimonio, o cualquier otro hijo (que no se trate de un niño confiado por una autoridad local) que ha sido «tratado por las dos partes como un hijo de su familia»[131]. Esta definición reconoce una forma de parentela «social» frente a la parentela «biológica» y le concede un efecto, en el sentido que el tribunal claramente tiene competencia para ordenar a uno de los cónyuges que mantenga a un niño que no sea el suyo, si ha fungido como progenitor con respecto a dicho niño. Para ello, poco importa que no tenga un lazo sanguíneo con el padre (o inclusive con el otro progenitor). Así mismo, no importa que el pagador nunca haya sabido que el niño no era suyo[132]. No obstante, dichos factores pueden que se tornean importantes cuando se va a determinar el modo de sostén que se debe aportar para un niño por una de las partes que es su adopción[133].

403. – *La adopción:* La adopción constituye un método previsto por la ley para poner fin a la relación legal de un menor con sus padres naturales y reemplazarla por una nueva relación legal para integrarlo totalmente en la familia de sus padres adoptivos[134]. La adopción solo se puede llevar a cabo por medio de una sentencia emanada del tribunal; el tribunal únicamente sancionará la adopción si los dos progenitores (en caso de que se trate de un niño legítimo) o la madre (si se trata de un niño ilegitimo consientan incondicionalmente en la emisión de la sentencia de adopción[135]. A falta de este acuerdo, el tribunal goza de un poder discrecional limitado para prescindir del mismo[136]. El motivo más importante y ciertamente el más controversial para prescindir del consentimiento, se produce cuando el tribunal considera que el progenitor o el tutor del niño «se niega desrazonablemente a otorgar su consentimiento»[137].

En general, la adopción solo es accesible para una pareja casada[138], y el niño debe haber vivido con la misma durante períodos determinados antes de que la sentencia de adopción sea dictada[139]. Si el candidato para la adopción es el nuevo cónyuge de uno de los dos progenitores del niño, el tribunal debe rechazar la solicitud si considera (como generalmente lo hace) que el caso estaría mejor tratado a través de una solicitud, cuyo fin es la modificación de una sentencia de derecho de custodia anteriormente acordada por el tribunal de divorcio[140].

404. – *La ilegitimidad:* El derecho inglés establece otra distinción entre un hijo «legítimo» y un hijo «ilegítimo», la condición legal de este último es el resultado de su nacimiento fuera del matrimonio legal. Existe una fuerte presunción según la cual todo niño nacido durante el matrimonio es el hijo legítimo de los dos espo-

---

131 *Matrimonial Causes Act 1973,* s. 52 (1); *Domestic Proceedings and Magistrates Courts Act 1978,* s 88 (1).

132 *W (R.J.* v. *W (S.J.)* (1972) Fam. 153.

133 *Matrimonial Causes Act 1973,* s. 25 (4), reemplazado por el *Matrimonial and Family Proceedings Act 1984,* s. 3 (4), reemplazado por el *Matrimonial and Family Proceedings Act 1984,* s. 9.

134 Véase *Adoption Act 1958; Children Act 1975, Part I: Adoption Act 1976.*

135 *Children Act 1975,* s. 12 (1) (b) (i): *Adoption Act 1976,* s. 16 (1); (b) (i).

136 *Children Act 1975, s. 12* (l), (2); *Adoption Act 1976,* s. 16 (1); (2).

137 *Children Act 1975,* s. 12 (2) (b); *Adoption Act 1976,* s. 16 (2) (b). Véase *Re W.* (1971) A.C. 682; *Re D. (Adoption: Parent's Consent)* (1977) A.C. 602.

138 *Children Act 1975,* s. 10; *Adoption Act 1976,* s. 14.

139 *Children Act 1976,* s. 9; *Adoption Act 1976,* s. 13.

140 *Children Act 1976,* s. 10 (3); *Adoption Act 1976,* s. 14 (3).

sos[141], así mismo la condición legal legítima se concede para otros casos. En la actualidad, el derecho inglés acepta la doctrina de la legitimación por matrimonio ulterior[142], y el niño producto de un matrimonio nulo se considera legítimo, si para la fecha de la concepción o para el momento del matrimonio (si este último es posterior), una de las dos partes del matrimonio nulo pensaba razonablemente que el mismo era válido[143]. Además, un niño adoptado está considerado como el hijo legítimo de los padres adoptivos, independientemente de su condición legal real para el momento del nacimiento[144]. Toda presunción de derecho en cuanto a la legitimidad de un hijo puede ser rechazada por la probabilidad contraria[145]; en su búsqueda de la verdad, el tribunal puede ordenar que se efectúen exámenes de sangre con el fin de aclarar la cuestión de la paternidad[146].

El enfoque histórico del derecho inglés de familia ha consistido en penalizar la condición legal ilegitimidad otorgándole severas desventajas jurídicas al *filius nullius*. Sin embargo, a lo largo de este siglo se ha reconocido que estas desventajas se aplican de manera totalmente injusta; de ello se deduce que la mayoría de las incapacidades legales que pesan sobre el niño ilegítimo se han suprimido por la legislación moderna[147]. Hoy en día, prácticamente, la única incapacidad legal que pesa sobre un hijo ilegítimo radica en que no es llamado para la sucesión *ab intestato* de un abuelo o un colateral. Empero, puede perfectamente aceptar legados[148] y está en derecho de heredar sin testamento al momento del deceso intestado de uno u otro de sus progenitores[149]. Según el *Affiliation Proceedings Act 1957*[150], el tribunal tiene el poder de ordenarle a un presunto padre tomar disposiciones financieras para su hijo ilegítimo, empero el procedimiento debe emprenderse dentro de los tres años siguientes al nacimiento del niño[151].

---

141 Véase *Re Overbury* (1955) Ch. 122.

142 *Legitimacy Act 1976,* s. 2.

143 *Legitimacy Act.* 1976, s. 1.

144 *Children Act 1975,* Sched 1, para. 3; *Adoption Act 1976,* s. 39 (1).

145 *Family Law Reform Act 1969,* s. 26.

146 *Family Law Reform Act 1969,* s. 20. Véase *S.* v. *S.; W.* v. *Official Solicitor* (1972) A.C. 24.

147 Hace poco, se discutió firmemente la cuestión de saber si la condición legal de ilegitimidad no debería abrogarse del todo. Véase *English Law Commission Report* No. 118 (1982).

148 *Family Law Reform Act 1969,* s. 15 (1).

149 *Family Law Reform Act 1969,* s. 14 (1).

150 *Affiliation Proceedings Act 1957,* s. 4 (2), enmendado por el *Domestic Proceedings and Magistrates Courts Act 1978,* s. 50.

151 *Affiliation Proceedings Act 1957,* s. 2 (i), enmendado por el *Affiliation Proceedings (Amendment) Act 1972,* s. 2 (i).

CAPÍTULO XIII
SUCESIONES

Por C. Harpum

405.— *Terminología:* El derecho inglés distingue las sucesiones intestadas de las testamentarias. Las reglas aplicables a una sucesión testamentaria intervienen cuando una persona, llamada testador *(testator)*, muere dejando un testamento válido por medio del cual dispone de sus bienes. La persona que muere sin haber otorgado testamento válido se reputa haber muerto intestada.

Cuando una persona muere, su patrimonio es gerenciado por los representantes de la sucesión *(personal representatives)*. Existen dos clases de representantes sucesorales: los ejecutores designados por testamento y los administradores de la sucesión designados por un tribunal. Si un testador designa en su testamento a las personas encargadas de administrar la sucesión, estas serán ejecutores testamentarios. El poder de dichas personas tiene su origen en el testamento, no obstante deberá ser confirmado por una homologación de la *Family Division* de la *High Court*. Si una persona muere sin haber otorgado testamento, o bien si habiéndolo otorgado las circunstancias hacen que no haya un ejecutor testamentario, su sucesión será administrada por administradores designados por el tribunal. Estos adquieren sus poderes de la expedición de *Letters of Administration* hecha por la *Family Division* de la *High Court*. Si una persona muere dejando testamento con el cual dispone solo de una parte de su patrimonio, habrá lugar a la aplicación de las reglas que rigen las sucesiones ab intestato sobre la parte de los bienes sucesorales no cubiertos por el testamento.

406.— *Historia:* La historia del Derecho sucesoral es compleja y proviene de fuentes diversas. Las reglas en materia sucesoral aplicables a los bienes muebles (propiedad personal) y a los bienes inmuebles (propiedad real) fueron desarrolladas separadamente[1]. En cuanto a las sucesiones mobiliarias testamentarias y *ab intestato* los tribunales eclesiásticos habían adquirido competencia exclusiva a partir del siglo XIII. Sin embargo, esta competencia se les fue escapando progresivamente de las manos en el provecho de la *Court of Chancery*, particularmente hacia el siglo XVII y XVIII. A mediados del siglo XIX los tribunales eclesiásticos debieron conformarse con homologar los testamentos y con otorgar las *«lettres of administration»*. En 1857 incluso este vestigio de competencia pasada les fue retirado confiriéndosele a la *Court of probate* de reciente creación. En 1875 esta corte fue integrada en la *Probate, Divorce and Admiralty Division* de la *High Court*. Las sucesiones inmobiliarias fueron consideradas como parte de la competencia de las cortes de *Common Law* hasta 1897. Anteriormente

1 *Real Property* designa inmuebles y derechos inmobiliarios, a excepción de los arrendamientos que se consideran como derechos personales. Todo derecho que no es real es personal.

a 1540 era imposible legar una tierra por testamento, aunque de hecho los propietarios inmobiliarios hayan legado sus tierras progresivamente desde el siglo XIV por medio del empleo, de la noción de «uso»[2]. Aquel que tenía la intención de hacer un legado transfería el terreno, cuando aun se encontraba en vida, a algún amigo seguro llamado *«feoffees to uses»* quien lo detentaba en beneficio del último testamento del testador. Si bien dichos usos *(uses)* no fueron reconocidos prácticamente por los tribunales de *Common Law,* no obstante se podía obtener la ejecución del *Chancelier* dentro de la *Court of Chancery:* Este podía obligar a los *«feoffees»* a seguir la voluntad del testador. *The Statute of Uses de 1935* fue la ley que puso fin a la utilización de los *uses* en *Common Law.* La competencia para resolver en materia de sucesiones inmobiliarias fue conferida a la *Queen's Bench Division* de la *High Court* en 1875 y luego fue transferida a la *Probate, Divorce and Admiralty Division* en 1897.

Previamente al *Land Transfer Act de 1897* si una persona moría sin dejar testamento sus herederos entraban inmediatamente en posesión de las tierras según el *Common Law.* La identidad de dichos herederos se determinaba en base a un sistema de primogenitura muy elaborado. Si no había ningún heredero, la tierra pasaba a manos de la Corona según el sistema de *«l'eschat»*[3]. Cuando el testador dejaba un testamento en relación a sus tierras, estas eran transmitidas directamente a los legatarios. Esto se producía de forma directa sin la interposición de ningún representante de la sucesión. Sin embargo a partir de 1670 un bien mobiliario no sometido a disposiciones testamentarias debía ser repartido por el administrador de la sucesión designado por el tribunal entre los parientes más cercanos del de cujus según las reglas fijadas por ley *(state of distribution).* El administrador era designado por los tribunales eclesiásticos. Cuando el testador había legado un bien mueble, este era transmitido a los ejecutores de la sucesión designados por testamento, quienes lo distribuían según las indicaciones testamentarias. Desde 1897 los bienes muebles e inmuebles debían ser tomados a cargo de los representantes de la sucesión. *The Administration of Estates Act de 1925* fusionó las reglas aplicables a las sucesiones mobiliarias e inmobiliarias. El concepto de heredero tal como existía anteriormente fue suprimido quedando establecido un sistema de sucesión *ab intestato,* en virtud del cual el patrimonio del *de cujus* pasa a manos de la Corona en calidad de bien abandonado *(bona vacantia)* en caso de que este muera sin haber otorgado testamento y sin tener un pariente cercano.

En 1970, la *Probate, Divorce and Admiralty Division* de la *High Court* fue suprimida y reemplazada por la *Family Division.* Esta tiene solamente competencia en materia no contenciosa relativa a la homologación de testamentos o a la emisión de las *«letters of administration»*. Todo el contencioso debe ser llevado por ante la *Chancery Division* o bien si el valor de la sucesión es inferior a 30.000 libras será llevado ante la *County Court.*

Sección 1
LOS TESTAMENTOS

407.— Rasgos fundamentales: Un testamento *(will)* es «una manifestación de voluntad expresada por una persona bajo forma determinada y relativa a las disposiciones que ella desea que sean aplicadas luego de su muerte»[4]. El término *«will»* se

---

[2] V. Capítulo II.
[3] N. T. *Escheat:* bien que por falta de heredero se transmite al Estado.
[4] *Halsbury's Laws of England* (4ª edición), volumen 50, p. 91, par. 201.

emplea en dos sentidos. Su primer significado designa la totalidad de documentos de naturaleza testamentaria redactados por el testador. En otro sentido se emplea corrientemente para describir el documento particular por medio del cual el testador manifiesta su voluntad. En este último sentido él se opone a menudo al término *«codicilo»*. Un *codicilo* tiene la misma naturaleza testamentaria que un testamento a diferencia que aquel está destinado a añadir o modificar los términos del testamento ya existente. La revocación de un testamento no acarrea necesariamente la revocación del *codicilo.*

Si bien la función usual del testamento es disponer de los bienes del testador, puede ser utilizado para otros fines. Por ejemplo, un testador puede otorgar testamento con la simple finalidad de revocar una disposición testamentaria precedente o bien para designarle un tutor a su menor hijo. Un testamento no es más que una manifestación de voluntad *(declaration of intention).* Este puede entonces ser revocado por el testador en todo momento antes de su muerte, aun cuando hubiere sido declarado irrevocable. No surte ningún efecto sobre el derecho de propiedad del testador y no confiere ningún beneficio hasta el momento de su muerte, de forma tal que el testador puede perfectamente disponer de sus bienes, mientras viva, de una manera contraria a los términos del testamento otorgado. Un documento que confiera ciertos derechos que hubieren podido ser ejercidos en vida por aquel que lo redactó, no es un testamento. Puesto que un testamento solo produce efectos jurídicos luego de la muerte del testador, el testamento puede ser relativo a bienes adquiridos por el testador con posterioridad a su redacción. Por esta razón un testamento es comúnmente descrito como relativo a un objeto incierto en cuanto a su consistencia exacta. Si una persona redacta un documento cuyas disposiciones tengan efecto al momento de su muerte y este acto respeta las condiciones de forma requeridas por un testamento, tendrá los efectos y será considerado en calidad de testamento aunque su autor, al momento de redactarlo, no pensará que hacía su testamento y creyera, por ejemplo, que se trataba de un contrato unilateral, Un testamento condicionado, aquel subordinado al sobrevenimiento de un evento, no produce efecto alguno si este no se da. De los testamentos condicionados debemos distinguir los casos en que el testador hace simple referencia, dentro del testamento, a una eventualidad que explique la razón por la cual ha sido otorgado. Finalmente, es un asunto delicado tratar de determinar cuál de estas interpretaciones da cuenta cabal a la voluntad del difunto.

Un testamento se diferencia de una donación por causa de muerte *(donatio mortis causa).* Esta no consiste en un testamento ni en una liberalidad entre vivos sino que se trata de una figura *sui géneris.* Una donación por causa de muerte es una donación hecha en consideración y bajo condición de la muerte del donante, este abandona así su derecho de propiedad sobre el objeto de la donación. Si bien una donación por causa de muerte es revocable bajo ciertas circunstancias durante la vida del donante (básicamente en los casos en que este se recupera de la enfermedad temida o bien si este recobra la propiedad del objeto d la donación) y aun cuando se asemeja a un legado se diferencia, sin embargo, en que luego de la muerte del donante la liberalidad se reputa hecha con carácter retroactivo a la fecha de la entrega del bien. Así esta opera como una liberalidad entre vivos (en un sentido limitado) y no requiere de ningún acto por parte de los representantes de la sucesión para producir el título de donatario. El concepto de donación por causa de muerte en el Derecho Inglés si bien se deriva del derecho continental se diferencia de este en la exigencia de que el don no sea solamente hecho bajo la condición de la muerte del donante sino también en consideración de dicho deceso.

408. – Capacidad para otorgar testamento: Una persona tiene capacidad para otorgar testamento si al momento de la firma *(execution)*[5] satisface las siguientes tres condiciones:

1) Que la persona tenga 18 años cumplidos o bien si se trata de una persona más joven, que entre en alguna de las categorías de personas que pueden otorgar «testamento privilegiado» *(privileged will)*[6]. Los estamentos privilegiados serán examinados más adelante.

2) Que al testamento haya sido otorgado en un estado de espíritu sano. Esto significa que la persona debe haber entendido los efectos de las disposiciones adoptadas, debe tener además un conocimiento general de los bienes de los cuales dispone y ser capaz de apreciar los méritos de aquellos a favor de quién se espera que la persona realice una disposición. Esta prueba se aplicará todas las veces que exista un alegato acerca de la alteración de las facultades mentales del testador cualquiera que sea la razón. Un momento de locura quita al testador la capacidad de otorgar testamento si este hecho ha influido o ha sido capaz de influir en la redacción del testamento. En la práctica la carga de la prueba juega un papel importante en aquellos casos donde ha sido alegada la locura. Los tribunales aplican dos presunciones refragables: si un testamento parece intrínsecamente racional, se presume la capacidad de otorgar testamentos; pero si el testador a sufrido de serias perturbaciones mentales anteriores a la redacción del testamento, se presume que estas han continuado y que la persona no tenía capacidad para otorgar testamento. Aunque las facultades mentales del testador estuvieren alteradas al momento de la redacción del testamento, no obstante este puede ser declarado válido si ha sido redactado según las instrucciones del testador dadas en un momento en el cual este comprendía suficientemente lo que estaba haciendo.

3) El otorgamiento de un testamento era un acto de voluntad libremente consentido por parte del testador. Un testamento puede ser impugnado si el testador no conocía su contenido y no lo aprobó o bien si fue conducido a firmarlo bajo una «influencia indebida» *(undue influence)*[7] *o* como resultado de maniobras fraudulentas.

a) Si el testador está en capacidad de otorgar testamento, existe una presunción refragable de que conocía y había aprobado los términos del testamento y serán aquellos que sostengan lo contrario quienes deban demostrarlo. Pero esta presunción se cae si el testador fuere analfabeta, mudo o ciego o bien si el testamento fue firmado por otra persona a nombre del testador. En estos casos debe demostrarse el conocimiento por parte del testador del contenido del testamento y su conocimiento al respecto. De la misma forma si el testamento fue otorgado en circunstancias que parezcan sospechosas o si contiene un legado a la persona por quien fue redactado

---

[5] N. T. *Execution:* Firma de un acta sellada o de otro documento según las formalidades que le confieren validez.

[6] *Vills Act 1837,* s. 7., modificado por *Family Law Reform Act 1969,* s. 11. *Wills Act 1837:* s. 3 (1). *Wills (solders and sellors) Act 1918.*

[7] N. T. Undue Influence: Variedad de vicios del consentimiento, presión psicológica de una persona sobre otra que no es completamente libre de sus actos, en virtud de los nexos existentes entre ellas, como son las relaciones de confianza entre alumno y profesor.

o a uno de sus parientes. Si el testador redactó un testamento habiendo incurrido en error este no será homologado. El error acerca de las consecuencias jurídicas del testamento no constituyen un motivo de anulación. Si una palabra o una cláusula han sido insertadas erróneamente en el testamento, estas pueden ser descartadas al momento de la homologación del mismo. A partir de 1982 un tribunal puede pronunciar la modificación de un testamento si hay error material o bien si la persona que levantó el acta no entendió las instrucciones del testador[8].

b) Un testamento puede ser anulado en todo o en parte si se demuestra que el testador lo firmó en razón de la influencia indebida de otro bien que fue inducido a hacerlo por maniobras fraudulentas. No se presume la influencia indebida solo por el hecho de encontrarse el donatario en una relación de confianza con el testador. Esto es una excepción a la regla que se aplica en otras situaciones.

408 bis. – Exigencias de forma: –A menos que se trate de un testamento privilegiado (ver más abajo) su forma deberá ser conforme a las exigencias legales[9]. Una conformidad perfecta será requerida –aunque lo que la constituya haya sido interpretado de forma liberal– pues no existe en Derecho Inglés la teoría de la «conformidad de lo esencial» *(substancial compliace)* que encontramos en algunos estados de los Estados Unidos o en ciertas naciones que pertenecen al *Commonwealth.*

1) El testamento debe ser inscrito sin importar los instrumentos empleados o el lenguaje utilizado.

2) Deberá estar firmado por el testador o por otra persona en su presencia o bajo su dirección. Los tribunales han interpretado ampliamente la exigencia de la firma, incluyendo toda marca hecha por el testador con intención de dar de esta forma su firma. Para los decesos acontecidos posteriormente al primero de enero de 1983, no se exige que la firma del testador aparezca al final del testamento. Para los decesos anteriores a esta fecha ninguna disposición que figure debajo de la firma será válida.

3) Debe quedar claramente establecido –sea por el mismo testamento o por medio de una prueba extrínseca– que el testador tuvo la intención, por su firma, de que el testamento produjera efectos jurídicos.

4) El testador debe firmar el testamento y si ha sido firmado en su nombre, él deberá dar su consentimiento (ya sea de palabra o por un gesto) en presencia de al menos dos testigos.

5) Cada testigo debe certificar y firmar el testamento en presencia del testador (pero no necesariamente en presencia de otro testigo). Si fue firmado en ausencia del testador, se deberá confirmar la firma en su presencia. Aunque ninguna forma de certificado es exigida, normalmente se inserta una disposición por la cual los testigos declaran que las exigencias de forma fueron respetadas. Todo legado hecho por intermedio del testamento a uno de los testigos o a su cónyuge es nulo, sin embargo esta severa norma está sujeta a varias excepciones.

Algunas veces cuando el testador se ha referido a un documento no certificado por el testigo en su testamento, dicho documento podrá ser admitido al momento

[8] *Administración de Justicia Act 1982,* s. 20.

[9] *Wills Act 1837,* s. 9, retomado por *Administration of Justice Act 1982,* s. 17.

de la homologación como parte del testamento. Para permitir esta inclusión por referencia, tres condiciones deben darse: El documento debe haber existido al momento en que el testamento fue otorgado; el testamento debe hacer referencia al documento como si este existiera para la fecha en que el testamento fue otorgado; el testamento debe identificar claramente el documento. Estas condiciones son de aplicación estricta.

409. – Testamentos privilegiados (privileged wills): Un testamento privilegiado se distingue de los no privilegiados en dos aspectos. La posibilidad de que el testamento sea otorgado por una persona de menos de 18 años de edad y la no exigencia de las condiciones de forma necesarias en los otros casos llegando a ser posible su otorgamiento de forma oral. Los testamentos privilegiados pueden ser otorgados por las personas siguientes[10]:

a) Todo soldado que se encuentre prestando servicios. Un oficial de la *Royal Air Force* se asimila a un soldado[11], y este término se aplica no solo a los combatientes sino a los médicos militares también. Dicho privilegio no existe solamente en tiempo de guerra sino es igualmente aplicable a las operaciones terroristas por ejemplo[12].

b) Todo marino (de la marina mercante o de la de guerra) encontrándose en la mar. El privilegio se confiere también a los testamentos otorgados en tierra o en previsión durante un viaje.

410. – Revocación de un testamento: Un testamento es revocable, en esencia, hasta el momento de. la muerte del que lo ha otorgado. La revocación puede provenir de una manifestación de voluntad por parte del testador, o del efecto de la ley. Para que una revocación voluntaria por parte del testador sea eficaz, habrá que reunir dos condiciones. La primera es que el testador tenga la capacidad de revocarlo. Se trata de la misma capacidad requerida para otorgar testamento. La segunda consiste en tener la intención de revocar el testamento. La destrucción de un testamento por accidente o por error no constituye una revocación. Existen dos métodos de revocación voluntaria por parte del testador. El primero es el establecimiento de un documento testamentario que, implícita o expresamente, revoque total o parcialmente el testamento precedente. El segundo consiste en la destrucción del testamento por el testador o por una persona en su presencia. Una revocación puede ser condicional, por ejemplo subordinada al establecimiento de un nuevo testamento. Si el testamento de un difunto (conocido como otorgante) no puede ser otorgado luego de su muerte, hay una presunción simple de destrucción. La presunción será similar si el testamento es encontrado.

La revocación legal se produce cuando el testador contrae matrimonio luego de que un testamento haya sido establecido. Esta regla se aplica sea el matrimonio válido o anulable (aunque posteriormente se lleve a cabo la anulación), pero no cuando es nulo de pleno derecho. Hay algunas excepciones a este principio general, entre las cuales las más importantes se refieren a los testamentos establecidos en consideración de un matrimonio. Al respecto de los testamentos redactados antes de 1938 el que declare que fue otorgado en previsión del matrimonio no será

---

10 *Wills Act 1837,* s. 11.

11 *Wills (soldados y marineros) Act 1918,* s. 5.

12 *Re Jhones* (1981) Fam. 7.

revocado por el sobrevenimiento de este[13]. Si el testamento fue otorgado después de 1982 y en él aparece que fue redactado en un momento en que el testador pensaba contraer matrimonio con una persona y que deseaba que dicho testamento no fuere revocado por el mencionado matrimonio, esta revocación no tendrá lugar[14]. Si un testador hace un legado a su esposa por testamento y luego se pone fin al matrimonio por divorcio o por anulación el legado quedará sin efecto salvo manifestación de voluntad en contrario[15].

Un testamento privilegiado puede ser revocado sin condición de forma y un menor tiene la capacidad de revocar tal testamento aunque este no sea ya susceptible de otorgarlo. En todos los casos, las reglas relativas a la revocación se aplican indistintamente a los testamentos privilegiados y a los que no lo son.

Una vez revocado, un testamento puede ser puesto en vigor ya sea por el cumplimiento de las formalidades necesarias para el establecimiento, o bien por la redacción de un codicilo que demuestre la intención expresa de devolverle su validez al testamento. Si el testamento fue destruido no podrá ser puesto de nuevo en vigor. La revocación de un testamento que revocaba uno anterior no basta para que este último entre de nuevo en vigencia. Si a un testamento se le devuelve su vigencia se le considerará como si se hubiere establecido en la fecha de su puesta en vigencia.

411.— Modificaciones: Las modificaciones hechas a un testamento con anterioridad a su firma son válidas si fueron queridas por el testador. Sin embargo existe una presunción refragable de que las modificaciones fueron aportadas posteriormente a las formalidades de establecimiento del acta. Dichas modificaciones posteriores serán válidas solamente si han sido autenticadas (por la firma del testador o bien por la de sus iniciales certificadas por dos testigos) o bien si ellas han sido realizadas con la intención de encubrir ciertas partes del testamento (lo que significa que estas ya no pueden ser descifradas por medio de los procedimientos naturales) y que el testador haya entendido revocar de esta manera una parte del testamento.

412.– Interpretación de los testamentos: La interpretación de los testamentos es una ciencia de gran complejidad, por lo que solo describiremos sus principales características en esta obra. El objetivo de los tribunales, al momento de interpretar los testamentos, es determinar la voluntad del difunto y en la medida en que lo permitan las palabras usadas por este, ejecutarlo. Los tribunales no pueden reescribir el testamento. Así, aunque las intenciones del testador se desprenden claramente del testamento, si él no logró enunciarlas, el tribunal no podrá añadir ninguna palabra que le dé efecto. El tribunal examina el testamento completo para determinar la voluntad del testador. Existe una presunción refragable de que las palabras deben ser interpretadas según su significado habitual y de que los términos técnicos deben entenderse en su sentido técnico. La actitud concreta a ser adoptada por un tribunal consiste en interpretar el testamento y habiendo conseguido así un sentido determinado, proceder a interpretarlo a la luz de las circunstancias en las que el testador estableció su testamento. Aunque por regla general el tribunal tenga que determinar la voluntad del testador a partir de los términos del testa-

---

13 *Wills Act 1807,* s. 18.
14 *Administration of Justice Act 1982,* s. 18.
15 *Administration of Justice Act 1982,* s. 18.

mento, puede tomar en consideración elementos extrínsecos para afianzar su interpretación si una parte del testamento no tiene sentido o si este es ambiguo. Dos reglas específicas de interpretación merecen atención. Si se hace un legado a una persona designándola por nombre o por una descripción se deduce que este fue hecho a la persona correspondiente que se encontrare en vida para la fecha del testamento y no para la fecha de la muerte del testador. Por ejemplo un legado hecho en favor de John Smith se entiende hecho en favor del John Smith vivo par el momento de la firma del testamento. Hay dos reglas específicas de interpretación que merecen atención. Si un legado se ha hecho a una persona designada por un nombre o por una descripción se presume que este ha sido hecho en favor de la persona a quien dicho nombre corresponde o a quien corresponde la descripción y quien además se encontraba vivo para el momento de la firma del testamento. Si John Smith muere después de dicha fecha, pero antes de la muerte del testador, dejando un hijo llamado John Smith este no podrá beneficiarse del legado. Sin embargo, el legado de un bien descrito en el testamento acarrea (en ausencia de manifestación de voluntad en contrario) la transmisión de todos los bienes correspondientes a esta descripción que pertenezcan al testador para la fecha de su muerte y no para la fecha de la firma del testamento. Por ejemplo, si el testador lega todos sus automóviles, siendo estos tres al momentos de la firma del testamento y cinco a la hora de su muerte, el legatario recibirá los cinco.

413. – Donaciones testamentarias: terminología: Los legados ya sea a título particular *(specific:* es decir de un bien determinado como «mi granja Blackacre» o bien mi pintura de «Renoir») ya sea a título universal *(residuary:* es decir el conjunto de bienes del testador que pueden luego de que los legados a título particular hayan sido repartidos). Si un legado a título particular no puede ser entregado, el bien se vuelve parte del legado a título universal. Existen tres tipos de donaciones testamentarias: los legados de sumas de dinero *(legacies),* que son legados a título particular de sumas de dinero, los legados de bienes muebles *(bequests),* que son legados (tanto particulares como universales) de bienes muebles y los legados de inmuebles *(devises)* que son legados (sea a título particular o universal) de bienes inmuebles. El término *«legalice»* es comúnmente empleado para designar al legatario de una suma de dinero (legacy) o de un bien mueble *(bequest)* y el término *«devises»* se emplea para denominar a la persona que beneficia de un legado de bienes inmuebles *(devise).*

Sección 2
SUCESIÓN *AB INTESTATO (INTESTACY)*

414. – La ausencia total o parcial de testamento: Existe «una total *intestacy»* cuando la persona muere sin haber otorgado testamento válido. La *«intestacy»* será parcial cuando el testador dispone por testamento de una parte de su patrimonio.

415. – Ausencia total de testamento: Cuando una persona muere sin haber otorgado testamento, los representantes de la sucesión detentan la totalidad de su patrimonio (con ciertas excepciones) en *trust,* con la misión de vender los bienes para convertirlos en dinero[16]. Existe una posibilidad de postergar la fecha de la venta si los representantes sucesorales lo consideran justo. Solamente una de las excepciones aportadas a dicho *«trust»* con fines de venta *(trust for sale)* merece ser mencionada. Los representantes de la sucesión deben conservar los «bienes personales» del difunto

---

16 *Administration of Estates Act 1925,* s. 46.

(personal chattles), lo que engloba todos los ornamentos u objetos usados o para su uso personal y todo el contenido de su domicilio. Con el producto de la venta, los representantes de la sucesión deben pagar todas las deudas del difunto y los gastos relativos a sus funerales y a la gestión del patrimonio. El resto será distribuido según las disposiciones de la ley que pueden ser resumidas de la manera siguiente[17].

1) Sí al *decujus* sobrevive su cónyuge, pero no posee ni descendencia ni madre ni padre ni hermanos de su misma sangre, el cónyuge heredará la integridad de la sucesión.

2) Si el *decujus* deja en vida su cónyuge y descendientes, entonces el primero heredará «bienes personales» del difunto *(personal chatties),* la ley le acuerda además 40.000 libras en plena propiedad más los intereses que correrán a partir de la fecha de la muerte y un usufructo *(life interest)* sobre la mitad del patrimonio restante y que regresará a los niños al momento de su muerte. La otra mitad del patrimonio restante (si la hubiere) será detentada por cuenta de los hijos que vivan para el momento de la muerte del *decujus* y que hubieren alcanzado la edad de 18 años o que hubieren contraído matrimonio antes de esta edad; esa parte del patrimonio será dividida entre ellos en partes iguales. Si uno de los hijos muere antes del testador y deja descendencia, esta tomará la parte que le hubiera tocado al precedente y le será entregada a condición de que haya cumplido 18 años de edad o de que haya contraído matrimonio. Por ejemplo, X muere dejando a la viuda W. X tenía dos hijos A y B pero B muere antes que su padre X, dejando a su vez dos hijos C y D quienes tienen más de 18 años. El valor del patrimonio a distribuir se eleva a 100.000 libras. W recibirá (dentro de los bienes personales de X) 40.000 libras de inmediato y en plena propiedad, beneficiando además de una renta de 30.000 libras durante toda su vida. A heredará 15.000 libras inmediatamente en plena propiedad y C y D 7.500 libras cada uno al mismo título. A la muerte de W, las 30.000 libras que ella a usufructuado durante toda su vida serán distribuidas de la forma siguiente: 15.000 a A y 7.500 a C y 7.500 a D. Existe también una teoría específica llamada «El derecho de acrecer» «*Hotchpot*» que puede ser empleada bajo ciertas circunstancias. Si el difunto ha empleado durante su vida gran parte de su capital en provecho de uno de sus hijos, ayudándole a establecerse (por ejemplo: comprándole una casa o bien proporcionándole dinero para que inicie negociaciones) entonces este hijo deberá tomar en cuenta dicho dinero a la hora del cálculo de la parte que recibirá al momento de la repartición[18].

3) Si al difunto sobrevive su cónyuge, sin descendientes pero quedando con vida su padre, su madre, un hermano o una hermana, el cónyuge sobreviviente tendrá derecho a los «bienes personales» del difunto ya que una disposición legal le acuerda además 85.000 libras en plena propiedad cuyos intereses corren a partir de la fecha del deceso y en plena propiedad (no en simple usufructo) le acordará también la mitad del patrimonio restante. La otra mitad se dividirá entre el padre y la madre del difunto. Si estos han muerto, pero quedan hermanos, la mitad mencionada será dividida entre por partes iguales.

El cónyuge sobreviviente tiene derecho de reclamar de los representantes de la sucesión que se le atribuya el domicilio conyugal en pago de la parte de plena propiedad o de usufructo que le corresponde.

---

17 *Administration of Estates Act 1925,* s. 46.

18 *Administration of Estates Act 1925,* s. 47 (III).

La regla general de Derecho Inglés según la cual cuando dos personas mueren simultáneamente, la más joven se presume haber muerto luego de la persona mayor[19] (premoriencia). Existe una excepción, cuando los difuntos son cónyuges y uno de ellos muere sin dejar testamento. En esta hipótesis se supone que mueren simultáneamente[20] (conmoriencia).

4) Si el difunto no deja cónyuge que le sobreviva pero si deja descendientes, su patrimonio será repartido entre ellos si viven y han alcanzado la edad de 18 años o si han contraído matrimonio en caso de que no hubieren alcanzado dicha edad. De nuevo en este caso, aquellos que hubieren recibido un avance en capital del difunto cuando este se hallaba en vida tendrán que llevarlo a colación cuando la repatriación tenga lugar.

5) Si el difunto no deja cónyuge ni descendiente que le sobreviva entonces su patrimonio pasará a aquellas personas que pertenezcan a la primera categoría de la lista siguiente (establecida bajo una forma simplificada):

a) Sus padres.

b) Sus hermanos.

c) Sus abuelos.

d) Sus tíos.

e) La Corona (en calidad de bienes sin dueño *«bona vacantia»).*

En lo que concierne a hermanos, hermanas, tíos y tías del difunto, la herencia les será atribuida si ellos viven para la fecha de la muerte del difunto, si tienen 18 años o si han contraído matrimonio antes de esa edad; si han muerto con anterioridad dejando descendencia esta los reemplazará a condición de que hayan alcanzado los 18 años de edad o que hubieren contraído matrimonio antes de dicha edad.

416. – Ausencia parcial de testamento: En caso de ausencia parcial de testamento las reglas anteriormente descritas se aplicarán solo en la medida en que no sean descartadas o modificadas por el testamento. El cónyuge sobreviviente debe traer a la sucesión todos los beneficios que haya podido recibir en virtud del testamento, de la misma manera actuarán los descendientes. La aplicación de las reglas de reintegro a la sucesión es en práctica muy compleja y no da cabal satisfacción.

Sección 3
LA OBLIGACIÓN DEL DIFUNTO DE PROVEER A LA MANUTENCIÓN DE SU FAMILIA Y DE AQUELLOS QUE DEPENDEN DE ÉL[21]

416 (bis). – Flexibilidad en la noción de reserva: Un testamento que no contenga ninguna disposición en favor del cónyuge sobreviviente del difunto ni en favor de los miembros de su familia ni de aquellos que dependen de él para vivir al momento del deceso, será perfectamente válido.

De esta forma dichas personas tienen derechos sobre la sucesión y es solamente la parte restante de esta (si quedare) una vez colmados sus derechos, la que será

19 *Law of Property Act 1925*, s. 184.
20 *Administration of Estates Act 1925*, s, 46 (3).
21 N. T. Dudamos en escribir «reserva sucesoral» puesto que la institución difiere mucho de la francesa.

distribuida según las disposiciones testamentarias. La ley inglesa no prevé una proporción fija de la sucesión que deberá ser devuelta a ciertas categorías de herederos. En cambio ha adoptado una modalidad discrecionaria: serán los tribunales quienes atribuyan cuanto crean oportuno en las circunstancias dadas[22]. Una persona que desee una suma de dinero a este título debe intentar la acción dentro de los seis meses de la muerte del *de cujas* (aunque los tribunales puedan discrecionalmente hacer valer demandas tardías). Para intentar esta acción el demandante debe probar que llena las siguientes condiciones:

1) Que el difunto haya muerto estando domiciliado en Inglaterra o en los Países Galos[23].

2) Que sea posible de ubicar dentro de una de las categorías siguientes:

a) Cónyuge del difunto.

b) Antiguo cónyuge del difunto que no ha vuelto a contraer nupcias.

c) Hijo del difunto.

c) Una persona que, sin ser hijo del matrimonio del de cujus era sin embargo tratado como tal.

e) Toda persona que justo antes de la muerte del difunto, hubiese sido mantenida, total o parcialmente por aquel. El difunto deberá haber contribuido de forma substancial (en dinero o por equivalente) a la satisfacción de las necesidades razonables de dicha persona sin contrapartida alguna *(otherwise tran for full valuable consideration)*[24]. Se trata de una amplia categoría que puede, por ejemplo cubrir los casos de cohabitación entre concubinos o los casos de dependencia económica en los que el demandante no cohabite con el difunto. Este deberá haber asumido una responsabilidad en el mantenimiento del demandante.

3) Que el difunto, antes de morir, no haya tomado ninguna disposición financiera razonable en favor del demandante. Importa poco que el difunto disponga de sus bienes por testamento, o bien que muera sin haberlo otorgado. La noción de disposición financiera razonable es variable. En el caso del cónyuge del difunto cuando no ha habido separación judicial *(«order of judicial separation»)* se trata de aquello que le sería razonable recibir en todas circunstancias al cónyuge sobreviviente ya sea esta disposición necesaria o no para su manutención.

Aunque el demandante establezca que llega las condiciones anteriores, el tribunal conserva un poder discrecional para atribuirle una parte de la sucesión del difunto. El tribunal estará obligado a tomar en consideración una serie de factores detallados que varían según la categoría dentro de la cual se encuentre el demandante, incluyendo la capacidad financiera y las necesidades presentes o posibles dentro de un porvenir previsible, el tamaño ,y la naturaleza de la sucesión y la conducta del demandante o de toda persona concernida.

22 La legislación está contenida actualmente en la *INHERITANCE (Provisión for Family and Dependants) Act 1975*. La primera legislación de este tipo data de 1938. Anteriormente los testadores tenían total libertad para disponer de sus bienes como lo creyeran oportuno y aquellos que dependían del testador para subsistir, no tenían ningún derecho en contra de la sucesión.

23 Para el significado del término «domicilio», en derecho inglés, referirse al capítulo 20.

24 N. T. *Valuable consideration:* Por oposición a «good consideration» se entiende por intención liberal.

Existen disposiciones detalladas para determinar el monto de la sucesión que podrá ser atribuida a los demandantes. El tribunal puede tomar varias decisiones; por ejemplo ordenar depósitos periódicos o el pago de un capital o la transferencia de bienes de la sucesión. Puede igualmente tomar las medidas necesarias para impedir la violación de la ley, por ejemplo por medio de las disposiciones entre vivos *(inter vivos)* o por medio de compromisos contractuales testamentarios.

CAMPO PRINCIPAL DEL DERECHO INGLÉS

Sección 4
OTORGAMIENTO DE LA REPRESENTACIÓN
(grants of representation)

1. LOS REPRESENTANTES DE LA SUCESIÓN

417. – Los ejecutores testamentarios (executors): Un ejecutor testamentario es una persona designada por el testador en su testamento para que administre la sucesión según instrucciones dadas en el testamento. Un testador puede designar diferentes personas para que actúen como ejecutores testamentarios de diferentes partes de la sucesión. La designación se hace corrientemente, de forma expresa, pero puede hacerse de forma implícita si ella es irreprochable, si resulta claramente del testamento que una persona designada deberá administrar la sucesión. Tal persona será el ejecutor *(according to the tenor of the will).* Un ejecutor testamentario adquiere sus poderes del testamento y aunque tenga necesidad de obtener una homologación del mismo *(grant of probate:* es una decisión de un tribunal confirmándole en dicho cargo y probando la validez de su título). Este podrá en todo momento, después de muerto el testador, efectuar válidamente toda operación de gestión de patrimonio sin tal homologación salvo en los casos en que la operación sea de aquellas en que se exija la prueba de su título (para lo que hará falta la homologación del testamento). Los derechos sobre los bienes del difunto se transmiten directamente al ejecutor testamentario desde el momento de la muerte.

Un ejecutor testamentario será casi siempre designado por el testador en él testamento y dicho rol no puede ser transmitido. Excepcionalmente un testador puede, en su testamento, confiar la designación a otra persona. Si, antes del fin de sus funciones, muere el ejecutor testamentario dejando a su vez un testamento que será homologado por otro ejecutor testamentario, este último será por representación el ejecutor testamentario del primer testador.

La homologación puede serle acordada a uno o más ejecutores testamentarios hasta una cifra máxima de cuatro 4. Si solo uno de entre ellos hace homologar el testamento, el poder de solicitar la investidura será mantenido por los otros quienes podrán, posteriormente, intentar un proceso de otorgamiento de representatividad. Uri testador es enteramente libré de designar a aquellos que él elija para que se desempeñen como sus ejecutores testamentarios, aunque se trate de un menor, de una persona cuyas facultades estén alteradas, de un sujeto que haya incurrido en quiebra, de un condenado por crimen o de un enajenado. Si la persona designada es un menor o un enfermo mental la investidura será rechazada y ellos no serán encargados de la toma de los bienes de la sucesión hasta que dicha incapacidad llegue a su fin. El tribunal tiene poder para descartar a un ejecutor testamentario designado por el testamento si, en razón de circunstancias particulares fuere necesario u oportuno y podrá nombrar en su lugar a otra persona en calidad de administrador de la sucesión.

Normalmente, un ejecutor testamentario manifiesta que acepta la función retirando el certificado de homologación expedido por el tribunal pero podrá igualmente aceptar por medio de cualquier acto que muestre su voluntad de actuar como ejecutor testamentario. Una persona designada por testamento como ejecutora testamentaria no puede ser obligada a aceptar y podrá renunciar; por el contrario podrá ser obligada a indicar si tiene la intención o no de asumir la función, por medio del procedimiento de «*citation to accept or refuse probate*»[25]. La persona que asume la función de ejecutor testamentario no puede renunciar sino con autorización del tribunal.

418.— Los administradores de la sucesión *(administrators):* El patrimonio del difunto será gerenciado por un administrador de la sucesión si este muere sin haber dejado testamento o si ha dejado y por alguna razón no ha habido ejecutor testamentario en medida de gerenciar la sucesión. En estas dos hipótesis, el Presidente de la *Family Division de la High Court* toma posesión de los bienes del difunto hasta que el administrador de la sucesión obtenga del tribunal la expedición de las «*letters of administration*». De este documento obtiene los poderes el administrador de la sucesión sobre los bienes del difunto junto con la autoridad para actuar, aunque para ciertos efectos el otorgamiento de la representatividad se fije para la fecha del deceso del difunto. Un administrador de la sucesión no tiene cualidad para actuar antes de haber sido nombrado. Toda persona que no sea ejecutor testamentario ni administrador de sucesión debidamente designado pero que se inmiscuya en la administración de una sucesión es calificada «ejecutor de su falta» Como tal será responsable de todo perjuicio que pudiere ocurrir a la sucesión por el hecho de su intervención[26].

Ciertas reglas legislativas muy complejas prevén rangos de clasificación para determinar quién será el administrador de la sucesión del difunto[27]. El principio es el siguiente, el poder de administrar los bienes sigue al derecho de propiedad. Por ejemplo, si el difunto muere sin haber dejado testamento, su cónyuge sobreviviente estará en el primer rango de las personas susceptibles de solicitar la expedición de «*letters of administration*». Si ella se abstiene, esta prerrogativa pasa a los hijos del difunto y así sucesivamente.

El tribunal puede no aplicar los rangos de clasificación fijados por ley si, en razón de las circunstancias particulares, esto pareciere necesario u oportuno. Tal hipótesis puede presentarse si una persona se encuentra en el extranjero o si no pudiere ser hallada. Si el administrador de una sucesión muere sin haber terminado su cometido, la función no será transmitida a los representantes de su sucesión. Un nuevo administrador de la sucesión deberá ser resignado por «*letters of administration de bonis non administratis*»[28].

---

[25] N. T. *Citation:* Citación de la justicia que previene a un individuo que deberá presentarse por ante un tribunal.

[26] N. T. Puede reclamarse judicialmente por un ejecutor testamentario, un administrador de la sucesión, un acreedor o una persona llamada a suceder.

[27] Ver *La Non Contentious Probate Rules 1954* rr 19 y 21.

[28] N. T. Sus poderes se limitan a los bienes cuya suerte no ha fijado el administrador precedente.

Las *«letters of administration»* pueden ser expedidas a varios administradores de la sucesión cuyo número no puede pasar de cuatro. Si un niño es heredero o bien si aparece un usufructo deberá haber dos administradores de la sucesión como mínimo. Ni un menor ni un esfuerzo mental pueden ser administradores de la sucesión.

Una persona que tiene el derecho de obtener la función de administrador de la sucesión no podrá ser obligada a ejercerla, sin embargo, podrá ser constreñida a decidir si acepta o rechaza dicho cargo. Un administrador de la sucesión no puede entrar en funciones si no está en posesión de las *«letters of administration»*. Todo administrador podrá renunciar a su cargo con la autorización del tribunal.

2. EL PROCEDIMIENTO PARA OTORGAR LA REPRESENTATIVIDAD

419. – El rol del tribunal: Una persona que demanda con la finalidad que le sea conferida la calidad de representante de la sucesión deberá dirigirse al tribunal[29]. Aunque el otorgamiento de la representatividad resulte de un *«order»*[30] del tribunal, el procedimiento para la obtención es habitualmente una forma más administrativa que judicial. Antes de obtener un tal reconocimiento el demandante debe (a menos que la sucesión sea pequeña) presentar una cuenta del valor de la sucesión a los representantes del fisco *(«Inland Revenue Commissioners»)* y pagarles los derechos de sucesión. Generalmente, el representante de la sucesión deberá, a estos efectos, tomar un préstamo ya que no posee ningún título ni prueba de su función hasta no ser reconocido por el tribunal.

El demandante debe aportar, en refuerzo de su demanda los documentos apropiados. En principio debe haber una declaración jurada del ejecutor testamentario o del administrador de la sucesión. Se trata de un *«sworn affidavit»*[31] que debe contener algunas indicaciones, por ejemplo la fecha y el lugar del deceso y el valor de la sucesión. Pero si el difunto murió habiendo dejado testamento deberá anexarse el original. Si este contiene una cláusula d certificación (cosa frecuente) no se exigirá ninguna otra prueba que certifique que fue redactado válidamente. Si no la contiene, un certificado de uno o varios de los testigos presentes para el momento de la firma deberá producirse si fuera posible; de lo contrario el tribunal podrá recurrir a otras pruebas, al examen grafológico por ejemplo. Ciertas partes del testamento pueden no ser homologadas, por ejemplo, si el testador no tenía la intención de testar. Si el último testamento no puede ser encontrado luego de su muerte, existe una presunción de revocación. Esta admite prueba en contrario y el testamento perdido podrá ser homologado si se demuestra al tribunal la existencia y el contenido del mismo y el hecho de que este fue revocado.

Un testamento es habitualmente homologado según la forma común anteriormente descrita que no implica audiencia del tribunal. Sin embargo un testamento puede ser homologado solemnemente por un procedimiento delante del tribunal, por iniciativa de los ejecutores testamentarios o de cualquier interesado. Será oportuno recurrir a este procedimiento solemne cuando haya cualquier deuda acerca de la validez del testamento. Será en efecto más difícil oponerse a una homologación hecha bajo forma solemne que a una hecha de forma ordinaria.

---

[29] De hecho, esto significa el «Probate Registry» local.

[30] N. T. *Order:* Orden dada por un tribunal.

[31] *Sworn Affidavit:* Exposición escrita en virtud de la cual aquel que la realiza presta juramento delante de un *Commissioner for Oaths.*

El otorgamiento de la representatividad puede ser impugnado por ejemplo, por una persona que tenga derechos preferentes a los del demandado. Una vez acordado el reconocimiento de la representatividad podrá ser revocado sea por error (que el difunto se encuentre vivo en realidad, el descubrimiento de un testamento más reciente, o bien que el reconocimiento de la representatividad se haya hecho a favor de una persona que no tenía derecho) ya sea porque la persona que fue nombrada sufrió incapacidad sobrevenida de actuar o bien porque desapareció. También los representantes de la sucesión que actuaron según la homologación original del tribunal y todas las personas relacionadas se benefician de una amplia protección por todos los actos cumplidos en virtud de los poderes de gestión que fueron revocados.

Sección 5
LA ADMINISTRACIÓN DE LA SUCESIÓN

420.– *Generalidades:* Un representante de la sucesión tiene el deber legal de recobrar los bienes del difunto, de pagar sus deudas y de distribuir el sobrante entre aquellos que tienen derecho en virtud del testamento o de las disposiciones de ley. En el cumplimiento de dicho deber, el representante de la sucesión debe ejercer una diligencia razonable; generalmente deberá, si es posible, haber cumplido sus obligaciones en el lapso de un año contado a partir de la muerte del testador.

421.– *Recaudación del activo:* Al recaudar los bienes del difunto, el representante de la sucesión debe esforzarse por recuperar las acreencias no privilegiadas lo más rápido posible. Las acreencias no privilegiadas no hace falta recuperarlas inmediatamente. Toda acción en justicia *(cause of action)* que el difunto hubiere podido ejercer en vida deberá ser proseguida por los representantes de la sucesión. Salvo ciertas excepciones, (por ejemplo las acciones de difamación), dichas acciones no se extinguen con la muerte. Los representantes sucesorales tienen el poder de transigir.

422.– *Venta de bienes:* Con la finalidad de pagar las deudas, los gastos y legados, los representantes de la sucesión deben liquidar habitualmente todo o parte de los bienes del difunto.

Frecuentemente, el testador deja la parte restante de la sucesión en *«trust for sale»* y si una persona muere sin haber otorgado testamento, los administradores de la sucesión la detentarán (salvo los bienes personales) a título de trust for sale (aunque tengan el poder de diferir la venta). Los representantes de la sucesión tienen amplios poderes para realizar una venta, hipotecar o dar en arrendamiento los bienes del difunto.

423.– *Pago de las deudas y legados:* Antes de pagar las deudas del difunto, los representantes de la sucesión deben investigar si esta es solvente o no. Si el testador muere insolventado, su patrimonio quedará inicialmente afectado al pago de sus funerales, y a los gastos generados por la administración de la sucesión. A continuación todos los bienes que queden estafan afectados al pago de las deudas según las reglas legislativas aplicables a los vivos declarados en bancarrota. Si el difunto estuviere solvente, las disposiciones legales seguirán el orden en el cual los bienes de la sucesión serán utilizados para cancelar las deudas. Por ejemplo, los bienes de los que no hubiere dispuesto en el testamento serán empleados en primer orden, luego los bienes que no han sido objeto de legados particulares pero que se encuentran incluidos en legados a título universal y así en adelante. Los legados a título particular son virtualmente los últimos en ser usados para el pago de las deudas. Dichas deudas pueden ser modificadas por el testamento. Si los bienes del difunto no han sido usados en el buen orden, cada heredero que haya perdido el beneficio de aquello que hubiere debido recibir, puede reclamar en justicia una compensación sobre los bienes que deberían haberse utilizado. Este sistema se conoce por el nombre de «*marshaling*».

424. – Derecho de los herederos: Una vez que el pasivo ha sido cancelado, los representantes de la sucesión detentan el restante de los bienes del difunto a título de *trust* por cuenta de aquellos que tienen derechos sobre la sucesión en virtud del testamento o de las reglas legislativas. Hasta ese momento los titulares de dichos derechos no eran propietarios de la sucesión sino que tenían solamente el derecho de exigir una administración razonable de la sucesión por sus representantes. Este es un derecho incorporal *(chose in action)*[32] y puede ser transferido.

424 bis. – Nulidad y caducidad del legado: A veces una persona que hubiere podido recibir un legado del difunto no lo recibe. Siendo las principales situaciones las siguientes:

1) Que la persona renuncie expresa o implícitamente.

2) Cuando el beneficiario o su cónyuge es un testigo del testamento del difunto (aunque esta regla conoce excepciones)[33].

3) Caída del legado, esto puede suceder cuando el beneficiario muere antes que el testador (esta regla está también sujeta a excepciones), o bien si el legado fue hecho al cónyuge del testador y que el lazo matrimonial se ha disuelto luego de la redacción del testamento.

4) Un legado en dinero o en bienes inmuebles a título particular es satisfecho por algún obsequio hecho por el tentador si el objeto del legado ha cesado de figurar en el patrimonio del testador a la fecha de su muerte, por ejemplo, si fue destruido, disipado o vendido antes de la muerte *(adeemed).*

5) El legado será reducido *(abates)* por el hecho de la insolvencia de la sucesión. Esto sucede si el objeto del legado debe ser utilizado para el pago de las deudas el difunto según el orden de prioridades descrito anteriormente.

6) El legado es nulo por indeterminación «*uncertainity*»[34]. Esto puede suceder si el objeto del legado o el heredero no ha sido indicado con suficiente precisión.

7) El heredero ha matado al difunto fuera de los casos excusados por la ley. Se trata de una regla de orden público y el tribunal tiene poder discrecional de separarse bajo ciertas circunstancias[35].

---

[32] N. T. *Choose in action:* Por oposición a cosa en posesión, derecho incorporal que se conserva sobre una cosa o una suma de dinero sin tener la posesión.

[33] *Wills Act 1837,* s. 15.

[34] N. T. *Unccertainty:* Término empleado cuando un documento es tan ambiguo u obscuro que no puede ser interpretado.

[35] *La Forfeiture Act 1982.*

425.– *Transferencias de los bienes:* El representante de la sucesión debe asegurarse que la propiedad de bienes se ha transmitido a aquellos que tienen derecho en virtud del testamento o de reglas legales. Para hacer esto, se deberá expedir un *«assent»* o una transferencia de propiedad en favor de la persona que se ha beneficiado y en caso contrario tomará todas las medidas necesarias para confrontar el título legal de esta persona. Un *assent* es un acto por el cual el representante de la sucesión indica que el bien en cuestión no es más indispensable para la administración de la sucesión. Para los bienes muebles ninguna formalidad es necesaria en cuanto al *«assent»* que puede resultar, y que resulta en la práctica, de un comportamiento. Por ejemplo, la transferencia de la posesión en sí misma no es suficiente para transmitir el título legal, el representante de la sucesión debe tomar las medidas necesarias a fin de llevar a cabo la transferencia. Por ejemplo, si hay legado de acciones, será necesario que el nombre del heredero sea llevado en los libros de la sociedad como accionista. Si se trata de un bien inmueble el *«assent»* y la transferencia del título de propiedad operan simultáneamente. Esto se explica por el hecho de que, si el objeto del legado es un inmueble, *l'assent* deberá ser dado por escrito y operará como una transferencia legal de la propiedad del bien. Es indispensable que el *assent* sea establecido por un representante de la sucesión aunque este tenga derechos sobre el inmueble como legatario o como *trustee*[36] de un *trust* creado por testamento. El *assent* una vez otorgado, acarrea la transferencia retroactiva de la propiedad del bien para la fecha del deceso.

426.– *La responsabilidad del representante:* Si un representante de la sucesión viola sus deberes será tenido como responsable de las pérdidas que resulten de su acción para aquellos que tienen derechos sobre la sucesión (ya sea a título de acreedor o de heredero). Tal violación se conoce bajo el nombre de *«devastavit»*[37]; los ejemplos más comunes por la negligencia en el cobro de una deuda que acarrea su prescripción o la distribución de bienes a una persona distinta de aquella quién tenía derecho. Un representante de la sucesión puede ser constreñido suministrar un informe de sus entradas y sus gastos.

427.– *El control del tribunal:* Los representantes de la sucesión, los acreedores del difunto, un heredero o un legatario pueden acudir al tribunal a los efectos de la administración de todo o parte de la sucesión, o bien para dirimir un problema específico que surja durante la administración de la sucesión. El primero de estos recursos es inusual y aparece solo en caso de una sucesión particularmente difícil de administrar para la que se necesita la asistencia de un tribunal. Este administrará entonces la sucesión y los representantes de la sucesión actuarán bajo su dirección. Las costas de tal procedimiento son considerables. Las acciones para dirimir cuestiones específicas son, por el contrario, frecuentes y un representante de la sucesión podrá hacer uso de ella si existe una deuda sobre la manera en la que se debe actuar.

Si un representante de la sucesión transfiere un bien de esta a una persona a quien no corresponde por no tener derecho, los herederos legítimos y los acreedores del difunto tienen a su disposición dos recursos posibles. El primero es un recurso *«in personam»* contra aquel que ha recibido el bien[38]. Los demandantes deben haber agotado todas las vías de recurso contra los representantes de la sucesión

[36] N. T. *Trustee:* Persona encargada de la gestión del trust.
[37] La palabra denota una disipación de los activos de la sucesión.
[38] *Ministry of Health* v. *Simpson* 1951, A.C. 251.

por *devastavit.* Esta acción no se detendrá por el hecho de que la persona que haya recibido el bien no lo tenga más en su poder. Pues, como el recurso se ha ejercido *in personam,* este no confiere ningún privilegio si la persona que ha recibido el bien está en la quiebra. La segunda posibilidad es un recurso «*in rem*» que permite perseguir el bien de entre las manos de aquel que ha tomado indebidamente posesión del mismo y de recuperarlo[39]. Este recurso confiere un derecho *(lien)* sobre el objeto que dará la prioridad a los demandantes si el que lo posee ilegalmente se encuentra en estado de quiebra. Este recurso se limita necesariamente al bien (en su forma original o modificada a condición que sea identificable) que se encuentra en manos del posesor ilegítimo. Estos dos recursos no pueden ser ejercidos si el posesor del bien lo ha adquirido a título oneroso comprándolo de buena fe en la ignorancia del vicio que afectaba la transmisión de propiedad.

39 *Re Diplock* 1948 Ch. 465.

CAPÍTULO XIV
DERECHO FISCAL

Por J. Tiley

428.— Introducción: En todo el Reino Unido se aplica el mismo derecho fiscal (es decir, en Inglaterra y en Gales, así como en Escocia y en Irlanda del Norte, con excepción de las islas Anglonormandas y la isla de Man). Es el resultado de fuerzas políticas variadas y de toda una evolución histórica. Consiste en una acumulación de diversos impuestos establecidos por gobiernos diferentes, en épocas diferentes y con propósitos diferentes. Por ello, no es sorprendente descubrir que no existe código fiscal. En cambio, sí podemos sorprendernos al descubrir que la documentación legislativa referente a un impuesto específico debe buscarse igualmente en un cierto número de leyes diferentes: a cada impuesto no le corresponde una ley particular.

Hasta 1960 aproximadamente, el derecho fiscal era considerado por los juristas como una materia secundaria. Claro está, la mayoría de los *solicitors* conocía bastante bien el régimen jurídico de derechos de sucesión *(estate duty,* ahora reemplazado por el *inheritance tax)* para poder dar una opinión en materia de sucesión, sin embargo, temas tales como el impuesto sobre la renta o el impuesto sobre compañías *(income tax* y *corporation tax* respectivamente) en su mayoría eran competencia de unas cuantas firmas especializadas o de expertos contables.

Contrariamente a lo que se observa en ciertos países continentales, la profesión específica de «consejero fiscal» no existía y de hecho aun no existe. Algunos *barristers* se especializaban en problemas fiscales, aunque solo fuera como consecuencia del monopolio de alegatos ante las jurisdicciones superiores, pero incluso estos eran poco numerosos. Durante ese período, el derecho fiscal no se estudiaba en las facultades de derecho, ya que la materia se consideraba o muy práctica o muy difícil.

En los últimos veinticinco años se produjeron importantes cambios de actitud. En la actualidad, el derecho fiscal se enseña en la mayoría de las facultades de derecho, y dicha materia, bajo casi todos sus aspectos, ahora es obligatoria para poder practicar las profesiones de *barrister* o *solicitor.*

Sección 1
NORMAS GENERALES

429.— Las fuentes del derecho fiscal: Es necesario buscar el régimen jurídico de cada impuesto en una o varias leyes; estas se indicarán a medida que se presenten los impuestos. Las leyes se completan con otros instrumentos legislativos, más estos últimos no constituyen una fuente significativa de derecho.

Las decisiones judiciales constituyen una fuente de derecho como lo indica la norma precedente. No obstante, por el hecho de que la jurisdicción de los tribunales se limita a las cuestiones de derecho, la jurisprudencia no sirve como guía segura en cuanto a las cuestiones de hecho. Así, un juez podrá declarar perfectamente que no tiene el poder jurisdiccional de anular la decisión del juez de impuestos que le es sometida, debido a que no presenta ningún error de derecho, pero, al mismo tiempo de indicar que, si hubiera estado habilitado para decidir sobre las cuestiones de hecho, su decisión hubiera podido ser diferente.

El organismo encargado de percibir la mayor parte de los impuestos directos *(The Inland Revenue)* igualmente publica reglamentos complementarios de las leyes *(«extra statutory concessions»)* y circulares administrativas *(«statements of practice»)*, empero estos documentos no tienen fuerza de ley y como tales no constituyen, propiamente hablando, una fuente de derecho. Sin embargo, es muy poco probable que el cuerpo fiscal administrativo haga caso omiso de estas directrices, de hecho la sanción política para un rechazo de esa naturaleza sería severo.

En lo que respecta la interpretación de las leyes, los jueces han cambiado de actitud a lo largo de estos últimos años. Hubo un tiempo en que las clases adoptaban una interpretación muy literal y estaban de acuerdo en que el texto legislativo, en caso de ambigüedad, debía tomarse en un sentido favorable al contribuyente.

Puede ser que esta actitud fuera el resultado de una antipatía general hacia los impuestos como tales, o aun más de una aversión a verse confrontados con los principios de un sistema que en realidad no pertenecía al derecho. No obstante, recientemente los jueces han comenzado a tomar más en consideración los motivos de política que sustentan estas leyes, en particular cuando se trata de interpretar las disposiciones con miras a combatir la evasión fiscal, en consecuencia los jueces han desarrollado un enfoque intelectual del tema.

La actitud con respecto a las maniobras destinadas a evadir los impuestos está estrechamente ligada a este problema. El *Common Law* jamás ha tenido una teoría sobre el abuso del derecho o del fraude sobre la ley, y, por lo tanto, la legislación fiscal no ha previsto una disposición general relativa a la evasión fiscal. Ello podía conducir y de hecho ha conducido al Reino Unido a una situación en donde tales manejos a menudo concluían exitosamente. El contraataque del Parlamento fue una legislación siempre más abundante e inclusive a veces retroactiva[1]. Empero, en los años setenta se tomó evidente que ello no era suficiente, y es de esa forma como en dos decisiones jurisdiccionales que marcaron pauta *(Ramsay v. I.R.C.*[2] en 1981 y *Furniss v. Dawson*[3] en 1984), la Cámara de los Lores declaró que los jueces gozaban de un amplio poder para poner fin a dichas prácticas. No obstante, la situación actual sigue siendo incierta, ya que la Cámara de los Lores expresamente se ha abstenido de implantar normas precisas en cuanto a la actitud que se debe adoptar en el futuro.

430.– Evaluación administrativa del impuesto y recursos: La administración del impuesto se confía bien sea al *Board of Inland Revenue,* o en lo que respecta la recaudación del impuesto sobre el valor agregado y los diferentes derechos de importación, al *Board of Customs and Excise.* Estos *boards* están compuestos por un

1 Por ejemplo: *FA 1978,* s. 31.
2 (1982) A.C. 300.
3 (1984) A.C. 474.

pequeño grupo de funcionarios superiores llamados Administradores de contribuciones directas *(Commissioners of the Inland Revenue)* y Administradores de derechos aduaneros e impuestos indirectos *(Commissioners of Customs and Excise).* Algunos de los casos fiscales más importantes se litigan en nombre de estos *boards.* Los servicios que funcionan bajo su autoridad son órganos gubernamentales independientes compuestos por funcionarios. No están subordinados al Tesoro, a pesar de que trabajen en estrecha colaboración con este último; cada *board* se encuentra bajo el control político del Ministerio de Hacienda.

La mayor parte de los impuestos que se van a explicar en este capítulo están administrados por el *Inland Revenue.* La recaudación depende de las oficinas locales compuestas por inspectores de contribuciones directas *(Inspector of Taxes)* y por agentes. Todo contribuyente debe declarar sus ingresos en la oficina fiscal local que le corresponde. Luego, el monto del impuesto se establece en la *Inland Revenue;* el principio de autoevaluación no existe. Al establecer el monto de los impuestos, el inspector tomará en consideración la hoja de declaración de ingresos llenada por el contribuyente, empero no está obligado a dar crédito a los montos declarados. En caso de que el inspector considere que no puede admitir la declaración del contribuyente o si no se ha hecho declaración alguna, el inspector tiene derecho a realizar un cálculo aproximado[4].

Si el contribuyente impugna la evaluación hecha por el inspector, puede apelar. La jurisdicción competente para decidir sobre el litigio puede estar compuesta por personas no juristas (llamadas falazmente, Administradores de asuntos generales de impuestos, *Commisioners for the General Purposes of the Income Tax,* pero mejor conocido bajo el nombre de Administradores generales, *General Commisioners);* en cierto modo son el equivalente de los *magistrates* no juristas y, al igual que ellos, gozan de la ayuda de un pasante jurista. Así mismo, el litigio puede ser llevado ante una o dos personas altamente competentes llamadas entonces «Administradores especiales» *(Special Commisioners).* La audiencia ante estos órganos se lleva a cabo fuera de la presencia del público y las decisiones no se archivan. Cada una de las partes sufraga sus propios gastos de procedimiento y no se presta asistencia judicial alguna. La carga de la prueba le compete al contribuyente: es él quien debe refutar la evaluación del inspector. Únicamente esta primera jurisdicción está habilitada para decidir las cuestiones de hecho.

Si una de las partes impugna la decisión de los administradores, según las normas generales puede apelar en primer lugar a la División de la Cancillería de la Corte Suprema de Justicia, luego al Tribunal de apelación y, por último, a la Cámara de los Lores. No obstante, la apelación a estas jurisdicciones del orden judicial solo es admisible según el procedimiento especial del «*Case stated*», y únicamente se pueden oír las cuestiones de derecho. Estas jurisdicciones solo pueden intervenir cuando hay un error de derecho manifiesto o inclusive cuando consideran que forzosamente hubo un error de derecho, ya que la única conclusión sensata posible está en contradicción con la decisión de los Administradores, este principio ha sido establecido por varias decisiones jurisdiccionales, de las cuales la más frecuentemente citada es *Edwards v. Bairstow and Harrison*[5].

---

4 *Taxes Management Act 1970,* s. 29.

5 (1956) A.C. 14.

De la misma forma, debe mencionarse la tradición bien enclavada en el sistema fiscal inglés que consiste en obligar a retener el impuesto sobre la renta a aquel que efectuare un pago constitutivo de ingreso para el beneficiario[6]. En general, el que ha recibido la cantidad puede reclamar el reembolso del impuesto a la *Inland Revenue* (y no al pagador) si su ingreso es tan bajo que no le corresponde pagar impuestos. Sin embargo, existen normas especiales que eliminan este derecho en dos situaciones socialmente importantes: si se trata de intereses sobre una cuenta ordinaria de depósito bancario[7], o intereses sobre una cuenta de ahorros para vivienda[8]. Algunos pagos (por ejemplo de alquileres y ciertos tipos de intereses)[9] efectuados a personas que viven fuera del Reino Unido también son objeto de retención según una tasa de base.

431.— Prerrogativas: El principio esencial que rige la mayoría de los impuestos del Reino Unido es que se aplica a toda persona residente en el Reino Unido, así como a toda actividad que está sujeta a imposición ya que se realiza en el Reino Unido. Así, una persona que resida en el mismo es pechable sobre la totalidad de sus ingresos habidos en todo el mundo, mientras que una persona que no resida allí solo estará sujeta a imposición sobre los ingresos que percibe en el Reino Unido. El principio antes mencionado, el cual especifica que una persona residente del Reino Unido es *pechable* sobre la totalidad de sus ingresos, está sometido a una restricción importante. De hecho, si esta persona, a pesar de que sea «*resident*» del Reino Unido, no tiene su «*domicile*» en el mismo, está obligada a pagar impuestos, no sobre la totalidad de los ingresos percibidos en el extranjero, sino únicamente sobre la parte de los mismos que se repatrien al Reino unido; esta base de imposición se conoce con el nombre de *remittance basis*[10].

La consecuencia de este principio general de una imposición fundada sobre la noción de «*residence*» es que existe un riesgo importante de doble imposición cuando una actividad profesional se realiza en un país extranjero. Dicho riesgo se elimina parcialmente gracias a un conjunto de acuerdos muy desarrollado con miras a eliminar las dobles imposiciones, la mayor parte se han inspirado en los convenios modelos establecidos por la O.C.D.E. Así mismo, dicho riesgo está minimizado por el principio que especifica que un residente del Reino Unido sujeto a impuestos sobre la renta en un Estado extranjero puede utilizar dicho impuesto extranjero como un medio para reducir, incluso suprimir, los impuestos que está obligado a pagar en el Reino Unido. Empero, cuando el impuesto extranjero es mayor que el del Reino Unido, no se realizará reembolso alguno de la diferencia por parte de las autoridades fiscales del Reino Unido. Como resultado de ello, el impuesto deducido será aquel cuya tasa de imposición resulte ser la más elevada de los dos países.

Las normas de aplicación de otros impuestos que no sean impuestos sobre la renta, en su mayoría, son similares[11].

---

6 Por ejemplo: *Informe and Corporation Taxes Act 1970,* ss. 52 and 53.
7 *FA 1984,* s. 27.
8 *Income and Corporation Taxes Act 1970,* s. 343.
9 *Income and Corporation Taxes Act 1970,* s. 89, 131 y 248-249.
10 *Income and Corporation Taxes Act 1970,* s. 122. Para la noción inglesa de domicilio, v. *infra,* No. 574.
11 *Capital Gains Tax Act 1979,* s. 14.

Sección 2
IMPUESTO SOBRE LA RENTA («*INCOME TAX*»)

432. – *Carácter anual:* La creación del impuesto sobre la renta data de 1799 y, desde entonces, no ha dejado de estar en vigencia, exceptuando una interrupción de 1816 a 1842. El impuesto se vota nuevamente cada año. Esta costumbre se remonta a la época en que el Parlamento, deseoso de controlar el poder ejecutivo, únicamente creaba el impuesto para un solo año. El año en cuestión se ha denominado año de imposición y, por razones históricas, transcurre del 6 de abril al 5 de abril del año siguiente.

433. – *El ingreso:* El impuesto sobre la renta es, por supuesto, un impuesto sobre el ingreso, empero lo que constituye el «ingreso» responde a una noción restrictiva. Las restricciones son de tres tipos. En primer lugar, era evidente que en 1799 el término «ingreso» únicamente significaba «ingreso»; debido a que en esa época el ingreso provenía esencialmente de los patrimonios afectados a una familia *(los family settlements)*, era claro que las plusvalías de capital no podían considerarse como ingresos ya que no lucraban a los beneficiarios del ingreso, sino al capital del trust. En consecuencia, la distinción entre ingreso y capital pasó a formar parte integrante del derecho fiscal.

En segundo lugar, en la primera legislación fiscal hubo la preocupación de clasificar los ingresos bajo diferentes rubros denominados «cédulas», las mismas subdivididas en «casos». He aquí la lista actual:

La cédula A[12] grava los ingresos de los bienes inmuebles tales como alquileres y otros pagos similares.

La cédula B[13] pecha, sobre las personas que poseen bosques, un impuesto sobre una parte del valor anual de las tierras.

La cédula C[14] grava los productos de títulos emitidos por el gobierno y otros establecimientos públicos.

La cédula D[15] Casi I tasa los beneficios obtenidos en las profesiones comerciales, mientras que la cédula D Caso II grava los de las otras profesiones.

La cédula D Caso III se refiere a la imposición de un grupo heteróclito de entradas de dinero denominadas «anualidades», así como otros pagos anuales y también los intereses. Las normas de esta parte del sistema fiscal son extremadamente complejas y ello, tanto más cuanto que la tasa de imposición de base, en la actualidad de 29%, por lo general se retiene a la fuente[16].

La cédula D Caso IV grava los valores extranjeros, y la cédula D Caso V, los ingresos provenientes de los bienes ubicados en el extranjero. Estas son las disposiciones que gravan a un residente del Reino Unido sobre la totalidad de sus ingresos.

La cédula D[17] Caso VI se refiere a las otras ganancias y beneficios anuales, disposición esta que se ha interpretado de una manera muy restrictiva.

---

[12] *Income and Corporation Taxes Act 1970,* s. 67.
[13] *Income and Corporation Taxes Act 1970,* s. 91.
[14] *Income and Corporation Taxes Act 1970,* s. 93.
[15] *Income and Corporation Taxes Act 1970,* s. 108.
[16] *Income and Corporation Taxes Act 1970,* s. 52 y s. 53.
[17] *Income and Corporation Taxes Act 1970,* s. 108.

La cédula E[18] grava el ingreso salarial; la cédula F[19] tasa los dividendos de las compañías residentes en el Reino Unido, tema que será tratado en el punto correspondiente a las compañías.

Estas cédulas revisten una gran importancia por el hecho de que ofrecen un modelo de categorización de los ingresos. En consecuencia, si un ingreso no entra en ninguna de estas células, significa que no es ingreso pechable. Así mismo, en caso de que un ingreso entre en una de dichas cédulas, únicamente se le podrán aplicar las normas correspondientes a esa cédula en particular[20].

El tercer factor que limita la extensión de la noción del ingreso es la doctrina de la fuente, según la cual todo ingreso pechable tiene una fuente. De esta forma, el ingreso salarial proviene de un solo trabajo y el ingreso comercial, únicamente del comercio. En cierta forma, esta doctrina reafirma la distinción entre ingreso y ganancias en capital; de hecho, el producto de la venta de la fuente de los ingresos constituye un bien de capital. Sin embargo, en parte a causa del principio que estatuye que el impuesto sobre la renta es un impuesto anual, se ha establecido la norma por medio de la que el ingreso solo es pechable si la fuente ya existía para el año en que dicho ingreso pasó a estar sujeto a imposición.

Las normas específicas de cada cédula son demasiado complejas para ser resumidas aquí. No obstante, es necesario aclarar que no se puede solicitar deducción alguna bajo las cédulas D Caso III, C y F. Así, una persona que pida un préstamo de dinero con miras a adquirir valores mobiliarios no puede deducir los intereses que paga del monto de los intereses o dividendos que percibe.

434. – El ingreso pechable: La suma de los diversos ingresos de una persona, calculados según las normas establecidas por las diferentes cédulas, constituye su ingreso «legal» *(statutory income).* Luego entonces, se pueden realizar ciertas deducciones, que conducen al ingreso «total» *(total income).* Esta noción de «ingreso total» aparece muy a menudo en el sistema fiscal inglés y no es equivalente a la noción de ingreso pechable. Para el cálculo de ingreso total, entre las deducciones autorizadas figuran, por una parte los pagos para jubilaciones cuyo régimen es conforme con las directivas gubernamentales[21] y, por otra parte, ciertos pagos periódicos efectuados conformemente a las obligaciones legales (en particular las asignaciones pagadas al excónyuge y sus dependencientes en virtud de la normativa de divorcio, así como los pagos a obras de caridad, con un tedio de 10.000 libras)[22]. Empero, es necesario agregar que los mecanismos que hacen estas deducciones efectivas son complejos. De igual forma, el contribuyente está autorizado a deducir los pagos de intereses de prestamos obtenidos por diferentes razones, los prestamos por adquisición o renovación del domicilio único o principal siendo estos los más conocidos y estadísticamente los más importantes (solo se toman en cuenta hasta un límite de 30.00 libras)[23].

De este ingreso total, aun se pueden deducir otras cantidades a título de «exoneraciones personales» *(personal reliefs).* Se trata de cantidades precisas determi-

[18] *Income and Corporation Taxes Act 1970,* s. 181.

[19] *Income and Corporation Taxes Act 1970,* s. 232.

[20] *Mitchel and Edon* v. *Ross* (1962) A.C. 814.

[21] *Finance Act 1971,* s. 22 e *Income and Corporation Taxes Act 1970,* s. 226; los lineamientos se encuentran en la publicación 12 del *Inland Revenue (Inland Revenue Booklet 12).*

[22] *Income and Corporation Taxes Act 1970,* s. 528 y s. 457.

[23] *Finance Act 1972,* s. 75 y *Schedule* 9, así como *Finance Act 1974 Schedule* 1.

nadas por el Parlamento y concedidas tomando en consideración la situación personal del contribuyente. Una vez efectuadas estas últimas deducciones, se obtiene el impuesto pechable *(taxable income)* de la persona. Por ello, el impuesto sobre la renta se percibirá sobre esta cantidad final de conformidad con un sistema de imposición progresivo. La tabla de la serie de imposiciones para el año 1986-87 está anexado al final de este capítulo. En primer lugar, allí se observa una tasa de imposición de base muy elevada (29%), pero también se observa que esa tasa impositiva de 29% cubre un amplio margen en la escala de ingresos (hasta 17.200 libras), lo que significa que, para la mayor parte de las personas, el sistema fiscal del Reino Unido es un sistema impositivo proporcional más que progresivo. También conviene precisar que el sistema fiscal, antes de 1984, imponía un impuesto suplementario del 15% sobre los ingresos de inversiones cuando tienen un cierto monto (7.100 libras en 1983-1984). Esta imposición diferente en un principio se había introducido como sustituto para el impuesto sobre la fortuna.

435. – *Unidades fiscales y tasa de imposición:* Para comprender mejor el sistema es menester abordar el problema de la elección de la unidad fiscal. El ingreso de la esposa se trata como ingreso del esposo[24]. Formulada de esta manera, la norma puede parecer chocante hoy en día, pero no es necesariamente así si se considera que su propósito es tomar a la pareja casada como unidad fundamental de imposición. Por lo tanto, dicha norma está matizada de diferentes maneras; así, una pareja pudiera preferir que la esposa sea pechada en forma separada sobre el ingreso de su trabajo; sin embargo, debido a que en este caso se debe entonces renunciar a otras ventajas fiscales (como por ejemplo, que un hombre casado goza de desgravámenes más importantes), esta elección impositiva pudiera interesar solo a aquellos cuyos ingresos son muy elevados (en 1985-86 los ingresos superiores a 25.360 libras). Además, la esposa puede exigir que sea pechada en forma separada de su esposo. Esta elección impositiva no le permite desgravar sus impuestos. Esta elección impositiva no le permite desgravar sus impuestos, pero quiere decir que la esposa tiene la intención de hacerse responsable de sus asuntos fiscales de la misma manera como su esposo es responsable de los suyos. La unidad fiscal no toma en cuenta los hijos. El derecho fiscal del Reino Unido no conoce cociente familiar. No se reconoce ninguna deducción («exoneración personal») por concepto de los hijos que viven con los padres, aunque los subsidios familiares otorgados por el estado estén exonerados de pago de impuestos. El actual gobierno, conservador, prometió reducir los impuestos directos. En 1978-79, último año del gobierno laborista, al tasa máxima de impuesto sobre la renta del trabajo era 83% pero podía alcanzar el 98% cuando se le agregaba la tasa suplementaria del impuesto sobre los ingresos provenientes de las inversiones.

436. – *Impuesto sobre sueldos y salarios («Employment Income»):* Un principio fundamental que rige este impuesto es que supone un ingreso «de una cargo o de un empleo» *(«an office or employment»).* Un cargo es un puesto cuya existencia no depende de la persona particular que es el titular del mismo (ejemplo: un administrador de una compañía). El «empleo» implica un contrato de trabajo y no un contrato de empresa[25].

En un segundo tiempo, hay que determinar si el ingreso proviene efectivamente de su fuente, y constituye una cuestión de causalidad[26]. Incluso un regaló de parte del patrono o de un tercero puede considerarse como una remuneración y, en

[24] *Income and Corporation Taxes Act 1970,* s. 37.
[25] V. *infra,* No. 549.
[26] *Hochstrasser* v. *Mayes* (1960) A.C. 376.

este sentido, constituir un ingreso pechable. Los pagos en especie pueden, igualmente, estar sujetos a imposición, y el problema de su evaluación se resuelve calculando el precio que el empleado obtendría si los vendiera. De ello se desprende que las remuneraciones en especie que no se puedan evaluar financieramente escapan al impuesto. En estos casos, este método de evaluación es reemplazado por otro que toma en cuenta el costo de estas remuneraciones en especie para el patrono pero esto únicamente en lo referente a los empleados mejor pagados (es decir los que ganan más de 8.500 libras anuales) y para los administradores de compañías[27]. Sin embargo, estas normas especiales no le permiten al fisco abarcar aquellas remuneraciones cuyo costo no se puede fijar de manera precisa (por ejemplo, los servicios prestados). Existen normas especiales que se aplican a un conjunto de remuneraciones que incluyen, entre otras, las opciones de adquisición de acciones *(share option schmes),* así como los pagos en efectivo al finalizar un contrato de trabajo (estas dos remuneraciones gozan de un régimen fiscal privilegiado[28].

Los gastos incurridos para cumplir con obligaciones laborales son deducibles, pero, en lo referente a los gastos de transporte, solo si son necesarios, esta condición recibió una interpretación objetiva, por lo que resulta muy difícil de satisfacer. En cuanto a los otros gastos, el contribuyente debe, así mismo, probar que han sido efectuadas total y únicamente para las necesidades del servicio[29]. La situación general es que resulta muy difícil para un contribuyente establecer un derecho cualquiera de deducción en este sentido. La administración ha celebrado, así mismo, un convenio con los distintos sindicatos con el propósito de autorizar ciertas deducciones que, estrictamente hablando, podrían no ser admitidas.

437.— Impuesto sobre el ingreso comercial («Business Income»): El contribuyente, bien sea una compañía sujeta al impuesto sobre compañías (cf. *infra, No. 439)* o un particular sometido al impuesto sobre la renta, debe pagar un impuesto sobre los beneficios de su compañía, es decir, sobre el saldo de sus entradas por concepto comercial menos los gastos deducibles. Esta noción de beneficios *(profit)* es determinada en parte tomando como referencia los principios contables generalmente aceptados, y en parte las normas jurídicas. Las normas relativas a la deducción de los gastos implican no solo una distinción entre los gastos en capital (no deducibles) y los gastos de funcionamiento (deducibles), sino también la existencia de otras normas que prohíben la deducción de los gastos de funcionamiento a menos que no hayan sido incurridos «total y exclusivamente» con fines comerciales[30]. Para aplicar esta condición, se toma en cuenta las intenciones conscientes e inconscientes del contribuyente. Así, en una decisión reciente, muy sonada, una mujer *barrister* no fue autorizada a deducir el precio de compra y mantenimiento de indumentaria negra que, sin embargo, se ve obligada a llevar a causa de la etiqueta que debe respetar en el tribunal y que ella no hubiera comprado para uso personal. En efecto, la Cámara de los Lores estimó que ella hubiera debido tener inconscientemente en mente un deseo de calor y de decencia[31]. Así mismo, este criterio prohibió cualquier

---

[27] *Finance Act 1976,* ss. 60-72.

[28] Para las opciones de acción, véase *Income and Corporations Taxes Act 1970,* s. 186, *Finance Act 1972* s. 77 y *Finance Act 1984,* s. 38 y *Schedule* 10. Existen otras normas para planes similares. En cuanto a los pagos al final del contrato, véase *Income and Corporation Taxes Act 1970,* ss. 187 y 188.

[29] *Income and Corporation Taxes Act 1.970,* s. 189.

[30] *Income and Corporation Taxes Act 1970,* s. 130.

[31] *Mallalieu* v. *Drummond* (1983) 2 A.C. 861.

repartición en gastos realizados en parte para los negocios y en parte con fines personales; estos gastos con doble propósito no son, de ninguna manera, deducibles.

El sistema fiscal del Reino Unido se ha caracterizado por un sistema de régimen especial de amortización (*«capital alloance»*) el cual permite deducir durante varios años, ciertos gastos de inversión en determinadas áreas[32]. Este sistema se ha vuelto particularmente generoso para ciertos sectores de la economía. La coyuntura actual permite prever una reducción de la tasa de deducción para este tipo de gastos, que será más cercano a la tasa de depreciación natural. La contra parte política de esto es una reducción de la tasa general de impuesto sobre las compañías.

Sección 3
IMPUESTO SOBRE LA PLUSVALÍA DEL CAPITAL
(«CAPITAL GAINS TAX»)

438.— El impuesto sobre la plusvalía fue introducido en 1965, y su régimen legislativo fue consolidado en 1979 en la ley sobre impuesto de plusvalía *(Capital Gain Tax Act)*. Esta ley establece un impuesto diferencial del impuesto sobre la renta sobre el saldo de las plusvalías y las depreciaciones tomadas en consideración durante el año impositivo. La base tributaria se reduce debido a la exclusión de ciertos bienes, tales como la residencia principal del contribuyente (por razones políticas), su automóvil (ya que, por lo general, produce más bien pérdidas) y los créditos (por la misma razón) a menos que se trate de obligaciones. Toda persona particular goza de una excepción de impuesto sobre una primera cantidad de plusvalía neta para el año. Para 1985-86, esta cantidad era de 5.900 libras. Por encima de esta cantidad, la tasa impositiva sobre la plusvalía de capital es de 30%.

En el cálculo de la plusvalía, la inflación se toma en cuenta en forma de una indexación de los gastos deducibles, basada en el índice de precios al detal a partir de 1982; antes de esta fecha, la inflación no se contrarrestaba.

Este impuesto concierne a todos los residentes del Reino Unido[33]. En cuanto a los no residentes del Reino Unido, no están afectados por este impuesto, incluso si poseen una propiedad en el Reino Unido. Sin embargo, un residente del Reino Unido que esté domiciliado en el extranjero no estará sujeto a imposición sino en la parte de la ganancia que repatrie al Reino Unido. Los bienes son considerados como fuente de plusvalía solo cuando se dispone de ellos. Existen normas especiales que permiten un informe de impuesto para ciertas situaciones, como por ejemplo, cuando se trata de regalos[34]. Después de un deceso, se considera que los beneficiarios del testamento o de la sucesión *ab intestato* adquieren los bienes al valor que tenían en la fecha de la muerte. No existe impuesto sobre la plusvalía de los bienes de la persona fallecida a su muerte[35].

Hasta hace poco existía un impuesto especial, llamado impuesto sobre la tierra urbanizada (*«Development Land Tax»*), relativo a la disposición de una tierra que adquiría valor como resultado de trabajos de urbanización. Las normas que se

---

[32] Este régimen de amortización está regido, principalmente, por el *Capital Allowances Act 1968* y el *Finance Act 1971*, ss. 40-50.

[33] *Capital Gains Tax Act 1979*, s. 2.

[34] *Finance Act 1980*, s. 79.

[35] *Capital Gains Tax Act 1979*, s. 49.

aplicaban a este impuesto eran similares, aunque no idénticas, a las normas del impuesto sobre la plusvalía[36]. El impuesto sobre la plusvalía no pecha todas las entradas de capital sino únicamente la plusvalía que se obtiene al disponer de un haber cuando efectivamente exista plusvalía.

Sección 4
IMPUESTO SOBRE COMPAÑÍAS
(«CORPORATION TAX»)

439.— El régimen fundamental referente al impuesto sobre compañías en el Reino Unido es, desde 1973, el de la imputación; es similar al haber fiscal. Así, una cierta parte del impuesto pagado por una compañía *(«Corporation Tax»)* generalmente puede ser utilizada por el accionista, como crédito que reduce su propia imposición con respecto al impuesto sobre la renta de acuerdo a la cédula F. A partir del momento en que una compañía que reside en el Reino Unido decide realizar una distribución que dé acceso a este régimen *(«qualifying distribution»,* expresión muy bien definida), debe pagar al *Inland Revenue,* como un anticipo, otro impuesto denominado *Advanced Corporation Tax (A.C.T.).* Este impuesto se expresa como una fracción del dividendo igual a la tasa de base (actualmente 29%). El accionista gozará de un crédito fiscal igual al monto del adelanto pagado por la compañía, pero deberá integrar al monto de su ingreso para la cédula F la suma del dividendo y del crédito. De este modo, si una compañía distribuye un dividendo de x libras, deberá pagar 29 x como A.C.T.; el accionista, por su parte, está sujeto a imposición sobre el total del dividendo aumentado de 29 x; por lo tanto es pechado sobre 100%; a la tasa básica de 29%, pagará por ende 29 x; es decir el monto preciso del A.C.T. del que está exonerado gracias al crédito de impuesto[37].

Este principio se aplica a todas las distribuciones efectuadas por las compañías residentes en el Reino Unido. Si el beneficiario es otra compañía británica, la primera compañía debe, a pesar de todo, pagar el A.C.T., pero la compañía beneficiaria, por su parte, no deberá pagar nada. Efectivamente, mientras el dinero permanece en el campo de las compañías, el Estado no percibe sino un solo pago del A.C.T. y un solo impuesto sobre compañías.

Una compañía que no resida en el Reino Unido deberá pagar el impuesto sobre compañías si posee una filial o una oficina en el Reino Unido, pero este impuesto se refiere únicamente a los ingresos o plusvalías de capital atribuibles a dicha filial o agencia particular. Los otros ingresos están sometidos al impuesto sobre la renta; y no se percibe nada sobre las plusvalías de capital.

Todas las personas no se benefician de este crédito fiscal. En particular, los no residentes no pueden invocar este beneficio, aunque los tratados referentes a la doble imposición contienen, a veces, disposiciones particulares.

Una compañía «reside» en el país en que se encuentran situadas la dirección y el control efectivo. Así, una compañía francesa se considera como «residente» del Reino Unido cuando sus dirigentes llevan a cabo las reuniones de su consejo en el Reino Unido[38].

---

36 *Development Land Tax Act 1976,* 21, abolido en 1985.

37 *Finance Act 1972,* ss. 84-92 e *Income and Corporation Taxes Act,* ss. 232-237.

38 *De Beers Consolidated Mines Ltd.* v. *Howe* (1906) A.C. 455 y véase *Inland Revenue Statement of Practice,* 6/83.

Algunos detalles de este sistema merecen particular atención. Aunque las compañías que funcionan bajo un control común se consideran como personas morales pechables por separado, existe un conjunto de normas y exoneraciones que tienden, en cierta medida, a considerar el grupo de compañías como una entidad única[39]. También existen otras normas especiales referentes a las compañías controladas por un pequeño número de personas, con el fin de impedir la utilización abusiva de la forma social[40]; otras normas, introducidas en 1984 y relativa a las compañías extranjeras (es decir no residentes) dirigidas por compañías británicas, exigen que aquellas compañías británicas que dirigen, paguen un impuesto sobre los beneficios obtenidos por las filiales extranjeras[41]. Estas normas «traspasan el velo» de la personalidad moral sobre puntos muy bien definidos.

La evaluación del ingreso, en lo que respecta el impuesto sobre compañías, se calcula de la misma forma que para el impuesto sobre la renta y se aplican las diferentes cédulas. El pago de intereses está sujeto a normas particulares y muy complejas que pueden considerase como reductoras del ingreso. La tasa impositiva debe reducirse a 35% para el año 1986. Al mismo tiempo, se eliminarán diversos desgravámenes fiscales, tal y como se indicó en la sección sobre el ingreso comercial. Incluso existen tasas impositivas aun más bajas para las compañías que obtienen pocos beneficios.

En cuanto al impuesto sobre compañías, se mantuvo una definición amplia de la noción de «compañía» ya que incluye, no solo las entidades que tienen personalidad moral, sino también agrupaciones sin personalidad moral. Por otra parte, las *partnerships* (sociedades colectivas) están excluidas. Las *partnerships* entre particulares están sometidas al régimen de impuesto sobre la renta.

Sección 5
IMPUESTO SOBRE LAS SUCESIONES
(*«INHERITANCE TAX»*)

440.— El I. T. se introdujo en 1986[42], pero su régimen legislativo se deriva, en gran medida, de una ley de 1984 titulada *«Capital Transfer Tax Act»*. Es un impuesto que se refiere, al mismo tiempo, a las donaciones *inter vivos,* los legados y las transmisiones por sucesión *ab intestato*[43]. Los traspasos efectuados a favor del cónyuge están totalmente exonerados[44]. El mecanismo de este impuesto comprende el principio de la acumulación sobre 7 años, es decir, que el monto del impuesto debido, con motivo de un traspaso es aquél que justificaría el conjunto de traspasos de los últimos 7 años, menos el que se aplicaría a los traspasos anteriores[45]. Al contrario del antiguo C. T. T., el actual I. T. pecha las donaciones inter vivos de particular a particular solo si el donante muere entro los 7 años de la donación.

---

39 *Income and Corporation Taxes Act,* ss. 256-264, 272-281, son las principales disposiciones.

40 *Finance Act 97. Schedule 16.*

41 *Finance Act 1984,* ss. 82-91 y *Schedules 16-18.*

42 *Finance Act 1986,* ss. 100-107, *Schedule 19, Part I.*

43 *Capital Transfer Tax Act 1984,* ss. 1-6.

44 *Capital Transfer Tax Act 1984,* s. 18.

45 *Capital transfer Tax Act 1984,* s. 7. Tomemos un ejemplo. Una persona procede a realizar un traspaso de 50.000 libras. En los 7 años precedentes, había traspasado 100.000 libras. Deberá pagar el impuesto correspondiente a un traspaso de 150.000 libras menos el impuesto que se aplica a un traspaso de 100.000 libras. El último traspaso se coloca entonces, en un monto que puede ser más alto que si hubiera intervenido solo.

Existen normas especiales que se aplican a los *trusts*[46], y su principio fundamental es que el beneficiario de *trust* se considera como poseedor del capital que sustenta su interés. Si tal persona no existe, un régimen especial crea un impuesto equivalente a cada generación a un pleno impuesto de traspaso[47]. Con este propósito, los bienes gravados del trust pagan, cada diez años, un impuesto de más o menos 30% del impuesto de traspaso.

Este impuesto no se aplica a las compañías, aunque existen normas particulares destinadas a impedir las evasiones a través de pequeñas compañías más o menos ficticias[48].

El impuesto se establece en consideración de aquél que hace el traspaso y no del que recibe. De este modo, el monto del impuesto sigue siendo el mismo, ya sea que una persona otorgue sus bienes a un solo hijo o que los distribuya entre sus hijos en partes iguales.

El I. T. se percibe sobre todos los bienes traspasados por una persona domiciliada en el Reino Unido, y esto, dondequiera que sea que se encuentren esos bienes. Sin embargo, una persona domiciliada en el extranjero solo deberá pagar el I. T. sobre los traspasos de bienes situados en el Reino Unido[49]. En lo que a este impuesto se refiere, la noción de «*domicile*» tiene un campo de acción amplio.

Sección 6
DERECHOS DE ESTAMPILLAS FISCALES
(«*STAMP DUTIES*»)

441. — Se perciben derechos de estampillas fiscales sobre los documentos que traspasan la propiedad. El derecho es, a menudo, el 1% del valor de la propiedad. Estos derechos de estampillas fiscales son fáciles de percibir por el Inland Revenue; constituyen, para este último, un medio importante para vigilar los movimientos de propiedades y para verificar, en la misma ocasión, si hay otros impuestos que deben ser pagados[50]. El derecho que debe pagarse al momento de constituir una compañía con capital, así como aquel sobre el crecimiento de su capital o de sus activos por traspaso de bienes *(capitales duty)*, es percibido según un régimen común a otros países de la C. E. E.[51].

Sección 7
EL IMPUESTO SOBRE EL VALOR AGREGADO
(«VALUE-ADDED TAX»)

442. — El impuesto sobre el valor agregado se deduce según las normas comunes a los otros países de la C. E. E.[52]. Existen dos impuestos: un impuesto de 0% y un impuesto de 15%. El campo del impuesto cero así como el de las exoneraciones hacen menos importante la aplicación del impuesto sobre el valor agregado que en otros países de la C. E. E.

---

[46] *Capital Transfer Tax Act 1984,* ss. 49-57.

[47] *Capital Transfer Tax Act 1984,* ss. 58-69.

[48] *Capital Transfer Tax Act 1984,* ss. 94-102.

[49] Esto se obtiene a través de la noción de «propiedad de exclusión» (excluded property). V, *Capital Transfer Tax Act 1984,* s. 6.

[50] La principal ley es la *Stamp Duties Act 1891;* es posible una reforma fundamental (v. *Inland Revenue Consultation Document,* publicado el 21 de marzo de 1983).

[51] *Finance Act 1973,* s. 48 and Sch. 19.

[52] *Value Added Tax Act 1983.*

443.— *Conclusión:* En estos momentos, mediados de los años 80, el sistema fiscal británico ofrece un cuadro de diversas tensiones, políticas y teóricas. El gobierno conservador cree en una política de disminución de las tasas de imposición, pero, para compensar esta política, está dispuesto a ampliar la base tributaria, siendo su objetivo el mantenimiento global de la recaudación fiscal. El partido laborista cree en una tasa de imposición elevada, en particular para los más acaudalados, sin embargo queda por verse si ello tendrá repercusiones en la restauración de los desgravámenes fiscales suprimidos por el gobierno actual.

Así mismo, se puede notar una oposición entre los partidarios del impuesto sobre la renta (en lo posible sobre una base tan amplia como sea posible) y aquellos que prefieren impuestos sobre el consumo. El sistema fiscal del Reino Unido está basado en un compromiso. Así, las cantidades pagadas con miras a formar una pensión pueden deducirse del ingreso anual con la condición de que el organismo al cual se pagan cumpla ciertos requisitos, y el fondo de pensión mismo puede realizar inversiones que escaparán al impuesto sobre la renta y al impuesto sobre las plusvalías de capital. Empero, si una persona quiere comprar acciones (por ejemplo, como previsión para la vejez), no obtendrá deducción alguna por el dinero así invertido, pagará el impuesto sobre la renta por todos los dividendos cobrados y eventualmente será pechable sobre las plusvalías. Además, en caso de que contraiga un préstamo con el fin de colocarlo a plazos, este no le servirá para deducciones, mientras que podrá deducir de sus ingresos los intereses de un préstamo para la compra de su residencia única o principal.

El último punto en el cual se observa una divergencia es el del control de los manejos destinados a reducir la imposición o a escapar de ella. Las decisiones de la Cámara de los Lores que se han citado aumentan la incertidumbre. Será interesante observar la manera en que los jueces, formados en la tradición del *Common Law* que hace avanzar el derecho caso por caso, responderán a la prueba que ellos mismos se han trazado.

APÉNDICES

Tasa de imposición sobre la renta para 1985-86

Impuesto pechable (*«Taxable Income»*)	**Tasas**
0 —17.200 L	29%
17.201—20.200	40%
20.201—25.400	45%
25.401—33.300	50%
33.301—41.200	55%
41.201—y más allá	60%

Baremo de impuesto sobre compañías (*«Corporation Tax»*)

1984	45%
1985	40%
1986	35%

Tasas de impuesto sobre las sucesiones (*«Inheritance Tax»*)
Traspasos después del 18 de marzo de 1986.

Montos	Tasas
0 – 71.000 L	0%
71.001 – 95.000	30%
95.001 – 129.000	35%
129.001 – 164.000	40%
164.001 – 206.000	45%
206.001 – 257.000	50%
257.001 – 317.000	55%
317.001 – y más allá	60%

CAPÍTULO XV
SEGURIDAD SOCIAL

Por D. S. PEARL

444. – *El Estado Proveedor de Bienestar Social o Estado Social de Derecho:*

Este capítulo tratará primero sobre un determinado número de objetivos generales que constituyen el fundamento del derecho dentro de este campo. Segundo, se considerarán algunos aspectos de derecho substantivo en la materia. La Seguridad Social no es más que uno de los aspectos del sistema del Estado Social de Derecho *(Welfare State)* que se desarrolló a partir de la segunda guerra mundial. Diversas prestaciones son distribuidas en dinero y en especie por las autoridades municipales locales; por comités de vivienda *(housing committees)*; por comités de servicio social *(social service committees)*, por autoridades educativas y por el servicio de salud *(Health Service)*. Son prestaciones que forman una parte importante del grueso de las prestaciones expedidas por el Estado *(Welfare State)*. Este capítulo, no obstante, no se refiere a esas materias; por el contrario, se ocupa más bien de las prestaciones otorgadas por el Gobierno Central, sea por medio de la administración del Seguro Social Nacional *(National Insurance)* —esto es el *«contributory scheme»*—, sea a través de los sistemas de garantías «no contributivos» y aplicables a todos, tales como las prestaciones familiares dirigidas a menores *(child benefit)*. En ese contexto solo serán estudiadas las prestaciones en especial. Por supuesto, no todas podrán ser estudiadas —lo serán algunas superficialmente— dentro del marco de este capítulo. El acento será colocado sobre las más importantes.

445.— *El sistema dualista de la seguridad social:* Es fundamental tener presente desde el inicio que en el país funciona un sistema dualista de Seguridad Social: un sistema «contributario» de Seguro Social obligatorio, que proporciona una protección financiera al trabajador y a quienes dependen de él en caso de pérdida de su ingreso o renta proveniente de su empleo (sistema introducido progresivamente desde los inicios del siglo), y un Sistema Social Complementario de garantía *(supplementary benefit scheme)*, cuyos orígenes se remontan a la legislación sobre indigentes» *(Poor Laws de 1598 y 1601)*, que proporciona una ayuda a todos aquellos que lo necesiten. Los dos sistemas han sido objeto de un intenso debate político en los últimos años y se le han introducido considerables reformas. En este capítulo consideraremos un derecho que es común al conjunto de la Gran Bretaña y que administra el Departamento de Sanidad y Seguridad Social *(Department of Health and Social Security)*.

446.– *Dos advertencias:* Comenzaremos con algunas advertencias generales. Dos puntos importantes deben ser precisados. En principio el derecho ha estado fundado, en sus orígenes, más sobre en el poder discrecional de la administración que sobre normas o reglas prestablecidas. Esto es especialmente cierto para el caso del sistema complementario de garantía. Este fenómeno se justificó, según se ha argumentado, en virtud de que el poder discrecional de la administración permitía garantizar la atención a la satisfacción de las necesidades particulares. Una reciente tendencia ha conducido a la substitución de la discreción administrativa por una adscripción de prestaciones prestablecidas basada en «derechos sociales», aunque la creación del Fondo Social por la Ley de Seguro Social *(Social Security Act 1986)* sin duda hará que el elemento discrecional vuelva a jugar un papel renovado sobre esta materia. Una segunda observación es que la legislación sobre esto refleja determinados valores, los cuales han sido considerados fundamentales para la sociedad por los diferentes gobiernos. Esos valores ciertamente gobiernan la asignación de los pagos; por consiguiente, existe fuerte énfasis en el valor asignado a la idea de empleo remunerado y a la de responsabilidad familiar. Derivadas del primero de esos valores (el empleo remunerado) se pueden encontrar numerosas normas destinadas a regular la ética del trabajo y a promover la disciplina industrial desalentando el abandono del trabajo. En lo que se refiere al segundo valor (responsabilidad familiar) existen varias normas que imponen responsabilidades al trabajador en el sentido de asegurar la manutención de la esposa que depende de él (o la concubina) y la de sus hijos. El modelo sobre el que insiste de manera significativa el derecho de la seguridad social es aquel caracterizado por el principio de que es el hombre el que gana el pan de la familia y la mujer quien atiende el hogar. Ambos valores, esto es, tanto las asignaciones dependientes del ingreso por concepto de empleo, como aquellos beneficios universales distribuibles a todos, configuran una sola unidad constituida esta por un hombre, su mujer (o su concubina) y los hijos que dependen de ellos.

447. – La puesta en marcha de la seguridad social: Como ya se ha observado ha habido un cambio interesante y bastante discernible durante estos últimos años. El sistema de administración discrecional ha sido reemplazado en cierta medida por una legislación asentada en reglas o normas. En la actualidad se tiene la inclinación a determinar con mayor facilidad los «derechos sociales» *(Welfare Rights)* porque ellos están contenidos en leyes o en alguna normativa detallada. El poder discrecional confiado a la administración juega ahora un papel mucho menor que aquel que tenía antes. Además, algunos de los controles relativos a la conducta de quien demanda el beneficio de una asignación han sido flexibilizados. Los recursos de revisión administrativa ante unos órganos administrativos de jurisdicción especial *(administrative tribunals)* han sido reforzados y se han estrechamente asemejado al modelo judicial: decisiones escritas; obligación de motivar o razonar las decisiones tomadas correspondiente y competencia jurídica del presidente. Las regulaciones y decisiones de los órganos administrativos, así como los procedimientos de revisión judicial *(judicial review process)* han jugado un papel capital en la revisión de las normas de la seguridad social bajo las importantes directrices de la C.E.E. en la materia, especialmente en lo que concierne a la igualdad de trato entre hombre y mujer[1]. Por ejemplo, existe una asignación no contributiva e independiente del ingreso conocida bajo el nombre de asignación por causa de invalidez para atender a un inválido *(Invalid Care Allowance).* Esta es procedente tanto para el caso de mujeres entre 16 y 60 años como de hombres entre 16 y 65 años que no trabajen o que hayan abandonado sus empleos para cuidar a un inválido durante por lo menos 35 horas por semana. En un caso llevado al conocimiento del Tribunal de

1 *Directiva 79-7.*

Apelaciones de Seguridad Social *(Social Security Appeal Tribunal),* este órgano ha decidido que el gobierno inglés violaba una directiva europea al excluir del beneficio de asignación en cuestión a la esposa del inválido (o la concubina). Siguiendo la decisión de la Corte Europea de Instancia en el caso *Drake v. el Chief Adjudication Officer,* en el sentido de que la exclusión de las mujeres casadas viviendo con sus maridos era contraria a la directriz de la C.E.E., la exclusión fue revocada por la Ley de Seguridad Social *(Social Security Act 1986).* Casi todos los casos, sean estos pertenecientes al sistema contributivo o al complementario de garantía, son tratados en primera instancia por unos funcionarios ad-hoc *(adjudications officers),* quienes naturalmente son funcionarios públicos. Existe el derecho de apelar contra una decisión desfavorable, derecho que puede ser ejercido ante el *Social Security Appeal Tribunal* frente al cual también existe apelación para el caso de tratarse una cuestión de derecho ante un *Social Security Commissioner.* La reforma de pagos no contributorios por la *Social Security Act de 1986,* en particular la introducción del Fondo Social de Pagos *(Social Fund Payments),* ha permitido que el gobierno revise el sistema de apelaciones. Aunque existe el derecho de apelación ante el Tribunal antes mencionado (SSAT) por concepto de pagos destinados a cubrir gastos de maternidad y exequias, las demás decisiones adversas dentro de la administración del fondo social están sujetas solamente a una revisión interna por intermedio de los inspectores de los recién creados funcionarios de los fondos sociales. Los tribunales de derecho común no son competentes sino cuando es llevado un proceso en revisión judicial *(judicial review)* ante la *Divisional Court*[2].

Sección 1
EL SISTEMA DE SEGURO SOCIAL NACIONAL

448.– *Las cotizaciones:* La forma principal del dispositivo de ayuda del Estado a aquellos que dependan de la percepción del salario porque han interrumpido o cesado en su actividad laboral se encuentra consagrada en el sistema contributivo de seguro nacional *(National Insurence Contributory Scheme).* Este sistema está destinado a proporcionar asignaciones a aquel trabajador temporalmente incapaz de trabajar y a aquellos que están bajo su manutención. Todas esas asignaciones están condicionadas al pago de una contribución. Ocurre que algunas personas no poseen el derecho a las asignaciones del sistema de seguro por no haber ellas vertido (o no haberse registrado que así lo hubiesen hecho) el número mínimo de cotizaciones a pagar. El primer objetivo del informe Beveridge de 1942, que ha sido el documento fundamental para armar la estructura del Estado Social de Derecho *(Welfare State)* de la posguerra[3], fue establecer un sistema de protección social aplicable a todos y en el cual todos aquellos que trabajasen compartirían la carga de las personas víctimas de determinadas incapacidades sociales definidas. El Seguro Social Obligatorio estaba, pues, en el corazón del sistema. Sin embargo las cotizaciones a dicho sistema no le eran exigidas a aquellos que poseían escasos ingresos, desarrollándose así un sistema más bien complejo en el cual determinados grupos quedaron exentos de cotización y otros resultaron beneficiarios de cotizaciones destinadas a determinados objetivos. Los fondos que permiten que este sistema funcione son actualmente recolectados en virtud de la *Social Security Act de 1975.* Esos fondos provienen de tres fuentes: de los asegurados, de los empleadores y del Tesoro *(Treasury).*

---

2 Ver *supra,* nos. 140-144, e *infra,* nos. 469, 475-478.
3 Cmnd. 6404. 192.

Existen cuatro categorías de cotizaciones. Cada una de ellas exige algunos comentarios especiales. La clase I da derecho a todas las asignaciones del sistema del seguro. Según el art. I de la *Social Security Act de 1975,* dichas contribuciones son pagadas por los asalariados (*«employed earners»*). Las contribuciones de esta clase son proporcionales a los salarios. Los patronos u otras personas que pagan salarios deben también contribuir a los pagos de las cotizaciones de la clase I y, en la mayoría de los casos, la suma que ellos deben depende de la que cotiza el empleado. Las cotizaciones de la clase II son pagadas por aquellas personas que ejercen una actividad remunerada independiente (*«self-employed persons»*)[4]. Estas cotizaciones dan derecho a todas las asignaciones o beneficios del sistema del seguro, salvo las asignaciones por paro forzoso y por accidente de trabajo. Las cotizaciones son calculadas sobre una tasa uniforme. También existe una clase III, que permite unas cotizaciones voluntarias para aquellos que no trabajan y para quienes, aunque cotizando bajo la clase I o la clase II, poseen insuficiente registro o defectos en su expediente de cotizaciones. Las cotizaciones de la clase III dan derecho al seguro de viudez, a determinadas asignaciones por concepto de retiro, a una asignación especial por hijos y al seguro por causa de muerte. El monto de la cotización es de tasa uniforme. Finalmente, existe una clase IV, que obliga a quienes pagan una cotización de la clase II a asumir unas cotizaciones suplementarias calculadas en función de ingresos o rentas. Esta no da derecho a ninguna ventaja suplementaria y la clase IV simplemente constituye un impuesto.

Como la clase I da derecho a unas prestaciones más importantes que la clase II, se comprende que se hayan planteado algunos problemas relativos a las personas que pueden clasificarse dentro de esta clase. La ley define la persona incluida en la clase I como aquella que es empleado asalariado en Gran Bretaña, sea en virtud de un contrato de trabajo o sea en una función... «en la cual ella perciba emolumentos que la sometan a impuesto según la tabla E» (*schedule 7*)[5]. Esa disposición ha creado algunas dificultades. Se trata de un concepto del siglo XIX que se ha ido desarrollando con distintos fines. Ese concepto definía el contrato de trabajo (*contract of service*) como aquel en donde se diese la concurrencia de la supervisión de un control de las actividades del empleado por el empleador. Esa prueba ciertamente carece de significación dentro del contexto de un empleo sofisticado donde se ponen en acción conocimientos muy complejos. En 1953, Denning J. L. formuló un nuevo criterio fundado sobre la idea *«de integración»*. ¿Era acaso una persona *«parte y sustancia»* (*part and parcel*) de una organización? Más recientemente, los tribunales han elaborado una visión ecléctica al decidir que la cuestión no podía ser resuelta sino examinando todos los hechos del caso. El peso relativo de cada uno de esos factores varía en cada caso. La visión adoptada en el caso más reciente es descrita con frecuencia como un enfoque compuesto por *«múltiples pruebas»* (*multiple tests*) y parece que el peso de los diferentes factores es a menudo más un asunto de hecho que de derecho.

449. – El seguro contra el desempleo: La asignación más importante a la cual dan derecho las cotizaciones de la clase I es a la del Seguro de paro forzoso. Quienes cotizan en la clase II están excluidos de esa prestación porque sería muy difícil determinar cómo y cuándo un trabajador independiente atraviesa la frontera que

---

4 *H.S.W.A. 1974,* s. 53 (I). «Una persona que trabaje mediante una remuneración en la Gran Bretaña en una actividad distinta a la del asalariado». *S.S.A. 1975,* s. 2 (I) (b).

5 Ver *supra,* No. 433, para la explicación del *«schedule E»*.

separa el trabajo remunerado del desempleo. Por lo mismo, las personas que no pueden trabajar, como los incapacitados, no pueden beneficiarse de este segura.

Aun cuando el Informe Beveridge haya sugerido que una vez pagada la asignación por desempleo esta debía continuarse pagando hasta que el beneficiario volviese a encontrar empleo, tomara su retiro o fuese afectado por una incapacidad, dicha idea jamás ha sido aplicada. Por el contrario, existe el límite de un año para el seguro por desempleo. Al expirar ese período, el asegurado deberá volver a trabajar al menos 21 horas por semana durante 13 semanas para así volver a recuperar sus derechos sociales a las asignaciones por desempleo. En defecto de haber cumplido con dicho período de recalificación, el trabajador cesante caerá entonces dentro del cuadro de las asignaciones complementarias de garantía. Esas asignaciones naturalmente son de monto más bajo que aquellas pagadas dentro del contexto del seguro por paro forzoso.

Existe un determinado número de condiciones importantes para ser beneficiario de la asignación por paro forzoso. Primero, la asignación no es pagada sino con respecto a cualquier día de paro forzoso que constituya parte del período de interrupción del empleo[6]. Esa disposición ha dado origen a un determinado número de dificultades cuando los beneficiarios de la asignación asumen otras actividades. La jurisprudencia asentada sugiere que el beneficiario será tratado como cesante por el tiempo en que esté disponible para un empleo a tiempo completo[7].

Otra restricción importante es que la asignación no es pagada durante los tres primeros días de cualquier período de interrupción del trabajo[8].

El seguro por cesantía no es pagado sino a quienes involuntariamente estén sin empleo; es así como existe un determinado número de normas que regulan a los interesados el derecho de reclamar el beneficio de las asignaciones. Por ejemplo, si un demandante de la asignación establece una «restricción poco razonable» en lo relativo al tipo de empleo que él aceptaría tomar, al punto de no tener posibilidad alguna de encontrar trabajo, su demanda de asignación podrá ser rechazada. La carga de probar que su cesantía es involuntaria y que él está dispuesto a ejercer cualquier empleo válido que se presente, recae sobre el demandante. Un ejemplo de aplicación de esta norma fue un caso resuelto por el *National Insurance Commissioner en 1972*[9]. El demandante era un antiguo director técnico que sufría de problemas cardíacos y que habría debido por lo mismo retirarse a la edad de 62 años por consejo de sus médicos. Se decidió en ese caso que fue razonable de su parte restringir su posibilidad de emplearse a plazas que le fuesen ofrecidas en la ciudad donde habitaba o en sus alrededores inmediatos, pero que no era razonable estipular que él no consideraría sino empleos que le asegurasen un salario superior a un monto determinado.

450.— Límites y pérdida del derecho al seguro de cesantía: El derecho a exigir asignaciones por concepto de cesantía puede igualmente perderse como consecuen-

---

6 *Social Security Act,* s. 14 (I) (A).

7 *R(U),* 16-64. Sin embargo, en una reciente decisión *R(U),* 9-33, se ha decidido que cuando un hombre es objeto de una suspensión de salario en razón de un procedimiento o proceso penal, con el compromiso de su parte de reembolsar el dinero para el caso de que sea condenado, y así despedido de su empleo, bajo tales circunstancias, y aun cuando él esté disponible para un empleo a tiempo completo, él está no obstante «sin empleo».

8 *Social Security Act 1975,* s. 14 (3).

9 *R(U)* 6-72.

cia de diversas formas de mala conducta *(misconduct).* Aun cuando esta expresión no está definida por la legislación, por lo general es comprendida como connotando toda conducta desviada por parte de un asalariado que justificaría su despido por parte de un empleador o patrono razonable[10]. Una persona despedida por tal razón está privada del derecho a la asignación de seguro por cesantía durante un período que puede alcanzar, según la *Social Security Act de 1986, s. 10,* hasta las seis semanas. Una variedad de esa forma de mala conducta en las relaciones de trabajo se da en caso en el que el empleado deja su trabajo *«sin justo motivo» («without just cause»).* Esta motivación para descalificar la pretensión a los derechos del seguro por cesantía —considerado como una cesantía por causa propia— ha sido aplicado muy estrictamente en el pasado, aun cuando la evolución de la jurisprudencia pone de manifiesto un debilitamiento por efecto de la influencia de decisiones más favorables de los Comisionados *(Commissioners).* Así, en *R(U)I/83,* el empleador del demandante le había exigido que dejara el empleo y este había aceptado. No se podría sino especular sobre lo que habría podido pasar en caso de que el demandante no hubiese aceptado dejar su empleo, y el *Commissioner* concluyó en este caso que el demandante no podía ser considerado como si él hubiese dejado voluntariamente su empleo; tenía, pues, derecho a las asignaciones del seguro por cesantía.

Existen otras normas destinadas a estimular el rápido retorno al trabajo. El objetivo de esas normas es penalizar la falta de cooperación por parte del asignatario en la búsqueda de empleo. Muchas de esas normas implican un determinado poder discrecional confiado a la administración. Las asignaciones pueden ser denegadas o eliminadas durante un período máximo de seis semanas. Retiros de asignaciones por ese tiempo máximo o por un período menos largo han tenido lugar, por ejemplo, cuando el asignatario ha descuidado *«sin justo motivo»* seguir cursos de formación, o incluso cuando ha sido negligente en seguir las recomendaciones oficiales que se le han dado para ayudarlo a encontrar *«un empleo conveniente» («suitable employment»).* En ese contexto uno de los problemas más importantes es definir el significado del término *«empleo conveniente».* Intervienen aquí numerosos factores de política social *(policy).* Una importante disposición legal considera que un empleo vacante a consecuencia de un paro de trabajo causado por un conflicto social no es un empleo conveniente. La razón de esta disposición es clara. Los cesantes o en este caso trabajadores en paro no deben ser utilizados para quebrar los movimientos de huelga u otros conflictos sociales. Otras disposiciones referentes a la *«conveniencia» (suitability)* reflejan una política general en materia de ética del trabajo. Por consiguiente, incluso en caso de estimarse inicialmente que un determinado empleo no sea considerado como conveniente, puesto que no corresponde a la actividad habitual del asignatario, dicho empleo puede posteriormente pasar a ser considerado como conveniente para el demandante asignatario si este está aun cesante luego de haber transcurrido un tiempo razonable desde la fecha de su desempleo.

El otro fundamento importante del rechazo del derecho a esta asignación se vincula con la participación en un conflicto de trabajo. Aquel que reclame una asignación de seguro por cesantía debe probar, como condición previa a todo derecho a la asignación, que él *«no participa o está directamente interesado en el conflicto de trabajo que ha provocado el paro del trabajo»*[11]. En reciente sentencia de la Cámara de los

---

[10] Ver *infra,* nos. 546, 554.

[11] *Social Security Act. 1975,* s. 19 (I) (a).

Lores, el caso *Presho v. V.H.S.S.*[12], se consideró que debían cumplirse dos condiciones para que los intereses del trabajador no directamente implicado en el conflicto social fuesen, no obstante, calificadas de «*directas*». Primero, que cualquiera que fuese el resultado del conflicto, las ventajas que de este resultaren debían ser otorgadas por los empleadores no solo a los miembros del sindicato participante en el conflicto sino también a todos los otros grupos de trabajadores; segundo, la aplicación a todos de las ventajas obtenidas fuera del conflicto debía intervenir automáticamente por aplicación de una convención colectiva o de una costumbre o práctica industrial bien establecida en las relaciones locales de trabajo.

451. – Asignaciones por casos de accidente de trabajo: Consideramos ahora las asignaciones abonadas al asalariado que ha padecido daños corporales por un accidente que ha sobrevenido en razón de su trabajo y durante el desempeño de este *(an accident arising out of and in the course of his employment)* o que le son pagaderas por una específica enfermedad de trabajo. Un sistema de asignaciones en casos de accidentes de trabajo funciona desde 1897 y la *Comisión Beveridge* se persuadió de que en definitiva era justificado continuar tratando los daños accidentales o los sobrevenidos con ocasión de la relación de trabajo separadamente de los sistemas generales que cubren enfermedad, retiro, viudez y otras asignaciones. Es importante subrayar que este sistema no excluye la posibilidad de actuar ante los tribunales por daños y perjuicios del empleador, de acuerdo a las reglas habituales de la responsabilidad civil o de acuerdo a una legislación que impone una responsabilidad al empleador[13]. De cualquier forma, la *Comisión Beveridge* estableció un régimen de preferencia para accidentes de trabajo principalmente por considerar que si bien numerosas industrias eran vitales para el país eran de igual modo peligrosas o riesgosas, y era deseable que los hombres que trabajasen en ellas se beneficiaran de una protección especial. Ninguna condición de cotización es exigida para tener derecho a esta asignación. Basta mostrar que la víctima era un empleado, para el momento del accidente. Hasta 1983 se podían obtener bajo ese régimen tres asignaciones: las indemnizaciones por incapacidad provisional *(injury benefit)*, por incapacidad permanente *(disablement benefit)*, y por muerte *(death benefit)*. Estas últimas pueden ser reclamadas por los dependientes del asalariado. Desde 1983, las indemnizaciones en caso de incapacidad provisional –que proporcionaban un ingreso o renta sustitutiva o interna– han sido suprimidas y fusionadas dentro del sistema general del seguro por enfermedad. Las rentas en caso de incapacidad permanente, que proporcionan una compensación por las heridas o enfermedades de trabajo previstas aún subsisten, aunque existe una clara tendencia al desmantelamiento del concepto de accidente de trabajo. Es difícil sostener que la existencia de este sistema, incluso bajo su forma atenuada, sea un factor significativo para el reclutamiento de la fuerza de trabajo.

452. – Asignaciones por enfermedad o invalidez: El Estado dispensa un importante número de asignaciones a favor de las enfermedades y de los inválidos. Sin embargo, ha habido un cambio significativo de políticas a lo largo de la década de los 80 y el gobierno actual ha introducido medidas para desplazar la carga financiera sobre los empleadores. La disposición introducida en 1982[14] es de una importancia extrema, pues obliga al empleador a pagar por enfermedad a aquellos empleados

[12] (1984) A.C. 310.
[13] Ver *supra*, nos. 72, 200 et seq.
[14] *Social Security Hosing Benefit Act 1982.*

que están bajo su servicio, en virtud de un contrato de trabajo y a partir de los tres meses, un monto mínimo durante las primeras ocho semanas de la cesación, suspendiéndose durante ese mismo período las asignaciones del asegurado por enfermedad. Esta legislación ilustra no solo un cambio en el papel del Estado, sino que también permitirá que los beneficios de corto plazo sean introducidos más fácilmente dentro del sistema impositivo[15]. En cuanto al sistema estatal de seguro social por enfermedad, las leyes que tratan sobre las exigencias de la cotización son exactamente las mismas que rigen para las asignaciones por cesantía. Sin embargo, los trabajadores independientes califican para el derecho a estos beneficios en razón de las cotizaciones de la clase II que ellos pagan. La asignación o beneficio de enfermedad es una asignación pagable por incapacidad de trabajo. Es interesante señalar, no obstante, que existe un determinado número de motivos importantes para denegar el derecho a la asignación que tienen por objeto generalmente estimular el retorno al trabajo. Por ejemplo, la asignación es retenida si el beneficiario se incapacita no por un hecho derivado de su propia mala conducta *(misconduct)*, o cuando sin causa se rehúse someterse a un examen médico, o cuando no observe, sin justo motivo, determinadas normas de conducta (por ejemplo, abstenerse de un comportamiento que tienda a retardar su curación). Todos esos motivos para rechazar el derecho a la asignación, con excepción de la disposición relativa a la mala conducta, están sometidos a la norma que permite al beneficiario demostrar que su comportamiento tenía un justo motivo *(good cause)*.

La asignación por invalidez reemplaza la asignación por enfermedad al expirar un plazo de 120 días. Una persona que demande la asignación por invalidez debe estar por debajo de la edad de retiro o jubilación, y, si está por encima, no debe haber tomado su retiro o jubilación. La asignación es distribuida hasta los 70 años para los hombres y 65 para las mujeres. Los motivos para rechazar la asignación por enfermedad son aplicables a las asignaciones por invalidez.

453. – La incapacidad severa: Una prestación particular, que exige unas breves observaciones, es aquella que es pagada en caso de severa incapacidad *(Severe Disablement Allowance)*. Esta asignación ha sido introducida en la legislación por una ley de 1984. Se trata de una prestación no-contributiva, pero que, por el hecho de que concierne a la invalidez, debe ser tratada aquí. El objetivo de ella es ayudar a quienes no pueden beneficiarse de las prestaciones cuya naturaleza es de carácter contributivo: a los minusválidos por nacimiento o a aquellos que hayan llegado a serlo durante su infancia, así como a los severamente inválidos. Existía una disposición muy notable bajo el texto de la ley que precedía a la *Severe Disablement Allowance* relativa a las mujeres casadas o a las concubinas. Estas personas no tenían derecho a asignación salvo que ellas pudieran demostrar que eran incapaces de cumplir con los «deberes matrimoniales normales de una ama de casa». Esta disposición discriminatoria fue severamente criticada. Con respecto a un demandante masculino, una mujer casada o concubina debía satisfacer además esta otra condición adicional, a saber, «la de los deberes normales del hogar». Esta disposición simplemente ignoraba el papel considerable que desempeñan hoy día las mujeres en el mundo del trabajo, e ignoraba, igualmente, el valor que para la familia tienen «los deberes del hogar». En fin, mientras más se esforzaba una ama de casa minusválida por asumir y efectuar algunos trabajos vecinos al lugar donde ella residía, con el fin de ganar cierta independencia, menos tenía posibilidades de obtener la asignación

[15] Ver *Capítulo XIV*.

correspondiente. Existía, además, el problema de saber lo que debía ser considerado como incluido dentro del campo de «los deberes matrimoniales normales de un ama de casa». El cambio introducido por la ley de 1984 es el resultado de la obligación de adecuarse a las directivas de la C.E.E. en materia de igualdad.

454. – *Pensiones de retiro y viudez:* A través de numerosas maneras, las pensiones de retiro están en el meollo del sistema de la seguridad social. En resumen, la legislación prevé una pensión pagadera por el Estado en dos partes: una pensión de base y una «pensión adicional» (que puede llegar al 20% de los ahorros desde abril de 1988). La «pensión adicional» ha sido objeto de mucho debate. El costo es considerable y el gobierno lo considera como una barrera para la materialización plena de los dispositivos privados de pensiones ocupacionales. Recientes cambios en el esquema han tenido como foco de interés la remoción gradual de la «pensión adicional». Por consiguiente, la esposa sobreviviente no será capaz de heredar más de la mitad de la titularidad de los derechos pensionarios del causante. Además, la *Social Security Act de 1986* establece que la «pensión adicional» será basada en el promedio de los ingresos de vida en lugar de tomar como base —como era la posición anterior—, de tomar en cuenta los mejores veinte años del historial de laboral del empleado. Esta última reforma, que se hizo efectiva desde abril de 1988 y está sujeta a algunas otras previsiones legales más ventajosas para aquellos que hubiesen estado impedidos de buscar empleo regular por responsabilidades del hogar, afectará seriamente el valor de la «pensión adicional» y así hará más atractivo el sector privado.

Beneficios no contributivos

El régimen no contributivo de benéficos ha sido objeto de una significativa revisión en los últimos años. La expeditividad política ha jugado un papel fundamental en los constantes cambios y desequilibrios producidos por las tensiones entre el régimen de titularidad de derechos sociales y el régimen discrecional. El actual sistema es probable que no sobreviva a cualquier cambio futuro de gobierno.

La estructura del régimen de beneficios suplementarios, el más primario beneficio no contributivo, fue substancialmente alterado por las *Social Security Acts de 1980, 1986 y 1988.* El sentido fundamental de la ley de 1980 fue el de convertir la discrecionalidad en titularidad de derechos. Toda persona de 16 años o más se le consideró con derecho a obtener una pensión semanal, referida como beneficio suplementario, para el caso de que sus ingresos fuesen insuficientes para cubrir sus necesidades. Además, pagos individuales y provisiones de urgencia pretendieron dar cuenta de las situaciones de emergencia mediante la adopción de regulaciones meridianas.

A pesar de que los anteriores objetivos, más que sus apreciaciones individuales, continúan teniendo un papel significativo en las reformas introducidas por la legislación de 1986 y 1988, es cierto que el gobierno ha vuelto a introducir algún elemento de discreción dentro del nuevo esquema. La clave para entender las reformas de 1986/88 fue la pretensión expresa de configurar mejor los objetivos y, por ello, es que la prueba de medios de subsistencia a los aspirantes a obtener los beneficios ha llegado a jugar un papel significativo en la administración del régimen.

Brevemente expuesto el nuevo esquema o régimen es como sigue. Los beneficios suplementarios han sido reemplazados en la ley de 1986 por un nuevo sistema referido como ayuda de ingreso *(income support).* Existe también un fondo social que reemplaza el sistema de pagos individuales y las provisiones de urgencia. Es el fondo social que reintroduce el elemento discrecional que, como fue dicho, fue eliminado en 1980.

Las condiciones para ejercer la titularidad para el caso de una ayuda de ingreso *(income support)* son similares a las que existen para el caso de los beneficiarios suplementarios. Por consiguiente, en general, el demandante debe haberse registrado y estar disponible para un empleo remunerado. Existen ciertas importantes restricciones en lo relativo al principio general de la titularidad. Primero, y de manera obvia, no existe titularidad para ayuda de ingreso en el caso de que al solicitante o su socio se les encuentre trabajando por una remuneración a tiempo completo.

Trabajo o empleo remunerado se define como aquel empleo en el cual la persona se encuentra y que haya prestado o esté prestando en promedio no menos de 24 horas por semana y en razón de lo cual recibe un pago o salario o tiene una expectativa de recibirlo[16]. De esta forma se conceptualizan las unidades de evaluación dentro del contexto de la pretensión de un solicitante demandante o de su socio. Ocurre una «agregación» cuando dos personas son tratadas como pareja o como matrimonio. Aunque cualquiera de los miembros de una pareja pueda escoger ser el solicitante demandante de una ayuda de ingresos, la ley todavía espera que las parejas integren un sostén del hogar. La razón de la llamada norma «de colaboración» es que una pareja no casada no debe ser tratada de manera más favorable que una pareja casada. Algunas veces surgen dificultades en la determinación de esta cuestión. ¿Deberán acaso enfatizarse los arreglos financieros, los sexuales o los de reconocimiento público? Si un hombre casado tiene una querida con la cual suele pasar parte de la semana, ¿forma una o dos parejas? Esta última cuestión ha sido resuelta negativamente por el Comisionado[17]

El sistema de pensiones del Estado opera en conjugación con unos sistemas privados de retiro o jubilación. Si el empleador renuncia a la pensión complementaria de Estado para sus asalariados, contratando fuera de su ámbito, su cotización al seguro por retiro o jubilación es mucho menor. Pero se hace necesario para ello participar en un sistema privado de retiro aprobado por una entidad especial, la *Occupationnal Pensions Board.* Si el sistema es aceptado entonces sus empleados no recibirán del Estado sino la pensión base y tendrán que depender para el pago de sus pensiones del esquema de contratación privado según convenio.

Las transferencias de derechos acumulados y la titularidad de beneficios provenientes de un sistema de contratación privada han creado dificultades particulares, a pesar de que los acuerdos sobre transferencias son, claramente, un elemento importante de la estrategia del gobierno en esta área de «nuevas propiedades».

El otro aspecto importante de la estrategia es el desarrollo del esquema de pensión personal y el *Social Security Act de 1986* le confiere a cada empleado el derecho de escoger un esquema de pensiones personales siempre y cuando sea aprobado por el *Occupations Pensions Board.*

La edad de retiro es 65 años para los hombres y 60 años para las mujeres. Para beneficiarse del retiro, el pensionado deberá mostrar que ha cumplido con las condiciones de cotización y que se ha retirado de un empleo regular. La legislación

---

16 *Social Security Act 1975,* s. 27 (3) (b).

17 V. *infra,* No. 459.

permite alguna flexibilidad en la aplicación de esta última prueba; por ejemplo, es posible para un pensionado efectuar «*trabajo ocasionalmente remunerado*»[18]. Existe hoy una presión acrecentada en favor de igualar la edad de retiro a los 60 años o, al menos, en llevarla a una edad de retiro fijada a nivel nacional para los 63 años.

Las pensiones de retiro o cesantía y las pensiones de viudez se encuentran vinculadas. La *Social Security Act de 1986* estableció un cierto número de cambios significativos, a pesar de que estos cambios aun no han sido materializados. Las pensiones de categoría A son pagaderas a las personas que satisfagan las exigencias de cotización; las pensiones de categoría B son pagaderas a un cónyuge cuando las cotizaciones requeridas hayan sido registradas por quien sea el principal sostén del hogar, incluyendo el caso donde el marido ha muerto (donde no importa que la viuda no haya alcanzado la edad correspondiente a su retiro). La asignación por viudez es pagadera durante las primeras 26 semanas de ese estado; una asignación es pagada a aquellas viudas, madres de un niño, que puedan reclamar en tal virtud las prestaciones familiares[19]; una pensión de viudez es pagada a aquellas personas cuya edad esté comprendida entre los 40 y 65 años para el momento del deceso del marido o cuando su derecho a la asignación familiar por concepto de madre viuda haya expirado (la pensión que puede ser pagada a una viuda expira a los 65 años y entonces la persona se hace acreedora a una pensión de la categoría B). Como puede ser constatado, tales disposiciones clasifican a las viudas en diversas categorías rígidas, ignorando la creciente participación de las mujeres en el mercado de trabajo y no prevén nada para los viudos. Las asignaciones o pensiones de viudez dejan de pagarse en caso de nuevo matrimonio y son suspendidas si la beneficiaria cohabita con un hombre. En este contexto se puede plantear la pregunta de saber si dicha regla es necesaria. ¿Acaso debe interpretarse que el difunto, quien después de todo habría pagado las cotizaciones requeridas para la eventualidad de su prematura suerte, habría deseado privar a sus hijos de las asignaciones pagaderas por el Estado para el momento en que su viuda, que es la madre de los menores, se vuelva a casar o establezca relaciones con otro hombre? La regla refleja la filosofía prevaleciente que establece la responsabilidad que pesa sobre el hombre de mantener a su mujer o a su concubina y libera al Estado de toda obligación.

Las pensiones por viudez serán abolidas en un futuro cercano como resultado del *Social Security Act de 1986*. Ese régimen será reemplazado por un pago a la viuda que corresponderá a una suma global libre de toda carga fiscal. Otro cambio que sobrevendrá pronto como resultado de las reformas de 1986, es el requisito que establece que para calificar como beneficiario para una plena pensión de viudez la viuda en cuestión no deberá tener una edad mayor de 55 años o más para la fecha en que ocurra la muerte de su esposo, o para la fecha en que ocurra la expiración del término para gozar de la pensión por concepto de ser madre viuda. Existe una rata reducida que rige para el caso de viudez entre los 45 y 55 años. Estos cambios son muy controversiales y están expuestos a ser revocados por un cambio político.

Sección 2
LAS ASIGNACIONES COMPLEMENTARIAS DE GARANTÍA

455. – *Del poder discrecional a los derechos de los indigentes:* El sistema no contributivo de beneficios ha sido objeto de una significativa revisión en los últimos años.

[18] Esta ley ha modificado de «larges pans» del *Supplementary Benefits Act 1976.*
[19] *R(SB)* 8-85.

La expeditividad política ha jugado un papel fundamental en los constantes cambios y desequilibrios producidos por las tensiones entre la titularidad de derechos sociales y el régimen discrecional, y el actual sistema es probable que no sobreviva a ningún cambio futuro de gobierno. La estructura legal de las asignaciones complementarias de garantía ha sido profundamente modificada por la *Social Security Act 1980, 1986 y 1988.* El objetivo fundamental de la Ley de 1980 fue pasar de un régimen de obtención discrecional a uno de titularidad de derechos del beneficiario. Toda persona con 16 años o más considerada con derecho a una asignación semanal, referida como beneficiario suplementario, si sus fuentes de ingresos se eran insuficientes para cubrir sus necesidades salvo determinados casos definidos por unos reglamentos; la persona debe estar registrada y disponible para un empleo remunerado.

456. – Excepciones a la generalidad del derecho a las asignaciones: Existen cuatro restricciones importantes al principio general según el cual este derecho es conferible a todos. De entrada, y esto es evidente, no existe ningún derecho a las prestaciones complementarias de garantía cuando una persona trabaja a tiempo completo. Luego, un huelguista, sin nadie que dependa económicamente de él, pierde sus derechos a las asignaciones. Las necesidades semanales de las personas dependientes de un huelguista están, sin embargo, aseguradas por el sistema complementario de garantía. Una tercera excepción a este derecho concierne a quienes se benefician de estudios a tiempo completo. Una cuarta excepción se refiere a un individuo privado de sus prestaciones porque las condiciones que le son aplicables y sus recursos se fusionaron con los de otra persona y los suyos le son tratados como provenientes de esta. Dicha fusión sobreviene cuando dos personas son consideradas como formando una pareja legítima o ilegítima. Aunque cada miembro de la pareja pudiera escoger ser el beneficiario de las asignaciones complementarias de garantía, la ley prevé también que la pareja esté compuesta por una persona que gane el pan del hogar y por otra que atienda la casa. En cuanto a la aplicación de la regla en los casos de cohabitación ocurre que una pareja ilegítima no debe ser tratada más favorablemente que una pareja legítima. Diversas dificultades a veces sobrevienen en la determinación de este asunto. ¿Se deben más bien considerar los arreglos financieros de la pareja, sus relaciones sexuales o la publicidad que ellos dan a su relación?... Si un hombre casado tiene una amante, ¿es acaso miembro de una o de dos parejas? Esta última pregunta ha sido resuelta con una negativa en un caso reciente que ha tenido que resolver el *Commissioner.*

457. – Monto de la asignación: El monto de cada asignación pagada es la diferencia entre los recursos *(ressources)* y las necesidades. Existen tres categorías de necesidades: normales, adicionales y de vivienda. Las necesidades satisfechas por el Servicio Nacional de Salud *(National Health Service),* de naturaleza médica o similar, gratuitamente expedidas, son tomadas en cuenta. Las necesidades normales comprenden los gastos de alimentación, de calefacción, y gastos por artículos diversos para la casa, etc... Existen necesidades adicionales para los ciegos y las personas de 80 o más años. A las necesidades normales y eventualmente adicionales se agregan las necesidades de vivienda o alojamiento. Los reglamentos han puesto en juego un sistema complejo para hacer funcionar el elemento vivienda dentro de las garantías complementarias. Si el beneficiario posee personas bajo su responsabilidad, el examen de sus necesidades toma en consideración naturalmente sus obligaciones legales. Una vez que son examinadas las necesidades, los recursos pasan a ser determinados. Los recursos *(ressources)* son deducidos de las necesidades a fin de calcular el monto de la asignación a pagar. Es más, algunos reglamentos detallados describen el capital y los ingresos o rentas que deben ser tomados en consideración. Los reglamentos dan poco espacio al poder discrecional de la administración e ilustran un movimiento dirigido hacia un enfoque centrado sobre normas o reglas legales.

458. – Pago de las asignaciones: La mayoría de las asignaciones son objeto de pagos semanales. Sin embargo, una asignación a veces da lugar al derecho de un capital para hacer frente a determinadas necesidades excepcionales. Es más, se ha dado un cambio fundamental. Un poco antes de 1980 la mayoría de esos pagos eran efectuados en virtud de un poder discrecional, ahora el nuevo sistema da poca oportunidad a ese poder; el derecho a un capital resulta de disposiciones de reglamentos detallados. Los pagos únicos *(single payments)*, como se les llama, dejan tan solo un espacio residual al poder discrecional. Por ejemplo, los reglamentos disponen que los pagos para algunos bienes que no figuran en las listas solo serán efectuado *«sí, de acuerdo a la opinión del funcionario encargado de atribuir la asignación, tal pago es el único medio por el cual pueden ser evitados serios daños o serios riesgos para la seguridad o la salud de uno cualquiera de los miembros de la célula familiar tomada en consideración»*.

El artículo 4 del *Suplementary Benefits Act 1976* autoriza el pago de las asignaciones en todos los casos de urgencias, incluso en aquellos en que el asignatario no tendría habitualmente el derecho a dicha asignación. Aquí, de nuevo, se ve disminuido el poder discrecional de la administración con el sistema puesto en vigencia a partir de 1980. Sin embargo, un poder discrecional residual permite unos pagos urgentes aun cuando el beneficiario no cumpla las condiciones exigidas por los reglamentos o en algunos casos no contemplados por esos reglamentos.

459.— Las asignaciones familiares: La última asignación que será examinada en este capítulo es el sistema de asignación familiar universal e independiente de los recursos introducidos en fases sucesivas entre 1977 y 1979. Una asignación semanal para hijos está asegurada a todos, y no sometida al impuesto, con una asignación aumentada para el primer hijo en caso de familia monoparental. Toda persona que posee la carga de un hijo puede exigir esta asignación familiar. Si un marido y su mujer viven juntos, el derecho se le otorga a la mujer. Y es ese el aspecto de la redistribución de las asignaciones del Estado en el seno de la familia que es el más interesante. Ilustra la importancia que el Estado otorga a las personas que están a cargo de los infantes, el cual, salvo un arreglo contrario, se asume que lo realiza la mujer.

Existen otras asignaciones a las cuales pueden tener derecho las familias que tengan hijos y ellas requieren un breve comentario. Por ejemplo, que haya una asignación por maternidad. Esa es una asignación contributiva, pagable solo a la persona que ha cotizado por ella. Se trata de una asignación semanal que dura 18 semanas. Igualmente, existe una asignación por maternidad que consiste en el pago de un monto y que, desde 1982, se ha otorgado igualmente a los no-cotizantes. Mencionemos también que las mujeres embarazadas tienen derecho a los cuidados médicos y dentales gratuitos y, en determinados casos, a la gratuita expedición de leche y medicinas. La legislación para la educación implica unas disposiciones complementarias para la concesión de comidas gratis en el colegio, del precio de transporte al colegio y en algunos casos de los uniformes, principalmente cuando la persona que atiende un infante percibe algunas asignaciones del sistema complementario de garantía.

460.— Conclusión: Hemos examinado en este capítulo algunas de las reglas o normas detalladas de la seguridad social. El examen ha sido necesariamente selectivo, pero hemos intentado extraer del conjunto de reglas legales o jurisprudenciales, algunas líneas directrices que competen a la materia, así como llamar la atención sobre los factores de política social que sustentan los detalles. El derecho en este campo está, en cierta medida, en un período de cambios y sin duda continuará fuertemente influido por tres factores importantes. Primero, es claro que el impacto de las reglas o normas de la Comunidad Europea no se encuentra sino en sus comienzos. La influencia continua de las reglamentaciones y de las decisiones judiciales europeas es inevitable. Segundo, la política del actual gobierno está firmemente dirigida a disminuir los poderes discrecionales de la administración y a transferir las asignaciones, al menos a corto plazo, a los empleadores y asimilados para descargar de ello al Estado. Finalmente, es evidente que el derecho en este campo está fuertemente influenciado por las condiciones económicas del momento y del país. Los cambios de política en materia de seguridad social pueden con frecuencia ser directamente atribuidos a los sucesos o acontecimientos económicos del país. Todos esos factores, en un sentido, han desembocado en un sistema de seguridad social que muestra más capacidad de respuesta. Su estructura fundamental actualmente se acerca o aproxima a áreas del derecho privado y a otras áreas del derecho público que son de fácil determinación al examinar las decisiones de los tribunales, las leyes y los reglamentos.

CAPÍTULO XVI
DERECHO ADMINISTRATIVO

Por D. G. T. WILLIAMS

461. – *La noción de derecho administrativo:* El derecho administrativo ha sido descrito como el «conjunto de principios y de reglas que exponen y rigen las funciones y poderes de todos los órganos del gobierno que tienen a su cargo la aplicación, la puesta en funcionamiento y la gestión concreta de la política gubernamental. Estos órganos comprenden los ministros y los ministerios, las autoridades locales, las empresas públicas, las agencias, los establecimientos públicos, las comisiones y demás entes creados para cumplir misiones particulares»[1]. El reconocimiento en los medios universitarios y profesionales del derecho administrativo como disciplina jurídica en sí misma ha sido, sin embargo, relativamente tardío, y ha sido solamente en las últimas dos o tres décadas que la doctrina y la jurisprudencia administrativas se han desarrollado sustancialmente.

La lenta emergencia del derecho administrativo quizás se deba, principalmente, al hecho de que el Reino Unido no tiene un sistema bien diferenciado de tribunales administrativos. El control judicial de los órganos ejecutivos, bien sea por vía de apelación o por algún procedimiento de revisión[2], está asegurado por la *jurisdicción de derecho común,* aun cuando el procedimiento formal de decisión en el nivel administrativo se realice, en primera instancia, conforme a muchas leyes, a través de una compleja red de *tribunals*[3]. La responsabilidad de los órganos ejecutivos, por ejemplo, conforme al derecho de la responsabilidad civil o al derecho de los contratos, se determina ante las jurisdicciones del derecho común, aun cuando sus principios sean cada vez más adaptados para tomar en consideración la situación particular de la Administración. El reconocimiento del derecho administrativo ha seguido el creciente perfeccionamiento del control judicial sobre los órganos ejecutivos y la creciente y cada vez más sutil diversificación de la responsabilidad de los órganos ejecutivos. En la actualidad, el derecho administrativo, de que Dicey atribuía en 1885 «un amplio uso y una significación restringida»[4], tiene un amplio uso y una significación extendida.

---

1 *The Oxford Companion to Law* (por David M. Walker) (1980), p. 27. para comprender la distinción entre el concepto inglés del derecho administrativo y el «derecho administrativo» francés es necesario leer a C. J. Hamson, *Executive Discretion and Judicial Control* (1985).

2 La distinción entre «*appeal*» y «*review*» se analiza *infra,* No. 467.

3 Véase *supra,* No. 22.

4 *C. T. Carr, «Administrative Law»* (1935) 41 L.Q.R. 58, que hace referencia a *A. V. Dicey, Introduction to the Study of the Law of the Constitution* (1ª edición, 1885).

462. – Las instituciones administrativas: Existen diferentes clases de autoridades, instituciones y funcionarios administrativos. El Reino Unido no está organizado conforme a un sistema federal[5], pero la distinción entre autoridades centrales y locales tiene una importancia considerable en todas las interpretaciones del derecho administrativo. Las autoridades locales, por ejemplo, no gozan de los privilegios o inmunidades que tiene el gobierno central; y las relaciones entre las autoridades locales y sus contribuyentes por una parte, entre el gobierno central y sus contribuyentes por otra, son percibidas de una manera muy diferente[6]. Adicionalmente, un cuadro de las instituciones administrativas debe incluir a las empresas públicas (como las industrias nacionalizadas), la policía, y una serie de organizaciones que gravitan alrededor del gobierno, denominadas comisiones, agencias, establecimientos públicos, direcciones, consejos y comités. Estas últimas organizaciones comprenden, entre otras, la Dirección de la Salud y de la Prevención, la Comisión encargada de la organización de la mano de obra, la Comisión para la igualdad racial, la Comisión para la igualdad de oportunidades, los *Boundary Commissions* (encargadas de delimitar los distritos electorales), la Comisión de monopolios y fusiones, la Oficina de Control de competencia comercial, y la Comisión Real permanente sobre la contaminación del medio ambiente y el Consejo de los *Tribunals.*

463. – Las fuentes del derecho administrativo: El fundamento del poder de la Administración es de origen esencialmente legislativo[7]. Existen elementos «federales» en la estructura del Reino Unido. En particular, se observa un sistema jurídico distinto en Escocia[8]; Cortes de justicia diferentes y con anterioridad, órganos legislativos y ejecutivos distintos en Irlanda del Norte[9]; y una posición original de las Islas Anglo-Normandas y de la Isla de Man[10]. En conjunto, sin embargo (dejando de lado su dimensión europea), el derecho administrativo se adscribe al solo Parlamento de Westminster. Debe destacarse así, dependiendo de la legislación directamente emanada del Parlamento, una gran cantidad de legislación subordinada que toma la forma de reglamentos, ordenanzas, planes, resoluciones, decisiones, códigos y directivas. Las formas más importantes de legislación subordinada provienen de los servicios centrales. Su autoridad es tal que muchas cosas se resuelven por la presión oficiosa de las circulares y directivas del servicio, que reflejan lo que ha sido descrito como «el gusto tradicional del Reino Unido por los procedimientos extra-legislativos, los Códigos voluntarios de conducta, el «gobierno mediante circulares y otras prácticas similares[11]».

---

[5] En general, véase *The Royal Commission on the Constitution,* 1959-1973, Volumen I (Report), Cmnd. 5460 de 1973.

[6] Véase, por ejemplo, *R.* v. *Inland Revenue Commissioners, ex. p. National Federation of Self-Employed and Small Businesses Ltd.* (1982) A.C. 617.

[7] La prerrogativa real también es importante, sin embargo, la naturaleza y el alcance de la prerrogativa aun son materia de una discusión considerable: véase *H.W.R. Wade, Constitutional Fundamentals* (The Hamlyn Lectures 1980), (1980), p. 46 a 49.

[8] La Comisión real sobre la Constitución afirma (en el párrafo 76) que (fenómeno constitucional único en estado unitario) los sistemas jurídicos ingleses y escoceses «actualmente se encuentran entre ellos, en la misma relación jurídica que en la que se encuentran tomados por separado, con el sistema de cualquier país extranjero».

[9] *Ibíd.,* ch. 6, 28, 29, 30.

[10] *Ibíd.,* ch. 31, 32, 33.

[11] *Royal Commission on Enviromental Pollution,* 10° informe *(Tackling Pollution-Experience and Prospects),* Cmnd. 9149 de 1984, 3.48.

464.– *Tribunales e investigaciones públicas:* En la práctica, todos los *tribunals* administrativos son creados por ley. Les corresponden ciertos aspectos como la agricultura, la educación, el crédito al consumo, la inmigración, los licenciamientos abusivos, la salud mental, el seguro médico, las tasas y los impuestos, el derecho de autor, la circulación por carretera, la aviación y la seguridad social[12]. Para darse una idea del volumen de trabajo de los *Tribunals,* se ha indicado que «el número total de asuntos tramitados por los *tribunals* en 1978 equivale a seis veces el número de litigios civiles decididos por la *High Court* y los *County Courts*»[13].

Un cierto tipo de control de procedimiento sobre los *tribunals* está previsto en el *Tribunals and Inquines Act 1971*[14], especialmente a través de la actividad consejera y consultiva del «*Council on Tribunals*», como órgano permanente. El Consejo, tanto como respuesta a las proposiciones de crear nuevos *Tribunals* como en lo que concierne a las reglas de procedimiento aplicables a ciertas categorías de *tribunals,* ha tratado de hacer efectiva las normas de apertura, de justicia y de imparcialidad preconizadas en 1957 por el *Committee on Administrative Tribunals and Enquires*[15].

Estrechamente vinculados a los *tribunals* creados por el Parlamento, existen los «procedimientos administrativos que comprenden o pueden comprender la conducción por o para un ministro, de investigaciones decididas por el Parlamento»[16].

Investigaciones de este tipo (descritas con frecuencia como investigaciones públicas o investigaciones públicas de carácter local), se inscriben corrientemente dentro del procedimiento de decisión de un Ministerio, en dominios tales como el ordenamiento urbano o rural, la expropiación, la vivienda o la construcción vial. Desde la decisión de la Cámara de los Lores *Local Government Board v. Arlidge*[17], adoptada justo antes de la primera guerra mundial, las investigaciones públicas han originado delicados problemas de equidad («*natural justice*»). Recientemente, las exigencias de la *natural justice* han tenido que ser adaptadas con el propósito de tomar en cuenta las «grandes investigaciones públicas» referentes a ciertos proyectos de desarrollo que suscitan cuestiones contenciosas de demandas de energía y de protección del ambiente. Grandes investigaciones públicas, algunas de las cuales se han extendido por más de doscientos días, se han realizado en relación a proyectos de autopistas, de un tercer aeropuerto londinense, de un reactor (nuclear) de agua presurizada, de una nueva explotación carbonífera. El *Council on Tribunals* se ha preocupado mucho por el procedimiento seguido en la conducción de las investigaciones, llamando la atención sobre cuestiones tales como las nuevas pruebas, los costos, la publicidad y la información; la utilización de declaraciones escritas, la lectura de las pruebas y la independencia de los «inspectores» cuya función es la de dirigir la investigación y la de someter un informe al ministro competente.

465.– *El control ejercido por los miembros del Parlamento:* Aparte del campo de acción de los *tribunals* y de las investigaciones, la acción administrativa se lleva a

---

12 Detalles de los cambios legislativos y otros que afectan los *tribunals* pueden encontrarse en los informes anuales (desde 1959) del *Council on Tribunals.*

13 *Report of the Royal Commission on Legal Services.* Cmnd. 7648 de 1979.

14 V. *Williams.* «*The Council on Tribunals: the First Twenty-Five Years*» (1984) *Public Law* 73.

15 *Cmnd. 218 de 1957.* La primera ley sobre los tribunales e investigaciones de 1958 fue el resultado de las recomendaciones de esta Comisión.

16 Fórmula extraída del *Tribunals and Inquines Act 1971,* s. 1.

17 (1915) A.C. 120.

cabo con una ausencia de formalidad más o menos grande[18]. Cuando los juristas evalúan el control de esta acción y por supuesto, el procedimiento de los *tribunals* y de las investigaciones, tienen tendencia a hablar en primer lugar, de control judicial. Los usos y prácticas constitucionales del Reino Unido, sin embargo, otorgan una importancia considerable a las soluciones políticas: los conflictos entre el ciudadano y la Administración con frecuencia se resuelven sin la ayuda de la justicia. Tradicionalmente, existe el recurso de acudir a los elegidos locales o a los miembros del Parlamento, cuya intervención se favorece por la manera como se comprende la responsabilidad ministerial[19]. Las cuestiones parlamentarias en la Cámara de los Comunes son relativamente poco numerosas, proviniendo lo esencial de la presión de la correspondencia intercambiada entre los parlamentarios y los ministerios, pero ellas ponen en evidencia, en forma clara, los mecanismos de la responsabilidad ministerial. Es por ello que el Juez Robert H. Jackson, de la Corte Suprema de los Estados Unidos, señaló que frecuentemente «había quedado impresionado por la rapidez y la seguridad con la cual la más leve violación de la libertad individual británica o de los derechos de las minorías por parte de funcionarios, era denunciada ante el Parlamento, no solamente por la oposición sino también por el partido en el poder, y se convertía en un objeto de repetidas preguntas y de críticas algunas veces vehementes»[20].

La eficacia del control parlamentario ejercido por miembros individuales del Parlamento se refuerza con la posibilidad de o investigaciones *ad hac* por *«Tribunals of Inquiry» o* por mecanismos de investigación menos formales[21]; e incluso, por la amplia utilización de comisiones de investigación *(select committees)* de los ministerios[22]; y por la creciente utilización a partir de 1967 de procedimientos del *ombudsman.* A nivel del gobierno central, la posición de Delegados Parlamentarios para la Administración *(Parliamentary Commissioner for Administration: «el ombudsman»)* fue creado por una Ley de 1967, con poder, en las condiciones definidas por la ley, de investigar sobre las reclamaciones de los administrados que han sido víctimas de una injusticia como resultado de un mal funcionamiento de la Administración. Existen, sin embargo, importantes restricciones con respecto a los poderes del Delegado parlamentario. La menor entre ellas no es como su nombre lo indica, su incapacidad para abrir una investigación si no es requerido por un miembro del Parlamento; y tanto el Delegado mismo, como la Comisión de Investigación (de la Cámara de los Comunes) sobre el Delegado parlamentario, a menudo, han llamado la atención en cuanto a los límites de su poder[23].

466. – Las modalidades del control judicial: En el curso de los procesos que envuelven a la Administración, los tribunales reconocen, explícita e. implícitamente, los

---

18 Véase *The Citizens and the Administration. The Redress of Grievances. A Report by Justice* (la sección británica de la Comisión Internacional de Juristas), 1961.

19 En general, véase *G. Marshall Constitutional Conventions* (1984). Igualmente véase el capítulo 1 (Derecho Constitucional).

20 *The Supreme Court in the American System of Goverment* (1955).

21 Véase por ejemplo *Griffith, «The Crichel down Affair»* (1955 18 *M.L.R.* 557; Sir Cyril Salmon, *Tribunal of Inquiry* (Lionel Cohen Lecture en la Universidad de Jerusalem, 1967).

22 Véase por ejemplo, *K. C. Wheare, Goverment by Committee* (1955) y *Geoffre y Marshall, Constitutional Conventions* (1984), ch. 4.

23 Véase el informe anual de 1983 (marzo 1984). En lo referente a los procedimientos del *ombudsman* en el gobierno local, véase The Local *Ombudsmen. A Review of the First Five Years. (Report by Justice),* 1980.

marcos legales e institucionales dentro de los cuales deben adoptarse las decisiones. La importancia del contexto ha sido ilustrada en *Liversidge v. Anderson*[24] donde la mayoría de la Cámara de los. Lores en medio de la segunda guerra mundial, interpretó las palabras «*reasonable cause*» (causa bien fundada: a propósito de la detención de personas que pertenecían a medios supuestamente enemigos) más bien subjetiva que objetivamente; en otros términos, la seguridad dada por el Ministro del Interior de que se trataba de una «*reasonable cause*» fue aceptada. Lord Wright, en nombre de la mayoría, rehusó admitir que «*reasonable cause*» fuera un término abstracto que debía aplicarse sin tener en cuenta el contexto; reconoció que la Cámara de los Lores consideraba la existencia de poderes extraordinarios motivados por un estado de crisis; y subrayaba que el Ministro del Interior era políticamente responsable ante el Parlamento. Lord Macmillan recalcó que, por razones de interés general, el Ministro del Interior se encontraba, con frecuencia, en la incapacidad de revelar los hechos y las razones que estaban al origen de su decisión y que, adicionalmente, disposiciones muy extremas se habían tomado para proteger los intereses individuales conforme a modos de proceder extraestatutarios. Lord Atkin emitió un aislado pero vigoroso desacuerdo, refiriéndose a sus colegas como «quienes, por una simple cuestión de interpretación, cuando se ven confrontados a reclamaciones que ponen en duda la libertad individual, se muestran más «ejecutivos» *(executive-minded)* que el propio poder ejecutivo»[25]. Como consecuencia, la posición de la mayoría fue rechazada[26]. Sin embargo, esta desaprobación está necesariamente alejada del contexto en el que se adoptó, la decisión *Liversidge v. Anderson* en aquel entonces, y son de destacarse los juicios de la mayoría por su fino análisis de los elementos legislativos, institucionales e incluso, constitucionales que se discutían. En consecuencia, la evaluación tanto de las posiciones adoptadas como de las predicciones reflexionadas sobre la actitud de los tribunales en materia de derecho administrativo, no pueden ser formuladas sino después de un análisis, como el que antecede, de los elementos variables del derecho administrativo.

En la parte siguiente de este Capítulo orientaremos nuestra atención principalmente hacia la naturaleza y el alcance del control judicial de la acción administrativa, y sobre los remedios propuestos en la puesta en funcionamiento de ese control.

Sección 1
EL CONTROL JUDICIAL *(JUDICIAL REVIEW)*: NATURALEZA Y ALCANCE

467. – Control judicial y apelación: El control judicial designa en derecho inglés: «el ejercicio por parte del tribunal de su poder inherente para determinar si un acto es o no legal y de aplicar el remedio apropiado». En teoría, se distinguen procedimientos de apelación por las cuales «una jurisdicción o autoridad superior reconsidera el fondo de la decisión de una jurisdicción o autoridad inferior»[27]. Existen vías de recursos ante los tribunales según los procedimientos de apelación sobre puntos de derecho, particularmente contra las decisiones de muchos *tribunals* de creación legis-

[24] (1942) A.C. 206.
[25] *Ibíd.*, pp. 244-45.
[26] Véase por ejemplo *Nakkuda Ali v. Jayaratne* (1951) A.C. 66, 76-77; *R.* v. *Inland Revenue Commissioners ex. P. Rossminter Ltd.* (1980) A.C. 952, 1011; R. v. *Home Secretary*, ex. p. *Khawaja* (1984) A.C. 74.
[27] *H.W.R. Wade, Administrative Law* (5ª edición), (1982), pp. 34 y 35.

lativa. Contra las decisiones ministeriales (habitualmente concernientes a investigaciones públicas), con frecuencia existe una vía de recurso específica prevista por la Ley, redactada en términos comparables a los del control judicial, pero con diferencias no despreciables en lo que concierne al procedimiento y al interés para actuar.

468. – La doctrina del ultra vires: El control judicial de la acción administrativa está construido en torno a la doctrina del *ultra vires* (exceso de poder), un término que «fue al inicio utilizado comúnmente a mitades del Siglo XIX para describir, un exceso de su poder legal por parte de instituciones independientes creadas por la ley y de sociedades ferroviarias; y ello, aun cuando las grandes líneas de la doctrina así denominada hubieran tomado forma en el curso de un largo período, a propósito de los poderes de las personas morales de derecho común[28]. Prácticamente, el tribunal decide si la institución legal ha actuado en el marco de su poder legal, y el hecho de que el contexto legal varíe considerablemente implica que el procedente solo tiene una importancia limitada en esta rama del derecho. Los principios conductores son expuestos en un cierto número bien conocido de *obiter dicta,* y los cánones de interpretación de las leyes escritas permiten una gran flexibilidad en la aplicación de estos principios a los hechos en cada caso.

Bajo su aspecto más simple, la teoría del *ultra vires* busca que los tribunales interpreten la Ley y decidan sobre la existencia y la extensión de un poder. Los jueces han subrayado, a pesar de todo, que la doctrina debe ser aplicada razonablemente. Ellos admiten el principio según el cual «todo lo que puede ser visto honestamente, como accesorio o como consecuencia de los que está autorizado por la legislación, no debe ser considerado (salvo prohibición expresa) como «*ultra vires*» por vía de interpretación judicial[29]. Conforme a este último principio, un tribunal ha aprobado una resolución tomada por una autoridad local de establecer un sistema centralizado (mediante contratación directa) para sus necesidades de impresión, papelería y encuadernación; pero otro tribunal desaprobó un plan que permitía la utilización de poderes que le otorgaba una ley más vieja relativa a la higiene, con el fin de abrir una lavandería pública[30]. También está estrechamente emparentada a la regla de *ultra vires* en su aplicación directa, la manera conforme a la cual los tribunales deciden si las normas expresas de procedimiento contenidas en la ley o en los textos que se deriven de ella, deben ser vistos como obligatorias (su falta de observancia podría comportar la nulidad del acto administrativo) o como simplemente directivas. Esta parte de la jurisprudencia ha sido descrita como «una inextricable maraña de conceptos desorganizados»[31], en parte a causa de las indicaciones contradictorias a las cuales los tribunales están sometidos; Lord Halisham L. C., se ha pronunciado contra la tentación de utilizar «categorías jurídicas rígidas» tales como «obligatorias» o «directivas» y contra la tentación de buscar encasillar un caso particular «en uno u otro compartimiento que se excluyan mutuamente y contrasten radicalmente»[32].

Esta advertencia de no caer en clasificaciones jurídicas rígidas se aplica a todas las partes del derecho administrativo. Las distinciones entre actos «judiciales» (o

---

[28] *S.A. de Smith, Judicial Review of Administrative Action* (1980, 4ª edición por J. M. Evans), pp. 94-95.

[29] *Attorney-General* v. *Great Eastern Railway Co.* (1880) 5 App. Cas. 473-478.

[30] Véase respectivamente *Attorney-General v. Smethwick Corporation* (1932) 1 Ch. 562 y *Attorney-General* v. *Fulham Corporation* (1921) 1 Ch. 440.

[31] *De Smith, op. cit.,* p. 142.

[32] *London and Clydeside Estates Ltd.* v. *Aberdeen District Council* (1979) 2 All E.R. 883, H.L.

«cuasijudiciales») por una parte, y por otra, actos «administrativos», a la vez han desdibujado el antiguo derecho de las reparaciones y los antiguos postulados sobre la equidad *(natural justice)*[33], las distinciones entre administrativas «nulas» y «susceptibles de anulación» aparecen de tiempo en tiempo y pueden venir a complicar las esfuerzos judiciales tendientes a definir la reparación apropiada; y las distinciones entre funciones «legislativas» y otras de la administración pueden influenciar sobre el alcance de control judicial, en ciertos contextos. Un juez de apelación en Nueva Zelandia, Cooke J., declaró que existe una tendencia en la actualidad «cada vez más evidente» a evitar términos técnicos y aparentemente (pero ilusoriamente) precisos, tales como «nulo», «susceptible de anulación», «nulidad», «exceso de poder», para dar en su lugar un peso dominante «a la gravedad del error y a todas las circunstancias del asunto», y fundarse «menos sobre reglas claras y rígidas que sobre el análisis global»[34].

469. – El problema de la competencia: La búsqueda de un análisis global es particularmente importante cuando los tribunales ingleses hablan de «competencia», término evasivo e impreciso[35] que es el más comúnmente utilizado en lo que concierne a los *tribunals* y otros cuerpos similares que (en diversos grados) tienen poderes formales de decisión contenciosa. En el pasado, antes del rápido desarrollo de disposiciones legislativas que abrían la apelación sobre puntos de derecho, numerosos *tribunals* aparecían resguardados respecto de todo control judicial eficaz basados en la idea de que los mismos podían errar en el interior de sus respectivas competencias.

Esta protección ha ido desapareciendo gradualmente: en un principio, cuando los tribunales asumieron un cierto poder de control sobre las condiciones necesarias para el ejercicio de la competencia, y como consecuencia, redescubrieron (fuera de la doctrina del *ultra vires)* el concepto de «error de derecho resultante de la lectura del expediente» como medio de examinar las argumentaciones de los *tribunals* que escapaban a las apelaciones[36].

Más recientemente, los tribunales han asumido un derecho de intervención mayor respecto de los errores en relación a los poderes del órgano cuya acción o decisión es criticada, y ciertos jueces, particularmente Lord Diplock y Lord Denning, estarían dispuestos a reconocerle a los tribunales un amplio poder de control sobre todos los errores de derecho (sean o no técnicamente relativos a la competencia y a los poderes). Con la esperanza de conciliar puntos de vista en apariencia diferentes, Cooke J. sugirió recientemente «que los tribunales de derecho común dudarán mucho en admitir que el poder final de decidir una cuestión de derecho fuera confiada a una sola autoridad creada por la legislación o a un *tribunal»;* y prefirió partir de este principio en lugar de ocultar el problema tras un «concepto de «competencia» vago y probablemente indefinible[37].

---

[33] En derecho ingles este término se utiliza como fórmula procedural e incluye el derecho a ser oído por un órgano imparcial.

[34] *A. J. Burr Ltd.* v. *Borough of Blenheim* (1980) 2 N.Z.L.R. 1, 4

[35] N. T. La palabra que traducimos por «competencia» es la palabra «jurisdiction», que se aplica al poder de decir el derecho, empero a veces en un sentido amplio y político, en el sentido de autoridad sobre un cierto territorio o un determinado campo de problemas.

[36] *R.* v. *Northumberland Compensation Appeal Authority, ex p. Shaw* (1952) 1 K.B. 338, C.A.

[37] *Bulk Gas Users Group* v. *Attorney-General* (1983) N.Z.L.R. 129, 133. En lo referente a los problemas de competencia, véase P.P. Craig, *Administrative Law* (1983), ch. 9.

470. – Importancia de la natural justice y del control del poder discrecional: La mayoría de los comentarios sobre el alcance del control judicial, dan un puesto destacado a la *natural justice* (equidad) y al control del poder discrecional (ejercido sin formalidades). La mayoría de las decisiones que han sentado jurisprudencia sobre el alcance del control judicial se han dictado en estas materias, y no sorprende que todavía aquí existan una serie de términos y conceptos que deben ser tratados con precaución.

En relación a la *natural justice,* se ha discutido, durante años, sobre la distinción entre funciones «judiciales» y «administrativas»; distinción que se torna particularmente importante a propósito de los procedimientos utilizados en las investigaciones públicas. El término *fairness* (que es difícil de traducirlo, también, por equidad, y que esencialmente se refiere a la equidad en el marco de un procedimiento), ha sido utilizado cada vez con más frecuencia, para evitar tal clasificación de funciones[38].

En cuanto al control del poder discrecional, la presunción contra la delegación de poderes se aplica más estrictamente con respecto a las funciones «legislativas» o «judiciales» que a las funciones «administrativas ordinarias[39]; estos cuerpos administrativos están ligados o limitados por las opiniones dadas al público[40], y a partir del control del ejercicio del poder discrecional, se ha hablado (en relación a las autoridades locales) de un «poder fiduciario» de los contribuyentes (de impuestos locales) y (más generalmente) de un amplio concepto de *unreasonableness* (carácter irrazonable) aplicable al ejercicio de todo poder discrecional legal[41].

471. – Las exigencias de la natural justice: La fórmula procedimental de *natural justice* se fundamenta en las normas relativas al prejuicio y al derecho a ser oído. Durante la primera mitad de este siglo, el derecho a ser oído había sido acordado solamente de mal agrado, pues la jurisprudencia concerniente a las investigaciones públicas y a las autoridades, parecía imponer un formalismo y una rigidez injustificadas. Luego vino la decisión irrevocable de las Cámaras de los Lores en *Ridge v. Baldwin*[42], cuando Lord Reid, en su exposición, a la vez que hizo retroceder la rigidez tradicional, estableció una doctrina para el futuro. Desde entonces y particularmente en los últimos diez o quince años, hemos asistido a un desarrollo de la jurisprudencia en materia de *natural justice,* donde el problema no era tanto saber si se imponía el concepto como el de precisar sus exigencias.

Dos decisiones recientes ilustran la rapidez del cambio. En *Mahon v. Air New Zealand,* de 1983, el *Judicial Committee of the Privy Council* vislumbró la aplicación de la *natural justice* respecto de los trabajos de una Comisión Real de una sola persona encargada de investigar sobre una catástrofe aérea[43]. En *R. v. Secretary of State for the Home Department, ex p. Tarrant*[44], muchas decisiones conocidas debieron ser tomadas

---

[38] Véase el tratamiento general de la natural justice en Wade, *op. cit.,* Part. V y en de Smith, *op. cit.,* ch. 4 y 5.

[39] V. de Smith, *op. cit.,* ch. 2.

[40] *Westrn Fish Products Ltd.* v. *Penwith District Council* (1981) 2 All E.R. 4.

[41] *Roberts v. Hopwood* (1925) A.C. 578 y *Bromley London Borough Council* v. *Greater London Council* (1983) 1 A.C. 768.

[42] (1964) A.C. 40.

[43] (1984) A.C. 808, P.C.

[44] (1985) Q.B. 251.

en cuenta para el examen del derecho a asistencia jurídica en el curso de procedimientos disciplinarios aplicados a los detenidos, con lo cual una vez más se puso en claro la bien conocida doctrina según la cual las exigencias de la *natural justice* «deben depender de las circunstancias del caso, de la naturaleza de la investigación, de las normas a las cuales el *Tribunal* se somete, del asunto a ser tratado, y así sucesivamente»[45]. Algunos pueden interrogarse sobre la pertinencia de una diversidad demasiado amplia en la aplicación de las normas de *natural justice*. A pesar de lo cual es difícil evitar una aproximación caso por caso, pues la *natural justice* aun se amolda a los resultados del caso *Ridge v. Baldwin.*

472. – *El control del poder discrecional:* La jurisprudencia sobre el control del poder discrecional puede ser igualmente desconcertante.

El Parlamento ha confiado a los servicios centrales en particular, poderes discrecionales extremadamente amplios, y estos han sido acordados en términos que con frecuencia hacen difícil introducir una impugnación por vía de recurso ante los tribunales. Cuando la fuente del poder discrecional es la prerrogativa real, el punto de vista ortodoxo aun cuando recientemente haya sido puesto en duda por las jurisdicciones inglesas y australianas, ha sido que el ejercicio del poder discrecional no puede ser cuestionado ante los tribunales[46]. Incluso en el dominio general de los poderes acordados por ley, los tribunales son poco propensos a implicarse en cuestiones políticas[47]. En una decisión de 1982, Mc Neill J. indicó que «constituye un tema de real preocupación que la *Divisional Court* al ejercer su poder de control judicial, haya sido cada vez más... utilizada con fines políticos superficialmente disfrazados en cuestiones de derecho»; subrayando además, la incorrección que existe en la obtención de ventajas políticas de las decisiones judiciales[48]. Los recursos contra los modos de ejercicio del poder discrecional evidentemente se relacionan con los recursos contra las decisiones de fondo, por lo que se entiende que los tribunales se preocupen en mantener la distinción entre control y apelación.

El ejercicio del poder discrecional puede ser cuestionado en diversas formas. Algunas veces, insistiendo en primer lugar sobre el hecho de saber si el ejercicio del poder discrecional ha sido de alguna manera obstaculizado o limitado (por ejemplo, por la aplicación rígida de directivas políticas que deben seguirse, o mediante la adopción de ciertos tipos de compromisos contractuales). Un recurso directo se basa sobre alegatos de desviación de poder o de un objetivo no manifestado; sobre la afirmación de que se han tomado en cuenta consideraciones sin relación con el caso, o que consideraciones pertinentes al mismo han sido ignoradas; o, de manera más general, sobre alegatos de *unreasonableness* o de *unfairness.*

Existen diversos argumentos semánticos sobre la descripción apropiada de los medios de recurso, pero debe señalarse que comúnmente los jueces hablan del

---

45 *Russell v. Duke of Norfalk* (1949) 1 All E.R. 109, 118.

46 Véase *H.W.R. Wade, Constitutional Fundamentals* Hamlyn Lectures, 1980) p. 46 a 49. *Actualmente véase, Council of Civil Service Unions* v. *Minister for the Civil Service* (1985) A.C. 374.

47 Véase por ejemplo los comentarios de Sir John Donaldson, Master of the Rolls, en *R.* v. *Boundary Commission for England, ex p. Foot,* (983) Q.B. 600: uno entre los muchos fallos recientes en cuanto a las actividades del cuerpo que se encuentran al límite de la administración. Igualmente, véase *R.* v. *Police Complaints Board, ex p. Madden* (1938) 1 W.L.R. 447 y *R.* v. *Secretary of State for Trade, ex p. Anderson Strathclyde* (1983) 3 All E.R. 233.

48 *R.* v. *Greater London Council ex p. Royal Borough of Kessintong and Chelsea, Times Law Report* del 7 de abril de 1982.

hecho de que no se toman en cuenta consideraciones sin relación con el tema o del hecho de tomar en cuenta consideraciones pertinentes. La referencia clásica, tratándose de la aplicación de dichos medios de recurso, y cuando las autoridades locales están implicadas, es el criterio de Lord Green M. R., en *Associated Provincial Picture House Ltd. v. Wednesbury Corporation*[49]. Para el gobierno central, el fallo de referencia es *Padfield v. Minister of Agriculture, Fisheries and Food*[50] de la Cámara de los Lores. El enfoque es, sin embargo similar para todo poder otorgado por Ley escrita, y los principios de *Wednesbury* han sido aplicados recientemente al poder discrecional de la policía, en cuanto a saber si una persona sospechosa de robo puede ser o no arrestada[51].

Cuando la ley ha otorgado los medios a quien quiere impugnar una decisión, como en el caso de las apelaciones contra las decisiones de los Ministros en campos tales como el plan de ocupación del suelo, la vivienda o la expropiación por causa de utilidad pública, el alcance de la impugnación puede interpretarse en forma muy amplia, para tener en cuenta, por ejemplo, afirmaciones tales como la «ausencia de prueba»[52], pero podría ser prematuro elaborar un principio general a partir de lo que emerge de un campo específico de impugnación ante los tribunales.

Sección 2
DERECHO ADMINISTRATIVO: LOS MEDIOS DE CONTROL DE LA REVISIÓN DE CONTROL JUDICIAL

473.– Importancia de la materia: Los cambios más importantes que se han producido en el derecho administrativo inglés durante la última década, se refieren a los medios de control (remedies). Han sido desarrollados por los tribunales con fundamento en la legislación (tanto principal como subordinada).

No hay sin embargo, texto legislativo alguno que afecte el alcance de la revisión judicial, por lo que los diferentes medios de control precedentemente citados han sido casi enteramente desarrollados por los mismos jueces. La acción legislativa sobre los *medios de control* se ha producido como resultado de la reticencia inicial del gobierno a permitir a la *Law Commission* examinar (con miras a una reforma del derecho) cualquier aspecto del derecho administrativo que no sean los medios de derecho. La *Law Commission* presentó un documento de trabajo y un informe final. Este último, presentado en 1976, contenía un número importante de recomendaciones[53]. Quedaron excluidas de las consideraciones del control judicial; las disposiciones legislativas que prohíben el recurso a los tribunales; las diversas vías especiales de recurso contra las decisiones de los Ministros; y proposiciones con el objeto de crear un nuevo tipo de daños y perjuicios «por daños derivados de actos administrativos ilegales u omisiones, que no serían cubiertos por el actual derecho de la responsabilidad civil o de los contratos». El resultado de estas recomendaciones fue un instrumento legislativo de 1977, enumerado por otro que entró en vigencia en 1981, y el *Supreme Court Act 1981, s. 31* (mediante el cual el Parlamento sancionó a los principales cambios).

---

49 (1948) 1 K.B. 223.
50 (1968) A.C. 997.
51 *Holgate-Mohammed v. Duke* (1984) A.C. 437.
52 H.W.R. Wade, *op. cit.*, pp. 287-93.
53 *Law Commission* No. 73, Cmnd. 6407 de 1976

474.– *La situación antes de 1977:* Antes de 1977, existían cinco principales medios de control para la revisión judicial. Se trataba particularmente de las *«prerrogativas orders»* (mandatos emanados en virtud de una prerrogativa real y emanadas de un tribunal superior, a su discreción, sobre un comienzo de prueba, para impedir un abuso de poder o de derecho); del *«certiorari»* (mandato mediante el cual un tribunal inferior debe someter el expediente de un caso a un tribunal superior, con el fin de verificarlo); de la *«prohibition»* (prohibición de estatuir) y del *«mandamus»* (prohibición a una persona física o moral de realizar un acto de función pública, cuando todos los otros medios son ineficaces). Estos mandatos podían combinarse entre sí, pero no con otros recursos ni con una acción por daños y perjuicios.

El derecho de solicitar dichos medios de control, se regía por normas particulares, las cuales variaban de uno a otro; tanto a las categorías de funciones a las cuales se aplicaban el *certiorari* y la *prohibition,* como a la posibilidad de un *mandamus* contra la Corona.

En el campo del procedimiento, cada *prerogative order* necesitaba una autorización de sometimiento a un tribunal dada por la Corte; y no había procedimiento interlocutorio y la *cross-examination* raramente era autorizada; existía un lapso sin prórroga de 6 meses para solicitar un *certiorari;* y las tres *prerogative orders,* eran discrecionales.

Comprados con las *prerrogative orders,* los medios de control del derecho privado de la *injonction* y del fallo declaratorio ofrecían menos restricciones de procedimiento (además de algunos elementos distintos que les eran propios. En todo caso, progresivamente, parecían dar a los litigantes oportunidades de explorar nuevas vías de control judicial. El resultado era, según los términos empleados por Smith, que existían dos conjuntos de medios de control que se interferían uno a otro, pero que no coincidían en lo que producía como efecto la creación de un estado de cosas comparables al que existía cuando el procedimiento civil inglés todavía se encontraba «atormentado» por las antiguas *forms of action.*

475.– *La unificación del procedimiento:* La *Law Commission,* con valentía, propuso reunir los dos conjuntos mencionados. La *Order 33* de las Normas de la Corte Suprema, modificada conforme al instrumento legislativo de 1977, previo una *«application for judicial review»* (demanda de control por parte del juez), permitiendo al litigante «obtener cualesquiera de las *prerogatives orders o,* en circunstancias apropiadas, un fallo declaratorio o una *injonction»,* permitiéndole agregar a su demanda una reclamación por daños y perjuicios (en responsabilidad contractual o delictual). Una autorización de sometimiento a un tribunal es necesaria: la *Order* requiere necesariamente el que se «tenga un interés suficiente en la cuestión a la cual se refiere la demanda»; y existen disposiciones que conciernen al intercambio de documentos, a los interrogatorios y a la *cross-examination.* Además, la introducción de una demanda está sometida a un lapso de prescripción a reserva del poder del juez de prorrogarlo.

Reforzada por el último instrumento legislativo y por la ley. de 1981, la nueva *Order 53* parece haber suministrado un medio de derecho adecuado y eficaz para numerosos asuntos relativos al control judicial. Incluso, las antiguas y divergentes normas sobre el interés necesario para actuar parecen haber recibido un fundamento, nuevo y más racional, derivado de un fallo reciente mediante el cual la Cámara de los Lores, unánimemente, vinculó el interés a la legalidad, con el corolario de que la autorización de sometimiento a un tribunal no debe ser rechazada por ausencia de interés sino solo en los casos más evidentes[54]. A pesar de que existen diferentes puntos de vista entre los autores de esta decisión, es perfectamente claro que los problemas fastidiosos relativos al interés para actuar han sido resueltos en un instante, y al ciudadano impugnar las actuaciones del gobierno.

La nueva *Order 53*, también ha sido concebida para ayudar a la Administración asegurando (según las palabras de Lord Diplock) las garantías «impuestas en interés de los administrados contra los ataques sin fundamento, sin mérito o tardíos, sobre la validez de las decisiones tomadas por autoridades públicas en el campo del derecho público»[55]. Estas garantías incluyen la necesidad de una autorización de sometimiento a un tribunal, la prescripción de 3 meses, el control por parte del tribunal del intercambio de documentos y la *cross-examination*, y finalmente el elemento discrecional en cuanto al otorgamiento de una reparación.

Sin embargo, la *Law Commission* jamás ha vislumbrado y los cambios legislativos jamás han previsto, que la *Order 53* sea el recurso exclusivo en materia de derecho público; por lo que siempre es posible que los litigantes busquen reparación por medio de *injonctions o* juicios declarativos obtenidos mediante *writ* u *originating summons*. En dicha eventualidad, aun cuando no es necesaria autorización alguna de sometimiento a un tribunal, el mecanismo de selección se encontraría en las condiciones más estrictas en cuanto al interés para actuar (que el *attorney-general* puede pasar por alto en el marco de *«relator proceedings»* acción conducida por él por iniciativa de un particular[56]; los lapsos de prescripción de 6 años se aplicarían también a los procedimientos ordinarios, interlocutorios y de juicio.

476. – El problema de la exclusividad del nuevo procedimiento: Aquí uno se encuentra ante una alternativa evidente. Si el objeto de la nueva *Order 53* es mejorar los medios de control puestos a la disposición del ciudadano, pareciera que no hubiere una buena razón para rechazarle a este el acceso al mayor número de recursos, máxime si toda tentativa de la *Order 53* conduciría inevitablemente a distinguir entre «derecho privado» y «derecho público», expresiones que (según las palabras de Lord Wilberforce) «deben ser utilizadas con precaución, porque es característico que el derecho inglés no está vinculado a principios sino a recursos»[57]. Si, en cambio, la *Order 53* también tiene por objetivo proteger a la Administración, entonces existen todas las razones para tratar de circunscribir al ciudadano, lo más posible, en la *aplication for judicial review*, incluso en ausencia de un texto legislativo específico elaborado para este efecto. Las razones para actuar de esta forma son particularmente apremiantes en campos tales como la inmigración, el problema de las personas sin hogar, o los derechos de los prisioneros, en los que la Administración podría estar sujeta a procesos tardíos e interminables. En un fallo de 1982, por ejemplo, Woolf J. declaró que el procedimiento de la *Order 53* «conducía a buscar una solución más juiciosa del caso, ahorraba gastos y garantizaba que el procedimiento, desde la introducción hasta la solución del mismo, se realizaría bajo el control de un juez»[58].

---

54 *R.* v. *Inland Revenue Commissioners, ex p. National Federation of Self-Employed and Small Bussinesses Ltd.* (1982) A.C. 617.

55 Véase el discurso de Lord Diplock en *O'Reilly* v. *Mackman* (1983) 2 A.C. 237. En lo referente a este fallo, v. *John Bell, Droit Public y Droit Privé: une nouvelle distinction en Droit Anglais (l'arret O'Reilly* v. *Mackman: ¿un arret blanco?, Rev. fr. dr. adm.*, mayo-junio 1985, p. 399 y s.

56 Véase *Gouriet* v. *Union of Post Office Workers* (978) A.C. 435; *Barrs* v. *Bethell* (1982) Ch. 294.

57 *Davy v. Spelthorne Borough Council* (1984) A.C. 262. V. también *supra*, Nos. 68-69.

58 *Irlam Brick Co. Ltd.* v. *Warrington Bc, Times, Law Report* del 5 de febrero de 1982.

Después de algunas indecisiones por parte de los tribunales, el problema pareció estar resuelto en *O'Reilly v. Mackman*[59], en el que Lord Diplock (en representación de la Cámara de los Lores) retomó a su vez la opinión de Lord Denning ante la jurisdicción inferior, en lo referente a la ventaja de un proceso dirigido. En este fallo, se decidió que sería un abuso de procedimiento intentar actuar de otra manera contraria a la *Order 53*. Lord Diplock enunciaba una norma más general que rígida, y en consecuencia los tribunales tuvieron que proporcionar un cierto número de juicios en cuanto a las excepciones que se admitirían para la norma de *O'Reilly v. Mackman*. Todo el derecho concerniente a la «exclusividad» de la *application for judicial review* se encuentra en las primeras etapas de su formación por parte de la jurisprudencia[60].

477.— *Otros problemas:*. Mientras tanto, existen otros problemas difíciles que deben ser resueltos. Aun en el estado en que se encuentra el derecho actual, existen cuestiones extremadamente difíciles relativas a la posible condena de las autoridades públicas por daños y perjuicios, y la decisión de la Cámara de los Lores en *Anns v. London Borough of Merton*[61] es notable en el contexto del *tort de negligence*. Sin embargo, existe una parte inexplorada de actos administrativos ilegales para la cual no hay responsabilidad por daños y perjuicios: la presión para que se produzcan cambios jurídicos (realizados por la vía legislativa más que por decisiones judiciales) podría aumentar perfectamente, y es probable que se prueben mecanismos especiales de compensación con el fin de solucionar problemas particulares[62]. Otro campo menos difícil concierne a las disposiciones legislativas que prohíben recurrir a los tribunales; en el pasado, constituyeron el origen de una jurisprudencia y de discusiones doctrinales considerables, empero, a excepción del lapso de prestación de la *Order 53*, a menudo son cambiadas o atenuadas por la interpretación judicial[63].

CONCLUSIONES

478.— *Balance:* El derecho administrativo, en el Reino Unido, en muchos aspectos se encuentra en una etapa de adolescencia tardía. En los últimos veinticinco años se han realizado muchas cosas gracias a la legislación parlamentaria (tal y como el *Tribunals and Inquines Act 1971)*, a la legislación subordinada (enmienda de la *«Order 53»)*, a análisis doctrinales (particularmente libros con los escritos por S. A. Smith y H. W. R. Wade), a decisiones judiciales (como *Ridge v. Baldwing* y *O'Reilly v. Mackman)*, y a la presión política y pública. El derecho administrativo como materiales actualmente aceptado por las profesiones jurídicas, y aunque no existan tribunales administrativos ni cámara administrativa en la *High Court*, los jueces al final se han especializado más o menos en los litigios que implican la Administración[64].

479.— *Los estudios realizados por iniciativa del gobierno:* Durante este siglo, solamente en dos oportunidades se han llevado a cabo investigaciones sobre problemas

---

59 *Supra*, p. 532, nota 1.

60 Véase especialmente, *Davy v. Spelthorne Borough Council* (1984) A.C. 262; *Wandsworth London Borough Council* v. *Winder* (1985) A.C. 461.

61 (1978) A.C. 728. Véase *supra*, 201.

62 V. H.W.R. Wade, *op. cit.*, ch. 20.

63 Ibíd., p. 598-609. Véase especialmente *Anisminic Ltd.* v. *Foreign Compensation Commission* (1969) 2 A.C. 147.

64 Véase *Blom-Cooper «The New Face of Judicial Review: Administrative Changes in Order* 53» (1982) *Public Law* 250.

importantes de derecho administrativo por iniciativa del Gobierno. La primera investigación realizada por la Comisión sobre los Poderes de los Ministros, 1929-32, se suscitó a raíz de la publicación de un libro escrito por el *Lord Chief Justice* de esa época titulado *The New Despotism*[65]. En parte debido a la naturaleza del libro del *Lord Chief Justice,* la Comisión concentró sus esfuerzos principalmente (más no exclusivamente) en la legislación subordinada y en los tribunales y procedimientos de investigación que iban surgiendo; sin embargo, la Comisión presentó observaciones sobre otros puntos, incluyendo la situación anormal de la Corona en los procesos civiles. Un punto que solo se convirtió en objeto de legislación a partir del *Crown Proceedings Act 1947*[66].

La segunda investigación fue conducida por la Comisión de *tribunals* e investigaciones administrativas de 1955 a 1957[67]; en esta oportunidad fue el caso *Crichel Down* el que dio origen a la investigación[68]; este «caso» había suscitado una larga polémica a propósito de la forma en que ciertos funcionarios habían negociado un determinado asunto. Aunque el caso *Crichel Down* hacía referencia a cuestiones de mala administración y de poder discrecional, la Comisión estaba limitada por sus términos de referencia a los *tribunals* e investigaciones formales o semiformales. Como resultado de las recomendaciones de la Comisión se votó el *Tribunals and Inquiries Act* 1958 (ahora 1971). Posteriormente, la *Law Commission* (que había sido creada en 1965) presionó al Gobierno para que instituyera una Comisión real con el fin de iniciar un estudio completo de derecho administrativo[69]. Esta sugerencia no fue acogida favorablemente por el Gobierno, pero se le pidió a la Comisión que elaborara ella misma un informe sobre los recursos en derecho administrativo, y al final sus deliberaciones condujeron, como lo vimos anteriormente, a la nueva *Order* 53.

480.— La responsabilidad de los tribunales: Existen numerosos campos en los que será a los tribunales a quienes les corresponda explorar las posibilidades de mostrar el camino a seguirse. Al parecer debe ser de este modo a causa de problemas de fondo tales como la *natural justice* o el abuso del poder discrecional, así como para los problemas de «exclusividad» en el campo de los recursos. Quizás no exista nada que ilustre mejor lo que pueden realizar los tribunales, como el derecho relativo a la *«public interest immunity»,* que es el derecho a la divulgación o a la no divulgación de informaciones que pudieran ser útiles en los procesos[70]. Durante muchos años, los tribunales aceptaron sin cuestionamiento alguno la afirmación hecha por cualquier ministro referente a que, por motivos de interés público ciertos documentos no tenían que ser divulgados[71]. En *Conway v. Rimmer*[72], en 1968, la Cámara de los Lores afirmó, por el contrario, que a los tribunales le incumbía una responsabilidad residual de examinar la realidad del interés público en las pretenciones de los ministros y esta misión fue llevada a cabo de manera enérgica por la Cámara de los Lores en *Burmah Oil Co. Ltd. v. Bank of England*[73]. En general, los últimos fallos sobre

---

65 Véase *Cmnd. (Command Paper)* 4060 de 1932; *Williams, «The Donoughmore Report in Retrospect»* (1982) *Public Administration* 173.

66 V. H.W.R. Wade, *op. cit.,* ch. 21.

67 Véase *Cmnd. 217 de 1957.*

68 Véase *Griffith. «The Crichel Down Affair»* (1955) 18 *M.L.R.* 557.

69 *Cmnd. 4059 de 1969.*

70 Véase *H.W.R. Wade, op. cit.,* p. 721-730.

71 Véase *Duncan* v. *Cammell Laird & Co Ltd.* (1942) A.C. 624.

72 (1968) A.C. 910.

73 (1980) A.C. Véase igualmente *Air Canada v. Secretary of State for Trade* (No. 2) (1983) 2 A.C. 394.

la inmunidad de interés público dieron prueba de una renovación de la confianza en sí mismo de los tribunales en materia de derecho administrativo. Estamos muy lejos de la idea expresada por un antiguo *Solicitor-General* quien, hablándole de la Corona o de la inmunidad de interés público, hizo notar que «a un juez no se le podía entregar el poder de decidir si se debía o no conceder el privilegio de la Corona, sin implicarlo en problemas de interés público que se encuentran fuera de su alcance y en los cuales es altamente indeseable implicarlo»[74].

A pesar de la aparente renuncia de los legisladores y del Gobierno a buscar cambios legislativos sustanciales en materia de derecho administrativo hay que decir, en justicia, que los tribunales ingleses han hecho progresos notables con miras a adaptar conceptos antiguos a circunstancias nuevas. En distintas etapas y durante los últimos treinta años, los tribunales han ampliado el concepto de «competencia» en el marco de la vigilancia de los tribunales administrativos; han insistido en mantener el acceso a los tribunales inclusive frente a poderosas disposiciones de exclusión; han negado las afirmaciones de la existencia de un poder discrecional sin trabas en numerosos contextos previstos por la Ley e incluso por la prerrogativa real; han infundido un nuevo aliento a la *natural justice* bajo la apariencia de la *fairness;* en forma gradual, han suavizado las normas en interés de la acción; han demostrado su aversión por las clasificaciones rígidas en derecho administrativo; han aceptado tomar riesgos en campos poco familiares de la acción administrativa; y han demostrado estar más que dispuestos a ampliar y reforzar el nuevo procedimiento de *application for judicial review.*

481.– El ejemplo del extranjero: En el marco de estos progresos, los desarrollos que se producen en otros países con sistemas jurídicos comparables se observan con mayor interés que anteriormente. En Australia hubo, a nivel federal, un desarrollo legislativo muy innovador; en Nueva Zelandia, durante los últimos veinte años se han producido adelantos creativos en materia legislativa y judicial. A partir de las experiencias británicas y otras, la legislación parlamentaria podría, quizás, utilizarse en forma más específica para definir los principales medios de control para la revisión judicial, realizar enmiendas, adaptar o modificar los recursos de dicho control, y garantizar una respuesta equilibrada a los problemas de costos y de compensación.

482.— El futuro: Sin embargo, el ulterior progreso del derecho administrativo solo puede mediarse o predecirse en el marco de un rápido cambio constitucional. El Reino Unido está en un período de transición intentando adaptarse a inmensos cambios constitucionales; así, las formas futuras de derecho administrativo dependen de la intensidad de nuestros vínculos formales con Europa, de la repartición del poder legislativo dentro del Reino Unido, y de la posible adopción de leyes constitucionales como la *Bill of Rights.* En derecho administrativo, los tribunales ya no serán, ello se impone, el mecanismo exclusivo de control o de arbitraje, aunque exista poca duda sobre el hecho de que el papel que desempeñan los tribunales debe seguir siendo de importancia capital.

---

[74] *Debate parlamentario de la Camara de los Comunes,* volumen 558, cc. 962-63, 26 de octubre de 1956. Véase, por lo general, *Williams, «Public Interest and the Courts»,* 1983-1984 *Staatkundig Jaarbock* (Leiden) p. 117.

CAPÍTULO XVII
DERECHO PROCESAL PENAL

Por R. J. C. Munday

483.– Presentación: En este capítulo, hemos tratado de resaltar los contornos del proceso penal inglés. En particular, analizando de forma general los procedimientos seguidos, nos hemos esforzado en discernir los trazos que los juristas de países civilizados han considerado como singulares. Para analizar mejor estos trazos característicos del procedimiento penal inglés, lo comparamos con el francés. Así subrayaremos el rol que juega la policía, no solo en la fase de la averiguación sino al momento de inculpar a un sospechoso. La forma en que las investigaciones criminales comienzan es curiosa también: los procedimientos acaban de ser reformados por una ley de 1985[1] la cual, a primera vista es cercana a las concepciones civilizadas pero, la averiguación judicial que precede el inicio de las averiguaciones en Inglaterra, difiere por ejemplo de la averiguación abierta por el juez de instrucción en Francia. El procedimiento inglés es contradictorio: por consiguiente, en las audiencias, los debates y en particular los roles respectivos del presidente y de los abogados –revisten un carácter completamente diferente de los que se observan en Francia. Por lo demás el derecho inglés ha creado una categoría de derecho muy particular –el derecho de prueba– que sirve para controlar estrechamente las pruebas que serán admitidas por un tribunal. La supervivencia e incluso el origen de esta categoría de derecho se debe en gran parte al rol jugado prominentemente por el jurado desde hace siglos en el espíritu de los juristas ingleses.

484.– Las Jurisdicciones Penales: En términos generales, según la gravedad de la infracción, los procesos correccionales en Inglaterra se dividen en dos categorías: procesos sumarios ante los jueces de paz *(magistrate's court)*[2] y los procedimientos en presencia de un jurado ante la *Crown Court.* Los procedimientos sumarios se juzgan sin jurado por magistrados no profesionales y el procedimiento seguido en esta jurisdicción es algo diferente al que se sigue por ante la *Crown Court.* Aunque se trate de dos tipos de procedimiento, conocemos tres categorías de infracciones.

1. Las infracciones de jurisdicción sumaria *(summary offences)* se cuentan entre el número de infracciones menos graves. Deben ser juzgadas ante los *magistrate's courts* y comprenden por ejemplo, la mayoría de las variaciones de la ley en materia de circulación vial, higiene público etc. Ahora bien, aunque todas las pequeñas infracciones correspondan a esta jurisdicción, hay que resaltar que las infracciones sumarias comprenden algunas muy importantes. Así las acciones intentadas contra

---

[1] *Prosecution of offences Act 1985.*

[2] V. *supra* nos. 26, 42.

ciertas violaciones al orden público deben ser llevadas por ante el Juez de Paz. De la misma manera, solo estos podrán juzgar infracciones como conducir un vehículo bajo efectos del alcohol. Su competencia es amplia y pueden pronunciar una condena que llegue hasta seis meses de prisión o 2.000,00 Libras Esterlinas de multa por infracción.

2. Las infracciones que deben ser juzgadas por el jurado ante la *Crown Court* que describimos más abajo necesita la redacción de un acto de acusación *(indictment)* que se encuentra sujeto a una encuesta preliminar emprendida por los jueces de paz *(committal proceeding)*[3].

3. Además de las infracciones comprendidas en las dos categorías indicadas más abajo, existe una tercera un tanto equivoca que comprende infracción de jurisdicción mixta *(offences triable eitherway)*. Ellas pueden ser juzgadas por la *Magistrate's Court* o por la *Crown Court* y siempre que los Jueces de Paz no la consideren demasiado grave y por ello fuera de su competencia, corresponderá al acusado elegir la jurisdicción por ante la cual prefiere comparecer. Las infracciones de la jurisdicción mixta se cuentan entre las mismas las más graves —el proxenetismo, el robo, el hurto y el tráfico de estupefacientes por ejemplo— y para el acusado cada jurisdicción presenta ventajas e inconvenientes. La elección de la *Crown Court* le ofrece la ventaja de ser juzgado por un jurado pero siempre hay un período de tiempo antes del inicio del proceso y dada su competencia más amplia las condenas pronunciadas por dicho tribunal suelen ser mucho más severas que aquellas pronunciadas por los Jueces de Paz. Sin embargo sí perdiere el beneficio del jurado, el acusado que elige comparecer por ante un Juez de Paz será juzgado más rápidamente y si resulta culpable, podrá sufrir una condena menos dura. Es evidente que a veces los acusados tratan de aprovechar la competencia restringida de los jueces de paz. Así que si estos últimos, habiendo establecido la culpabilidad del acusado, creen que merece una pena más severa que aquella que tienen derecho de pronunciar, pueden enviarlo por ante la *Crown Court* quien pronunciará la condena[4]. Pero en general, los Jueces de Paz no pueden aceptar un caso cuya gravedad sobrepasa su competencia. Naturalmente es imposible calcular por adelantado con exactitud cuáles son las infracciones que merecen más de seis meses de prisión o más del máximo de la multa que puede ser impuesta. Sin embargo es posible de suponer de forma aproximativa. Por lo tanto en materia de robo, dado a que los jueces de paz no tienen derecho de pronunciar una condena superior a 2.000.000,00 Libras Esterlinas y no pueden otorgar a la víctima una indemnización mayor, tienden a declararse incompetentes en los casos en que la suma, objeto del litigio, supera la cifra mencionada[5] .

Aunque ante la cual comparecerá, si la infracción no es grave el objeto será permitirle ser juzgado sumariamente cuando la pena merecida debía ser severa. Los Jueces de Paz deberán entonces negarse a conocer el asunto.

Sección 1
LA FASE PREPARATORIA

485.– La investigación policial: Al ser cometida una infracción, incumbe a la policía llevar a cabo una investigación cuyo objeto es determinar la inculpación y la

[3] V. *infra,* no. 488.
[4] V. *Magistrates Court Act* 1980, s. 38.
[5] *King's Lynn Justices, ex Parte Carter,* 1969 Q.B. 488.

condición del culpable. Como ya veremos las pesquisas son dirigidas por personal jurídico especializado[6] pero la búsqueda de los indiciados y la decisión de inculpar corresponden exclusivamente a la policía. La investigación necesita de poderes especiales otorgados a la policía para que estos puedan arrestar a sospechosos, entrar a ciertos lugares, requisar a los individuos etc. Como estos poderes se prestan al abuso de derecho, la ley de 1984 sobre la policía y derecho de pruebas impone límites. Así un policía tiene derecho de retener a toda persona y de requisarla si, en base a motivos razonables, sospecha que lleva objetos robados o armas ofensivas. Pero al mismo tiempo la ley dispone que el policía no debe retener al sujeto demasiado tiempo, que debe informar la finalidad de la requisa y sus razones de haberla llevado a cabo debiendo rendir cuentas por escrito[7].

De la misma forma, la policía puede penetrar en una propiedad privada sin mandato pero solamente en las circunstancias enumeradas por la ley de 1984. Por ejemplo, si el propietario consciente o si la policía teme un ataque inminente al orden público o debe ejecutar un arresto. Normalmente las entradas en ciertos lugares se efectúan en razón de un mandato emanado de un Juez de Paz y la ejecución de dicho mandato se circunscribe a reglas bien detalladas[8]. De la misma forma, el derecho de la policía de arrestar a un sospechoso está definido por la ley[9] al igual que el hecho de detenerlo en la comisaría de policía[10]. Una persona que ha sido arrestada puede ser detenida por la policía durante 24 horas; si un comisario de policía le autoriza, este período de detención podrá ser prolongado hasta 36 horas. Si el detenido no ha sido devuelto a la libertad luego de 36 horas la policía deberá llevarlo por ante los Jueces de Paz «en el término más corto»[11]; a ellos corresponderá la responsabilidad de decidir si el inculpado debe ser puesto en libertad provisional mediante caución[12].

Durante la detención, el sospechoso será interrogado por la policía. Temiendo que esta aproveche las detenciones de forma irregular, la ley de 1984 confiere a los detenidos derechos importantes, salvo algunas excepciones. En principio si este fue arrestado puede comunicarse de inmediato con un amigo, un pariente o a cualquier otra persona que pueda preocuparse por su bienestar[13]. Puede también llamar por teléfono[14] y tiene derecho a los concejos de su «*solicitor*». Sobre este punto sin embargo, la ley distingue entre las infracciones graves *(serious arrestable offences)*[15] y aquellas menos graves. Si el detenido es sospechoso de infracción grave, los oficiales pueden, en casos estrictamente bien definidos, empezar a interrogar al detenido antes de la llegada del «*solicitor*»[16]. El «*solicitor*» del detenido puede asistir al interrogatorio de su cliente. La ley de 1984 reglamenta también los derechos de la policía a fotografiar al detenido, de tomar sus huellas digitales y a requisarlo durante la detención[17].

---

[6] *Crown Prosecution Services*. V. *infra* No. 487.
[7] V. *Police and Criminal Evidence Act 1984*, ss. 1-3.
[8] *Ibíd.*, ss. 8-22.
[9] *Ibíd.*, ss. 24-33.
[10] *Ibíd.*, ss. 34-52.
[11] *Ibíd.*, ss. 46 (2).
[12] V. *infra*, No. 486.
[13] V. *Police and Criminal Evidence Act 1984*, s. 56 (1)
[14] V. *Police and Criminal Evidence Act 1984*, s. 56 (1)
[15] V. *Samuel* (1988) 2 *Alladice*. 1988, 138 N.L.J.
[16] *Ibíd.*, ss. 58-9.
[17] V. *ibíd.*, ss. 54-5 y 61.

Toda persona que haya sido arrestada debe ser informada de sus derechos. La policía debe comunicarle la razón de su arresto, su derecho de prevenir a un tercero, su derecho de consultar el reglamento acerca del interrogatorio y su derecho a recurrir a un «*solicitor*». Por lo demás, varias reglas especiales se aplican a los niños, a los débiles mentales y a los ciegos. Aunque la policía tenga el derecho de hacer cualquier pregunta a la persona que se encuentra en la comisaría, esta tendrá igualmente el derecho de negarse a responderla. Además, desde el momento que un policía tiene razones para sospechar que una persona ha cometido una infracción, tiene el deber de informarle a esta que no se encuentra obligada a responder a sus preguntas y que sus respuestas son susceptibles de convertirse en prueba delante de los tribunales. Este derecho al silencio revista una importancia muy grande. Hay que destacar, que si finalmente se somete el asunto a un tribunal, el silencio del acusado hacia la policía durante la averiguación no constituye indicio en su contra. Se le indicará al tribunal que el acusado no respondió a las preguntas: y al juez le estará prohibido, de invitar al jurado a deducir en base al silencio del acusado, su culpabilidad.

El objeto del interrogatorio llevado a cabo por la policía es el de obtener pruebas lo más objetivas posibles.

La confesión del detenido constituye un tipo de prueba admitido en el procedimiento, del cual la ley no se ha. Los reglamentos del interrogatorio y la ley de 1984 prevén de manera detallada las condiciones que debe observar la policía en esta materia. En particular, la ley dispone que un tribunal no puede recibir como prueba una confesión que no haya dado muestras de ser obtenida espontáneamente del acusado. Si el tribunal no tiene la cuasi certeza que la confesión del presunto indiciado es de confianza, deberá excluirla[18].

486. – La libertad provisional. (bail): Un detenido puede ser puesto en libertad provisional antes o durante su proceso, según la etapa del procedimiento que se haya alcanzado, el poder de liberarlo pertenece a la policía, a los jueces de paz, a la *Crown Court* o a la Corte de Apelación. El detenido será puesto en libertad, mediante caución, a condición de que comparezca por ante una jurisdicción determinada el día previsto. El otorgamiento de la libertad provisional por parte de un tribunal ha sido reglamentado por una ley de 1976 cuyo artículo principal dispone que una persona tiene un derecho general a ser puesta en libertad, salvo si se demostrara que, por derogación excepcional a este principio[19], ella cae dentro de los términos de dicha excepción. Esta presunción en favor de la puesta en libertad de un detenido es menos fuerte en caso de que la policía deba determinar si un individuo que ella ha arrestado e inculpado debe ser puesto en libertad provisional[20].

La cuestión de la libertad provisional se eleva al momento en que la policía inculpa a la parte que ha arrestado. En este caso será esta quien decida si detiene o si pone en libertad al inculpado antes de llevarlo delante de los jueces de paz. Si la policía no ha inculpado al individuo interrogado, podrá eventualmente, más que ponerlo simplemente en libertad, acordarle la libertad provisional encargándolo de presentarse a la comisaría un día determinado.

---

[18] *Ley de 1984*, s. 76.
[19] V. *Bail Act*, s. 4.
[20] *Police and Criminal Evidence Act*, 1984, s. 39 (1).

Los jueces de paz deben, a menudo, determinar si otorgarán la libertad provisional a un individuo. Por ejemplo, cuando emiten una orden de captura con arresto contra una parte determinada, ellos deben examinar, al mismo tiempo, es aspecto de la libertad provisional[21]. De igual manera harán, si es el caso de enviar un acusado por ante la *Crown Court,* sea para juzgarlo seguidamente al interrogatorio preliminar[22], sea para condenarlo si el acusado ha sido juzgado por ellos pero merece una pena que excede su competencia[23] o bien para formular una apelación contra su decisión[24].

Las reglas que gobiernan la libertad provisional son complejas y no pueden ser expuestos en detalle en este estudio. Pero, bajo reserva de raras excepciones, el derecho inglés exige que en principio, un detenido que no haya sido condenado sea devuelto a la libertad, a menos que se establezca la existencia de buenas razones para su detención, por ejemplo si es probable que una vez en libertad se sustraiga a las averiguaciones judiciales, que cometiere otras infracciones a la ley o que se encontrare el mismo en peligro, o bien si el se encontrare ya en prisión[25].

487. – La decisión de continuar: Tradicionalmente el derecho inglés admite un principio fundamental que pertenece a todo ciudadano de acudir a las jurisdicciones represivas tomando la iniciativa de un asunto penal. Desde hace tiempo la policía se encarga de estos asuntos pero, por una ficción, se dice que ellos lo hacen como individuos y no como representantes del Estado. Esta posición contrasta con la concepción del ministerio público en Francia. Es cierto que una ley de 1879 creó el cargo de *DIRECTOR OF PUBLIC PROSECUTIONS,* pero sus funciones no se aproximan a aquellas del procurador en el derecho francés. Si bien el *Director of Public Prosecutions* tiene la obligación de comenzar y dirigir las averiguaciones en los asuntos graves y difíciles y también el derecho de intervenir en todo procedimiento ya empezado por ante las jurisdicciones represivas, el no cumple el mismo rol que los representantes del ministerio público en Francia. De la misma forma el *Attorney General,* quien es siempre un miembro del gobierno, es responsable de la conducta del *Director of Public Prosecutions,* debe aprobar la puesta en marcha de ciertas acciones públicas y posee un derecho general de comenzar las persecuciones criminales o de ordenar que sean abandonadas el tampoco se confunde con el procurador. En derecho inglés no existe la magistratura de pie; en materia penal ni la indagatoria, ni la acusación ni la prosecución son llevadas a cabo por personal judicial. Al contrario, en el proceso, las prosecuciones se efectúan a nombre de la Corona y se llevan por un abogado (por ante la *Crown Court* será un *barrister,* por ante la *magistrates court* podrá ser un *barrister o* bien un *solicitor).*

El procedimiento inglés relativo a la indagatoria y a la acusación ha sido criticado en varios aspectos desde hace algún tiempo. Se le considera insuficiente ya que permite un control muy amplio a la policía. La ausencia de un personal encargado de abrir el procedimiento en el plano nacional ha frustrado toda esperanza de efectuar un reparto eficaz de las responsabilidades en la materia. Según las recomendaciones de una comisión real, la cual publicó un reporte en 1981, la ley de 1985[26] creó un nuevo

---

[21] V. *Magistrates Courts Act 1980,* s. 117.
[22] Committal Proceedings: v. *infra* No. 488.
[23] V. *infra* No. 493.
[24] V. *Magistrates' Court Act 1980,* s. 113.
[25] *Bail Act 1976, Schedule 1.*
[26] *Prosecution of Offendes Act 1985.*

servicio nacional de prosecuciones criminales *(Crown Prosecution Service)*. En adelante Inglaterra y los Países Galos se dividen en 29 regiones, cada una de las cuales posee un propio servicio, compuesto de *barristers* y de *solicitors* (quienes serán también funcionarios), que se encargarán de todas las prosecuciones ya entabladas (y a veces seguidas) por la policía. Cada región rendirá cuenta de sus acciones al *Director of Public Prosecutions,* quien dependerá del *Attorney General* quien a su vez, será responsable ante el Parlamento. Aunque la decisión de inculpar a un sospechoso y la tarea de acumular las pruebas continúe a cargo de la policía, la ley de 1985 ha reducido su derecho de emprender las prosecuciones y reconoce por vez primera una distinción importante entre las averiguaciones preliminares y la prosecución. El *Director of Public Prosecution* continúa interviniendo en los casos más importantes y difíciles[27], y la ley de 1985 conserva todavía el principio según el cual todo ciudadano tiene derecho a entablar prosecuciones criminales[28]. La ley dispone también que el *Attorney General* debe promulgar las reglas generales que serán aplicadas por los *Crown Prosecutors* regionales en sus decisiones[29].

Actualmente, es difícil de prever los efectos precisos que producirá esta reforma. Pese a la importante división que impera entre los roles de aquellos que llevan a cabo las averiguaciones y aquellos quienes entablan las prosecuciones, los principios fundamentales del procedimiento penal son invariables. Los *Crown Prosecutors* no forman parte de una nueva magistratura de pie; el procedimiento penal sigue siendo contradictorio; y la noción de que todo ciudadano es capaz de poner en marcha la acción pública ha sido retenida.

488.– La averiguación preliminar por ante los jueces de paz: En caso de que el acusado sea inculpado de una infracción que deba ser juzgado por ante la *Crown Court,* una encuesta preliminar *(committal proceedings)* debe ser llevada a cabo por los jueces de paz para determinar si los cargos que pesan contra este son fundados. Si lo son, los jueces de paz debe devolver al acusado por ante la *Crown Court* para que sea juzgado. Esta encuesta preliminar puede revestir varias formas. Tradicionalmente, el procedimiento de la averiguación se asemejaba a la de un proceso criminal: el abogado quién representaba la prosecution pronunciaba un corto discurso introductorio, luego llamaba sucesivamente a los testigos quienes podían ser interrogados contradictoriamente por el abogado del acusado. Luego de haber escuchado a todos los testigos a cargo, la defensa pedía al juez de paz que pusiera en libertad al detenido ya que la inculpación se consideraba sin fundamento. Si esta solicitud era desechada, la defensa podía entonces llamar a sus testigos, y luego pedir de nuevo a los jueces de paz la libertad del acusado. Si ellos encontraban la acusación con fundamento, les incumbía devolver al acusado delante de la *Crown Court* para que fuere juzgado.

Este método se reveló ineficaz. El procedimiento era pesado y costoso. En todo caso, la mayor parte de los acusados no protestaban su reenvío delante de la *Crown Court* y, en general, los acusados no se servían de su derecho de apelar a los testigos por temor de traicionar en la prosecución la defensa que se proponían a presentar en el procedimiento. Así en 1967, el legislador reformó la averiguación preliminar. Aunque la forma tradicional haya sido retenida, la ley de 1967 permitió a los jueces de paz devolver los asuntos delante de la *Crown Court* únicamente sobre

[27] *Ibíd.,* s. 3 (2) (b).
[28] *Ibíd.,* s. 6 (1).
[29] *Ibíd,* s. 10.

las disposiciones sometidas a la prosecution[30]. Si la defensa consiente, la prosecution puede someter las deposiciones de sus testigos y, sin ninguna relación con el contenido de dichas deposiciones, los jueces de paz deben devolver el asunto delante de la *Crown Court.* Actualmente, la averiguación sigue este procedimiento en la mayoría de los casos. A decir verdad, los *committal procedings* no se asemejan en nada a una averiguación judicial y a riesgo de subrayar aquello que es ya evidente, este procedimiento no tiene casi nada que ver con la averiguación judicial llevada por el juez de instrucción en Francia. La decisión de devolver el caso es tomada sin necesidad de debates, y audiencia, que dura en general menos de cinco minutos, solo constituye políticamente un golpe de sello administrativo. A veces el inculpado querrá protestar solo una parte de las pruebas evacuadas por la prosecution. La ley de 1987 ha previsto entonces un procedimiento mixto según el cual la prosecution puede someter las pruebas no protestadas bajo forma de deposiciones escritas, y llamar a los testigos cuyas deposiciones sean susceptibles de ser contradichas[31]. Dado el rol estrecho jugado por los jueces de paz en la averiguación preliminar, no es sorprendente que la comisión real que en 1981 recomendó la reforma del procedimiento en materia de prosecuciones penales, haya propuesto su abolición pura y simple. Hasta aquí el legislador no había reaccionado.

489. – La ayuda Judicial: En su carácter de encuesta judicial, la importancia de los *committal proceedings* puede ser mínima, pero es de notar que los jueces de paz que llevan a cabo esta averiguación debaten comúnmente un problema práctico. Aunque la *Crown Court* tenga el derecho de acordar la ayuda judicial a un acusado, en la mayoría de los casos, corresponderá a los jueces de paz decidir si el acusado que se devuelve a la *Crown Court* podrá beneficiar de dicha ayuda. Por ejemplo en 1983, 93.000 procedimientos se desarrollaron en la *Crown Court.* La ayuda judicial fue acordada a los acusados en 87.000 casos, en 80.000 de ellos la solicitud de ayuda había sido formulada por ante los jueces de paz durante la averiguación preliminar[32].

La ley de 1974 sobre la ayuda judicial dispone que el monto de las sumas atribuidas a un acusado varía según sus necesidades y sus fuentes financieras[33]. En ciertas circunstancias la ley prevé que dicha ayuda se otorgará siempre —por ejemplo, si el acusado es inculpado por asesinato[34]. Pero en general, los jueces de paz tienen un poder discrecional y deben otorgar ayuda judicial solo si «esto les parece conveniente y dentro del interés de la justicia»[35]. Hay tendencia a hacerlo si las acusaciones que pesan contra el acusado son tan graves que este último corre el riesgo de pena de reclusión. Si la acusación trae a colación un problema de derecho, si el acusado es incapaz de seguir el debate o de expresarse, o bien si hace falta buscar y entrevistar a los testigos, la ayuda será acordada siempre. A veces existe una razón de principio por la cual es preferible que un abogado represente al acusado. Por ejemplo no se considera deseable que un acusado en persona interrogue contradictoriamente a la joven víctima de una agresión sexual. Los jueces de paz no dudan entonces acordar ayuda judicial al acusado. Pero en este contexto,

30 V. *Magistrates' Courts Act 1980,* s. 6 (2).
31 V. *Magistrates' Courts Act 1980,* s. 102.
32 *Legal Aid Act 1982,* s. 2 (1).
33 *Legal Aid Act 1974,* s. 29 (2).
34 *Ibíd.,* s. 9 (1) (a).
35 *Ibíd.,* s. 29 (1).

aunque sea muy deseable a veces que el acusado esté representado, los tribunales no pueden obligarle a emplear un abogado si él prefiere dirigir su propia defensa. Un individuo está obligado a recurrir a un abogado solo si comienza y sigue prosecuciones criminales contra alguien en su capacidad personal[36]. En todos los casos de otorgamiento de la ayuda judicial no es obligatorio, la gravedad de la acusación debe constituir un elemento determinante en la decisión de los jueces de paz. Si estos se negaran a acordar la ayuda, el acusado puede apelar dicha decisión. Sin embargo, estas apelaciones las reciben los tribunales solo si la negativa de los jueces de paz está desprovista de toda base legal[37]. Es más bien raro que su apreciación de las circunstancias en esta materia sea revisada por los tribunales superiores.

Sección 2
EL PROCEDIMIENTO POR ANTE EL JUEZ

490. — La audiencia y la dirección de los debates: si bien este estudio se concentrará en el procedimiento seguido en la audiencia por ante la *Crown Court,* hay que destacar que aparte de la audiencia del jurado, las mismas reglas generales se aplican por ante los *magistrates courts.* El derecho inglés acogió un procedimiento contradictorio, lo que acarrea consecuencias muy particulares. Y sobre todo el juez cumple una función completamente diferente a aquella de su colega francés. Mientras que el presidente de una *Cour d'assises* francesa lleva a cabo los debates, interroga al acusado y a los testigos, al juez inglés no le corresponde animar la función de esa manera. Este no tiene la «dirección de debate»[38], ni la responsabilidad de interrogar al acusado, de recibir sus declaraciones[39] ni de establecer el orden en que declararán los testigos[40]. Igualmente las partes no están obligadas a hacer preguntas a los testigos por intermedio del Presidente[41]. En breve el juez inglés asume el rol más bien pasivo y silencioso de un árbitro y deja la dirección de los debates a las dos partes. Es a ellas a quienes tocará elegir los testigos, establecer el orden de declaración y preguntar a la audiencia. Es cierto que el juez inglés tiene el derecho de llamar a un testigo por iniciativa propia, si lo considera necesario, o bien de llamar a un testigo que ha declarado ya; pero es una facultad raramente ejercida. El juez tiene también el derecho de formular preguntas a los testigos, pero su rol debe ser restringido. Como ya ha sido explicado por Lord Denning en un caso civil donde el defensor apeló fundándose en las muy numerosas intervenciones del juez en la audiencia, hecho que había impedido a su propio abogado exponer convenientemente sus argumentos: «Corresponde al juez escuchar los debates, y hacer preguntas a los testigos solamente cuando sea necesario para dilucidar una materia o para aclarar aquello que quedó oscuro; deberá vigilar la conducta de los abogados y la aplicación de las reglas de derecho; deberá excluir toda prueba que no sea pertinente y desaconsejar la prolongación de los debates; deberá asegurarse, por medio de sabias intervenciones, que entiende el juicio valor de los argumentos de los abogados... Si el juez sobrepasa los límites, cambiará su investidura por la de un abogado. Cosa en lo absoluto recomendable[42]».

---

36 *Supra* No. 487.
37 *Highgate Justices, ex parte Lewis* 1977 Crim. L.R. 611.
38 *Cp.* 309 C. proc. pen.
39 *Cp.* 328 C.P.P.
40 *Cp.* 331 C.P.P.
41 *Cp.* 312 C.P.P.
42 *Jones* v. *National Coal Board* (1957) 2 Q.B. 55 V. *supra* No. 122.

Así la concepción inglesa del proceso exije la estricta neutralidad del juez y que las partes, prosecution y defensa tengan la iniciativa de hacer valer las pruebas de carga y descarga. La filosofía del procedimiento inglés fue bien expuesta en el siglo XIX por un juez que declaró: «el descubrimiento de la verdad será el más favorecido por las declaraciones vigorosas de ambos lados de la pregunta[43]». Dicho de otra manera, el juez inglés no participa en absoluto en la actividad de la búsqueda contradictoria de la verdad.

491. – La estructura de los debates: Al momento de la apertura del procedimiento de la *Crown Court,* el *«greffier»* lee el acto de acusación, y el acusado deberá declararse culpable o inocente en relación a cada acusación. Si se declara culpable, ningún jurado será convocado, y el juez podrá, devolver el caso, o bien pronunciar una condena de inmediato. Antes de pronunciar la condena, el juez oirá al abogado de la prosecution quién resumirá los hechos de la infracción, un policía le comunicará los antecedentes judiciales y el entorno social y económico del acusado, estudiará los reportes médicos y sociales sobre el acusado (si los hubiere) y la defensa hará valer las circunstancias atenuantes. Hay que resaltar el hecho de que en la requisitoria, el abogado de la prosecution no sugiere jamás la pena a ser impuesta por la corte.

El abogado de la prosecución no forma parte de la magistratura inglesa. Por lo tanto, la condenación procede solamente de la competencia del juez. Aunque el acusado se haya declarado no culpable, el jurado inglés, a diferencia de aquellos convocados a la cour d'assises francesa, no participa en la determinación de la pena.

Si el acusado se declara inocente, el proceso se desarrolla de la manera siguiente. El abogado de la *prosecution,* habiendo pronunciado un corto resumen del hecho que tiene la intención de establecer, llama a sus testigos. Tocará a la *prosecution* elegir los testigos y establecer el orden en que ellos rendirán declaración. Sucesivamente, cada uno de ellos será interrogado, en principio por el abogado de la prosecución *(examination in chief).* Luego la defensa puede interrogarlo contradictoriamente *(cross examination)* con el propósito de despreciar su declaración o de poner en duda la veracidad de estas sus facultades de observación. Luego del interrogatorio contradictorio, el abogado de la *prosecution* puede formular preguntas suplementarias al testigo *(reexamination)* para reestablecer su declaración o para aclarar las dudas sobre su veracidad. Todos los testigos serán oídos uno después del otro, y cuando hayan declarado, la defensa podrá pedir al juez que empiece la *prosecution,* si el estima que, sobre el fundamento de las pruebas aportadas, la acusación no se justifica *(submission of no case to ansfer).* Si el juez desecha este pedido o (lo que es más probable) si la defensa no formuló tal demanda, el abogado del acusado dirá unas palabras, resumiendo las pretensiones de la defensa, y luego llamará a sus testigos. El acusado no está obligado a declarar. Pero si tiene la intención de hacerlo, su declaración deberá producirse antes de las de los otros testigos[44].

El interrogatorio de los testigos de la defensa se desarrolla contradictoriamente, es igual al interrogatorio de los otros testigos salvo en que normalmente el acusado no deberá ser interrogado sobre sus antecedentes judiciales ni acerca de su mala reputación[45].

---

[43] *Ex parte Loyd,* 1822 Mont. 70, 72h, per Lord Eldon.
[44] *Police and Criminal Evidence Act* 1984, s. 79.
[45] V. *infra,* No. 492.

Cuando la corte ha escuchado a todos los testigos de la defensa, por lo general, ninguna deposición suplementaria será recibida. Pero por una derogación excepcional, si la *prosecution,* sin falta, fue tomada por la defensa, el juez podrá discrecionalmente permitir que se aporten otras pruebas[46].

Aunque la defensa tenga derecho de ser informada de todas las pruebas que pesan contra ella antes del proceso[47], no está sometida a una obligación recíproca de señalar a la *prosecution* por adelantado, las pruebas que esta pretende aportar al debate, salvo si plantea invocar una coartada[48]. Así en los raros casos donde se ignora cuál será la defensa, la *prosecution* deberá intentar adivinar las intenciones del acusado. Esto se cita normalmente como una de las grandes desventajas del procedimiento penal contradictorio.

Cuando todas las pruebas han sido recibidas, los abogados de ambas partes pronuncian su discurso ante el jurado y luego el juez toma la palabra. En su discurso *(summing up)* se dirige al jurado en relación a las materias siguientes; explica que, si bien corresponde al juez la resolución de toda cuestión de derecho, el jurado tiene la apreciación soberana de los hechos. Subraya que la carga de la prueba pesa sobre la acusación quien normalmente deberá demostrar la culpabilidad del acusado como *quasi-certitud* (las expresiones corrientemente empleadas por el juez son *«certain so as to be sure»* o *«proof beyond reasonable doubt»).* El juez comenta la ley aplicable a las infracciones surgidas de la acusación y proporciona las precisiones exigidas por la ley sobre los efectos producidos por las pruebas aportadas por las partes[49]. En fin, resume los puntos álgidos del procedimiento y puede que pase revista a los testimonios. Los 12 integrantes del jurado se retiran a deliberar. Hasta 1967 el veredicto debía ser unánime, pero una ley de 1967 permite al juez, luego de 2 horas de deliberación sin llegar a ninguna conclusión, admitir un veredicto por mayoría[50]. El veredicto será rendido por el jurado en sesión pública y el juez deberá aceptarlo aunque estime que carece de fundamento lógico[51] y no podrá pedir al jurado que lo justifique[52]. Según el veredicto rendido, el juez pronuncia la absolución o la condena del acusado. En caso de condena, la pena se calculará de la misma manera antes descrita.

492. – *El derecho a la Prueba:* Una de las características del derecho inglés es la existencia de la prueba altamente desarrollada, cuyas reglas comportan una serie de restricciones a la hora de ser presentadas en juicio. El carácter independiente del jurado inglés no es injustificado en la evolución de este punto del derecho. Sin embargo, las reglas del derecho de pruebas se aplican tanto a los procesos llevados por ante un jurado de la *Crown Court,* como a los procesos que tienen lugar sin jurado en las *magistrate's courts,* por ejemplo: Si bien la presencia del jurado no se encontró en todos los casos desde el origen del derecho de pruebas es innegable que su desarrollo y mantenimiento se debe a él. Las reglas que tienen por finalidad excluir ciertas categorías de pruebas, se explican y justifican en líneas generales, pero en realidad, están sujetas a excepciones creadas por el legislador o por los tribunales.

---

[46] V. *Scott* (1984) 79 Cr. App R. 49.
[47] V. *Tttorney-General's Guidelines,* 1980.
[48] *Criminal Justice Act 1961.* s. 11.
[49] V. *infra,* No. 492.
[50] V. *Juries Act 1974,* s. 17.
[51] *Lester* (1940) 27 Cr. App. R. 8.
[52] *Larking* (194) K.B. 174.

Así, existe una regla de la prueba contra «las oídas» *(hearsay rule)* en términos generales, le está terminantemente prohibido a un testigo deponer sobre la fe ajena. Por ejemplo el caso Sporks[53] el tribunal no permitió a un acusado, inculpado de atentar contra la moral de una menor, que llamara como testigo a la madre de la víctima. Esta hubiere atestiguado según la conveniencia de su hija poniendo en juego la exoneración del acusado. Dicha regla se aplica de manera uniforme a todo tipo de prueba aportadas, ya sea por la prosecution o por la defensa y encuentra su justificación en la importancia que el derecho inglés atribuye al examen oral de los testigos y en el temor que resienten los jueces de que el jurado se deje influenciar demasiado fácilmente por las oídas y los chismes[54]. Pero aunque la regla es general, se encuentran muchas excepciones. Por ejemplo, los tribunales pueden recibir como prueba en ciertas circunstancias las declaraciones de un difunto, y el legislador creó excepciones en materia de documentos emanados de un registro o de una computadora[55].

Otra regla muy particular del derecho de pruebas, prohíbe a la acusación hacer alusión, durante los debates, a los antecedentes penales, o a la mala reputación del presunto indiciado. Por este medio, el derecho inglés trata de proteger al jurado del prejuicio inevitable que se desprende de la revelación de la moralidad sospechosa del acusado. Sin embargo, esta protección no es total y, en dos circunstancias la *prosecution* tiene el derecho de introducir ciertos hechos cometidos por el acusado. Si, en primer lugar, el acusado ha cometido otras infracciones idénticas que demuestren que el ha sido el autor de la infracción de la cual se le culpa actualmente, la acusación podrá aportar la prueba *(simmilar fact evidence)*. El nivel de prueba exigido por los tribunales en estos casos es muy elevado y, en general, estas deberán no solo demostrar la tendencia a la comisión de un cierto tipo de infracciones, sino más bien la culpabilidad del presunto indiciado en relación a la infracción de que se le acusa[56]. Por una parte una ley de 1898 dispone que si el mismo acusado atestigua (lo que no es obligatorio) e invoca su tipo de vida y costumbres o bien si pone en tela de juicio la reputación o la moral de los testigos o bien si denuncia a sus cómplices se permitirá a la acusación repreguntarle acerca de sus antecedentes penales y de su conducta moral.

La tercera regla importante del derecho de la prueba es aquella según la cual se prohíbe a los testigos emitir opiniones durante la deposición *(opinion rule)*. El derecho inglés ejerce una división estricta entre los roles respectivos de los testigos y el jurado. En general los testigos declaran sobre los hechos pero la conclusión será una deducción de la apreciación soberana del jurado. Sin embargo, se reconoce que el jurado no es siempre competente para sacar conclusiones de los hechos referidos en la declaración de los testigos —por ejemplo, en materia científica. Así, que por derogación excepcional a la regla general, se permite a los tribunales recibir como prueba la opinión de expertos.

Las tres reglas brevemente señaladas anteriormente, forman parte de un derecho de prueba complejo y muy singular. Ha sido sobre todo elaborado por los jueces desde hace varios siglos. La doctrina, por las limitaciones impuestas sobre las pruebas que pueden ser sometidas a la apreciación del jurado, manifiesta cierta

---

53 1964 A.C. 964.

54 V. *Teper,* 1952 A.C. 480, 486.

55 *Police and Criminal Evidence Act 1984,* ss. 68 y 69.

56 V. *D.D.P. Boardman* 1975 A.C. 421.

desconfianza. Esto se explica en su mayor parte por el hecho de que en Inglaterra el jurado delibera solo, como sucedía en Francia hasta 1941. El juez no se retira con el jurado y la decisión no es discutida por él. Bajo estas condiciones, sin infringir la independencia de esta institución, el derecho de pruebas proporciona a los jueces cierta medida de control sobre el comportamiento del jurado.

La influencia del jurado es evidente en el origen de otro principio del derecho de pruebas: aquel de la corroboración. En general, el derecho inglés admite que un acusado pueda ser condenado sobre la deposición de un solo testigo (evidentemente, en práctica es un caso raro). Pero con la preocupación de que el jurado pudiera darle demasiada importancia a ciertas pruebas sospechosas, el juez inglés, a partir del siglo XVIII, creó derogaciones excepcionales a la regla general; estas, hoy bastante complejas, necesitan o hacen deseables las pruebas que confirman ciertas disposiciones. El legislador introdujo también disposiciones a este respecto. Por ejemplo una ley de 1911 dispone que una condena por perjurio no puede ser pronunciada en base a un solo testimonio[57]. Una ley de 1933 prevé que un acusado no puede ser condenado por infracción únicamente sobre la deposición de un menor que el tribunal estime demasiado joven para prestar juramento —lo que significa en principio que se trata de un menor de 10 años[58]—. En este tipo de casos, la ley exige que la declaración del testigo sospechoso sea confirmada por otra prueba independiente.

Existe otro tipo de casos donde la corroboración no es obligatoria, pero si deseable, Se trata de tres categorías de testigos: los cómplices que testifican en contra del acusado, las víctimas de agresiones sexuales y los menores quienes hasta hace poco testificaban luego de haber prestado juramento. En estos casos aunque la ley no exige formalmente pruebas corroborantes, el juez, en el proceso por ante la *Crown Court* y en el resumen de fin de debate, debe advertir al jurado que puede resultar peligroso fiarse del testimonio de dichas categorías de personas y deberá aconsejarles de buscar pruebas susceptibles de confirmar los testimonios sospechosos. Por ante la *Magistrates Court,* los jueces de paz deben también recordar esta exigencia. Las razones de estas reglas no son difíciles de encontrar. Los cómplices que atestigüen en contra lo hacen por interés generalmente; las denuncias introducidas por las víctimas de agresiones sexuales resultan a veces falsas, en resumen, la experiencia de los jueces en relación a las categorías de testigos, se refleja en las reglas de derecho de pruebas que rigen la corroboración.

Este es un concepto técnico. Se le define como una prueba independiente que confirma los testimonios dudosos de manera pertinente, implicando al acusado[59]. Así, que si traicionan la culpabilidad, las mentiras del acusado pueden servir para confirmar un testimonio sospechoso. De igual manera, la confesión del acusado, su silencio cara una acusación, y otros muchos indicios pueden servir como corroboración siempre que sean conformes con las condiciones aquí enumeradas en el caso *Baskerville.* En la *Crown Court,* toca al juez determinar cuáles pruebas son corroborantes, pero será el jurado quien aprecie si efectivamente ellas lo son. Por ejemplo, si el juez cree que las mentiras proferidas por el acusado pudieran declarar su culpabilidad, él lo señalará al jurado quién tendrá la apreciación soberana para determinar si esto confirma las pruebas sospechosas. Así, las reglas del derecho de pruebas han sido elaboradas para guiar al jurado en sus deliberaciones y ponerle en

[57] *Perjury Act 1911,* s. 11.
[58] *Children and young persons Act 1933,* s. 38.
[59] V. *Baskerville,* 1916 a K.B. 658.

guardia contra pruebas que pueden resultar equivocas. Es un método comúnmente empleado por los tribunales. Recientemente se ha puesto en duda la capacidad humana para reconocer a los individuos; los tribunales entonces crearon en 1976 una nueva regla según la cual, si la defensa protesta los testimonios que identifican al acusado como culpable, el juez debe advertir al jurado acerca de la fragilidad del testimonio en ese campo y deberá aconsejarle buscar otros indicios que pueden confirmar al acusado como autor del crimen[60].

Las reglas enumeradas brevemente aquí arriba forman parte de un derecho de prueba altamente desarrollado que no tiene un equivalente en el derecho francés. Puede que la noción a la que se le da más importancia enderecho inglés sea la que rige la carga de la prueba. Retomando las célebres palabras de un juez inglés «el hilo de oro del derecho penal inglés» el principio primordial que domina el procedimiento es que corresponde enteramente a la prosecution establecer la culpabilidad del acusado con quasicertitud *(beyond reasonable doubt).* Existen algunas raras excepciones en las que el acusado soporta la carga de la prueba. Por ejemplo si un acusado alega enajenación mental, deberá probarla. Pero su carga será menos pesada que aquella que normalmente soporta la *prosecution,* tales derogaciones son verdaderamente excepcionales: en general un presunto indiciado no tiene nada que establecer. El jurado está llamado a establecer al final del procedimiento si las pruebas apartadas contra el acusado configuran la culpabilidad con *quasi-certitud;* si estas permiten la duda razonable, y si no está seguro de su culpabilidad, deberá absolverle.

493.— *Las penas:* Si ha sido establecida la culpabilidad del acusado, existen varias penas que los tribunales pueden pronunciar, las principales son la prisión y las multas. La jurisdicción de los jueces de paz es limitada ya que normalmente no pueden imponer sino un máximo de seis meses de prisión o 2.000 libras de multa por infracción cometida. Sin embargo si el máximo de las penas que puede imponer la *Crown Court,* no ha sido determinado en las disposiciones legales que instituyen las infracciones, esta tiene el derecho de pronunciar la cadena perpetua y algunas multas ilimitadas. También existe un régimen especial para los delincuentes de menos de 21 años que han sido condenados a prisión La sentencia de prisión puede ser pronunciada como una condena condicional. Un tribunal es también competente para enviar a un enajenado mental a un sanatorio. Recientemente se introdujo la pena de community services orders, por la cual el tribunal obliga al delincuente a trabajar para la comunidad sin ser remunerado. Existe así una gran variedad de penas que los tribunales pueden imponer. La prosecution no solicita ninguna pena en particular durante la requisitoria dirigida al tribunal. Su rol es de conducir la acusación de manera justa y si el acusado resulta condenado, la sentencia pronunciada por el tribunal no le concierne.

Existen otras medidas que los tribunales pueden tomar en contra del condenado. Se le puede condenar en costas a favor del Estado. En principio, la parte perdidosa corre con las costas de la ganadora. Pero como la mayoría de los acusados reciben ayuda judicial no sirve de nada pedir el reembolso al Estado ya que los gastos del juicio no han estado a su cargo. Sin embargo, si el acusado resulta absuelto, el podrá recobrar las costas por parte del Estado. La *prosecution* también, gane o pierda podrá demandar el reembolso por parte del Estado de los gastos en los que ha incurrido, pero el otorgamiento de dichos gastos será facultativo y no de pleno derecho.

[60] V. *Turnbull,* 1977 Q.B. 224.

Una de las diferencias más notorias entre el derecho francés y el inglés en este campo es que este último no conoce la institución de la parte civil. La víctima de una lesión, al denunciarla, no se constituye parte civil del juicio penal. Si la víctima desea ser reembolsada en daños y perjuicios, deberá intentar una acción por separado por ante un tribunal civil. No obstante existe un remedio a esta situación; según una ley de 1973, al momento de pronunciar una condena, el tribunal penal puede ordenar al acusado a reparar a la víctima *(compensation order)*[61]. Esta reparación cubrirá el daño corporal y toda perdida resultante de la infracción. La víctima no está obligada a solicitar la reparación, el juez puede actuar *motu propio.* No siempre es fácil hacer la estimación de la compensación.

Ciertamente el juez deberá tomar en cuenta las declaraciones y pruebas aportadas por las partes, pero reconocemos como inevitable que el cálculo de la compensación introduce en la instancia un elemento de incertidumbre[62]. La compensación no es una pena, constituye corrientemente un acompañamiento. El objeto de la compensación es de evitar a la víctima tener que intentar otra acción por daños y perjuicios por ante la jurisdicción civil[63], aunque el tribunal en sus cálculos, y reconociendo la pérdida sufrida por la víctima, deba tener en cuenta los medios económicos del acusado y deba evitar de ordenar el pago de una suma que pueda inducirle a la reincidencia. Luego de una enmienda introducida por el legislador en 1982, la ley de 1973 enuncia que la compensación ordenada por el tribunal puede reemplazar cualquier otra pena. Si bien esta reforma de fe de benevolencia por parte del legislador hacia las víctimas, ella favorece a los ojos de algunos, una triste confusión entre el castigo y la indemnización.

Otro medio por el cual los tribunales penales indemnizan a la víctima de una infracción, es ordenando la restitución de sus bienes. En los términos de una ley de 1968, si un acusado ha sido condenado por robo o por una infracción similar, (por ejemplo el chantaje) el tribunal puede ordenar la restitución de los bienes a la parte lesionada, o si el culpable se ha deshecho del botín, podrá ordenar el reembolso a la víctima del valor de los bienes, por descuento a la suma de dinero encontrada en su posesión al momento del arresto.

En último lugar, en caso de que un acusado, habiendo sido acusado por la *Crown Court,* haya ocasionado más de 15.000 libras de daños a sus víctimas, el tribunal puede, sin perjuicio de cualquier otra pena, pronunciar un veredicto de quiebra *(criminal banckruptcy order)*[64]. Esta sentencia opera como toda otra declaración de quiebra y se tratara a las víctimas como acreedores del condenado permitiéndoles obtener reparación sobre los bienes de este.

Sección 3
LA APELACIÓN

494. – La Apelación: El acusado que se vea condenado por los tribunales tiene derecho de apelar contra su decisión. La vía de apelación varía según la jurisdicción donde se ataque la decisión y según los recursos intentados por el acusado. Hará falta examinar por separado las fases del procedimiento sumario *(summary trails)* y los actos de acusación por ante la *Crown Court (trails of indictment).*

---

[61] V. *Powers of Criminal Courts Act 1973,* s. 35.
[62] *Hosbam Justices, ex parte Richads* 1985, 1 W.L.R. 986.
[63] V. *Inwood* 1975 60 Cr. App. R. 70.
[64] *Powers of Criminal Courts Act 1973,* s. 39.

1) El procedimiento sumario *(summary trails).* El presunto indiciado, condenado por los jueces de paz, puede apelar la decisión de tres maneras distintas. En principio, si se declara inocente, podrá apelar por ante la *Crown Court* acerca de la decisión de los jueces de paz, ya sea sobre los hechos como sobre la pena. Si se declaró culpable, deberá limitarse a protestar la pena en la apelación. La apelación intentada por el indiciado ante la *Crown Court* es única en el derecho penal inglés, pues esto constituye un verdadero *novum judicium:* Pueden ser oídos los testigos, se admitirán pruebas suplementarias, y la carga de la prueba pesará sobre la parte acusadora, al igual que en el primer proceso. En segundo lugar encontramos al *«appel by way of case stated».* Si el presunto indiciado apela contra una de las decisiones de los jueces de paz acerca de una cuestión de derecho, pedirá a la *Haute Court* quién ejercerá el control a fin de determinar si hubo violación de ley. El tipo de cuestiones planteadas por ante la *Haute Court* en este contexto, concierne la forma de la acusación, la competencia de los jueces de paz, la admisibilidad de las pruebas y la regularidad de la apreciación de los hechos. Excepcionalmente, dichas apelaciones van contra las penas infringidas por los tribunales. En tercer lugar el condenado y el acusador tienen derecho a recurrir a la *Haute Court* empleando un tipo de apelación llamado *«judicial review»* y que se asemeja un poco al recurso del derecho administrativo francés –el recurso por exceso de poder –[65]. Una vez intentada esta modalidad, la *Haute Court* deberá verificar que los jueces de paz eran competentes al momento de tomar su decisión. Así si la corte encuentra que se excedieron en el ámbito de su competencia, podrá cesar la decisión. De igual modo, si los jueces de paz no observaron las reglas fundamentales requeridas por todo procedimiento justo *(«natural justice:»)* o si se cometió un error de derecho. De la *Haute Court* una parte podrá apelar a la Cámara de Lores siempre que la corte haya verificado que el recurso implica un asunto de derecho general y que sea la *Haute Court o* la Cámara de Lores quien ha consentido a la apelación.

2) El procedimiento por ante la *Crown Court.* El acusado que ha sido condenado por la *Crown Court* tiene derecho de apelar por ante la Corte de Apelación. Si la modalidad empleada por el acusado es relativa únicamente a un asunto de derecho, la apelación se abre de pleno derecho. Sin embargo, si el recurso acarrea un asunto mixto de derecho y de apreciación de hechos (como sucede en la mayoría de las instancias), la Corte de apelación deberá consentir en extender la apelación. Estas se acomodan en dos categorías principales. Por una parte el acusado puede apelar la pena, salvo en caso de homicidio donde la ley obliga a que la corte condene al culpable a cadena perpetua. Si la Corte de Apelación estima que el juez que presidía la *Crown Court* se excedió en los principios a aplicar, podrá reducir la pena, pero de ninguna manera tendrá derecho a aumentarla. Por otra parte, un condenado puede atacar la decisión de la *Crown Court* ya sea porque esta conlleva una violación de ley (por ejemplo el juez explicó mal la definición jurídica de la infracción al jurado en su resumen) o bien si la decisión fue tomada siguiendo un procedimiento irregular) (*material irregularity).* Aquí la Corte de Apelación tendrá la elección entre desestimar la decisión de la *Crown Court* o bien afirmarla, si ella la considera exacta y convincente *(safe and satisfactory)*[66].

La Corte de Apelación puede también, en ciertas circunstancias, devolver el asunto para que sea nuevamente juzgado. Esto sucede cuando el acusado logra que

---

[65] V. *supra* Nos. 140-144, 473-476.
[66] V. *Criminal Appel Act 1968,* s. 2 (1).

la Corte de Apelación admita las pruebas suplementarias, que por justa causa no han sido sometidas por ante al *Crown Court*[67]. Este es un derecho raramente ejercido por la Corte y en caso de ser admitidas las pruebas suplementarias, esta preferirá desestimar la sentencia de la *Crown Court* antes que devolver el asunto. En último lugar la Corte de Apelación puede anular una decisión y ordenar un segundo proceso llamado «*venire de novo*», si el primero fue afectado por una de las causas de nulidad enumeradas por la Cámara de Lores en el caso *Rose*[68]. Esta figura constituye una antigua vía de aplicación del *Common Law* y los ejemplos contemporáneos son sumamente raros.

Una parte de la Corte de Apelación puede apelar por ante la Cámara de Lores siempre que la primera haya certificado que el asunto acarreaba una cuestión de derecho en términos generales y acordado su permiso. Aparte de las vías de apelación, o bien la Cámara de Lores haya acordado su permiso.

Aparte de las vías de apelación esbozadas anteriormente, un acusado puede beneficiar del perdón. El perdón deriva de los poderes y privilegios excepcionales que goza el soberano *(Royal Prerogative)* y este derecho lo ejerce por la Corona, el Ministro del Interior *(Home Secretary)*. El acusado podrá ser agraciado ya sea antes del procedimiento o bien durante la instancia, incluso luego de la condena.

---

67 V. *Criminal Appel Act 1968*, ss. 7 y 23.

68 1982 A. cC. 822.

CAPÍTULO XVIII
DERECHO PENAL

Por J. R. Spencer

En la breve exposición de Derecho Penal que sigue, trataremos ante todo, de discriminar los principios generales de la responsabilidad penal. Con esta finalidad haremos una breve descripción de algunas de las principales infracciones y hablaremos de la extinción de la responsabilidad penal.

Sección 1
DERECHO PENAL GENERAL

1. EL PRINCIPIO DE LEGALIDAD

495. – La ausencia de un Código Penal: No existe en Inglaterra un código penal. En ausencia de una fuente única es necesario consultar para saber si cierto tipo de comportamiento constituye una infracción y en caso afirmativo, cuál sería el rigor de la pena correspondiente.

La mayoría de las infracciones encuentran su fundamento, jurídico en textos legales relativamente recientes. Por ejemplo, las infracciones a los bienes se rigen en su mayoría por el *THEFT ACT 1968* (ley del robo).

Así mismo, la mayoría de las infracciones sexuales están previstas en *el SEXUAL OFFENCES ACT 1956* y en las diversas enmiendas que le siguen. Mientras que todas las leyes que rigen el derecho penal no son recientes, todas, o casi todas las infracciones contra las personas, fueron creadas por una ley llamada *OFFENCES AGAINST THE PERSON ACT 1816; y* el crimen de traición por el cual los traidores de la segunda guerra mundial fueron ejecutados está regido todavía hoy por el *STATUTE OF TRESON 1841.*

Puede también, existir infracción fuera de todo texto legislativo: Bastará con que haya sido reconocida como tal en el pasado por los jueces. Estas infracciones de origen judicial se denominan *COMMON LAW OFFENCES* (infracciones de *Common Law).* Desde hace algunos años existe la tendencia de reemplazarlas por infracciones previstas en textos legales *(STATUTORY OFFENCES)* con la finalidad de aclarar su definición. Sin embargo una cantidad considerable de infracciones graves como el motín, el secuestro y la detención arbitraria se encuentran todavía completamente regidas por el *Common Law.*

En el pasado el Parlamento adoptó con frecuencia textos legales que modificaban las infracciones del *Common Law* sin reemplazarlas totalmente. Por ello existe una cantidad de infracciones mixtas regidas a la vez por textos legislativos y por la jurisprudencia. El homicidio voluntario es un buen ejemplo ya que en principio constituye una infracción de *Common Law* aunque algunos de sus aspectos se encuentren hoy regidos por la ley de homicidios de 1957 *(HOMICIDE ACT 1957).*

Mientras que las sentencias más importantes han sido publicadas desde principios del siglo XIV, los asuntos penales no fueron comentados ni transcritos sino hasta época muy reciente. Resulta así que las viejas obras de doctrina tienen más autoridad en derecho penal que en derecho civil. Esto explica que se haga referencia a las obras de Coke (1552-1634), Hale (1689-1763), Hawkins (1673-1746), Foster (1689-1763) y East (1764-1847) para tratar de definir los elementos constitutivos de una infracción de *Common Law.*

496.– Los problemas de codificación: En el siglo XIX el derecho penal inglés fue objeto de varias codificaciones afín de ser usado en el Imperio Británico. Los códigos vigentes en la India, en Canadá, Nueva Zelanda y en ciertas partes de Australia son su resultado.

No puede entonces afirmarse que el derecho penal inglés sea por naturaleza imposible de codificar. Sin embargo las tentativas emprendidas el siglo pasado por Inglaterra fracasaron. Al momento de escribir estas líneas la *LAW COMISSION* intenta redactar un código penal inglés moderno. Falta saber si el texto final, contrariamente a los precedentes, recibirá la aprobación del Parlamento.

497.– Relatividad del principio de legalidad: En relación a la ausencia de Código de Derecho Penal en Inglaterra, podemos evocar la reticencia de los jueces ingleses a reconocer la existencia del principio de legalidad. La máxima «*NULLA POENA SINE LEGE*» fue reconocida recientemente en Inglaterra y todavía hoy no es universalmente aceptada. La existencia de infracciones de *Common Law* presupone el poder de los jueces para crear nuevas infracciones; hasta una fecha reciente, los jueces consideraron que este poder de sus predecesores les era propio también a ellos. En el siglo XIX los jueces se opusieron a la adopción de un código penal ya que este hubiera tenido por efecto probable la limitación de su poder creador. En 1961 – diez años después de la ratificación por parte de Inglaterra de la Convención Europea de Derechos Humanos en la cual el artículo 7[1] consagra la regla «*NULLA POENA SINE LEGE*», la Cámara de Lores reafirmó enérgicamente el derecho de las jurisdicciones criminales a crear nuevas infracciones. Cuando una persona ha sido acusada de la infracción de *Common Law* de *CONSPIRACY TO CORRUPT PUBLIC MORALS* (conspiración contra las buenas costumbres) y replica que tal infracción no existe, oirá como respuesta que en caso de no existir en el pasado, existirá desde ese momento en adelante[2]. Esta decisión fue severamente criticada y en los años 70 varias opiniones de la misma corte se distanciaron de ella.

Hoy se admite oficialmente que los jueces no tienen el poder de extender el derecho penal. Sin embargo ciertas infracciones de common law permanecen tan indefinidas que permiten a los jueces la posibilidad de crear nuevos delitos bajo cubierta de la interpretación.

498.– La interpretación de la ley penal: Al igual que en Francia, en Inglaterra se considera que la protección de la libertad individual necesita que la ley penal

---

1 *Shaw* v. *Director of Public Prosecutions* (1962) A.C. 220.

2 *Withehouse* v. *Lemon,* 1979 A.C. 617.

sea interpretada restrictivamente de manera que la duda en cuanto a su aplicación a un cierto comportamiento debe favorecer al acusado. Pese a todo esto, varios asuntos en los que una ley ha sido interpretada en forma extensiva han perjudicado al presunto indiciado.

De hecho en materia de interpretación de las infracciones del *Common Law,* los tribunales no han pretendido nunca hacer una interpretación estricta. La blasfemia, vieja infracción del *Common Law,* raramente usada hoy, es un buen ejemplo. La pregunta fue por mucho tiempo si hacía falta o no la intención del acusado de ofender las creencias de los cristianos, para que se constituyera la infracción. Por otra parte se preguntaban si la infracción podía existir fuera de los casos en los que acarrea un menoscabo al orden público. En un caso de 1979[3], la Cámara de Lores resolvió esos dos problemas en contra de los intereses del acusado y uno de los jueces manifestó su deseo de que la infracción pudiera extenderse a todas las demás religiones.

499. – La no retroactividad de la ley penal: Tal y como explicamos en la introducción[4] no hay nada en el Derecho Constitucional inglés que prohíba al Parlamento el derecho de conferir a las leyes penales un efecto retroactivo. Esto sucedía con frecuencia anteriormente. Las leyes denominadas *«Acts of Attainder»* fueron adoptadas con la finalidad de crear una responsabilidad *«ad hominen».* Por ejemplo cuando en 1530 el cocinero del Episcopo de Rocvester envenenó a varias personas, el Parlamento votó una ley ordenando que se le pasara por agua hirviendo al igual que toda persona que en un futuro resultase culpable del mismo crimen.

Hoy el Parlamento no adopta una ley retroactiva y las jurisdicciones buscan siempre la forma de interpretar las leyes penales (al igual que las demás) en el sentido de la no retroactividad. Así en caso de que una ley prohibiera una actividad, el tribunal estima que no es posible reclamar a nadie antes de que la persona tuviese la oportunidad de llevarla a cabo[5]. A la inversa, cuando una ley es abrogada, este hecho no hace desaparecer automáticamente la responsabilidad penal por los actos cometidos cuando ella estaba todavía vigente, aunque el Parlamento, al votar la abrogación de un texto, pueda absolver expresamente a aquellos que lo hubieren contravenido en el pasado.

Como ya lo hemos dicho en la introducción[6], los jueces, a medida que hacen evolucionar el *Common Law,* deben enunciar lo que el derecho ha sido siempre, en vez de crear nuevas reglas. Tenemos como resultado que cuando una infracción de common law ha sido creada o cuando ha sido extendida a una situación que anteriormente no cubría dichos cambios esto representa un efecto retroactivo.

2. CLASIFICACIÓN DE LAS INFRACCIONES

500.– Historia: En el vocabulario corriente inglés la palabra «crimen» designa un comportamiento verdaderamente reprochable mientras que la «ofensa» u

---

[3] *Supra,* No. 48.

[4] *Bourns* v. *Nowell,* 1880 5 Q.B. D. 444.

[5] *Supra,* No. 53.

[6] Hasta 1814, los traidores de sexo masculino, podían ser arrastrados, colgados, o hechos pedazos: Se les arrastraba por las calles, se les colgaba parcialmente, se les extraían las visceras y lo que quedaba de ellos se partía en cuatro con un hacha. A los traidores de sexo femenino se les quemaba vivos hasta 1790.

«ofensa criminal» tienen una connotación de menor gravedad. Para los juristas estos términos no caracterizan una amenaza al derecho penal de diferente naturaleza y han sido usados indistintamente: es posible, por ejemplo, designar el hecho de hacer volar un «ciervo-volante» a menos de cinco kilómetros de un aeropuerto como «crimen» y denominar al incendio voluntario o al homicidio como «ofensa».

La división clásica de las infracciones según su gravedad distingue *«treason»*, *«felonies»* y *«misdemeanours»*. Toda lesión contra el Rey o el Gobierno de un país constituye una traición. Igualmente, las conspiraciones fomentadas en vista de la caída del Rey, el hecho de llamar a la revuelta armada o de aliarse con el enemigo en tiempo de guerra. Las felonías eran los atentados con violencia gravé contra las personas o los bienes como el homicidio, la violación o el incendio voluntario. El resto de los infractores formaba parte de los *misdemeanours.*

Los intereses de la distinción son numerosos. Conciernen particularmente al ámbito de la responsabilidad de los cómplices, el procedimiento aplicable al proceso y la pena atribuida: los traidores eran torturados en público hasta morir[7] los autores de las felonías eran colgados y los causantes de los *misdemeanours* eran susceptibles, según la voluntad de la Corte, de multas, prisión, flagelación o de ser sometidos al pylori. Esta distinción no tiene hoy ningún interés práctico pues casi todas las diferencias han sido abolidas.

501. – Clasificaciones actuales: La distinción principal que permaneció mucho tiempo entre las felonías y los *misdeameanours* radica que un sospechoso de felonía pudiera ser arrestado sin formalidad alguna, mientras que una orden de captura emitida por un juez era necesaria para arrestar al presunto autor de un *misdemeanour.* En 1967 esta distinción fue abolida y reemplazada por una ley que prevé que toda persona puede ser arrestada sin orden en caso de tratarse de una infracción o de su tentativa cuya pena corresponde a más de 5 años de prisión. Dichas infracciones son llamadas *«arrestable offences»* y las otras *«non arrestable offences».*

En la práctica la clasificación más importante se hace en cuanto a las *«summary offences»* (respectivamente: infracciones con procedimiento simplificado e infracciones con procedimiento normal)[8]. Las primeras pueden ser juzgadas únicamente por los Magistrados de la Corte quienes solo pueden infringir penas ligeras, mientras que las *«indictable offences»* son juzgadas por la *Crown Court* quien dispone de una amplia variedad de penas.

En derecho positivo esta distinción tiene una consecuencia importante: En virtud del *Criminal Attempts Act 1981,* las tentativas solo son punibles por los *indictable offences.* Pero hay que destacar igualmente que ella influye en la duración del período de prescripción[9].

Esta simple distinción se encuentra complicada por la existencia de un grupo mixto compuesto por infracciones llamadas *«eitherway offences».* Estas infracciones que son *«indictable offences»* y que por lo tanto deberían ser llevadas ante la *Crown Court* pueden, sin embargo ser objetivo de un procedimiento por ante la *Magistrates Court* si el acusado conviene en hacerlo y si los jueces consideran apropiado conocer

---

7 V *supra,* No. 484.

8 V. *infra,* No. 526.

9 La expresión *«to stand a trial»* designa la participación en las últimas fases de la instancia penal. Las fases preliminares de la instancia pueden desenvolverse sin importar el estado de demencia del acusado.

el caso. El hecho de conducir un automóvil de manera peligrosa, el robo y las infracciones menos graves contra las personas constituyen los principales ejemplos de esta categoría de infracciones.

Finalmente, la gran clasificación hecha entre las infracciones de *Common Law* y las previstas en los textos ha sido ya explicada.

3. LA RESPONSABILIDAD PENAL

A) *Los Menores*

502. – *Un principio rebatido:* En Inglaterra la edad a partir de la cual se incurría en responsabilidad penal era de 7 años. En 1933 se elevó a 8 años y luego a 10 en 1963. Entre 10 y los 14 años un niño puede eventualmente comprometer su responsabilidad penal pero solo podrá ser condenado si se prueba una «*mischievous discretion*». Es decir, que la persona tenga conciencia de que su acto era amoral o legalmente reprochable.

Esta regla fue creada en una época en que las penas infringidas, inclusive aquellas dirigidas a los niños eran rígidas y severas. Hoy esta regla es criticada en la medida en que, salvo para aquellas infracciones particularmente graves, los niños de menos de 17 años son juzgados por tribunales especiales que buscan reformar al culpable más que castigarlo. En efecto, si el niño no tiene conciencia de que actuó mal, más difícil será reformarle y más necesitará de reducción.

El derecho penal funciona igualmente sobre la ficción según la cual un joven de menos de 14 años no puede tener relaciones sexuales, de lo que se deduce que ningún joven por debajo de dicha edad podrá ser juzgado culpable de violación o de homosexualidad en calidad de autor principal. Este podrá solamente ser condenado como cómplice de tales infracciones cometidas por alguien de más edad. Es una vieja regla jurídica que no tiene justificación evidente.

B) *Los Dementes*

503. – *El cuadro del problema:* El derecho inglés aborda el problema de demanda de una forma muy compleja. Por una parte, se debe al hecho de que todo acusado debe, al iniciar el proceso, declararse culpable o inocente y que si adopta esta última actitud, el tribunal deberá, a fin de cuentas, rendir su veredicto de culpabilidad o de inocencia. Según la lógica esta alternativa no prevé el caso de la persona que constituye un peligro para la sociedad por haber cometido el acto reprochable pero que no es culpable dado a su estado mental.

504. – *Demencia al momento del Juicio:* Nadie puede ser objeto de un proceso *(standard trail)*[10] si no e s apto para defenderse *(fit to plead)*, haya sido o no demente al momento de la acción. La aptitud para defenderse desde en la capacidad de dar instrucciones a su abogado, de ver la diferencia entre declararse culpable o inocente, de seguir el desenvolvimiento del juicio, de entender las pruebas presentadas, etc.

Poco importa que el acusado sea capaz de defender inteligentemente sus intereses. Toda persona inapta para defenderse será internada en un hospital psiquiátrico bajo órdenes del Ministro del Interior.

---

[10] *Mc Neghten's case* 10 Cl & F. 200.

505.— La demencia contemporánea a la infracción: Si el acusado es suficientemente lúcido para poder defenderse, nos preguntamos entonces si al momento en que fue cometida la infracción disponía de las facultades necesarias para la existencia de una responsabilidad penal cualquiera. El derecho se basa en la misma idea que para los niños de 10 a 14 años: nadie puede ser castigado si no tenía conocimiento de que actuaba mal. En consecuencia una persona no podrá ser responsable si, al momento del acto, estaba tan enferma mentalmente que no discernía la naturaleza ni la calidad de sus actos o bien que no sabía que estos eran ilícitos. Sin embargo si el delincuente tenía conciencia de lo que hacía y de su carácter ilícito, será entonces penalmente responsable aunque los médicos le consideren enfermo mental. Esta definición respectiva de la demencia es retenida todavía hoy por los juristas bajo el nombre de la *«regla Mc. Naghten»* pues ella fue reafirmada por la Cámara de Lores en 1843 en dicho caso[11].

Anteriormente, una persona declarada demente según la regla *Mc. Naghten* será juzgada no culpable al mismo título de otra a quien la corte declaraba inocente. Pero en 1800 una norma estableció que en tales casos el jurado debía rendir un «veredicto especial» de «no culpable por causas de demencia»[12]. Pese a dicha declaración la persona era enviada a un centro de detención penitenciario psiquiátrico. El procedimiento es el mismo hoy en día pero es el Ministro del Interior quien toma esta decisión en lugar del Rey. En 1800, época en que aquellos que escapaban de ser colgados corrían el riesgo de ser deportados, puestos en prisión, sometidos al pylori o flagelados, la detención limitada en un centro penitenciario para enajenados, era, en comparación, una pena clemente. Pero, a medida que las penas se han ido ablandando esta solución ha desembocado en una situación paradójica: la pena resultaba más severa si la persona era enajenada que si se encontraba en plena posesión de sus facultades al momento de la acción, salvo para los crímenes particularmente graves.

Esta situación se agravó notablemente en el siglo XX cuando se otorgó a los tribunales grandes poderes de apreciación en relación a una persona, condenada o habiéndose declarado culpable, de quien ha quedado establecido que sufría trastornos mentales. Se deduce que después de varios años las reglas relativas a la sentencia absolutoria por causa de demencia al momento del acto son descartadas por una conspiración que reúne la acusación, el acusado y el juez: el acusado aunque demente según la regla *Mc. Naghten* se declara culpable o funda su defensa sobre otros argumentos distintos a la demencia. Nadie trae a colación el tema de su estado mental, sino luego de la condena, con la finalidad de poder jugar con los poderes soberanos de apelación del tribunal en cuanto a las penas infringidas a los enfermos mentales. Así la regla *Mc. Naghten* que permite una sentencia absolutoria por causa de demencia no se usa jamás salvo en los casos donde el crimen cometido es tan odioso que la pena incurrida sea más severa que la reclusión forzada en un asilo para delincuentes. Las malas reglas serán forzadas con la finalidad de alcanzar un resultado justo.

506.— Insuficiencia del derecho positivo y perspectivas futuras: Esta situación está muy lejos de ser satisfactoria ya que todo depende de la voluntad de la acusación y

---

[11] Así estaba enunciado originalmente. En 1883. la fórmula fue cambiada por «culpable pero demente», lo que era severo en el plano teórico, pero según la medida de detención obligatoria resultante.

[12] *Report of the Commitee on Mentaly Abnormal Offenders (butler Commitee).*

del juez para desviar la ley. Si deciden no hacerlo, las consecuencias serán muy severas para el acusado.

Según el texto legal el veredicto «especial» de sentencia absolutoria por causa de demencia y la detención ilimitada en un asilo no se aplican sino a los procedimientos normales *«on indictment»* y no a los procedimientos sumarios. Así una «*Magistrates Court*» como el jurado antes de 1800, puede absolver pura y simplemente a una persona a quién la regla Mc. Nagthen definiría como demente. Sin embargo, hay otra solución cada vez que un enfermo mental es susceptible de prisión: si dicha persona está convencida de haber cometido el acto o la omisión incriminada, ella podrá usar su poder discrecionario de sanción sin tener que condenarle o absolverle.

Las reglas que gobiernan la demencia como defensa son inadaptadas, aunque comúnmente se les manipula para evitar injusticias. En 1975 se propuso la absolución[13], se sugirió permitir a todos los tribunales el pronunciamiento de una nueva forma de veredicto: «no culpable por razones de perturbación mental». Dicho veredicto sería no solo en los casos en que el acusado no se hubiere dado cuenta de lo que hacía o del carácter deplorable de su acto, sino que cada vez al momento de la infracción el sufría de una perturbación mental grave; sobre fundamento de este veredicto el tribunal hubiere dispuesto de un amplio poder de decisión. Desafortunadamente la indiferencia de la opinión pública al respecto de las reformas penales es tal que esta proposición inteligente y no controvertida en los medios jurídicos no fue nunca discutida.

C) Las Personas Morales

507.– La admisión progresiva de la responsabilidad: Al principio el *Common Law* negaba la posibilidad de que una persona moral cometiera una infracción, esta negativa estaba en parte ligada al tipo de penas que podían ser infringidas: horca, flagelo o pylori, para una persona moral esto hubiere presentado dificultades considerables. Con el desarrollo de las multas los tribunales fueron llevados a evolucionar y decidieron que una persona moral podía a veces ser penalmente responsable.

Los tribunales reconocieron en un principio la responsabilidad de las personas morales en los casos en que las leyes imponían a las personas designadas un derecho positivo de actuar —un ocupante, un patrón, un propietario etc.— y se les condenaba a multa en caso de irrespeto a esta obligación. Cuando una persona moral resultaba ser la persona designada en términos de ley, las cortes decidían que ella era responsable penalmente, pues la alternativa hubiere sido admitir que una infracción había sido cometida sin que hubiere un responsable. Esta evolución sobrevino a mediados del siglo XIX.

Una evolución más importante todavía marcaría el siglo con la teoría pretoriana de la identificación. Según esta teoría, las decisiones tomadas por algunos dirigentes influyentes de la sociedad, son asimiladas a los actos de las personas morales en sí. El origen de esta teoría se encuentra en una extensión de la responsabilidad civil, pero fue introducida en derecho penal de inmediato y se encuentra hoy establecida. Es por ello que toda persona moral puede ser penalmente responsable de casi

---

13 *Director of Public Prosecutions* v. *Stonehouse*, 1978 A.C. 35.

cualquier infracción salvo de aquellas que obligatoriamente acarrean una condena de muerte o una pena de prisión.

Cuando una persona moral ha sido declarada responsable en virtud de la teoría de la identificación esto implica que el dirigente con quién la persona moral se identifica es el mismo responsable penalmente. Es por ello que nos preguntamos si la existencia de una responsabilidad suplementaria de la persona moral cumple una, función real.

Por otra parte, una persona moral será penalmente responsable como patrón en los raros casos en que este sea responsable de las infracciones cometidas por sus empleados.

D) *La Inmunidad del Estado*

508.– El principio y sus límites: Los procedimientos penales se intentaban a nombre de la Reina, ella no puede ser su objeto. Dicha inmunidad no se extiende a aquello que llamamos «La Corona»: distintos ministerios que existían ya para la época en que el Soberano gobernaba en persona y que son considerados todavía como emanaciones de la Reina. Sin embargo, solo el ministerio goza de inmunidad y no los funcionarios que lo componen. Estos últimos pueden ser perseguidos si cometen infracciones en el ejercicio de sus funciones.

Las emanaciones más recientes del estado han sido creadas bajo forma de persona moral cuyos poderes han sido definidos por los textos legislativos o reglamentarios: *British Rail* (equivalente de la *SNCF) el National Coal Board* (comparable a los *Charbonnages de Frane)* etc. Estos últimos pueden ser objeto de demandas al mismo título que cualquier otra persona moral.

Al igual que en muchos otros sistemas jurídicos, los diplomáticos y los jefes de Estados extranjeros gozan en Inglaterra de inmunidad penal. El público tomó conciencia de ese hecho de forma brutal en 1984 con el asesinato de una mujer policía por un diplomático libio.

4. LOS ELEMENTOS CONSTITUTIVOS DE LA INFRACCIÓN

A) *El Elemento Material*

509.– Necesidad del principio de un elemento material: La responsabilidad penal será asumida por el acusado solo si ha cometido un *«actus reus»:* deberá haber cometido un acto reprehensible determinado o haber sido culpable de una omisión constitutiva de una infracción. La mayoría de las infracciones necesitan que un acto positivo haya sido cometido. Pero un buen número de ellas son infracciones por omisión creadas a veces por el *Common Law;* podemos citar a título de ejemplo la falta de denuncia de una traición o de una felonía (esta última ha sido abolida). El elemento material puede entonces consistir en un simple estado de hecho: porte de drogas cuyo uso sea ilícito o bien el simple hecho de ser el padre o la madre de un niño que cursa la escuela *«buissonniere».*

El campo de aplicación del derecho penal inglés es normalmente territorial: se limita a los actos cometidos en Inglaterra, en los Países Galos, en las aguas territoriales o sobre una aeronave o embarcación británica. Por otra parte, ciertas leyes prevén la represión de infracciones cometidas fuera del territorio nacional.

Son en su mayoría atentados al derecho internacional como el genocidio o la piratería, comprenden igualmente el homicidio cometido por un ciudadano británico en cualquier parte del mundo y como cosa curiosa, la bigamia.

En principio, no puede haber infracción sin elemento material. Esto no es tan cierto, ya que la no comisión de una infracción puede en sí misma constituir una infracción. Así, en derecho penal inglés existen dos delitos importantes, la tentativa y la conspiración, cometidos normalmente por personas que no presentan el elemento material de la infracción. En derecho inglés la tentativa y la conspiración son infracciones en sí mismas y no modos de cometer otra infracción. En principio se consideraban infracciones de *Common Law* y hoy son objeto de leyes.

510.– La conspiración: Ei virtud del *Criminal Law Act 1977,* la conspiración consiste en un acuerdo entre dos o más personas para llevar a cabo una empresa que implica necesariamente la comisión de una infracción por una o varias de entre ellas. Así, por ejemplo, desde el momento en que A acepta practicar una interrupción voluntaria del embarazo, de forma ilegal (aborto) en B, se han constituido la infracción de conspiración. A y B pueden entonces ser condenados a dicho título, haya sido o no practicada la interrupción. Si ha llegado a practicarse la conspiración sigue siendo punible y no se confundirá con la infracción principal. El acusador podrá, si así lo desea, demandar a los interesados por conspiración y no por aborto ilícito aunque este haya tenido lugar. Anteriormente había que fundar la acusación sobre la conspiración y sobre la infracción en sí pero esta actitud fue juzgada abusiva y desechada por los tribunales en 1977.

511.– La tentativa: El *Criminal Attempts Act 1981* define esta infracción como todo acto hecho con la intención de cometer una infracción ya que no se trata de un acto meramente preparatorio. A diferencia de la conspiración la tentativa es castigada por las *«indictable offences».*

El primer problema planteado por la tentativa en derecho inglés, al igual que en todos los demás sistemas jurídicos que la reprimen, es el responder a la pregunta siguiente: a partir de qué momento cae la acción bajo la ley penal? Dicha pregunta ha sido objeto de infinidad de discusiones pero la Cámara de Lores puso fin al debate en 1977, considerando que se trataba de una cuestión de hecho que debía ser dirimida en todo caso por el jurado o por los magistrados[14]. Esta posición fue consagrada por la ley de 1989. Así, el jurado deberá decidir no solamente que actos ha efectivamente cometido el acusado, sino también si estos constituyen algo más que simples actos preparatorios. A este fin ellos deberán emplear el criterio de su elección.

Un segundo problema se plantea generalmente en materia de tentativa, que se relaciona a la cuestión del elemento material: qué sucede cuando un hombre piensa haber cometido todos los actos constitutivos de una infracción y que sin saberlo no sea así? Es por ejemplo el caso del hombre que compra aquello que cree drogas prohibidas cuando estas no son más que sustancias inofensivas. La ley sobre la tentativa ha tratado de resolver este problema y dispone que dichos casos se consideren como tentativas.

---

[14] *Caldwell* 1982 A.C. 341. Solución tomada del *Lawrence* 1982 A.C. 510 y de *Seymour* 1983 2 A.C. 493.

B) *El Elemento Moral: La Falta*

512.– Necesidad de este elemento. Su naturaleza: Las infracciones más graves necesitan la existencia de un grado importante de culpabilidad: se debe probar que todos los elementos constitutivos de la infracción están presentes y que resultan todos de una voluntad deliberada *(intention)* o de un comportamiento gravemente negligente *(recklessness).* Estos dos elementos morales son comúnmente llamados *«means rea».*

Hay intención cuando existe el deseo de alcanzar un resultado ilegal, o bien cuando se tiene la certidumbre de que lo planeado acarreará dicho resultado. Podemos decir que el autor tenía la intención deseada solo si además tenía conciencia de todas las circunstancias que entran en la definición de infracción. Por ejemplo, para el caso de violación, será necesario que se haya tenido conciencia de la ausencia de consentimiento de la mujer.

Algunas infracciones como la tentativa presuponen la intención. Más frecuentemente, sin embargo, la negligencia grave *(recklessness)* será suficiente para que la infracción se constituya. La noción de negligencia grave ha causado muchas controversias. Por mucho tiempo este término fue considerado como referente únicamente a la «negligencia voluntaria» *(advertent negligence):* tomar deliberadamente un riesgo no razonable conociendo las consecuencias que podrían resultar y sospechando que el acto implica un elemento de ilegalidad. Este punto de vista se vio reforzado por el artículo 8 del *Criminal Justice Act 1967* que dispone: «El tribunal o el juzgado, al pronunciarse sobre la culpabilidad de una persona no tiene la obligación legal de deducir que el autor de la infracción buscaba o preveía las consecuencias del acto por el simple hecho de que dichas consecuencias eran naturales o probables; ellos debían decidir si el delincuente quería obtener el resultado sobrevenido o si había sido previsto por él, tomando en cuenta todas las pruebas de las que dispongan y las deducciones que ellos crean poder sacar». Se pensó que no era suficiente el hecho de que el acusado hubiere tomado un riesgo que un «buen padre de familia» *(a reasonable man)* hubiere juzgado no razonable como para ser considerado gravemente negligente, al momento que el mismo no había tenido conciencia de la existencia de tal riesgo. El acusado debía entonces ser castigado por simple negligencia. Si bien la negligencia, suficiente para cierto número de infracciones, no lo es para las más graves. En un caso muy importante, el caso Caldwell, juzgado en 1989[15] la Cámara de Lores por 3 votos contra 2 dio una nueva definición, más amplia, de negligencia grave. El acusado será considerado como gravemente negligente si toma un riesgo a sabiendas de que este existe o bien sin preguntarse la posibilidad de su existencia. Esto diferencia la negligencia grave de la simple. Una abundante doctrina ha sido ya publicada sobre este punto. Además esta decisión fue mal acogida por las jurisdicciones inferiores que la han interpretado de forma restrictiva agrandando la confusión general.

513.— Las Excepciones al principio: Los tribunales no siempre necesitan la intención deliberada o la negligencia grave. Como ya lo hemos expuesto, la negligencia simple es suficiente en ciertos casos.

Además un gran número de infracciones se consideran de *«stritc liability»* (responsabilidad sin falta): no necesitan la prueba de una intención deliberada ni de

---

15 *Warner* v. *Metropolitan Police Commissioner,* 1969 2 A.C. 256.

una negligencia grave o simple. Por ejemplo, conducir un vehículo a motor fuera de un terreno privado sin estar asegurado, dicho acto constituye en sí mismo una infracción. Para que esta se dé es suficiente que el autor haya conducido voluntariamente el vehículo en una vía pública. Su culpabilidad quedará establecida aunque el ignorase que su póliza estaba vencida y aunque esta ignorancia fuere enteramente excusable. Esta ignorancia podrá solamente incitar a la corte a tener clemencia. En su interpretación de la ley, los tribunales presumen que la infracción no es de *strict liability;* y generalmente la reconocen como tal para los casos de infracciones relativamente menores cuyo efecto infamante es mínimo. Pero existen ejemplos asombrosos de una actitud contraria. Así, sucedió con la Cámara de Lores en un asunto de posesión prohibida de drogas, infracción está penada con prisión y que por lo demás goza de una fuerte reprobación social[16]. Pero el Parlamento intervino rápidamente para permitir al acusado de establecer que no había cometido negligencia alguna.

514.— *El problema de la Ebriedad:* El derecho inglés encontró muchas dificultades a la hora de resolver el problema del delincuente que voluntariamente bebe o se droga al punto de tornarse inconsciente del mal que puede hacer. Este problema no se contempla en las infracciones de *strict liability* ni en aquellos en donde la simple negligencia es suficiente. Pero en la época en que la negligencia grave *(recklessness)* implicaba la conciencia subjetiva del riesgo tomado, se ha añadido que si una persona bajo el efecto del alcohol o de alguna droga estaba intoxicada al punto de no poder prever el riesgo o no darse cuenta de que el acto realizado era ilegal, no habrá cometido negligencia grave y no podrá entonces ser condenada.

Dicho razonamiento era lógico pero dado a que el alcohol es un factor que influye en la comisión de una cantidad considerable de infracciones, los tribunales temieron, con razón, las consecuencias prácticas que tal principio podría acarrear, sobre todo cuando toca al acusador probar el elemento moral. En consecuencia fue creada la teoría del *«especific intent»* y la del *«basic intent»*[17]. Esta teoría bastante turbia es muy compleja como para que la expliquemos aquí. Será suficiente decir que su efecto práctico reside en que el delincuente que resultara responsable de una infracción que requiere la negligencia grave alegase que fue el alcohol o la droga lo que lo tornó incapaz de notar la existencia del riesgo. Esta teoría se aplicó a ciertas infracciones en las que comúnmente resultaban culpables personas en estado de ebriedad: daños a la propiedad, lesiones leves, etc. Desde la redefinición de la noción de negligencia grave, esta teoría se tornó superflua. La mayoría de los delincuentes que sufren la ebriedad o que se drogan al punto de entrar casi en estado de inconciencia han hecho prueba de negligencia grave al no preguntarse si de su hecho podía resultar un riesgo.

515.— *La ignorancia de la Ley no excusa de su cumplimiento:* Al igual que en Francia, en Inglaterra nadie puede desconocer la ley. Por lo que al defenderse sería inútil objetar: «yo no sabía que ese comportamiento era castigado por la ley penal». Esta regla puede resultar injusta cuando se aplica a un ciudadano que actúa de buena fe bajo los concejos engañosos de un empleado o de un funcionario aparentemente competente. Es todavía más injusto cuando un militar obedece de buena fe una orden ilegal, pero que en apariencia no lo es. Sin embargo, existe una cantidad de excepciones a dicho principio. Por ejemplo, el robo y las infracciones conexas requieren mala intención. Si un soldado se ha apoderado de un bien ajeno obede-

---

16 *Director of Public Prosecutions* v. *Majewski,* 1977 A.C. 443.

17 *Bourne,* 1939 1 K.B. 687.

ciendo una orden ilegal, su actitud no será sin duda deshonesta y no constituirá por ello un robo, siempre que haya obedecido de buena fe.

5. HECHOS JUSTIFICATIVOS *(GENERAL DEFFENCES)*

516. – Principios generales: En el derecho inglés como en el de otros lugares, ciertas circunstancias pueden justificar la comisión de una infracción. Es el caso particular de la legítima defensa o de la defensa de los bienes personales. La tentativa de hecho justificativo. Esto ha sido ampliamente estudiado por las obras clásicas del derecho penal inglés. Por falta de espacio nos contentaremos con mencionar ciertos caracteres generales de estos hechos justificativos.

En primer lugar, conviene declarar que la mayoría de los principios generales son producto de la jurisprudencia. Las leyes que rigen el derecho penal conciernen casi únicamente a las infracciones particulares, siendo raras aquellas que conciernen a problemas generales. Los hechos justificativos del *Common Law,* a igual que sus infracciones, tienden a ser imprecisos. Esto nos ha conducido a preguntamos si algunos de ellos existen en realidad. Es el caso particular de la necesidad *(«necessity»)*. Ciertas sentencias han afirmado que una persona puede cometer un acto que normalmente es constitutivo de una infracción si lo comete con la finalidad de evitar un mal más grave: fue esa la decisión en el caso del médico absuelto luego de practicar un aborto ilegal en una joven de 14 años víctima de una violación colectiva[18]. Sin embargo, en otros casos la existencia de dicho principio ha sido negado vigorosamente de esta forma, un bombero fue juzgado por infracción de tránsito por haber pasado un semáforo en rojo con la finalidad de llegar lo antes posible al lugar del incendio[19]. En este y en otros casos de interpretación estricta de los hechos justificativos, los jueces se basan sobre el poder discrecional de la administración para iniciar o no un juicio y sobre la facultad judicial de imponer sanciones de principio. El resto de los hechos justificativos cuya existencia legal no ha sido puesta en duda, tiene sin embargo un alcance incierto.

Para la defensa personal y de los bienes se ha admitido que una persona haga aquello que el juez encargado de decidir considere como «razonable en vista de las circunstancias». Se ha admitido generalmente la posibilidad de emplear la violencia para defenderse de los ataques corporales; pero las opiniones divergen en cuanto al grado de violencia moralmente justificada a la hora de defender los bienes. La jurisprudencia sugiere que se pueda responder al ataque con una violencia muy grande. Prácticamente, aquellos que sorprenden a un ladrón armado o no y que lo matan o hieren, raramente son enjuiciados y si lo son, los jueces pronunciarán su absolución. Sin embargo, no hay duda que el hecho de poner trampas en una propiedad cuando se está ausente con la finalidad de matar o de herir a los eventuales ladrones es algo ilegal.

En segundo lugar es de destacar, que al ser invocado un hecho justificativo por un acusado se juzgará generalmente según los hechos imaginados por este: Si la policía dispara a un inocente pensando equivocadamente que se trataba de un criminal peligroso, dicho policía será juzgado como si verdaderamente se hubiese tratado del criminal. No sabemos con certitud si un acusado puede usar este argumento en circunstancias en las que un hombre razonable hubiere cometido el mismo error.

En fin, en materia de hechos justificativos, la carga de la prueba incumbe normalmente a la acusación. Es decir que si hay una duda en cuanto a la existencia

---

[18] *Buckoke* v. *Grater London Council,* 1971 Ch. 655.

[19] V. *supra,* No. 505.

del hecho justificativo o a la convicción de su existencia de parte del acusado, el tribunal deberá, teóricamente, dar al acusado el beneficio de la duda. Pero no siempre fue así. Hasta el siglo pasado la teoría decía que una vez que todos los elementos materiales de la infracción habían sido reunidos tocaba al acusado probar los hechos justificativos. Esta era la teoría vigente cuando la Cámara de Lores creó la regla *Mc. Naghten*[20]; siendo la demencia un acto justificativo, tocaba al demente probarlo. El principio sobrevivió, pero hoy no es más que una excepción a la regla de la carga de la prueba en materia de hechos justificativos.

6. LA COMPLICIDAD

517.— Generalidades: Al igual que en Francia, en Inglaterra el derecho penal castiga no solo a la persona que ha cometido la infracción sino también a todas aquellas que le han ayudado o apoyado. La responsabilidad penal de los cómplices nace de la jurisprudencia, como la mayoría de las reglas del derecho penal. Al principio existía una gran diferencia entre la responsabilidad del autor y la de sus cómplices, esta diferencia variaba según se tratase de una felonía o de un *misdemeanour.* La mayoría de estas diferencias han sido abolidas por los textos y hoy, el cómplice es generalmente responsable al mismo título que el autor principal.

La diferencia subsiste sin embargo en el caso de strict liability, solamente el autor principal es juzgado independientemente de toda falta; es necesario probar la existencia del elemento moral por parte de los cómplices.

La responsabilidad por complicidad es muy amplia. Ella se aplica a las summary, offences como a las indictable offences. Se extiende no solamente a los actos de asistencia sino también en una medida mal definida a las omisiones en las que se considera que existía un deber de control. Incluso una asistencia muy estrecha ha sido juzgada suficiente para hacer nacer una complicidad susceptible de castigo. Es así como una persona que ha sido enjuiciada por haber conducido un camión con demasiada carga implica admitir la complicidad del empleado de la empresa quien aun sabiendo que la carga era demasiado pesada ha emitido sin embargo el boleto necesario para la salida del camión[21].

En teoría parece evidente que la existencia de un hecho principal susceptible de castigo sea la condición preliminar a la responsabilidad del cómplice. Sin embargo las excepciones a este principio se han tornado casi más importantes que el principio en sí.

Se puede ser cómplice de una simple tentativa y se puede llegar a ser condenado aun cuando el autor principal haya fracasado.

En segundo lugar, puede suceder que el autor de un acto material constitutivo de una infracción no puede ser imputable penalmente. Es el caso de cuando no se tiene la capacidad o la «*mens rea*» necesaria o que se invoque con éxito una causa de inimputabilidad o un hecho justificativo. En este tipo de circunstancias, los tribunales represivos actúan de suerte que toda persona que haya ayudado o promovido la comisión de una infracción y a quien la excepción de la responsabilidad penal no se aplique, sea condenada.

---

[20] *National Coal Board v. Gamble,* 1959 1 Q.B. 11.

[21] La célebre demanda del hombre político Jeremy Thorpe en 1979 se refería a las acusaciones de incitación al «murder» y de conspiración en vista de un «murder».

En tercer lugar, como ya ha sido dicho, las cortes tienen a su disposición la inculpación de la conspiración; así, si A y B se ponen de acuerdo para que A asalte una joyería y B esconde el botín, B (y A) son responsables de conspiración aun cuando A no haya ni siquiera intentado el robo.

Finalmente, el hecho de incitar una persona a cometer un delito constituye una infracción en si misma, aun cuando la persona en cuestión no haya tomado en cuenta la incitación. Así en nuestro ejemplo, B sería culpable de incitación aun cuando A se haya negado al acuerdo del robo de la joyería[22].

El concepto de complicidad era todavía más amplio en el pasado, pues una ley enunciaba que todo aquel que ayudara deliberadamente al autor de una felonía a fugarse era cómplice *EX POST FACTO,* llamado *«accesory after the fact»* (cómplice después del acto). El *Criminal Law Act 1967* abrogó esta regla, reemplazándola por varias infracciones separadas que cubren los casos de la ayuda, dada a personas que han cometido *«arrestable offences»*.

Sección 2
ALGUNAS GRANDES INFRACCIONES

518. – Particularidades del Derecho Inglés: Como se puede esperar, la mayoría de los comportamientos que constituyen las infracciones en Francia son susceptibles de castigo también en Inglaterra. En práctica la excepción principal es la difamación. Aunque por escrito constituye una infracción en el derecho inglés *(«criminal libel»)* y que ha dado lugar a numerosos juicios, los casos de difamación son hoy sometidos casi en su totalidad a los tribunales civiles. Ha habido propuestas para limitar e incluso, para abolir esta infracción. Recíprocamente la mayoría de las infracciones del derecho inglés han sido también consideradas como tales por el derecho francés.

Algunas excepciones subsisten, en su mayoría debido a la larga influencia de la Iglesia en los asuntos públicos. Así, hasta 1961 la tentativa de suicidio era reprimida penalmente. Todavía hoy, el hecho de ayudar a alguien a suicidarse es castigado penalmente. Hasta 1967 los adultos de sexo masculino que se dedicaban en privado y consensualmente a la homosexualidad eran susceptibles de penas que podían ir hasta la cadena perpetua. Como ya lo hemos dicho, la blasfemia constituye todavía hoy una infracción aunque estos juicios son muy raros. Igualmente se puede ser perseguido (salvo excepciones particulares) por haber abierto un comercio el día domingo. Infracción que el Parlamento rechazó de suprimir en 1986. No hay lugar en este capítulo para una descripción completa de todas las infracciones. Nos limitaremos entonces a una breve exposición concernientes a dos de ellas:

1. EL HOMICIDIO

519. – Los dos tipos de homicidio: En el derecho inglés se distinguen dos formas principales de homicidio: el *«murder»* que era penado con la horca hasta 1965[23] y

[22] En teoría, la pena de muerte sigue en vigencia en Inglaterra por motivo de traición y de piratería acompañada de violencia.

[23] Hay que resaltar que los prisioneros condenados a cadena perpetua, raramente permanecen en prisión hasta su muerte. El ministro del interior dispone del poder de devolverles la libertad, lo usa frecuentemente luego que el detenido ha permanecido en prisión durante un período considerado como suficiente a juicio del ministro. La medida está sujeta a revocación.

que hoy es obligatoriamente sancionado con cadena perpetua, y el *«manslaughter»* en virtud del cual la pena puede variar según la decisión de la Corte desde una simple multa hasta cadena perpetua, (en teoría la absolución es posible).

520. – *La definición de «murder»:* Es tradicionalmente definido como *«unlawful killing with malice aforethough»* (homicidio ilícito con premeditación), el sentido de esta fórmula depende de los tribunales y podemos decir que hoy *«malice»* (que es la intención criminal) no tiene un significado equivalente a malicia, ni *«aforethought»* (premeditación) significa «organizado con anterioridad». Desde la última interpretación jurisprudencial, el *murder* es el homicidio cometido ya sea con la intención de causar la muerte o simplemente de herir de gravedad. Pero la intención no necesariamente implica el deseo de las consecuencias que acarree el acto o el comportamiento: la simple conciencia de que dicha consecuencia se producirán casi seguramente es suficiente. Así, el hecho de explotar deliberadamente una bomba en una calle transitada causando la muerte de los transeúntes constituye un *murder*. De la misma forma, matar una persona al incendiar su casa sabiendo de que existen todas las posibilidades de que se queme junto con ella. Si la ley se limitara a estas disposiciones sería muy severa ya que el *murder* es susceptible de cadena perpetua obligatoria.

En consecuencia han sido previstos dos medios de defensa parcial por la ley introduciendo consideraciones que los jueces, en virtud de su poder discrecional en cuanto a la medida de la sanción, tomarán en cuenta al momento de elegir la pena aplicable.

521. – *Medios de defensa:* El primero es la excusa de la provocación. Esta defensa se aplica al caso en que una persona mata habiendo perdido el control por un hecho que hubiere producido el mismo efecto sobre una persona razonable. El segundo medio de defensa es llamado *«diminished responsability»* (responsabilidad disminuida). En virtud del *Homicide Act 1957,* esta excusa se aplica en los casos en que el acusado «sufría de anomalías mentales» (ya se deba a un desarrollo interrupto o reducido de la inteligencia, a causa hereditaria o bien consecutivo a una enfermedad o accidente) lo cual ha reducido fuertemente su responsabilidad mental en cuanto a actos u omisiones al cometer o ayudar a cometer homicidio.

Esta defensa está destinada a cubrir el caso de las personas anormales mentalmente sin llegar a ser dementes al punto de entrar en el ámbito de la regla *Mc. Naghten.*

Si un acusado logra probar, la provocación o la responsabilidad disminuida, la infracción será devuelta de *murder* a *manslaughter,* y la corte hará uso entonces de su poder de apreciación de la pena a aplicar. Aun tomando en cuenta estas dos defensas parciales, el *murder* es castigado severamente en la medida en que la pena sea cadena perpetua aplicada automáticamente aunque el condenado parezca merecer menos que esto. La esposa o la amante víctima de abuso que mata a su marido o a su amante de forma deliberada y a sangre fría, no está cubierta por estas defensas ni tampoco aquella persona que por humanidad pone fin al sufrimiento de un pariente en la última fase del cáncer. En tales casos la teoría jurídica se separa de la práctica. El director *«of Public Prosecutors»* solo enjuicia por *manslaughter* y si no lo hiciere el jurado condena en general por esta última infracción no obstante que haya pruebas que atestigüen el asesinato.

Es raro que el acusador obtenga una sentencia condenatoria por *«murder»* en los casos en los que existen verdaderas circunstancias atenuantes.

522. – La noción de Manslaughter: Es una infracción muy amplia que puede tomar diversas formas. Comprende el *«voluntary manslaughter»* que corresponde al homicidio atenuado por la excusa de provocación o por la responsabilidad disminuida. Comprende también el *«mislaughter by rrecklessness»* (homicidio voluntario por imprudencia), infracción que desde la hueva definición de *recklessness* es suficientemente amplia para cubrir la muerte accidental causada por imprudencia o negligencia en el curso de una acción que por lo demás se considere completamente legal. La ley prevé que hay *manslaughter* al causar la muerte de. alguien según un acuerdo de suicidio.

En los comienzos del automóvil los conductores torpes que causaban muertes eran comúnmente enjuiciados por *manslaughter.* Pero el jurado se mostraba reticente a condenarles aun cuando su culpabilidad fuere evidente. El Parlamento creó entonces una infracción particular para estos casos que llamamos hoy «causar la muerte por conducir de forma muy imprudente» *(cousing death by reckless driving).* La pena máxima es de 5 años de prisión. Permanece la posibilidad de enjuiciar a un automovilista por *manslaughter* o bien por *murder* pero de hecho se da muy raramente a menos que el conductor haya arrollado voluntariamente a la víctima.

2. EL ROBO
(THEFT)

523. – El robo propiamente dicho: Este aspecto del derecho inglés fue totalmente reformado por el *Thetft Act 1968,* el cual reemplazó una cantidad de infracciones muy estrictas por un número menor de infracciones simples y menos definidas.

La infracción principal es hoy el robo, definido por el Artículo 1 de la ley como: «la apropiación deshonesta de un bien perteneciente al prójimo, con la intención de privarle definitivamente de este». La palabra clave es aquí apropiación, que consiste, según el artículo 3 en un comportamiento de propietario *(«any assumption a person of the rights o fan owner»).* Pero la expresión es ambigua. La palabra *«assumption»* cubre evidentemente toda usurpación del derecho ajeno pero puede también cubrir su adquisición por ejemplo, el caso de la incitación fraudulenta a la venta. No se sabe todavía que medida de toma de posesión puede ser descrita como apropiación. De manera más general no se sabe si los actos realizados con el acuerdo del propietario podrían ser considerados como apropiaciones. El principal argumento en la interpretación extensiva del concepto es la redundancia que se produce con el artículo 15 del *Theft Act* que reprime la infracción bien distinta de «obtención de un bien por engaño» *(obtainig by deception).*

Aun siendo más amplia la nueva definición de robo se limita, al igual que la anterior, a los actos realizados con la intención de privar definitivamente al propietario de los bienes en cuestión. Ella no se extiende a los casos de funtum usus e hizo falta adoptar textos particulares para reprimir los casos más graves de robo por uso *(vol d'usage)* de la cosa robada sin ánimo de apropiación (N.T.). Ejemplo, el robo de un auto para usarlo solamente un fin de semana. Algunos de ellos son cubiertos por la infracción de «obtención de servicios por engaño» creada por el *Theft Act 1978.* El texto de 1968 prohíbe expresamente la posibilidad de utilizar un auto sin el consentimiento de su propietario al igual que el hecho de llevarse bienes expuestos al público; por ejemplo, llevarse un cuadro de un museo o de una exposición aunque no se tenga la intención de revenderlo ni de conservarlo. La ley prevé numerosos casos de *furtum usus* castigados penalmente.

524.– *Sanción:* El robo es un «*either way offence*» es decir una infracción mixta. Al ser llevado por ante la *Crown Court* el ladrón merece una pena que puede llegar a los 10 años de prisión. Si ella está sometida a la jurisdicción de los magistrados la pena máxima es de prisión de 6 meses a una multa que se limita a 2.000 Libras. A pesar de todo esto, los delincuentes acusados de pequeños robos como el de estanterías *(shop lifting)* en tiendas, eligen ser juzgados por un jurado delante de la *Crown Court,* ellos piensan que generalmente los jurados son más susceptibles que los magistrados de creer que los objetos fueron tomados por error y no por mala intención. En consecuencia, la mayor parte de la *Crown Court* está colmada de asuntos de este tipo. De hecho se ha propuesto prohibir la sumisión de dichos robos por ante un jurado.

525.– *Otras infracciones previstas por el Theft Act:* Además del robo, el *Theft Act* prevé cierto número de infracciones graves como el «*robbery*» que es el robo con violencia o el «*bulgary*» que es la entrada ilícita en un edificio con la intención de cometer un robo o alguna otra infracción grave enunciada por la ley o el hecho de cometer dichas infracciones luego de haber entrado ilícitamente en dicho inmueble. El *Theft Act* prevé también el chantaje «*blackmail*» el hecho de obtener ciertos bienes por medio de engaños; el establecimiento de contabilidad alterada que en general constituye también un robo que acarrea penas más severas cuando se encuentra bajo esta última calificación.

Lo que sucede en el ámbito del robo es bastante típico de una tendencia frecuentemente observada en la reforma del derecho penal inglés: el remplazo de una gran cantidad de infracciones precisas que requieren la existencia de varios elementos constitutivos por una restringida cantidad de elementos constitutivos.

Esto se ha hecho en parte con una finalidad de simplificación. Pero estas reformas tienen por objetivo impedir a los acusados invocar en la apelación que ellos no fueron condenados por la infracción apropiada, lo que tiende, la mayoría de las veces a hacerlos escapar de toda condena en razón de la rareza de las leyes inglesas que rigen la apelación. Sin embargo esta corriente tiene por efecto incidental, la transferencia de los poderes del jurado al juez. Como el jurado decide si los elementos constitutivos de la infracción están presentes, si estos disminuyen en cantidad, el jurado juega un rol menos importante. Aquello que fuere considerado como elemento constitutivo de una infracción reaparece hoy como un elemento que debe ser tomado en cuenta el nivel de la pena a aplicar por una nueva infracción. Ahora bien, es el juez quién decide acerca de la presencia o no de elementos que agraven o atenúen la infracción y el jurado no juega aquí ningún rol.

Sección 3
LA EXTINCIÓN DE LA RESPONSABILIDAD PENAL

526.– *La prescripción extintiva:* No existe en el derecho inglés ningún principio general de prescripción extintiva hecho que contrasta enormemente con el derecho francés.

En lo que concierne a las *indictable offences,* el tiempo no es responsabilidad del acusado, y sucede que las personas son condenadas por infracciones cometidas hace muchísimo tiempo. En un caso reproducido en el Times del 15 de diciembre de 1983, un hombre fue condenado por haber matado a su mujer hace 22 años. Esta situación perdura aunque el artículo 6 de la Convención Europea de los Derechos Humanos pide que los procesos sean iniciados en un lapso razonablemente corto.

Una teoría está en proceso de desarrollo en los tribunales represivos, lo cual permite al juez suspender un proceso si estima que tener el «*trail*» sería por alguna razón «un abuso del procedimiento judicial» *(abuse of the process of the court)* Es posible que esta teoría sea usada en el futuro para evitar juzgar un asunto demasiado viejo.

En lo que concierne a las «*summary offences*», el procedimiento debe ser intentado antes de seis meses a contar de la fecha de comisión de la infracción.

527.– Otras formas de extinción de la responsabilidad: La responsabilidad penal puede ser totalmente extinguida por el otorgamiento del perdón de la Reina. Anteriormente el Rey perdonaba a los culpables por buenas o malas razones e inclusive sin razón alguna. Hoy el perdón real es raramente solicitado. Se utiliza principalmente para absolver personas cuya inocencia esté claramente establecida pero que no han apelado en el tiempo hábil o que lo han hecho en vano. Este uso del perdón real no es lógico.

Una vez que la acusación quiere incitar a un criminal a traicionar a sus cómplices, le promete oficialmente la exención del juicio, pero en dicho caso el perdón se le acuerda raramente. Si un juicio fuere iniciado seguidamente a pesar de las promesas, este se detendría ya que constituye un abuso del procedimiento judicial.

Según el *Rehabilitation of Offenders Act 1974* (ley de la rehabilitación de los delincuentes) un condenado que ha pagado su pena puede ser «rehabilitado», esto quiere decir que se considerará como si jamás hubiere cometido una infracción. Este se produce cuando el delincuente ha probado su buena conducta por cierto tiempo luego de haber cumplido la condena. El plazo varía según el término de la pena. Si el inculpado ha sido condenado a más de treinta meses de prisión no podrá, en ningún caso, beneficiar de las disposiciones de la ley sobre la rehabilitación.

CAPÍTULO XIX
DERECHO DEL TRABAJO

Por B. W. NAPIER

528. – *Objeto del capítulo:* Esta breve exposición en la materia versa sobre lo que generalmente se considera como el corazón del derecho del trabajo: a corto plazo, a los empleadores y asimilados para descargar de ello al Estado. Finalmente, es evidente que el derecho en este campo está fuertemente influenciado por las condiciones económicas del momento y del país. Los cambios de política en materia de seguridad social por las relaciones individuales y colectivas entre empleadores o patronos y asalariados. En ella se deja de lado el derecho que rige la organización interna de los sindicatos y la seguridad social.

Sección 1
HISTORIA

529. – *Los dos períodos:* Los comienzos del derecho del trabajo contemporáneo se remontan al siglo XIX, si bien se puede encontrar, tomando en cuenta la historia del derecho, la presencia de sus elementos desde la Edad Media.

Estudiaremos su desarrollo histórico en dos etapas: el período que conduce a 1970 y el que cubre los quince últimos años, período este fértil en acontecimientos y que ha visto transformarse numerosas de las características más tradicionales del sistema de derecho laboral británico[1].

1. DEL SIGLO XIV a 1970

530. – *Los orígenes:* El derecho del trabajo comienza con las normas dirigidas a regular las relaciones entre el señor *(master)* y sirviente *(servant)*, las cuales, después del siglo XIV, serían sometidas a reglamentación legislativa. Las más importantes de las disposiciones legales *(Statute of Labourers 1349, Statute of Artificers 1564)* castigaban con sanciones penales el ausentismo y otras violaciones del contrato de trabajo por parte de los asalariados; imponían también una reglamentación de los salarios y el trabajo forzado.

531. – *Los comienzos del siglo XIX:* Hacia 1800 ese sistema de control (cuya puesta en marcha dependía de los *«justices of the peace»*), cayó en desuso. En el transcurso del siglo XIX se produciría una modificación en la concepción de la relación de trabajo. La prestación de servicios, en lugar de ser considerada como

---

[1] Las diferencias entre el *Common Law* inglés y el escocés son importantes en derecho del trabajo como en cualquier otro derecho, pero la legislación del trabajo es de modo general la misma dentro de ambos sistemas.

materia de *status* —«una de las tres grandes relaciones de la vida privada» escribía Blackstone—, fue considerada como dependiente de un contrato libremente concluido por las partes. Al final del siglo, el derecho postulaba una cierta igualdad entre las partes, pero era una igualdad puramente formal, que no tomaba en cuenta las disparidades de recursos entre ellas y que mantenía en el contrato numerosas prerrogativas tradicionales que los jueces reconocían en beneficio del patrono.

El siglo XIX vio también el ascenso y la implantación del sindicalismo en Gran Bretaña, así como las tentativas a la vez legislativas y judiciales por llegar a compromisos con esta nueva fuerza social. Al principio, la reacción jurídica fue casi completamente negativa. El Gobierno, atemorizado con la idea de una Revolución jacobina y consciente del rápido crecimiento del poder del trabajo organizado, obtuvo del Parlamento la aprobación de las leyes de 1799 y 1800 *(Combinations Act)*, las cuales convertían en ilícitas y susceptibles de sanciones penales todas las «combinaciones» (es decir todos los acuerdos) entre asalariados por la mejora de las condiciones de trabajo. La abolición de esas leyes en 1824 aportó pocas mejoras, pues ellas fueron inmediatamente reemplazadas por nuevos textos que introducirían sanciones penales por «amenazas», «intimidaciones» y «violencias» fáciles de ser cometidas por aquellos que buscaban organizar una acción colectiva contra los empleadores. Al lado de estas infracciones, las *Masters and Servant Acts*, consideraban como un delito penal toda ruptura del contrato de trabajo por parte de un asalariado, delito por el cual muchos trabajadores fueron encarcelados.

Como complemento de estas medidas legislativas, los jueces desarrollaron el «*Common Law*» en un sentido que ampliaba el dominio de la criminalidad. En particular, recurrieron a la doctrina de la «conspiración criminal», utilizada para calificar de criminal todo acuerdo realizado en aras de un objetivo considerado como ilegal, siendo aplicado con rigor a los piquetes de huelga y otras actividades sindicales. El derecho civil reflejó también esta desaprobación jurídica respecto a los sindicatos. Por ejemplo, dado que se les consideraba como organizaciones entorpecedoras de la actividad comercial, no podían pretender a tener protección jurídica de sus fondos y recursos de acuerdo a las reglas del «*Common Law*».

532.– El último cuarto del siglo XIX: La hostilidad del Parlamento hacia el movimiento sindical disminuyó con la presión política de las clases obreras recientemente dotadas del derecho al voto. El período de 1871 a 1875 estuvo marcado por una serie de reformas importantes tomadas para legitimar, dentro de ciertos límites, las actividades sindicales, incluidas aquellas vinculadas a las huelgas y a los piquetes de huelga. El esfuerzo del legislador en este sentido no alcanzaría completo éxito. No obstante, luego de algunos pasos en falso y de que el dominio del derecho penal se fue sobre todo concentrando sobre los piquetes de huelga ilegales, el poder judicial en su conjunto se mantuvo hostil a los objetivos del sindicalismo. Fue de esa manera como los tribunales desarrollaron el derecho civil en función de crear toda una red de acciones en responsabilidad civil *(torts)* para hacer virtualmente imposible organizar una acción sindical sin incurrir en responsabilidad por conspiración criminal *(conspiracy) o* incitación a la ruptura del contrato de trabajo[2].

533.– Los comienzos del siglo XX: En 1901, la célebre decisión *Taff Vale*[3] fue otro duro golpe a los sindicatos. La Cámara de los Lores decidió que un sindicato podía

[2] Ver *Quinn v. Lehman (1901) A.C. 495* y *Temperton v. Russell (1893) 1.* Q B. 715.

[3] *Taff Vale Railway Co. Ltd. v. Amalgamated Society of Railway Servants (1900) (1901) A.C. 426.*

ser demandado y considerado responsable por las faltas cometidas a través de las acciones de sus dirigentes.

El descontento político causado por esta decisión conduce a la promulgación de una ley en 1906 sobre los conflictos de trabajo *(Trade Disputes Act 1906).* Esta legislación permanecería vigente y sin enmienda durante 60 años como la garantía de la libertad —no se puede hablar de un derecho— de los sindicatos para organizar huelgas sin que la normativa sobre responsabilidad civil *(Law of Torts)* constituyese un obstáculo. Esta garantía estaba fundada sobre una formulación de términos y condiciones tomados de la ley de 1875, acerca de la conspiración y protección a la propiedad *(Conspiracy and Protection of Property Act),* de manera de excluir la responsabilidad por conspiración criminal. Bajo la ley de 1906 prácticamente se excluían las acciones emprendidas «en vista o en apoyo de un conflicto de trabajo» de la responsabilidad por ciertos errores. El resultado fue la creación de un oasis de inmunidad legal en el terreno general de la responsabilidad civil. Así, el dominio para la conducción de acciones sindicales legales dependía de la interpretación de la ley por parte de los jueces. A estos se les facultó para causar que la característica ilegalidad asociada a las huelgas, según el *Common Law* se reafirmara, descubriendo nuevas acciones de responsabilidad civil *(torts),* no cubiertas por las inmunidades legales e interpretando «la regla de oro» (especialmente las palabras «en vista o en apoyo de un conflicto de trabajo») de manera tal que ella no pudiese aplicarse a las «responsabilidades existentes.

534. – El período 1906-1965: Durante este período ocurren muy pocos desarrollos legislativos de importancia en lo tocante al derecho del trabajo.

La Trade Union Act 1913: Nuevamente, la respuesta frente a un proceso de creación del derecho por parte de la Cámara de los Lores, el cual era propiamente inaceptable[4], significó para los sindicatos el derecho de utilizar sus fondos con fines políticos, y, al mismo tiempo, que se crearan garantías para proteger los intereses de aquellos de sus miembros que no deseasen apoyar tales actividades. En 1927, después de la huelga general de 1926, el *Trade Disputes and Trade Union Act* buscó frenar el militantismo sindical, pero los años de la Gran Depresión y la importancia del desempleo, fueron un regulador más poderoso que el Parlamento; las restricciones impuestas por esta ley fueron muy poco utilizadas durante este período hasta su abolición en 1946. La ley de 1920 acerca de los poderes durante la crisis *(Emergency Powers Act)* dio al gobierno el poder de mantener activos los sectores esenciales, pero esta ley fue también relativamente poco utilizada aun cuando ella todavía es aplicable. La legislación del tiempo de guerra, en 1915 y después en 1940, limitó las huelgas y *lock outs,* pero solo temporalmente.

Durante un tiempo, sobre todo durante los años de 1939 a 1945, con la célebre sentencia del caso *Crofter* de 1942[5], según la cual la Cámara de los Lores aceptó que la búsqueda de un objetivo sindical legítimo pudiese justificar una conducta que de otra manera habría sido juzgada como un acto delictivo, conspirativo, intencional *(a tortious conspiracy to injure).*

Fue necesario esperar los años 60, con la promulgación del *Trade Disputes (Amendment) Act 1965,* para que se llevase a cabo una modificación del cuadro fundamental de inmunidades dispuestas por la ley de 1906. La ocasión para la

---

4 En *Amalgamaled Society of Railway Servants* v. *Osborne (1917), A.C. 87.*

5 *Crafter Hand Wover Harris Tweed Association v. Veitch (1942) A.C. 435.*

reforma fue la decisión *Rookes v. Bernard*[6] creando un nuevo tipo de responsabilidad civil (la intimidación) y amenazando de esa manera con trastocar el frágil equilibrio entre las responsabilidades y la inmunidad que había dado a los sindicatos hasta ese momento una cierta libertad en la organización de sus acciones sindicales.

535. – El problema de las negociaciones colectivas: Desde principios de siglo hasta los años 70, el movimiento sindical continuó consolidándose y extendiendo sus logros. Este proceso (que incluía el desarrollo de un sofisticado sistema de negociaciones colectivas) fue llevado a cabo con escasas intervenciones jurídicas, a pesar que las leyes dictadas por el Parlamento, en uno o dos terrenos (como la salud y la seguridad), jugaron un importante rol. Pero, en general, hasta 1970, las leyes sobre las relaciones colectivas de trabajo brillaron por su ausencia. Esto no quiere decir que el fenómeno de las negociaciones colectivas, por ejemplo, se desarrollara dentro de un vacío jurídico, sino simplemente que, por diversas razones, las partes escogieron utilizar ese procedimiento sin valerse de recursos legales. Así, la naturaleza no contractual de la convención colectiva fue establecida muy pronto, y con ella la doctrina según la cual la única manera de que ciertos contenidos de una contratación colectiva pudiesen pasar a ser jurídicamente obligatorios, era incorporándolo en el contrato de trabajo de los asalariados involucrados. De esta manera, lo que era esencialmente un problema colectivo fue sometido a una solución individualista, fenómeno muy corriente en el derecho inglés del trabajo.

A pesar de la ausencia de respaldo legal formal, la negociación colectiva fue finalmente reconocida como el modo principal de reglamentación de las relaciones entre los empleadores y el sector laboral organizado. En este proceso, el Estado jugó un rol ejemplar como empleador, habiendo aceptado desde 1919, a través del sistema de los *«'Whitley Councils»*, que la negociación colectiva fuese aplicada dentro del sector público. Por otra parte, la Resolución sobre las remuneraciones justas *(Fair Wages Resolution)* tomada por la Cámara de los Comunes en 1891, declaraba que ningún empleador podía contratar con el Estado si no garantizaba a su personal al menos los salarios mínimos fijados por vía de la negociación colectiva en su rama en particular. Las convenciones colectivas en cuestión eran, inicialmente, convenciones abiertas para toda la industria producto de una negociación a nivel nacional entre grupos de empleadores y de sindicatos. Después de la segunda guerra mundial, sin embargo, se puede observar una tendencia creciente a negociaciones a nivel de fábrica, las cuales ofrecían a los trabajadores la posibilidad de obtener mejoras en relación a las normas establecidas nacionalmente. Con este cambio de énfasis surgió el auge del poder del dirigente sindical de la fábrica o industria *(shop Steward)*, quien es el representante del sindicato en el lugar de trabajo.

536.— El abstencionismo jurídico y su declinación: Dado la escasa intervención del derecho en la negociación colectiva, Otto Kahn-Freund, en 1959, describía la experiencia del derecho del trabajo británico como basado en el principio «del abstencionismo»[7], haciendo resaltar de manera sutil el importante rol del derecho legislativo para llenar los vacíos jurídicos en aquellos terrenos donde la negociación colectiva no funcionaba, tales como la salud, la seguridad y la seguridad social.

A fines de los años 60, ciertos signos anunciaron que la fase del abstencionismo del derecho del trabajo había de llegar a su fin. La idea de que el Estado era más un

---

6 *(1964) A.C. 1129.*

7 *Labour Law in M. Gunsberg* (bajo la dirección de), *Law and Opinion in the 20th. Century, 1959.*

observador que una parte involucrada en las relaciones del trabajo resultaba cada vez más difícil de sostener dada la presencia de políticas de ingresos a través de las cuales el gobierno buscaba influenciar directamente los salarios y las condiciones de trabajo dentro de la economía. Además, respecto a los derechos individuales, se pudieron observar incursiones dentro de la autonomía del *Common Law* en lo relativo al contrato de trabajo. En 1963, el *Contracts of Employcment Act* impuso, por primera vez, la obligación por parte del empleador de notificar por escrito a sus asalariados las principales condiciones del contrato de trabajo. En 1965, la *Redundancy Payments Act* introducía un sistema de indemnizaciones, calculadas en relación al número de años de trabajo, para aquellos asalariados que habían perdido su empleo, fuese porque su empleador se había visto obligado a cerrar su empresa o fuese porque no había más necesidad de sus servicios. Para aplicar esos nuevos derechos legales se creó un nuevo sistema de jurisdicciones especializadas en el conflicto de trabajo, los *«industrial tribunals»*, paralelos a los tribunales tradicionales.

537.– *El informe Donovan (1968):* Quizás el acontecimiento más importante fue el informe elaborado por la Comisión Real sobre los sindicatos obreros y las asociaciones de empleadores (informe Donovan) el cual pasaba revista al estado de las relaciones empleadores-asalariados en Gran Bretaña en 1968. Esta Comisión se formó en respuesta a lo que había sido percibido como un deterioro en las relaciones y una creciente amenaza de huelgas. El análisis hecho por la Comisión Donovan habría de tener un importante efecto sobre los cambios que ocurrirían en la decena siguiente, aunque ningún gobierno, de izquierda o de derecha, pudo vanagloriarse de haber realizado completamente ni siquiera las principales recomendaciones de la Comisión.

Según el informe Donovan, había una falla fundamental en Gran Bretaña en la práctica de las relaciones de trabajo y particularmente en las contrataciones colectivas. Existía un abismo, acrecentado bajo las presiones en favor del pleno empleo, entre el sistema «formal» de negociación (organizado a escala nacional entre empleadores y sindicatos o confederaciones de sindicatos) y el sistema informal práctico (a nivel de la fábrica o de la empresa) operado entre grupos de asalariados, representados por delegados sindicales *(shop stewards)* y sus empleadores. Estos acuerdos informales buscaban mejorar para los asalariados lo establecido a escala nacional, pero la negociación a nivel de la empresa rara vez preveía los procedimientos necesarios para resolver los desacuerdos. En este sentido la Comisión declaró: «Los sistemas formales e informales están en conflicto. El sistema informal mina los efectos reguladores de las cláusulas establecidas a nivel de la industria nacional y los salarios reales no cesan de aumentar. Los acuerdos acerca del procedimiento no logran asegurar una reglamentación satisfactoria de los conflictos que se originan dentro de las fábricas»[8].

La puesta en armonía de los dos sistemas fue considerada como la principal prioridad en la reforma de las relaciones de trabajo. El medio de alcanzarlas fue la de reorganizar las negociaciones colectivas reconociendo, muy particularmente, la necesidad de mejorar el contenido de los nuevos acuerdos a ser concluidos a nivel de fábrica. Con este fin se vislumbra la posibilidad de una legislación, así como la creación de una nueva institución financiada por el Estado para vigilar la reforma y el aumento de las negociaciones colectivas. La Comisión Donovan no llega, sin embargo, al punto de recomendar una reorganización completa del sistema británi-

---

[8] *Cmnd. 3623, p. 36.*

co de las relaciones de trabajo sobre una base legal parecida a la que se puede encontrar en los Estados Unidos.

2. EL PERIODO 1970-1985

538. – Vista general: Los últimos dieciocho años han visto producirse cambios muy importantes tanto en las instituciones como en los conceptos fundamentales del derecho inglés del trabajo, cambios realizados ampliamente por una serie de leyes de reforma, las cuales reflejan los puntos de vista de los gobiernos de izquierda y de derecha. En cierta medida, la alternabilidad en el poder por parte de Conservadores y Laboristas, implicó la abolición de ciertas leyes que cada administración en particular juzgaba inaceptable: fue eso lo que se produjo después del éxito de los Laboristas en 1974, y después del de los Conservadores en 1979. Pero este período ha sido también testigo de una serie de reformas perdurables que han sobrevivido a los cambios de poder.

No citaremos aquí más que los grandes temas de reforma.

539. – La Industrial Relations Act 1971: La Industrial Relations Act 1971, promulgada por un gobierno conservador, buscó encerrar los sindicatos británicos y las relaciones de trabajo dentro de un cuadro legal limitante, con muchas de las características del sistema norteamericano. Esta ley creaba, por primera vez en el derecho inglés, una jurisdicción especializada en derecho del trabajo: la *National Industrial Relations Court*[9], la cual tenía por principal función aplicar lo esencial del nuevo derecho. La ley de 1971 introducía también el derecho del despido injustificado *(unfair dismissal)* en el derecho laboral contemporáneo. Estas dos instituciones han sobrevivido (aunque con un nombre diferente en lo que concierne la *National Industrial Relations Court)* hasta el presente.

La ley permite también que los sindicatos sean demandados judicialmente por medio de nuevas categorías legales *(statutory)* sea por un error tradicional, sea por una nueva serie de faltas legales, denominadas «*unfair industrial practices*». Se reconoce una inmunidad frente a esa responsabilidad a aquellos que consintiesen la imposición de controles sobre sus reglas y prácticas; este era el precio a pagarse por aspirar al amparo de dicha ley. Las huelgas podían ser impedidas mediante órdenes emitidas por la *National Industrial Relations Court (N.I.R.C.)* a pedido del gobierno, si las huelgas amenazaban el interés nacional de forma notoria. Cada asalariado veía reconocido su derecho a pertenecer o no a un sindicato y todo ataque a ese derecho podía ser objeto de una denuncia frente a uno de los tribunales industriales.

Al lado de esas reformas muy controversiales, la ley buscaba también poner en obra alguna de las ideas de la Comisión Donovan sobre la reforma de la negociación colectiva y, con este fin, proponía el registro de los acuerdos relativos a materias de procedimiento *(procedure agreements).* Las contrataciones colectivas en sí mismas se convirtieron legalmente en obligatorias excepto si las partes expresaban por escrito una intención contraria.

Esta ambiciosa suma de reformas no obtuvo más que un éxito muy limitado frente a la enorme resistencia de los sindicatos y a la gran indiferencia por parte de

---

[9] La *Industrial Court* o Tribunal Industrial que existía desde 1919 no era de hecho sino una organización arbitral y no una verdadera jurisdicción. Sus funciones son ahora ejercidas por la *Central Arbitration Committee.* Véase *infra, N.º 561.*

los empleadores. La autoridad de la N.I.R.C. fue desafiada por los principales sindicatos, los cuales rehusaron reconocerla. La prohibición de la práctica del monopolio sindical en materia de contratación *(closed shop),* uno de los objetivos ideológicos más importantes de la legislación, no fue jamás aplicada de hecho y, en gran parte, por complicidad entre la dirección y los sindicatos, quienes estaban de acuerdo en mantener dicha práctica a pesar de la ley. La reforma de las negociaciones colectivas quedó abortada, también a causa de la resistencia sindical.

540.– Las leyes de 1974 y 1975: En 1974, la *Industrial Relations Act* fue abolida por el *Trade Unions and Labour Relations Act,* aprobada bajo el nuevo gobierno laborista. Esta ley mantiene las disposiciones relativas al despido injustificado, pero en cuanto al resto, hizo desaparecer del derecho positivo el contenido de la ley de 1971. La *National Industrial Relations Court* fue abolida, aunque nada refutaba la idea en sí de tener una rama especializada de la *High Court* para ocuparse principalmente de las apelaciones a las decisiones provenientes de una *industrial tribunal* en materia de contrato de trabajo; por ello rápidamente fue constituido el *Employment Appeal Tribunal* para llenar esta función. Como su precedente esta institución tiene como presidente un juez de la *High Court* quien, habitualmente, sesiona con dos asesores no juristas, pero con experiencia práctica en relaciones de trabajo.

La ley de 1974 tenía esencialmente por objetivo despejar el terreno para las propias reformas del gobierno laborista en el campo de las relaciones de trabajo. Estas fueron ampliamente realizadas por el *Employment Protection Act 1975,* orientadas en dos grandes direcciones. En el plano del derecho del trabajo individual, la ley extendió los derechos del asalariado en contra de su empleador. Por ejemplo, las mujeres con permiso temporal o ausentes por permiso de maternidad, vieron por primera vez reconocido el derecho legal a ser remuneradas durante sus ausencias y a actuar en consecuencia delante de un tribunal industrial. A nivel colectivo, se ambicionaba reformar la negociación colectiva y extender su esfera de influencia en tanto fuente de condiciones mínimas de empleo; esto de nuevo bajo la influencia del análisis realizado en el informe de la Comisión Donovan. Para alcanzar tal objetivo se le dio una existencia legislativa a la *Advisory Counciliation and Arbitration Service* (A.C.A.S.) con la responsabilidad «de promover la mejora de las relaciones de trabajo y en particular de estimular la extensión de la negociación colectiva, el desarrollo y, si es preciso, la reforma de su mecanismo»[10]. La ley de 1975 obligaba a los empleadores a reconocer a los sindicatos dentro de ciertas circunstancias, en ocasión de la negociación colectiva, aunque una interpretación jurídica restrictiva haya rápidamente privado esta parte de la ley de todo efecto coercitivo[11].

541.– Influencia comunitaria y «democracia en la empresa»: Otros dos movimientos importantes se produjeron en la mitad de los años 70. En primer lugar, con la entrada de la Gran Bretaña en la Comunidad Europea, se introdujeron diversas medidas que darían nuevos derechos a las mujeres —derecho a la igualdad de salarios[12], y a la protección contra la discriminación—[13], así como a los sindicatos en caso de despido por motivos económicos de la empresa[14]. Por otra parte, despertó un gran entusiasmo la idea de la democracia en la empresa bajo

---

[10] *Employment Protection Act 1975, s. 1 (2).*

[11] Ver, per ejemplo, *Grunwick Processing Laboratories Ltd. v. A.C.A.S. (1978) A.C. 655.*

[12] *Equal Pay Act 1970* (entró en vigor en 1975).

[13] *Sex Discrimination Act 1975.*

[14] *Employment Protection Act 1975, s. 98.*

la forma de la participación de los trabajadores en la toma de decisiones a través de sus representantes en los órganos dirigentes de la sociedad. Ello fue objeto de un informe importante y controversial en 1977[15], el cual recomendó que una ley introdujese esta idea. Pero el mismo movimiento sindical se dividió con ocasión de esta reforma y esta tibieza ligado a la extrema oposición de los empleadores, fue suficiente para impedir toda acción por parte del gobierno.

542.– El retorno de los Conservadores: Cuando en 1979 los Conservadores regresaron al poder, desmantelaron rápidamente un gran número de cambios realizados por el precedente gobierno laborista. La obligación legal de reconocer los sindicatos con vistas a la negociación colectiva fue abolida y una duda fue pronto sembrada sobre el valor de las negociaciones colectivas como un fin en sí mismo. Hasta los años 80 el reconocimiento de la validez de las negociaciones colectivas era parte tanto de las políticas conservadoras como de las laboristas, pero el gobierno de la Sra. Thatcher se mostró muy reservado al respecto de esta institución considerada portadora de tendencias inflacionarias dentro de la economía. Según las teorías económicas que influyeron en la formación de las políticas del gobierno, los sindicatos operaban como causas de la falta de armonía en el mercado de trabajo y gestaban términos y condiciones ventajosas para unos pocos al precio o costo de privar a los muchos de oportunidades de empleo. La resolución sobre los salarios justos es una de las principales instancias de apoyo a la negociación colectiva 1891, fue abandonada en 1983. Varias de las políticas específicas introducidas después de 1979 se explican como elementos de una política general de reducción de los poderes de negociación de los sindicatos y de esa manera de reducción de los costos de la mano de obra, a pesar de que el gobierno no haya reconocido nunca que tal fuera su objetivo. Los *Employment Acts de 1980 y 1982* imponen numerosas nuevas restricciones a la organización legal de una acción sindical, de tal suerte que, por ejemplo, una acción «secundaria» (es decir tomada contra un empleador no como parte de un conflicto de trabajo) es legal solo en circunstancias excepcionales. Además, con la restricción del campo de acción de la «regla de oro» enunciada por la ley de 1906, pasa a ser mucho más difícil probar que aun una acción «primaria» puede gozar de protección con respecto a la posibilidad de responsabilidad civil *(Tortious Liability).* En la ley de 1982, esta protección general contra ese tipo de responsabilidad que tenían los sindicatos por su participación en huelgas organizadas (protección de la cual gozaban desde 1906) les fue retirada, pasando entonces a ser responsables por los actos de algunos de sus agentes. El sistema del *«closed shop»* o monopolio sindical, sin pasar a ser ilegal, fue severamente limitado por una serie de medidas hasta el extremo de que un despido de un empleado sobre la base de pertenencia o no a un sindicato se hizo un asunto extremadamente azaroso tanto para empleadores como para los propios sindicatos. La ley de 1982 hizo que toda tentativa de parte de un sindicato por hacer respetar el principio de *closed shop* ejerciendo presión sobre el empleador para que este despidiese a un no sindicalizado se convirtiese más o menos inevitablemente en causa de despido injustificado y por el cual el sindicato podía ser —como responsable— obligado a pagar importantes daños y perjuicios. El *Trade Union Act 1984* subordinó la exención de responsabilidad civil *(tort)* por perjuicios causados por una acción sindical a la aprobación anterior de esta acción por parte de la mayoría de los miembros

15 Informe: *Report of the Committee of Inquiry on Industrial Democracy.* Presidente, Lord Bullock. *Cmnd. 6706 (1977).*

llamados a participar en ella. Esta ley introducía igualmente condiciones de votación en la elección de los dirigentes sindicales. Durante la áspera huelga de mineros de 1984-85 se hizo un uso considerable de estos nuevos instrumentos legales —no tanto por los patronos o empleadores, quienes tuvieron las pérdidas de sus negocios— sino por los miembros de la *National Union of Mineworkers,* quienes disintieron de las políticas trazadas por sus dirigentes sindicales y buscaron judicialmente impedir que fuesen tomadas acciones en apoyo de la huelga.

La situación actual se caracteriza entonces, por la difícil condición del movimiento sindical. Este, por una parte, está confrontado a una reducción importante del número de sus afiliados. Por la otra, está expuesto a una serie de leyes que limitan sus posibilidades de acción para presionar sobre los empleadores en el momento de sus negociaciones. Al mismo tiempo, en una época en la cual el desempleo ha alcanzado proporciones sin precedentes, el nivel de protección ofrecido por la ley a los asalariados individualmente ha disminuido mucho a causa de la convicción del gobierno de que ello es necesario para reducir el costo de la mano de obra. El gobierno ha argumentado que esta reducción del alcance de los derechos legislativos *(statutory rights)* es necesaria si el costo de crear empleo ha de ser reducido. Una legislación adicional, bajo forma del *Employment Bill,* fue sometida al Parlamento en 1987. Cuando se promulgue esta ley se permitirá abrir más el camino hacia la liberalización de la autonomía de los sindicatos en el manejo de sus asuntos. Al darle mayor poder a los individuos dentro de los sindicatos, es muy probable que debilite aun más la capacidad de estas organizaciones para organizar la actividad sindical, También eliminará los vestigios finales de la protección legal de la institución del *closed shop.*

Desde la perspectiva del empleo individual se ha dado un importante desarrollo, a saber, el sostenido aumento durante los últimos años de relaciones de trabajo atípicas. La proposición de la fuerza de trabajo dedicada a trabajo a destajo o a trabajo independiente ha ido creciendo. Hasta ahora se estima que aproximadamente un tercio de todos los trabajadores caen bajo esta categoría. Muchos de estos nuevos trabajos, que están siendo creados son plazas de trabajo atípico. Este es un desarrollo que tiene profunda significación para el derecho del trabajo. Aquellos que celebran esta tendencia la consideran como algo que aumentará la flexibilidad laboral para los empleadores, al tiempo que permitirá compatibilizar las oportunidades de empleo con las obligaciones familiares o personales de los que solicitan empleo. Por otra parte, en virtud de la estructura actual de la legislación de empleo en vigencia (más adelante tratada) se excluye de toda protección legal a estos trabajadores atípicos. Y esta exclusión opera bien porque no trabajan bajo el amparo de un contrato de trabajo o porque no lo hacen por un número suficiente de horas, o por una duración que haga posibles ser amparados por derechos de rango legal. Queda por verse si los efectos de este conjunto brutal de reformas tomadas durante los cinco últimos años durarán o si como pasó con la *Industrial Relations Act 1971,* un cambio de gobierno implicará su abolición y la escogencia de una nueva dirección. El retorno del partido conservador al poder en 1987 hace imposible que habrá algún cambio de dirección durante los próximos cinco años. Es imposible de todas maneras que pueda ocurrir una vuelta a ese «abstencionismo» jurídico respecto a las relaciones de trabajo, abstencionismo que caracterizó durante una cierta época el derecho del trabajo británico.

Sección 2
EL CONTENIDO DEL DERECHO DEL TRABAJO

543. – Vista general: El derecho del trabajo de la Gran Bretaña contemporánea opera a través de dos sistemas de reglas concurrentes y hasta un cierto punto conflictivas, unas originadas del *Common Law* y otras de la ley. Se examinará el alcance y los rasgos característicos de estas reglas y luego las jurisdicciones y tribunales que la aplican.

1. EL COMMON LAW

544. – Su importancia: El *Common Law* es la fuente original del derecho para las relaciones entre empleadores y sindicatos. En otros términos, las reglas ordinarias del derecho de contratos, de la responsabilidad civil *(torts)*, etc., se aplican modificadas solamente en los puntos de detalle de manera de tomar en cuenta las condiciones especiales del contexto. Es necesario examinar aquí el derecho a dos niveles: el colectivo y el individual.

545. – A nivel colectivo: Como se vio anteriormente, una de las grandes tradiciones del derecho del trabajo a nivel colectivo en Gran Bretaña fue el «abstencionismo» jurídico. Eso significa que se dieron relativamente pocos desarrollos particulares, excepto en ciertos terrenos, como los conflictos de trabajo.

546. – A nivel individual: El derecho del trabajo individual, por su parte, tiene una larga historia, enriquecida por una jurisprudencia y una doctrina abundantes. El estudio del contrato de trabajo, su definición, su distinción de otras formas de reglamentación del trabajo y de elaboración de su contenido, son partes bien establecidas del *Common Law.* La mayor parte de ese derecho, a decir verdad, es el producto de decisiones jurídicas tomadas al principio del siglo XX o en el siglo XIX. Aunque esas reglas estén en principio todavía en vigor en razón de la doctrina de *stare decisis,* un miembro de la Corte de apelación pudo darse cuenta, en una sentencia de 1974[16], que las decisiones que reflejaban los valores sociales y las expectativas de una época podían, después de cumplido mucho tiempo, no convenir dentro del contexto moderno. En particular, también sería peligroso creer que las viejas sentencias de referencia que parecían dar al empleador el derecho de castigar (y hasta de despedir) por la menor falta, constituyen todavía el derecho aplicable.

Un cierto número de aspectos importantes de las relaciones individuales de trabajo quedan gobernadas, entera o principalmente un contrato. Así, el derecho de un asalariado de quejarse de un despido doloso *(wrongful Dismissal),* por oposición al despido injustificado *(Unfair Dismissal),* pone en cuestión la consideración de un derecho contractual *(contractual entitlement).* Un asalariado despedido sin el lapso de preaviso al cual tiene derecho, puede intentar una acción frente a las jurisdicciones ordinarias y, si gana, obtendrá en general *una* compensación por daños y perjuicios igual al salario perdido durante el tiempo de preaviso al cual tenía derecho. Igualmente, si un asalariado no recibe su salario, su reclamación laboral contra su empleador se fundará muy probablemente sobre las reglas ordinarias del *Common Law.* Si ha sufrido un perjuicio corporal en un accidente de trabajo, podrá invocar sus derechos basándose en responsabilidad civil *(Law of torts).* De esta manera, puede decirse que el *Common Law* constituye la fuente residual de reglamentación

---

16 *Wilson v. Racher (1974) I.C.R.*

de las relaciones individuales de trabajo; a menos que exista sobre un punto preciso —y hasta a donde exista— una reglamentación legislativa, las reglas y las instituciones del *Common Law* son las que se aplican.

547. – La importancia del contrato de trabajo. Fuerza relativa de la contratación colectiva: En una célebre fórmula Otto Kahn-Freud calificó el contrato de trabajo de «piedra angular» del derecho inglés del trabajo[17]. La exactitud de esta declaración puede ser ilustrada con tres ejemplos que muestran también la vigencia de la influencia del *Common Law* en derecho del trabajo. El primer ejemplo concierne la negociación colectiva, proceso mediante el cual la negociación entre empleadores y sindicatos permite fijar condiciones generales de trabajo, las cuales deberán ser respetadas por el empleador. En Gran Bretaña, contrariamente a Francia y a muchos otros países, no hay ninguna presunción legislativa u otra, según la cual las normas fijadas por las convenciones colectivas tengan primacía sobre las disposiciones contrarias. En derecho inglés, para saber si tal asalariado puede valerse de determinadas cláusulas, será necesario buscar si, a título individual, él está ligado a un contrato de trabajo que ha incorporado las disposiciones de la convención colectiva que son objeto de discusión. La convención colectiva está subordinada, en lo que concierne su efecto normativo, al mecanismo del derecho de contrato individual, el cual, a su vez, está gobernado por los principios del *Common* Law acerca del derecho contractual. Nada en derecho inglés impide a un empleador concluir con sus asalariados una convención privada excluyendo o modificando las disposiciones de una convención colectiva que, en otro caso, sería juzgada aplicable a las cláusulas de su contrato de trabajo. En ausencia de toda disposición explícita acerca de la incorporación de las convenciones colectivas, se podrá a menudo descubrir una disposición implícita a tal efecto en el contrato. Otro aspecto de esta manera inglesa de ver las cosas, es que no hay vínculo automático entre la duración de la convención colectiva y el status de una disposición de un contrato individual de trabajo originado de dicha convención. En otros términos, desde el momento en que el proceso de incorporación ha tenido lugar, la finalidad de la convención colectiva no tiene efecto en sí sobre la validez o permanencia de una disposición que ha pasado a ser parte integrante de un contrato de trabajo.

548. – Fuerza de la ley: El segundo ejemplo concierne también al contrato de trabajo, en la medida en que este tiene consecuencias sobre los derechos particulares otorgados por la ley. Como lo veremos posteriormente, la ley ha acordado a los nuevos asalariados numerosos derechos frente a su empleador en función de protegerlos contra los despidos injustificados y otras situaciones. Contrariamente a lo que se dijo respecto a las convenciones colectivas, generalmente no le es posible a los particulares pactar que un derecho otorgado por la ley no sea aplicado para sus relaciones específicas[18]. Sin embargo, los acuerdos entre las partes continúan teniendo una importancia capital. En efecto, en casi todos los casos, los derechos dados por la ley presuponen la existencia de un vínculo contractual ya establecido y, en consecuencia, son dependientes, en gran medida, de lo que contiene el contrato. Por ejemplo, la ley sobre despidos prevé la entrega de una indemnización a los asalariados que han trabajado al menos dos años y cuyo empleo desaparece. Ninguna exclusión convencional de esta disposición está permitida legalmente. Pero para determinar si, en el sentido de la ley, un empleo ha dejado de existir es necesario

---

[17] *The System of Labour in Great Britain*, 1954, p. 45.

[18] *Employement Protection (consolidation) Act 1978, s. 43.*

tener en cuenta las disposiciones explícitas o implícitas del contrato de trabajo. Se puede estimar que una cláusula del contrato permite al empleador demandar al asalariado trabajar en una ciudad o hasta en una región diferente. Si el asalariado rechaza trasladarse a un nuevo lugar, tal como está obligado por su contrato en los casos en que no hay más trabajo para él en el lugar original de su contratación, entonces su despido no será calificado de carácter económico sino por efecto de su negativa a obedecer una orden legítima. En tales circunstancias él no tendrá derecho a ninguna indemnización legal por cesantía. La necesidad de interpretar el contrato de trabajo y, en particular, de precisar las cláusulas implícitas, demuestra la importancia actual del *Common Law* a pesar de la extensa legislación en este terreno. Se podrían dar numerosos otros ejemplos de este fenómeno.

549. – Determinación del dominio de la ley: El tercer ejemplo es bien simple. Los derechos otorgados a los particulares por la ley, que constituyen actualmente la mayor parte del derecho del trabajo, se aplican en lo esencial solo a los empleados definidos como las personas empleadas por un contrato de servicio o de trabajo. En este sentido es muy importante poder calificar tal contrato cuando aparece y, al respecto, una jurisprudencia muy rica testimonia la insistencia de los jueces durante muchos años en descubrir los criterios para distinguir el «asalariado», en el sentido estricto del término, del «empleado independiente» y de otros que ofrecen prestación de servicios. El control fue considerado durante cierto tiempo como el criterio decisivo, pero sentencias más recientes consideran la existencia de una dependencia económica como el rasgo más característico de una persona que trabaja en virtud de un contrato de trabajo.

550. – El contenido del contrato de trabajo: Las cláusulas de un contrato de trabajo pueden haber sido objeto de un acuerdo explícito entre las partes. Ellas igualmente pueden estar implícitas por efecto de la ley o porque ellas representan la intención que han tenido las partes sin necesidad de expresarla. Corresponde al juez decidir si, en una situación particular, una cláusula implícita existe. Esto da a los tribunales (y a los otros organismos que ejercen una función judicial, como los *industrial tribunals)* un poder considerable para modelar las relaciones de trabajo en el sentido que ellos juzguen apropiado. En principio, la Cámara de los Lores decidió en un asunto de contratos no vinculado al derecho del trabajo, que un juez no tiene poder para crear unas cláusulas implícitas en un contrato por el simple hecho que juzgue razonable hacerlo[19], pero el poder discrecional del juez sigue siendo siempre importante, pudiendo declarar que una cláusula existe porque, según él, ella es necesaria para dar una eficacia comercial al acuerdo concluido entre las partes. Un empleador está obligado por la ley a dirigir a sus asalariados una notificación sobre las condiciones más importantes que pueden sobrevenir en el marco de la relación de trabajo. Pero esta obligación legal no es siempre respetada, e incluso, cuando lo es, siempre queda un margen para la interpretación de cláusulas implícitas.

2. EL DERECHO LEGISLATIVO

551. – Visión general: La legislación en el terreno colectivo está dominada por las disposiciones sobre el conflicto de trabajo *(industrial conflict)* del cual se ha hecho mención anteriormente. Por otra parte, existe toda una serie de derechos conferidos por la ley datando principalmente de mediados de los años 70, que tienen por función apoyar la negociación colectiva y reforzar los derechos tanto de los sindica-

---

[19] *Liverpool City Council v. Irwin (1977) A.C. 239.*

tos a ser consultados antes de la toma de ciertas decisiones importantes como de los asalariados al participar en las actividades sindicales de su lugar de trabajo.

552. – *Información y consulta de los sindicatos:* El *Employment Protection Act 1975* exige que con ocasión de la negociación colectiva sean divulgadas algunas informaciones específicas a los sindicatos ya reconocidos por el empleador con este fin. Este derecho es mucho más importante en el papel que en la realidad, porque el limitado número de materias sometidas a divulgación y las numerosas excepciones permitidas por la ley, explican que muy pocos sindicatos hayan pretendido hacer uso de ese derecho. Son mucho más importantes, en esta misma ley, las disposiciones que exigen una consulta previa al sindicato reconocido por el empleador en caso de despidos económicos involucrando a sus representados. Este procedimiento es una aplicación de una Directiva del Consejo de la Comunidad Europea[20], al igual que el procedimiento similar que debe ser observado en caso que se prepare una transferencia de la empresa que asegura el empleo[21]. En los dos casos, el desconocimiento del procedimiento prescrito da al sindicato el derecho de intentar una acción delante un *industrial tribunal,* pudiendo tener como resultado la derogación de una indemnización a los asalariados afectados. Aunque esos derechos parecen dar a los sindicatos (suponiendo que ellos hayan sido reconocidos por el empleador) un cierto poder en el proceso de decisión, en realidad no es así, pues ellos no hacen más que hacer valer la obligación de la consulta. Hay una ausencia total de legislación que exija una verdadera codecisión. El caso más aproximado a tal medida se deriva de una enmienda incorporada en 1982 a las *Companies Act 1967*[22] la cual impone a las grandes compañías revelar en su informe anual las medidas tomadas para consultar a los asalariados o a sus representantes a fin de que los puntos de vista de estos «puedan ser tomados en cuenta» en la toma de decisiones cuya naturaleza afecta sus intereses. Sin embargo, es necesario hacer notar que la ley no impone de ninguna manera tomar tales medidas, sino solamente reportar si ellas han sido tomadas.

553. – *El ejercicio de los derechos sindicales:* El ejercicio de los derechos sindicales en el lugar de trabajo está protegido por la ley que determina ilegal cualquier injerencia del empleador en este terreno, lo que permite a los sindicatos intentar, en caso de violación, una acción frente a un *industrial tribunal.* La ley protege de la misma manera al sindicalista y al no sindicalista contra las discriminaciones; ambos tienen el derecho de actuar en justicia si, en razón de su afiliación a un sindicato (o de su no afiliación), son despedidos por su empleador o afectados con una sanción menor[23].

554. – *La protección contra el licenciamiento abusivo:* La protección acordada por la ley a los asalariados individuales, ha aumentado considerablemente durante los últimos 25 años, aunque, después de la llegada de los Conservadores al Poder en 1979, esta tendencia haya llegado a su fin. Sin ninguna duda, el derecho más importante por sí mismo es el que protege a los asalariados contra un despido injustifica-

---

[20] *Directive 75/129 del 17 de febrero de 1975.*

[21] *Directive 77/187 del 14 de febrero de 1977,* puesta en ejecución por la discusión por la disposición *Transfer o Undertaking (Protection of Employment) Regulation 1981, S. I. N.º 1794.*

[22] *Employment Act 1982, s. 1.* El asunto hoy es objeto de la disposición *Companies Act 1985, s. 235 (5)* y del *Schedule 7, Part V.*

[23] *Employment Protection (Consolidation) Act 1978, ss. 58, 23.*

do. Después de estar empleado durante un cierto período esta calificación, generalmente por dos años, todos los asalariados habiendo trabajado al menos 16 horas semanales tienen el derecho a no ser despedidos sin una razón legítima *(without good reason)* o que, aun siendo legítima, ocurra dentro de circunstancias que hacen la sanción desproporcionada *(unreasonable)*. Si un asalariado considera que él ha sido despedido injustificadamente, puede intentar una acción ante un *industrial tribunal* y si gana, puede obtener sea su reintegración en la empresa o, más probablemente, una compensación económica. Aproximadamente once mil acciones han sido intentadas cada año y las dos terceras partes de ellas han sido tranzadas por conciliación o retiradas antes de llegar a la audiencia. Entre los asuntos juzgados, aproximadamente una tercera parte termina con una sentencia de despedido injustificado. Para juzgar si un despedido es injustificado, el *industrial tribunal* tiene un poder discrecional considerable; no podrá haber apelación más que en caso de error de derecho o si los hechos no justifican de manera alguna la decisión tomada. En particular, el *industrial tribunal* no antepone su juicio al del empleador cuando este es acusado de despido injustificado: debe decidir si el despido entra dentro de las diferentes medidas que podía haber tomado un empleador razonable en tales circunstancias. Muy rara vez, cuando la ley considera la reintegración como la solución normal de un juicio de despido injustificado, la medida es llevada a la práctica. Casi todos los casos de despido injustificado dan lugar a una compensación económica. Esta comprende diferentes elementos; en 1982, la derogación promedio por daños y perjuicios fue de 1.201 libras y no sobrepasó las 5.000 libras más que en el 6% de los casos.

555.– Diversos derechos de los asalariados: Al lado de la protección contra los despidos injustificados existe toda una serie de otros derechos, muchos de los cuales datan de reformas introducidas por la administración laborista a mediados de los años 70. Varios de ellos, a decir verdad, son más antiguos. El derecho de un asalariado de recibir de su empleador una notificación escrita acerca de las principales disposiciones de su contrato de trabajo se remonta a 1963 y el derecho a percibir compensación por daños y perjuicios en caso de despido por causas de reducción de personal data de 1965. Entre los derechos más recientemente acordados figura el derecho para las mujeres a permiso de maternidad remunerado, el derecho a permiso para cumplir ciertos deberes cívicos y el derecho a mantener el salario en caso de desempleo temporal. El respeto de esos derechos está asegurado por el *industrial tribunal* más que por las jurisdicciones ordinarias.

Es necesario también hacer notar toda una serie de derechos individuales conferidos por la ley que debe su existencia más a consideraciones generales de política social que a una filosofía particular sobre las relaciones de trabajo. Esta legislación confiere carácter de ilegalidad a la discriminación contra los asalariados o contra los candidatos a un empleo, sobre la base del sexo, de la raza o del estatus marital practicada bajo diversas formas[24]. Han sido tomadas disposiciones especializadas contra las discriminaciones sexistas en materia de salario *y* en otros dominios cubiertos por el contrato de trabajo[25]; desde 1984 ha pasado a ser posible para los asalariados intentar una acción de justicia si se les rehúsa la igualdad de salario con respecto a otro asalariado del sexo opuesto que realiza un trabajo del mismo valor. Aquí, de nuevo, la puesta en obra de esos derechos legales es dejada a la responsabilidad del *industrial tribunal.*

---

[24] *Sex Discrimination Act 1975; Race Relations Act 1976.*

[25] La ley de 1970 sobre la igualdad de los salarios (enmendada).

Sección 3
LAS INSTITUCIONES

En último lugar, dirigiremos nuestra atención hacia las principales instituciones, jurídicas o no, que tienen por responsabilidad administrar el sistema bosquejado anteriormente.

1. LOS «TRIBUNALES» Y LAS «CORTES»

556. – *Los industrial tribunals:* Los *industrial tribunals* constituyen probablemente el elemento institucional más interesante del derecho moderno porque ellos son el instrumento de puesta en marcha de numerosas reformas de derecho del trabajo individual. Si bien fueron creados en 1964, se suele asociar el origen de su rol como jurisdicción especializada en derecho del trabajo para resolver los problemas relativos a los derechos de los asalariados a través de un medio poco oneroso, rápido y desprovisto de formalismos, a las opiniones expresadas en el informe de la Comisión Donovan de 1968. No hay que olvidar que una parte de las proposiciones de reforma de dicha Comisión concernían a la introducción de la protección legal contra los despidos injustificados —proposición mantenida por el *Industrial Relations Act 1971.* Estaba previsto que el nuevo derecho sería aplicado por la jurisdicción especializada de los *industrial tribunals,* no por los tribunales ordinarios del *Common Law.* Los puntos de vista de la Comisión Donovan estuvieron influenciados por su conocimiento del éxito de los tribunales especializados en derecho del trabajo en otros países —en particular el consejo de *«prud hommes»* francés—, con el cual los tribunales británicos tienen muchos puntos comunes.

557.— *Competencia:* La principal diferencia entre un *industrial tribunal* y un consejo de *«prud hommes»* reside quizás en el hecho de que el primero no tiene competencia exclusiva ni tampoco general sobre los litigios surgidos de las relaciones individuales de trabajo. Dicho organismo no tiene otra competencia que la que le estaba conferida expresamente por ley. En él . momento en que una acción intentada por un asalariado contra su empleador (o viceversa) saca a la luz un problema que sobrepasa tal competencia legal específica, ella debe ser llevada a la jurisdicción ordinaria.

558.— *Organización:* Los *industrial tribunals* están organizando a escala nacional con diferentes estructuras en Inglaterra y en Escocia. Son tripartitos, con un jurista como presidente y dos asesores escogidos entre personas que tienen una experiencia práctica en relaciones de trabajo. Uno de los asesores es escogido dentro del medio sindical y el otro entre los empleadores. Los *tribunals* no buscan obtener una conciliación pues esta es tarea de las *Conciliation and Arbitration Service* (A.C.A.S.).

559.— *Apreciación:* Durante su relativamente corta carrera, los *tribunals* han adquirido una buena reputación de equilibrio y de imparcialidad, aunque, en los dominios más controversiales del derecho (como el derecho sobre el monopolio sindical y el derecho de un sindicalista a denunciar su expulsión de un sindicato en caso de monopolio sindical) han tenido más dificultades para conservar su imparcialidad. Las decisiones de los *tribunals* no crean precedentes obligatorios y ellos mismos están ligados a decisiones de cortes superiores. No está contemplada ninguna ayuda judicial a las partes, aspecto que ha sido criticado y juzgado injusto en la práctica, ya que conduce a que la representación legal de los defensores (es decir de los empleadores) sea mucho más elevada que la de los demandantes (es decir, de los asalariados).

560.— Apelaciones: Se puede apelar una decisión de los *industrial tribunals,* por lo general, sobre un punto de derecho, a el *Employment Appeal Tribunal* (E.A.T.). Este representa una verdadera jurisdicción Superior *(Superior Court of Record)* presidida por un juez de la *High Court,* o un jurista susceptible de ocupar un puesto en la *High Court,* y está normalmente rodeado de dos asesores no profesionales. En lo formal, en consecuencia, esta jurisdicción es parecida a los *industrial tribunals,* pero con la gran diferencia que, por lo general, conoce solamente puntos de derecho. Las apelaciones de las decisiones del E.A.T. pueden ser llevadas delante de la Corte de Apelación y después ante la Cámara de los Lores.

561.— El Comité Central de Arbitraje: El *Central Arbitration Committee* (C.A.C.) no es propiamente una jurisdicción que juzga de derecho sino más bien una institución de arbitraje permanente, independiente a la vez del gobierno y del sistema judicial. El comité tiene por competencia arbitrar los conflictos de trabajo en respuesta a la demanda de las partes involucradas y también de ejercer un cierto número de funciones que le son confiadas por la ley. Durante estos últimos años se ha visto considerablemente reducida su competencia en virtud de la desaparición de diversos procedimientos (tales como la Resolución sobre las justas remuneraciones) que hacían del C.A.C. parte integrante del esfuerzo oficial en favor de la negociación colectiva. Sin embargo, este Comité conserva un cierto número de funciones vinculadas a la enmienda de las cláusulas de las convenciones colectivas relativas a las discriminaciones sexistas en materia de salarios[26] y a la no revelación de informaciones por parte de los empleadores a los sindicatos reconocidos en ocasión de la negociación colectiva[27].

2. EL SERVICIO DEL CONSEJO DE CONCILIACIÓN Y ARBITRAJE *(ADVISORY CONCILIATION AND ARBITRATION SERVICE:* A.C.A.S.)

562. – El Servicio: Como se dijo precedentemente, la necesidad de una institución financiada por el Estado para promover la reforma de las estructuras de la negociación colectiva constituía una parte central de las recomendaciones hechas por la Comisión Donovan en 1968. La A.C.A.S. es la institución que, dentro del derecho contemporáneo, llena esta función de conformidad con los poderes que le confiere el *Employment Protection Act 1975.* La A.C.A.S. es una institución financiada por el Estado, pero ella no está sometida al control del gobierno. Ella está dirigida por un Consejo cuyos miembros son escogidos entre los empleadores, los sindicalistas y personalidades independientes. Como su nombre lo indica, la A.C.A.S. puede dar consejos sobre materias relativas a las relaciones de trabajo y ofrecer servicios de conciliación y de arbitraje con ocasión de conflictos de trabajo. Puede también emprender, por su propia iniciativa, estudios sobre aspectos generales o particulares de las relaciones de trabajo. Sin embargo, esta institución es sobre todo conocida por dos funciones particulares: los esfuerzos de sus «*conciliation officers*» por dar una solución antes de la fase de audiencias a un gran número de denuncias llevadas a los *industrial tribunals* y, por otra parte, por el establecimiento de Códigos de Práctica *(Codes of Practice).*

563.— Los Códigos de Práctica: Sobre este segundo punto, la A.C.A.S. tiene el poder de promulgar los Códigos de Práctica, los cuales ocupan, como fuentes de normas en derecho del trabajo, una posición particular. Las normas contenidas en

---

[26] *Equal Pay Act, 1970, s. 3.*
[27] *Employment Protection Act. 1975, s. 19.*

tales documentos no constituyen en sí mismas «derecho», de tal forma que el hecho de no respetarlas no puede conducir a ninguna sanción civil o penal. No obstante, ellas son legalmente admitidas como prueba en el curso de un procedimiento ante un *industrial tribunal o* del C.A.C.. El objetivo de estos códigos es constituir una guía práctica y útil acerca de «las buenas prácticas en las relaciones de trabajo» en dominios donde el *industrail tribunal* y la C.A.C. tienen un poder discrecional que ejercer. Existe un cierto número de códigos cubriendo variados temas: por ejemplo, el Código de Práctica sobre la información a dar a los sindicatos con ocasión de la negociación colectiva: *(Code of Practice or Disclosure of Information to Trade Unions for Collective Baiganing Purposes)* este tiene por objetivo precisar el alcance de la simple regla legal que exige de los empleadores la revelación de las informaciones con las cuales los sindicatos tendrían dificultades para conducir bien una negociación colectiva y que, su revelación por lo demás, representa una buena práctica por parte del empleador. El Código sugiere procedimientos para decidir cuáles informaciones deberían estar cubiertas por esta obligación. Se ve claramente que la A.C.A.S. fue concebida como una institución independiente que, por su composición y sus funciones, está destinada a promover reformas por consenso en las relaciones de trabajo.

Precisamente por esta razón, el Servicio se ha rehusado a establecer Códigos de práctica sobre ciertas materias controversiales y contenciosas tales como el monopolio sindical *(closed 5h)* o los piquetes de huelga. Pero el *Employment Act 1982* dio también al Secretariado de Estado para el Empleo el poder de establecer Códigos de Práctica, lo cual ha hecho sobre las dos materias mencionadas. El status del Código establecido por el Secretario de Estado es parecido al de los Códigos de la A.C.A.S. Igual cosa ocurre con los Códigos establecidos por la *Equal Opportunities Commission,* institución responsable de control de las leyes sobre la discriminación sexista y, en forma más general, de la promoción de reformas en el área de la igualdad sexual, dependiente de un contrato libremente concluido entre las partes. Al final del siglo el derecho reconocía una cierta igualdad entre las partes, pero esta era una igualdad puramente formal, que no tomaba en cuenta las disparidades de recursos entre ellas y que mantenía en el contrato numerosas prerrogativas tradicionales que los jueces habían reconocido en beneficio del empleador.

564. – Consejos de Salario (Wage Councils): La Gran Bretaña nunca ha tenido un sistema comprehensivo o global en materia de legislación salarial. Pero durante muchos años existió una argumentación de las condiciones y términos de empleo en determinadas industrias. La regulación salarial se efectuaba por medio de cuerpos o instituciones conocidas como «*Trade Board*» y su existencia remite a 1909. Más recientemente los principales entes que asumen esta materia se denominan *Wage Councils.* Cada Consejo *(Council)* tiene poderes para actuar sobre una determinada industria y comprende 3 miembros designados por el Secretario de estado para el Empleo *(Secretary of State for Employment).* La fundamentación racional de estas instituciones fue el hecho de que, en determinadas áreas de comercio se consideró que la oportunidad para que los trabajadores se organizasen en sindicatos —por diversas razones— se hallaba limitada. Por consiguiente se estimó necesario extender una cobertura legislativa con el fin de prevenir la explotación laboral. Todavía hoy existen *Wage Councils* en Inglaterra, pero desde la formulación de la Ley de Salarios *(Wages Act 1986)* han visto su jurisdicción muy restringida. No tienen poder para regular la remuneración de empleados o trabajadores jóvenes, menores de 18 años, y allí donde se tienen tales poderes, pueden tan solo regular la remuneración y no los términos y condiciones de empleo.

CAPÍTULO XX
DERECHO INTERNACIONAL PRIVADO

Por J. G. COLLIER

564.—Introducción: El Derecho Internacional Privado inglés tiene por objeto tres materias: la competencia de los tribunales ingleses; el reconocimiento y ejecución de sentencias extranjeras; la determinación o elección de la ley aplicable.

Sección 1
COMPETENCIAS DE LOS TRIBUNALES INGLESES

565.— Los principios: La competencia de los tribunales ingleses en relación a los casos relativos a la materia del *status personae,* tales como el divorcio, se ejerce de conformidad con normas legislativas. En lo referente a acciones *in rem* contra navíos, su competencia descansa en la presencia o no del navío dentro de las aguas territoriales inglesas.

La competencia de los tribunales ingleses en lo relativo a las acciones *in personam,* por ejemplo las que se encuentren fundamentadas en una ruptura del contrato o provengan de responsabilidad extracontractual *(ex delicto),* descansan en el hecho de la presencia del demandado en Inglaterra siempre y cuando el *writ* le haya sido notificado bajo citación servida o el demandado se haya acogido a la jurisdicción de los tribunales ingleses. Se considera que un demandado se ha sometido a los tribunales ingleses en los siguientes casos: cuando intenta una acción judicial ante dichos tribunales y, por consiguiente, se coloca en posición procesal de ser él mismo objeto de una reconvención; cuando acepta la asignación o adscripción de competencia jurisdiccional o cuando procesalmente procede a contestar el fondo de la causa. La simple o mera presencia pasajera, a saber, la de una persona proveniente de París a Inglaterra con el fin de asistir a las carreras de caballos de Ascot, es motivo suficiente para otorgarle competencia a la jurisdicción inglesa según lo establecido en *Maharanee de Baroda vs. Wildenstein*[1]. Este principio, generalmente juzgado como «excesivamente riguroso», es hoy temperado por el hecho de que el tribunal puede considerar el diferimiento de la jurisdicción de instancia. La convención que regula la adhesión a la Convención de Bruselas de 1968 referente a la competencia judicial y a la ejecución de las decisiones en materia civil y comercial suprime, de manera expresa, este principio para el caso de aquellas personas domiciliadas en los demás países de la Comunidad Europea.

El tribunal puede discrecionalmente permitir que a un demandado le sea asignada jurisdicción fuera de Inglaterra en algunos tipos de acciones procesales. Estos

---

[1] *(1972) 2. Q.B. 283.*

casos han sido enunciados en la orden 11 de las Normas de la Corte Suprema. Se trata, fundamentalmente, de las siguientes acciones: de las relativas a propiedad inmobiliaria situada en Inglaterra o de aquellas acciones en las cuales el demandado se encuentre domiciliado en Inglaterra; de acciones contractuales en las que el contrato haya sido celebrado en Inglaterra o que lo haya sido por intermedio de un mandatario establecido en Inglaterra o cuando la ruptura de dicho vínculo contractual haya ocurrido en este último país o cuando el contrato se haya regido por la ley inglesa; de acciones *ex delicto* cuando la acción haya sido realizada o el daño padecido en Inglaterra y cuando la persona residenciada en el extranjero haya sido parte necesaria o de gran utilidad para la realización de la acción en este país. Se considera que esta competencia extensiva es demasiado excesiva y los tribunales rara vez ejercen su poder discrecional en la materia. Para que la autorización de adscripción de jurisdicción sea conferida, la acción procesal debe entrar no solo en el marco de la letra de la norma, sino que también debe estar incluida dentro de su espíritu y toda clase de duda debe beneficiar al demandado. Esta manera de apreciar judicialmente ha sido sostenida de manera enérgica y reciente por la Cámara de los Lores en un caso en el cual ella ha juzgado que la ley inglesa y no la ley de Kuwait debía regir el contrato objeto del proceso. Sin embargo, este criterio ha establecido también que el permiso de notificación o citación del demandado en Kuwait no debía ser concedido[2].

566.– *Diferimiento de instancia en justicia:* La muy amplia competencia de la jurisdicción inglesa ha sido temperada por el poder que tiene el tribunal de diferir alguna instancia que le haya sido sometida, en particular para el caso en que el demandado se encuentre presente en Inglaterra o que se dé la falta de toda conexión necesaria de cualquier otra relación que pudiera existir entre las partes, el litigio y la propia Inglaterra[3]. No obstante, hasta 1973 el tribunal no podía ejercer este poder sino cuando el demandado pudiese demostrar que el procedimiento instaurado en Inglaterra resultaba para él «opresivo y vejatorio», aun cuando se tratase de un caso del *is alibi pendens* y cuando las acciones hubiesen sido intentadas al mismo tiempo en Inglaterra y en el extranjero. Pero, gracias a una serie de decisiones emanadas de la Cámara de los Lores desde 1973[4], una doctrina, la doctrina denominada como del *forum non conveniens,* conocida desde hace mucho tiempo por la jurisdicción escocesa, pero antes ignorada por la ley inglesa, ha sido desarrollada para los casos en los cuales se hubiesen entablado procedimientos judiciales en el extranjero o estuviesen a punto de serlo. De igual modo, cuando el tribunal inglés no sea el *forum* natural, y que la acción intentada pudiese ser conocida con más facilidad en otra parte, se acuerda un diferimiento salvo para el caso en que el demandado pueda demostrar que ello le privaría de alguna ventaja cierta, personal o jurídica, que le aportaría poder intentar la acción en este país. Los tribunales de manera habitual también diferirán la instancia, pero no siempre, cuando las partes se hubiesen puesto previamente de acuerdo para someterse a la consideración de una jurisdicción extranjera o cuando hubiesen acordado someterse a un arbitraje a ser realizado también en el extranjero[5].

---

2 *Amin Rasheed Shipping vs. Kuwait Insurance (1984) A.C. 50.*

3 El tribunal tiene una competencia inherente para diferir una instancia, pero este poder le es igualmente reconocido por la *Supreme Court Act 1981 s. 49(3).*

4 *The Atlantic Star (1974) A.C. 436; Macshannon v. Rockware Glasse (1978) A.C. 795; The Abidin Daver (1984) W.L.R. 196.*

5 Los principios que aplicará el tribunal han sido enunciados por Brandon J. en *The Eleftheria (1970) P. 54;* han sido frecuentemente seguidos después.

Es preciso agregar que en el ejercicio de su competencia los tribunales pueden impedirle a una persona, por medio de una medida procesal preventiva, dar comienzo o proseguir su litigio en el extranjero. Los principios sobre los cuales los tribunales ejercerán o no esta posibilidad son los mismos que rigen el diferimiento de procedimientos judiciales en Inglaterra[6]. Los tribunales lo harán si a la instancia en el extranjero se recurre como consecuencia de una violación de una cláusula de competencia inglesa o de arbitraje en Inglaterra. Cuando el demandado tiene el recurso de intentar una acción en el extranjero, pero no lo tiene según el derecho inglés —piénsese, por ejemplo, en una acción en los Estados Unidos en virtud de las leyes antitrust—, hay muy poca probabilidad de que un tribunal inglés prohíba recurrir a intentar la acción en el extranjero[7].

Sección 2
JUICIOS EXTRANJEROS, RECONOCIMIENTO Y EJECUCIÓN

567. – El principio: Los tribunales ingleses han podido ser quizás más liberales en materia de reconocimiento y ejecución de sentencias extranjeras que los d otros países. Al adoptar, desde *Schibsby v. Westenholz*[8], *la teoría de la obligación,* es decir, el principio de que las partes de un proceso intentado ante un tribunal competente se encuentran ligadas por su decisión y tienen la obligación de conformarse con su decisión, los tribunales han limitado severamente las posibles defensas ante una acción fundamentada en una sentencia extranjera.

568. – Sus límites: Sin embargo, el tribunal extranjero debe haber sido competente. Si no lo era la sentencia no será reconocida ni ejecutada. No es suficiente que haya sido competente en atención a sus propias normas; lo ha debido ser también con respecto a la jurisdicción inglesa[9]. La competencia depende de la presencia del demandado en el país extranjero y de su sujeción o sometimiento a sus tribunales cuando allí recurre ante una instancia, bien sea por medio de un acuerdo o por efecto de su mera comparecencia ante el tribunal con el fin de proceder a contestar el fondo de la causa[10]. La competencia no se deriva del solo hecho del domicilio o de la nacionalidad del demandado, ni del hecho de que este posea bienes en el país extranjero, ni tampoco del hecho de que el tribunal se haya declarado competente en relación con él y que así lo haya hecho en una situación en que los tribunales ingleses *mutatis mutandis* hubieran podido ser competentes. La ley ha decidido que la sola comparecencia con el fin de atacar procesalmente la competencia del tribunal, de solicitar diferimiento de instancia sobre la base de la doctrina *forum non conveniens* o de proteger un bien en país extranjero, no constituye sujeción a la competencia de ese tribunal[11].

Además, una sentencia extranjera pronunciada en violación de un acuerdo según el cual el litigio sería resuelto en otra parte no puede dar lugar a su ejecución[12].

---

6 *Castanho v. Brown & Root (1981) A.C. 557.*
7 *British Airways Board v. Laker Airways (1985) C. 58.*
8 *Schisby v. Wetenholz (1870) L.R. 6, Q.B. 155.*
9 *Buchanan v. Rucker (1808) 9 East. 191.*
10 *Emanuel v. Symon (1908) 1 K.B. 302.*
11 *Civil Jurisdiction and Judgements Act 1982 s. 33.*
12 *Ibíd, s. 32.*

Desde el momento en que la sentencia extranjera cierra la instancia no pudiendo ser retomada por el tribunal que la emitió (aun en el caso en que haya lugar a una apelación), la sentencia se hará ejecutable si el monto juzgado asciende a cierta cantidad de dinero determinada (solo las sentencias que condenan a una suma determinada son ejecutables). Pero si la sentencia declara con lugar la procedencia de alguna pena de dinero de naturaleza penal o fiscal no podrá ser ejecutado. Si la sentencia es en parte compensatoria de una pérdida efectivamente sufrida, la parte penal o fiscal será dejada de lado, y la parte compensatoria se considerará como ejecutable[13]. Por «sanción penal» los tribunales ingleses entienden una suma pagable al Estado o a una autoridad pública y de un carácter o proveniencia distinta del pago por servicios rendidos. Una suma pagable a una persona privada no es una sanción penal, aun para el caso de que la ley extranjera así lo definiere[14]. La *Protection of Trading Interests Act 1980* declara inejecutable todo juicio que condene en forma de múltiple los daños o perjuicios efectivos. La disposición contempla los daños e intereses triples que pueden ser acordados de acuerdo con las leyes antitrust de los Estados Unidos[15].

La sentencia extranjera no puede dar lugar a la reapertura de juicio en Inglaterra ni a un nuevo pronunciamiento sobre el fondo de la cuestión. El error de hecho o de derecho, aun en el derecho inglés, no puede dar lugar a litigio; toda defensa que incluya un argumento según el cual el tribunal extranjero sea incompetente de acuerdo con las normas de su propio derecho, argumento que habría podido ser alegado en autos, ha de considerarse como rechazable[16]; por una excepción, de algún modo bastante ilógica, la excepción de fraude puede ser antepuesta aun para el caso en que ella haya sido ya alegada o que hubiese podido ser alegada durante el procedimiento extranjero. Los únicos otros medios de defensa admitidos, que rara vez han alcanzado a prosperar, son, respectivamente, que el tribunal extranjero haya actuado con desprecio de la equidad *(natural justice: por ejemplo, haya sido parcial o le haya rehusado al demandado el derecho o posibilidad de exponer su argumentación)* o que la ejecución haya sido contraria al orden público. Pero alegar la diferencia de las normas probatorias y de procedimiento extranjeras con relación a las normas equivalentes ingleses no constituye defensa admisible.

569.— La ejecución de la sentencia: La ejecución de la sentencia en el *Common Law* consiste en intentar una acción alegando que el demandado no ha pagado la suma debida y fijada por la sentencia. Hasta 1983 el demandado podía escoger proceder judicialmente fundándose en la causa original, pero ese derecho ha sido abolido[17]. Por decisión legislativa las decisiones de los tribunales de varios países de la Mancomunidad Británica *(Commonwealth)* pueden ser ejecutados por medio de un procedimiento simple de registro[18]. Según la ley que rige la materia sobre sentencias extranjeras *(Foreign Judgments Reciprical Enforcement Act 1933),* una sentencia que entra en las disposiciones de esta ley debe ser registrada a los fines de su ejecución. Hoy esta ley no se aplica sino en aquellos países a los cuales se les ha hecho extender el dominio de estas disposiciones por medio de los instrumentos perti-

13 *Raulin v. Fischaer (1911) 2 K.B. 93.*

14 *Huntington v. Attrill (1893) A.C. 150.*

15 *Art. 5.* El artículo 6 permite a una persona que ha logrado hacer ejecutable una cosa juzgada el recuperar la parte no compensatoria.

16 *Vanquelin v. Bouard (1863) 15 C.B. (N.S.) 361.*

17 *Civil Jurisdiction and Judgements Act 1982 s. 34.*

18 *Administration of Justice Act 1920.*

nentes *(Orders in Council)*. Se trata, en particular, de varios países de la Mancomunidad *(Commonwealth)* y de aquellos estados extranjeros con los cuales el Reino Unido ha suscrito una convención para la ejecución recíproca de las sentencias. Estos países son Francia, Alemania, Italia, Bélgica y los Países Bajos. Cuando la Convención de Bruselas de 1968 entre en vigor en el Reino Unido[19], las sentencias de los tribunales de esos países se harán ejecutables en virtud de esa disposición, siempre y cuando entren dentro del dominio de su aplicación. De esta manera la mayoría de las sentencias francesas serán ejecutables en el futuro en virtud de esta convención; las demás lo serán dentro del marco de la ley de 1933.

Las sentencias arbitrales extranjeras serán ejecutables por medio de una acción judicial o por medio de su registro cuando esto sea previsto por la ley, especialmente por la ley *Arbitration Act 1975,* lo cual ha dado fuerza de ley a la Convención de Nueva York de 1958.

Sección 3
ESCOGENCIA DE LA LEY APLICABLE

1. VISIÓN GENERAL

570. – Los elementos del problema: Cada norma de escogencia de la Ley» aplicable en un conflicto de leyes puede ser expresada de la misma manera: por ejemplo, «la forma del matrimonio se rige por la ley del lugar de la celebración» o «la capacidad para contraer matrimonio se rige por la ley de domicilio». Las palabras «formas de matrimonio» y «capacidad para contraer matrimonio» son consideradas como «hechos operantes» o «categorías jurídicas»; las palabras «lugar de celebración» y «domicilio» son «factores de conexión» que relacionan o vinculan las categorías jurídicas al sistema legal aplicable.

571. – La calificación: La interpretación de las categorías jurídicas causa problemas cuando la ley nacional inglesa y la extranjera pertinente consideran los hechos y las normas del derecho inglés y los del derecho extranjero como subsumibles bajo categorías jurídicas distintas. De esta forma el derecho inglés considera su exigencia del consentimiento de los padres para el matrimonio de una persona de menos de 18 años como un asunto de forma; el derecho francés puede considerar su correspondiente requisito en esa misma materia como atinente a la capacidad misma de contraer matrimonio. Se trata entonces de un problema muy conocido, el llamado problema de la calificación *(characterisation)*.

Los juristas y los tribunales nacionales han dado respuestas diferentes a la pregunta de saber en atención a que ley, la *lex fori o la lex causae,* o aun por cual otro método debe proceder la calificación. En general los tribunales ingleses lo han hecho según sus propias ideas. Así, la exigencia francesa del consentimiento de los padres ha calificado como asunto o materia de forma y no relativa a la capacidad, lo cual fue establecido en la decisión muy criticada de *Ogden v. Ogden*[20]. Se ha llegado a veces a afirmar que esto conduce a falsear la norma extranjera involucrada en el caso. En algunas oportunidades, la *lex causae*[21] ha sido adoptada por lo menos en cierta medida.

---

[19] También se aplicará esto de igual modo a las partes de la ley *Civil Jurisdiction and Judgements Act* 1982 que no hayan entrado todavía en vigor.

[20] *(1908), p. 46.*

[21] *Re Cohn (1945) 1. Ch. 5.*

Los tribunales ingleses dividen siempre la propiedad en dos categorías, mobiliaria e inmobiliaria (lo que no es una clasificación de la propiedad en derecho nacional inglés) en atención al criterio de la *lex situs* de la misma.

572. – *Los factores de conexión y el reenvío:* Los factores de conexión, tales como el domicilio, el lugar de la celebración del contrato, el lugar de ejecución o la situación de la misma, reciben siempre el significado que el derecho inglés les otorga. Para el caso de que según el derecho extranjero, ese significado sea diferente, la legislación inglesa lo desconsidera y se atiene a sus principios[22]. Diversas leyes enuncian excepciones, pero todas se refieren a la competencia, no a la escogencia de la ley. La nacionalidad es determinada por la ley del Estado que pretende regir el status de la persona, pero la nacionalidad es rara vez empleada como factor de *conexión*.

Las diferencias entre los sistemas jurídicos, sea en relación con los factores de conexión (el domicilio y la nacionalidad, por ejemplo) aplicables a una categoría jurídica, sea en relación con el significado muy diferente de esos factores (el domicilio, por ejemplo), dan lugar, sin embargo, al problema que se resuelve mediante el reenvío. En su forma simple, tal y como se encarna en el caso *Forgo*[23], fue empleado en un comienzo en el caso *Collier v. Rivaz*[24] referente a la validez formal de los instrumentos testamentarios, y fue aplicado después en algunos otros casos. Pero en muchos asuntos ocurridos después de 1926[25], los tribunales han desarrollado el reenvío llamado *reenvío doble* o total o llamado, mejor aun, ya que ningún otro país parece haberlo empleado, el también *reenvío inglés*. A veces se conoce ese reenvío bajo la denominación de la teoría del «tribunal extranjero», en virtud de que si el juez inglés debe aplicar el derecho francés pero el tribunal francés aplica el derecho inglés, el juez imagina que él sesiona como tribunal francés y si dicho tribunal llega a aplicar el derecho francés por reenvío del derecho inglés aplicará, por consiguiente, el derecho francés. Este método ha sido criticado por la mayoría de los juristas. Ha sido raramente aplicado fuera de las materias de sucesión, de legitimación, de capacidad para contraer matrimonio, y, tal vez, en lo concerniente a las formas de celebración del matrimonio. Pero en los tres primeros casos mencionados su aplicación ha sido reducida y excluida por las leyes. Esta teoría no ha sido jamás aplicada en los casos de responsabilidad civil y ha sido rechazada en materia de contratos.

573. – *La prueba de la ley extranjera:* Ante un tribunal inglés una norma de derecho extranjero es considerada como un elemento de hecho y no como elemento de derecho. Es muy distinto el caso de una norma de derecho internacional público cuando se le considera como una norma de derecho. Como todo o cualquier hecho, la norma de derecho extranjero debe ser probada y para el caso en que esta norma no sea alegada o demostrada, el tribunal inglés aplicará el derecho inglés. La norma debe ser generalmente probada recurriendo al testimonio de un experto, es decir, al testimonio de alguien bien informado sobre el sistema jurídico en cuestión, de preferencia alguien que se conduzca en la práctica de dicho sistema.

---

22 *Re Martin (1900) p. 211; Re Annesley (1926) Ch. 692.* Diversas leyes enuncian excepciones. Pero todas ellas se refieren a la competencia y no a la vigencia de la ley. La nacionalidad se determina por la ley del Estado del cual se reclame nacional una determinada persona. Pero la nacionalidad rara vez se emplea como factor de conexión.

23 *(1883) 10. Clunet 64.*

24 *(1841) 2 Curt. 855.*

25 *Re Annesley (1926) Ch. 629; Re Ross (1930) 1 CH. 377; Re Askew (1930) 2 Ch. 259.*

Deberá ser probada nuevamente en cada caso[26], a pesar de que ahora es posible, en virtud de una ley, poder probar la norma extranjera refiriéndose a alguna decisión inglesa precedente, publicada, en la cual la norma extranjera haya sido invocada salvo si se demuestra que dicha invocación se hizo equivocadamente[27].

574. – El Domicilio: Un factor de conexión mayor es el domicilio. Es el domicilio de la persona lo que la vincula a un sistema jurídico. El domicilio puede ser opuesto a la nacionalidad (que es muy rara vez empleada en el derecho internacional inglés) como factor de conexión en este sentido: a) nadie deja de tener domicilio; b) nadie tiene más de un domicilio en un mismo momento, mientras que, desde el punto de vista de la nacionalidad, una persona puede ser apátrida o puede tener más de una nacionalidad.

El domicilio es menos importante en la actualidad que antes. Esto se debe al hecho que las leyes modernas normalmente hacen efectiva convenciones internacionales sobre la materia. Estas convenciones tienden a utilizar la «residencia habitual» como factor de conexión más que el propio domicilio o como alternativa del mismo. Esta noción de residencia es muy próxima a la del domicilio, pero ha sido despojada de las exigencias técnicas que acompañan el concepto de este último[28].

El domicilio es la «habitación permanente» de una persona. Pero se trata de un concepto jurídico que se determina por ciertas normas jurídicas cuya aplicación puede hacer que una persona esté domiciliada fuera del país en donde tenga su hogar permanente, o, de hecho, en un país con el cual esta persona tiene muy poca relación. El concepto es siempre utilizado en el sentido que le otorga el derecho inglés y no el derecho extranjero[29].

Existen tres tipos de domicilio: (a) el domicilio de origen, adquirido por nacimiento; (b) el domicilio de dependencia, para las personas menores de 16 años, así como para los enfermos mentales, el de la mujer casada fue abolido por ley el 1° de enero de 1974; y, por último, (c) el domicilio de escogencia, que puede ser adquirido después de los 16 años[30].

El domicilio de dependencia de un niño legítimo cambia automáticamente con todo cambio de domicilio de sus padres, aun para el caso de que el niño no vaya a su nuevo país. Después del deceso de su padre, el domicilio de dependencia sigue siendo el de su madre, aun cuando esto no sea automático[31]. El domicilio de dependencia de un niño ilegítimo sigue al domicilio de la madre. Para el caso en que el padre y la madre de un niño legítimo tengan domicilios separados, y que el niño tenga su hogar con su madre y no con el padre, se considera que el domicilio del niño es aquel que tiene la primera y no el segundo[32].

Un domicilio de escogencia se adquiere por la intención de residir en un país sin ninguna intención manifiesta de dejarlo salvo efecto de algún azar lejano. Esta

---

26 *Lazard v. Midland Bank (1933) A.C. 289.*

27 *Civil Evidence Act. 1972 s. 4 (2).*

28 *Domicile and Matrimonial Proceedings Act 1973 s. 5 (competencia en materia de divorcio y de nulidad); Recognition of Divorces and Legal Separations Act 1971; Wills Act 1963.*

29 *Re Martin (1900) p. 211.*

30 Las normas fundamentales que rigen el domicilio fueron enunciadas por Lord Westbury en *Udny v. Udny (1869) L.R. Sc. & D. 441.*

31 *Re Beaumont (1893) 3 Ch. 490.*

32 *Domicile and Matrimonial Proceedings Act 1973 s. 4.*

intención de residir debe coincidir con una residencia de hecho en el país. Si existe, el período de residencia puede ser muy corto; por ejemplo, en un caso norteamericano una fracción de día fue considerado suficiente[33]. La prueba de la intención necesaria incumbe a aquel —cualquiera que este sea— que pretenda que un domicilio de escogencia haya sido seleccionado. La residencia, por larga que sea —en un caso, por ejemplo, alegada por 37 años—[34] no constituye prueba suficiente acerca de la intención de permanecer: la residencia debe ser voluntaria, de tal forma que la presencia de refugiados, hombres de negocio, militares, que hayan venido o que hayan sido enviados a algún país, es muy poco susceptible de producir un cambio de domicilio. Pero si la intención requerida existe estos sujetos pueden adquirir domicilio en el país.

Un domicilio de escogencia puede ser abandonado al dejar de manera efectiva el país con la intención de no querer regresar a él. Si un nuevo domicilio de escogencia no es adquirido, entonces, por una norma de derecho muy criticada, el domicilio de origen volverá a resurgir, aun cuando la persona no se haya dirigido realmente al país de ese domicilio[35].

La ley del domicilio ha sido muy criticada en especial por la pretendida dificultad de probar la adquisición de un domicilio de escogencia y por la noción de resurgimiento o renovación del domicilio original. Pero solo se han efectuado reformas en materia de domicilio de dependencia.

2. LAS CATEGORÍAS JURÍDICAS

A. *El Procedimiento*

La materia procedimental está regida en derecho inglés por la *lex fori*. De esta forma las cuestiones de prueba y su admisibilidad, el nivel o calidad de las pruebas requeridas, son decididas tal y como lo exige el derecho inglés. Esto ha sido llevado muy lejos, tanto ha sido así que por efecto de una vieja y muy criticada decisión[36] el tribunal ha rehusado hacer ejecutar un contrato enteramente francés porque no existía ninguna prueba escrita como la exigida por la ley inglesa.

Mientras que las cuestiones relacionadas con la causalidad de daños —es decir lo concerniente al establecimiento de la responsabilidad de un contratante que hubiese roto su vínculo contractual o de una persona que hubiese causado un perjuicio—. son consideradas asuntos de fondo y regulados por la *lex causae* aplicable; la evaluación de los intereses por daños así como la cuantificación de las sumas debidas son materia de procedimiento que se rigen por la *lex fori*[37]. Las reparaciones efectivamente disponibles, tales como daños y perjuicios, cumplimiento o ejecución forzosos y los métodos de ejecución de las sentencias son, igualmente, materia de procedimiento. La norma según la cual un tribunal inglés no podía dictaminar sentencia sino en libras esterlinas fue abolida en 1975.

Algunas veces, las normas que habrían podido ser consideradas como normas de procedimiento han sido clasificadas como normas substantivas. Esto fue lo suce-

33 *White v. Tennant 31 W. Va. 790 (1888).*

34 *Ramsay v. Royal Liverpool Infirmary (1930) A.C. 588.*

35 *Udny v. Udny (supra, p. 639, nota 2).*

36 *Leroux v. Brown (1852) 12 C.B. 801.*

37 *D'Almeida Araujo v. Becker (1952) 2.Q.B. 329 (contrato); Chapin v. Boys (1971) A.C. 356 (responsabilidad civil).*

dido en *Re Cohn*[38] donde las presunciones contradictorias en el derecho inglés y el alemán relacionadas con el orden de fallecimiento de personas muertas al mismo tiempo estuvieron en contención en un asunto de sucesiones que se rigió por la ley alemana. Pero, en verdad, esos casos son raros. Los tribunales ingleses califican habitualmente esas cuestiones de conformidad con la ley inglesa; y el resultado es que ellas son consideradas como normas adjetivas y que se aplica la ley inglesa. En lo concerniente a los lapsos de prescripción, que rigen el tiempo en el cual una acción debe ser intentada, esto ha tenido por efecto clasificar las normas extranjeras como asuntos de procedimiento a pesar de que las normas jurídicas extranjeras las consideren como materia de fondo o sustantiva. Las distorsiones y las complicaciones que se han derivado de ello han dado lugar a una reforma reciente, la ley *Foreign Limitation Periods Act 1984,* según la cual todas las normas de prescripción, inglesas o extranjeras, deben ser consideradas como asuntos de fondo. De lo cual se desprende que en caso de conflicto la norma extranjera será publicada.

Los asuntos o cuestiones de prioridad entre los acreedores de un fondo administrativo por el tribunal son regidos por la *lex fori*[39].

B. El Contrato

576.— Reconocimiento: Los tribunales ingleses consideran como contratos acuerdos que se rigen por una ley extranjera, aun cuando les falten todos los elementos necesarios para configurar la existencia de un contrato inglés como, por ejemplo, la *«consideration».*

577.— La ley propia (The Proper Law): La ley que rige la gran parte de las materias contractuales es la ley propia; a veces esto se hace bajo forma de una «ley» propia «putativa», es decir de la ley que sería «propia» de admitir la existencia de un contrato. Otro sistema, como el de la *lex loci contractus,* la *lex loci solutiones o* la *lex fori,* pueden tener una incidencia sobre algunos puntos particulares además del que juega la ley propia o tener incidencia como alternativas frente a la misma.

La ley propia es aquella que las partes han escogido de manera expresa o, en su defecto, es la ley que se puede deducir que las partes habrían escogido o, en defecto de esto otro, la ley que el tribunal escoge como tal. Esta posición ha sido recientemente enunciada por la Cámara de los Lores en *Amin Rasheed Shipping v. Kuwait insurance*[40]. Las partes tienen una gran libertad de escogencia y su escogencia expresa de una determinada ley es, en general, determinante; esto lo decidió el *Privy Council* en el caso *Vita Foods*[41]. En este asunto se declaró que ninguna otra vinculación era necesaria entre el contrato y la ley escogida, especialmente cuando se trata de la ley inglesa y desde el momento en que la escogencia se haya ejercido de *«bonafide», «legalmente y sin contravenir el orden público».* El significado de estos términos no está claro. Pero es significativo que un tribunal inglés no haya rehusado aparentemente sino una sola vez que la ley escogida fuese la ley propia, decisión, por cierto, que fue declarada errada en *Vita Foods.*

La libertad de las partes se encuentra limitada por el rechazo de los tribunales en hacer ejecutar contratos contrarios al orden público inglés o a las leyes inglesas.

---

[38] *Re Cohn (1945) 1 Ch. 5.*
[39] *Banker's Trust v. Todd (1981) A.C. 221.*
[40] *(1984) A.C. 50.*
[41] *(1939) A.C. 277.*

Los tribunales podrán también hacer aplicable una ley que restringiese la libertad de escapar a sus disposiciones por medio de la escogencia de ley extranjera que regule un contrato que, de lo contrario, habría estado regido por la ley inglesa. Puede tratarse de una restricción directa, como es el caso de la ley *Unfair Contract Terms Act 1977, s. 27 (2) o* indirecta, como en la ley *Carriage of Goods by Sea Act 1971* al adoptar las normas revisadas en la Haye Visby[42]. Semejantes disposiciones legales nada niegan pero refuerzan más bien la autonomía de las partes en la escogencia de la ley que ha de regir el contrato.

Para el caso de la falta de una escogencia expresa de ley, el tribunal puede deducirla de uno de los términos del contrato y de sus circunstancias anexas. Algunos de los factores a ser tomados en cuenta fungen de tales aun para el caso en que ninguno sea determinante y que uno solo entre ellos pueda tener muy poca significación con relación a los demás. Ellos son los siguientes: existencia de una cláusula de arbitraje o de una cláusula atributiva de competencia; la moneda y lugar de pago; la lengua o terminología jurídica del contrato; la forma de los documentos utilizados; la participación de algún gobierno; o la ubicación del bien. Sí el contrato es válido según una de las leyes, pero no lo es según la otra, el tribunal puede hacer una deducción *in favorem negotii* y escoger la primera ley; y si el contrato no puede ser comprendido sino a la luz de un sistema jurídico particular, este podrá ser considerado como la ley propia.

Si no hay cláusula de escogencia de la ley y no puede inferirse del contrato ninguna ley propia, el sistema jurídico con el cual el contrato tenga su relación más próxima y real será el que regirá el mismo. De tal modo que un contrato de navegación será normalmente regido por la ley de la bandera de la nave; un contrato de seguros se regirá por la ley del establecimiento del asegurador; un contrato de cuenta corriente se regirá por la ley del lugar en donde se encuentre la cuenta; un contrato de crédito comercial bancario se regirá por la ley del lugar en donde se pueda realizar el retiro; y, por último, un contrato de mercancías se regirá por la ley en donde esté situada esa mercancía.

La ley deberá ser determinada el día de la conclusión o celebración del contrato y no por referencia a un acontecimiento particular; la conducta de las partes después de la celebración no puede ser tomada en cuenta a los fines de determinar cuál era la intención para el momento de la celebración en cuestión. Pero todo cambio en la ley propia después del momento de la celebración es admisible y producirá efectos.

578.– Formación del Contrato: Decidir si un contrato ha sido incluido o si está viciado por error, falsa declaración, constreñimiento o por la no divulgación de hechos determinantes, es asunto que depende de la ley propia putativa, es decir, del sistema jurídico que sería la ley propia de admitirse que un contrato se hubiese celebrado. El principio ha sido aceptado en casos de la comunicación de la oferta, de la aceptación y de la «*consideration*»[43].

579.– Capacidad de Contratación: Existe alguna confusión acerca del punto de saber cuál es la ley que rige la capacidad de contratación, salvo en lo concerniente a la capacidad de contraer matrimonio o de tomar las previsiones para el caso de matrimonio, situación, esta última, en donde se aplica la ley personal. Pero se

42 *The «Hollandia» (1983) A.C. 565.*
43 *The Parouth (1982) 2 Ll.R. 351, Re Bonacina (1912) 2 CH. 394.*

considera que esta solución no conviene a los contratos comerciales. Las decisiones federales alcanzadas en Escocia, Canadá y los Estados Unidos sobre esto son contradictorias. Sin embargo, la mejor solución parece ser la de admitir que la capacidad de celebrar un contrato debe estar regida por la ley propia putativa. La escogencia expresa de una ley debería ser ignorada si la ley escogida no tiene relación alguna con el contrato y si no es escogida sino con el fin de conferir una capacidad que de otro modo no llegaría a existir. Se considera que si una parte no tiene la capacidad de contratar según la ley putativa, pero la posee según su ley personal, esa persona debe ser considerada como poseedora de dicha capacidad. La capacidad de contratación con relación a la propiedad inmobiliaria está regida para la *lex situs*[44].

580.– Cuestiones de Forma: En virtud de la regla *locus regit actum,* un contrato que reúna las condiciones de forma exigidas por la *lex loci contractus* será válido en Inglaterra. Se considera también que será válido si no reúne las condiciones de esta ley pero cumple con las condiciones de forma prescritas por la *ley propia.* Esto aparece muy cierto en lo que se refiere a contratos de matrimonio.

581.– Validez del fondo, interpretación y alcance de las obligaciones: La validez de los términos y condiciones del contrato, tales como las cláusulas eximentes de responsabilidad y las cláusulas de arbitraje, son determinadas por la ley propia. Los términos del contrato serán interpretados por esta ley, a pesar de que las partes podrían escoger otro sistema jurídico.

Esta ley rige las obligaciones de fondo y lo que las partes deben hacer con el fin de ejecutarlas, no obstante el hecho de que el método efectivo de ejecución será regido por la ley del lugar de ejecución. De tal manera que la ley propia determina si una parte ha ejecutado o desconocido sus obligaciones, si ella se encuentra liberada en virtud de una novación o de una moratoria o de circunstancias imprevistas *(frustration).* En el caso *Jacobs v. Credit Lyonais*[45], un exportador de plantas proveniente de Algeria no fue liberado de su ejecución en razón de su imposibilidad de cumplir por efecto de una insurrección surgida en dicho país. Esto fue así en virtud de que el derecho propio era el derecho inglés y este no reconocía esta excepción, la cual habría sido admitida por la ley francesa de Algeria.

582.– Ilegalidad: Un contrato que según la ley propia sea ilegal *(illegal),* no simplemente incapaz de ser ejecutado de manera forzosa *(unenforceable),* es decir, que su ejecución implique una infracción penal dentro de esa ley, no será ejecutable en Inglaterra[46]. Si es considerado legal según la ley propia no será considerado como inejecutable de modo forzoso por el solo motivo de que sea ilegal según la *lex loci contractus*[47] o que sea ilegal en virtud de la ley del lugar de residencia o del lugar del establecimiento del demandado[48].

Pero aun para el caso en que no fuera ilegal de acuerdo con la ley propia, no será ejecutable si es contrario al orden público inglés o a la ley inglesa. Si un contrato es ilegal de conformidad con la ley del lugar de ejecución designado no será ejecutable. Esto no se debe a una ilegalidad proveniente de la *lex loci solutionis,* sino de una regla más extensa de orden público según la cual si las partes de un

---

44 *Bank Africa v. Cohen (1902) 2 Ch. 129* (decisión muy criticada).
45 *(1884) 12 Q.B.D. 589.*
46 *Kabler v. Midland Bank (1950) A.C. 24.*
47 *Vita Foods Case (1939) A.C. 277.*
48 *Kleinwort v. Ungarische Baumwolle (1939) 2 K.B. 675.*

contrato tienen la intención de cumplir con su ejecución a través de un acto en un país extranjero, y que ese acto constituye en dicho país una infracción penal, entonces se considera que la ejecución forzosa tendería a causar un desarreglo en las relaciones amigables de ese país[49].

Si un contrato es legal para el momento de su conclusión de acuerdo con todos los sistemas jurídicos interesados y está regido por la ley inglesa, la interdicción interpuesta para detener su ejecución impuesta en el lugar de ejecución designado hará caer la validez del contrato por el hecho del príncipe *(supervening ilegality)* y el deudor será liberado[50]. Pero si la ley propia no es la ley inglesa y ella no reconoce ese efecto para el momento de su ocurrencia, se admite que el acreedor pueda obtener entonces su ejecución en equivalente bajo forma de pago de daños y perjuicios.

C. *La responsabilidad civil*

583. – El Principio: Si un delito civil o un cuasidelito se comete en Inglaterra, la responsabilidad se determina por la ley inglesa. Si es cometido en el extranjero, la norma enunciada en *Phillips v. Eyre*[51] exige que la conducta del demandado sea dependiente de la calificación de los tribunales en Inglaterra y que no sea «justificable» por la ley del país en donde ella haya tenido lugar. La regla es así una combinación de la *lex fori* y de la *lex loci delicti commissi.* Un acto que no da nacimiento sino tan solo a una responsabilidad final y que no da derecho al resarcimiento de daños y perjuicios según la ley local ha sido considerado como «no-justificable» y, por consiguiente, susceptible de dar pie a una acción por responsabilidad civil en Inglaterra[52].

Pero la decisión de la Cámara de los Lores en *Chaplin v. Boys*[53] de 1970 ha alterado la segunda exigencia. No es fácil determinar la *ratio decidendi* exacta de esta decisión, pero las sentencias posteriores de la Corte de Apelación han confirmado que la segunda exigencia consiste ahora en que la posibilidad de intentar una acción civil por daños y perjuicios (no necesariamente basados en responsabilidad civil) debe existir de acuerdo con la *lex loci delicti commissi* y que la sola responsabilidad penal no basta[54].

584.— Límites: Esta regla de la doble escogencia de la ley puede ser dejada de lado en aquellos casos en los cuales se podría aplicar una ley más apropiada. La Cámara de los Lores ha rechazado el método norteamericano moderno en torno a la responsabilidad civil[55] que consiste en aplicar como principio general la «ley conveniente» *(«the proper law of the tort»)* a través de una u otra de sus variantes. Pero esa Corte ha dado su aprobación a la aplicación de una cosa similar en casos excepcionales. Esto permanece en estado fragmentario, pero la excepción ha sido aplicada en el caso mismo de *Chaplin v. Boys.* En este asunto un militar inglés hirió a otro en un accidente de automóvil en Malta en donde ambos se encontraban de servicio para ese momento. El demandado admitió su responsabilidad. Algunos

---

49 *Regazzoni v. Sethia (1958) A.C. 301.*

50 *Ralli Brothers v. Compañía Naviera Sota y Aznar (1920) 2 K.B. 287.*

51 *(1870) L.R. 6. Q.B. 128.*

52 *Machado v. Fontes (1897) 2 Q.B. 231.*

53 *(1971) A.C. 357.*

54 Véase *Coupland v. Arabian Gulf Petroleum (1893) 1. W.L.R. 136.*

55 Desde *Babcock v. Jackson 12 N.Y. 2d. 473 (1963).*

daños generales (los *«general damages»)* podían ser acordados a la vez por la ley inglesa que la mujer, fue herida en otro Estado por un accidente de tránsito en y la maltesa. Pero el demandante no podía recibir el resarcimiento por daños y perjuicios proveniente de su sufrimiento moral, lo cual solo era procedente de acuerdo con la primera de esas leyes. Ese resarcimiento fue declarado procedente. En las decisiones australianas la *lex fori* ha sido igualmente aplicada mediante un recurso ante esta excepción en aquellos casos en que la mujer ha sido herida en otro Estado por un accidente de tránsito en el cual su marido fue responsable y, a pesar de que los esposos no tenían acciones procesales disponibles el uno contra el otro de acuerdo con la *lex loci delicti commissi,* y que solo las tenían de acuerdo con la *lex fori.*

Siguiendo los precedentes anteriores en otros casos americanos, los tribunales del *Commonwealth* evitaron aplicar la regla de la determinación aplicable en materia de responsabilidad civil al calificar la acción como relativa no a ese tipo de responsabilidad, sino calificándola como materia de familia, administración o contratos. En una decisión inglesa[56] la mayoría de la Corte de Apelación trató la cuestión de la validez de una cláusula de liberación de responsabilidad establecida en un contrato de trabajo, invocado o alegado como una defensa ante una acción intentada por heridas causadas, considerándola responsabilidad establecida en un contrato de trabajo, e invoca como una como no regida por la ley aplicable en materia de responsabilidad civil.

No se conoce más que un solo caso en el cual el tribunal haya tenido que decidir, a los fines de la escogencia de la ley, en donde debió cometerse el delito habida cuenta del hecho de que la conducta se realizó en un país y las consecuencias perjudiciales se produjeron en otro. Por lo contrario, los tribunales se han visto conducidos varias veces a decidir si el delito había sido cometido en Inglaterra o no cuando se les solicitaba permitir que el demandado fuese remitido al extranjero; pero el abordaje de esta materia se ha visto coloreado por el hecho que los tribunales poseen un poder discrecional de permitir el envío al extranjero. En alguna medida también los tribunales han estado influidos por el *tort* particular objeto del caso de especie *(difamación, falsa declaración, negligencia).* Su doctrina corriente parece ser que el *tort* no se comete en Inglaterra sino cuando concurren sus elementos esenciales *(«the substance of the tort»)*[57].

585. – Reforma Propuesta: La regla actual de escogencia de la ley, que coloca el acento sobre la *lex fori,* ha sido con frecuencia criticada y condenada. En recientes propuestas de reforma la *Law Commission* ha sugerido que sea adoptada como ley directriz la «ley más conveniente» *(the proper law of tort)* o la *lex loci delicti commissi* debidamente provistas ambas de precisas excepciones y que el derecho inglés como *lex fori* sea radicalmente abandonado[58].

D. *Derechos Reales*

586. – Calificación: El derecho inglés clasifica la propiedad en bienes inmuebles *(inmovables)* y muebles *(movable,* a los solos fines de conflicto de leyes y la calificación de los unos y los otros se efectúa de conformidad con la *lex situs.*

587. – Bienes Inmuebles: Las acciones relativas a la propiedad de un bien inmueble en el extranjero se llevan rara vez ante un tribunal inglés, ya que este no

---

[56] *Sayers v. International Drilling Co. (1971) 1. W.L.R. 1176.*
[57] Véase *Distillers v. Thompson (1971) A.C. 458.*
[58] *Law Commission Working Paper N.º 84, (1985).*

tiene competencia para juzgarlos[59]. De manera excepcional puede tener que resolver una cuestión semejante si se trata de la administración de un *trust* o de un testamento o si el demandado, estando en Inglaterra, está él mismo sujeto a la competencia de la jurisdicción de *equity*. El demandado en un caso semejante, por ejemplo, cuando sea parte de un contrato por la venta de un terreno en el extranjero, o cuando sea culpable de fraude, puede ser obligado a ejecutar sus promesas por medio de una medida de ejecución en especie. La norma según la cual el tribunal inglés no podía juzgar ninguna acción por responsabilidad civil relativa a un terreno en el extranjero fue igualmente abolida en la medida en que un asunto de título de propiedad no fue puesta en juego[60].

Cuando el tribunal es competente aplicará casi de modo invariable la *lex situs* para resolver la cuestión.

588. – Bienes muebles corporales: Resulta claro hoy que una norma general, *la lex situs,* rija también la propiedad de un bien mueble a menos que no lo sea o esté en tránsito y siempre que en que la ley propia de la transacción concerniente pueda regirla. En *Winkworth v. Christie Manson & Woods*[61], un cuadro de valor había sido robado en Inglaterra y llevado a Italia, luego vendido en este último país y enviado posteriormente a Inglaterra por su adquiriente para ser vendido. Se decidió que el asunto de saber si la venta en Italia había tenido por efecto desposeer al propietario original de su título de propiedad y de transferirlo al adquiriente debía ser resuelto aplicando el derecho italiano.

De este modo, si el bien se encuentra en Inglaterra la propiedad del título se resuelve por medio del derecho inglés; si se encuentra en Francia, por el derecho francés. Si el bien se transporta de Francia a Inglaterra, por ejemplo, la norma es que el título de propiedad será reconocido en Inglaterra si algún negocio jurídico de importancia tiene allí lugar. Si, para el caso de que el bien esté en Inglaterra y un negocio jurídico cualquiera que se relacione con el bien ocurre, y dicho negocio jurídico tiene por efecto según el derecho inglés el cambio de la titularidad de la propiedad francesa, el título adquirido en Inglaterra prevalece. Este principio se aplica cuando el desmembramiento o disposición del derecho de propiedad se adquiere o se reserva en el primer país[62].

589. – Bienes muebles incorporales: Las normas relativas a los bienes muebles incorporales tales como los créditos, los derechos de autor y las acciones de sociedad no son fáciles de enunciar; algunas de las decisiones son antiguas y no reflejan los principios modernos. Es más, los conceptos de contrato y propiedad son en esto confusos. Para las necesidades del derecho se acuerda un *situs* a un bien incorporal; por ejemplo, un crédito contractual se considera situado donde resida el deudor.

Cuando un derecho de recuperación de una acreencia nacida de un contrato haya sido cedido por el acreedor a un tercero, resulta claro que ciertas cuestiones se regirán por la ley del contrato de origen, en especial la cuestión de saber si la acreencia era o no cedible[63]. Otros derechos sobre esta materia se rigen en principio

[59] *British South Africa Co. v. Cía. de Mozambique (1893) A.C. 602.*

[60] La ley *Civil jurisdiction and Judgments Act 1982 s. 30.*

[61] *(1980) Ch. 496.*

[62] Decisiones norteamericanas lo declaran de modo expreso: *Goetschius v. Brightman 245 N.Y. 186 (1927); Century Credit v. Richard (1962) 34 D.L.R. (2d) 291 (Canadá).*

[63] *Trendtex v. Credit Suisse (1982) A.C. 679.*

por la ley del contrato de cesión. Es el caso de validez formal (a la cual también se le aplica la ley del lugar de la cesión de crédito) de la capacidad de ceder y la validez material de la cesión. La decisión principal sobre esta materia[64] *v. Núñez República de Guatemala* parece tratar la validez formal de una cesión y la capacidad de beneficiarse de ella como regidas bien sea por la ley del lugar de la cesión, bien sea por la ley del domicilio, pero estas dos remitían al derecho guatemalteco que había sido casi con toda seguridad el derecho de la ley de la cesión.

El asunto de saber si la propiedad entre los beneficiarios de cesiones voluntarias de una misma acreencia se encuentra regida por la ley aplicable a la acreencia o por la *lex situs,* si esta difiere de aquélla, ha sido muy discutido. Resultó claro que la *lex situs* rige las prioridades si una u otro transferencia se efectúa por efecto de la ley.

590.– Bienes matrimoniales: Los derechos patrimoniales de las partes contrayentes del matrimonio se rigen por todo contrato o capitulación *(settlement)* que haya podido ser pautado o que sea admitido como existente por implicación de la ley del domicilio de dicho matrimonio. Ese contrato continúa rigiendo los derechos sobre los bienes adquiridos después de un cambio de domicilio[65]. La capacidad para concluir o celebrar una capitulación con miras a un matrimonio es probablemente regida por la ley del domicilio de las partes para el momento del matrimonio[66]. La ley aplicable al contrato o a la capitulación rige su validez.

Cuando no hay contrato o capitulación, pero se impone un régimen tal como el de la comunidad de bienes por efecto de la ley, parece que ese régimen rige las relaciones patrimoniales de los esposos si esa ley es la del domicilio matrimonial de las partes, la cual se presume ser la ley del domicilio del marido para el momento del matrimonio[67]. El problema de saber si un régimen semejante ha de regir los derechos de las partes sobre los bienes adquiridos después de un cambio de domicilio no ha sido resuelto; se piensa que no es ese el caso de los bienes sobre los cuales las partes hayan tenido ya algún interés legítimo susceptible de llegar a ser considerado como derecho *(«vested rights»).*

E. Sucesiones

591.– Un doble problema: En el derecho inglés interno la noción de «sucesión» a los bienes de las personas fallecidas es doble y se refiere a dos materias distintas: en primer lugar, a la administración que concierne la recuperación de acreencias exigibles y al pago de deudas exigibles que figuran en el patrimonio del difunto; y en segundo lugar, a la devolución, que es la transferencia de bienes a las personas que tengan derecho a ello de acuerdo con el testamento del difunto o de acuerdo con las normas de sucesión *abintestat.*

592.– Administración: Esta está regida por el derecho inglés. El derecho inglés sugiere que un representante personal *(personal representative)* del difunto obtenga de un tribunal inglés la autorización para ocuparse de la administración de todo bien situado en Inglaterra. El tribunal otorgará la representación si él difunto ha dejado su bien en Inglaterra, pero podrá hacer lo mismo si no hubiese dejado nada.

---

64 *(1927) República de Guatemala v. Núñez 1. K.B. 669.*

65 *De Nicolos v. Curlier (100) A.C. 21.*

66 Esto ha sido muy controvertido: escritores influyentes sugieren que la ley de la capitulación rige el problema.

67 *Re Egerton (1956) Ch. 593.*

Un representante personal extranjero debe obtener la representación de un tribunal inglés para poder reclamar y administrar los bienes en Inglaterra. Por lo común la obtiene.

593.– *Devolución de los bienes:* La devolución de bienes inmuebles se rige por la *lex situs.* Esta regula la validez de un testamento o el orden de las sucesiones a los bienes de un difunto fallecido «abintestado». Las excepciones a esa regla se refieren a la validez formal del testamento *(vide infra)* y a la interpretación de los mismos. Esta última materia se rige, como ocurre con los testamentos que se refieren a los bienes muebles, por la ley deseada por el testador que es, en ausencia de una indicación contraria, la ley de su domicilio para el momento en que el testamento haya sido redactado.

La devolución de los bienes muebles se regula en general por la ley del último domicilio del difunto, lo que significa –como se decidió en el caso *Lynch v. Provisional Government of Paraguay*–[68], la ley en vigencia para el momento del deceso y sin que se tenga en cuenta cambio ulterior o en todo caso que invalide el testamento.

La capacidad de testar cuando el domicilio cambia entre el momento de la redacción y el de la muerte se considera regido por la ley del domicilio del primer momento aunque esto no sea del todo claro: La capacidad de beneficiarse de un testamento se regula por la ley del domicilio del testador o del legatario, según sea lo que resulte más favorable para este último. La validez de los términos del testamento se rige por la ley del último domicilio[69]. Una sucesión ab-intestato se rige por esta ley.

Si de acuerdo con esta ley no existe persona alguna para recibir la sucesión ab-intestato los bienes muebles del difunto en Inglaterra regresan a la Corona Británica en calidad de *bona vacantia* sí, de conformidad con la ley extranjera estos regresan al Estado como bienes sin dominio. Pero si el Estado extranjero puede reclamarlos en calidad de *ultimus heres* se ha sostenido, en el caso de la controversial decisión *Re Maldonado*[70], que este los podía asumir con exclusión de la Corona.

La validez formal de los testamentos, sea de bienes inmuebles o muebles, se regula por la ley *Wills Act 1963*[71]. Según esta ley un testamento es válido si está conforme con la ley del domicilio, de la residencia habitual o de la nacionalidad del testador, e independientemente de que esto ocurra para el momento de la redacción del testamento, para el de su muerte o de la ley del lugar en donde haya sido efectuado el testamento.

Un testamento de bienes inmuebles es igualmente válido si está conforme con la *lex situs.* Un cambio posterior en una de esas leyes se toma en cuenta si valida al testamento pero no para el caso contrario.

F. *El Matrimonio*

594.– *Validez formal:* Por medio de una de las más antiguas normas de Derecho Internacional Privado inglés, que refleja el principio de *locus regit actum,* las formas

---

68 *(1871) L.R. 2 P. & D. 268.*

69 *Re Annesley (1926) Ch. 692.*

70 *(1954) p. 223.*

71 Esta hace entrar en vigor la Convención de La Haya de 1961.

del matrimonio se rigen por la ley de su celebración *lex loci celebrationis).* Un matrimonio celebrado en Francia de conformidad con las formalidades francesas es válido; un matrimonio que no resulte conforme con dichas formalidades es nulo[72]. Las interrogantes acerca de si un matrimonio puede ser celebrado o no por medio de un poder[73] y si el consentimiento de los padres al matrimonio de un menor es necesario, son considerados como problemas de forma y no referentes a la capacidad para contraer matrimonio[74]. En *Starkowski v. Attorney General*[75], caso en el que un matrimonio no era válido según el derecho de Austria durante su celebración en ese país en mayo de 1945, pero que fue luego validado por efecto retroactivo de ese derecho, el tribunal decidió que se le debía conceder efecto a esa validación. Pero los límites de esta decisión no son claros. Es de preguntarse qué soluciones serían las que se deberían imponer para el caso en que una de las partes se hubiere vuelto a esposar antes de la validación o si el derecho austríaco hubiese o no invalidado un matrimonio válido.

Un matrimonio que no sea válido de acuerdo con la *lex loci celebrationis* puede en algunos casos ser válido en Inglaterra. De esta manera el matrimonio de un ciudadano británico en una embajada o consulado británico puede ser válido si es celebrado según las formalidades del *Foreign Marriage Acts 1892-1947;* lo mismo vale para los matrimonios militares. En caso de ser imposible conformarse al derecho local una ceremonia puede constituir un matrimonio válido si resulta conforme con el *Common Law* inglés, es decir, si las partes intercambian sus promesas[76]. En algunas decisiones posteriores a la segunda guerra mundial esto fue aplicado al matrimonio celebrado entre personas de las unidades combatientes aliadas con el personal de las fuerzas británicas, y que se celebraban en los países ocupados por los antiguos enemigos, tales como Alemania o Italia[77].

595. – Validez sobre el fondo: capacidad legal, consentimiento y capacidad física: Desde la decisión de la Cámara de los Lores en *Brook v. Brook*[78], en general, la *lex loci celebrationis* no ha regido estas materias. En principio ellas se rigen todas por los derechos que regula el estatuto de las personas de las partes, aun cuando esos derechos no sean claros en lo concerniente al consentimiento o a la capacidad física (incapacidad y negación voluntaria a consumar el matrimonio).

La capacidad legal está regulada por las leyes del domicilio de las partes para el momento de celebración del matrimonio. Basta entonces que una de las leyes niegue la capacidad de una de las partes para que el matrimonio no sea reconocido. Pero si el matrimonio tiene lugar en Inglaterra, y una de las partes tiene allí su domicilio y la capacidad para esposar a la otra, en este caso la incapacidad de esta última —según la ley de su domicilio— no será tomada en consideración[79].

---

[72] *Berthiaume v. Dastous (1930) A.C. 79.*

[73] *Apt. v. Apt. (1948) p. 83.*

[74] *Ogden v. Ogden (1908) p. 46.*

[75] *(1954) A.C. 155.*

[76] Esto no es ya posible en Inglaterra desde 1753.

[77] *Taczanowska v. Taczanowski (1957) p. 50.*

[78] *(1861) 9 H.L. Cas 193.*

[79] *Sotomayor v. de Barros (N.° 1) (1877) 3. P.D. 1; (N.° 2) (1879) 5. P.D. 941 Padolecchia v. Padolecchia (1968) p. 314.* Es probable que de no tener las partes la capacidad para contraer matrimonio en derecho inglés y que la ceremonia se celebre en Inglaterra, el matrimonio sea considerado como válido.

Se ha sostenido a veces que si las partes tienen la intención de establecer su domicilio conyugal en otra parte, el derecho de ese país es el que debe regir la materia. Esta teoría ha sido generalmente rechazada, salvo en lo que concierne a la capacidad de contraer un matrimonio polígamo[80]. Pero en dos casos los tribunales han confirmado un matrimonio sobre las bases de ese motivo; las partes habrían establecido su domicilio en Inglaterra, cuyo derecho les confería la capacidad para contraer matrimonio, mientras que una de las partes no gozaba de esa capacidad con respecto al derecho de su domicilio[81].

596. – *La acción en Inglaterra:* La Ley acuerda a los tribunales ingleses competencia para pronunciarse sobre un divorcio si una de las partes se encuentra domiciliada en Inglaterra de manera habitual desde un año antes de presentar su demanda[82]. El tribunal inglés no aplica jamás un derecho extranjero para decidir sobre el otorgamiento del divorcio; no puede hacerlo más que por un motivo: la ruptura irremediable del matrimonio[83].

La competencia para los casos de nulidad es la misma que la que existe para el caso de divorcio; las reglas de escogencia de la ley son aquellas que rigen la validez del matrimonio ya evocadas.

597. – *La acción en el Extranjero:* El reconocimiento de divorcios y separaciones legales es ahora regido por una ley de 1971, enmendada en 1973, que lleva ese nombre. Dicha ley integra la Convención de La Haya de 1970 con adiciones; el régimen que consagra es más liberal que el de la Convención tal y como lo prevé esta última. Las normas correspondientes no tratan sino de la competencia del tribunal extranjero; en este caso, como sucede con las decisiones de nulidad (y de hecho con todas las sentencias extranjeras), los tribunales ingleses no conocen sobre la materia de los motivos sobre los cuales haya sido acordado el divorcio.

Hay tres series de normas. En primer lugar, un divorcio acordado por los tribunales de alguna parte del Reino Unido después de 1971 es automáticamente reconocido en las demás partes del mismo. Por lo demás, los artículos 2 al 5 de la ley adoptan las normas de la convención: el tribunal reconocerá –para el caso en que las conclusiones sobre los hechos sean recusables–, los divorcios declarados por procedimientos judiciales o por otras vías en los tribunales del país de la nacionalidad o de la residencia habitual de una de las partes (lo que incluye el domicilio en el sentido de ese país, si fuera el caso que dicho país emplee el domicilio para establecer la competencia en materia de divorcio). En fin, el artículo 6, conserva dos normas del *Common Law:* un divorcio será reconocido si hubiere sido obtenido en el país del domicilio (en su sentido inglés) de las partes o en un tercer país, siempre y cuando sea reconocido en el primer caso por la ley del domicilio de la contraparte y, en el segundo caso, por los derechos de los domicilios de las dos partes.

Los solos motivos por los cuales un divorcio –que debiera ser reconocido de acuerdo a ciertas disposiciones– vería rechazado ese reconocimiento, son los siguientes: el defecto de notificación del procedimiento a seguir a una de las partes; el impedirle la posibilidad a una de las partes para que esta haga uso del procedimiento o una contradicción al orden público.

---

80 *Radwan v. Radwan (N.º 2) (1973) Fam 35.1.* Esta decisión fue casi ciertamente equivocada.

81 *Perrini v. Perrini (1979) Fam 84; Lawrence v. Lawrence (1985) 2. W.L.R. 86.*

82 *Domicile and Matrimonial Procedings Act 1973 S. 5.*

83 *Matrimonial Causes Act 1973 S. 1.*

El reconocimiento de las decisiones de nulidad descansa sobre normas de carácter incierto del *Common Law* tales como el domicilio, la residencia, la conexión real y sustantiva, la reciprocidad.

La *Law Commision* recomendó en 1984 que la disposición legal, *Recognition of Divorces Act*, fuese reemplazada por una nueva legislación que descartara las incoherencias y las dificultades de su aplicación (en particular lo que concierne a los divorcios unilaterales y sin procedimiento tales como la llamada *talag* islámica) y esas normas simplificadas fuesen aplicadas a las decisiones extranjeras de nulidad[84].

G. Los Menores

598.– Tutela y Derecho de Guarda: Los tribunales ingleses tienen la competencia para emitir órdenes de tutela y de derecho de guarda para todo menor que se encuentre en Inglaterra, así como para todo menor que se encuentre en el extranjero si normalmente es residente en Inglaterra. El criterio esencial de decisión es el de saber si la misma redunda en beneficio del menor. Una orden extranjera de derecho de guarda será reconocida solo en la medida en que esta resulte de interés para el menor; pero una orden semejante no puede serle impuesta a un tribunal inglés.

599.– Legitimidad y legitimación: De acuerdo con un punto de vista adoptado por la Cámara de los Lores en una decisión del siglo XIX[85], la legitimidad de un menor depende de la validez del matrimonio de sus padres con respecto al derecho inglés. De acuerdo con otro punto de vista adoptado en ciertas decisiones más modernas su legitimidad depende del derecho de su domicilio de origen; si es legítimo de conformidad con esta ley es también legítimo para el derecho inglés[86]. El conflicto entre estos puntos de vista no se ha resuelto.

Hasta 1926 el derecho inglés interno no autorizaba la legitimación. No obstante, una legitimación extranjera efectuada por efecto de un matrimonio ulterior de los padres o por reconocimiento parental era reconocido si el padre se hubiere domiciliado en un país que lo permitiera para el momento del nacimiento del menor o para el momento de un matrimonio ulterior o del reconocimiento[87].

La legitimación por matrimonio ulterior ha sido introducida en el derecho inglés en 1926; es hoy regida por la ley *Legitimacy Act 1976*. Esta ley dispone que una legitimación extranjera por matrimonio ulterior es reconocida a partir del instante en que es permitido por el derecho del domicilio del padre, pero solo lo es para o hasta el momento del matrimonio. Esta regla es más simple que la regla del *Common Law*[88] que tiene ahora poca importancia.

600.– Adopción: Esta ha sido también introducida en el derecho inglés en 1926. Se rige en la actualidad por las leyes de 1958, 1968 y 1975. El tribunal inglés puede

---

84 *Report* N.° *137 (1984)*. Véase ahora *Family Law Bill, Parte III.*

85 *(1869) L.R. 3 H.L. 55.*

86 *Re Bisschoffsheim (1984) Cap. 79.*

87 El matrimonio putativo ha sido introducido por primera vez en el derecho inglés en 1959. La ley *Legitimacy Act 1976, S.l.* prevé ahora que el menor nacido de un matrimonio nulo es legítimo si sus padres honesta y razonablemente pensaron que estaban válidamente casados a condición de que el padre estuviese domiciliado en Inglaterra durante el nacimiento del niño.

88 *Re Luck's S.T. (1940) Cap. 864.*

tomar una medida de adopción en relación con un menor de menos de 18 años sí el solicitante se encuentra domiciliado en el Reino Unido y si el menor, cualquiera que sea su nacionalidad y su domicilio, se hallare en Inglaterra. El derecho inglés decide si la medida de adopción debe ser tomada; en todo caso siempre debe ser tomada en el interés del menor.

En el *Common Law* una adopción extranjera podría ser reconocida si es efectuada en un país en donde se encuentre domiciliado el adoptante bajo reserva del orden público inglés[89]. En lo que concierne a las decisiones de adopción tomadas en la mayor parte de los países de Europa Occidental y del *Commonwealth* o en los Estados Unidos, eso ya no tiene importancia, ya que desde la ley *Adoption Act 1968,* que retoma las reglas de la Convención de La Haya de 1965, el reconocimiento de estas decisiones es casi automático.

H. Exclusión de la Ley Aplicable: el Orden Público

601. – Escasez de medios: La aplicación de la *lex causae* puede ocasionalmente ser excluida por razones de orden público inglés. Pero para los tribunales ingleses el dominio del orden público es limitado. No es frecuente su aplicación en el derecho internacional privado inglés, en parte porque en materias como las del divorcio o la tutela, el derecho de guarda o la adopción, el derecho inglés es siempre aplicable. Sucede lo mismo con la regla fundamental de la escogencia de la ley en los casos de responsabilidad extracontractual; este es el derecho inglés. El orden público es a veces invocado cuando el status personal, la capacidad o la incapacidad, se encuentran en causa o cuando el derecho penal y el derecho fiscal se hallan involucrados. Pero la materia principal en la cual es pertinente el orden público es la de la ejecución de contratos por lo demás válidos.

602. – Estatutos de las Personas y Capacidad: Ocasionalmente los tribunales se han rehusado a reconocer un estatuto personal extranjero o una capacidad o incapacidad y sus consecuencias. Es así como el estado de «pródigo» en el derecho francés[90] o el de la incapacidad de volver a contraer nupcias impuesta a una de las partes después de un divorcio[91] han sido dejados de lado. Las decisiones en cuestión pueden, sin embargo, ser explicados por otras razones. Se piensa que las incapacidades impuestas a personas por razones sociales, religiosas o políticas deberían ser ignoradas del mismo modo como hoy lo sería el estado de esclavo.

603. – Derecho Penal y Derecho Fiscal: Los tribunales ingleses conceden efecto al derecho penal que impone sanciones penales en el sentido de que las reconocen y rehusarán hacer ejecutar contratos por medio de los cuales las partes quieran cometer alguna infracción[92]. Pero no le darán efecto hasta el punto de permitir que una ley penal o una ley discriminatoria sea el fundamento para una acción en Inglaterra. Esta cuestión se ha planteado muy frecuentemente en lo que concierne a las leyes extranjeras que habrían afectado la propiedad sobre un bien situado en Inglaterra. Pero, a pesar de que los tribunales a veces se hayan rehusado a ejecutarlas, invocando esta razón[93], la explicación simple de tales decisiones es que si el bien

---

89 Compárese *Re Valentine's Settlement (1965) Cap. 831.*

90 *Worms v. de Valdor (1880) 49 L.J. Cap. 261; Re Selot's Trusts (1902) 1 Cap. 488.*

91 *Scott v. Attorney General (1886) 11. P.D. 128.*

92 *Regazzoni v. Sethita (1958) A.C. 301.*

93 *Banco de Vizcaya v. Don Alfonso de Borbón y Austria (1935) 1. K.B. 170.*

está en Inglaterra su propiedad se rige por la *lex situs,* por el derecho inglés, y el derecho extranjero queda sin aplicación. Esto es lo que ha resultado de *bank Vor v. Slatford* [94]en donde se rehúsa hacer ejecutar un decreto adoptado por el gobierno holandés aliado en el exilio durante la segunda guerra mundial y referido a bienes holandeses ubicados en Inglaterra. Si una ley confiscatoria afecta el derecho de propiedad en el Estado que la emita, su efecto sobre el derecho será reconocido aun si el bien es ulteriormente llevado a Inglaterra[95].

Una ley extranjera de derecho público, hasta una ley penal, puede ser efectiva para liberar una obligación contractual[96].

Las mismas normas se aplican a las leyes fiscales extranjeras. Los tribunales se rehusarán a hacer ejecutar un contrato destinado a evitar semejante ley, pero no harán ejecutar esa ley directamente a solicitud de un Estado extranjero o indirectamente sobre una acción intentada por un contribuyente[97].

604.— Contratos: Los tribunales no harán ejecutar un contrato a pesar de que sea válido según el derecho propio, si este ofende el orden público como, por ejemplo, un contrato que implique corrupción o que afecte la libertad de comercio en Inglaterra, que implique comerciar con el enemigo o cuya ejecución implique el cumplimiento o realización en un país extranjero de un acto que allí constituye una infracción penal.

---

94 *(1953) 1 Q.B. 248;* véase también *Attorney General for New Zealand v. Ortiz (1984) A.C. 1.*

95 *Luther v. Sagor (1921) 3 K.B. 582; Princess Paley Olga v. Weisz (1929 1 K.B. 718. Williams and Hunbert v. W.H. Tradenarks (1986) 2. W.L.R. 24.*

96 *The Playa Larga (1983) 2 Ll.R. 171.*

97 *Government of India v. Taylor (1955) A.C. 491.*

DERECHO INGLÉS
de JOHN A. JOLOWICZ, se imprimió
en la República Argentina en abril de 2021.

Made in United States
North Haven, CT
04 November 2026

21764579R00240